FRANCISCO
MARTÍN MORENO

Arrebatos Carnales II

Planeta

Diseño de portada: Eleazar Maldonado / Vivian Cecilia González
Imágenes de páginas interiores: La Güera Rodríguez (tierradehistoria.blogspot),
Diego Rivera (Latinstock), Isabel Motecuhzoma (Miguel Ángel Chávez y Alma
Julieta Núñez), Doña Josefa Ortiz de Domínguez (tubicentenario.com.mx),
Lázaro Cárdenas (Latinstock)

© 2010, Francisco Martín Moreno

Derechos reservados

© 2010, Editorial Planeta Mexicana, S.A. de C.V.
Bajo el sello editorial PLANETA M.R.
Avenida Presidente Masarik núm. 111, 2o. piso
Colonia Chapultepec Morales
C.P. 11570 México, D.F.
www.editorialplaneta.com.mx

Primera edición: octubre de 2010
Primera reimpresión: noviembre de 2010
ISBN: 978-607-07-0538-0

Impreso en los talleres de Litográfica Cozuga, S.A. de C.V.
Av. Tlatilco núm. 78, colonia Tlatilco, México, D.F.
Impreso y hecho en México – *Printed and made in Mexico*

AGRADECIMIENTOS TAN GENUINOS
COMO INEVITABLES

Debo comenzar con Leonardo Tenorio, quien no deja de sorprenderme por su contagiosa pasión investigadora, por su talento literario y por su asombroso conocimiento de la Historia. No puedo omitir los nombres de Eduardo Dozal ni de Rodrigo Campos, dos tenaces luchadores, escrutadores del pasado mexicano, incapaces de dejar sin revisar un solo archivo, documento o texto que pueda entrañar una verdad desconocida. Vaya mi más genuino homenaje a David Wood, quien en todo momento me apoyó en lo relativo a la invasión española del siglo XVI al territorio mexica. Imposible olvidar a Carmen Izaguirre por su dedicación y eficiencia en la transcripción de borradores, cuya paciencia fue infinita. Gracias especiales a mi amigos michoacanos, auxiliares definitivos en lo tocante a la vida y obra de Lázaro Cárdenas, y a todas aquellas personas cuya identidad debo omitir por razones profesionales.

¡Ah! Y también gracias a Beatriz, a Beatriz, siempre a Beatriz... Siempre estuvo y está, como estuvo Isabella, *Huesitos*, quien puso el punto final con su dedo índice siempre mágico.

UN BREVE APERITIVO ANTES DE LOS ARREBATOS

Cuando en *Arrebatos carnales I* describí cómo logré ingresar en la celda de Sor Juana, en las alcobas de Porfirio Díaz, de Vasconcelos, de Villa, de Morelos y hasta en la habitación imperial de Maximiliano, porque Carlota nunca lo acompañó en el lecho durante su breve estancia en el Castillo de Chapultepec, no imaginé que algunos lectores me llamarían irreverente, entre otros calificativos, por haberme atrevido a bajar de sus respectivos pedestales a los grandes protagonistas de la historia de México y por exhibirlos como figuras de carne y hueso, con sus fortalezas y debilidades. No me he arrepentido de haberlo hecho ya que con ello logré acercarlos más a nosotros para tratar de entender mejor su entorno y su circunstancia, y justificar, aún más, la admiración o el desprecio que podamos sentir por ellos.

Una prueba para demostrar que no me dejé impresionar por los comentarios adversos ni me importó que me llamaran hereje, blasfemo, descarado, atrevido, deslenguado, desvergonzado, insolente, cínico, procaz, sinvergüenza, impertinente y desconsiderado, entre otras gracias más, es la aparición de los *Arrebatos carnales II*. En este volumen aparece la famosa *Güera* Rodríguez, sin duda alguna una de las mujeres más hermosas que han pisado el suelo patrio. ¡Ay!, la Güera, ¡cómo me sorprendió conocerla en la intimidad y descubrir sus intrigas y técnicas femeninas para hacer enloquecer a los hombres que la rodearon!; la vi, en su máxima expresión, jugando con el emperador Iturbide en el Bosque de Chapultepec. Posteriormente, saltando en el tiempo, incursioné en el estudio de Diego Rivera, observando en silencio, perdido entre sus caballetes y óleos, cómo pintaba a sus modelos, a las que de pronto hacía descender de una breve plataforma para adorarlas de rodillas, como lo hizo con Lupe

Marín, ¡Ay!, Lupe, Lupita, mi Lupe, lo que pude ver, además de Frida, su Frida, entre la catarata de mujeres que pasaron por su vida.

Uno de los relatos más estremecedores de toda mi existencia lo escuché de Isabel Motecuhzoma, Tecuichpo, *Flor de Algodón*, la hija de Motecuhzoma Xocoyotzin. Ella me mostró la visión de los ilustres vencidos, mientras contemplábamos el Árbol de la Noche Triste y alegaba enfurecida: «¿Cuál noche triste, Francisco, si fue la noche en que destrozamos a los españoles?» ¡Qué mujer! ¡Qué belleza! ¡Cuánto llegó a despreciar a su padre...! La angustiaba que sólo se supiera la versión de los conquistadores y que nunca nadie conociera los hechos tal y como sucedieron. Yo me convertí en su escribano y recogí, una a una, sus palabras.

Ahí queda la Corregidora, doña Josefa Ortiz de Domínguez, a quien se recuerda de perfil, con un chongo horrible y una gran papada, cuando en realidad, según pude constatar al sólo verla, era una mujer guapa, distinguida, educada y de facciones exquisitas. Se trataba, sin duda, de una líder ejemplar, volcánica, incendiaria y llena de vida y de pasión amorosa, al extremo de haber procreado catorce hijos, uno de ellos de un personaje inolvidable.

Para terminar, Lázaro Cárdenas, *Tata Lázaro*, una figura intocable, el máximo líder de la izquierda mexicana, el político del siglo XX, de quien únicamente se escribieron apologías, no biografías serenas, centradas, objetivas y descriptivas; el gran protector de los desvalidos, el artífice del rescate de los marginados, el líder y guía de quienes creían en el capitalismo de Estado, el repartidor de la riqueza y la justicia social, el generador de fuentes de trabajo, el juez insuperable, el estadista virtuoso llamado a ser el sagrado ejecutor de los postulados de la Revolución, uno de los padres de la patria y fundador del México nuevo, hasta que llegó a mis manos el libro *Lázaro Cárdenas, el utopista suicida*, que me sentó frente al general presidente para poder acercarme como nunca nadie lo había hecho, sólo para conocer una realidad ignorada.

Si soy hereje, blasfemo, descarado, atrevido, deslenguado, desvergonzado, insolente, cínico, procaz, sinvergüenza, impertinente y desconsiderado, si realmente lo soy, que sea el lector y no yo, quien, como siempre, tenga la última palabra.

FMM
Lomas de Chapultepec, octubre de 2010

La Güera Rodríguez

LA EMPERATRIZ JAMÁS ENTRONIZADA

No puede darse a los mexicanos mayor castigo que el de que se gobiernen por sí solos.

BATALLER

Impío: ser diabólico que atenta en contra del gigantesco patrimonio clerical.

MARTINILLO

La independencia se justificó y se hizo necesaria para salvar a la religión católica.

AGUSTÍN DE ITURBIDE

A Alfonso Pasquel por su contagioso pleito a
muerte emprendido en contra de la mediocridad

Nací con poder político, con poder económico, con poder social y cultural, pero sobre todo, con poder femenino. Todo junto: rica, muy rica, invencible, incontrolable, apetitosa y apetecible, seductora, culta y hermosa, singularmente hermosa. ¡Cuán generoso ha sido conmigo el Señor! Gracias al Cielo, sí, mil gracias al Cielo. Me sentí dueña de mil galaxias. Reina, señora, muy señora, titular de vidas, haciendas y países. ¿Quién se iba atrever a desafiarme si una misiva mía dirigida a los virreyes Antonio María de Bucareli, José de Iturrigaray, Pedro Garibay, Francisco Xavier Venegas, Félix María Calleja o hasta a Juan Ruiz de Apodaca o al que fuera, sí, al que fuera, bastaba para que se cumplieran todos y cada uno de mis caprichos? ¿Y la alta jerarquía católica? Pues escúchenme bien, queridas mías: toda ella comía en mi mano, desde Matías Monteagudo, *el Padre de la Independencia*, ex inquisidor y canónigo, hasta el obispo Antonio Joaquín Pérez, de Puebla, o Juan Cruz Ruiz de Cabañas, de Guadalajara, o Miguel Bataller, el temido y aborrecible oidor. ¿Saben lo que es todos? Pues sí, todos, absolutamente todos, obviamente el gobierno, incluido en cualquiera de sus niveles. ¿El emperador también? ¿Qué decir del emperador, a quien le dedicaré la mayor parte de estas reflexiones arrebatadas, arrebatadísimas...?

¡Cuántas veces dejé caer mi pañuelo perfumado con aparente indiferencia, sólo para constatar la cantidad de hombres que iban a intentar atraparlo entre sus juguetones vaivenes antes de que se posara delicadamente sobre el piso! No fueron pocas las ocasiones en que dirimieron sus diferencias en un duelo a muerte en Chapultepec, al amanecer, únicamente para gozar del señalado privilegio de devolvérmelo en mi propia mano con la camisa de holanes todavía ensangrentada, a cambio, si era el caso, de una sonrisa esquiva. ¡Me encantan los antojos por irracionales! ¿Qué más dan las razones, eh? Lo que importa es salirme con la mía pasando por encima de quien tenga que pasar, gobernando, dirigiendo, controlando, cometiendo arbitrariedades, ¿qué más da?, buscando en todo momento el deleite de la extravagancia, el delirio, las fantasías sin contención, sobre todo cuando se trata de un arranque, de una veleidad, de un desvarío digno de vivirse en la más exquisita indolencia. Siempre me bastó un simple movimiento de mi dedo índice o un guiño, una mueca, una sonrisa, un gesto severo, un desplante lacónico para dominar, siempre dominar. Pocas veces tuve que susurrar al oído de alguna autoridad o recurrir a las palabras para convencer. Por lo general era suficiente ajustar un poco, tan sólo un poco, mi escote, exhibir alguna de mis prendas derramadas para persuadir, demostrar, inducir, seducir, fascinar, captar, atraer y finalmente imponer. O díganme, ¿para qué sirven los escotes o los toques de alguna esencia en el cuello? Las mujeres disponemos de un arsenal de diversas armas que debemos aprovechar, con talentoso oportunismo, antes de convertirnos en un conjunto de pellejos lastimosos que no se percibirán en la medida en que hayamos tenido el talento y la habilidad de acaparar dinero y poder, mucho dinero y mucho poder, para paliar los horrores de la senectud y así jamás caer en el olvido.

¿Qué varón no se doblega ante mi belleza? ¿No es eso poder? ¿No se entiende por poder el hecho de someter a los terceros a nuestros deseos para que marchen por donde una ha decidido? Pues entonces yo no sólo gobierno mi vida, sino la de los demás, yo mando, impongo, domino, dirijo, controlo, yo decido. ¿Y cómo no hacerlo, cómo no continuar con esta espléndida comedia humana, si además de mis atributos femeninos, el Señor me obsequió inteligencia, simpatía y conocimiento para convertir todos estos dones en influencia doquier que me presento? Miren, miren lo que se dice de mí, miren cómo me describen, comprueben mis poderes:

Desde su infancia fue de la más peregrina hermosura, llamando tanto la atención por la profusión de sus cabellos, que pronto fue conocida en toda la capital del virreinato por *la Güera Rodríguez*.

Poseía doña María Ignacia Rodríguez de Velasco empaque, apostura; una gallardía de rosa de Castilla en alto tallo. El ademán fácil, con un sesgo de malicia, iba de acuerdo con el dicho

gustoso y gracioso... ojos azules... Era armoniosa de cuerpo,
redonduela de formas, con carnes apretadas de suaves curvas,
llenas de ritmo y de gracia... Alta no era... Era telenda, es decir, viva, airosa, gallarda. Llevaba todo el rostro siempre lleno
de sonrisas.

El color de sus cabellos, de un oro fluido. Hablaba con lengua pintoresca, con mucho chiste torcía el sentido de las voces.
La vida le fue siempre dulce y sabrosa. Anduvo a lo holgado y
vivió a sus anchuras. Su talle elegante, su rubicundo color, sus
ojos rasgados, la frescura de su tez, sus bien delineadas formas,
y el más interesante conjunto de gracias, competían con la amabilidad de su carácter, con la dulzura de su voz, con la sutileza
de sus conceptos, sagaz previsión, agudeza de talento, rara pe-
netración y práctica de mundo.[1]

¿Entonces? ¿Quién no se arrodillaba ante mí para besarme las manos
y verme para arriba?, pensé revolviéndome risueña, totalmente desnuda, extraviada en las sábanas blancas de satén de seda, deseando
el regreso de Agustín de Iturbide de la habitación anexa donde, de
acuerdo a su costumbre, se daba un largo baño de tina, momento
que aprovechaba, según él, para meditar y ordenar su cabeza. Yo,
por mi parte, levantaba las telas acariciadoras sólo para contemplar
una vez más mi cuerpo, la redondez voluminosa de mis senos, la estre-
chez de mi talle, mi vientre plano, mi piel suave e insinuante, dueña
de un lenguaje sutil para atraer a los hombres y someterlos, mi pubis, apenas poblado, todo ello enmarcado por mi cabellera dorada
que utilizaba para enviar mensajes cuando jugaba, en apariencia
distraída, con mis rizos. Hay personas que no se aceptan, se critican, se destruyen, se encuentran permanentemente enfrentadas, pe-
leadas a muerte con la realidad proyectada por el espejo o consigo
mismas al no estar conformes con su físico. ¿Yo...?, ¡qué va!, yo me
adoro, me encanto, me fascino a mis cuarenta y dos años, una edad
en la que las mujeres apenas empezamos a entrar en el esplendor de
nuestra existencia. ¿Quién dijo que éramos unas ancianas? Miren
mis manos, mi cuello, mi cuero envalentonado y estirado, tardará
mucho tiempo antes de ajarse o marchitarse; observen mi mirada
llena de picardía, la mejor evidencia para demostrar cuánta mujer
habita todavía en mi interior. Agustín, mi amante, con sus treinta y
siete años a cuestas, un jinete musculoso y potente, me llena de en-

[1] Del Valle-Arizpe, 2006: 27.

tusiasmo y de vigor, en realidad de euforia, el sentimiento preciso para combatir la vejez antes de caer en la espantosa e irremediable resignación...

Dejé caer las sábanas ingrávidas sobre mi torso y giré hacia el lado derecho, el que daba hacia una ventana desde la que se podía contemplar la calle de Plateros. Ajusté la cabeza sobre la almohada, recogí escasamente las piernas, coloqué juntas las palmas de mis manos como si me preparara a elevar una sentida plegaria, cerré los ojos sin percatarme de que los crispaba y me dispuse a soñar en el momento en que el obispo Cabañas, de Guadalajara, colocaría la corona de emperador sobre la cabeza de mi marido, le entregaría un bastón de mando y le cubriría la espalda con una capa de armiño, en tanto que a mí me impondría una banda tricolor, una diadema de brillantes, rubíes y esmeraldas, los propios de una emperatriz mexicana, ungida en el corazón de la catedral del México independizado, con todos los honores relativos a mi elevada investidura. ¡Nunca me merecí menos!

Con la cabeza escondida bajo la almohada, recordé mi primera incursión en el mundo del amor. ¿Por qué no hacerlo, si era cuando, precisamente, podía disfrutar ese momento de feliz soledad antes del regreso de mi amante a nuestro lecho? Si el futuro se me presentaba optimista y obsequioso, bien valía la pena hacer un recuento de mi vida romántica pasada, que finalmente es lo que viene a justificar una existencia, si además se tiene el privilegio de ejercer el poder político y el poder económico. ¡Ay, qué días aquellos cuando siendo aún muy niña, una auténtica jovencita de dieciséis años, solía salir de la casa de mis padres en las tardes en compañía de mi hermana mayor, mi querida María Josefa, con quien pasaba día tras día frente al cuartel de granaderos, un regimiento que se distinguía por tener como oficiales a los jóvenes más ricos y bien parecidos de la nobleza! Era evidente que los oficiales que se encontraban en momentos de recreo a las puertas de la institución, no dejaban de contemplarnos desde que nos acercábamos hasta que paseábamos enfrente de ellos, sin que jamás se abstuvieran de sepultarnos en piropos que en ocasiones no sólo nos hacían sonreír, sino también sonrojarnos. No tardamos ni mi hermana ni yo en entablar relaciones con un par de mozos, ciertamente los más agraciados.

Jamás olvidaremos cuando el virrey Juan Vicente de Güemes Pacheco y Padilla, segundo conde de Revillagigedo, nos sorprendió en plena faena y les comunicó a nuestros padres las andanzas con los militares. De inmediato, el propio virrey insistió en que deberíamos contraer nupcias con esos galanes a quienes apenas conocíamos. No hubo quien no hiciera hincapié en la importancia y obligatoriedad del enlace y así, sólo así, sin saber qué hacía, contraje nupcias por primera ocasión con José Jerónimo López de Peralta de Villar Villamil, en México, en septiembre de 1794; mi hermana, en tanto, se casó con el hijo del marqués de Uluapa, el 10 de junio de 1796. Nos casamos sin habernos tocado. Nos casamos sin habernos abrazado ni besado ni acariciado ni habernos prácticamente conocido. ¡Nunca hablamos a solas con nuestras parejas por un espacio mayor a media hora! Nuestro enlace se llevó a cabo por los convencionalismos sociales, la presión familiar, la de los sacerdotes y de los políticos que insistían en que habíamos cometido una serie de actos pecaminosos, que solamente podría perdonar el Señor siempre y cuando uniéramos nuestras vidas ante su santísima fe y potestad.

¿Qué podía saber mi marido de mujeres? Nada, absolutamente nada, su información se reducía a los comentarios que había escuchado de sus compañeros milicianos. Me di cuenta en la noche de bodas de que, al igual que yo, ignoraba cómo conducirse. Desconocía los jugueteos previos, las caricias audaces y traviesas, la importancia del alcohol para soltar el cuerpo, para relajarnos o, si acaso, la proeza de bañarnos juntos en la oscuridad, con nuestros cuerpos cubiertos por la espuma del jabón. Nada, no había imaginación, por el contrario existía una gran timidez, algo así como si estuviera cometiendo un sacrilegio o un pecado mortal que jamás le sería perdonado. Ni siquiera se atrevió a desvestirme ni a desabrochar mis botones, ni a quitarme lentamente el vestido, dándome besos en el cuello hasta privarme de la última de mis prendas y dejarme completamente expuesta para su contemplación y disfrute. Él se metió aterrorizado en la cama prácticamente con botas y uniforme militar sin saber qué hacer ni cómo comenzar una relación amorosa, ni cómo sugerir, ni cómo inducir, ni cómo provocar, ni cómo promover, ni cómo encaminar, ni cómo facilitar el tránsito hacia el amor. Yo, por mi parte, repito que a mis dieciséis años y por haber sido educada en la más rígida estructura religiosa, tampoco podía reaccionar de manera diferente a como creía que lo haría un hombre experto que se hubiese permitido visitar los fines de semana a las mujeres de la vida galante. Sus convicciones religiosas no se lo permitieron. Al igual que yo, tenía que llegar digno y puro al matrimonio. Y así llegó, digno y puro, además de aburrido, tímido, reducido, disminuido, apabullado, anulado, el fiel reflejo de sus manos heladas y de sus pies aún más fríos, que jamás logró calentar ni siquiera cuando intentamos un furtivo intercambio de besos. En fin, amigas, un pendejo, lo que se dice un pendejo, con toda la flema mexicana... El militar no respondía, el militar guardaba silencio, tal vez esperando que un cabo, un mayor o un capitán le diera la instrucción de atacarme y, sin embargo, no me atacaba, actitud que yo agradecía al mismo tiempo, víctima de un espantoso terror.

Amanecimos acostados, yo con mi traje de novia y él con su atuendo de militar, mirando el techo y sin siquiera tomarnos de la mano. ¿Así sería el amor? ¿Así serían las relaciones matrimoniales? Dejé al tiempo todas estas respuestas. Él, siempre sabio, en su momento despejaría mis dudas. Esta realidad no tardó en presentarse cuando ya con más sosiego y más confianza empezó a juguetear conmigo, a bailar en las noches solos, a encaramelarnos, abrazarnos y, por qué no, hasta besarnos. La primera vez que lo hicimos, los dos teníamos los labios tiesos, helados, carentes de cualquier voluptuosidad. Claro que no los aflojamos, ni intercambiamos saliva, ni me dio la lengua ni yo la mía. Era evidente que el camino por seguir sería largo, difícil y tortuoso antes de llegar a conocer la emoción de un orgasmo, todo un estallido colorido de vida.

En una ocasión que regresó un par de horas más tarde de lo acostumbrado, me sorprendió en la cocina comiendo unas quesadillas con salsa de jitomate molcajeteada. De repente me tomó en sus brazos y me cargó como un experto galán y me llevó en vilo hasta la habitación, mientras yo me apuraba a masticar la tortilla. Me arrojó sobre la cama en lo que se desabotonaba la guerrera. Ahí, acostada, pensando en que el resto de mis quesadillas se enfriaba, se montó encima de mí sin levantarme el vestido ni bajarme las enaguas. Me besaba como un loco. Su pasión me ofendía, me dolía, no me agradaba, no la compartía. Había saltado de un extremo al otro como consecuencia de haber ingerido cinco o seis vasos de más de mezcal barato. No lo soportaba, sin embargo no era el momento de detenerlo. Tal vez esta era la mejor manera de romper el hielo y de culminar el intercambio carnal que habíamos diferido durante tanto tiempo. De golpe se levantó, se privó del uniforme como si se tratara de una prenda incendiada, la arrojó al piso con todo y botas, en tanto yo percibía su desnudez total gracias a la luz de las velas parpadeantes que me anunciaban el feliz momento en que finalmente me convertiría en mujer. Fue entonces cuando me hizo girar boca abajo en la cama y sin paciencia arrancó todos los lacitos y todos los botones de mi vestido hasta bajármelo sin permitir ayuda alguna. Lo mismo hizo con mi corpiño y con mis pantaletas. Cuando me tuvo completamente desnuda, sin caricias previas ni palabras tiernas al oído, ni arrumacos, ni insinuaciones, ni preparación alguna, intentó penetrarme sin contemplaciones. Por supuesto que yo lancé un grito de dolor y arrojé a mi marido de la cama. Recuerdo cómo alcancé a golpearlo en la cara para pedirle que se comportara como un caballero, situación que él no comprendió por lo que insistió sin mayor éxito. Me encontraba más seca que el lecho de un río muerto. Desesperado, mi marido se dirigió a mi tocador, sacó unos aceites de linaza, se embadurnó las manos, cubrió todo mi pubis con el líquido que parecía quemarme el cuerpo y entonces sí, sin cariño, sin amor, sin dulzura ni ternura, ni comprensión, ni piedad, me penetró como si hubiera hundido una bayoneta en el tórax de un enemigo. Lo peor es que una vez adentro de mis entrañas, no supo cómo proceder ni qué hacer a continuación. Permaneció inmóvil, sin hablar ni conocer los pasos que debía seguir para consumar el amor. Yo era la menos indicada para sugerirle porque tampoco sabía qué hacer. Así permanecimos paralizados unos momentos entre mi llanto, mi dolor, mi rechazo y nuestra más absoluta ignorancia. ¿Tenía que pasar algo más? ¿Dónde estaba el placer y la diversión de la que tanto hablaban? ¿La idea era tener a un hombre encima y adentro de mí sin que me dejara respirar y me asfixiara? Pues qué horror, ¿no, reinas…? ¡Ay, cómo lamenté ese encuentro! ¡Ay!, cómo supe que ese instante marcaría en el futuro mi matrimonio con José Jerónimo López de Peralta de Villar Villamil. Cuando abandonó mi cuerpo con su pene ensangrentado, me preguntó sentado en la cama con los codos apoyados en las rodillas y las manos perdidas entre sus cabellos, con la mirada clavada en el piso:

—¿De qué se trata todo esto, Güera? —dijo balbuceante—. No sentí absolutamente nada, cuando todos mis amigos me han dicho que el amor era lo mejor de la vida.

—Pues si tú no sentiste nada —expuse limpiándome la nariz—, a mí me destruiste por dentro, no sólo mi cuerpo, sino también mi alma. Si tú no sabes de qué se trata siendo hombre, imagínate si yo lo voy a saber siendo mujer y habiendo sido educada sin que jamás se hablara ni una sola palabra del sexo.

—Pues este es también mi caso —repuso ofendido—, a mí siempre me dijeron en la escuela y en mi familia que lo que hacíamos era un pecado y como tal era imperdonable y además mortal, de modo que no puedo reaccionar de otra manera.

Yo esperaba que él, a sus dieciocho años, tuviera mejores respuestas. A muy temprana edad me percaté de que la religión se oponía a explicar los dictados de la naturaleza y al no poderlos explicar por una serie de prejuicios estúpidos, impedía que las parejas fueran felices, y si las parejas no podían ser felices, entonces, ¿de qué se trataba el matrimonio y hasta la propia existencia?

A él lo nombraron Caballero de la Orden de Calatrava y el tiempo nos permitió tener tres hijas. Nuestras niñas, también de peregrina hermosura, conocidas como *las tres Gracias*, fueron María Josefa, el nombre de mi hermana, Paz y María Antonia. ¡Ah sí, también tuvimos un hijo!, un hijo al que bautizamos con el nombre de Jerónimo Villamil y Rodríguez, el cuarto marqués de la Cadena. Era evidente que nuestro rango aristocrático no fallaría, como tampoco fallarían los recursos económicos en nuestra relación. Mis tres hijas se instruyeron en el mejor y más estricto colegio de mujeres de la capital de la Nueva España, el Colegio de la Enseñanza, donde las prepararon para que en el futuro pudieran cumplir con sus deberes de esposas y de madres.

Sí, sí es cierto que en 1799, cuando apenas llevaba yo cinco años de casada, se presentó en la corte nada menos que Simón Bolívar. La realidad es que yo en aquel momento ya tenía veintiún años y él era un mozalbete de dieciséis. *El Caraqueñito*, como cariñosamente lo llamábamos, se alojó en la casa del oidor, don Guillermo Aguirre, en la calle de las Damas. Con su arrolladora simpatía no tardó en conocer a lo más selecto de la aristocracia novohispana. Desde luego que no tardaron en relacionarme perniciosamente con este joven valor político, quien al poco tiempo me declaró su amor incontenible. ¡Claro está que yo podría decirles que me fui a la cama con él y pasé a su lado días inolvidables, antes de que lo corrieran violentamente por expresar en público sus ideas sobre la independencia! Sin embargo, nunca estuve dispuesta a recibirlo en privado y mucho menos en mi casa; con sólo imaginar que ese chamaco podría comportarse en la cama de la misma manera en que lo hizo mi propio marido en la noche de bodas... No, no, ni hablar, lo que sí hice fue tratar de enloquecerlo para que jamás se olvidara de mí, pero eso sí, sin dejar que nunca pudiera cortar fruta jugosa y carnosa de este árbol. Bolívar seguiría su viaje rumbo a España sin que pudiera, de ninguna manera, olvidarme. Tal vez era lo único que me interesaba por mi propia vanidad. Necesitaba saber que se había ido a Europa enganchado, sin que la memoria le concediera tregua alguna para dejar de recordarme. Con saciar mi vanidad, yo estaba mucho más que satisfecha. Simón Bolívar jamás me tocó, ni lo hubiera permitido. Por sus cartas siempre supe que nunca me olvidó y con eso tuve para siempre bastante.

Alejandro von Humboldt, o mejor dicho, Alexander von Humboldt, el famoso investigador alemán que visitó la Nueva España en aquellos años, si bien era apuesto y elegante, un personaje distinguido, era sodomita y no le atraían las de mi sexo. Ni modo, chicas, todo lo demás son fantasías e infundios.

No se había perdido en el horizonte la goleta que llevaría a la metrópoli a Simón Bolívar, cuando en la ciudad de México, en una reunión con el querido compadre de mi marido, el ampuloso canónigo de la Catedral Metropolitana, don José Mariano Beristáin de Souza, nos solicitó albergue en nuestra casa durante el día, para que pudiera dedicarse en cuerpo y alma a sus estudios bibliográficos, en tanto terminaban la adecuación de la biblioteca catedralicia. Tratándose nada menos que de un canónigo, y además el querido compadre de mi marido, éste no tuvo el menor empacho en aceptarlo en nuestra residencia concediéndole, como era previsible, toda la confianza que se podía depositar en prácticamente un hermano por su larga amistad y, además, porque se trataba de una alta autoridad católica en la Nueva España. ¿Cómo pensar mal de él, del amigo, del hermano y del sacerdote? Imposible. Yo pasaba una buena parte del tiempo con mis hijas en actividades habituales, sin embargo, no dejaba de ir a saludar al ilustre cura para conocer en detalle cualquier necesidad que pudiera tener. Así, empecé a pasar momentos cada vez más frecuentes a su lado, nutriéndome de su sorprendente sabiduría, con la que empezaba a iluminar mi camino. ¡Cuánta información tenía este hombre afortunado! Era evidente que había pasado muchos años de su vida perdido en los libros. En esos momentos él prácticamente me doblaba la edad o algo más que eso. Sus conocimientos en teología eran abrumadores. Nuestras conversaciones cada vez se hacían más extensas y yo no dejaba de proporcionarle en las tardes una jarra con chocolate espeso, además de unos bizcochos que eran su delirio.

Tiempo después, el padre Beristáin pidió a mi marido autorización para pernoctar en nuestra casa con tal de no perder tiempo y poder trabajar en las noches. ¿Cómo no acceder, insisto, si se trataba de su mejor amigo, de su compadre y de un cura? Una tarde, cuando mi marido había ido a Querétaro a cumplir con una gestión militar encargada por el capitán general del cuartel, me pidió nuestro amado confesor, el padre Beristáin, que le bajara un libro que se encontraba en el tramo más alto de la biblioteca, mientras él se encontraba supuestamente revisando un texto antiguo contenido en unas hojas apergaminadas. Mientras yo trepaba con toda dificultad por la escalera cuidando mis enaguas, él, el cura, sabedor de todos los movimientos de la casa y en el entendido de que mis hijas ya dormían, el servicio había sido despachado y José Jerónimo se encontraba fuera de la ciudad, de golpe se quitó los anteojos que utilizaba para leer y se dirigió a la escalera con el ánimo de detenerla o de indicarme cuál era el libro que efectivamente deseaba que le entregara. Las mujeres tenemos una intuición muy desarrollada y sabía que me había colocado una trampa en la que, en ese momento lo entendí, deseaba caer de todo corazón. Cuando yo no acertaba a escoger el libro y él se encontraba al pie de la escalera, también empezó a trepar para sujetarse de mis piernas metiendo sus manos debajo de mis faldas, sin pedirme obviamente autorización ni consultármelo, porque así se habían presentado ya las circunstancias. Subió un par de peldaños más hasta acariciar rítmicamente mi pubis con sus dos manos acostumbradas a tener entre ellas los santos sacramentos y los santos óleos. La perversión me pareció maravillosa. Un hombre de Dios me tocaba, un hombre de Dios me purificaba. ¿Acaso el Señor podría reclamarme algo? ¿No era uno de los suyos, no era un mensaje divino? Fue entonces cuando sentí los poderes del hombre a través de las telas, tanto la de mi vestido como la de su sotana, de la que trató de desprenderse sin lograrlo, preocupado por el hecho de precipitarse al vacío a pesar de que sólo estábamos tres, cuatro escalones arriba del piso. Subió entonces más para besarme la nuca y al ver que yo me dejaba hacer, empezó a bufar como un animal perseguido. Me pidió entonces que descendiéramos de la escalera, a lo que accedí sin mostrar sorpresa alguna.

Una vez al pie de la escalera, el sacerdote me abrazó, me besó, volvió a meter sus manos en mis enaguas y antes de que pudiera darme cuenta, ya me estaba recostando en un tapete que habíamos comprado en Europa para decorar nuestra biblioteca. El santo padre sí que tenía experiencia con las mujeres. No tardé en percatarme de ello, me movió como quiso, me agitó como quiso, me tocó como quiso, con toda la impudicia imaginable, me sometió como quiso, hizo de mí lo que quiso y yo cumplí como quise, dócil, maleable, obsecuente, cariñosa e incondicional, porque se trataba nada menos que de un sacerdote de la alta jerarquía católica de la Nueva España. ¡Cómo resistirme! Por supuesto que me entregué, y no sólo una noche, sino una y otra y otra más, esperando a que mi marido no volviera de Querétaro nunca jamás. No cabe duda de que es una ventaja tener tus primeras relaciones amorosas con estos hombres que han escuchado tantos secretos en los confesionarios y tienen toda la experiencia con las mujeres, que además saben llevar perfectamente bien a la práctica con toda la debida discreción. Beristáin sí que tenía conocimientos, sí que tenía experiencia y sí que sabía aplicarlos conjuntamente para enloquecerme en el tapete y donde fuera, según empezó a pasar el tiempo.

¡Cómo aprendí de los hombres después de mis relaciones con el canónigo de la Catedral Metropolitana, nuestro querido compadre! Sí que el amor tiene pliegues ocultos que sólo con audacia y temeridad se llegan a descubrir. Mi maestro fue este ilustrísimo sacerdote que me enseñó a tocar, a besar, a dejarme conducir, que me mostró experiencias inolvidables, que me reveló sensaciones desconocidas y que, en resumen, me descubrió un horizonte insospechado con el que yo jamás había soñado a pesar de haber engendrado ya a mis hijas. Cuando el contacto carnal se volvió desagradable y comencé a encontrar defectos en Beristáin, el fuego naturalmente empezó a apagarse por completo, pero todos los conocimientos que obtuve de él siempre me fueron útiles.

Fue entonces cuando Ignacio Rivero, abogado de la Real Audiencia, me presentó con el doctor Mariano Seret, apodado *El Pelón*, con quien me fui a la cama el día en que nos conocimos al terminar una misa en el templo de La Profesa, donde fui presentada a este garañón que no conocía ni tenía la menor noción de la piedad. Así, en estas circunstancias y en un valiente desafío de su parte, nos perdimos al llegar a su casa después de cambiar una y dos y hasta tres veces de carruaje para confundir a cualquier otra persona que nos hubiera podido seguir. Claro que nadie pudo rastrear la pista porque las habilidades de Seret eran enormes. Nunca había conocido a un hombre que se deslumbrara tanto ante la belleza femenina como el doctor Seret. No podía creer mi belleza ni podía dejar de tocar mis senos ni de acariciar mis nalgas y mis piernas, ni de arrodillarse ante mí y mirarme como a una diosa vestal, ni dejaba de contemplarme ni de olerme, se perdía absolutamente, se perdía conmigo. Se enredaba en mis cabellos, olía mis perfumes, olía mis humedades y disfrutaba la presencia de la mujer como si fuera una aparición divina. Esta admiración me humedecía también y me extraviaba. Finalmente encontré al hombre que sabía aquilatar en todo lo que vale la belleza de una mujer. ¡Cuánta atracción le producía el contacto con el cuerpo femenino! A mí qué me importaba que tuviera varias amantes al mismo tiempo, lo que yo quería tener a mi lado era a un hombre que me pudiera hacer vibrar, que me estremeciera, que me sacudiera, que me hiciera gritar de placer, que me hiciera levitar, que me hiciera soñar y que me ayudara a disfrutar el privilegio del amor en tanto esto fuera posible. Todo lo demás me tenía sin cuidado. Así subimos a su habitación y pude constatar la delicadeza con la que sin pronunciar palabra alguna y con sólo cerrar la puerta empezó a desvestirme y a quitarme botón por botón hasta privarme del vestido y después lacito por lacito hasta quitarme el corpiño, las pantaletas, las medias, los zapatos de satén blancos con sus bordados holandeses y mi sombrero, del que nunca quiso que me desprendiera, a pesar de que me encontraba totalmente desnuda. El doctor Seret me convirtió y me hizo sentir la mujer más atractiva y seductora de la historia. ¡Qué gratificante puede ser para nosotras, ¿no?, el estar al lado de un hombre fuerte que no puede ocultar su fascinación por la belleza femenina y que, además, no duda en reconocerla, ni de disfrutarla en su máxima expresión!

Después del doctor Seret la vida tenía que continuar. La llama no duró, se fue apagando gradualmente, a pesar de los intentos por revivirla y por reanimarla. Cuántas veces hubiera yo deseado que la pasión carnal fuera dominada por la razón y gracias a la razón poder extenderla de por vida. Sin embargo, el fuego se acaba a pesar de que la razón desee evitarlo y así se extinguió nuestra relación sin que ninguno de los dos pudiéramos impedirlo. Él, justo es reconocerlo, lo sufrió más que yo, a pesar de haber hecho una serie de intentos por rescatarme, sólo que yo ya no sentía absolutamente nada por él, ni sus caricias me inspiraban, ni sus palabras me conmovían, ni sus invitaciones me seducían, ni su presencia me agradaba, hasta que decidí darle con la puerta en la nariz.

Al abrirla y constatar que Seret ya no existía, se apareció ante mí don Juan Ramón Cárdena, canónigo, esta vez de la catedral de Guadalajara, un capitular y también un clérigo disoluto que tenía, al igual que Beristáin, una gran experiencia adquirida no solamente en los confesionarios, sino también en las sacristías, a donde conducía a las mujeres para purificarlas después de haber cometido una gran cantidad de pecados. Ahí, tal y como él me lo comentaba entre carcajadas, lo que hacía era decirles a las doncellas que habían sido agredidas por el varón, que tenía que conocer el alcance del pecado carnal cometido para entonces estar en posición de poder obsequiarles la absolución. De otra manera sería imposible perdonarlas. Claro que cuando la narración llegaba a un gran nivel de detalle, prácticamente empezaba a masturbarse debajo de las sotanas porque no podía controlar sus ímpetus. Ante esta situación, las llevaba a la sacristía donde les decía que tenía que recorrer los mismos caminos que sus novios para poderlas purificar y entonces las poseía abiertamente ante los ojos del Señor, que obviamente todo lo sabía y nada podía ocultársele, más aún cuando se encontraba en su propia casa, en la casa de Dios, donde todo era más transparente que una caja de cristal. Ramón Cárdena me invitó un día a la sacristía, el recinto de sus pecados, el lugar idóneo donde él sentía disfrutar aún más el fruto prohibido. Entonces ahí sí que gozamos el placer del amor, a veces tirados en el piso, a veces subidos en un viejo mueble, donde guardaban toda la indumentaria para celebrar la misa. Nos regocijábamos como locos por esta genial travesura que nos concedía la vida. Cualquier persona que nos hubiera seguido no podía dudar de la integridad del canónigo de la catedral de Guadalajara ni tampoco de mí, en la inteligencia de que estábamos en la sacristía ante los ojos de Dios; bueno, y confesando yo mis pecados, entre carcajadas grotescas que los dos compartíamos espontáneamente.

Cuando perdí de vista al doctor Cárdena y ya no extrañaba la ternura de sus brazos, ni su gallardía, ni su elegancia, caí en la cuenta de que me atraía un joven artista, a quien conocí en una exposición de pintura. Él, Francisco Rodríguez, tendría unos dieciocho años de edad cuando me pidió, así sin más, que posara ante él desnuda para hacerme un retrato de cara a la eternidad. En ese momento accedí a posar en su estudio, con la condición de que no pintara mi rostro; sin embargo, en la primera ocasión que estuve presente con él y lo vi poner el caballete, colocar el lienzo y mojar los pinceles, preferí bajarme del pequeño pedestal donde me había instalado, para ir a desvestirlo y disfrutar con él los placeres del amor, antes que los placeres del arte. Nunca pudo pintarme en esa coyuntura porque el apetito carnal era muy superior al deseo de eternizarme con su maestría, con sus carbones y con sus colores. El tiempo dictaría más tarde el momento en que finalmente me podría pintar, tal y como acontecía en aquellos años en la Europa de Goya con su famoso cuadro *La maja desnuda*.

No habían transcurrido más que apenas ocho años de nuestro matrimonio, cuando en 1802 mi marido pidió el divorcio porque según él, claro que según él, obviamente no tenía prueba alguna, yo había cometido adulterio con su compadre, además con el doctor Seret y, más tarde, con el doctor Ramón Cárdena, sin olvidar al pintorcillo que algún día me haría famosa. Afortunadamente me escapé, amigas, de Bolívar... Negué los cargos, los negué rotundamente a falta, según yo, de evidencias, hasta que empezaron a circular en los juicios los supuestos testigos que mi esposo había inventado para condenarme. Un día verdaderamente complejo de mi vida fue el 4 de julio de ese mismo 1802, cuando José Jerónimo llegó a nuestra hacienda en Tacuba e intentó matarme a balazos con una pistola, solamente porque tenía sospechas y chismes de cierta infidelidad. Una calumnia más en mi existencia, ¿no, chicas? Afortunadamente el arma se encasquilló y no pudo liquidarme, sólo que su actitud para mí fue definitiva y contundente como para poder acusarlo ante la Iglesia, nuestra Santa Madre Iglesia Católica, de intento de asesinato. El capitán Villamil, sin causa justa, había intentado privarme de la vida y esto no podía quedar impune. A pesar del juicio iniciado en su contra, él se presentó ante el virrey para pedir que yo fuera recluida en un convento o en una casa de honra. El virrey no dudó en ejecutar su solicitud, porque supuestamente tanto el doctor Beristáin como el doctor Cárdena, como Ignacio Ramírez, clérigo presbítero del arzobispado de México, con quien solamente me acosté en un par de ocasiones, habían dicho que yo tenía relaciones inconfesables con hombres, inclusive en nuestra propia casa. ¿Qué tenía qué hacer con el cuerpo divino que Dios me había dado?

¿Desperdiciarlo, mis niñas queridas? ¿Qué hace el hombre dotado de una voz singular? ¡Cantar! ¿Y el artista que nace con una gran facilidad para el dibujo? Pues dibujar lo que ve y lo que imagina. ¿Y el escultor? ¡Esculpe! ¿Y la mujer hermosa, hermosísima, está condenada a vivir los horrores de la domesticidad? ¡Ay, amigas, ay, amigas…!

A pesar de que nunca hubo pruebas contundentes en mi contra y de que mi marido propuso como testigos a los sirvientes de mi casa, malditos espías, el virrey decretó mi enclaustramiento en el Colegio de Belén, una institución educativa de monjas, donde fui recibida por órdenes del provisor en carácter de depósito para que no se me permitiera salir ni comunicarme absolutamente con nadie. Se me permitía vivir ahí indefinidamente sin tener que perecer encerrada en cualquier prisión del virreinato, lo cual hubiera sido una vergüenza tanto para mí como para mis hijas. A mis veinticuatro años de edad, llena de alegría, llena de belleza, llena de ánimos por disfrutar la vida y exprimirle hasta la última gota de placer a mi existencia, fui enclaustrada. Yo sabía que mi encierro sería efímero, como en realidad lo fue, gracias a Dios.

Es evidente que lo que Dios une, según los curas católicos, sólo Dios lo puede disolver. Seguí casada con Villamil hasta que el Señor quiso apiadarse de mí y privar de la vida a mi marido en 1805. Según dijeron, durante su estancia en Querétaro había muerto por lo que llamábamos pasión de ánimo y que se le fue agravando el mal con tanta prisa que al fin, en la dulce paz de aquella ciudad, lo agarró la muerte, con lo cual me dejó a mí no sólo en absoluta libertad, sino con una buena fortuna y una sonrisa en el rostro para encaminar mi existencia hacia los horizontes donde yo presintiera que podría encontrar mayor placer. La pasión de ánimo me libró para siempre de ese malandrín. De esta suerte, empecé a disfrutar una viudez deliciosa y sin estorbos. Nadie me seguiría, de nadie tendría que esconderme, nadie tendría de qué acusarme y nadie podría ya delatarme. ¿Guardar la debida discreción? Sí, ni hablar, tendría que guardarla, porque el brazo criminal de la Inquisición un día podía encerrarme en alguna mazmorra humedecida que acabaría con mi salud y con mis días, víctima de cualquier pulmonía o de una tuberculosis incurable; o bien, corría el peligro de perecer quemada en cualquiera de las piras que el Santo Oficio instalaba en las esquinas de la ciudad de México para que ardieran los infieles y los pecadores.

No, yo no moriría ni incinerada, ni en las mazmorras inquisitoriales, crueldades inventadas por estos malos hombres de Dios, que si Jesús pudiera juzgarlos ahora y volver a aparecerse en nuestro medio, no sólo los correría del templo como a los fariseos, sino que los crucificaría uno por uno hasta que murieran de sed y los cuervos les sacaran los ojos en sus desmayos. Pero seamos justas, queridas amigas, si bien es cierto que aprendí a odiar a los curas, también es cierto que aprendí a agradecerles sus enseñanzas amorosas, que me serían útiles durante toda mi existencia.

Tiempo después, contraje nupcias con don Mariano Briones, quien ocupaba un alto puesto en el gobierno. Este ilustre caballero, dueño de una nada modesta fortuna, murió al poco tiempo de nuestro feliz enlace dejándome embarazada, para disgusto de todos sus herederos, quienes ya salivaban y se frotaban las manos en la inteligencia de que disfrutarían de los beneficios de una gigantesca herencia. Para demostrar que era mi hija, pedí a varios testigos que asistieran al parto, de tal manera que nadie pudiera pensar que yo había adoptado o plagiado a un nuevo ser con el ánimo de quedarme con la fortuna de mi esposo. Quienes presenciaron el alumbramiento se percataron de que nació una niña a quien yo llamé Victoria. El escándalo no pudo ser mayúsculo ni efímero, dado que la pequeña murió un par de días después, porque el Señor había dispuesto arrebatarla de mi lado. Claro que empezaron los rumores en el sentido de que yo ni vestía ropas negras como correspondía a una viuda y que, además, en una de esas noches de invierno, había descubierto la espalda de mi marido mientras él dormía, permitiendo que se enfriara y adquiriera una pulmonía que finalmente lo conduciría a un cajón del que ya no saldría jamás.

Volvía entonces a vivir una feliz viudez, ahora con más dinero todavía, pues llegué a una buena negociación con el resto de los herederos, para no padecer un juicio que a todos nos hubiera quitado el sueño, el ánimo y la esperanza. Mejor arreglarnos en lugar de que un tercero tuviera que ponernos en orden. A mí me importaba lo que yo iba a ganar, no lo que percibirían los demás. De esta suerte acepté una enorme cantidad que no sólo me haría sonreír en el momento, sino que me dejaría en paz tal vez por el resto de mis días. Como la vida es una gigantesca rueda, donde en ocasiones una se encuentra arriba y otras tantas abajo, yo seguí mis relaciones con Pedro de Garibay, el nuevo virrey —que se había sumado al derrocamiento en 1808 de José de Iturrigaray—, quien deseaba en el fondo, bien lo sé yo, convertirse en el máximo líder político de la Nueva España, aprovechando la coyuntura de la invasión napoleónica a la metrópoli. Fue depuesto de su cargo por las reiteradas quejas que el partido criollo dirigió a España. Garibay estaba casado, ¿a mí qué más me daba?, con Francisca Xaviera Echegaray, hermana del famosísimo abate don Francisco Xavier Clavigero, magnífico hombre de letras, expulsado de la Nueva España por el inconsulto mandato de Carlos III, al igual que otros muchos jesuitas admirados por su ciencia y por sus letras y a quienes la muerte alcanzó en el extranjero.

Yo siempre me codeé, claro está, con la máxima jerarquía aristocrática, política, eclesiástica, social y militar de México. No podía ser de otra manera. Estaba hecha para comer sentada en una silla con brocados belgas frente a una mesa cubierta por mantelería holandesa, copas de Baccarat o de la Bohemia, platos de porcelana de Meissen y cuchillería de acero francesa de primera calidad, lo anterior sin olvidar los vinos, ni la champaña, ni el coñac que yo disfrutaba ampliamente sin caer en la tentación del agua de chía o de jamaica. Por eso siempre tuve relaciones inmejorables con los virreyes, tal y como las sostuve con don Francisco Javier de Lizana y Beaumont. Este representante de la corona, de abultado abdomen como Beristáin, era un individuo de natural pacífico. Nada podía alterar el genio del señor arzobispo y virrey y menos aún que alguien lo sacase de quicio.

A mí siempre me preocupó esta alianza entre el clero y los políticos, pues diferentes arzobispos operaron igualmente en calidad de virreyes de la Nueva España, el máximo tesoro de la corona española. ¡Claro que me involucré con los insurgentes! Por supuesto que supe del padre Hidalgo y de Allende, de su virilidad y belleza física, así como de Matamoros y de Morelos y de otros tantos líderes, a quienes apoyé política y económicamente. ¿Cómo no iba a estar del lado de quienes menos tienen, siempre y cuando yo no fuera a caer en la miseria en la que ellos se encontraban sepultados? Había conocido de cerca los horrores de la esclavitud en la que tenían sometidos a los aborígenes, como sabía a ciencia cierta lo que acontecía en las cárceles secretas de la Santa Inquisición. A nadie escapaban las torturas a las que sometían a quienes habían sido los dueños de este país. Sabía que la independencia se traduciría en una mayor ilustración, tal vez en la supresión parcial o total de la influencia de la Iglesia católica para educar, para crecer, para repartir la riqueza, para progresar, dado que teníamos todo para poder hacerlo. ¿Cómo no apoyar a los indios e intervenir en su rescate? Ignacio Allende para mí era un dios a quien había que secundar. Mis actividades subversivas bien pronto llegaron a los oídos tanto de la Audiencia como de la Santa Inquisición, que ordenó ahora mi arresto, no solamente por mi vida licenciosa y galante, a sus ojos, sino esta vez acusada de subvertir el orden público y de haberme colocado del lado de las fuerzas rebeldes. El arzobispo y virrey Lizana y Beaumont siempre me perdonó, a pesar de las acusaciones de indecencia en mi contra. Invariablemente me recibió con absoluta deferencia y eso sí, debo confesarlo, jamás se me insinuó como hombre en ninguna circunstancia ni en ningún momento, lo cual agradecí porque no me llamaba en absoluto la atención. Ya estaba yo en una posición para decidir a quién aceptaba y a quién no, en la misma medida en que mis necesidades, en lo general, estuvieran siendo superadas y satisfechas.

En marzo de 1811, antes del fusilamiento de los insurgentes en el estado de Chihuahua, fui acusada de herejía por haber mantenido trato con el cura renegado, apóstata y excomulgado de Dolores, Miguel Hidalgo y Costilla, en voz del inquisidor Juan Sáenz de Mañozca, quien habló de mi conocida inclinación amoral al adulterio, a la mancebía y a la bigamia. De nueva cuenta el virrey intervino y me exoneró de todos los cargos, imponiéndome como máxima pena la de tener que ir a pasar un tiempo definido a la ciudad de Querétaro. Me pareció un castigo fantástico: ahí podría relacionarme aún más con aquella fuente de infección insurgente, cuya capital era precisamente el Bajío. El virrey siempre me perdonó, siempre estuvo detrás de mí, vigilándome de tal manera que no me pudiera acontecer nada malo. Tal vez estuvo profundamente enamorado de mí, pero sin embargo, nunca me lo confesó.

Decidí entonces volver por mis pasos y buscar a mi pintorcillo, ese joven artista que me comunicaba tanta pasión y me llenaba de esperanza. Deseaba yo no solamente acostarme tantas veces fuera posible a su lado, sino que también estaba dispuesta a que me retratara desnuda de medio cuerpo, siguiendo la moda adoptada por otras mujeres de finales del siglo XVIII, entre las que se contaba la famosa duquesa de Alba. Yo no podía quedarme atrás. Francisco Rodríguez me retrató con los senos de fuera, unos senos redondos, voluminosos, plenos, llenos a pesar de la maternidad. Eran dignos de ser exhibidos para presumirlos. Ninguna mujer en nuestra condición de madres podría contar con semejante belleza, sin embargo yo no tenía el menor empacho en mostrarla para que la vieran quienes se atrevieran a hacerlo. ¡Claro que el retrato produjo un gran escándalo en la alta sociedad novohispana, sin embargo nada podía remediarlo, si de lucir la belleza se trataba, yo sería la primera en lograrlo en un mundo de mojigatos! ¿O no...? ¿Quién estaba para juzgarme, la alta jerarquía católica? ¿Los curas, mis amantes secretos, eran los que iban a evaluar mi conducta moral? ¡Vamos, mujeres, seamos serias! Si otras no me imitaban era porque no contaban con mis prendas ni con el encanto de mis formas y la verdad, nada tendrían que presumir a diferencia de mí.

La vida social en la Nueva España continuó en los salones, en donde nos reuníamos clero, ejército, aristocracia y gobierno para discutir y evaluar lo que acontecería después de la desastrosa campaña de Napoleón en Rusia, así como la desaparición de cualquier amenaza militar francesa en Europa. Era evidente que regresaría al poder Fernando VII y que se reinstalaría de nueva cuenta el absolutismo en España con todas sus consecuencias. Un solo hombre tendría que dirigir los destinos de un país y de un imperio, a diferencia de como ya acontecía en Estados Unidos, donde un congreso que representaba a todos los estados de la Unión Americana, también tenía mucho que opinar y que oponerse a las decisiones del jefe del Estado americano. El balance era perfecto. En España no había tal balance, en España se haría lo que decidiera *el Narizotas*, *el Deseado*, un imbécil al igual que lo fue su propio padre, Carlos IV. En esa feliz coyuntura de estabilidad social, porque había acabado el movimiento insurgente, es cuando conocí precisamente a Agustín de Iturbide, en una tarde de abril de 1816. Obviamente ya no existían ni Hidalgo ni Allende ni Morelos: todos habían sido fusilados con el beneplácito e influencia del clero católico.

En aquella reunión de alta sociedad, de repente escuché la voz de quien muy pronto sería elevado a la jerarquía de Su Alteza Serenísima, gran fundador del imperio de los Iturbide, Agustín I de México, Agustín Emperador, quien empezaba a entonar desde la habitación contigua una de sus canciones favoritas, antes de pedirme, según yo lo preveía, otra cubeta con agua caliente para permanecer más tiempo tratando de desentrañar su porvenir y buscando la mejor alternativa de gobierno para México. Cantaba o silbaba, como siempre, *El Butaquito*, para después, guardando algunos momentos de silencio, recordar *La Chinaca* o *La Alameda*, que chiflaba de muy mala manera. Pero no, para mi sorpresa y bienestar no me llamó, no pidió mi presencia, por lo cual me acurruqué una vez más y me dispuse a seguir soñando. ¿No es una maravilla? Es como volver a vivir, sobre todo momentos felices. La memoria es un privilegio, es algo así como poder entrar al gran museo de nuestras vidas, donde encontraremos los momentos más placenteros y plenos de nuestra existencia. Por esa razón disfrutaba yo tanto mi soledad. Entraba a uno u otro salón sonriente a admirar y a volver a existir y a vivir las diferentes etapas de mi colorida existencia.

Nací cuando reinaba en las Españas el monarca católico don Carlos III y gobernaba en México el célebre virrey Antonio María de Bucareli, un 20 de noviembre de 1778. Mi padre, consejero de Su Majestad, regidor perpetuo de la ciudad de México, y mi madre, ambos de antiguas y nobles familias, me pusieron como nombre en la pila bautismal, por si quieren saber: María Ignacia Xaviera Rafaela Agustina Feliciana, en buena consonancia con una retahíla de apellidos interminables que bien viene al caso contar para que se vea en la distancia mi enorme prosapia. Mis apellidos eran Rodríguez de Velasco Osorio Barba Jiménez Bello de Pereyra Fernández de Córdoba Salas Solano y Garfias. Ante un nombre tan largo decidí firmarme con un simple M.I., de María Ignacia, la Güera. En términos inentendibles rubricados por ocho ochos de manera que fuera imposible reconocer mi nombre, porque estaban superpuestos y ascendentes en dirección al cielo, hasta que se adelgazaban como quien llegara al infinito.

Agustín Cosme Damián de Iturbide y Arámburu nació, cinco años después que yo, en la ciudad de Valladolid, cerca, muy cerca de la catedral y de los conventos como el de San Francisco y el de San Agustín. Creció rodeado de curas y de frailes, puesto que su padre administraba haciendas y ranchos propiedad del clero, con quienes tenía excelentes relaciones y de donde obtenía importantes ingresos para vivir con la más razonable dignidad. Agustín creció en el seno mismo de la alta jerarquía católica y, por todo ello, desde un principio fue forjado con recias convicciones espirituales, a sabiendas de que en cualquier coyuntura y circunstancia invariablemente le convendría seguir el ejemplo paterno y vivir permanentemente apoyado por su Iglesia y por Roma. Nunca dejó de sorprenderme cuando Agustín me contó que siendo niño le gustaba cortarle los dedos de las patas a las gallinas para tener el bárbaro placer de verlas andar sólo con los tronquitos de las canillas, si es que lograban todavía desplazarse. De la misma manera, al niño Iturbide le gustaba mutilar a los pájaros y a otros animalitos que caían en sus manos. ¡Rara costumbre!, ¿no? Más tarde el joven Iturbide me confesó su escasa afición por los estudios. Nunca tuvo la curiosidad por aprender ni el interés por la academia. Jamás logró completar los cursos de latinidad y, por vicioso y desaplicado, sólo manifestó aptitud y viveza para toda especie de disipación y maligna travesura. Me fascinaba su constante y permanente rebeldía, se trataba de un hombre implacable, ambicioso, incapaz de conocer el contenido de la palabra resignación, arrogante, impulsivo hasta llegar a la crueldad, insaciable, ávido de placeres materiales y de riqueza y de poder político, avidez que yo compartía con él en la mesa, en la sala de juntas, en la cama, en el baño y en los paseos que llevábamos a cabo cuando salíamos en ocasiones de campaña. ¿Adónde va un hombre sin ambiciones, sin coraje, sin fuego en su pecho, sin rabia por ser, sin determinación ni deseos de comerse el mundo a puños? Detesto con todas las fuerzas de mi alma a los hombres pequeños, insignificantes, apáticos, resignados, indiferentes, que esperan su estipendio mensualmente como los polluelos abren el pico para recibir la comida de sus padres. No soporto la inmovilidad ni el conformismo. No nací, desde muy temprano lo supe, para ocupar ni segundos ni terceros puestos. Soy la primera, fui la primera y seguiré siendo la primera. Nunca permitiré ser relegada a una segunda o tercera posición. Si en este país va a haber una emperatriz, la primera emperatriz desde las esposas de los emperadores aztecas, ésa, sin duda alguna, seré yo. ¡Ah, que sí lo seré yo! A los hechos. Seré la emperatriz y luciré mi diadema de brillantes, esmeraldas y rubíes para deslumbrar a quien se me acerque. Es irrelevante que Agustín esté casado con Ana, yo veré la manera de lograr el divorcio para ser yo, y sólo yo, la que sea ungida como emperatriz de México, la emperatriz, la emperatriz, la emperatriz...

Agustín jamás estuvo destinado a pasar su vida en una biblioteca ni en un archivo, ni rodeado de intelectuales, muy frecuentes en Valladolid, por más que esta ciudad fuera en el siglo XVIII uno de los principales focos ilustrados de América. Él prefería la acción a la lectura. Mil veces mejor montar un caballo a pleno galope, que leer el mejor libro, aun cuando fuera uno de los prohibidos por la Santa Inquisición. Él no estaba destinado a una vida sedentaria; en cambio le gustaba estar precisamente donde truenan los cañones, con la espada desenvainada y acicateando en los ijares a la bestia al grito de guerra para defender invariablemente la causa realista con la que yo no me identificaba. Sin embargo el placer carnal, el hecho de sentirlo a él separándome las piernas y hundiéndose en mi interior, era un motivo mucho más que suficiente para que se me olvidaran las convicciones políticas. ¿O no, amigas? ¿Qué deja más, la defensa de las ideas o un grandioso, inolvidable y eterno en la memoria, un verdadero e histórico arrebato carnal? La verdad, la puritita verdad, piénsenla y no se la digan a su confesor... En ese momento yo encontraba cuál era la realidad y la defendería con todas mis fuerzas. ¡En esa coyuntura qué más daba el ejército realista o el ejército insurgente, el papa o el virrey, el rey de España, las Cortes de Cádiz o la invasión napoleónica! Lo único que contaba era el orgasmo, el estremecimiento, el grito, el arrebato, el arañazo, la mordida, el placer en su máxima expresión. Todo lo demás podía pasar a un segundo término.

Agustín siempre entendió que la Nueva España jamás podría prescindir del apoyo de la jerarquía eclesiástica. Era evidente que ni la Nueva España ni el México independiente jamás podrían aspirar a la libertad o al crecimiento político, si no contaban con el apoyo de la Iglesia, entidad que desbarataría absolutamente cualquier movimiento si éste era contrario a sus intereses materiales y políticos. ¿Cuál evangelio? Para la Iglesia, el evangelio es un mero pretexto, un protocolo, en realidad el único y verdadero motor espiritual del clero se reduce al dinero y al poder político, que son formas de sujetar a la víctima mientras se le esculcan los bolsillos. Claro que la Iglesia católica quiere el dominio político y militar para poder enriquecerse e inmovilizar a la víctima, someterla hasta quitarle el último doblón, el último duro o la última moneda de oro o de plata. No nos engañemos, no hay otro móvil, para eso son las grandes extensiones territoriales, los bienes de manos muertas, el diezmo, los servicios religiosos que van desde el bautismo hasta la primera comunión, la confirmación, los quince años, las bodas, luego las de plata, luego las de oro, hasta llegar a la extremaunción, sin olvidar jamás la bendición a la casa, al comercio o a los animales.

Todo cuesta dinero en este establecimiento disfrazado de espiritua-
lidad. Los sacerdotes no pasan de ser hombres de negocios vestidos
de sotana, o con casaca militar, cuando las circunstancias políticas
les son adversas. Enfrentamientos por esta razón los teníamos, pero
antes estaba, sin duda, el amor... ¡Ay, el amor!

Agustín empezó a hacer su vida en el campo y llegó a ejercer la
mayordomía de las fincas agrícolas de su padre, donde pasaba largas
temporadas vigilando la cría de ganado y dedicándose a la doma de
los caballos, que desde entonces se convirtieron en su principal afición. Pronto llegó a ser un gran jinete, conocido por su habilidad y
resistencia en toda la región. La primera vez que lo vi montar casi
pensé que había nacido montando un caballo. Parecían de una sola
pieza, tanto al trotar como al galopar, estaban hechos el uno para
el otro.

Luego, claro está, me contó que contrajo nupcias con Ana María Huarte, la octava hija del acaudalado José Isidro de Huarte y
Arrivillaga, un connotado hombre de negocios, dueño de un enorme patrimonio. Cuando Agustín se casó en la catedral de Morelia,
el gallardo alférez de veintidós años y su mujer de diecinueve pensaban que nunca nadie podría separarlos, más aún cuando ella había aportado una sustanciosa dote de cien mil pesos, que el novio
empleó para comprar la Hacienda de Apeo en el pueblo de Marava-
tío. Sobra decir que cien mil pesos era una fortuna que jamás hubieran logrado acumular miles de indios, ni siquiera trabajando todos
los días de su vida por dos o tres generaciones. Tan enamorada vivía la feliz pareja que, desde 1807 hasta 1820, Ana María y Agustín procrearon ocho hijos, Agustín Jerónimo, Sabina, Juana María,
Josefa, Ángel, María de Jesús, María de los Dolores y Salvador de
Iturbide.

Agustín asistió como testigo al primer golpe de estado de la
historia de México, el que derrocó al virrey don José Iturrigaray,
en 1808. Descubrió que el derrocamiento estuvo auspiciado por
la Iglesia católica, concretamente por el antiguo inquisidor Matías
Monteagudo, quien, como siempre acontece con el clero, aventó la
piedra y ocultó la mano culpable. El sucesor fue el arzobispo Pedro
de Garibay, más tarde mi amante, nada especial en el lecho, dicho
sea de pasadita. ¡Estando del lado de la Iglesia no se equivocaría!
Agustín siempre estuvo con Fernando VII, del lado de los Borbones, en contra del gobierno de los Bonaparte. Si algo le animaba al

teniente Agustín de Iturbide a sus veintiséis años era la posibilidad de ganar promociones, poder y prestigio, no así las discusiones profundas ni las teorías políticas. Por independencia, en su carácter de hacendado, no entendía un vuelco en la situación de la Colonia, pues hacía buen dinero en el comercio al amparo de su poderoso suegro. Prefería una buena carrera en el ejército realista, dar pruebas de su fidelidad al gobierno español, realizar aprehensiones y arrestos importantes y desmantelar atentados en contra de las autoridades virreinales de modo que su nombre le abriera las puertas hacia Su Majestad, a partir ya de 1810.

No se adhirió al movimiento porque en las filas españolas sería más fácil adquirir empleos, obtener mandos y hacerse de una riqueza importante. ¿Quiénes eran los insurgentes, sino unos muertos de hambre, desorganizados, sin capacitación militar, ni orden, ni respeto a sus superiores, ni armas, ni dinero, ni recursos? Nada, los insurgentes no eran nada, sino tal vez decenas de miles de campesinos ignorantes que huirían al ver cómo morían sus compañeros con la fuerza de la artillería, de la infantería y de la caballería.

—Nada, hombre —me dijo ensoberbecido—, no eran nada: un buen militar realista podía con diez desnalgados de esos, miserables huarachudos y sombrerudos que no sabían leer ni escribir y que, además, eran manipulados por un triste loco como Hidalgo. Por esa razón rechacé la faja de teniente general ofrecida por el cura si me le unía.

La destrucción del movimiento insurgente era una cuestión de tiempo. No había con qué sostenerla, ni fundarla, ni apoyarla, ni respaldarla y su prestigio militar no estaba de ninguna manera para sumarse al grupo de los perdedores. Él jamás sería un perdedor, de la misma manera que yo tampoco aceptaría para mí semejante condición. Pobres de los perdedores. Esta convicción nos ataba fundamentalmente a Agustín y a mí. No éramos resignados, no éramos fatalistas, no reconoceríamos de ninguna manera a una autoridad superior por encima de nosotros. No estábamos hechos para obedecer, sino para mandar. La ambición y el sentimiento de gloria también nos unían. También nos unía el hecho de poder mandar, el hecho de que nuestros pensamientos se pudieran materializar en obras, porque nos asistía la razón, a diferencia de casi el ciento por ciento de la población de la Nueva España, que ni siquiera sabía leer ni escribir por culpa de la Iglesia católica, la auténtica encargada de educar durante trescientos años en la Nueva España. ¡Claro que no educaron a nadie, ahí está la realidad, basta con salir a la calle!, ¿pero qué tal se enriquecieron?, ¿qué tal acapararon fortunas que implicaban cinco o seis veces el poder económico de los gobiernos virreinales? El clero tenía diez o quince veces más presupuesto de egresos que el propio gobierno del México independiente.

Por supuesto que Agustín nunca se sorprendió cuando supo que Allende e Hidalgo habían sido aprehendidos en Acatita de Baján. Él sabía que el movimiento sería descabezado por falta de consistencia, de preparación, de enjundia y de conocimiento de los enemigos. El ímpetu arrasador de las multitudes enardecidas no era, ni mucho menos, una garantía de triunfo. Me lo explicó después hasta el cansancio: era necesario ajustar al movimiento y, sobre todo, crear instrumentos políticos que permitieran superar el tradicional motín desesperado y atraer a aquellos criollos deseosos de lograr la independencia de la colonia.

Agustín de Iturbide fue ascendido en 1812 a teniente coronel; en 1813, a coronel y comandante general. En el mismo año, una vez nombrado Calleja virrey de la Nueva España, le entregó a Agustín el mando de las provincias de Guanajuato y de Valladolid, dos de los focos de insurrección más severos y peligrosos, las áreas donde el cura José María Morelos y Pavón llevaba a cabo la insurrección que Iturbide se encargó de combatir.

Por supuesto que Iturbide no podía ignorar que si lograba atrapar vivo a Morelos, dicha hazaña militar acrecentaría su prestigio y acarrearía nuevas distinciones a su guerrera. De ahí que lo buscara compulsivamente hasta en el último pliegue de la tierra y moviera a sus tropas a una gran velocidad para sorprenderlo en cualquier coyuntura. Por supuesto que le tenía sin cuidado la Constitución de Apatzingán, como también le despreocupaba la suerte de los diputados constituyentes que redactaban la primera gran Carta Magna mexicana, que daría las bases para un nuevo país. Su objetivo central consistía en lograr el fusilamiento de los propios representantes populares que redactaban el documento. A cuantos soldados insurgentes y congresistas encontraba a su paso los hacía pasar por las armas sin juicio previo, al igual que a pueblos enteros que de una u otra forma hubieran ayudado a los rebeldes. Únicamente lograban escapar a la sanguinaria degollina quienes contaban con dinero para pagar su libertad. A los prisioneros les exigía el debido rescate, un precio elevado por salvar la vida sobre todo de los hombres ricos de cada localidad por donde hubieran o no pasado los insurgentes, o los conducía entre gritos y maldiciones al paredón. ¿Se trataría de exageraciones? ¡A saber! Yo en aquel momento sólo escuchaba rumores, rumores que olvidé al conocerlo...

Cuando Morelos fue finalmente fusilado el 22 de diciembre de 1815, el virrey decidió centralizar al máximo el mando, para lo cual ascendió a Iturbide al grado de comandante general de las provincias de Guanajuato y Michoacán y del Ejército del Norte para que acabara de aplastar las guerrillas, a eso se habían reducido las fuerzas insurgentes. Ningún oficial del ejército realista había logrado acumular tanto poder en sus manos en tan poco tiempo: en sólo cinco años, Agustín había pasado de ser un oscuro teniente de milicias provinciales, a tener bajo su autoridad las regiones más pobladas y ricas del país, pero arreglándoselas para continuar con los negocios, con la especulación de terrenos, de ganado y cualquier otra actividad lucrativa.

Se decía, vayan ustedes a saber si era cierto, que era tal su sed de sangre, su desesperación de felino, que se cebaba con saña con cuantas personas caían en sus garras. Las primeras denuncias por corrupción taparon, se dice, insisto, el escritorio del virrey, ya en 1813. Alegaban que no había pacificado ni un palmo de tierra en dos años; que aprovechaba al ejército para conducir los efectos de oriente a poniente y las platas de Guanajuato de poniente a oriente; que vendía cargamentos de azogue y otros artículos de primera importancia para los mineros a precios muy altos; que había secuestrado a poco más de un centenar de mujeres, las cuales se quejaban de la extrema crueldad del famoso ex capitán; que no era un militar distinguido, sino un extorsionador, un feroz hombre de negocios; que los comerciantes del Bajío solicitaban la remoción de su cargo, ya que aprovechándose de la inseguridad que en el tráfico de mercancías provocaban los ataques de las partidas insurgentes, disponía de salidas y llegadas de los convoyes a su capricho, lo que le permitía controlar los precios de los productos y colocar los suyos en los momentos en los que pudiera tener mayor ganancia; de hecho él y sus socios tenían el monopolio del comercio regional. A quien no le parecía la actitud de Iturbide, simplemente era encarcelado y torturado, y si insistía en demandar la legalidad, entonces era fusilado. ¿Eso era un hombre determinado o no?

Calleja entonces solicitó informes sobre la conducta civil, política, militar y cristiana del acusado. En respuesta, ni siquiera quienes habían firmado la denuncia se atrevieron a hablar mal abiertamente de él en sus informes. Todos temían obviamente las represalias por haber insertado su nombre en una denuncia en contra de este militar tan ambicioso. No sólo no protegía la agricultura ni el comercio, sino que saqueaba haciendas o las quemaba, se robaba el ganado, destruía el comercio con sus monopolios, ponía comitentes en todos los lugares, vendía el azúcar, la lana, el aceite y cigarros, destruía la minería con su compra de plata. El día en que fuera removido harían una misa de gracias. La ilegalidad de sus negocios era tan obvia que ni siquiera sus más firmes defensores pudieron ocultarla, pero de poco servía la evidencia frente a los sólidos apoyos con que contaba Iturbide en la capital, como era el caso del auditor de guerra Bataller. En ocasiones pudo salvarse de la catarata de denuncias de corrupción que recibía tanto de los ciudadanos en forma anónima, como de jefes y oficiales del propio ejército. Nadie quería saber nada de Agustín de Iturbide por corrupto, arbitrario y sanguinario. Sí, de acuerdo, pero lo que no es en tu año, reinita, no es en tu daño, ¿no?

El virrey Félix María Calleja no pudo más ante las presiones de los ciudadanos, por lo que decidió suspender temporalmente a Iturbide de su mando y lo llamó a la ciudad de México para que respondiera a los cargos que se le hacían. El 21 de abril de 1816 llegó finalmente Agustín, mi amante, a México, para enfrentar el proceso de corrupción en su contra como comandante del Ejército del Norte. Tenía que aclarar todos y cada uno de los excesos y de las arbitrariedades que había cometido tanto en Valladolid como en Guanajuato, hasta convertirse en el comerciante más poderoso de aquella región, donde con el empleo de la fuerza y el abuso del poder, arruinando diversas casas comerciales y obteniendo ganancias elevadas, se había convertido en el hombre más rico y omnímodo. El propio fray Servando Teresa de Mier estimó en tres millones de pesos fuertes la fortuna de Agustín. A partir de entonces, instalado en la ciudad de México, pasó cinco años fomentando sus pasiones, dedicado a todo género de excesos eróticos, tahúricos y pendencieros. Por dondequiera que hubiese peleas de gallos, juegos de naipes, tiradas de dados o mujeres de la vida fácil de cualquier nivel social, ahí estaba Agustín dilapidando la fortuna que amasara en tantos años de extorsión y de sevicia. Bueno, bien, pero si vieran cómo nos gastábamos el dinero mal habido... Quienes critican el despilfarro es porque no pueden hacerlo y miren que hay mucho placer en el carácter del botarate. Es una irresponsabilidad de aquellas que vale la pena vivir. Gasta, tíralo como si nunca se fuera a acabar, sobre todo si es ajeno y a ti, como mujer, te invitan al dispendio... ¡Qué maravilla!

De esta suerte, Iturbide se mantuvo en la ciudad de México como cárcel, con el título de simple coronel de milicias, sin mando, ni poder, ni consideración, ni jerarquía alguna. Como decía, vivía sólo entregado al juego, una de sus pasiones favoritas y abandonado a sus vergonzosos amores; vergonzosos claro está, según sus enemigos. Agustín se sumergió entonces en la agitada vida social de la ciudad de México, donde en la flor de la edad y con aventajada presencia, modales cultos y agradables, de hablar grato e insinuante, bien recibido en la sociedad, se entregó sin templanza a las disipaciones de la capital, algo que acabó por causar graves disensiones en el interior de su familia. Era evidente que Ana, su esposa, ya dijimos que nació idiota, es idiota y morirá idiota, estaba abandonada junto con sus hijos, mientras que su marido se dedicaba a la vida tan licenciosa como divertida que disfrutaba en la capital de la Nueva España. Claro que lo pintaban como libertino, licencioso, audaz en aventuras eróticas, como que era un militar turbulento, y su figura apuesta y su habilidad para mover almas por medio de las mujeres eran sus recursos de seducción. Agustín de Iturbide cautivaba con sus maneras pulcras, siempre se lo veía impaciente, altivo y de temperamento dominador, era inocultable que tenía la conciencia de su superioridad. Sabía mantener a la distancia a quienes intentaban compararse con él o arrebatarle algo de su prestigio. Sus enemigos, al igual que los míos, temblaban en la presencia de este hombre bravo y activo, hermoso y apasionado por la pose, que contaba con todas las cualidades que hacen popular a un caudillo. Sí señor, era todo un caudillo.

Resultaba imposible conocerlo sin sentirse arrastrada hacia él, porque ejercía una gran fascinación en terceros por su valor, por su simpatía y por su personalidad. Tenía una gracia muy contagiosa, un sentido del humor muy particular, al que ayudaba su carácter fogoso. No toleraba que se le contradijera y tenía por enemigo a quien se le opusiera con resolución. Su intolerancia me fascinaba, de la misma manera en que era una parte de mi temperamento que, a mí en lo personal, me hacía muy feliz. Por otro lado, le gustaba dar golpes de magnanimidad y de generosidad, actitud contrastante con la de un soldado irascible e incendiario, dispuesto a jugarse la vida en cualquier desafío en las mesas de manteles largos de la gran sociedad mexicana. Acostumbrado a remover a su antojo a los colaboradores con los que no compartía los mismos puntos de vista o que intentaban refutarlo, intentaba hacer lo mismo en el mundo social no con tanto éxito. Sin embargo, su actitud impresionaba y su presencia se sentía al ingresar en cualquiera de nuestros salones. Él siempre decía que en México escaseaban la castidad y la fidelidad conyugal, lo cual disculpaba porque sostenía que la sensualidad era una herencia común de quienes habitan en países cálidos como el nuestro y por lo mismo no era posible juzgarla muy severamente. ¡Claro que sí, ese era un señor argumento! ¿Cómo contradecirlo?

En una de aquellas reuniones a las que él llegó a asistir para empezar a relacionarse con la alta aristocracia nacional, finalmente nos conocimos, cuando a principios del siglo XIX la ciudad de México era la más poblada, rica y bulliciosa de toda América. Ahí me encontré con este apuesto y guapo militar, dueño de una gran fortuna y de un poder político que si bien es cierto en ese momento no lo ejercía, yo, como buena lectora e intérprete de la conducta de los hombres, bien sabía que con el tiempo él no sólo recuperaría su autoridad y su prestigio, sino que sería llamado a ocupar los más altos cargos en la Colonia. Un hombre así era incontenible. Lo percibí desde el primer instante. Yo, por supuesto, no estaba dispuesta a entregarme a los brazos de un cualquiera, porque de un cualquiera sólo podría obtener cualquier resultado insignificante y esto no era de ninguna manera mi objetivo. Entonces este avispado comerciante, ingenioso hombre de negocios, el azote de los insurgentes, ingresó en uno de los salones donde yo me encontraba conversando con la condesa de Albarrigón y Contulasa, una tarde de 1818.

Me bastó verlo entrar con su guerrera azul marino y sus grados militares exhibidos en los puños de las mangas, así como con las charreteras doradas que decoraban su uniforme, en el que era visible la presencia de una espada plateada con mango dorado, además de unos pantalones blancos que se perdían cuando comenzaban unas botas negras perfectamente lustradas que llegaban más allá de la rodilla, para darme cuenta de que él sería el hombre de mi vida.

Con el sombrero colocado abajo del brazo se acercó a saludar a las diferentes personalidades invitadas a la reunión. Fue entonces cuando me excusé ante la condesa de Albarrigón, dejé mi taza de té sobre una pequeña mesa colocada al lado derecho, tomé mi abanico y me dirigí a encarar frontalmente a este gran héroe realista, que había ayudado con tanto éxito a aplastar el movimiento insurgente. Claro que no pudo ocultar su mirada de asombro cuando me vio, ni cuando él percibió que era yo quien había tomado la iniciativa para conocerlo. De inmediato me percaté del impacto que le había producido tanto por mi audacia, como por mi aspecto físico. Sí que iba yo elegante en aquella reunión, vestida con mis mejores galas, después de haber escogido las joyas más caras de mi alhajero y de haber llamado a la mejor peinadora de la ciudad de México para que hiciera los arreglos pertinentes en mi cabellera. Iturbide tuvo que dejar también a un lado la copa de champaña que bebía para poder tomarme la mano, besarla y hacer una breve genuflexión ante mi presencia. Nos encontrábamos en el centro del salón, exactamente donde refulgía un candil gigantesco que iluminaba con mil y un brillantes. ¡Qué hombre tan atractivo, vital, interesante, apuesto y sobre todo tan fogoso! ¿Cómo lo supe, amigas? Se le notaba, claro que se le notaba, una sabe ver... De inmediato me di cuenta de que yo había atrapado toda su atención. Movía las manos nerviosamente, las agitaba para explicar cualquier anécdota o pasaje de su vida. Parecía que ni su voz ni el contenido de sus expresiones eran suficientes para impresionarme. Todavía tenía que exhibir más muestras de su carácter con las manos, con los brazos, con diferentes ademanes impostando la voz, subiéndola o bajándola al mismo tiempo que hacía diferentes gestos con el rostro. Claro que estaba tratando de conquistarme desde el primer momento en que me vio. Lo percibí, no tenía ojos más que para mí. Si en aquella ocasión buscaba relacionarse con diferentes personalidades, después de conocerme ya no intentó buscar a nadie más. Conmigo tenía mucho más que suficiente. Sabiendo yo a la perfección cuáles eran sus intenciones, dado que si algo pretendía era relacionarse con la alta jerarquía política, militar y eclesiástica de la Nueva España, no tardé en convencerlo de que yo era el conducto adecuado para ayudarlo a tener éxito en sus propósitos. Por supuesto que yo conocía a Matías Monteagudo, una de las máximas autoridades clericales, al igual que a Cabañas, de Guadalajara, al igual que al obispo Pérez, de

Puebla, quien había sido representante de la Nueva España en las Cortes de Cádiz y el rey Fernando VII lo había premiado posteriormente con el obispado de aquella ciudad. Yo sí estaba totalmente relacionada, no sólo con la Iglesia, sino con el virrey, con cualquier autoridad política de la Nueva España, así como con los aristócratas, comerciantes e industriales. Quién no conocía a la Güera Rodríguez, y a quién yo no conocía; hubiera bastado un chasquido de dedos para que cualquiera se acercara a mí como un perrito faldero.

Conversamos en relación a mi vida, a la suya. Me contó de su esposa, de sus hijos, yo hice lo propio con los míos, después de reseñarle los dos episodios de viudez por los que había pasado y el estado civil en el que yo «desgraciadamente» me encontraba. ¡Pobre de mí, chicas, pobre de mí! Compadézcanse, ¿no? En ese momento exhibió una expresión de fascinación al saber que yo no me encontraba comprometida ni casada y que respecto a él, de alguna manera, aun cuando lo estaba, su mujer no vivía en ese momento en la ciudad de México. Sintió todo el camino despejado para poder cortejarme a su antojo, a lo cual yo accedí de inmediato, pues no estaba dispuesta a oponer la menor resistencia, si bien era necesario dosificar nuestra relación para no atropellarla y destruirla. Había que tener el talento para cimentarla bien, en su debido momento y con la debida estructura, para que resistiera el paso del tiempo. Tenía entonces que llevar a cabo una estrategia, un método para ir atrayendo a Agustín gradualmente sin perder su atención y sin permitir que se apartara, hasta llegado el momento de tenerlo en mis manos, poderlo atrapar a mi antojo y hacer de él lo que quisiera, pero para ello antes tendría que perderse por mí y yo entregarle mi cuerpo como una coronación y no antes para evitar cualquier desilusión. De la misma manera que él hablaba de saber conducir un caballo con las bridas cortas para controlarlo, yo haría lo mismo con él, lo llevaría corto, al paso, sin que él se percatara de que, día a día, recortaría más las bridas hasta tenerlo completamente dominado.

Sí, claro, esos eran al menos mis planes que, como ahora mismo ustedes lo podrán comprobar, no pasaron de ser meros planes, porque tal parecía que Iturbide era un animal macho destinado a la reproducción, un toro semental, un garañón, un morueco o un verraco. Se trataba evidentemente de un purasangre, tan era un purasangre que en una ocasión que salimos de la casa de la condesa Albarrigón y Contulaza, mejor conocida como *la condesa Mariluz,* él despidió a sus propios caballerangos y me anunció que no viajaríamos en la cabina, sino que él mismo iba a conducir su berlina. Me pareció una estupenda oportunidad de diversión. Me encanta la diversión, me fascina reírme, me fascina hacer todo aquello que está prohibido, me fascina burlarme de la cara de los mojigatos y de los hipócritas, me fascina romper con los protocolos y hacer pedazos las formas y los convencionalismos. ¡Claro que la gente iba a criticarme por haberme ido arriba con el capitán general, mientras él dirigía a las bestias rumbo al Bosque de Chapultepec, adonde él pensaba que podíamos hacerlas correr a todo galope saliendo apenas de la ciudad!

Qué más me daban las críticas, a cambio de estar con este hombre que parecía no tener límites ni importarle absolutamente nada. No conocía las contenciones ni los formalismos y buscaba a toda costa novedades y el rompimiento de las rutinas hasta convertirlas en astillas. Para qué los protocolos, esas rigideces que impiden las carcajadas, mejor las carcajadas y dejar para los hombres conservadores, prudentes, serenos, analíticos y juiciosos, todo aquello que podía ser tan aburrido. Así las cosas, salimos hasta llegar al Bosque de Chapultepec; en el Paseo de los Poetas, Iturbide tomó en sus manos las bridas con la mano izquierda, mientras que con la derecha daba latigazos a los caballos, que salieron despedidos en una espantosa estampida. Yo suplicaba que bajara la velocidad porque jamás había corrido tanto y pensaba que se podían salir las ruedas de la carreta y volcar de tal manera que no quedaría absolutamente nada de nosotros. Sin embargo, este hombre, amante del peligro, aficionado a los riesgos, que se había jugado una y mil veces la vida en guerras y en el campo del honor, no parecía domarse ni escuchar mis puntos, me decía «¡Grita, grita, grita!», y yo apenas tenía fuerzas para detenerme en el pequeño asiento desde el que pensaba que en cualquier momento podría salir despedida por los aires. «Grita, grita, grita, güerita».

Y entonces pensé en sujetarme a él, pero no hubiera más que complicado las cosas, porque no había manera de asirme bien, era mil veces preferible seguir como venía y no perder sustentación. Cuando estaba a punto del llanto, porque la velocidad ya era extrema y los riesgos que corríamos podían tener una connotación mortal, empecé a llorar y a suplicarle que bajara la velocidad, que se detuviera, y entonces él me dijo que sí, a gritos también, a cambio de una condición... En ese momento yo estaba para aceptar cualquier condición. Sin bajar la velocidad, y en cambio dando más latigazos a los animales para presionarme aún más, él me preguntó si estaba dispuesta a que me besara a cambio de reducir la velocidad, y en mis miedos y en mi gozo acepté. ¿Cuál no sería mi sorpresa, cuando en lugar de que detuviera a las bestias y gradualmente se orillara a un lado del camino, de repente soltó las bridas y empezó a abrazarme y a besarme el cuello, mientras los animales quedaban sin el más elemental control? Imposible concentrarme en semejantes circunstancias. Los caballos empezaron a reducir la velocidad, tanto por cansancio como por falta de instrucciones de su amo. Cuando finalmente se detuvieron a la mitad del Paseo de los Poetas, ya atardecía y nos besamos como si lleváramos siglos de conocernos. ¡Qué hombre!, qué manera de rozarme y de tocarme y de agitarme, provocarme, estimularme, sofocarme, angustiarme y de extraer de mí a lo mejor de la mujer, su fuerza, su potencia, su intrepidez, su intensidad. ¡Claro que metió sus manos entre mis enaguas, obviamente sin llegar a tener contacto con mi piel! ¡Claro que metió sus manos debajo del escote! ¡Claro que yo toqué su hombría y le devolví las caricias con la misma pasión e impudicia!

De pronto nos dimos cuenta de que sentados en el cabestrillo nos encontrábamos ciertamente muy incómodos y colocados dentro de una vitrina en la que todos podían contemplarnos. Decidimos apearnos y buscar un lugar en las arboledas donde pudiéramos estar a buen resguardo. Cuando de un brinco Iturbide cayó en el piso, experto como era en esos menesteres, me ayudó a descender de la berlina colocando sus manos poderosas en mis axilas. Cuando empecé a descender me di cuenta de que me adhería materialmente a su cuerpo. No pude tocar el piso, sus abrazos eran de tal manera intensos y sus brazos de tal manera fuertes, que me atenazaban, me trenzaban, me atacaban, me sofocaban. Me apretó por las nalgas, me besó el cuello sosteniéndome con una sola mano, mientras que con la izquierda retiraba la cabellera rubia de mi cuello y se perdía en los perfumes que yo jamás dejaba de ponerme de manera estratégica. Cuánta razón tenía yo al suponer que una mujer siempre tenía que ir perfumada porque no sabía lo que podía encontrarse a la mitad o al final del día. Este era el caso, me encontré con el hombre que quería en el momento que quería, en condiciones que resultaron infinitamente superiores a cualquier fantasía que yo hubiera podido tener en mi existencia. A ver, amigas, ¿qué carajos podía importarme la famosa lucha por la independencia? ¡Al carajo con la independencia y su puta madre! Le pedí a Iturbide que me depositara en el suelo y así lo hizo formalmente. Tomó entonces de las bridas a los caballos hasta perdernos entre la arboleda, entre esos enormes ahuehuetes que custodiaban el precioso parque que existía mucho tiempo antes de la llegada de los aztecas y de la fundación de la Gran Tenochtitlan. Al encontrar el lugar que consideramos idóneo, entonces volvió a atacarme con una fiereza que realmente me enorgullecía. A mis cuarenta y dos años podía atraer a un hombre con esta ferocidad, como si yo tuviera la edad de mi hija Antonia, que acababa de cumplir los veinticuatro y era, como yo, una mujer singularmente hermosa. Sus abrazos, su aliento incendiado y desacompasado, su ansiedad, su desesperación por desvestirme y por poseerme, en realidad me halagaban, me perturbaban, me hacían sentir una diosa. Por supuesto que no era tarde, por supuesto que había mujer en mí para muchos años todavía. Al llegar a un pequeño riachuelo, recargados en la berlina volvimos a abrazarnos y a besarnos y a acariciarnos y cuando decidimos recostarnos en el césped, nos dimos cuenta de que estaba empapado, una consecuencia lógica porque estábamos a la mitad de la temporada de lluvias; claro está que no podíamos detenernos, por lo cual, así a la luz del cielo, a los ojos mismos del Señor y de todas las divinidades, nos desvestimos, porque era muy difícil hacerlo en el interior de la berlina. Una vez adentro y ya desnuda, nuestra ropa tirada en el suelo, volví a confirmar que hay hombres que tienen la capacidad de sacar lo mejor de una y otros tienen la misma habilidad, pero para hacer lo contrario.

Agustín de Iturbide, el futuro emperador de México, por supuesto que sabía extraer absolutamente lo mejor de la Güera Rodríguez. Sentado en el sillón, yo me acomodé a horcajadas encima de él y entonces la berlina empezó a estremecerse. Ahora ya nada de que para, para, sino que corre, corre, es más, vuela, rey de los ejércitos... Yo abrazaba su cabeza, besaba su frente, le tiraba de los cabellos, mientras que él besaba mis senos y me presionaba por los hombros para hundirse aún más en mi interior. Jugábamos como chiquillos, pero al mismo tiempo con el coraje de los adultos, con el conocimiento, con la experiencia. ¡Ah, si la juventud supiera y la vejez pudiera! Sólo que nosotros, Agustín y yo, éramos jóvenes, jóvenes adultos que teníamos experiencia, que teníamos conocimiento y poder. Él se levantó del sillón cargándome, se apoyó en el otro sillón mientras yo creía delirar mientras él se convertía en un toro. Qué maravilla la fortaleza del hombre. De repente Agustín de Iturbide empezó a balbucear, a gemir, a pronunciar palabras inentendibles, a ahogarse y todo este sentimiento volcánico me lo contagió, los dos gemíamos, los dos gritábamos, los dos nos extraviábamos, los dos exclamábamos y parecíamos prontos a entrar en un trance agónico. Fue cuando reventamos y nos sujetamos hasta exprimirnos la última gota del elíxir de nuestras vidas. Muy pronto quedamos desmayados. Él tirado sobre el piso, con las piernas subidas sobre un sillón y yo echada sobre el sillón sin poder recuperar la respiración. Parecía que hubiera estallado una bomba en el interior de la berlina y hubieran quedado cadáveres dispersos por todos lados. Los dos lanzamos sonoras carcajadas. En aquel momento no nos importaba que pudiera llegar el ejército entero del virrey, la policía de la ciudad o una procesión de fieles que se dirigiera a alguna iglesia próxima. Nada, nada contaba, sólo contábamos nosotros, sólo contaba nuestra pasión, nuestro delirio, sólo contaba nuestra explosión volcánica y, al fin y al cabo, lo que más contaba era nuestro feliz encuentro. Nos habíamos descubierto y ya jamás nos separaríamos. ¿No era una verdadera maravilla que entre tantos hombres y mujeres, en este gran sorteo de la vida hubiéramos tenido la fortuna de encontrarnos? Cuántas mujeres y cuántos hombres no tienen jamás la fortuna de encontrar a su igual, a la persona que siente como ellos, con la que se identifican, vibran, con la que se comunican a simple vista, con el aliento, una sonrisa, una mueca. Agustín y yo supimos en ese momento que nos habíamos encontrado, que éramos el uno para la otra, y que la vida nos haría disfrutar un sinnúmero de buenos momentos, felices ratos, muy merecidos, que jamás olvidaríamos. ¿No se podía ir al carajo la independencia junto con todos sus insurgentes?

El virrey Calleja dejó a su sucesor, Juan Ruiz de Apodaca, en septiembre de 1816, un país prácticamente pacificado. La tranquilidad de la Nueva España sólo se veía turbada en los años siguientes por la romántica aventura de Francisco Xavier Mina, el revolucionario liberal español que había combatido primero contra la invasión napoleónica y después contra Fernando VII, por el establecimiento de la Constitución de 1812. En México se había equivocado, había caído en un tremendo error: los insurgentes mexicanos no considerában en absoluto la Constitución española de 1812, para los mexicanos poco significaba dicha Carta Magna, por lo que Mina no encontró apoyos para su causa libertaria: obviamente fue derrotado y fusilado en 1817.

La paz, claro, continuaba, así como continuaba la vida de Agustín de Iturbide, apartado de la rigidez castrense, pero aumentando día a día su popularidad en los salones más distinguidos de la capital. Yo misma me ocupé de relacionar al gran héroe del Bajío con toda la realeza, la aristocracia y el alto clero. Muy pronto se vio rodeado de admiradores. Me llamaba particularmente la atención el hecho de que Agustín siempre intentara cultivar con sumo cuidado las relaciones con el clero. Muy pronto entendí que eran enseñanzas de su padre, un vasco que con ansias de fortuna había llegado al país a mediados del siglo pasado y que se había ganado la vida en el obispado de Michoacán como administrador de bienes eclesiásticos. Entendía con toda claridad que sin la Iglesia no llegaría a ningún lado. Confiaba en los sacerdotes, en los obispos y en los arzobispos, y si no confiaba, lo disimulaba a las mil maravillas. Yo tenía, lo confieso, un sentimiento confuso, por otro lado, nada difícil de entender. El propio cura Lavarrieta llegó a criticarlo por demostrar en público lo buen cristiano que era, rezando el rosario, aunque fuera a la una de la mañana en voz alta, para que lo oyeran los soldados y los domésticos. ¿Era esto un acto de hipocresía? Comoquiera que fuera, Agustín nunca dejaba de exhibir su pasión por su religión y el respeto indeclinable hacia los hombres de Dios. La asistencia asidua y regular a los oficios religiosos y a los ejercicios espirituales le permitió estrechar aún más los lazos con las autoridades eclesiásticas, las mismas ante las que yo lo había introducido, como el famoso inquisidor Tirado y sobre todo, el rector de la universidad, el doctor Matías Monteagudo, también ex inquisidor y jefe secreto de la contrainsurgencia. Iturbide terminó por formar parte de su grupo de íntimos.

Cuando nos reuníamos en la residencia de Monteagudo, Agustín no dejaba de quejarse por la reacción al liberalismo de los grupos conservadores, la inconformidad con la desaparición del fuero eclesiástico, la protesta contra la supresión de monasterios y órdenes monacales por parte de las Cortes de Madrid, las polémicas opiniones políticas en torno al restablecimiento de la libertad de imprenta, así como el interés de los comerciantes por ejercer un control total sobre el mercado interno y los puertos de estiba. Monteagudo parecía salirse de la piel cuando se hablaba de la posibilidad de suprimir el impuesto del diezmo que cobraba la Iglesia con tanta eficiencia y éxito, porque alegaba que los contribuyentes incumplidos no se robaban el dinero de la Iglesia, sino que era el patrimonio de Dios, y al disponer ilícitamente del patrimonio del Señor, serían condenados no solamente a la hoguera, sino a pasar la eternidad misma en el Infierno. ¿Cómo consentir en la desaparición del diezmo? ¿Cómo consentir en la desaparición de la Santa Inquisición? ¿Cómo consentir en la separación de Iglesia y Estado cuando la fórmula, por demás exitosa y comprobada, era la de los obispos-virreyes? ¿Cómo hablar o siquiera atreverse a pensar, ya no a expresar, la posibilidad de la nacionalización de los bienes del clero? Algo impensable, imposible, improcedente. Iturbide se mostraba absolutamente de acuerdo con la posición de Monteagudo, más tarde con la de Bataller y con la del inquisidor Tirado, quien evidentemente también participaba de los puntos de vista de Monteagudo. Claro que ninguno estaba de acuerdo con el arribo de los masones que venían confundidos entre las tropas enviadas por Fernando VII para consolidar sus colonias en América.

El rey de España nunca imaginó esta infiltración masónica en sus propias fuerzas, que tanto ayudaría a fortalecer las causas de la verdadera independencia de México. Cuando en 1820 Fernando VII se encontraba en pleno goce de su absolutismo y libre de la dominación francesa, no pudo intuir que, en ese mismo año, Rafael del Riego, del Batallón de Asturias, restablecería en España, mediante una audaz maniobra militar, la Constitución dictada por las Cortes de Cádiz de 1812, obligando al propio soberano a jurarla públicamente el 9 de marzo.

Monteagudo veía en Iturbide a un hombre bravo y activo, apasionado, con las cualidades necesarias para convertirse en un caudillo popular. Era imposible conocerlo sin sentirse arrastrado hacia él. Deslumbraba a propios y extraños con su valor. El clero iba admirándolo cada vez más. Su gracia era genial. Impaciente y fogoso, se estaba convirtiendo en el hombre que la Iglesia necesitaba para llevar a cabo la independencia de México sin que la Constitución de Cádiz tocara de ninguna manera sus intereses. En silencio, empezó a ser admirado y respetado. Con el paso del tiempo se convertiría en el brazo armado del clero católico gracias a mí, gracias a que yo lo había introducido en los salones y lo había presentado ante la alta jerarquía católica, que muy pronto quedó prendada de su personalidad y urgida de sus servicios.

El gobernador de Veracruz juró la Constitución, como también lo hicieron en Campeche y en Mérida. Apodaca también juró someterse a la Constitución de Cádiz. Cada juramento se convertía en una nueva amenaza para la Iglesia católica colonial. Era evidente que en la misma medida en que llegara a aplicar en la Nueva España la Constitución de Cádiz, el patrimonio de la Iglesia, así como su influencia política y religiosa, quedarían absolutamente desmantelados. Ni Monteagudo, ni Tirado, ni Bataller, ni el alto clero estaban dispuestos a que esto aconteciera. Su acuerdo tenía un solo objetivo: rechazar, recurriendo a cualquier extremo, la aplicación de la Constitución de Cádiz en la Nueva España. Si Fernando VII había sucumbido y con él la propia Iglesia católica de la metrópoli, en la Nueva España jamás se permitiría semejante desliz. Si algo era sagrado, eso era el patrimonio de la Iglesia, y por lo mismo lo defenderían con las bayonetas, con la pólvora, con hombres, con bombas, con balas, con mosquetes, con espadas, con lanzas, con el pueblo levantado en armas.

Monteagudo y Bataller, regentes de la Real Audiencia, empezaron a reunir adictos para obrar y no sólo para desaprobar los sucesos de España desde principios de mayo de 1820. Así pues, en el oratorio de San Felipe Neri de la iglesia de La Profesa, que había sido casa generalicia de la Compañía de Jesús, expulsada de la Nueva España en 1767, las personalidades católicas novohispanas más prestigiosas e influyentes comenzaron a reunirse por iniciativa del canónigo Matías Monteagudo, el mismísimo director de la morada de ejercicios espirituales, a fin de tomar las providencias necesarias para revertir la situación. La independencia de México, la verdadera independencia de México se originó en La Profesa. ¿Qué quedaba de los insurgentes? Nada, si acaso quedaba un Vicente Guerrero perdido en las montañas del sur sin mayores posibilidades ofensivas, ni recursos, ni armada, ni ejército, ni pertrechos de guerra, para oponerse a los ejércitos realistas. En realidad, desde 1815, después del fusilamiento del padre Morelos, había quedado decapitado el movimiento insurgente. Como el clero católico no podía confesar el verdadero objetivo del movimiento, tenía que inventar una respuesta armada supuestamente popular, algo así como si el pueblo de México protestara por la imposición de una constitución que no le convenía. Intentaría revivir la insurgencia, como si continuara representando una auténtica amenaza para el virreinato cuando, en realidad, éste sólo intentaba defender sus intereses económicos y políticos. ¿Quién sabía de esta realidad en la Nueva España? ¡Cuánto había que aprender de estos diplomáticos clericales, que sabían como nadie guardar las apariencias y proyectar una realidad inexistente! ¡De cuándo a acá el pueblo de México inició el movimiento de independencia! ¡Jamás! ¡De nada tiene permiso este pueblo acostumbrado, por lo demás, a pedir permiso para cada cosa! En la realidad todo fue una maniobra perversa del clero para salvar sus intereses. ¿Cuál independencia, cuál necesidad de libertad, cuál necesidad de romper con la esclavitud y romper con las cadenas que nos unían a España como explotadora y dominadora de los indígenas y de esta nación depauperada desde la Conquista? Nadie protestaba, falso, el movimiento insurgente, como lo he dicho, ya no existía. Había que revivirlo para legitimar la maniobra y llevar así a cabo la Independencia de México de la corona española preservando únicamente los intereses clericales. El pueblo, en esta coyuntura, ya no se levantó en armas como lo hizo con el padre Hidalgo a partir del 16 de septiembre de 1810. El pueblo parecía un fantasma que nunca hubiera existido. El clero aparentaría revivir este fantasma para enterrarlo unos meses después para siempre y preservar así su gigantesco patrimonio creado a lo largo de tres siglos de Colonia. ¿Qué creían, que yo sólo era una taruga hábil en el lecho? No, reinas, cualquiera conquista a un hombre con sus atributos femeninos, pero no cualquiera lo retiene… ¡Apréndanselo!

De la misma manera en que los conquistadores españoles llegaron a México en busca de oro, la Iglesia católica continuó en la misma actitud: acaparar más oro, acaparar más tierras, apoderarse de más bancos a través de los juzgados de capellanías y obras pías, dominar en lo económico, dominar en lo político, dominar en lo social, dominar en lo espiritual, tener el monopolio absoluto de todo, y para ello necesitaban a un hombre que supuestamente se exhibiera como el patriota nacionalista, un auténtico padre de la Independencia, el representante del México del futuro y que pudiera convencer a propios y extraños con las novedades de una nueva realidad política en la Nueva España. Ese hombre sin duda era Agustín de Iturbide. ¿Gracias a quién? Gracias a mí que lo llevé de la mano como un corderito hacia donde podía él lucrar en lo político con su personalidad, su fortaleza, su simpatía y su inteligencia. En realidad, hicimos una estupenda mancuerna. Yo lo puse en la vía y él supo aprovechar la coyuntura perfectamente bien. Él me escribía cartas y más cartas firmadas con el nombre de Damiana, y estas mismas cartas yo las ponía en manos de Bataller o de Monteagudo o del propio Tirado, el maldito especialista en quemar viva a la gente o en torturarla en los sótanos fétidos de la Santa Inquisición. Sí, en efecto, serví de puente entre Iturbide y el alto clero para guardar las apariencias. Esta comunicación fue fundamental para armar los planes de la independencia. Yo conocía a la perfección, insisto, a la perfección, al clero, en particular al alto clero, no en balde había llegado a tener relaciones íntimas hasta con los más destacados obispos y arzobispos de mi época, imposible no conocer sus dobleces, ni sus embustes, ni su hipocresía ni su mojigatería. ¿Cuáles juramentos de castidad y de pobreza? Nunca los conocí castos ni puros, ni mucho menos, claro que mucho menos, pobres. Los he visto invariablemente vestidos con trajes de sedas blancas o negras, con sotanas de lujo, con bordados de oro y plata hechos en Bélgica, con grandes cruces pectorales, con anillos deslumbrantes confeccionados con piedras preciosas, con palacios impresionantes, con carruajes igualmente inaccesibles para el noventa y nueve por ciento de la población, dueños de inmensos territorios y de bancos, empresas y de fincas urbanas, y además rodeados permanentemente de mujeres que a los ojos de terceros siempre aparecieron disfrazadas como primas, como hermanas, como personal del servicio, como monjas servidoras de Sus Ilustrísimos. En realidad eran sus concubinas y no una, sino dos o tres o cuatro, con las que tenían relaciones amorosas todas las veces que tronaban los dedos en el recinto de sus lujosos palacios, donde había grandes retratos de los más famosos pintores de la época, así como tapetes, muebles muy costosos, esculturas y mesas hechas de alabastro, mármol, concha nácar y diversas piedras preciosas. Siempre lo dije y lo repetiré, si Jesús volviera a nacer, no sólo los expulsaba del templo, sino que los mandaba a crucificar. ¿Qué hicieron con la religión y con la Iglesia que supuestamente él creó? ¿Qué, qué hicieron estos infames que manejan ejércitos y países a su antojo? ¡Ya, ya, ya sé que ustedes me preguntarán por qué yo apoyaba la causa! Yo apoyaba la causa por amor a Iturbide. Si una mujer tiene una justificación es la del amor, la de la admiración. Estaba absolutamente perdida por él y en mi ceguera no me interesaba prescindir de Agustín sólo por sus posiciones políticas o sus convicciones religiosas. ¿A mí qué más me daba? A mí lo único que me importaba era el hombre. Yo quería tener al hombre acostado encima de mí, con mis piernas abiertas y esperándolo noche a noche, tarde a tarde, día a día, amanecer con amanecer.

Claro que fui la primera mujer que ejerció el poder en México a través de Iturbide sin haber sido elegida para ello. Fui el enlace entre Agustín, el virrey Apodaca y los emisarios secretos que llegaban de España para negociar la independencia de México. Tuve acceso a documentos confidenciales de la época y actué como consejera política de mi amante, claro, porque yo tenía mucha experiencia en los juegos de poder, que había adquirido durante largos años en la corte de los virreyes. Por eso decían de mí que era una mujer notoria. Y tan notoria que uno de los documentos más importantes que tuve en mis manos fue la carta que el rey de España, Fernando VII, envió al virrey Apodaca en 1820, donde le proponía conseguir a un caudillo con fuerza y popularidad en el ejército, para que hiciera tratos con los insurgentes y así se viera la posibilidad de llevar a cabo la independencia, poniendo al frente del nuevo país a un Borbón y salvar, de esta suerte, a España del colapso total. En el fondo seríamos una fraternidad, una nueva estructura política dominada de manera simulada desde la metrópoli, encabezada por una dinastía anacrónica y ultraclerical.

Yo recibía visitas de este tortuoso y aristocrático canónigo, el doctor Monteagudo, quien me visitaba en mi regia mansión cuando menos tres veces por semana para paladear el delicioso chocolate del Soconusco en pozuelos traídos por la *Nao de China*, mientras mojaba puchas de monjas y rosquitas de manteca adquiridas en el cercano convento de Santa Clara. Entre sorbo y sorbo, el meticuloso canónigo desembuchaba algunos secretos de la alta política, mientras yo escuchaba atenta, como buena patriota, pensando en la independencia y en las posibilidades de lucro político que Agustín podía tener si sabía aprovechar esta feliz coyuntura, como sin duda lo estaba haciendo.

Supe todo, conocí todo, estuve cerca de todos en el momento crítico en que rompimos con España. Descubrí el fondo de las cosas y entendí la justificación de toda esta perversa obra política. ¡Cuán engañado quedaría el pueblo de México sintiendo que finalmente había logrado la independencia de España, la libertad, cuando en realidad sólo se estaban cambiando los nombres de las autoridades, pero social, económica y políticamente continuaría el mismo drama de explotación, como si el virreinato jamás se hubiera acabado!

Que se sepa lo que en realidad aconteció, que se divulgue. Una noche, varios de los principales conspiradores de las juntas de La Profesa fueron invitados a cenar a mi casa, sí, en mi residencia porque de hecho ya se había resuelto la forma en que debería efectuarse la emancipación de la Nueva España de la Madre Patria. Fue en mi mesa, en mi mansión, donde se prolongó y se llegó al acuerdo final de lo que se había venido planteando en la casa de ejercicios de La Profesa. Ahí se discutió la posibilidad de que Agustín de Iturbide fuera el comandante general del sur y de que saliera rumbo a Acapulco para ir a aplacar definitivamente a Guerrero, el último bastión insurgente después del fusilamiento del cura José María Morelos y Pavón. Se adujo que Agustín había sido un hombre cruel, sanguinario y corrupto, y tan lo había sido que, por ello mismo, había sido destituido de su cargo, por lo que había tenido que permanecer en la ciudad de México como cárcel. Sin embargo, tanto Monteagudo como yo, ambos ya abiertos admiradores de Agustín, decidimos apoyar su causa alegando que, si bien era cierto que habían sido chismes y rumores infundados, en aquello que pudieran tener de verdad, respecto del financiamiento en plena guerra se podían prestar a cualquier tipo de comentarios aviesos en su contra, así como se podían también justificar los supuestos crímenes de guerra cometidos en un momento de vandalismo y de locura en cuanto episodios de alguna manera normales dentro del esquema de una guerra. Yo no podía mostrarme más satisfecha cuando finalmente, después de una larga y no menos tensa discusión, se designó a Agustín como comandante general del sur para ir a luchar en contra de Guerrero y, en su caso, convencerlo de la importancia de sumar fuerzas para llevar a cabo la independencia, un objetivo que tanto Iturbide como Guerrero querían con la misma pasión. Morelos, con su congreso y su constitución nativos, seguramente jamás se habría prestado a semejante estafa, de sobra conocía quién era Iturbide.

Iturbide, el criollo que siendo simplemente subteniente en 1808, se había apresurado a ofrecer sus servicios al gobierno que reemplazaba al virrey derrocado; que en 1809 había traicionado a los conspiradores independentistas de Valladolid delatándolos, que desde

1810 había combatido y perseguido a los insurgentes con excesiva crueldad hasta 1816, en que había sido separado del cargo del ejército a causa de su avidez por enriquecerse, tenía que aceptar las proposiciones de los españoles Bataller, Monteagudo y Tirado, que habían tenido parte principalísima en la muerte de Hidalgo y de Morelos, para hacer después lo que a éstos les había costado la vida. Ahora la Iglesia ya estaba de acuerdo con Hidalgo y con Morelos y seguiría, por lo visto, unos años más tarde, los pasos de estos dos hombres singulares. ¿Por qué entonces los habían mandado a apresar, fusilar y mutilar y además excomulgarlos, para que al final de cuentas se viniera a hacer lo que ellos habían pedido y habían pagado con la vida? Muy simple, Hidalgo y Morelos habían empezado sus movimientos sin haber recabado previamente el acuerdo de la jerarquía y con ello habían llegado obviamente al patíbulo. Iturbide no cometería este error. Iturbide no daría un solo paso sin el beneplácito de la Iglesia católica, precisamente para poder llegar muchísimo más lejos. ¿Adónde iba México sin la Iglesia, la máxima autoridad política, militar, económica, social y espiritual? En la Nueva España no se movía una sola hoja sin el conocimiento inmediato de la Iglesia católica. Para eso, precisamente para eso, estaban los confesionarios...

Muy pronto quedaría en claro que no sólo la Iglesia, el sector más reaccionario y retardatario de la sociedad mexicana, el que se reunía en La Profesa, deseaba en aquellos momentos la independencia. A finales de 1820 por primera vez casi todos los sectores sociales de la Nueva España coincidían en aspirar a ella. En 1820 juraron la Constitución todas las autoridades civiles, militares y eclesiásticas, así como los colegios y las comunidades religiosas de uno y otro sexo, y el día 9 de junio fue señalado para celebrar solemnemente la proclamación del código político. El 11 se celebraron misas solemnes en las catorce parroquias, en cuyo acto juró también la concurrencia que asistió a cada una de ellas. Los planes, en apariencia, se desarrollaban a la perfección, la Iglesia, invariablemente hipócrita, mostraba su adhesión a la Carta de Cádiz. Se acordó la libertad de imprenta y empezaron a circular diversas publicaciones en la capital, así como en las provincias interiores. Mientras tanto, las Cortes instaladas en Madrid iniciaban la Reforma Eclesiástica dictando, entre otros decretos, los referidos a la expulsión de la Compañía de Jesús y la supresión del fuero eclesiástico y de las órdenes monacales. La batalla anticlerical estaba declarada en España. Sus razones tendrían también en la península.

Los diezmos se reducirían a la mitad y se mandaría vender todos los bienes raíces rústicos y urbanos pertenecientes al clero, así como las fábricas, propiedad de la misma Iglesia.

Todo parecía indicar que las instrucciones de Madrid serían acatadas a rajatabla. Es decir, se aplicaría en todos sus extremos lo dispuesto por la Constitución de Cádiz.

Para la sorpresa de propios y extraños, la libertad de prensa quedó afianzada por el virrey, quien exhortaba a los escritores a usarla moderadamente en bien del gobierno y de la nación. Todo parecía ser miel sobre hojuelas. Por otro lado, Guerrero continuaba levantado en armas en las sierras del sur y solía poner en graves aprietos a las tropas virreinales, capitaneadas por Armijo, quien con el paso del tiempo empezaba a caer de la gracia de Apodaca. Iturbide, por su parte, me comentaba, una y otra vez, la importancia de llegar a un acuerdo definitivo con los insurgentes sin derramamiento de sangre. En el fondo, él pensaba lucrar políticamente con Guerrero, de tal manera que éste renunciara a la utilización de las armas y cuando esto se diera, le arrebataría todo el crédito político, de tal manera que cuando se pudiera formar finalmente el Ejército Trigarante, Iturbide fuera el gran capitán, el capitán general, el generalísimo dueño de la situación que entraría a la ciudad de México, dejando en claro quién detentaba toda la autoridad. De sobra Iturbide había averiguado la personalidad de Guerrero y había descubierto que era un hombre ignorante, prácticamente analfabeto, que desde luego carecía de la talla y de los tamaños de un Hidalgo, de un Allende y ya no se diga de un Morelos. Iturbide sabía y pensaba de Guerrero que no pasaba de ser un pobre diablo al que podía convencer para que se retirara de la sierra y concluyera la independencia, para luego él manejar a su antojo cualquier otra situación.

Claro que a Iturbide le molestaba la democracia, cualquier argumento en torno al México liberal le podía sacar ronchas en el cuerpo. No creía en la democracia ni en la república como la de los Estados Unidos, ni pensaba que la Nueva España se pudiera organizar constitucionalmente como aquel país y de sobra sabía que México no estaba listo, ni siquiera medianamente, para la libertad. Se requería la figura de un hombre fuerte como lo habían sido los virreyes o, en su momento, los tlatoanis, para que no se perdiera el control de la situación. ¿Quién sería el nuevo virrey o quién sería el nuevo tlatoani de aquellos años? Evidentemente Iturbide, quien trataría de instalarse como el emperador del México que estaba por nacer.

Los acontecimientos se sucedían precipitadamente. Yo no dejaba de reunirme con Matías Monteagudo para conocer de cerca su pensamiento y tratar de influir en él. Trabajaba intensamente en la campaña. Le aconsejaba sugerirle al virrey Apodaca la sustitución de Armijo por Iturbide como director militar de todo el movimiento. Monteagudo había recabado previamente la opinión de una parte de la jerarquía católica para estar en posibilidad de solicitar al virrey este cambio, cambio que evidentemente se logró con una gran celeridad e Iturbide quedó ya proyectado como el jefe máximo de los ejércitos realistas, para combatir a Guerrero, de la misma manera en que años atrás Calleja había hecho lo propio en contra de Hidalgo y también en contra del propio Morelos. A continuación Calleja sería ascendido a virrey, de la misma manera en que ahora Iturbide pensaba que sería ascendido a emperador, de llegar a triunfar todo el proyecto político.

Si bien es cierto que diferentes sectores protestaron en contra del nombramiento de Iturbide por cruel, salvaje y corrupto durante los años de la insurgencia, también es cierto que Monteagudo desmintió y suavizó estos cargos para que pudiera ser nombrado el principal capitán del ejército realista a las órdenes de Su Majestad. Espero que la historia en el futuro recoja el papel que jugó Monteagudo en todos estos hechos y que la Iglesia no logre esconder la eficiente gestión desempeñada por esta parte de su jerarquía que influyó de manera determinante en los acontecimientos.

De la misma manera en que yo tenía largas conversaciones con Monteagudo y ponía en su mano las cartas de Iturbide, también sostenía reuniones con el propio Apodaca en el palacio virreinal, para darle noticias de la marcha de los acontecimientos. Apodaca me daba instrucciones que retransmitía a mi vez a Iturbide o informaba de ellas al propio Monteagudo, quien coordinaba las tareas por el lado clerical. Así me convertí en embajadora del virreinato y del alto clero para coordinar las actividades orientadas a lograr finalmente la independencia de México. No dejó de sorprenderme la alegría que le produjo a Iturbide el conocer por mi propia boca que había sido nombrado jefe de los ejércitos realistas para combatir a

Guerrero. Supo agradecérmelo de mil maneras, tanto con obsequios caros como con amor, con pasión y con júbilo.

Iturbide, fiel a su estilo, le exigió enormes recursos a Apodaca para poder financiar el movimiento, además de los generosos donativos pagados por las diferentes arquidiócesis del país. Como nada parecía ser suficiente y en la guerra y en la política vulgar todo se vale, asaltó las conductas y los convoyes con cientos de miles de pesos, propiedad de los comerciantes de Filipinas y de China. ¿Todo ese esfuerzo para derrotar al desnalgado y olvidado Vicente Guerrero? Bueno, amigas, el que parte y reparte se queda con la mejor parte...

Es muy claro y se lo mencioné a Agustín cuando terminamos de darnos una buena cantidad de arrumacos y él se dirigía a tomar un baño de tina, que si no hubiera estallado en España la revolución de 1820, él habría pasado el resto de sus días como un hacendado, o según yo le insinué, como un humilde robavacas en lugar de aspirar a ser el primer emperador de México. Es evidente que si el rey no hubiera sido obligado a jurar la Constitución y no se hubiera integrado un gobierno liberal en España, Iturbide hubiera terminado recogiendo huevos en sus granjas, cortando maíz, montando a caballo, contando chiles o, en el mejor de los casos, vendiendo la leche de sus vacas.

Iturbide había pensado que iba a ser muy simple derrotar a Guerrero, tanto porque carecía de un ejército entrenado, como por la ausencia de recursos financieros. ¡Oh, sorpresa!: los herederos de Morelos, de Hidalgo y de Allende tenían mística y esta mística era igual o más poderosa que los cañones realistas. Agustín, mejor conocido como *el Dragón de Hierro*, fue derrotado por Guerrero en el Cerro de San Vicente, en Chichihualco, en Totomaloya y en Zoyatepec. Los triunfos insurgentes orillaron a Iturbide a negociar la paz lo antes posible, antes de que el virrey y la Iglesia le perdieran la confianza y el proyecto se viniera abajo. Pensó en las gestiones diplomáticas, en los acercamientos respetuosos y civilizados antes de caer en el ridículo. Si se trataba de conquistar la independencia de México, ¿por qué no sentarse a hablar? Comenzaron, entonces, el intercambio de cartas y la infiltración de representantes realistas en las filas insurgentes.

Si bien es cierto que los dos deseaban independizarse de España por una u otra razón, lo cierto es que Guerrero no solamente proponía el rompimiento de los vínculos políticos con España, sino que además deseaba hacer una revolución económica en México, según las enseñanzas, las directrices y los conceptos revolucionarios liberales, tanto de Hidalgo como de Morelos. ¿De qué servía la independencia de México si seguiría vigente el mismo sistema de explotación de todos los nativos, de los indígenas, de los aborígenes? ¿De qué servía si la Iglesia seguía siendo propietaria de más del cincuenta y dos por ciento de la propiedad inmobiliaria del país y además siendo titular de financieras, de bancos, de hipotecarias, así como de fincas rústicas y rurales? ¿De qué servía la independencia si la Iglesia tenía el control político y espiritual del país? ¿De qué sirve la independencia si seguían las guerras de castas en todo el país y los indígenas no tenían acceso ni a los tribunales, ni mucho menos a las escuelas? La independencia no era nada más el rompimiento de los lazos políticos con España, no, qué va, sino que se trataba de devolver a los mexicanos su país, que les había sido arrebatado por los españoles a partir de la caída de Tenochtitlan en el siglo XVI. Era imperativo devolverle la dignidad a los mexicanos, y no sólo la dignidad, sino también su patrimonio, y no sólo su patrimonio, sino también su cultura, su educación, su derecho a gobernarse a sí mismos de acuerdo con sus propios intereses.

Iturbide estaba inmerso en una auténtica trama diplomática para lograr todos los acuerdos con Guerrero. Muchos han tenido por cierto que Iturbide se reunió con Guerrero antes de la publicación del Plan de Iguala, pero esto es falso: Guerrero nunca logró tenerle tanta confianza para concederle una entrevista porque temía justificadamente una traición que lo hubiera conducido al cadalso. Las conversaciones entre representantes de ambos mandos pronto dieron resultado. Ambos aprobaron un protocolo para lograr la independencia de México. Guerrero cayó en el engaño porque en nada se parecía la independencia que buscaba Iturbide a la que buscaba el último reducto insurgente. México, el nuevo México, acababa de nacer sobre la base del engaño. Ya habría tiempo para demostrarlo.

Con el acuerdo de Guerrero en las alforjas del caballo, Iturbide redactó el Plan de Iguala, que establecía la independencia de México de España sobre la base de que se aceptara la religión católica, apostólica y romana, sin tolerancia de alguna otra. ¡Claro que también se garantizaban las propiedades y fueros del ejército y del clero! No faltaba más, ¿no? ¿No quedaba claro cuál era la injerencia de la Iglesia católica en toda la trama?

Todos serían ciudadanos sin distinción de razas; se garantizarían los empleos con arreglo a la capacidad y méritos de las personas, que serían iguales ante la ley. El futuro gobierno sería una monarquía constitucional moderada. Para dirigir al nuevo país en lo que llegaba un príncipe Borbón a ocupar la corona, se crearía una junta gubernativa y, posteriormente, una regencia que se encargaría de gobernar en lo que se elegía al nuevo emperador.

Finalmente, exhortaba a los insurgentes a incorporarse al Ejército Trigarante, cuyo líder era Agustín de Iturbide y, claro está, Guerrero ni aparecería. La independencia se lograba después de siete meses de lucha. ¿Lucha? ¿Cuál lucha si apenas se habían llevado a cabo cuatro escaramuzas? ¿Cuál guerra si todo se había reducido finalmente a una negociación con los insurgentes, a quienes Iturbide haría desaparecer gradualmente de todo escenario por apestosos, pobres e ignorantes, como la gran mayoría de los mexicanos después de trescientos años de Colonia?

Luego se dijo que hubo un abrazo en Acatempan entre Iturbide y Guerrero, que sellaría para siempre la independencia de México. Nada más falso. En primer lugar, nunca se reunieron en Acatempan, sino en Teloloapan, por el camino que conduce a Ecatepec. El ejército insurgente, compuesto de cuatrocientos hombres vestidos y el resto francamente encuerado, debilitado, enfermo y muerto de hambre, ascendía a una fuerza de mil ochocientos hombres. Cuando Agustín vio a Guerrero, enfermo del mal del pinto, se negó a abrazarlo, y no sólo a abrazarlo, sino que ni siquiera le extendió la mano por temor a sufrir un contagio. Guerrero salió de esa reunión sin quejarse por no haber podido estrechar la mano de Iturbide, pero además convencido de que finalmente se lograría la libertad de toda América.

—Métete en la tina conmigo, güereja horrible —gritó Agustín desde la sala de baño.

Yo estaba adormilada como una felina que descansa bajo la sombra de un árbol después de la cacería. No estaba para levantarme ni para mojarme, menos aún si corría el peligro de que se deshiciera mi peinado en el agua. ¡Qué horror! Ni hablar...

—Mejor ven tú, rey, y aquí te hago piojito donde tanto te gusta...

De pronto Agustín de Iturbide apareció enfundado en su bata blanca. Se alineaba el cabello recién secado con los dedos. Sí que era un hombre galante y atractivo. Los jinetes tienen el vientre plano y las piernas macizas, son atléticos y saben someter a las bestias rebeldes con don de mando y determinación. No se dejan. Me encanta. No tolero a los hombres que se abandonan físicamente. Ahí estaba de pie, a mi lado, este coloso llamado a ser el emperador de los mexicanos y yo, por supuesto, su emperatriz. Giré a un lado de la cama para contemplarlo en todo su esplendor. Le pedí que se acercara. Más, más cerca, más... Entonces, como toda niña curiosa, introduje mi mano santa bajo la tela para dar con su bastón de mando. De inmediato me respondió tensándose orgulloso y altivo. Era un nuevo homenaje a mi persona. Él cerró los ojos dejándose hacer. Me fascinaba observar su rostro de placer cuando manipulaba sus partes nobles.

—¿Es cierto que no le quisiste dar la mano a Guerrero cuando lo conociste porque tenías miedo a que te contagiara el mal del pinto?

—¿Verdad que escoges el momento más inadecuado para preguntarme esas sandeces, güerita? —repuso en tanto arrojaba la bata al piso y me empujaba hacia el centro de la cama para abrazarme por la espalda. Sus manos cubrieron de inmediato mis senos mientras me besaba la espalda.

—Dime —insistí morbosa.

—Dime, ¿qué...? ¡Demonios!

—Demonios, nada, chulito: ¡contesta!

Sin dejar de acariciarme ni de recorrerme a su antojo, a regañadientes me confesó que Guerrero era un negroide, de estatura mediana, tirando a baja, que daba lástima verlo y no sólo lástima, sino asco, porque a saber cuánto tiempo llevaría sin bañarse perseguido a media sierra, y además parecía estar cambiando de piel, cual era el mal del pinto.

—Ahora vas y le das la mano y de inmediato te revisas para ver si todavía tienes los cinco dedos —explotamos en una carcajada.

¡Qué ingenioso era Agustín! Lo importante era que, por la vía de la comunicación, habían llegado a un acuerdo, a la deposición de las armas, se había logrado la pacificación de la Nueva España después de un par de escaramuzas.

¡Qué fácil había sido la independencia!: un falso abrazo o un encuentro o lo que fuera a media montaña y había nacido un nuevo país sin que se dispararan más que un par de tiros. No había sido necesaria una guerra como la emprendida por Allende o Morelos. Cuando la Iglesia decidió el nacimiento de un nuevo país todo resultó en extremo sencillo y simple, aduje sin que Agustín me contestara porque obviamente estaba inmerso en actividades mucho más atractivas. No era hora de hablar de política. Era evidente.

Giré entonces para encararlo. Lo tomé por el pelo y le sacudí la cabeza como si se tratara de un chamaco malcriado al que había que reprender.

—A las niñas no se les toca ahí, bribón.

—¿Dónde, tú? —cuestionó el muy fresco.

Convertida en amazona salté y me senté encima de él inmovilizando sus manos con las mías. Sonreía con una juvenil altivez. Comenzó entonces a mover las piernas y a volverme loca. El hombre respondía en cualquier circunstancia. Como el domador de caballos, me ajusté lo más que pude a su cintura antes de rodar a un lado de la cama. Dejé caer todo mi peso sobre él. Logré que se excitara aún más y que insistiera con suave violencia en el juego. De golpe me soltó las manos y me sujetó del cabello atrayendo mi cabeza hacia sus labios, ¡qué labios! Nos besamos como si fuera la primera vez. ¡Cómo deseaba que jamás se acabara esta magia que el tiempo había extinguido con mis anteriores amantes! ¡Que el amor fuera eterno! Agustín me invadía frenéticamente con su lengua y yo con la mía. Me invadió toda, nos invadimos, nos atrapamos ferozmente como si fuéramos a emprender un largo viaje por los cielos, nos sujetamos firmemente el uno a la otra, nos acicateamos, nos aseguramos, nos retuvimos, nos sostuvimos, él tomándome por las nalgas y yo asiéndome de sus hombros, nos contuvimos mientras cabalgábamos y ascendíamos en dirección al espacio, gemimos, deliramos, balbuceamos, nos agarramos con más fuerza aún, nos agarramos firmemente, nos sostuvimos, nos atrapamos, nos enganchamos, nos trabamos, nos encadenamos hasta que en medio de lamentos, bufidos, arañazos, súplicas, gemidos, gimoteos, quejidos y suspiros nos desencadenamos y yo caí rendida sobre su pecho, sólo para escuchar su corazón que amenazaba con estallar en cualquier momento. Estábamos empapados, fatigados, exangües. Cuando empezaba a reír de satisfacción rodé a un lado de la cama en espera de que me volviera a abrazar. Las mujeres esperamos esta última muestra de amor genuino para no sentirnos usadas. Como corresponde a un amante celoso, no tardó en atraparme por la espalda, tal y como habíamos comenzado.

Una vez recuperada la respiración y la paz, decidí incursionar en el tema que, sin duda, justificaría mi existencia. Yo estaba decidida a convertirme en la primera emperatriz de México, el nuevo país, la nueva esperanza, adiós, adiós para siempre a la Nueva España. Yo sería María Ignacia Xaviera Rafaela Agustina Feliciana Rodríguez de Velasco Osorio Barba Jiménez Bello de Pereyra Fernández de Córdoba Salas Solano y Garfias, emperatriz de México. Sí, señor, emperatriz de México. Sí, ¿y qué? ¿Cómo lograrlo si Agustín estaba casado y además tenía un número interminable de hijos? ¿Cómo obtener el éxito? Yo tenía un plan. Conocía de cerca los caminos laberínticos de la única autoridad que podría oponerse a mis deseos: el clero católico. Una vez convencida la alta jerarquía, todo sería coser y cantar. Sólo que para echar a andar mi estrategia requería la venia de Agustín porque mi táctica requería mucha pericia, tacto y ajustar hasta los últimos e íntimos detalles. La maniobra era delicada porque se trataba de hacer arrestar nada menos que a Ana Huarte, la esposa de mi amado, la madre de sus hijos.

Aproveché entonces ese delirio somnoliento que se da después del amor para plantear mis deseos. Todavía no me había encontrado a alguien que no me los concediera.

—Agus...

—Mmmm.

—El día que te nombren emperador quiero que coronemos nuestro amor.

—Nuestro amor lo coronamos todos los días, Güera, ahora mismo lo acabamos de coronar, ¿no?

—No me refiero a eso, príncipe —me acercaba yo sigilosamente pasando a la báscula cada palabra.

—¿Entonces...?

—Quiero que el día que desfile del Ejército Trigarante por la ciudad de México, desvíes toda la marcha para que pase enfrente de mi casa y...

—Concedido —contestó entusiasmado sin dejarme concluir.

—Y algo más...

—Ordena, reina...

—Quiero que te detengas, que te apees de tu caballo, que entres a mi jardín y cortes una rosa, que subas a la terraza desde la cual yo contemplaré los acontecimientos y de rodillas ante mí, te arranques una pluma de tu sombrero y me entregues flor y pluma ante el pueblo de México.

—¿No estás exagerando algo, güerita?

—No, los hombres enamorados deben satisfacer todos los caprichos de sus mujeres; tú, ¿estás o no enamorado?

—Lo estoy...

—Pues entonces demuéstralo.

—Te lo demostraré, cuenta con ello.

—¿Eres incondicional? —antes de que pudiera contestar tomé instintivamente su mano izquierda y la acomodé delicadamente sobre mi seno. Él consintió sin imaginar mi propuesta—. Quiero —aduje ya sin más, guardando la respiración— que nos coronen juntos...

Fue demasiado. Saltó sorprendido alegando que él no tenía pensado ser emperador salvo que lo exigiera el pueblo de México y por lo que hacía a la coronación conjunta no debía perder de vista que él estaba casado y tenía compromisos con su mujer, con la Iglesia, con Dios, con su moral y con la gente.

—Tu planteamiento no tiene sostén, Güera, no veo cómo lograrlo —respondió sentado en la cama y con el cabello totalmente alborotado. Tenía un pecho imponente.

—Lo importante, y comencemos por el final —intercepté la perorata recargando la cabeza en las almohadas y cubriéndome el cuerpo con las sábanas— es que estés de acuerdo en verme no sólo como tu reina personal, sino como tu emperatriz. Concretamente, príncipe: ¿te gustaría o no que yo fuera tu emperatriz sobre la base de que no hubiera obstáculos por vencer? ¡Contesta esa pregunta antes de continuar la conversación!

En ese momento se puso de pie y arrancó la colcha para envolvérsela en la cintura y dirigirse a la ventana. No hablaba. Masticaba sus ideas.

—Si tienes tanto que pensar, dejémoslo —repliqué sabedora de que las discusiones se ganan desde los extremos.

—No es tan fácil, mujer —repuso al voltear a verme.

—Antes me decías güerita y no mujer —arremetí para no perder espacios. Me percataba de todo. Era un lance a muerte.

—Perdón, güerita linda, perdón...

—No me hables de otra manera y menos en estas circunstancias, sol...

—Se te olvida que estoy casado y que el divorcio no me lo darán nunca.

—No te pregunté nada de eso, príncipe, te pregunté si querías que nos coronaran conjuntamente, si estabas de acuerdo en que yo fuera tu emperatriz: respóndeme eso, por favor, de otra suerte estamos perdidos.

—¡Claro que me gustaría! ¿Cómo negarlo? Eres la mujer de mi vida y bien que lo sabes, sólo que eso de ser emperador no sé de dónde lo sacaste...

—¿Entonces no quieres llegar a serlo?

—Sólo si el pueblo me lo exigiera...

—No estás en un acto de campaña dirigiéndote a huarachudos y sombrerudos, Agus, sólo te lo recuerdo: ¿quieres o no quieres?

—Sí, sí quiero, a ti te lo confieso y no sólo quiero sino que muero por un cargo así. Me lo merezco, soy el Padre de la Independencia, les guste o no a muchos. Soy quien finalmente está rompiendo con España, quien está liberando a la Nueva España de la Madre Patria. Allende e Hidalgo y Morelos fracasaron. Yo lo he logrado —agregó volteando con gran energía hacia la cama, buscando mi mirada cómplice—. ¿Quién tiene un derecho superior al mío? ¿Quién..? Sólo que nadie debe saberlo...

—Entonces manos a la obra, príncipe...

—¿Cómo que manos a la obra? —repuso confundido.

—¡Claro, amor!: deshagámonos de Ana, tu esposa... Comencemos por ahí.

—¿Matarla? ¿Y mis hijos? ¡Nunca me lo perdonaría!

—No, claro que matarla no —me escuchaba de pie sin parpadear—, el plan consiste en recluirla en un convento.

—¿Con qué cargo?

—¡Adulterio!

—¿Adulterio Ana?, pero si reza todo el día, desde el rosario al padrenuestro. Es incapaz de mirar a cualquier hombre que no sea su padre, sus hijos o yo, es imposible.

—¿Me dejas? —interrumpí abruptamente, para dar una imagen de solvencia y seguridad.

—Sí, habla.

Le dije entonces que yo falsificaría una carta escrita supuestamente por Ana y que iría dirigida a un amante de ella. La misiva, llena de contenido carnal y de sugerencias amorosas, iría a dar al escritorio mismo de la Inquisición, de donde emanaría de inmediato una orden de enclaustramiento en un convento fuera de la ciudad. Ella quedaría incomunicada durante largo tiempo y sería feliz en su abnegación de monja.

—¿Y mis hijos? —cuestionó Agustín de inmediato. —¿Quién los atenderá?

—Una institutriz, pero despreocúpate, sólo durante el tiempo que me lleve gestionar tu divorcio por infidelidad. Tan pronto concluyeran los trámites, ella volvería al hogar.

—Pero es una barbaridad...

—¿Te atreves? Todo será muy rápido. Nos casaremos y yo seré tu emperatriz siempre fiel —concluí dejando escapar un suspiro apenas perceptible.

—Es diabólico —me dijo lanzando una mirada saturada de furia.

Me sentí confundida. Creí que ya teníamos una relación sólida, habíamos elaborado tantos planes juntos, que estábamos listos para estructurar un futuro conjunto.

—¿Cómo que diabólico?

Cuando ya me preparaba para vestirme y dar por terminada una relación con futuro, Agustín estalló en una carcajada y saltó encima de la cama para abrazarme. Mientras me abrazaba sólo repetía:

—Es una genialidad, una genialidad, amor mío, amor de mi vida. ¿Cuándo empiezas con la ejecución de tus planes?

—Hoy mismo —repuse altiva y satisfecha—. Sólo recuerda que, como todo en la vida, los tiempos son vitales, y perdóname que hable en plural ya en este momento de las aperturas y de las confesiones, pero tenemos que escoger el momento idóneo, la coyuntura perfecta, para lograr nuestros objetivos. Si nos precipitamos, moriremos —morirás, dije para mis adentros: si esto fracasa se lanzarán en contra del emperador... Yo podría esperar un breve destierro o la benevolencia del virrey o de quien fuera. Son incontables, como lo dije, los recursos de una mujer hermosa, ¿o no, amigas?

Después de aquel día, cuando casi pude sentir la diadema de emperatriz ceñirse sobre mi cabeza, los desenfrenados acontecimientos que estaban por desatarse dieron un repentino giro a mis planes. Mientras se sucedían las adhesiones al Plan de Iguala por todo el país, el virrey Apodaca, presionado por Madrid, declaró a Iturbide fuera de la ley. Las cosas tenían que continuar como en el pasado. Nada de independencia ni de congresitos ni de juntas gubernativas ni regencias. El rey seguía siendo Fernando VII. ¡Se acabó! Y la Nueva España seguiría siendo la misma Nueva España y se volvía a acabar. Punto. El gobierno de la capital rehusó las propuestas, ofreciéndole a Agustín un indulto y además una buena cantidad de dinero y una graduación superior a la que tenía, siempre y cuando renunciara al mando militar y arribara de nueva cuenta la paz. Evidentemente, Apodaca no creía en esta realidad, ni en esta petición, ni en esta sugerencia. Él, en realidad, estaba dominado por el miedo y sabía que tarde o temprano Iturbide se saldría con la suya.

La gota que derramó el vaso se dio el 28 de junio de 1821, cuando Iturbide entró a Querétaro, la última plaza que tomaban las fuerzas realistas. Una paradoja de nuestra historia, ¿no? La consecuencia directa fue la deposición inmediata del virrey Ruiz de Apodaca mediante un golpe de estado. Era acusado de timidez, incapacidad e ineficiencia en la defensa de los intereses virreinales. La remoción violenta favorecía a Iturbide, aunque también, paradójicamente, al mismo Apodaca, mejor conocido como *el Conde del Venadito*, pues en caso de que cayeran Durango y Puebla, como cabía esperar, se evitaría la vergüenza de ser él quien entregara la capital del imperio español a las fuerzas independentistas o realistas o como se llamaran. ¿Eran un ejército rebelde como el de los insurgentes? No, claro que no, eran las mismas tropas del virrey las que, en lugar de defender los intereses coloniales, los atacaban. ¡Menuda independencia!

Es muy significativo, a este respecto, el hecho de que al enterarse del golpe de estado, el propio virrey Apodaca experimentara una verdadera alegría de que se le fabricase un puente de plata para hurtar el cuerpo a tantas dificultades... y besó y abrazó a quien le daba la noticia.

Cuando Juan O'Donojú, el último virrey de la Nueva España, e Iturbide se entrevistaron y el primero se percató de la gravedad de la situación, que la causa del virreinato estaba perdida, y en realidad los propios realistas, el ejército del rey era el que encabezaba la rebelión, ¿cómo defender ya nada? O'Donojú decidió suscribir el

Tratado de Córdoba. Las instrucciones de O'Donojú no preveían en ninguna de sus partes la firma de un tratado con Iturbide que estableciera la creación de un Estado independiente y soberano bajo una monarquía constitucional moderada, en términos de los preceptos del Plan de Iguala. El mismo O'Donojú, jefe político, aceptó el cargo de presidente de la Junta Provisional Gubernativa. Por lo demás la idea de que las cortes del nuevo imperio pudieran elegir libremente al monarca mexicano, por supuesto que fue idea del obispo Pérez, de Puebla, sin duda el gran ideólogo de la maniobra que se estaba consumando y uno de los más cercanos colaboradores y sostenedores económicos de la empresa de Iturbide.

El obispo Pérez había sido diputado de las Cortes de Cádiz en 1812, pero artera y chapuceramente, ya estando en España, dio la espalda al orden constitucional y se sumó al famoso Manifiesto de los Persas, mediante el cual se pedía al rey Fernando VII el restablecimiento del absolutismo. Pues bien: una vez derrocado el régimen absolutista y restaurado el constitucional, el gobierno de Madrid ordenó la aprehensión del obispo Pérez. Salvada la libertad se dio entonces a la tarea, como hemos dicho, de apresurar la independencia de México, naturalmente para salvar el pellejo, pero también, y sobre todo, para mantener intactos los privilegios de la Iglesia, lesionados gravemente por la Constitución e impedir que los reyes españoles pudieran nombrar a los arzobispos, obispos y demás beneficios eclesiásticos en el nuevo país. La alta jerarquía católica apoyó la consumación de la independencia no sólo para eludir las reformas anticlericales de las cortes, sino también para desprenderse del patronato.

Después de publicado el Plan de Iguala y suscrito el Tratado de Córdoba, se facultaba al Congreso para que en caso de haber candidato al trono, el mismo Congreso lo designara entre los mexicanos, otra idea del obispo Pérez concebida para encumbrar a Agustín como el futuro emperador de México. Unos, como siempre, podrían compartir el punto de vista, y otros discrepar de él. Yo no estaba de acuerdo con su encumbramiento tan repentino y violento. En la vida y en el amor se deben respetar los tiempos y Agustín, obvio era, se estaba precipitando, sólo que yo no era ni soy titular de la verdad. Bien podía estar equivocada en mis conclusiones, las que, por otro lado, compartía con la jerarquía católica, que, justo es decirlo, casi nunca se equivocaba. Agustín, decían, tenía que haber dejado respirar al nuevo país, al México independizado para advertir de dónde salían las fuerzas políticas del futuro, cómo respondía la nueva nación, hacia dónde se orientaban los protagonistas de todas las facciones y grupos. Antes de tomar alguna decisión resultaba inevitable observar, analizar, medir, sopesar y ponderar el futuro, las posibilidades de éxito: la maduración de las clases determinantes en el proceso, los intereses creados, los compromisos adquiridos y por adquirir, las respuestas sociales, las rivalidades existentes entre los grupos políticos, las tendencias de las ideas modernas, en fin, no era posible decidir el futuro de México sin estudiar detenidamente las tendencias hacia donde se orientarían los herederos —si es que se les podía llamar de esa manera— de la Colonia, una organización que había logrado subsistir, para bien o para mal, después de trescientos años.

Yo podía apostarle todo a Agustín y perder o ganar, aunque pareciera una auténtica perogrullada. ¿Qué pasaría si reventaba mi relación con él al constatar que los borbonistas no lo apoyarían porque soñaban con un emperador como Fernando VII o cualquiera de sus descendientes? Los españoles absolutistas lo aplastarían porque rechazarían a un criollo en el trono de México, sólo aceptarían a un peninsular de la casa real. La violencia entonces se impondría. Los liberales no querían ni oír de los borbonistas ni del clero retardatario y perverso, y pedirían la independencia incondicional de España. Nada con la corona y nada con los realistas. Los iturbidistas, también divididos, buscarían vincularse unos con la causa borbónica y otros con el imperio de reciente creación, lo anterior sin olvidar a los masones que en apariencia se inclinarían, con sus debidas excepciones, a la vertiente liberal. Todos contra todos, ¿o no? Si había sido relativamente sencillo acabar con la administración española, no lo sería sustituirla por otra en la que las mayorías, infectadas por la Revolución francesa y la Independencia de Estados Unidos, pudieran aportar una fórmula de convivencia de la que se obtuviera una conformidad masiva.

¿Cuánto duraría el imperio si nadie o casi nadie estaba de acuerdo en la fórmula para sustituir a la corona española? Cada facción tenía su punto de vista y estaba dispuesta a hacerlo valer con todo el furor del temperamento hispano. ¿Y los indios? ¿Quién tomaba en cuenta a los indios si habían sido sometidos y anulados trescientos años antes? Ellos, los dueños del país, como me he cansado de repetir, no tenían ni voz ni voto. Había borbonistas, iturbidistas, masones y liberales, todos de piel blanca y alfabetizados: los prietos ignorantes y borrachos, además de haraganes y flojos, no contaban. La Iglesia los había ayudado a resignarse pidiéndole favores a la virgen de Guadalupe, favores que obviamente jamás recibirían. La idiotización de las masas había resultado un éxito. Los líderes conducían a las mayorías como al ganado, con chiflidos y balazos, cohetes y pulque, deidades y culpas, para someterlos a sus designios. Cada día el clero inventaba una nueva «patroncita» para dominarlos y secuestrarlos, otra virgen para distraerlos de las miserias de la vida prometiéndoles gratificaciones en el más allá, mientras los sacerdotes se beneficiaban con sus limosnas en el más acá. Perfecto, ¿no?

Sepultada en dudas, en advertencias de Monteagudo y seguidores, después de observar la realidad y las perspectivas a futuro, muy a pesar de la evidencia, decidí apoyar a Agustín. Me podía arrepentir más de lo que no me había atrevido a hacer que de lo hecho. Tenía que decidirme y me decidí por el amor, por Agustín. Jamás volvería a tener, bien me lo sabía, la oportunidad de convertirme en la próxima emperatriz de México. Dándole la espalda a mi amante me cerraría las puertas al gran mundo, una oportunidad que no se repetiría. Si todo fracasaba y lo llegaban a derrocar o hasta fusilar, en ese caso lo derrocarían, como sigue, y lo fusilarían pero sólo a él. Mis carnes, en todo caso, quedarían intactas al igual que mi patrimonio. De modo que, ¿a qué le temía, qué, a ver, amigas, qué tenía qué perder? ¿Ser emperatriz o no serlo? ¿Eso era todo? Entonces: ¡cartas! ¡Juego!

Todo comenzó cuando redacté una carta copiando la letra y acercándome a la manera de pensar, si es que se puede llamar de alguna manera, de Ana, la esposa de Agustín. Ella, de acuerdo a los planes, se dirigiría por escrito a un amante inventado por mí. Ana, según Agustín, era incapaz de tener el menor pensamiento libidinoso. Pobrecilla: nunca entendió nada de la vida. ¡Qué aburrida existencia! Un burro maicero es más divertido. La carta iría a dar al piso de su habitación, estaría descuidadamente en el piso, de donde la levantaría una sirvienta sobornada por mí a través de terceros. La criada se la entregaría a su confesor y el confesor la haría llegar al tribunal de la Santa Inquisición. El tribunal la haría arrestar por adúltera a pesar de que ella invocara su relación con el generalísimo. Sin más trámites sería enclaustrada, no encarcelada, en un convento, en el que tendría toda la oportunidad de purgar sus pecados y de confesarse todas las veces necesarias ante Dios. La segunda parte sería a cargo de Iturbide, quien, sin culpas, trataría de cumplir con mis instrucciones.

¡Claro que en esa coyuntura yo ya no esperaba a que Agustín saliera de la tina ni que me volviera abrazar en mi casa! Ya había pasado mucho tiempo y nos habíamos revolcado lo suficiente como para tener tiempo de pensar en cosas serias y mi futuro era un asunto sumamente serio. En lo que a mí respecta, fui siempre leal y noble, hasta que se dieron ciertos acontecimientos en los que dolorosamente pude comprobar que Iturbide, tal como había traicionado a los suyos, a sus inferiores y a sus superiores, no tardaría en hacerlo conmigo.

Si bien es cierto que Vicente Guerrero no ocultó su irritación cuando fue relegado a uno de los últimos lugares durante el desfile del Ejército Trigarante por la ciudad de México, no es menos cierto que su resentimiento y su rencor crecieron cuando Iturbide empezó a desconocer toda relación con los héroes de la pasada década de lucha por la independencia, eliminando de la vida política a sus supervivientes. Ni Guerrero, ni Bravo, ni Victoria, ni López Rayón, ni Verduzco, ni Quintana Roo llegaron a formar parte de la Junta Provisional Gubernativa que tendría funciones de órgano legislativo, mientras se reunía el Congreso Constituyente, encargado de editar la Constitución del Imperio Mexicano. Nada de los insurgentes originales, los padres originales de la independencia. En cambio, en la primera lista para integrar la Junta, no podía faltar el oidor Bataller, ni el inquisidor Monteagudo, defensores y consejeros incondicionales de Iturbide. La Junta de Gobierno instalada el 28 de septiembre de 1821 estaba compuesta por treinta y ocho aristócratas, O'Donojú, un obispo, dos canónigos, cinco eclesiásticos, cuatro marqueses, dos condes, doce ex funcionarios del virreinato, ocho militares realistas y tres grandes terratenientes. ¿Dónde estaba el pueblo dolorido? ¿Quién representaba a los desposeídos? ¿Quién defendería los derechos de los indígenas, de los aborígenes, de los mestizos, de los mulatos, aquellos que habían sufrido durante siglos el oprobio de la esclavitud y de la explotación? Quién, ¿nosotros los aristócratas? Quién, ¿los eclesiásticos? Quién, ¿los canónigos? Quién, ¿el obispo, los condes, los marqueses o los terratenientes? Quién, ¿dónde estaba acreditada la voz de la nación, de la nueva nación? Ningún marginado tendría voto, ni siquiera voz, en esta asamblea. Se designó entonces a los miembros de la regencia nombrando a Iturbide presidente y confiriéndole, además, el título de Generalísimo del Ejército. Iturbide consolidaba de esta manera su posición de jefe del Partido Militar Criollo que aspiraba al gobierno permanente del país. Agustín acaparaba la fuerza militar, la política y la espiritual a través del clero católico que lo perseguía como una sombra. Cuán satisfecho estaba el padre de que su hijo hubiera seguido el ejemplo de no prescindir jamás de la alta jerarquía, porque sin ella no se podría hacer absolutamente nada.

¡Claro que yo redacté la carta inventándole a Ana un amante! ¡Claro que fue a dar a los escritorios de la Santa Inquisición! ¡Claro que la encerraron en un convento! ¡Claro que pataleó y se desesperó exigiendo que hablaran con su marido para aclarar lo que consideraba un error! ¡Claro que de nada sirvieron sus amenazas e insultos! ¡Claro que hice bien mi trabajo! ¡Claro que la parte que me correspondió fue un éxito! ¡Claro que nos deshicimos de ella! ¡Claro que el desfile del Ejército Trigarante pasó enfrente de mi casa e Iturbide se apeó, cortó la rosa y me la entregó junto con la pluma de su sombrero! ¡Claro que cumplió su palabra! ¡Claro que ahora urgía acometer con pasión y talento el problema de su divorcio! A él le correspondía la segunda parte.

Agustín comenzó por visitar a la alta jerarquía católica en los ostentosos palacios arzobispales, en las catedrales y en las elegantes sacristías, para resolver la complejidad de su estado civil. Se trataba de decir que se había casado con una mujer infiel, indigna de su confianza, por más que fuera la madre de ocho hijos y que solicitaba el divorcio porque no podía permanecer atado a una mujer con esa reputación ni con esas liviandades, pésimos ejemplos para sus hijos. ¿Respuesta, como si hubiera sido pronunciada por un coro?

—Ni hablar, hijo mío: estás llamado a ser emperador y tu Iglesia, nuestra Iglesia, no puede tener a un emperador divorciado... Perdónanos, por el amor de Dios. Nosotros somos los tutores de la moral de la nación, somos la máxima autoridad espiritual de México y, como tal, debemos imponer el ejemplo.

¿Ejemplo?¿Cuál autoridad y ejemplo si me he acostado con toda esa pandilla de bandidos?, pensé sin poder expresarlo. Aunque cualquier buen escrutador de rostros hubiera interpretado mi mueca, Agustín ni lo hubiera podido lograr ni tenía la cabeza ni la atención para ello.

Ya quería yo ver que a mí me expusieran los mismos pretextos que a Agustín. Evidentemente que él había ocultado mi identidad en sus planteamientos de divorcio. No queríamos mostrar nuestro juego hasta que no fuera estrictamente necesario. Ahora lo era. Si yo quería ser emperatriz tenía que mostrar mis barajas y las mostré. Uno por uno, los integrantes del Tribunal de la Santa Inquisición fueron invitados a cenar a mi casa, no a merendar chocolate del Soconusco con churros, sino a disfrutar un banquete con vinos, carnes, quesos, ensaladas y postres de tentación. De no llegar a un acuerdo en la mesa recurriría a todas las armas guardadas en mi arsenal. Con un par de copas de champán y bailando con los altos prelados en mi sala, cuidando de no tropezar con sus sotanas, (estaba acostumbrada a hacerlo con hombres que invariablemente vestían pantalones), poco a poco me encaminaba con ellos a mi habitación, al lecho. Debo reconocer que las panzas de esos cerdos en ocasiones me daban asco, de la misma manera que su aliento, casi siempre pestilente, me producía náuseas. Sólo que quien quiera azul celeste que le cueste. Masticar un ratón vivo podía resultar más apetitoso que soportar las caricias de estos marranos en mis carnes principescas. Al día siguiente, todos fueron asegurando que verían con el máximo interés *mi asunto*. Parecía que habían memorizado a la perfección su papel y, créanme, lo representaban con maestría. Ninguno rechazó los generosos donativos que les obsequié, como buena hipócrita, supuestamente para su obra. Los recibieron con beneplácito a sabiendas de que tendrían un destino negro, tan negro como su cochina conciencia.

¿Resultado? De la misma manera en que uno a uno visitaron mi casa, mi salón, mi comedor y mi cama, uno a uno me hablaron de la imposibilidad de tener a un emperador divorciado, «Querida Güera, lo lamento... *Non possumus*, no podemos. De verdad, belleza, *non possumus, non...*».

Con el tiempo descubrí que no sólo no le dieron la anulación a Agustín porque no hizo el planteamiento con la debida energía, recurriendo a todo tipo de amenazas, sino porque el clero no me quería como emperatriz por mis antecedentes revolucionarios al lado de Allende y de Hidalgo. En concreto, no pensaban que sería una emperatriz confiable para la defensa de sus intereses, con el agravante de que mi influencia en el emperador, desde la cama, sería notoria. Por si fuera poco, y era cierto, yo sabía demasiado de ellos,

los conocía al derecho y al revés. La información secreta que yo detentaba podría llegar a convertirse en un arma devastadora y como dijo uno de ellos, el tal Monteagudo, «Si los alacranes ya pican en el suelo, entonces no les demos alas, ¿entendido?». ¡Cerrado el caso! No habría divorcio. La emperatriz sería la imbécil de Ana que, desde luego, asistiría embarazada.

El tiempo pasó y pasó, en tanto Agustín consolidaba el proceso de la Independencia. De hecho, escasamente nos veíamos y sólo cuando venía a la capital. Pocas ocasiones tenía para contarle los malos resultados de mis gestiones. No podía ocultar el terrible dolor y el daño que me producía el veredicto inapelable. De nada me serviría ir a Roma ni visitar a Fernando VII en caso de lograr las audiencias, porque ellos, esos monstruos de maldad, eran la máxima autoridad y verterían todas las mentiras imaginables para que fracasara en mi cometido. Ya sé que no me bajarían de prostituta, ramera, cortesana, meretriz, buscona, fulana, furcia, pupila, pelandusca, zorra, pingo, mesalina y hetaira, entre otras ridiculeces. La realidad es que estaba más muerta que los muertos. En esas circunstancias me encontraba cuando constaté las tendencias que conducirían a la imposición de Agustín como emperador, y yo hecha una idiota. Había perdido la apuesta más cara de mi vida. No podía ignorar que mi pasado me condenaba. Tarde o temprano tenía que pagar un precio. En esa difícil coyuntura, acostumbrada a que se cumplieran todos mis caprichos, me quedé desarmada y tirada sin fuerza a un lado del camino sin que nadie velara por mí. Sin embargo, un profundo y poderoso resentimiento en contra de Agustín se iba apoderando gradualmente de mí. Empecé a verlo como un traidor. Iturbide no se la había jugado por mí echando mano de todos sus recursos para que se cumplieran nuestros planes. Me sentí usada y desechada. Nuestras relaciones se habían tornado frías, mecánicas, tensas hasta llegar a la indiferencia. Siempre tenía prisa, tenía una cita, algo urgente, imprevisto, insoluble, un obstáculo repentino, «amor, no llegaré a cenar», «salgo de viaje», «estaré hasta muy tarde en el despacho», «no me esperes». Pretextos, pretextos y más pretextos... ¿Habría otra mujer...? Nada imposible en un garañón de sus tamaños. Mata más una esperanza que un desengaño, por ello decidí enfrentarlo al primer instante en que abriera la puerta y se quejara de algo nuevo para distraer mi atención e inspirar lástima.

—Perdón, pero hoy tus asuntos de Estado pueden pasar a un segundo término —me eché el mosquete al hombro, le apunté al centro de la frente y disparé sin más.

Giró sobre sus talones al dejar su sombrero en la percha y me encaró sorprendido. Nunca me había visto de esa manera.

Le dije que había sido un cobarde al plantear nuestro asunto, que no lo había hecho con la debida enjundia ni con el coraje necesario, que ello no era sino la prueba de que nuestro amor ya no le importaba, que antes estaban los asuntos del gobierno, que sus problemas recibían más atención que yo, que yo ya no era su prioridad, que no había tenido la suficiente ilusión de que lo acompañara en el trono el día de nuestra coronación, que de haberlo deseado con todo el alma lo habría logrado, que él no era un hombre que se dejara convencer fácilmente y que eso lo sabíamos ambos, que su derrota ante los curas era la mejor prueba de la escasez de su cariño, que unos tristes ensotanados no podían más que un futuro emperador, que yo ya me había convertido en un lastre para él, que mi edad podría también ya incomodarlo porque habría chicas de veinte años que podrían enloquecerlo mucho más que este triste conjunto de pellejos en los que me estaba convirtiendo... Soportó la catilinaria con estoicismo helénico hasta que hablé de la mujer joven. No resistió el impacto. Lo otro, de alguna u otra manera, ya lo había visto venir.

—¿Qué tiene que ver una mujer joven en todo esto? —preguntó, sintiéndose descubierto.

Por supuesto que no tenía ni idea de la existencia de otra persona en su vida y menos que fuera joven. Su respuesta lo delató.

—Ya se sabe...

—Ya se sabe, ¿qué? —adujo más atemorizado que enojado.

Horror, mientras más discutíamos más confirmaba mis sospechas. Yo lo había conocido apasionado, buscándome a cualquier hora de día y de noche con cuanto pretexto inventaba y ahora, si acaso, tenía encuentros furtivos. En muchas ocasiones habíamos dejado la botella de vino abierta y las copas intactas o porque se dormía en la mesa o se desmayaba en la cama ignorándome del todo. Y yo tan tonta que pensaba y me compadecía por los complejos problemas de la independencia, cuando en realidad se acostaba con mi propia hija Antonia, según lo supe mucho tiempo después.

¿Cómo lo descubrí? Pues hago un breve paréntesis en la narración para hacerles saber, querida amigas, que Ana, la esposa, la imbécil, los descubrió haciendo el amor, no besándose, sino calzones abajo y falda para arriba, en el propio Palacio de los Virreyes, en la sala donde despachaban los funcionarios españoles. La mujer se quedó atónita y se tapó la boca con la mano, mientras que Agustín se tapaba su mosquete, ya mellado, también con la mano, todo con la mano, reinas... Lo cuento porque ya pasó y hasta perdoné a Antonia. La realidad es que Ana vino a verme llorando para que yo la consolara porque a su juicio ahora nos burlaban a las dos y juntas podíamos consolarnos. No es posible tanta estupidez en un solo ser humano, ¿verdad? Repartidito se entiende, pero en una sola persona ustedes perdonarán, pero un carajo que se vale: ¡pendeja!

Si algún coraje le tenía a Iturbide por pusilánime, más temprano que tarde se convirtió en mi peor enemigo y como doña Josefa Ortiz de Domínguez también lo odiaba por traidor, tiempo después ambas sumaríamos fuerzas no sólo para derrocarlo, sino para que el Congreso dictara un decreto a fin de que cualquier mexicano pudiera fusilarlo sin consecuencias donde fuera, siempre y cuando diera con él en territorio nacional. La corona no sería para mí, ¿no?, pues yo ayudaría con todo mi poder e influencia para que la Corregidora y yo acabáramos o al menos aportáramos lo que fuera con tal de echarlo del gobierno. Razones sobrarían pero nosotras pondríamos nuestro granito de arena, sí que sí...

Así terminó mi conversación con Agustín después de la cual no volvimos a vernos, si bien yo contemplé la ceremonia de coronación en catedral:

—Se sabe que sales con una mujer muy joven —dije metiendo la aguja para sacar hebra.

—¿Sabes la cantidad de chismes que me van a armar los envidiosos que no me quieren en el poder?

—Envidiosos o no, te han visto con ella.

—A ver, dime, entonces, cómo es ella.

—Ves cómo si hay una ella, grandísimo mentiroso.

—Dime cómo es en lugar de gritar como una loca.

Traté entonces de inventar describiendo a una mujer como yo sólo que dos décadas más joven. No era consciente de que estaba haciendo el retrato de mi propia hija.

Iturbide palideció. Enmudeció. Yo no sabía lo que estaba diciendo ni podía medir el efecto de mis palabras. Para él era claro que yo ignoraba su relación con Antonia, pues habría reaccionado de otra forma, tal vez hasta lo hubiera matado.

—Pues es cierto —adujo ya con ganas de terminar nuestra relación.

—¿Y entonces qué haces en esta casa? —contesté ahora yo, sintiendo la cara congestionada por la furia. Si hubiera podido escupirle lo hubiera hecho, pero tenía la boca seca.

—Cuidado, que le estás hablando al próximo emperador de México...

—Pues emperador o no, toma tus cosas y vete a la mierda con todo y corona y viejas despreciables que te acompañan.

—Cuida tus palabras, no sabes lo que dices —agregó, refiriéndose en secreto a mi hija.

—No tengo que cuidar nada, malagradecido, si llegas a ser emperador lo serás por mí y lo sabes muy bien, por más que quieras negarlo.

—Siempre cobraste los favores —contestó haciendo mención a mi pasado e insinuando que yo era una puta.

Fue demasiado. Fui por la pistola de mi padre y le pedí que se largara así como había venido y por la puerta que había entrado o le dispararía en la cabeza que no tardaría en perder por sus ambiciones políticas desbordadas.

Sin voltear a verme ni impresionarse, salió de mi casa dócilmente, en tanto yo caía de rodillas envuelta en llanto. Mi futuro político se había arruinado. Ya veríamos el suyo...

Nadie envenenó a Juan O'Donojú, simplemente falleció al corto tiempo de su llegada a México de una espantosa neumonía. Ya había cumplido por cierto con la misión de consolidar la independencia, a pesar de ser un enviado de la corona española. Este país con el tiempo adquiriría una deuda gigantesca con este militar liberal de gran visión y trascendencia. ¿Pero quién creen ustedes que heredó su cargo? Bueno, es muy simple, fue evidentemente el obispo de Puebla, el obispo Pérez, el gran defensor de los fueros y bienes conquistados a sangre y fuego, chantajes, extorsiones, timos y coacciones. ¡Claro que el Acta de Independencia la firmaron Agustín de Iturbide; Antonio, el obispo de Puebla, sin faltar Matías Monteagudo, ni marqueses, ni condes, ni más clérigos, obispos y arzobispos! Era evidente quién controlaba toda la situación, ¿verdad? A los hechos, estos son tercos, muy tercos... ¿Y los insurgentes...?

Los problemas no se hicieron esperar. Tenía que prevalecer la división de poderes, como se estableció a raíz de la Revolución francesa, entre el Legislativo y el Ejecutivo, el primero de los cuales habría de ser ejercido por la Junta, y el segundo por la regencia. Se decidió que Iturbide presidiera únicamente la regencia y José Joaquín Pérez, obispo de Puebla, la Junta. El «Padre de la Patria» no podría encabezar ambas: ¡imposible! Sería tanto como aceptar otra tiranía después de diez años de guerra de independencia. No, Agustín tendría que someterse, su autoridad no sería absoluta, no, ni hablar.

La Junta nombró a Agustín Generalísimo de Mar y Tierra por toda la vida, designándole el sueldo de ciento veinte mil pesos anuales y haciéndole el regalo, en prueba de gratitud nacional, de un millón de duros asignados sobre los bienes de la extinguida Inquisición, con una extensión de terreno de veinte leguas en cuadro en la provincia de Tejas y dándole tratamiento de Alteza Serenísima. El cargo de presidente de la regencia no era incompatible con el mando del ejército que él debía ejercer. ¿Conservar sólo el poder militar? Por supuesto que no, conservaría el militar, el social, el cultural, el educativo, el económico, el político, y cualquier otro tipo de poder, porque ya sabíamos y sabemos que Agustín odiaba la democracia, odiaba que alguien lo contradijera, odiaba que alguien se le pusiera enfrente y lo refutara. No podía con eso: un titular de la verdad era incapaz de resistir semejantes agresiones. ¿Quién se atrevía a ponerle condiciones o a limitarlo o mutilar sus aspiraciones? Soldados: preparen, apunten...

Iturbide creaba un poder tan superior y tan anómalo que habría de terminar como un tirano. Agustín nunca consideró a la oposición política; él se creía un líder universal indiscutible y todos los mexicanos, tarde o temprano, tendrían que someterse a sus dictados o caprichos, porque él sabía mejor que nadie qué es lo que convenía a todos los nuevos ciudadanos. Nadie mejor que él para cuidar su suerte, su destino y su futuro. Efectivamente, se convirtió en el padre de los mexicanos y para garantizarse el lugar que según él se merecía, tanto en la política de aquellos años, como en la historia, decidió premiar con un aumento de sueldo a soldados y oficiales que lo hubieran apoyado militarmente en la «derrota» de Guerrero y sus tropas de malolientes. ¿Y los insurgentes, los herederos de Allende? ¿Los qué...? A la basura con ellos, ya para qué le servían... ¡Claro que cuidaba al ejército! ¿Qué haría sin el ejército?

Nunca imaginó que haber hecho sentir tan importantes a los militares despertaría en ellos un sentimiento de autoridad que los conduciría, uno tras otro, a controlar el país, con lo que se torcería por muchos años el destino de México. Siempre me preocupó la nación en la que las fuerzas armadas deliberan, piensan y finalmente deciden y ejecutan. Pobre de aquel país en donde la Iglesia también dirige y gobierna. Los curas a las sacristías y los militares a los cuarteles. México tendría que pagar con sangre la batalla para retirarse de la garganta a ambas sanguijuelas, que devorarían las mejores esencias del México del futuro.

Se expidió finalmente la convocatoria para integrar el Congreso Constituyente que resultó compuesto, claro está, por eclesiásticos, jefes militares y magistrados. Así, el Imperio Mexicano se constituía como órgano representativo de los intereses del alto clero, de los jefes del ejército y de los más prominentes funcionarios de la administración pública. Sí, pero no, obviamente que no, como órgano representativo de los intereses del pueblo, de los pobres, de los descalzos, de quienes carecían de libertades, derechos y alimentos. Los antiguos insurgentes estaban siendo olvidados. La utilización de que habían sido víctimas cada vez resultaba más evidente.

La atención de Agustín de Iturbide, en tanto, no estaba acaparada únicamente por los problemas domésticos, claro que no: esperaba las señales de Madrid, las reacciones negativas que se produjeran en la metrópoli a raíz de la independencia mexicana. Las protestas se multiplicaban. La decisión final se tomó el 13 de febrero de 1822, cuando por decreto de las cortes españolas se declararon nulos y sin valor los Tratados de Córdoba. ¿Quién dijo que México podía nombrar su propio gobierno con emperador o sin él? ¡A callar! Evidentemente que el gobierno español y las cortes no aceptarían perder la joya de la corona que le reportaba tantos ingresos, tanta riqueza, tanto poder en el concierto europeo; y que en realidad este oro, esta plata, esta riqueza exportada de la Nueva España, que impidió en buena parte su veloz evolución social, sólo sirvió en España para que compraran vinos franceses, brocados, porcelanas alemanas o austriacas, perfumes y todo tipo de telas para vestir a una realeza podrida, aburguesada, que impidió que con esos recursos americanos se pudiera construir una industria nacional que les permitiera salir del atraso agrícola y ganadero en el que habían subsistido desde que España había sido España.

Eran claras las tendencias en el Congreso: la borbonista, la republicana, la monárquica atemperada y la iturbidista. Las diferencias entre todos resultaban irreconciliables. Cada grupo se decía dueño de la verdad y de la razón. Agustín soñaba con unos diputados iturbidistas, con jueces iturbidistas, con policía iturbidista, con ejército iturbidista, con obispos y arzobispos iturbidistas, con ciudadanos iturbidistas, con funcionarios iturbidistas, con oficiales del gobierno iturbidistas. Todo tenía que ser iturbidista porque todo mexicano bien nacido debería tener motivos de agradecimiento para el Padre de la Patria, para este hombre que representaba la voz de Dios.

Sin embargo, el tiempo le demostraba día a día a Iturbide que unas habían sido sus fantasías, sus deseos, sus ambiciones políticas personales y otra realidad muy distinta la de encontrarse con hombres dispuestos a jugarse la vida a cambio de imponer en México un modelo liberal y próspero después de tantos años de esclavitud, de dolor, de mutilación, de piras incandescentes, de sacrificios en el corazón y otras torturas que los mexicanos habíamos sufrido a lo largo de nuestra historia. Los problemas se intensificaron cuando se descubrió que el país estaba en absoluta quiebra. Resultaba punto menos que imposible cubrir en su totalidad el presupuesto general de gastos. La economía de México estaba arruinada; las minas inundadas, las haciendas incendiadas y destruidas, y muchos pueblos, incluso ciudades, arrasados hasta los cimientos. El comercio se encontraba igualmente suspendido y la economía paralizada. Se esperaba que las casas depositarias de efectivo financiaran el tesoro público, aunque sus fondos estaban exhaustos. Los españoles sacaban sus capitales del país por presentir que muy pronto habría una pérdida de control, la contracción financiera era clara, dramática, e inevitable. Cuando la tentativa de pedir un préstamo falló, Iturbide recurrió a un préstamo forzoso. Ahora se esperaba que las casas depositarias de efectivo financiaran el tesoro público, aunque sus fondos estaban menguados. Al mismo tiempo, los banqueros no se sentían inclinados a prestarle ayuda a México, a pesar de la seguridad que les ofrecían el Plan de Iguala y el Tratado de Córdoba. La inestabilidad política era tremenda e Iturbide dejaba de ser un individuo confiable. Muchos comerciantes se negaron a pagar y prefirieron emigrar con sus ahorros; algunos fueron hechos prisioneros. Iturbide parecía estar violando las solemnes promesas incorporadas en los dos documentos.

La junta gubernativa suprimió varias contribuciones a cambio de aumentar los gastos de la administración con la creación de empleos, el otorgamiento de ascensos, el mantenimiento de las tropas españolas capituladas y la necesidad de sostener un ejército nacional que había aumentado hasta cerca de ochenta mil hombres. ¿Intentaría Iturbide mantenerse por la fuerza? La irresponsabilidad financiera era total, los gastos habían crecido en una tercera parte, mientras que las contribuciones habían disminuido en una cuarta parte; los españoles ricos habían regresado a España llevando sus caudales consigo. En este ambiente de crisis económica, cuando la pobreza, la ignorancia, la apatía y el escepticismo se imponían por todos lados, iniciábamos nuestra marcha como país independiente.

En su desesperación y, ante el agobio económico, Agustín cometió un gravísimo error: trató de imponer un préstamo forzoso a las corporaciones eclesiásticas. Se dirigía infructuosamente a la Iglesia con la esperanza de obtener fondos. Si la Iglesia había esperado recibir protección en el México independiente, pronto se desengañó. Agustín se convertía a diario en verdugo y se distanciaba, no solamente de los españoles, magnates y de muchos de los criollos, sino ahora también de la Iglesia, para la que su propio patrimonio era sagrado, era dinero propiedad del Señor, intocable y, por lo mismo, estaban impedidos para invertirlo en el rescate del México nuevo, del México independiente. El dinero sagrado era intocable.

Iturbide se fue convirtiendo en un príncipe absolutista como los europeos, sin tener obviamente ese linaje, ni la preparación, ni los conocimientos, ni el antecedente aristocrático y cultural. La Cámara de Diputados intentó, desde un principio, controlar la regencia; es decir, controlar a Iturbide y someter a su presidente, sustituyendo a todos los iturbidistas para garantizarse el éxito. Un sector de la cámara empezó a clamar por la expulsión de los españoles, a negarse a autorizar el retorno de los jesuitas y fijando una posición muy clara para destruir el desmesurado poder del clero. La jerarquía católica veía con muy malos ojos tanto la expulsión de los españoles como la negativa al retorno de los jesuitas, contemplaba con horror cualquier intento de controlar su poder. El enfrentamiento entre Iturbide y el Congreso alcanzaba las cuotas máximas en el tema del ejército. De los doce millones con que contaba el país para sufragar su gasto público, diez millones se destinaban al pago de la nómina militar que devoraba la economía y, sin embargo, Iturbide no dejaba de luchar por un mayor presupuesto militar con el pretexto de pertrecharse frente a un posible ataque de las grandes potencias. Mentiras y más mentiras: nadie intentaba invadirnos. El poder militar lo quería Iturbide para consolidar su poder absoluto y volverse una autoridad invencible, intimidando a los poderes políticos de la nueva nación.

La hostilidad llegó a la cúspide cuando España insistió ante León XII para que condenara la emancipación de los países hispanoamericanos. Roma se declaró abiertamente en contra de la Independencia de México. El negocio en la Nueva España había sido espléndido durante trescientos años, ¿por qué cambiarlo? Los diferentes papas habían ganado inmensas cantidades de dinero proveniente de América y este flujo de recursos millonarios no debía ser suspendido. Por ello es que el troglodita León XII, sin pensar en las condiciones sociales, culturales, educativas y económicas de las colonias americanas, poniendo la atención únicamente en su patrimonio personal y en el de Roma, apoyó a España en contra de la libertad y de la independencia, por lo que la posibilidad de la presencia de un Borbón en el trono del nuevo Imperio Mexicano quedaba absolutamente derogada. Los iturbidistas se convertían en los amos y señores. Ya no vendría nadie de España a gobernar la colonia.

Pero claro, los borbonistas, sepultados en la orfandad, conocedores de las intenciones de Iturbide, propusieron un reglamento para privarlo del enorme poder que representaba el cargo de Generalísimo del Ejército.

La descomposición en el Congreso era total. No había acuerdo entre iturbidistas, republicanos, borbonistas, militares y clericales. Pronto sería imposible controlar todas estas fuerzas.

Se había sustituido al gobierno virreinal y el vacío tenía que ser llenado con una estructura que sería muy difícil imponer por medio de la negociación. ¿Pero quién quería la imposición? Si algo se deseaba, era precisamente el arribo de un México libre, de un México igualitario y de un México próspero. Sí, en efecto, pero ¿cómo ponerse de acuerdo con tantos intereses políticos, económicos y militares domésticos, además de la amenaza que representaba la ambición de la corona española por recuperar a la más rica de todas sus colonias?

Si los obispos ya no tenían el apoyo político y militar de la metrópoli, ahora buscarían contar con la influencia de Roma y su capacidad diplomática para influir en los acontecimientos de cualquier país. El clero no pensaba que la independencia de México tuviera que implicar una alteración de las relaciones entre la Iglesia y el Estado. Habían apoyado el Plan de Iguala porque deseaban reforzar esta asociación tradicional. El nuevo gobierno estaba obligado a preservar los intereses clericales, para ello lo habían apoyado, para ello lo habían estimulado y si no se lograba, tendrían que llegar a la penosa y triste necesidad de acabar con Iturbide. Sólo podía prevalecer en el máximo poder mexicano quien garantizara los intereses clericales y ningún otro más. La Iglesia católica por encima de todo, y quien no entendiera esta lección de la historia sería condenado a la hoguera, sería fusilado o simplemente desaparecido. No había lugar para contemplaciones.

Desesperado Iturbide por no poder tener al mismo tiempo el control político y el militar, promovió un movimiento de las tropas capituladas, principalmente en las que estaban en las inmediaciones de la capital de la Nueva España. A las once de la noche del día 2 de abril de 1822, puso sobre las armas a sus cuarteles, listos para defender la independencia de un fantasma que había inventado para convertirse en emperador. ¡Grave error, gravísimo! Preparaba la dictadura. A medianoche convocó al Congreso a una reunión de urgencia ante la inminencia de un golpe de estado inexistente. Las tropas capituladas podían tomar la ciudad de México y acabar con cualquier proyecto político, incluido el de iturbidistas, borbonistas, republicanos, liberales y masones. La conjura era artificial y pronto se descubriría. Si me hubiera dejado a mí organizarla no hubiera fracasado.

Para salvar a la patria, Iturbide necesitaba la concurrencia de todos los poderes políticos del nuevo Estado. El Congreso se los entregaría, aun cuando fuera un congreso dividido que él manipulaba con engaños y amenazas: «O me nombran emperador, Jefe Supremo, o prepárense para la absorción del nuevo país por parte de España, o para la mutilación territorial de Estados Unidos, de Inglaterra o de Francia. O me toman y me respetan o todo esto se acabará».

En el Congreso, Iturbide escuchó cómo se le decía que la regencia no era más que un parapeto, un embuste; que en realidad no había más regencia que el señor Iturbide, quien la controlaba, la dirigía y la manipulaba a su gusto y al de la Iglesia católica, en fin, que todo había sido un imperdonable ardid. Agustín se dio cuenta de que había fallado, que no había convencido y que el miedo que había tratado de infundir entre los representantes populares había fracasado. Los representantes del pueblo no se dejaron impresionar y lo juzgaron entre insultos. Abandonó la sesión destruido, vejado y humillado. ¿Cómo era posible que le hicieran esto al Padre de la Patria?

Iturbide convocó a sus generales para que sacudieran al pueblo de México de las solapas y proclamaran su candidatura como emperador. Las tropas organizaron una manifestación popular el 18 de mayo, obligando a la gente a gritar «¡Viva el emperador!». Los léperos, ya prevenidos, comenzaron los «Viva» acompañados de las aclamaciones que hacían los cómicos. La muchedumbre llegó a la calle de Plateros para exhortar al libertador a que asumiera el trono. Iturbide se dejó llevar. Los edificios se llenaron plenamente, hubo canciones de algarabía y las campanas de las iglesias no tuvieron descanso. Iturbide aparentó sorprenderse con la inesperada concurrencia. Fingió rechazar la corona. Rehusó salir al balcón hasta las tres de la mañana. Jugaba muy bien su papel. Se hacía del rogar. Él no se merecía semejantes honores pero tenía que satisfacer las peticiones de su pueblo al que todo le debía y a quien se entregaría de cuerpo y alma en lo que la nueva nación le solicitara. Los jefes militares firmaron un memorial dirigido al Congreso anunciándole que habían proclamado emperador a Iturbide. El Congreso, amenazado por los soldados y la plebe de la capital, declaró que Iturbide sería elegido emperador constitucional, decretando días después que la monarquía sería hereditaria. Agustín se salía con la suya, había logrado intimidar y convencer, en apariencia, a los diputados constituyentes.

A las doce de la noche empezaron a llegar al Palacio de los Virreyes diferentes comunidades católicas, con sus respectivos prelados, para postrarse ante el emperador. También se presentaron infinitos eclesiásticos, militares y particulares. El pueblo gritó eufórico durante toda la noche: «¡Viva Agustín I y mueran los que se opongan!». Alguna vez se oyó «¡Mueran los chaquetas!». No hubo más que dos heridos de consideración, lo que aconteció fue milagroso, el pueblo pedía supuestamente a Iturbide que se constituyera emperador, con poderes absolutos. Ya veríamos lo que diría el Congreso después de haberlo elegido y satisfecho las demandas populares.

La decisión de la Asamblea del 19 de mayo de nombrar emperador de México a Agustín de Iturbide, tomada por setenta y siete votos a favor frente a quince partidarios de esperar la respuesta de las provincias, fue ratificada ya con más tranquilidad dos días después en una sesión parlamentaria a la que asistieron ciento seis diputados. No obstante, ello se hizo suprimiendo en la minuta todas aquellas expresiones que indicaran que la violencia había obligado al Congreso a dar aquel paso.

Agustín calcó los protocolos de las rancias cortes aristocráticas de Europa para adecuarlos a la estructura del nuevo Imperio Mexicano. Fíjense nada más, mis niñas: para componer su casa real nombró, entre otros, al marqués de San Miguel de Aguayo, como Mayordomo Mayor; al conde de Regla, Caballerizo Mayor; al obispo Cabañas, de Guadalajara, el mismo que el 24 de octubre de 1810 extendió a su jurisdicción la excomunión a Hidalgo, Allende y Aldama, acusándolos de apóstatas, cismáticos, perjuriosos, sediciosos, seductores y opositores de Dios, el Limosnero Mayor; al obispo Pérez, de Puebla, Capellán Mayor; los confesores de los príncipes, capellanes y predicadores, fueron elegidos entre los individuos más estimables del clero, así como los gentilhombres de cámara, mayordomos de semana y pajes se tomaron de los antiguos títulos y de los jóvenes de casas distinguidas. La ridiculez era manifiesta y no lo digo, claro está, por envidia, ni nada que se le parezca, sino porque las costumbres, formas y tradiciones europeas no se habían conocido durante los años de la Colonia. En todo y para todo había curas; el brazo armado del clero, Agustín de Iturbide, refrendaba la confianza depositada en él.

El Congreso decidió por unanimidad que la corona fuese hereditaria y que el hijo primogénito de Agustín presidiera el imperio a falta de aquel. El príncipe heredero se habría de denominar Príncipe Imperial con tratamiento de Alteza Imperial. Los demás hijos e hijas legítimas del emperador se llamarían Príncipes Mexicanos con tratamiento de Alteza. La ceremonia de inauguración del emperador se haría como prescribe el pontifical romano: el 19 de mayo, aniversario de la proclamación, sería designado día de fiesta nacional. ¡Cuánta sandez, Dios tuyo, cuánta...!

Seamos claros y genuinos: la elección de Iturbide como emperador, aunque dibujada como una elección popular, había sido más bien un motín integrado por puros léperos que no tomó en cuenta las opiniones ni del pueblo ni de otras regiones del país. La decisión, quedó bien claro, se tomó por presión del populacho, de una parte del ejército y de otra parte bien clara del clero católico.

Las celebraciones continuaron cuando se mandaron a acuñar monedas donde aparecía, en el anverso, el busto desnudo del emperador con el lema: «*Augustinus Dei Providentia*» y en el reverso el águila coronada y en la circunferencia: «*Mexici Primus Imperator Constitutionalis*». Fue imposible lograr que estas leyendas se pusieran en castellano para darle más realce, raíces locales y distinción al evento. Era claro que Agustín I no era un emperador cualquiera. ¡Habráse visto cosa igual...! Mi imagen de perfil como emperatriz, esa sí que hubiera sido una maravilla, ¿no, amigas? Mírenme, nada más mírenme ...

Por aquellos días me reuní con Matías Monteagudo, así como con Tirado y Bataller para analizar la suerte del imperio, su futuro. Sin dejar de revisarme de arriba abajo como era su costumbre, ni de clavar su mirada en mis senos, el arzobispo Monteagudo me confesó al oído que no creía en el futuro del imperio, que no tenía posibilidad de sustentación, que si bien él y casi todos los eclesiásticos habían participado en la primera etapa del movimiento, es decir en la independencia de México, aquí, en este momento, en esta segunda coyuntura, donde Agustín se había hecho nombrar emperador, desde luego que ya no lo acompañaban. Sus antiguos aliados se desmarcaban, porque, según Monteagudo, sería imposible conciliar por la fuerza a todos los grupos políticos que proliferaban con inusitada fortaleza en la capital del Imperio Mexicano, así como en las provincias. Monteagudo me hizo notar en un breve análisis que los borbonistas españoles anhelaban la presencia de Fernando VII en el trono de la Nueva España o de cualquiera de sus príncipes infantes. No estaban de acuerdo con el radical rompimiento con España, además de que no se les había permitido elegir al emperador de México de acuerdo a sus conveniencias, pues Iturbide se había impuesto contra viento y marea. El nuevo país no contaba con ninguna estructura para dar cabida a las ambiciones de republicanos, monarquistas, iturbidistas, masones y absolutistas. ¿Quién podía controlar esas fuerzas? El problema era enorme. Si se vale una metáfora, me gustaría exponer la de un grupo de náufragos que se encuentra sobre una balsa improvisada, en medio de una marea turbulenta y en esa peligrosa y no menos amenazadora coyuntura, empiezan a pelearse entre ellos con cualquier objeto que tengan a la mano. No tardaría en estallar el polvorín. Nadie podría controlarlo. No quedaría una piedra sobre la otra. ¡A los hechos!

El 21 de julio de 1822 decidí que era mejor asistir a la ceremonia de coronación imperial en lugar de permanecer encerrada en casa. Si de cualquier manera la gente se tiraría a hablar, encontré que una manera en que lo haría con menos encono era presenciando el momento del encumbramiento de Iturbide y con ello, la suscripción de su propia sentencia de muerte. Con todo el enojo que llevaba a cuestas me perdí atrás de una de las columnas, desde la que pude ver la representación teatral, carísima, por cierto, en un país totalmente quebrado.

Las salvas de veinticuatro cañones tronaron desde la madrugada y despertaron a la dormida capital anticipando los sucesos de la memorable jornada y no dejaron de retumbar, hora tras hora, hasta que el sol se puso. Los balcones amanecieron adornados y encortinadas las ventanas. Se engalanaron fachadas de edificios públicos y atrios y portales de iglesias. Gallardetes y banderitas trigarantes ondearon en honor de quien, desde ese día, devendría varón de Dios... Tres noches habría de permanecer iluminada la ciudad. Habíanse levantado dos tronos al lado del evangelio, el uno mayor junto al presbiterio, el menor cerca del coro, y entre ambos se pusieron la cátedra o púlpito para el sermón y un asiento elevado destinado al jefe del ceremonial y sus ayudantes, para que desde allí pudieran inspeccionarlo todo. En cada uno de los tronos se colocó el solio o silla para el emperador, en el sitio más alto y prominente; a su derecha y una grada más abajo, un sillón para el padre del monarca, a quien nunca se lo nombraba sin acompañar el adjetivo de venerable, y otro igual y en la misma grada a la izquierda para la emperatriz, los príncipes y las princesas...

El emperador se presentó uniformado como coronel del regimiento de Celaya, alrededor de las nueve. Bajo el palio recorrió la comitiva San Francisco, Plateros, Portal de Mercaderes, casas consistoriales, Portal de las Flores y frente del palacio hasta la puerta principal de la catedral, en tanto tres generales, con sus oficiales, seguían a la recién exclaustrada emperatriz, que portaba corona, anillo y manto. Cuatro generales y sus respectivos oficiales llevaban las insignias y el cetro del emperador. A la puerta de la catedral esperaban dos obispos, los cuales dieron agua bendita al emperador y emperatriz, quienes siguieron al trono chico bajo de palio, cuyas varas llevaban regidores, acompañados por los prelados y todo el cabildo eclesiástico. El obispo consagrante, que era el de Guadalajara, el que más dinero había dado a la causa, junto con el de Puebla, y los de Durango y Oaxaca, estaban en el presbiterio vestidos de pontifical. Entonces bendijeron la corona y demás insignias imperiales. Después del evangelio, el obispo de Puebla ocupó el púlpito, para pronunciar uno de sus más estudiados sermones, en el que dejó traslucir la volubilidad de sus principios y la inconsecuencia de sus opiniones. El sermón, que no fue largo, tiró contra los republicanos tajos y reveses y lo mismo hizo contra la España por su omisión en contestar... sin olvidar a los gachupines.

El obispo todavía se atrevió a decir, insultando la inteligencia de los presentes:

—Bien veis al que ha elegido el Señor y que no tiene semejante en todo el pueblo: ¡Viva el rey!

A continuación agregó que la elección de Iturbide había sido racional y justa y tenía a su favor el voto del Cielo, porque Dios era quien la había inspirado y porque había recaído en el hombre más idóneo de la nación.

Consagradas la corona y las insignias imperiales, les fueron entregadas a Rafael Mangino, el del Congreso, quien, tras breve arenga y al colocarle la corona, le hizo al emperador una advertencia que fue augurio:

—No se vaya a caer la corona, Vuestra Majestad...

—Yo haré que no se me caiga.

Acto seguido, Agustín coronó a la imbécil de Ana, el momento máximo con el que yo había soñado; las otras insignias le fueron impuestas al emperador por los generales que las habían llevado en el cortejo y a la emperatriz por sus damas de honor. El obispo Cabañas exclamó entonces en voz alta:

—*Vivat imperator in aeternum.*

A lo que contestaron los asistentes menos yo, obviamente, menos yo, mis niñas:

—Vivan el emperador y la emperatriz.

Por mí, ambos podían irse a la mierda. La envidia me devoraba. Yo había introducido a Iturbide en los salones aristocráticos de la Nueva España. Yo lo había relacionado con el alto clero. Yo lo había presentado con los potentados españoles, dueños de casi todo de lo que el alto clero no había logrado apoderarse. Yo le había presentado a pintores, escritores, compositores y autores. Yo lo había encumbrado, había hecho posibles sus pláticas con Monteagudo, sin duda el Padre de la Independencia. Yo lo había introducido con el virrey Apodaca y había logrado una comunicación eficaz entre ellos dos a través de las cartas que Agustín le escribía así como con los comentarios de mi amante que yo secretamente le transmitía. Yo logré estos enlaces diplomáticos exitosos y logré a través de conversaciones igualmente secretas, que fuera ganando espacio y terreno la causa de la independencia y, sin embargo, una vez que Agustín logró consolidarse en el poder, dejó de luchar para que me convirtiera en su esposa y por ende en emperatriz; él no se percataba todavía: con ello había firmado su sentencia de muerte. Yo sabía que sin mi consejo Iturbide se perdería. ¿Adónde iría Iturbide sin mí, sin mis relaciones, sin mi consejo y sin mi asesoría, cuando yo mejor que nadie tenía relaciones inmejorables y lograría puntos de vista muy valiosos para evitar una caída escandalosa y estrepitosa que sin duda se daría en muy corto plazo?

Como bien se decía, lo que la natura no da, Salamanca no lo presta. Iturbide se perdería sin mí y por ello la corona se le caería junto con la cabeza. Yo era su mujer. Y la otra, una triste vaca lechera.

Nunca olvidaré cómo me dio la espalda mientras era seguido de cerca por un cortejo imperial y unos chambelanes, así como caballeros de honor, en tanto se escuchaba aquello de *Vivat imperator in aeternum!* Sin embargo, para ser justa, debo reconocer que los míos obtuvieron jugosas designaciones, a saber: el marqués de San Miguel de Aguayo y de Santa Olaya, que a la sazón contaba treinta y cinco años de edad y era esposo de mi tercera hija, doña Antonia, fue nombrado Mayordomo Mayor en oficio del 17 de julio del expresado año de 1822; el tercer conde de Regla, don Pedro Romero de Terreros, desposado con mi primera hija, doña Josefa, fue nombrado Caballero Mayor; el segundo marqués de Guadalupe Gallardo, don José María Rincón Gallardo, fue nombrado Mayordomo de Semana, puesto que también se otorgó a Agustín Jerónimo, mi hijo único.

Cuando Agustín se perdió de vista, al salir de la catedral recordé una de las últimas recomendaciones que le hice cuando todavía nos amábamos y él no se había acostado con mi propia hija:

«Creo que te equivocas, Agustín, te estás precipitando. La corona te hubiera venido muy bien dentro de dos o tres años por la fuerza de los acontecimientos. Tal vez te hubiera convenido ausentarte del país por un tiempo después de haber establecido la regencia y cuando todo reventara; entonces te hubieran llamado de rodillas para que vinieras a presidir el nuevo gobierno y pudieras acabar con la anarquía que sin duda vendrá, sólo que tú serás víctima de este desorden y de este caos que te atropellará».

Los conflictos no tardaron en presentarse, se producían robos y asesinatos en todas partes; el desorden cundía, se decía que desde la entrada del Ejército Trigarante a la capital de la Nueva España había habido más homicidios que desde la llegada de Hernán Cortés. La inseguridad crecía a cada instante y descomponía a la sociedad. Por otro lado, escasamente habían aparecido los recursos económicos necesarios para llevar a cabo todo el protocolo y las ceremonias de coronación; los integrantes del numeroso Ejército Trigarante, por llamarlos de alguna manera, no habían cobrado, sin embargo sus mesadas comenzaron a entrar en verdadera ebullición. No había dinero para pagarle al ejército. La miseria continuaba con furor, mientras surgían diferentes especies prorrepublicanas. Los libros con ideas políticas republicanas empezaban a ser quemados nuevamente en enormes piras en diferentes ciudades del país. El clero quemaba cualquier idea que pudiera atentar contra su gigantesca fortuna y se oponía a cualquier posibilidad republicana.

Las divisiones internas se volvieron incontrolables, al extremo de que una parte del Congreso decidió rechazar el nombramiento de Iturbide, el traidor causante de todos los males. Yo me frotaba las manos. Lo sabía, lo sabía, sí, señor, sí lo sabía. Los diputados entendieron que por la vía legal sería difícil lograr su destitución. La vía alterna sería la revolución. El Congreso no había obrado con la debida libertad en la elección de quien se estaba convirtiendo en un tirano y que, por lo mismo, el nombramiento no era válido, estaba viciado de nulidad. El golpe de estado consistía en la posibilidad de dejar a disposición del Congreso la decisión de enviar al emperador y a su familia a los Estados Unidos o a cualquier otro país que eligiera, con una pensión digna para su subsistencia. Si Agustín hubiera estado a mi lado y me hubiera dejado aconsejarlo, simplemente le hubiera propuesto enviar a un par de representantes de su gobierno para conocer de cerca sus motivos de queja y subsanar las diferencias por la vía de la conciliación y del diálogo. ¿Qué hizo de acuerdo a su personalidad dictatorial y tiránica? Ordenó el arresto

de algunos diputados constituyentes. Cualquier persona medianamente sensata podría entender las consecuencias de una acción tan
descabellada de parte del emperador. ¿Qué esperaba este insensato
que hicieran los diputados que permanecieron en libertad y sentados en sus curules en el Congreso? ¿Que se quedaran con los brazos
cruzados mientras se ultrajaba otro de los poderes con los cuales se
pretendía construir un nuevo gobierno? La única voz que respetaba Iturbide era la suya, aquella que él escuchaba contemplándose
frente al espejo como si se tratara del nuevo Quetzalcóatl. Pero estaba equivocado. Era imposible para él encontrar una fórmula que
satisficiera a todos los involucrados; sin embargo, un buen diplomático, un buen político la hubiera buscado, antes de usar la fuerza, la última opción de todas. ¿A cuál instancia recurrió Iturbide?
Pues evidentemente a la fuerza. Al ordenar la aprehensión y el envío a prisión de los involucrados en la conjura, unos ochenta individuos, entre ellos dieciséis diputados, el flamante emperador se puso
la soga al cuello.

Los diputados que permanecieron en libertad protestaron, se
incendiaron, denunciaron, amenazaron y se sintieron violados, ul-
trajados, ignorados. Ahora quedaban claras las cosas. La manipulación en el Congreso sólo había tenido un objetivo: instalar a
Iturbide como el supremo tirano y señor de todas las voluntades
del nuevo país a como diera lugar. ¡Claro que lo de la Junta de Gobierno había sido un cuento! ¡Claro que la regencia había sido un
cuento! ¡Claro que el mismo Congreso había sido un cuento! ¡Claro que todo lo del Plan de Iguala no era más que una manifiesta
oportunidad para engañar a todos! ¡Claro que el Tratado de Córdoba, en donde supuestamente se invitaría a los Borbones a gobernar, también había sido un engaño! En el fondo de las cosas la única
voz que supuestamente se escucharía a lo largo y ancho de la Nueva
España, desde las costas de San Francisco hasta la capitanía de Guatemala, sería la voz de Iturbide. Las verdaderas tendencias de Iturbide eran las del cacique, las del tlatoani, las del virrey a quien
nadie discutía, las del caudillo que quiere imponer a sangre y fuego
su punto de vista. Ése era Iturbide, todo mundo lo entendió, no nos
confundamos.

Los diputados hicieron saber que si no regresaban a sus curules
sus compañeros en un plazo de cuarenta y ocho horas, el Congreso
entero quedaría permanentemente disuelto. ¿Tan pronto se había

olvidado Su Alteza Serenísima, Su Excelencia, el emperador Agustín I, Vuestra Majestad Ilustrísima, del sagrado juramento otorgado en el seno del Congreso? ¿Cómo perder de vista que ahí Vuestra Majestad Ilustrísima había jurado solemnemente ante Dios y los hombres que respetaría sobre todo la libertad política de la nación y la personal de cada individuo? ¿No había sido ese su juramento? ¿Sí? Entonces Iturbide era un traidor al que era necesario derrocar, una medida inevitable: tenían razón los diputados encarcelados. El emperador necesitaba ser depuesto inmediatamente del cargo.

El 31 de octubre de 1822, fui invitada a comer por Matías Monteagudo en su residencia arzobispal; mientras hacíamos un análisis del futuro del imperio, repentinamente ingresó en el comedor un mensajero vestido elegantemente con librea, quien se acercó al oído de Su Excelencia para comunicarle una importante noticia. Sin darme cuenta dejé levantada la cuchara llena de sopa sin separar la mirada de la escena y tratando de interpretar los gestos y muecas tanto del mensajero como los de Su Ilustrísima. Al concluir, el enviado hizo una breve caravana y se retiró sin darle la espalda a una de las máximas autoridades clericales de México, del México independiente. La noticia era verdaderamente catastrófica: el emperador había resuelto disolver el Congreso en su totalidad y así lo había hecho saber al enviar a las fuerzas imperiales a desalojar el recinto y a arrestar a ciertos cabecillas, a su juicio responsables de todas las intrigas.

Monteagudo me hizo saber que esperaba la noticia de buen tiempo atrás y que para él no implicaba sorpresa alguna, si bien representaba una profunda preocupación. A su juicio, era imposible la reconciliación entre borbonistas y republicanos, entre borbonistas y liberales, entre borbonistas e iturbidistas o entre iturbidistas y republicanos. Cualquier acuerdo resultaba imposible. Con o sin Iturbide vendrían problemas, advendrían la inestabilidad, el caos y tal vez hasta la violencia. Se había sustituido un sistema de gobierno después de trescientos años para intentar imponer un nuevo concepto de tiranía cuando ya no había espacio político para ella. El ejemplo proveniente de Estados Unidos era definitivo. Se trataría en el futuro de imponer una república, según me hizo saber; claro está, una república controlada de punta a punta por la Iglesia. Nada de una república liberal, federal, autónoma, libre e independiente como la de Estados Unidos: claro que no, si habría una república, sería una república católica, una república clerical, una república teológica, una república eclesiástica, una república gobernada tras bambalinas por la Iglesia, una república dominada por el clero, en el fondo la única autoridad que contaba con la capacidad de controlar al México de todos los tiempos. En suma: una república que no sería república... más que de nombre.

Tanto Matías Monteagudo como yo coincidimos en que Iturbide había suscrito su propia condena a muerte. No tardaría en ser derrocado y, tal vez, hasta ejecutado. Se había equivocado, era claro que se había equivocado, se había equivocado desde el momento en que se impuso como emperador sin consultar ni la opinión de las mayorías, ni mucho menos la del clero. Había olvidado la lección de su padre de escuchar y de someterse invariablemente a la voluntad del clero. El clero, por su parte, no quería saber nada de un emperador divorciado completamente de la corona española, la misma que en cualquier momento podía tomar las medidas disciplinarias pertinentes para imponer el orden a través del envío de un enorme número de corbetas y de fragatas cargadas de soldados y de armas. Monteagudo sabía muy bien que haber apoyado a Iturbide acarrearía consecuencias y no haberlo apoyado también, sólo que él y la alta jerarquía prefirieron no apoyarlo a partir del momento en que había traicionado el Plan de Iguala que establecía el gobierno de un Borbón y se abrió la puerta del poder por medio de los Tratados de Córdoba, donde decía que a falta de los Borbones, el Congreso podría nombrar al emperador mexicano que conviniera a los intereses del nuevo país.

¿Cómo quiso enmendar el error Iturbide? Muy simple, para evitar ser acusado de haber asumido el poder legislativo y con la idea de conservar una sombra de éste, creó un congreso instituyente compuesto por dos diputados por cada provincia, naturalmente designados por el mismo Iturbide. El dicho congreso instituyente se instaló el 2 de noviembre, un día, paradójicamente, en que la Iglesia celebra con lúgubre aparato la conmemoración de los Fieles Difuntos. ¿Quién fue nombrado presidente del nuevo Congreso? Obviamente un purpurado, el obispo de Durango. ¿Quién era el presidente de la regencia? ¿Quién iba a ser sino otro purpurado? Pérez, el obispo de Puebla, el vigía supremo de los intereses, privilegios y negocios clericales. Purpurados por todos lados. Los amos de la situación ayer, hoy y siempre.

Antonio López de Santa Anna, a cuyo cargo se encontraba la plaza de Veracruz, comenzó sin embargo a despertar las sospechas del emperador al atreverse a recibir como visitante distinguido al enviado estadounidense Joel R. Poinsett —cuyo desembarco trató de impedir Iturbide— y al sostener, aparentemente, relaciones secretas con las fuerzas españolas de San Juan de Ulúa. Sus movimientos eran desconcertantes, por decir lo menos.

Si Agustín era un mal lector de los hombres, un mal intérprete de su conducta, un mal analista de las muecas, gestos, movimientos y señales que envían las personas de modo consciente o inconsciente, en el caso de Antonio López de Santa Anna confirmó todas sus carencias. Decidido a separarlo de cualquier mando y apartarlo del menor asunto de gobierno y privarlo de toda influencia, lleno de desconfianza hacia él al sentirlo capaz de cualquier barbaridad, de derrocarlo si fuera el caso, Iturbide se desplazó a Xalapa, habló con Santa Anna y lo citó en la ciudad de México supuestamente para aclarar ciertas diferencias. Santa Anna, un militar previsor, escéptico y agudo observador de las intenciones ocultas de los políticos, pero también un hipócrita profesional, más que ninguno, fingió obedecer, pero en el acto se retiró de Xalapa al puerto de Veracruz y ahí, al frente de unos cuatrocientos hombres, proclamó la institución de la República en medio de los repiques de campanas y de los vivas del pueblo veracruzano, poco adicto a la monarquía. Claro que a los veracruzanos les encantaba la idea de la república y claro también que a Santa Anna no le importaban la república ni la dictadura, ni la monarquía constitucional ni ningún tipo de gobierno salvo el que él pudiera encabezar. Santa Anna solamente perseguía el poder. En su proclama se declaraba la nulidad del nombramiento del emperador.

En aquel año de 1822 que había visto instalar y disolver un Congreso, motivo de tantas esperanzas, elegir y coronar un emperador, en cuyo curso habían ocurrido intento de conspiración, prisioneros y sediciones de fuerza armada, en que la escasez de fondos para los gastos públicos había conducido a las medidas más vejatorias: terminaba pues dejando un erario exhausto, sin otro recurso que un papel desacreditado, todos los fondos públicos destruidos; el comercio aniquilado, la confianza extinguida, los propietarios hostilizados con los préstamos forzosos de los que no estaba acabado de colectar el uno, cuando ya se decretaba el otro, restablecidas las gabelas, cuya supresión había sido el primer fruto de la independencia y aumentadas otras muy gravosas, un gobierno sin crédito ni prestigio; un trono caído en ridículo desde el día que se eligió; las opiniones discordes; los partidos multiplicados y sólo de acuerdo con el objetivo de derribar lo que existía; la bandera de la Revolución levantada en Veracruz y el ser dominado por todas partes con las logias escocesas multiplicadas en las ciudades, y a las que estaban adscritos los principales del ejército, no era pues difícil prever que una catástrofe se preparaba y que el año que iba a comenzar sería memorable para México por los grandes sucesos que en él habían de acontecer.[2]

La sedición estaba puesta en pie, se materializó al hacerse público el Plan de Casa Mata, suscrito por Santa Anna y por el general José Antonio de Echávarri, enviado de Iturbide nada menos que para combatirlo, el 1 de febrero de 1823. Ahí se establecía que la patria se hallaba en peligro por la falta de representación nacional, por lo que se acordaba la convocatoria de un nuevo congreso, que permitía la reelección de los diputados del parlamento disuelto. Lo más importante en el juramento de adhesión consistía en sostener a toda costa la representación nacional. Quedó claro que el ejército no atentaría jamás en contra de la persona del emperador, pero protestaba continuar con el movimiento hasta que no quedaran completamente garantizados los derechos, la integridad física y las facultades de los diputados constituyentes. Miren, amigas, quién hablaba, López de Santa Anna, un forajido, cacique corrupto y venal que reducía la personalidad tiránica de Iturbide a la de un lactante.

Agustín de Iturbide decidió encabezar él mismo la defensa de su imperio echando mano de las escasas fuerzas militares que todavía se mantenían a sus órdenes. No cabía en su cabeza la idea de que finalmente todos lo traicionarían. En esa ocasión, sintiéndose débil, envió algunos comisionados para que se apersonaran con los rebeldes y se tratara de llegar a algún acuerdo. Mientras los enviados de Agustín negociaban, el movimiento revolucionario se expandía a lo largo de todo México como si fuera la mecha encendida de un barril lleno de pólvora. En su desesperación, por decreto del 4 de marzo de aquel 1823, Agustín convocó a los diputados residentes en México y a los ausentes para que a la mayor brevedad se veri-

[2] Alamán, 1885: 345.

ficase la instalación, haciéndolo saber así a los jefes del ejército, a fin de que viendo con esto cumplidos sus deseos, cesase todo motivo de discordia. ¡A buena hora decidió Agustín liberar a los diputados presos! Era muy tarde, sacar de la cárcel a los diputados en esa coyuntura, sólo cuando todos entendían que era una respuesta a la violencia armada que se propagaba por todo el país, nuevamente lo hizo quedar en ridículo, nadie creyó en la autenticidad de su conducta. ¿Y quién iba a creerle, quién iba a creer en un Iturbide que sólo cuando el país entero se le vino encima decidió liberar a los diputados? ¿Quién, quién le iba a creer? Ni siquiera un menor de edad se tragaría semejante patraña. De nada sirvió prometerle al Congreso un palacio, todas las seguridades, una condición de amnistía que disipase toda memoria de ofensas o de errores pasados. Iturbide ofrecía un perdón general, abierto, incondicional, con tal de recuperar la paz y que no se viera amenazado su imperio. Ya nadie lo escuchaba, su convocatoria fue escasamente oída por una parte insignificante de los diputados. De los ciento cincuenta, apenas respondieron cincuenta y ocho. Ya casi nadie escuchaba a Iturbide.

Al cuestionado emperador ya no le quedaba más tierra que la que ocupaba con su regimiento de Celaya. Apenas controlaba aquel espacio sobre el cual se encontraba él mismo parado y si se presionaba un poco, ni ese mismo. Atrás habían quedado las palabras con las que yo le había advertido la conveniencia de hacerse emperador en otras condiciones, cuando el pueblo realmente se lo suplicara de rodillas. Agustín estaba perdido. En cualquier momento, las tropas rebeldes del Plan de Casa Mata llegarían a la ciudad de México y lo depondrían del cargo por medio de la violencia. ¿Qué le quedaba por hacer? ¿Enfrentarse con qué a una indiscutible mayoría del ejército que gustoso podría ejecutarlo contra un paredón improvisado o tal vez, en el mejor de los casos, largarlo a punta de bayonetazos a Veracruz? En estas circunstancias, no sólo el imperio estaba en juego, sino además su propia vida y la de su familia. No había nada que hacer, por supuesto que no intentó llamarme ni convocarme en el momento dramático en que decidió renunciar al imperio y anunciar su expatriación a la brevedad posible. Al oír los cascos de los caballos santannistas, Iturbide decidió crear un poder ejecutivo, una nueva regencia integrada por cinco individuos nombrados por el Congreso, en quienes lo delegaría. Muy bien se había labrado su destino. En la noche del 19 de marzo el emperador renunció a la corona, aclarando que si no lo había hecho antes había sido porque no existía una representación nacional reunida y reconocida. Para que su presencia no sirviese de pretexto para nuevas inquietudes, Agustín ofreció salir del país en un plazo extremadamente corto. Pidió que se le concedieran quince días de término para disponer su viaje al extranjero, que la nación reconociera ciertas deudas que tenía contraídas con particulares cuando él también lo era y pasaportes para treinta personas. El Congreso, esa institución que él había odiado como pocas, votó con una mayoría incontestable que «era nulo el imperio establecido desde el 19 de mayo próximo pasado». El imperio había durado sólo diez meses. Este primer intento por crear una institución política que rigiera los destinos de México había fracasado escandalosamente. Ahora se pensaba en la idea de una república, al estilo y usanza de la estadounidense. Los norteamericanos habían sido educados en ese orden político y contaban con el conocimiento para operar ese tipo de gobierno, mientras que nosotros, los mexicanos, en la Colonia nunca habíamos tenido acceso al aparato del poder y ahora tendríamos que gobernar con lo que fuera y como Dios nos diera a entender a un país que contaba con nulos conocimientos parlamentarios, acostumbrado a ser dirigido por un tirano, llámese tlatoani o virrey o cacique.

Por lo visto alguien tenía que decirnos cómo pensar, cómo actuar, cómo ejecutar, cómo razonar, cómo sugerir, cómo mandar, cómo defenderse, cómo hacer el amor, cómo discernir, cómo caminar, cómo hablar, cómo conducirnos y cómo ser. Nuestra historia nos condenaba y ahora buscábamos un sistema de gobierno en el que todos pudieran opinar cuando nadie sabía opinar, dados los aberrantes niveles de ignorancia y además, a nadie se le había permitido hacerlo. Un sistema estructurado para parlamentar cuando se nos había prohibido durante siglos hacerlo, un sistema de gobierno en el que todos teníamos que decidir lo más conveniente para todos, cuando nunca nadie había aprendido a decidir. Era claro que ni el imperio ni la república ni la monarquía podrían funcionar. México estaba destinado violentamente al caos. Había sido muy sencillo acabar con el virreinato, sí, pero no habíamos creado ni imaginado la necesidad de estructurar un nuevo sistema de gobierno que sustituyera el anterior. ¿Qué hacer? Íbamos al garete en medio de aguas procelosas, rodeadas de arrecifes, acosados por el viento, la violencia, la ignorancia y acercándonos definitivamente hacia el desastre. ¿Por qué nunca nadie nos había enseñado a conducirnos de acuerdo a nuestra propia voluntad? Tal vez tenía razón Bataller. El peor castigo que se les podía imponer a los mexicanos del futuro es el que se autogobernaran.

Evidentemente, yo no fui a ver a Agustín ni él se despidió de mí, ni siquiera enviándome una breve nota cuando el 30 de marzo de 1823 salió de Tacubaya acompañado por toda su familia y de algunas otras personas que le eran adictas. Antes de abandonar la ciudad, depositó su bastón de Generalísimo en el altar de la virgen. Supe por terceros que trató de disimular hasta el límite de sus fuerzas la dolorosa emoción que lo embargaba y yo conocía en profundidad sus sentimientos, más que su propia esposa Ana. Yo lo conocía a contraluz, podía anticiparme a sus reacciones, detectar sus estados de ánimo, saber de su euforia o de su tristeza con tan sólo escuchar los pasos asestados por sus botas. No creo que nunca nadie lo haya llegado a conocer más que yo. Él sabía, sin duda alguna, que ya estaba en la historia, que su nombre figuraría para bien o para mal en el pasado de México. Nadie podría contradecirlo en este sentido. Sin embargo, el catastrófico final de su imperio no era precisamente la forma en la que él hubiera deseado ser reconocido por las futuras generaciones. Me imaginaba con la debida claridad los accesos de llanto que había padecido antes de abdicar. Sus habilidades, que sin duda las tenía, sólo le habían sido útiles para escalar hasta ciertas alturas. Al desafiar a su propio temperamento, a su intelecto, a sus debidas potencialidades, al extraviarse víctima de la vanidad, al perderse en su idolatría y perder contacto con la realidad, escaló, subió, se trepó apasionadamente, arrebatadamente, sin medir el peligro y lo que es peor, sin escucharme, sin voltear a verme a mí, que era su brújula, su sextante, su contacto con el mundo externo. Se olvidó de todo y sin voltear para abajo ni a a los lados, con la vista clavada en las alturas, ascendió como pudo sujetándose de cuanto objeto podía asirse para llegar, sin percatarse, sí, sin percatarse de que llegaría a la nada. Agustín no sabía que arriba no había nada, que lo importante era avanzar y buscar las mejores alternativas para consolidar y asegurarse el éxito sin caer en la locura ni en los apasionamientos e impulsos que no sólo le impidieron medir los riesgos, sino que le negaron cualquier posibilidad de evaluar su empresa y de contemplar con serenidad que no solamente ponía en juego su carrera política y militar, sino su propia vida y el destino de México. Sus errores no sólo los pagaría él, sino la nación y por muchos, muchos años.

Claro que la amargura y la tristeza lo invadirían gradualmente de la misma manera en que una humedad agresiva puede eliminar una pared y hacer que una casa entera se precipite en el vacío. La tristeza tarde o temprano acabaría con él. No sólo lo lastimaría el hecho de haber tenido que abdicar en contra de su voluntad y abortar su proyecto político: los efectos de la distancia, de su fuga hacia Europa, hacia el Viejo Continente, serían devastadores. Si me hubiera tenido a su lado se lo hubiera podido anticipar y explicar. ¿Qué podría aconsejarle la pobre estúpida de su esposa cuando solamente era útil para abrir las piernas y parir? Quién era Ana y quién era yo, su Güera, la dueña de sus razones, la única atracción y el origen de la fuerza de todas sus pasiones. Ya tendría Agustín el tiempo necesario para llorar en Italia el haberme perdido, sin poder confesarse con nadie para expresar todo su dolor e irse liberando gradualmente de él.

Lo último que supo Iturbide al abandonar el país por Veracruz fue que fray Servando Teresa de Mier había exigido que se le ahorcara en lugar de concederle graciosamente el destierro, adonde lo acompañaron los curas, porque siempre estuvo rodeado de curas, aun en el exilio estuvo rodeado de curas como el padre López, antiguo capellán de Iturbide, y el padre Treviño, Fernandino, confesor de su esposa. Los curas perdían, mis niñas del alma, los putos curas, siempre los curas que no tardarían en colocarse aviesa y perversamente en el nuevo gobierno fuera éste el que fuera, aun cuando no fuera gobierno ni fuera nada, siempre estarían en una posición ventajosa.

En Veracruz, Iturbide le manifestó a Guadalupe Victoria toda su gratitud por el hecho de haber ido a despedirlo. Agustín le regaló al futuro presidente de México un reloj como recuerdo de su reconocimiento que Victoria no quiso admitir, dándole en retorno un paño de seda que Iturbide guardó hasta su muerte. El 11 de mayo Iturbide abordó el *Rowllins*, una fragata de guerra inglesa rumbo a Europa. Soplaba ferozmente el viento, anunciando la presencia de la lluvia que se precipitó cuando el barco ya se había perdido de vista.

De inmediato el triunvirato integrado por Nicolás Bravo, Guadalupe Victoria y Celestino Negrete continuó dirigiendo el destino del nuevo país, ahora decapitado. Entre el Congreso y el triunvirato se dedicaron a reparar los males causados durante los días del imperio. Se pusieron en libertad los presos por causas políticas; se permitió la exportación de dinero con el pago de los derechos establecidos por el arancel; se suspendió la emisión de papel moneda, se mandó quitar la corona que el águila tenía en las armas nacionales y se hizo desaparecer todo lo referente al imperio y a la monarquía. Cambió también la Orden de Guadalupe y se desbarató la plaza de toros, donde ya habitaba una cueva de malhechores. Empezó el proceso de reconstrucción del país y en este proceso se trató de hacer justicia a todos aquellos aliados incondicionales del emperador. El obispo de Puebla, Pérez, ante la imposibilidad de poder huir, solicitó un permiso para retirarse de la ciudad. A enemigo que huye, puente de plata. Asimismo, el prelado poblano dirigió a la Santa Sede dos cartas señalando los peligros que enfrentaba la Iglesia mexicana y el Vaticano, en respuesta, lo felicitó por la defensa que había hecho para proteger los intereses de la Iglesia. ¡Y cómo no! La Iglesia sería a partir de ahora soberana absoluta y no habría, nunca jamás, poder civil que la pudiera controlar, someter, regular… Fuera cual fuese la organización política que adoptara el país, podían estar seguros de que nadie podría competir con el clero en materia de poder político, militar y social.

Se publicó entonces una nueva convocatoria para formar el Congreso Constituyente a partir del 31 de octubre de 1823. Volvían a la obediencia al gobierno casi todas las provincias. Se volvió a imponer el orden. La pesadilla había terminado. ¿Cuánto tiempo, esfuerzo, sangre, dinero, insomnio y pesadillas costaría reconstruir la economía, la confianza, la solvencia, la seguridad y el respeto interno y externo? Había que trabajar en ello y había que hacerlo de manera inteligente, eficaz e inmediata.

Supe que el 2 de agosto de 1823 Iturbide había llegado finalmente a Liorna en Italia y se había alojado en una hermosa casa, la llamada Villa Guevara, perteneciente a la princesa Paulina Bonaparte. De haber estado conmigo, le hubiera aconsejado que no pagara cuatrocientos duros de renta anuales porque sin duda en el corto plazo se quedaría sin recursos en un país desconocido y con una gigantesca familia acostumbrada al boato y al dispendio. Como siempre, no me equivocaría, los hechos, tarde o temprano, me darían la razón.

En Liorna, Agustín redactó su versión de los hechos:

Mi patria iba a anegarse en sangre... Formé mi plan... lo extendí, lo publiqué y lo ejecuté... seis meses bastaron para desatar el apretado nudo que ligaba a los dos mundos... mi patria fue libre y transformada de colonia en gran imperio... En mí estaba depositada la voluntad de los mexicanos... firmé en su nombre lo que debían querer... Examínese lo que hizo el Congreso en ocho meses que corrieron desde su instalación. Su principal objeto era formar la Constitución: ni un solo renglón se escribió de ella. En el país más rico del mundo el erario estaba exhausto... No se atrevieron a deponerme temiendo ser desobedecidos por el ejército... No hubo un solo diputado que se opusiese a mi ascenso al trono... admití la corona por hacer un servicio a mi patria y salvarla de la anarquía... me perseguía la envidia... a muchos desagradarían las providencias que había de tomar... Cuando entré en México mi voluntad era ley: yo mandaba la fuerza pública... ¿Y quién me obligó a dividir los poderes? Nadie. Yo y sólo yo porque así lo consideré justo... No acostumbro deshacer mis hechuras. El amor a la patria, concluía, imagínense ustedes, mías carísimas, me condujo a Iguala; él me llevó al trono, él me hizo descender de tan peligrosa altura... Dejé el país de mi nacimiento después de haberle procurado el mayor de los bienes...[3]

Mientras que en la ciudad de México se asestaban sonoros, certeros y repetidos golpes para deshacer lo que restaba del imponente partido de Iturbide y sus seguidores todavía trataban de hacer esfuerzos inútiles para evitar su desaparición política total, en Liorna, Italia, Iturbide escribía lo que sería su célebre manifiesto el 27 de septiembre de 1823, cuando festejaba el segundo aniversario de su entrada a México, así como su cumpleaños. Agustín estaba quebrado financieramente, tan lo estaba que se vio en la necesidad de vender en Alemania las joyas de su esposa. ¿Qué seguiría antes de morirse de hambre junto con su familia en Europa? Fue entonces cuando Agustín inventó que tenía que venir a rescatar a México de España, país que volvía a amenazar la independencia de nuestro país. El antiguo emperador comunicó al Congreso su regreso a México para evitar que España, auxiliada por la Santa Alianza, volviera a apoderarse de la mejor joya de la corona española, según dijo. Se ofre-

[3] Iturbide, 2007: 57-101.

cía a llevar consigo armas, municiones y dinero, si ese fuera el caso, con tal de salvar a la patria. Todos los integrantes de la alta aristocracia mexicana sabíamos que la nueva intervención armada de España en contra de México no tenía la menor posibilidad de éxito y que se trataba de una política recurrente de Iturbide para asustar a los ilusos y a los candorosos para regresar al poder. Nadie se lo creyó. Desde México lo instaban también a que volviera. Estas instancias no podían ser más que de los iturbidistas, ahora despreciados y apartados del presupuesto, para su más profundo dolor. Desde luego que le alegraría saber que no había desaparecido su poder ni su prestigio y que los auténticos revolucionarios mexicanos estarían de acuerdo con su imperio. Esto podrían decir quienes estaban interesados en su regreso movidos por intereses inconfesables, sí, claro que sí, ¿pero a qué imbécil se le iba a ocurrir creerles? Ahí tienen otra vez a un Agustín ingenuo, ignorante de las pasiones humanas y total desconocedor de los móviles de los hombres. Agustín no aprendió, no aprende y por supuesto, jamás aprenderá ya.

El 3 de abril de 1824, el Congreso, su eterno enemigo, declaró traidor a Agustín de Iturbide y traidores a cuantos de algún modo protegiesen su regreso a la república.

> Se declara traidor a D. Agustín de Iturbide, siempre que se presente bajo cualquier título en alguna parte del territorio mexicano. En este caso, queda declarado por el mismo hecho, enemigo del Estado y cualquiera puede darle muerte.[4]

El día 28 se modificó y ratificó el decreto promulgado antes de que se recibiese la comunicación oficial de Iturbide en que ofrecía sus servicios como general al país. Ignorando Iturbide el prematuro fallo que pesaba sobre su cabeza, el día 4 de mayo se hizo a la mar en el puerto de Londres a bordo del bergantín inglés *Spring*, llevando por comitiva a su esposa, otra vez encinta, a dos de sus hijos menores y a otros acompañantes. Tal vez Iturbide llegó a tener claro que su regreso a México podría significar la muerte y que corría el riesgo de ser pasado por las armas. ¿Pero qué opción restaba? De haberse quedado en Europa en un par de meses más hubiera tenido que pedir limosna en las puertas de las catedrales y asistir a la muerte

---

[4] Alamán, 1885: 395.

por inanición de sus hijos y de su familia en general. ¿Quién iba a socorrerlo, quién iba a ayudarlo, quién iba a velar por él? Nadie, él sabía que la miseria lo acosaba, al igual que el desprestigio, en la inteligencia de que muy pronto se sabría en México la triste realidad de su vida. Agustín de Iturbide, Agustín I, el emperador de México, pedía limosna en la puerta de la Catedral de Westminster o en cualquier parroquia de Liorna o de Italia. Sólo tenía dos opciones: o la miseria suya y de su familia y la muerte por cualquier enfermedad, o regresar a México para ser pasado por las armas y de alguna manera recuperar con la muerte la dignidad perdida. Los mexicanos de alguna manera ensalzamos a los muertos y les reconocemos cualidades que nunca tuvieron. Entonces era mejor ser fusilado que enfrentar los horrores de la pobreza en países donde ni siquiera podía expresarse en el idioma local. ¿Después...?

El *Spring* atracó en Soto la Marina. Iturbide se camufló para no ser reconocido. De poco le sirvió, el 16 de mayo fue arrestado y el 19 en la mañana, después de pedir ser escuchado por el Congreso o por alguna autoridad, fue pasado por las armas con el debido protocolo, acorde con su elevada investidura militar. Justo es decir que murió con la debida dignidad. Una vez que se convenció de que su ajusticiamiento no tenía remedio, colocado de pie y habiéndose cubierto él mismo los ojos con una venda después de pedir un poco de agua que ni siquiera probó, exclamó sus últimas palabras:

—Mexicanos, exhorto a que siempre vivamos unidos y obedientes a las leyes y a las autoridades, que nos libremos de la segunda esclavitud, que resistamos con vigor el pronto ataque que se prepara por parte de la Santa Alianza, lo que me hizo venir a México como simple soldado para sostener el gobierno republicano que ya se ha jurado.

Concluyó diciendo que no era traidor a la patria, pidiendo que no recayese en su familia esa falsa nota. Besó el Santo Cristo y murió al rumor de la descarga. Un sentimiento de respeto se advirtió en los semblantes de los integrantes del pelotón tan pronto volvió el silencio a Padilla, en las cercanías de Tampico. Su cuerpo se puso en un humilde ataúd confeccionado por unas pobres tablas. Su cuerpo se veló en una estancia, en realidad una capilla improvisada que se utilizaba para celebrar las sesiones del congreso local. Rápidamente se colocaron cuatro cirios pascuales a los lados del féretro que vigiló una guardia improvisada. Los soldados que lo habían ejecutado recibieron tres onzas y media de escudos que el difunto había entregado previamente a su ayudante.

Su familia enlutada se dirigió entonces a Nueva Orleans, Estados Unidos, donde pasó muchos años viviendo de la pensión de ocho mil pesos que le asignó el Congreso general. Agustín sabía que la pensión llegaría. Era evidente que para garantizar el mantenimiento de su familia él tenía que desaparecer. No habría pensión mientras él viviera.

En 1833 fueron exhumados sus restos por órdenes del general Santa Anna, en su primera presidencia de la República. Sin embargo, no fue sino hasta el mes de agosto de 1838, durante el gobierno de Anastasio Bustamante, cuando sus restos fueron trasladados a la ciudad de México, el 24 de octubre, en que con fúnebre solemnidad fueron llevados a la catedral y al día siguiente, después de la vigilia y misa que se cantó con magnífico aparato, se enterraron en el sepulcro que se erigió en la capilla de San Felipe de Jesús y no en la que contiene las cenizas de Hidalgo y sus compañeros.

Algo debo confesar, queridas amigas, al terminar este breve relato, ciertamente arrebatado: tanto doña Josefa Ortiz de Domínguez como yo estuvimos presentes en el Congreso, precisamente en el momento en que se redactaba el decreto para autorizar el fusilamiento de Iturbide donde se encontrara, tal y como sucedió. Contenía varias faltas de ortografía que ella y yo corregimos con la debida discreción. Cuando ambas nos percatamos de que el texto establecía que cualquiera podía arrestarlo y conducirlo ante las autoridades competentes, sugerimos cambiarlo para que quedara asentado que cualquiera podría darle muerte. La verdad, no encontraba una mejor forma de vengar el ultraje sufrido por mí después de descubrir el amasiato que llevaba con mi hija Antonia.

Espero que en el Infierno Agustín aprenda a cuidarse de los resentidos. Por lo menos ya no vivió las pavorosas dictaduras de Santa Anna ni sufrió los horrores de la invasión norteamericana que resultó en la mutilación de la mitad del territorio nacional gracias a las traiciones de *el Mocho*, el maldito cojo, el tal *Napoleón del Oeste*, quien se entendía con el presidente yanqui, el miserable Polk, de la misma manera en que el clero católico llegaba a acuerdos inconfesables con el ejército de los Estados Unidos para excomulgar a los mexicanos que atentaran en contra de la vida de los invasores. Agustín ya no lo vivió, pero les juro, amigas del alma, que no quiero que Agustín descanse en paz. ¿Quién era ese mamarracho para no satisfacer todos los caprichos de la Güera Rodríguez y además lastimarme donde más le puede doler a una madre? ¿Quién...?

Yo por mi parte me volví a casar por tercera vez con don Juan Manuel de Elizalde, un hombre generoso, atento, cuidadoso y obsequioso. En realidad, debo confesar que fue una magnífica compañía, aun cuando era una figura decorativa en mi casa, en el fondo un buen sujeto, honesto individuo, muy religioso, repartía su tiempo entre su empleo y los rezos en las iglesias. Debo agradecerle que estuviera pocas horas del día en la casa. Dócil de carácter, sumiso a mi voluntad, se contentaba con vivir espléndidamente, asistir a su empleo, rezar mucho y ocupar el lugar que por su rango de tercer marido tenía derecho en mi majestuosa y rica alcoba, la famosa alcoba de la Güera Rodríguez.

Los últimos años de mi vida los dediqué a ejercicios de piedad en la Tercera Orden de San Francisco, hasta que me empezaron a acosar los achaques propios de la edad. Pero, ¿quién dijo en su sano juicio que también la senectud tenía sus encantos, que la vejez tenía sus atractivos, cuando los dientes se aflojan y se caen y ya no se puede masticar, y es menester comer únicamente líquidos o papillas o purés, y ya no se puede ver porque las nubes propias de las cataratas lo impiden y no se puede caminar porque los huesos ya no lo permiten y ya no se pueden controlar los esfínteres y te meas o te cagas a veces ya sin darte cuenta, y ya no se puede pensar, ni reír, ni recordar ni moverse, ni desplazarse ni dormir, vaya, ni pensar en volver a hacer el amor cuando uno ha perdido todo atractivo?

Lo único que preservé en la parálisis gradual que me invadía era mi memoria y esta memoria la utilicé sobre todo cuando sentía que la muerte rondaba durante las noches mi lecho que, de buen tiempo atrás, permanecía sin compañía alguna. Sabía que en cualquier momento las manos heladas de la Pálida Blanca me sujetarían por la garganta y me arrebatarían la vida, sí, lo sabía pero a mis sesenta y cinco años de edad ya todo era posible. Deseaba morir con una imagen en mi mente, la imagen de cuando Iturbide, mi amado Agustín, me tomó por primera vez después de recorrer las calles de la ciudad como enloquecidos montados en el taburete de su berlina, hasta que llegamos al Bosque de Chapultepec, donde me tomó sin piedad alguna, me arrancó las bragas, me abrió el vestido, me besó, me chupó, me embelesó, me despertó, me sacudió y me hizo sentir mujer. Qué hermosa oportunidad me concedía la vida al permitirme tener la memoria necesaria para recordar el feliz momento en que yo había sido mujer por primera vez...

Diego Rivera

EL PINTOR EROTIZADO

*Para Pedro Ferriz, por su contagioso
coraje en la búsqueda de la verdad*

Disculpen ustedes la letra temblorosa. Perdonen las manchas que, en ocasiones, hacen la letra invisible: son las lágrimas que no puedo contener mientras redacto estas líneas, donde confieso en mis últimos días, horas o tal vez minutos, la realidad de mi existencia, sin falsedades ni invenciones, como las que conté a biógrafos, novelistas e historiadores, unos más mentirosos que los otros, al igual que yo.

Estaba por cumplir los setenta y un años de edad cuando sufrí un derrame cerebral en mi estudio, mientras trabajaba febrilmente, como siempre, enfrente del caballete, con la paleta llena de pintura en la mano izquierda y el pincel mágico en la diestra. Siempre quise que la Pálida Blanca me sorprendiera de pie, creando, imaginando, soñando, concibiendo todas aquellas fantasías que me acosaron a lo largo de mis días y mis noches. ¡Cómo agradecer el hecho de que después de aquel terrible accidente cardiovascular, la vida me haya permitido tener claridad mental para redactar estos pensamientos, que bien podrían haberse quedado para siempre olvidados en un tintero, aun cuando, justo es decirlo, mis motivos y mis razones quedaron consagrados en muros y en los óleos pintados con sangre, mi sangre y la de quienes me antecedieron en la existencia! En cada uno de mis frescos están mi aliento, mi garra, mis convicciones, mi fuego, mi pasión, mi entereza, mis principios y mis valores; sin embargo, además de mi obra plástica, que expresa todo lo que fui y en lo que creí, dejar constancia escrita, aun cuando breve, de mi paso por este valle de lágrimas poblado por mujeres hermosas, me parece una obligación de cara a las futuras generaciones, antes de que yo parta, en un muy corto plazo, a un viaje eterno, hacia el infinito y sin regreso.

Sé, lo sé, que estoy tocado de muerte. Sé que por una casualidad del destino, sí, pero no gracias a Dios, ¿quién es Dios...?, todavía no se afectaron mis facultades mentales, aun cuando la parálisis pueda seguir invadiendo mi organismo cansado y fatigado de tanto cabalgar por el mundo. Sé que me voy, que dejo como herencia kilómetros de murales, innumerables trabajos de caballete, sé que dejo una escuela y varias corrientes plásticas, sé que soy reconocido en México y en el mundo y que lo seré aún más en la posteridad. ¿Qué más da? Prefiero un minuto más en la vida que cien años en la gloria...

Quise entrañablemente a mi país, a mi gente, a los míos; quise a nuestra comida, a nuestros mixiotes, a los ayocotes, a los gusanos de maguey, los tamales, los pucheros, nuestros caldos xóchitl y tlalpeño, nuestros tacos de carnitas, de maciza y de buche, acompañados con salsa verde y cebolla picada; nuestras enchiladas, nuestros moles, nuestros pescados a la veracruzana o a la talla y nuestro pan de muerto, nuestros mamoncitos, conchas y garibaldis; nuestras canciones, nuestra trova, nuestros huapangos y sones, nuestra poesía, nuestras jaranas; nuestros tesoros precolombinos y los coloniales, nuestro sol, nuestras playas con arena de talco, nuestro cielo impoluto, nuestros aguaceros torrenciales; nuestro jarabe tapatío, nuestros indios voladores, nuestro baile del venado o de los viejitos, nuestras posadas, nuestras letanías cantadas con un jarro de barro lleno de ponche con tejocotes y nuestras piñatas, así como nuestros altares de Día de Muertos, decorados con los recuerdos de quienes se nos adelantaron y con flores de cempasúchil. ¡Cuánta riqueza cultural! ¡Qué país tan rico y hermoso en tradiciones con las que los gringos ni sueñan! Amo el jugo de caña, el agua de tamarindo, el agua de arroz, el tepache, el tascalate, la lechuguilla, el agua de chicozapote, pero sobre todo, adoro a las mujeres mexicanas, auténticas diosas que seguiré admirando desde la eternidad...

Ahora que me muero quiero pasar una película por la mente para detectar todos aquellos momentos de placer y de éxtasis, el ingrediente vital de cada existencia. ¿Adónde se va en la vida sin placer? Quiero volver a vivir cuando la luz se me escapa sin remedio alguno, como cuando cae gradualmente la última noche. Escribiré mientras todavía pueda sostener el lápiz y ver con dificultad el papel sobre el que trazo estas breves líneas. Debo, entonces, comenzar por hurgar en mi pasado para localizar los episodios más plenos y más felices, los que me hicieron vibrar, estremecerme, delirar y hasta dudar de que realmente se pudiera llegar a alcanzar tanta felicidad. ¿Se trata de ser un triunfador? ¿Ese es el objetivo central? El éxito es un sentimiento personal íntimo, que no debe depender, en ningún caso, del reconocimiento de terceros. Es la convicción de saber que uno alcanzó la meta ambicionada, un propósito personal sin competir con nadie más, sin abandonar jamás el terreno de la autenticidad. Triunfé en los aspectos en que me lo propuse, sin voltear a los lados. Acerté. Di. Alcancé. Si la vida es búsqueda y riesgo, me arriesgué y encontré. No se puede ser feliz sin ser valiente. Empiezo entonces a repasar, a sonreír y a llorar.

¿Dinero? Gané mucho, sólo que al igual que llegó a mis manos se me escapó entre los dedos como arena fina sin que nada pudiera hacer para contener la inmensa alegría que se experimenta con el despilfarro. Los botarates como yo, unos irresponsables, entendemos que nos iremos como llegamos: encuerados. Hay que morirse con los güevos y la chequera vacíos porque a la eternidad no te llevarás nada, absolutamente nada. El semen retenido es veneno, de la misma manera que la existencia de saldos a favor en el banco es el desperdicio de una oportunidad más de vivir. Si el dinero se hizo para contarlo y gastarlo, habría que comenzar de inmediato, en el entendido de que no sirve para comprar lo más valioso de la vida. ¿Quién puede convencer a la Muerte de no utilizar su guadaña cuando viene dispuesta a cortar el cuello? La Calaca es insobornable e inconmovible. Imposible discutir ni argüir con ella, ni resistir ni oponerse a su decisión, por eso es impostergable vivir al día. Hoy, ahora mismo, aquí, al instante: ¡zas! ¿El amor? Yo puedo comprar un cuerpo, dos cuerpos, tres cuerpos, mil cuerpos, sí, ¿pero quién puede comprar el verdadero amor de una mujer? ¿Quién? ¿Acaso no hay una diferencia abismal entre una caricia comprada o una genuina, dispensada por una mano noble, cariñosa y desinteresada? El dinero, entonces, es inútil para comprar más vida y vuelve a ser ineficaz para adquirir sentimientos. Esos los tienes o no los tienes. ¿Fama, popularidad y prestigio? Recibí reconocimientos, disfruté de los homenajes, recibí condecoraciones, gocé los aplausos y me estremeció, en muchas ocasiones, mi popularidad. El respeto y la admiración de mi público invariablemente me llenaron el cuerpo de calor y de coraje, de energía y de poder para seguir trabajando. Bastaba con ver las colas interminables para entrar a mis exposiciones en los museos del orbe. Ahí están mis murales en Nueva York, en San Francisco, en Chicago, en México; mis telas por todo el mundo en poder de coleccionistas, obras que ya no podré ver, como si fueran hijos perdidos en la inmensidad de la marea humana. ¿Qué me queda?

Si tuviera que escoger entre el dinero, la fama, el poder o la mujer como fuentes de placer, sin duda alguna me quedaría con la mujer, porque, como bien decía José Vasconcelos, ella es el máximo tesoro de la creación. ¿Que muchas damas se acercaron a mí por mi dinero o por mi fama o por ambas cosas?, es posible y cierto, pero, ¿qué más da si me robaban o no, si eran interesadas o no, si yo también obtenía a cambio lo que deseaba? En el fondo todos recibíamos la gratificación esperada, dicho sea con todo cinismo. Nada más hermoso que sus manos, sus dedos frágiles, sus escotes y el infinito, sus vestidos, sus aromas, su perfume, sus humedades, sus sudores exquisitos, su cabello ensortijado, sus labios, su piel, su voz, su mirada traviesa y sorprendida, sus líneas, su delicadeza, su sensibilidad, su caminar ondulante, sus sonrisas, sus instintos, sus eternos juegos, sus salidas, sus argucias, sus debilidades, sus ayes, su coquetería, su risa triunfante y seductora, su cuerpo inmortalizado por pintcres, poetas, músicos y escritores que no llegaron a describirlo jamás en sus justas dimensiones y proporciones; su capacidad de consuelo, su contagioso optimismo, su capacidad para advertir el peligro, su habilidad para detectar la presencia de enemigos feroces permanentemente emboscados, sus debilidades y fortalezas. Las mujeres, las mujeres sin duda alguna me rescataron en horas aciagas, tortuosas y difíciles. Las mujeres me inspiraron, me motivaron, me indujeron, me provocaron, me despertaron, me incendiaron, me irradiaron, me iluminaron, me postraron, me deprimieron, me aplastaron, me encumbraron, me endiosaron, me tocaron, me dispensaron, me entregaron, me sublimaron, me otorgaron, me endiablaron, me poseyeron, me dominaron, me encaminaron, me sujetaron, me soltaron, me liberaron, me amargaron y me endulzaron para finalmente llegar a la feliz conclusión de que la vida valía la pena vivirla, y que el amor y el arte son dos de las últimas posibilidades de reconciliación con el género humano.

Ahora bien, claro que me gustó ganar dinero, tener una casa o dos, un estudio luminoso, poder viajar, sí, sin duda, así fue. ¡Claro que me fascinó el contacto con el poder, con capitanes de empresa, con jefes de Estado, reyes y primeros ministros, con senadores, con diputados, con la suprema autoridad en sí misma! Sí, lo confieso: disfruté el hecho de resolver graves problemas con un simple telefonazo, una breve visita o con el envío de un apunte dedicado al personaje reacio a aceptar mis sugerencias. Gocé las inauguraciones de mis exposiciones en México y en el extranjero; gocé mis murales, sobre todo los de Palacio Nacional y los de la Secretaría de Educación Pública, las primeras planas del día siguiente, mi presencia en la radio, en los noticiarios del cine, en la televisión que apenas llegaba a México, lo que fuera, pero nunca nada me produjo más placer que besar y poseer a Frida, a Lupe Marín, a María Félix, a Dolores del Río, a Tina Modotti, a Paulette Goddard, esposa de Charles Chaplin, entre otras tantas más que disfruté cuando estaban desnudas a mi lado en la cama. Mujeres, las tuve todas, de las más diversas nacionalidades, colores y texturas de piel, complexiones, altas y bajas, rejegas o dóciles, fáciles o difíciles, gruñonas y musicales, jóvenes o maduras, viejas no (aun cuando siempre me dijeron que gallina vieja hace buen caldo), arrogantes o humildes, ricas o pobres, rubias o morenas, de cabellera negra azabache natural, de uña pintada o de manos nativas y humildes, como las de mi tierra, como las de mi México, la que fuere y como fuere, pero eso sí, ninguna como Frida, a pesar de que nunca se comparó en belleza con ninguna de las otras hembras que me acompañaron en el lecho.

Las tuve mexicanas, rusas, francesas, norteamericanas, inglesas, italianas, así, las que fueran, artistas del pincel, de la cámara fotográfica, de la pluma o del celuloide, como Paulette Goddard, quien me visitó en los días terribles en los que, por primera vez, intentaron asesinar a Trotsky en su casa de la calle de Viena. Ella y sólo ella, me salvó de un encarcelamiento injusto.

Cierro entonces los ojos con la esperanza de que la muerte se presente para sorprenderme con una dulce sonrisa en el rostro, recordando cualquiera de los episodios que pude vivir y que la existencia me permitió disfrutar.

¿De dónde salí, de dónde salió Diego María de la Concepción Juan Nepomuceno Estanislao de la Rivera y Barrientos Acosta y Rodríguez? ¿Cómo me impusieron ese nombre tan largo el ocho de diciembre de 1886, en Guanajuato? ¿Cómo me formé?, ¿quién me formó? ¡Ah!, no puedo olvidar que mi padre, Diego Rivera, maestro de escuela, era un convencido masón, invariablemente rodeado de librepensadores y de ateos. Su presencia me convenció tempranamente de la inexistencia de Dios, convicción que dejé asentada al pie de mi cuadro *Sueño de una tarde dominical en la Alameda Central*, cuando redacté aquello de «Dios no existe», que tanto escándalo causó en la alta sociedad mexicana conservadora, mojigata e hipócrita. ¡Cuántas veces supe de hombres y mujeres, unos farsantes, tramposos o infieles que no localizaba yo los domingos en la mañana porque se encontraban en misa! Después de un simple sermón o una confesión, arrodillados ante el cura, seguramente otro bribón, se sentían liberados de toda culpa, como unos ciudadanos felices, feligreses ejemplares y modélicos, sólo para que al salir de la iglesia continuaran con la comisión de pecados y hasta de delitos. La sensación de una experiencia reconciliadora no duraba más de una hora. Acto seguido, volvían a la infidelidad, a la traición y al hurto, para volver a purgar los mismos vicios, pecados, felonías y chantajes con otro par de padrenuestros. Asunto acabado. Me muero convencido de que la religión católica nos ha convertido en un país de cínicos, donde después de elevar un par de plegarias ya tenemos derecho a cometer nuevos atentados en contra de nuestros semejantes.

Mi padre no solamente me alentó hacia el ateísmo, sino que también fue el primero en crear conciencia en mi interior de la preocupación por los indios, esos seres humanos ignorados, explotados, humillados y esclavizados desde que Hernán Cortés y sus tropas asesinas, integradas por criminales convictos, pusieran por primera vez la planta de sus pies en la Gran Tenochtitlan. Mi admiración por los indígenas, nuestros aborígenes y ancestros, los autores del México profundo, los constructores de pirámides, creadores de invaluables obras de arte y científicas, creció día a día. ¿Quién se atreve a comparar el ostentoso imperio azteca, los alcances de una civilización destruida por unos maleantes, con las tribus semi-salvajes de pieles rojas que otrora poblaron Norteamérica? Decidí plasmar mis sentimientos, mi compasión, mi nostalgia, mi dolor en los lienzos, pero, sobre todo, en los murales: mi padre me enseñó a tener respeto y amor por los humildes, por los desposeídos, los primeros a quienes debía ayudar, proteger, ministrar, alfabetizar y socorrer. La debilidad por los miserables, por los postrados, por todos aquellos que no tienen esperanza, la abrevé en las pláticas que tuve con él, de su ejemplo y de su conducta.

Si bien él dejó que la mocha de mi madre me pusiera un nombre tan largo e infame, lo cual no tenía para él ninguna trascendencia, sus principios filosóficos, de extracción liberal, fueron determinantes en mi vida. Mi padre fue el primero en darse cuenta de mi inclinación hacia la pintura. Después de que yo pintarrajeara las paredes de la casa con lápices, pinturas y crayones desde que tenía siete años de edad, decidió dejarme en un cuarto con una cama y un escritorio para que yo pintara los muros, los borrara, los tachara como me complaciera y los volviera a pintar después.

—Suéltate, hijo, libérate, ya veremos si te da por ahí...

Es una maravilla que a un chiquillo se le permita pintarrajear a su gusto y disfrutar la necesidad de expresión como fuera; en mi caso, sin dejar de manchar un solo espacio con trazos largos e ilógicos. Cuánto placer experimenté al tachar con furia, una y otra vez, la cara interna de la puerta de mi cuarto, llenándola de diferentes colores, dibujando rabiosamente cualquier figura bien o mal hecha o una ilusión o una fantasía, dando diferentes brochazos con tal de desahogarme y, en efecto, ¡me desahogaba! ¿Cómo darle las gracias a quien ya no está conmigo?

Nunca olvidaré la cara de mi madre cuando mi padre me dio lápices, crayones y tiza para que vaciara mis sentimientos. Algo se movía en mi interior y me gratificaba y él lo entendió a la perfección. Tenía que decir con las formas y los colores lo que otros dicen con el cincel y el martillo, con la pluma o los pentagramas. Si alguien me nutrió de imágenes, ésa fue una nana linda, quien me mostró con su dulzura, protección y cariño la exquisita sensibilidad de nuestra idiosincrasia. ¡Cuánta dulzura había en el corazón de mi nana, esa magnífica otomí —pueblo genial y feroz— que me enseñó a sentir como los aborígenes y de quien aprendí, como ellos, el desprecio al sometimiento, la esclavitud odiosa del siglo XX, una maldita cruz de fuego remachada en la nuca! Había que luchar por ellos. Yo lo haría sin cansarme. En mi Anahuacalli dejaría también sobradas pruebas de mi admiración.

Mi inmersión en el mundo de las mujeres, debo aceptarlo, fue muy precoz. No pude más que sonreír al oír cómo mi padre soltaba la carcajada cuando a los seis años de edad yo ya era una mascota en los burdeles de Guanajuato y podía conversar y hasta hacer reír a las prostitutas con mis comentarios infantiles. Fue mi primer contacto con el reino mágico de lo femenino. Puedo decir que desde los nueve años tuve experiencia sexual, pero no con alguna de aquellas féminas, sino con una joven institutriz de una escuela protestante que descubrió mis sentimientos cuando, por primera vez, me acarició los genitales por encima del pantalón, mientras escrutaba muy divertida mi rostro para no perder detalle de mi reacción. ¿Cómo olvidar lo vivido? No recuerdo cómo pude ser mascota en un prostíbulo cuando era apenas un chiquillo travieso, lo que sí sé es que recordar esos momentos no puede sino producirme felices sonrisas llenas de ternura.

Si mi madre, la fanática religiosa de golpes de pecho y de comunión y confesión diaria, hubiera sabido que yo, su queridísimo hijo, era la mascota de las putas y que me divertía hasta el cansancio con ellas y que con esa experiencia nutriría mi percepción de las mujeres y del amor, hubiera pasado el resto de sus días en un convento. Cuando supo que mi padre había decidido que yo sería pensador, inventor o constructor o algo por el estilo y que me consagraría a la ciencia, ella alegó que, más bien, me estaba consagrando como diablo, como un pequeño demonio, como un horrendo muchachito de ojos saltones y cara de rana y que de ese modo me convertiría en el mismo Satanás. Y cómo no iba a pensar mi madre así, si cuando murió mi hermanito Alfonso y lo estaban velando en una pequeña caja de seda blanca, rodeado de gardenias y velas encendidas, en el primer descuido mi hermana y yo sacamos el cadáver del pequeño féretro y nos dispusimos a jugar con él, como si fuera nuestro muñeco. Nos extrañó que no respondiera a nuestras instrucciones, y que estuviera tan frío y su cara de un amarillo verdoso horrible... Cuando mi madre nos descubrió no solamente se escandalizó, sino que empezó a gritar, diciendo que yo era un demonio con forma humana. Más demonio con forma humana fui desde que mi tía Tota me enseñó el mundo de los libros en la biblioteca de mi padre. Fue así como inicié un viaje maravilloso por el conocimiento, del cual jamás me aparté y tan no lo hice, que en el colegio católico Carpentier mis calificaciones hablaban de que era un alumno con un perfecto aprovechamiento y una gran aplicación. Si bien tuve un sinnúmero de retardos, también fui muchas veces severamente sancionado en el renglón de la higiene. ¿Qué más daban semejantes pruritos? ¿A quién le interesaba tener permanentemente las uñas limpias, los zapatos boleados, el pelo acicalado, la camisa limpia fajada con cinturón, los pantalones bien planchados, sin olvidar el desodorante y un poco de colonia? Malditas costumbres las de los *rotitos*. ¿A quién podían importarle semejantes desviaciones? ¿Por qué exigir tanta limpieza a un rebelde como yo, un intratable, irreverente y radical?

Como mi padre y mi abuelo se habían distinguido en el campo de batalla, decidieron meterme en una escuela militar, en la cual fracasé, como hubiera fracasado cualquier artista al que le hubieran amputado la imaginación y el libre raciocinio. Me resultaba imposible acabar cualquier discusión con un «¡A callar, es una orden!». A mí no me callaba nadie ni iba a permitir jamás que limitaran mis derechos de expresión orales, plásticos o de cualquier naturaleza. Yo no estaba hecho para resistir imposiciones de nadie en ninguna circunstancia. ¿Cuándo se ha visto que un rebelde nato se someta? En mi caso, nadie lo veía...

Por supuesto que abandoné rápidamente la instrucción militar por ser contraria a la razón, a la discusión y al diálogo. De la misma manera que la Iglesia católica impone sus dogmas alegando que son cuestiones de fe, en el ejército la ley se impone como un dogma, con lo cual se acaba cualquier posibilidad de análisis. No tuve mentalidad de sargento ni de cura.

Mi padre, como siempre mi padre, en eterna búsqueda para ubicar la profesión a la que consagraría mi vida, me ayudó a ingresar a la Academia de Bellas Artes de San Carlos. Yo tenía diez años y mi físico corpulento, así como mi gran estatura, confundieron a las autoridades escolares, que me creyeron de más edad. Aprendí a dibujar y a pintar, objetivo que empecé a coronar con el éxito cuando fui recipiendario de honores al ganar premios nacionales de dibujo que me ayudaron a acceder a una beca de treinta pesos al mes, la cual me permitió inscribirme en una escuela diurna. Tuve el privilegio de ser alumno de José María Velasco, de Santiago Rebull y de quien, sin duda, fue el dibujante mexicano que más influyó técnicamente en mi carrera, don José Guadalupe Posada, quien causó en mí una profunda impresión con sus grabados.

Gradualmente mi experiencia en la Academia comenzó a hartarme, ya no podía con ella. Tenía que someterme a los dictados de los maestros, aceptar sus colores, no cuestionar sus puntos de vista ni criticar las diversas texturas, las formas, los espacios, los volúmenes, las perspectivas, las composiciones... No podía dar rienda suelta a mis fantasías. Me encarcelaban artísticamente, me mutilaban. Tenía que respetar las instrucciones de los maestros, situación que me pareció inaceptable por las restricciones que todo esto implicaba a mi libertad. ¿Cómo suprimir o limitar las fantasías, encerrar en una jaula a la loca de la casa? ¿Cómo impedir el vuelo de las ideas, congelar los impulsos, cancelar el uso indiscriminado de los colores y reducir las formas que me salían del alma? ¿Cómo gritar quedito? Tenía que romper y rompí, con mala suerte porque perdí un volado con Roberto Montenegro para ir a estudiar becado a Europa. Él pudo abrevar, antes que yo, de las ideas revolucionarias de la plástica europea. Mientras tanto yo tendría largas entrevistas con Gerardo Murillo, quien firmaba *Dr. Atl* y había regresado de Europa con un bagaje plástico enorme que no tardaría en plasmar en sus obras. Con él discutí, ya en 1904, la trascendencia de empezar a pintar murales en México, una manera eficiente al alcance de los jóvenes artistas de protestar por los métodos de enseñanza de la academia y el poco estímulo que recibíamos de los maestros.

Si yo había pintado las paredes de mi casa, ahora quería pintar los muros de mi país y protestar y gritar y reclamar y denunciar no solamente nuestras limitaciones académicas, sino hacer saber, a quien quisiera oírnos y deseara recrear la mirada en nuestros trabajos, nuestra enorme insatisfacción por lo que ocurría en México y en el mundo. La denuncia quedaría plasmada en nuestros murales. Nacería otra versión mexicana del arte popular.

Claro está que no pudimos protestar porque vivíamos los últimos años de la dictadura porfirista. Sin embargo, yo sabía, en el fondo siempre lo supe, que aquello que deseara con toda el alma y por lo que estuviera dispuesto a dar lo que fuera con tal de obtenerlo, lo lograría sin duda alguna y por ello es que marqué un paréntesis y volví a insistir en la posibilidad de viajar a Europa. En 1906, mi padre, quien entonces trabajaba como inspector de la Secretaría de Salubridad y Asistencia en el estado de Veracruz, donde se vivían los horrores de la fiebre amarilla, fue a informar al gobernador Teodoro Dehesa el resultado de los esfuerzos para erradicar esa mortal enfermedad. Aprovechó la ocasión para hacerle saber a don Teodoro mis intenciones de ampliar horizontes. Cuando el gobernador pasó la vista por mis bocetos y algunos de mis trabajos, aun cuando no era un hombre que tuviera algún interés por el arte, decidió nombrarme hijo honorario de Veracruz y premiarme con una beca de dos mil pesos oro para que pudiera iniciar mis estudios en el Viejo Continente. Al conocer la noticia alcé a mi padre en vilo, lo sacudí, lo despeiné, lo llené de besos sin que él pudiera oponerse, no sólo porque le gustaban mis desplantes emocionales, sino porque yo en aquel entonces ya pesaba ciento treinta kilos y media más de un metro ochenta...

Claro que no podía irme a España con una sonrisa en el rostro. Como dicen los alemanes, me fui con un ojo lleno de alegría y el otro lleno de lágrimas y de coraje. Poco antes de mi partida, cuando pintaba el Pico de Orizaba, conocí la masacre de Río Blanco, aquella huelga declarada con toda justicia por los obreros mexicanos que fue repelida a balazos por el anciano tirano. Durante la huelga, dejé de pintar. Imposible olvidar el ataque alevoso de la caballería contra el pueblo muerto de hambre, las descargas cerradas de fusilería contra la masa de hombres, mujeres y niños que ejecutaba el ejército mexicano por órdenes del dictador. Asistí a la fuga de las multitudes poseídas de pánico, pude ver las figuras silenciosas, inmóviles, tendidas en el empedrado ensangrentado, las cuales quedaron grabadas para siempre en mi memoria. Muchas veces mi pincel recreaba aquel momento dramático y trágico. Pasaron muchos días antes de que yo pudiera retomar el óleo en el que hacía constar aquel gigantesco volcán que hacía las veces de vigía de todo el estado de Veracruz.

En ese momento fui incapaz de pintar las escenas que había presenciado, pero bien sabía yo que serían, al paso del tiempo, las que alimentarían una buena parte de mis trabajos. Nunca pude resistir la impotencia, siempre me sublevé rabiosamente ante ella. No podía contener ni aceptar la ley del más fuerte, en la que no caben las razones ni los argumentos sino la imposición brutal y salvaje de quien detenta la autoridad y la impone sin considerar la ley ni el respeto a sus semejantes. Me constituí como víctima, me acepté como víctima, luché y moriré como víctima en nombre de esos hombres y mujeres, de esos niños inocentes, quienes, como si la violencia no fuera suficiente, además padecen hambre y enfermedades, subsisten descalzos sepultados en el analfabetismo y en la desesperación sin un techo, una cuchara, agua corriente, y ni hablar de cultura. ¿Cómo no estar al lado de los jodidos y consagrar su grito de dolor y de rabia en mis murales? ¡Que me escuchen!: alguien tendrá que protestar por todos esos millones de mexicanos que jamás volvieron a levantar la cabeza después de la cruel masacre vivida a raíz de la Conquista. Los arrogantes anahuacas, los desafiantes aztecas, fueron aplastados por la vesania española y por las enfermedades, convertidas en peste, que no pudimos combatir. Esos ostentosos anahuacas se convirtieron después en esclavos de los españoles y ahora siguen como esclavos de los ricos, de los hacendados prepotentes, de los empresarios como los de Río Blanco y de los funcionarios que detentan el poder económico. La esclavitud subsiste, la intimidación y la explotación persisten en contra de todas estas personas de piel oscura, en este asqueroso mundo racista que insiste en hundir a lo mejor de México, sin duda, sus aborígenes, excluidos de la civilización, del progreso y de la cultura, como si no tuviéramos ninguna deuda contraída con ellos. Yo luché con mis pinceles para dejar constancia de esta villanía y rescatar los más caros valores de nuestros ancestros.

¿De España? Bueno, pues de España tengo que contar que cuando ingresaba en las tabernas, los parroquianos dejaban de jugar a las cartas o al dominó, abandonaban los chatitos de manzanilla, de fino amontillado o simplemente dejaban de conversar. La gente me miraba con curiosidad, contemplaba mi llamativa corpulencia, mi sombrero de alas anchas, veía extrañamente mi barba ondulada y mi cabello absolutamente descuidado. Lo que más les sorprendía, como más tarde me lo confesarían, eran mis ojos saltones de rana a medio morir, que parecían tener la capacidad de contemplar cuanto acontecía en 360 grados a la redonda. Mis aspecto no podía ser más deplorable cuando me acercaba a la barra con mis ropas acartonadas por el aguarrás o por la pintura, obviamente mal cortadas, manchadas, arrugadas, de tallas infinitamente menores a la mía, ya que los botones parecían estallar en cualquier momento, incapaces de soportar la presión de mi obesidad.

Nunca olvidaré cómo mi querido maestro *el Chícharo* se expresó acerca de mí, al extremo de redactar un párrafo que envié al gobernador Dehesa como evidencia de mi aprovechamiento.

Yo, Diego, su discípulo, había demostrado poseer magníficas disposiciones para el arte que estudiaba, aunado a la cualidad de ser un trabajador incansable, lo que, como consecuencia de la fatiga, me produjo severos desarreglos glandulares a lo que, sin duda, ayudaba la pavorosa dieta a la que me sometí con tal de bajar de peso. Tenía que desinflar mi gigantesco cuerpo, por lo cual me alimentaba con prodigiosas cantidades de frutas y legumbres, excluyendo cereales y carnes. Bebía toda el agua mineral que podía sin contar con la debida reserva energética, por lo que me sentía exhausto. Harto del encierro de día y de noche, traté de apartarme de la vida solitaria y empecé a sostener encuentros sexuales ocasionales con modelos y mujeres livianas que se movían en el mundo de los artistas. A ellas les fascinaba estar conmigo, según decían, por mi atractiva fealdad y por mi exótica sangre de mexicano. Me daba cuenta de que seducía a las mujeres por el oído, no así por la mirada. Ellas entraban en mi mundo a través de los ojos, pero yo comenzaba por penetrarlas a través del oído y así, una vez descubierta esta faceta mía, la exploté hasta el cansancio para tener y poseer a casi todas las mujeres que se me daba la gana. Ellas intentarían después contemplar su vida a través de la mía, ver el mundo a través de mis ojos, de mi sentido del humor, de mi concepción de la política, de la filosofía y de mi propia existencia. Les encantaban mis palabras, mi espontaneidad y, sobre todo, el cinismo con que yo aprovechaba para llevarlas a la cama a la primera oportunidad y sin la mínima piedad. Muchas de ellas se empezaron a apartar de mí, porque decían que era irascible y colérico. ¿Y cómo no ser irascible y colérico después de una eyaculación voluminosa que me hacía entender los alcances de la gloria, si a continuación, una vez esfumada la magia, la sílfide se convertía en una araña patuda que deseaba sacar a patadas o a escobazos de la cama? ¿Yo era era un diablo, como decía mi madre? Tal vez me estaba convirtiendo en un déspota, tal vez sí, pero, ¿quién puede permanecer acostado al lado de un arácnido del tamaño de un ser humano que además pretende besos y caricias, cuando el hechizo se perdió y la varita, antes mágica, se desvaneció, se dobló y se recogió como un gracioso espantasuegras?

De pronto me ocurrió en España lo mismo que en México: la academia me impedía volar, desplegar las alas de la imaginación, en fin, me quedaba chica, había ya muy poco que aprender, nos repetíamos sin incursionar en nuevas técnicas, estilos, lenguajes y temas. Percatándome de la ausencia de motivaciones, de estímulos y de gratificaciones artísticas, harto de los libros, del vino y hasta del sexo, decidí viajar por Europa con el ánimo de saber, de descubrir más, mucho más de mí y de mi arte. Buscaba otros satisfactores. Ya no quería recorrer España pintando castillos, catedrales, iglesias y paisajes, acompañado de otros pintores. Por otro lado, la contemplación de las obras maestras ya no me producía la misma emoción que en un principio. Necesitaba explorar otros horizontes, recorrer, por ejemplo, Inglaterra, Francia, Bélgica y Holanda para conocer otros conceptos de la industrialización, de la miseria humana y la explotación del hombre por el hombre. ¿Quién dijo que la era industrial traería emparejados beneficios para los trabajadores? Otra vez los trabajadores, los explotados, los eternamente explotados, que en los países supuestamente más civilizados carecían de derechos elementales y trabajaban hasta dieciséis horas diarias en una mina sin la debida remuneración ni las garantías de seguridad de cara al futuro.

En Brujas, a través de unas amigas pintoras, descubrí a Angelina Beloff, una rusa singular, poderosa, con pechos sobresalientes, nalgas magnéticas, piel muy blanca, pelo rubio, estatura media, robusta, sencilla, de mirada traviesa, atractiva, de manos ágiles y voluptuosas, en apariencia dóciles, con las que manejaba el pincel con gran destreza. De inmediato me sentí atraído hacia ella. Me fascinaba, me fascinaba su coquetería, su simpatía y sobre todo su risa contagiosa, pronta y fácil, que me animaba a saltar sobre ella sin más, para perderme en mil arrumacos.

Por supuesto que nos fuimos a la cama el primer día que nos vimos. No podía ser de otra manera. Nos habíamos identificado por completo, como si hubiéramos vivido varias vidas juntas. Me encantaba decirle que mi profesión no era la de pintor, sino la de payaso, para hacerla reír, gozar y despertar en ella todos los placeres imaginables. Esa era mi profesión. ¿Había acaso algo mejor en la vida que consagrarme a hacer feliz al ser amado, durara lo que durara el amor? ¡Claro que no!

Lo que tenía que pasar, no tardaría en ocurrir: mi viaje a París, bueno, nuestro viaje a París, era tan obligatorio como irremediable. La capital francesa era el centro universal de las artes. La empecé a descubrir conmovido y estupefacto. Ahí, en esa gran escuela, la verdadera academia, audaz, irreverente e innovadora, tuve mi primer encuentro con el mundo de los cubistas, ahí descubrí en un escaparate un gran arlequín de Picasso, además de obras maestras de André Derain, Juan Gris y Georges Braque. Con tan sólo ver dicha vitrina decidí quedarme a vivir en París. ¿Para qué buscar más? Días después tuve contacto con la pintura de Paul Cezanne. El tema, así de fácil, era el de un anciano fumando una pipa. Así de simple, pero así de magistral y de eterno. Toda la mañana permanecí azorado contemplando esa obra maestra, excitado, impresionado, incendiado, sorprendido por la magia de este extraordinario pintor francés, a quien yo conocía a la distancia. Después de una breve estancia en París reventé por dentro. Era de tal tamaño mi efervescencia, tan grande e intensa la emoción, que empecé a sentir una severa fiebre que me condujo a un sacudimiento nervioso. ¿Cómo administrar semejantes emociones? ¿Qué hacer cuando uno ya no sólo descubre, sino confirma la justificación de la existencia a través del arte y se percata de todo lo que tiene que aprender y todos los caminos que tiene que recorrer para alcanzar una meta que en un principio parecía desconocida? Había dado en la diana, lo sabía, lo sabía, lo sabía... ¡Cuánto regocijo descubrir nuevas técnicas, nuevas concepciones, nuevas visiones, nuevos enfoques, nuevos planteamientos y nuevas soluciones!

No había más: me quedaría en París a como diera lugar, comiendo lo que tuviera a mi alcance y durmiendo donde fuera. Se trataba de absorber todas aquellas escuelas como quien se atraganta y se quiere beber enloquecido una gigantesca jarra de vino tinto. No me importaba que se me empapara la cara ni emborracharme ni toser ni intoxicarme: necesitaba aprender y esos monstruos de la pintura me enseñarían todo lo que quería saber: nuevas escuelas, nuevos caminos y más alternativas de expresión. Angelina me acompañaría en la aventura.

A principios de 1910 decidí regresar a México para montar una señora exposición y mostrar mis avances y hallazgos después de más de tres años de ausencia y de sólido compromiso con el arte. Me sentía poderoso como nunca. Al volver a París me casaría con Angelina Beloff. Ese había sido nuestro acuerdo. Ella, entre tanto, visitaría a su familia en Rusia para participarles el acontecimiento. Era un buen momento, al menos lo creía yo, para volver a la patria.

Una vez en México escuché por primera vez las fanfarrias de la gloria. En noviembre de 1910, nada menos que en noviembre de 1910, monté una exhibición que fue coronada por el más estruendoso de los éxitos. A mis veinticuatro años ya era todo un triunfador. El día de la inauguración recibí órdenes en abundancia para elaborar retratos, paisajes y recibí ofertas de trabajo para una cátedra en Bellas Artes, un puesto secundario en la burocracia o donde yo quisiera, para dar lustre a nuestro país. Sí, el reconocimiento fue inmensamente gratificante, pero yo no quería por ningún concepto estancarme. Tenía que seguir trabajando con la misma intensidad para aprender nuevas corrientes y vehículos de expresión. ¿Cómo hacerlo en México?

Algo debo confesar sí, debo hacerlo: si de algo me arrepentí a lo largo de los años es del hecho de que, nada menos que Carmelita Romero Rubio, la esposa del tirano, hubiera inaugurado mi exposición en ese trágico noviembre de 1910. En aquellos días, cuando yo no cabía de satisfacción por la respuesta del público mexicano ante mis obras, al mismo tiempo se acribillaba a balazos a los hermanos Serdán en Puebla e iniciaba todo un movimiento armado que terminaría con el derrocamiento y expulsión del gran dictador octogenario. Me gustaría agregar que en aquella ocasión, cuando estreché la mano de Carmelita, me encontré ante la presencia de una mujer cercana a los cincuenta años de edad, elegante, distinguida, fina, risueña y ajena en apariencia al acontecer nacional. Recordé aquello de «¿No tienen pan? ¿No...? Pues denles pasteles». ¡Qué lejos estaba yo de saber que una de las personas que más contribuyeron al acercamiento entre el clero católico y Díaz fue, sin duda, la propia Carmelita! Pronto comprendería que Porfirio Díaz había sido el gran enterrador del liberalismo mexicano del siglo XIX y que Juárez, el Benemérito, todavía estaría pateando las tablas de su ataúd al constatar cómo el usurpador había anulado todas las ventajas obtenidas en la guerra de Reforma, gracias a la cual se pudo contener al clero católico, malvado y voraz, en las sacristías. ¿Quién lo sacó? Porfirio Díaz le devolvió la autoridad y el poder por la vía de los hechos. Y pensar que Díaz todavía tuvo el cinismo de construir un hemiciclo para inmortalizar la memoria de Juárez...

Si bien cuando me fui por primera vez de México lo hice atravesado de lado a lado por la masacre de Río Blanco, ya entrado en 1910 perdí todo interés por la suerte de mi exhibición al estallar la Revolución. México se convertiría otra vez en astillas porque Díaz se negaba a facilitar el arribo de la democracia. Llené compulsivamente cuadernos de notas, blocs, páginas sueltas con apuntes, bocetos y diferentes dibujos que guardé sin entender, en ese momento, cómo los aprovecharía posteriormente en el movimiento muralista que iniciaría con la invitación de José Vasconcelos a plasmar mis imágenes y mis recuerdos en las paredes de la Secretaría de Educación Pública y, posteriormente, en las del Palacio Nacional.

No pude más, y casi al mismo tiempo en que Porfirio Díaz abordaba el *Ypiranga* rumbo al destierro en la Francia de sus sueños, yo también abordaba un vapor en dirección a París para encontrarme con el amor de mi vida, Angelina Beloff. Imposible suponer o imaginar la cadena de fraudes electorales que todavía sufriría mi país después de la Revolución, cuando todos creíamos haber pagado el precio suficiente para ser libres. Ni hablar: Álvaro Obregón le robaría los sufragios a Alfredo Robles Domínguez; Plutarco Elías Calles a Ángel Flores, quien sospechosamente moriría envenenado con arsénico unos meses más tarde. Obregón, otra vez Obregón, asesinaría a Arnulfo R. Gómez y a Francisco Serrano para llegar al día de la elección como candidato único y no correr así riesgos innecesarios. Después vendría el odioso Maximato en 1928 con la imposición primero de Emilio Portes Gil, luego Pascual Ortiz Rubio, *el Nopalito*, quien le «ganaría» a José Vasconcelos después de que se falsificaron los votos, se asaltaron casillas a mano armada y desaparecieron urnas llenas de sufragios. Cuando el famoso *Nopalito* renunció, siguió la vergüenza con Abelardo Rodríguez y Lázaro Cárdenas, sin méritos para ello, hasta acabar con otros desfalcos electorales como los que se dieron en el caso del general Juan Andrew Almazán, apoyado en secreto por los nazis en 1940, y como el de Miguel Henríquez Guzmán, ejecutado por Miguel Alemán cuando impuso a Adolfo Ruiz Cortines. ¿Adónde íbamos, carajo?

Como había prometido, en junio de 1911, después de mi regreso a París, me casé con Angelina. Hicimos un viaje de novios hacia la Normandía, en Francia, cuando en realidad mi interés profesional se encontraba en Cataluña, en Barcelona, cuna de grandes pintores. Aquella mujer me había cautivado a primera vista. No importaba que tuviera seis años más que yo. Nos acercaba nuestra identificación como artistas, nuestra vocación por la pintura, nuestro delirio por las fantasías, nuestra tenacidad para materializarlas en las telas. Sí, soñábamos todo el día, pintábamos todo el día y nos amábamos todo el día. Cómo recuerdo las ocasiones en que subía corriendo las escaleras a pesar de mi gran peso, hasta llegar a la buhardilla donde vivíamos y ella me recibía al abrir la puerta, misma que yo azotaba y me lanzaba para abrazarla. En lugar de saludarla con un beso natural y romántico, acariciaba sus nalgas y la desvestía en cuestión de minutos, como si tuviera yo el tiempo contado antes de morir. Una vez saciada la fiera que habitaba en mi interior, podía empezar a intercambiar puntos de vista con ella. ¿Cómo no dar rienda suelta a estos apetitos repentinos y salvajes? ¿Cómo retenerlos, cómo contenerlos, por qué hacerlo? Yo no me contenía con Angelina, ya fuera que regresara a casa caminando o en el autobús, sentía ya la presión intensa en mi entrepierna con tan sólo pensar en su imagen. Cuánta fortaleza podía despertar en mí esa rusa llena de fuego y de pasión, que no tardamos en engendrar a nuestro hijo, Dieguito, Diego, quien nació en 1915. ¡Ay, mi Diego!

Al mismo tiempo que enloquecía con las caricias de Angelina, disfrutaba la compañía de Pablo Picasso, de Juan Gris, de Francis Picabia, de Ángel Zárraga, de Amedeo Modigliani, de Adolph Gottlieb, de Moïse Kisling, de Louis Marcoussis, de Tsuguharu Foujita, incluyendo a los escritores Guillaume Apollinaire, Max Jacob, Blaise Cendrars, Jean Cocteau y Élie Faure, entre otros tantos amigos. Nuestras conversaciones en Montparnasse eran interminables. Si bien con todos pude tener una relación amistosa y de intercambio artístico, no puedo negar que fue con Amedeo Modigliani con quien sostuve una auténtica e intensa camaradería. Fue una amistad excéntrica, turbulenta, en la que nunca faltaron los buenos coñacs ni los altercados, por más que mi padre me hubiera enseñado a beber desde muy joven. Las diferencias con Modigliani se empezaron a hacer populares en todos los círculos de pintores a los que ambos asistíamos. Mi pensión había sido suspendida por el derrocamiento de Francisco I. Madero, pero por suerte ganaba algo de dinero para poderme sostener modestamente con Angelina. No me importaba que Modigliani dijera que yo podía amamantar a un niño con mis pechos de Buda ni que tenía el cuerpo cubierto de vello, argumento que había tomado de un retrato colgado en mi estudio que me había hecho otra artista rusa llamada Marionne, Marevna Vorobev-Stebelska, que continuamente iba a mi estudio vestida de hombre. Ya me ocuparé más tarde de ella. Marianne me pintó desnudo con las piernas cruzadas y totalmente cubierto de pelo hirsuto, lo que bastó para que Modigliani me hiciera bromas en nuestro círculo de artistas. Por el contrario, yo nunca dije que Amedeo vendiera más de uno de sus dibujos por cinco o por diez francos, el precio equivalente a una comida, una ración de hachís o de cocaína o un par de botellas de aguardiente. Fui discreto para no perjudicar a mi amigo, a quien, por otro lado, yo tanto admiraba.

Angelina y yo vivíamos en Montparnasse, en la Rue du Depart, un sitio que poco a poco se empezaba a convertir en el barrio preferido de los artistas, al sustituir gradualmente a Montmartre. Los pintores y escultores alquilábamos viejos y arrumbados locales, antes acondicionados por los propietarios para almacenes y talleres. Las rentas eran módicas, porque a través de las ventanas abiertas penetraban el ruido y el hollín de las locomotoras que pasaban a toda velocidad por las calles aledañas. Todo teníamos que resistir en nombre de nuestro arte. No era hora de claudicaciones. No se trataba de volver a México para que me adjudicaran una dirección en Bellas Artes, ni mucho menos para ser agregado cultural en alguna de nuestras embajadas. No, yo deseaba construir un futuro fundado en todo aquello en lo que creía aunque para ello tuviera que pagar un precio muy elevado en todos los órdenes de mi existencia. Pasamos hambre, sí, pasamos frío, sí, pasamos miedos, sí, pasamos todo tipo de penurias, sí, pero todas ellas nunca fueron suficientes como para acabar con mi inspiración ni con mi determinación ni con mi coraje para ser pintor. Dos acontecimientos vinieron a complicar todavía más nuestra vida en París: uno, el estallido de la Primera Guerra Mundial; si bien la conflagración nos lastimó anímicamente, nada fue más devastador que el hecho de haber visto cómo mi hijo Dieguito moría de frío en nuestro departamento en París, ante la imposibilidad de comprar siquiera carbón para poder calentar la habitación. Ya no supimos si fue meningitis o el frío, la realidad es que su pérdida significó para mí un dolor hasta ese momento desconocido. A mis treinta y un años, había perdido a varios seres queridos, sólo que ninguna ausencia me había devastado al extremo de no poder siquiera levantar los brazos para sostener los pinceles. Carecía de fuerza para levantarme de la cama, ya no se diga del impulso para hacer el amor. Sentía hundirme en mi impotencia, en mis culpas, en mis obsesiones. Nada era suficiente para consolarme, ninguna palabra era útil para ayudarme a salir de la oscura y helada sepultura en la que me había hundido el fallecimiento de Dieguito. Su pérdida irreparable lastimó mi relación con Angelina, quien dolida y devastada me pedía otro hijo, sólo que yo carecía de la energía y de la ilusión para poder satisfacer sus deseos. Ya no era el momento, no lo sería. Llegué a arrepentirme mucho cuando recordé las ocasiones en que le había gritado y reclamado airadamente el llanto perturbador del niño que no me dejaba trabajar. Llegué a amenazarla con tirarlo por la ventana si no se callaba. Todo podía consentir menos dejar de pintar, y menos aún por el alarido estridente, una tortura, de un lactante. ¿Acaso el recién nacido iba a atentar contra mi creatividad? Basta imaginar las condiciones en las que vivíamos en Montparnasse, en un espacio de aproximadamente veinte metros cuadrados que nos servía de estudio, de cocina, de alcoba y de baño. ¿Más frustraciones e impotencia? El segundo acontecimiento que ensombreció mi paso por la Ciudad Luz fue cuando me enteré de que las tropas norteamericanas habían vuelto a invadir Veracruz, tal y como lo habían hecho en 1846. Mi odio hacia los capitalistas de Estados Unidos iba en aumento.

¿Cómo reconciliarme cuando escasamente podría crear a pesar de que empezaba a trabajar a las cuatro de la mañana y en ocasiones terminaba a las diez de la noche? ¿Cómo reconciliarme con la pérdida de mi hijo, cuya voz escuchaba como un despiadado castigo? ¿Cómo reconciliarme con Modigliani o con Picasso cuando no nos aceptábamos recíprocamente? ¿Cómo reconciliarme ante el hambre, el frío, los padecimientos, la guerra y los vacíos recurrentes? Me hundía en aguas pantanosas sin poder asirme de algo firme, hasta que encontré a Marevna Vorobev-Stebelska, sin duda alguna un amor a primera vista. Por supuesto que creo en el amor a primera vista. Tan pronto la conocí, experimenté una poderosa necesidad de tenerla en mis brazos y de hacerla absolutamente mía.

A mí no me importaban mis más de cien kilos de peso, ni mi estatura, ni mis ojos de rana ni mi aspecto de batracio. Tenía que trabajar a Marevna por el oído y conquistarla por ahí sin que me mirara demasiado. Nuestra identificación se dio de inmediato, de manera natural, sin cortejos estúpidos ni compromisos, ni convenios, ni contratos matrimoniales, ni romanticismos, ni promesas, ni condiciones de unión: simplemente después de un intercambio de palabras y de miradas ya todo lo sabíamos de los dos, por lo que nos fuimos a la cama a tratar de apagar el fuego. Me fascinaba contarle historias de salvajismo, de antropofagia y de las más variadas maneras de guisar la carne humana. Me deleitaba narrándole cuentos crueles, sádicos, sin que me importara con ello hacerme fama de mitómano que mezclara la verdad y la mentira. A ella le era imposible distinguir entre la realidad y la ficción. Podía afirmar los conceptos más absurdos y ridículos sin que Marevna pudiera descubrir la verdad hasta que poco tiempo después estallaba en una sonora carcajada. ¡Cómo jugaba con ella y cómo caía una y otra vez en mis trampas orientadas a seducirla! Por alguna razón ella empezó a llamarme cariñosamente *el Tierno Caníbal*.

Todos los pintores de Montparnasse deseaban a Marevna, esa hermosa joven caucásica con aspiraciones de pintora. Una mujer de figura pequeña, pelo rubio y tiernos ojos azules que disimulaban muy bien el fuerte carácter que poseía. Era sumamente agresiva y violenta. Marevna se había educado en Tblisi, Georgia, y después en una escuela de arte en Moscú. Posteriormente se había trasladado, como yo, a París, para aprender a pintar y conocer nuevas técnicas. Su condición económica era mucho peor que la mía, lo cual ya era decir, por lo que decidí invitarla a que durmiera en mi estudio después de comprar un pequeño biombo para tratar de separar la cama en la que dormíamos Angelina y yo, del pequeño catre donde podría, si acaso, descansar Marevna, un gran talento singular para aprender rápidamente todo aquello que yo le enseñara. Marevna, mi Marevna, decía que yo no era guapo, pero sí impresionante, que mis rasgos más tremendos eran mis ojos, que tenía las nalgas amplias y los pies planos; que le llamaba la atención mi indumentaria de obrero, un overol manchado de pintura al igual que muchos artistas de la época. Qué carcajada soltó cuando, precisamente por mis pies planos, le demostré que el gobierno francés no me había permitido registrarme como soldado para ir al frente a pelear en contra de Alemania, tal y como queríamos hacerlo muchos de nosotros, convencidos de la necesidad de estar de lado de la libertad y del progreso, y no así del káiser alemán, quien tarde o temprano atropellaría los más elementales derechos del hombre, reprimiendo también nuestra prolífica oleada de jóvenes pintores deseosos de cambiar el rostro del mundo.

Marevna no tardó en descubrir que yo no deseaba volver a tener un hijo con Angelina, tal vez por supersticiones o por prejuicios, simplemente no deseaba volver a vivir un horror ni un dolor parecido, por más que el lactante me hubiera desquiciado muchas noches, descomponiéndome el ánimo con sus espantosos berridos. Fue entonces cuando esta bellísima rusa decidió embarazarse con el ánimo de atraparme y llenar ese vacío por el que se escapaba una buena parte de mi energía. ¿Quién puede contener a una mujer cuando está dispuesta a darlo todo a cambio de un hombre? Ese era el caso de Marevna. Una noche lluviosa de 1918 me anunció su estado de gravidez. La abracé, la besé, la estreché contra mí en plena calle y corrí gozoso a casa para informarle a Angelina de mi próxima paternidad. Necesitaba compartir la emoción con alguien e intenté hacerlo con la persona menos adecuada. Si bien es cierto que en ningún momento compartió mi entusiasmo, tampoco respondió ni airada ni violentamente. Simple y sencillamente siguió preparando la cena, un puré de papas con chorizo, un platillo que me enloquecía. ¿Quién puede conocer a las mujeres? Eran, son y serán imprevisibles.

Poco tiempo después abandonamos a Angelina y nos fuimos a vivir Marevna y yo, como marido y mujer, durante medio año. Era cierto: mi segunda rusita respondía a mis caricias y a mis insinuaciones de manera inmediata. Muchas veces llegó a confesarme que se humedecía con tan sólo escuchar mi voz. Vivimos arrebatos carnales verdaderamente intensos en otra buhardilla que logré conseguir, pagando la renta con el remate de mis óleos, a veces a precios más bajos que los de Modigliani. Como el cuartucho tenía un pequeño balcón, nos gustaba salir desnudos al frío por la noche y hacer el amor cuando ella se inclinaba para apoyarse en el barandal, a la vista, tal vez, de los transeúntes; o bien lo hacíamos en el piso o, a veces, hasta en la misma escalera, jugueteando como pequeños estudiantes de bachillerato, corriendo a escondernos cuando escuchábamos los pasos de cualquier vecino. Yo entraba al baño cuando ella se duchaba y la enjabonaba, mientras ella me devolvía las caricias con la pastilla de jabón, siempre y cuando tuviéramos dinero para comprarla. Ella mediría tal vez veinticinco centímetros menos que yo, diferencia que despertaba mis más perversos sentimientos eróticos. Me perdía el hecho de imaginar que toda mi virilidad no cabría en un espacio tan reducido. Nunca me gustaron las mujeres altas ni mucho menos de manos grandes.

Invariablemente buscábamos la primera oportunidad para amarnos y tocarnos y besarnos y apretarnos y sujetarnos y tensarnos y enredarnos, sólo que los problemas comenzaban cuando bajábamos de la cama o terminábamos nuestro intercambio carnal. Esa mujer era capaz de convertirse en una fiera, en una asesina en potencia, y tan lo fue, que el día que nos despedimos y me pidió que la besara, a lo cual accedí gustoso con tal de no volver a verla, mientras lo hacía, ella me dio una puñalada en la parte trasera del cuello, que de haber cortado la yugular y de no haber sido por la cercanía de un hospital al que llegué bañado en sangre, sin duda alguna habría muerto. Ésa era la mujer graciosa, ocurrente, simpática, juvenil, llena de humor y de pasión por la vida, que al mismo tiempo exhibía otra personalidad incontrolable, criminal, impetuosa, volcánica e indeseable. Imposible vivir con ella, estuviera o no embarazada, ese no era un problema y tan no lo fue que el día que nació Marika, mi hija, en un hospital de beneficencia pública el 13 de noviembre de 1919, y a pesar de que nunca tuve dudas de que yo era el padre, me negué a reconocerla alegando que había sido «hija del armisticio…». Me habría podido degollar mientras dormía. Mejor, mucho mejor, volver con Angelina y su atmósfera comprensiva de paz. Ella siempre me aceptaría…

Cuando me encontraba en Italia y me emborrachaba embelesándome con los frescos de los pintores italianos entendí, de golpe, que sin duda ese era el medio adecuado de respuesta a las necesidades de un arte popular genuino con la suficiente capacidad para alimentar estéticamente a las masas, que difícilmente entrarían a los museos, tal vez por considerarlos burgueses o aburridos. Recordé mis años de niño cuando pintaba las paredes de mi recámara. En mi edad adulta construiría un movimiento muralista para dejar constancia de mi arte y de mi interés por divulgar la historia patria. Soñaba con mi proyecto artístico, pobre de aquel que no tiene ilusiones, cuando recibí un telegrama en el que me participaban la agonía de mi padre, un personaje vital en mi existencia, con quien yo había adquirido deudas impagables, tales como su apoyo para encontrarle sentido a mi vida, lo cual no es poca cosa. El señor Diego se hallaba moribundo. Sin más, vendí, ¿vendí?, bueno, rematé las pinturas que tenía a la mano, me despedí de Angelina, le informé mi decisión a Marevna, no sin dejar a Marika con la debida protección económica de tal manera que, en la medida de mis posibilidades, jamás dejaría de ayudarla ni de estar presente, pero eso sí, jamás la reconocería. El armisticio era el armisticio…

Angelina me esperaría en el estudio que ambos habitábamos, mientras yo vería la manera de enviarle dinero desde México para ayudar a su sostenimiento. Si llegaba a triunfar le mandaría lo suficiente para que no sufriera penurias, pero si México me rechazaba, entonces volvería a Europa, a su lado, para luchar juntos a brazo partido por la vida. Ella se merecía eso y más, mucho más. Mi generosidad no implicaba una dependencia unilateral, es decir, si Angelina y Marevna no podían sostenerse por sí mismas y yo tampoco encontraba la manera de mandarles los recursos como me había comprometido, dicha circunstancia no podría asfixiar mi creatividad. Ninguna razón era válida como para atentar en contra de mi arte.

Por las cartas de Angelina supe que estaba consagrada a conservar mis pinceles, a dejar perfectamente limpio el rincón del estudio, tal y como yo lo había dejado al partir. Ella guardaba todos y cada uno de los papeles, aun cuando estuvieran arrugados, en los que hubiera encontrado una sola línea mía, un pensamiento, una reflexión, aun cuando fuera tal vez un trapo con el que hubiera limpiado los pinceles. Todo lo guardaba, todo lo cuidaba, anhelando volver a verme como si nunca me hubiera ido. Angelina se ganaba la vida haciendo cuadros e ilustraciones para revistas y estudiaba español compulsivamente, para que pudiéramos hablar el mismo idioma cuando yo volviera. En ocasiones, llegaba a recibir el mismo día hasta tres o cuatro cartas de ella. Era evidente que una mujer tan enamorada jamás me sería infiel, pero por el otro lado, el peso de mi responsabilidad empezaba a doblarme las espaldas.

Al llegar a México, durante el gobierno del presidente Álvaro Obregón, descubrí, para mi satisfacción, el enorme presupuesto que se destinaba a la educación, en el entendido de que se construirían cuando menos mil escuelas al año para tratar de abatir los índices aberrantes de analfabetismo, que alcanzaba hasta el noventa por ciento de la población. ¿Cómo construir un país en esas circunstancias? Ahí estaba una herencia siniestra adicional del porfirismo. José Vasconcelos, el secretario de Educación Pública, y yo, compartimos, desde la primera conversación, nuestro entusiasmo por el muralismo, por lo que juntos decidimos trabajar apasionadamente en el tema. Él puso a mi disposición un buen número de paredes para que, junto con otros artistas, empezáramos el gran movimiento mural de la Revolución mexicana. La pasión por mi país me estallaba en el pecho. Haríamos historia juntos. En cada pared, un grito. Fue en ese momento cuando empecé a coleccionar objetos de arte prehispánico como las estatuillas de barro de Colima, las caritas sonrientes de la región olmeca, los perros lampiños de Texcoco, las figurillas de la fertilidad de Nayarit, toda una colección que yo, con el tiempo, haría custodiar en mi Anahuacalli, la casa del Anáhuac.

El tiempo pasaba y Angelina insistía en venir a México para estar a mi lado. Como respuesta yo le envié un cable invitándola a viajar, pero sin enviarle el dinero para el pasaje. Para aquel entonces, yo había conocido a Lupe Rivas Cacho. ¡Ay, mi Lupe, Guadalupe, Lupe, Lupita, Lupe Rivas Cacho!

Todo comenzó cuando salí a cenar con Carlos Orozco y María Marín, su bella esposa, con el propósito de asistir posteriormente al Teatro Lírico para ver la actuación de Lupe Rivas Cacho, quien iba a representar el papel de una mujer del pueblo. ¡Cómo me impresionó esa hermosa actriz! ¡Qué gran talento! Me las ingenié para que me permitieran el paso hasta su camerino y allí me resultó encantadora. No tardamos en convertirnos en amantes. A ella también le perturbaban mis anécdotas, en realidad mis cuentos, mis interpretaciones, unas más falaces que las otras, de la vida. Le planteaba cínicamente embuste tras embuste que yo improvisaba sobre la marcha para rematar la faena a carcajadas. Nada como las hembras de nuestra tierra. ¡Qué jocosa! Sabía que le mentía, pero le fascinaba mi imaginación al extremo de repetirme:

—Cuenta, cuenta, Diego, inventa, inventa más, me encanta... Un loco para la otra. Dime mentiras, lléname de mentiras...

Fue difícil mi relación con Lupe Rivas Cacho porque ella, tan enamorada de su cuerpo, escasamente me dejaba que le acariciara los senos porque se le podrían desfigurar por el manoseo, ni me dejaba tocarle las nalgas por la misma razón, ni besarla en la boca porque olía a aguarrás, ni montarla como a una yegua salvaje porque la aplastaba con mi peso, ni hablarle al oído porque le daba cosquillas. Cada rechazo equivalía a echar una cubetada de agua en la hoguera.

¡Ay, Diego, no me toques aquí! ¡Ay, Diego, no me toques acá! ¡Ay, Diego, no me hagas esto! ¡Ay, Diego, no me hagas lo otro! ¡Ay, Diego, aquí no! ¡Ay, Diego, me jalas el pelo! ¡Ay, Diego, me aplastas! ¡Ay, Diego, no te aloques porque voy a parecer una mujer muy usada! ¡Ay, Diego, te apesta el hocico a madres! Diego, Diego, compórtate como un caballero, muévete menos y detente con los brazos, me sofocas, cabrón... En fin, lo que no sabía yo, era que esa noche de teatro cambiaría mi vida no sólo por Guadalupe Rivas Cacho, no, claro, que no, sino porque María Marín le contó de mi presencia en México a su hermana Lupe, quien vivía en aquellos tiempos en Guadalajara. Más tarde Lupe, mi Lupe, pero Lupe Marín, la buena, me hizo saber que había decidido romper sus relaciones con José Guadalupe Zuno, el futuro gobernador de Jalisco, el cursi *Rastacuero*, porque no se decidía a ser político o pintor, para venir a conquistarme, conquistar a Diego Rivera. Ya veríamos quién conquistaría a quién. ¡Qué hembrón, qué bruto! ¡Qué barbaridad!

El primer encuentro entre Lupe Marín y yo fue orquestado por Concha Michel. Ambas me sorprendieron trabajando como siempre en mi estudio, cuando la cantante, la Michel, llamó a mi puerta.

—Camarada Rivera —dijo ella—, eres un cabrón.

—De acuerdo, camarada —repliqué al repasar el cuerpo de Lupe.

—Y eres un putón, porque te vas con la primera que encuentras.

—Correcto, camarada —repetí encantado al dar con una mujer de bandera.

—Y además estás enamorado de mí, pero sabes que yo no soy ninguna puta y que no abandonaría al estupendo, estúpido y honrado hombre con el que vivo, para liarme con un cabrón como tú. Pero sé que lo único que puede mantenernos alejados el uno del otro es otra mujer más guapa, más libre y más valiente que yo. Así que te la he traído para que la conozcas...

Apareció entonces Lupe Marín. Lupe, mi Lupe, Lupita, Lupe, la nueva Lupe, tenía unas largas extremidades, estatura normal —tendiendo a ser alta, ni modo—, graciosa y libre, la cabellera suelta, ondulante, su piel tostada color canela, ojos claros verde mar, frente amplia y de nariz de esfinge griega; labios llenos, siempre entreabiertos para dejar pasar palabras vivaces, desordenadas y escandalosas: un cuerpo tan esbelto que más bien parecía una adolescente que una mujer hecha y derecha.

Ella, una mujer espigada, realmente atractiva, contrastaba con mi facha, comparable a la de un limosnero, zapatos viejos, calcetines rotos y un pantalón pasado de moda, toda la ropa vieja, usada por los soldados revolucionarios. Desde su punto de vista yo tampoco era guapo, ¿cómo iba a serlo?, pero tenía, según ella, un no sé qué fascinante. El día que la conocí, por supuesto que me perdí en amor por ella. En aquellos años yo estaba trabajando unos bocetos para el Anfiteatro Bolívar de la Escuela Nacional Preparatoria. Le pedí que posara. Mis manos y mi cabeza quedarían de inmediato consagradas en las figuras que pintaba en las paredes de dicho recinto. Al terminar la invité a comer a mi estudio. Se declaró pobre, como yo, por lo cual compramos fruta, mucha fruta, pan, queso y jitomates. Yo seguía saliendo con Lupe Rivas Cacho al mismo tiempo que empecé a hacerlo con Lupe Marín, mujer turbulenta, apasionada en la defensa de sus ideas, expresiones y actos. Lupe Marín era capaz de incendiarse en cuestión de minutos y devolver golpe por golpe con su lengua aguda e insolente para tratar de desbaratarme. Entendí que no tendría el menor miramiento en rasgar mis telas con un cuchillo en un arranque impetuoso. Si pudiera ser justo tendría que decir que los dos nos perdimos de amor en muy poco tiempo. Ella carecía de experiencia con los hombres, no así yo con mujeres, ya que había podido remontar mi carácter provinciano y de clase media para lograr una desenvoltura cosmopolita gracias a mi larga estancia en Europa.

Su inteligencia natural, su sutileza femenina y su egolatría la ayudaron a sobrellevar la desgracia de haberme conocido. Le encantaba mi corpulencia física y mi atractiva fealdad, para ella yo era un hombre muy feo pero sobre todo muy hombre. Siempre la vi sin maquillaje, el cabello en desorden, como si nunca hubiera conocido la caricia de un peine. Vestía con descuido, de preferencia de negro, sin prescindir de un rebozo que le colgaba indolente del hombro. Tenía un cuidadoso desprecio por su apariencia. Joven ella y sabiéndose bella, compraba retazos de tela, se hacía vestidos a la última moda y se paraba en la esquina de la catedral de Guadalajara, según supe después, donde soplaba un viento tremendo, «para que el aire le levantara el vestido y pudiera mostrar sus hermosas piernas, lo que provocaba fuertes escándalos en la época —sobre todo por pertenecer a una familia honorable— y afloraba desmedidamente su espíritu rebelde».

No tardé en descubrir, debajo de su blusa, la opulencia de sus carnes de mujer, mientras me empezaban a atraer su esbelta silueta y su sonrisa fácil y contagiosa, por lo que insistí en que posara desnuda para el mural de la Preparatoria. Para mi sorpresa, Lupe había llevado unos postizos para engañarme, y al verse descubierta, nos hizo estallar en interminables carcajadas.

—¿Estás loca? ¿Creíste que no iba a darme cuenta nunca?

Por esa razón su resistencia resultaba mucho más que justificada. ¿Qué tenía esa endiablada mujer capaz de enceguecerme y de perderme? Claro que nos fuimos a la cama, claro que disfrutamos más aún cuando yo admiraba la pasión de sus caricias, de sus besos, de su ternura, de su simpatía y de su sonrisa. Lupe Marín me fascinaba e intentaba pintarla en tanta oportunidad me era posible. Muchas veces creí que se trataba de una aparición. Cuando modelaba para mí y subía uno de los escalones para acomodarla y la hacía girar hacia la luz o le daba instrucciones de cómo mover la cabeza mientras estaba completamente desnuda, le movía las piernas, le colocaba los hombros, arreglaba su cabello, estas indicaciones, imposible negarlo, me hacían extraviarme en el más maravilloso de los erotismos. El pilón consistía en darle un beso en cualquiera de los senos. De hecho, cada vez que yo le pedía que se ajustara a mis órdenes, siempre entendí que era el preámbulo previo para el amor. Cuando la retrataba sin exigirle diferentes posiciones, bien sabía que en esa ocasión no estaría lo suficientemente inspirado, situación que escasamente llegó a pasarme con ella, porque no resistía verla al natural ni mucho menos a mi alcance. ¡Cuántos arrebatos carnales vivimos en mi estudio! Me dejaba tan perplejo como exhausto sin poder recuperar la respiración hasta pasado un buen tiempo. Me mataba, me enloquecía su voz, su caminar, su verme, su actuar, su ser, hermoso, hermosísimo ser.

La primera vez que la vi en todo su esplendor fue cuando en mi estudio en la ciudad de México empecé a mostrarle algunos dibujos a una mujer cubana, una mulata verdaderamente sensacional, un jugosísimo fruto del trópico. Lupe constató, a su juicio, que yo mostraba mis trabajos con demasiadas insinuaciones amorosas y no pudo resistirlo. De pronto, se lanzó encima de nosotros, haciendo trizas los dibujos, rompiéndolos ante mi mirada atónita y horrorizada. Antes de que yo pudiera protestar se tiró encima de la cubanita, la arañó, la tiró de los cabellos jalándola como a un animal rabioso hasta sacarla de mi estudio a empellones, patadas y escupitajos furiosos a la calle, después de azotar violentamente la puerta y proferir maldiciones inentendibles. A continuación, libre ya de la enemiga a vencer, enfrente de todos los amigos que me visitaban en mi estudio, se me abalanzó con los puños cerrados y comenzó a golpearme, mientras yo trataba de evadirla lo mejor posible. Trató de arañarme y de morderme. Estaba furiosa y si hubiera podido arrancarme una oreja lo habría hecho. ¿Qué hacer, y en público? Como no podía contenerla arremetí contra ella a golpes para que se tranquilizara, sin preocuparme demasiado si en esa ocasión se me llegaba a pasar la mano. Al derribarla de un golpe en el mentón, la agarré de las greñas y la arrastré entre gritos y amenazas hasta un privado, donde la encerré para que quedara fuera del alcance de nuestros amigos. De regreso con ellos, consideré llegado el momento de tomar algunos tequilas y olvidar la circunstancia que muy pronto recreamos con el debido humor negro. A veces, cuando las palabras son insuficientes y las reclamaciones inagotables e inútiles, hay que darles a las mujeres una nalgada, como a los niños chiquitos. ¡Cómo me dolían los nudillos! ¡Carajo! Sí que tenía el mentón duro, a pesar de que éramos casi de la misma edad... Por algo le decía yo la Prieta Mula...

Al día siguiente, Lupe se fue al Monte de Piedad para comprarme una espléndida pistola como prenda de paz. Así se arreglaban las cosas. Fue suficiente ver el arma como para volver a reventar en carcajadas, acercarme a ella, abrazarla, besarla, y por supuesto cogérmela con locura. ¡Ay, Lupe, mi Lupe, Lupita, mi Lupe!

¿Más anécdotas? En diciembre de 1921, Lupe y yo asistimos a una posada sin saber que entre los invitados se encontraba su tocaya, la famosa actriz Rivas Cacho. Lupe, mi Lupe, se sintió poseída por el demonio. No pudo contener la furia, pero controló sus impulsos hasta el momento en que a mi ex amante le tocó el turno de romper la piñata. Fue entonces cuando Lupe subió a escondidas por una escalera interior hasta dar con el empleado que estaba jalando los mecates. Lupe maniobró la cuerda de tal manera que el pesado jarrón de barro cocido cargado con dulces y regalos y envuelto en papel con forma de hipopótamo, cayera exactamente encima de Guadalupe Rivas Cacho, tumbándola en el piso después de un señor golpe al que no pudo oponerse por tener los ojos vendados. Cuando la actriz descubrió a la responsable de toda la trama, sujetó más firme que nunca el palo y desprovista de la venda se vino encima de mí para intentar romperme la cabeza. Como me puse a buen resguardo adivinando sus negras intenciones, buscó entre los asistentes a mi Lupe sin conseguirlo, ya que aquella, la muy ladina, permanecía oculta para evitar que su tocaya descargara su ira contra ella. Quienes pedíamos posada irrumpimos en carcajadas, ante las cuales Lupe Rivas Cacho abandonó la festividad, mentándonos a todos la madre y sobándose la cabeza. Ella ya había desaparecido cuando empezamos a entonar la letanía de los santos peregrinos.

Hay más, mucho más: debo recordar cuando unas tehuanas ataviadas con vestidos de gala, de terciopelo negro preciosamente bordado y llenas de cadenas de oro colgando del cuello, le propusieron a mi Lupe comprar al «*puerco pelado*, por lo blanco y gordo», o sea a mí, por lo que las corrió sin más de la casa, ahuyentándolas con palabras de camionero veracruzano. ¿O qué tal cuando llamó bigotona a Gabriela Mistral, la misma poetisa a la que años más tarde le sería concedido el Premio Nobel de Literatura?

Mis relaciones con Lupe se complicaron cuando María Marín, su hermana, me visitó repentinamente en mi estudio como si quisiera explicarme algo de urgencia. Mientras se expresaba sentí un deseo incontenible de poseer a María, sensación que yo había experimentado desde que fuéramos al teatro, puesto que me imaginaba que Carlos Orozco, su marido, no la satisfacía. Sentí que a mí me correspondía cumplir con ese papel, por ello es que mientras ella hablaba, yo decidí apostarle todo a la intensísima y no menos secreta aventura. Lo peor que me podía pasar era que María se negara y me despechara. Discreción siempre la habría. ¿Pero cómo no sugerirle a una mujer atractiva la posibilidad de hacerle el amor? Estaba seguro de que, de rechazarme, al menos habría halagado su vanidad. Mientras ella explicaba el problema que la había hecho viajar de Guadalajara, le pedí que se pusiera de pie y de perfil sin dejar de hablar. Mientras lo hacía disciplinadamente, le quité la bolsa, la desprendí de la gabardina sin que pudiera voltear a verme, porque supuestamente yo estaba estudiando su perfil para un retrato. Sin interrumpirla, como quien desviste a un maniquí, le abrí la blusa, pidiéndole que continuara con la narración en lo que le soltaba el sostén. De repente tuve ante mí unos senos espléndidos, como los que yo había soñado, unos formidables pechos plenos, atractivos y bien formados. Ante la ausencia de respuesta la miré a la cara para pedirle que no interrumpiera la narración. De inmediato desabotoné su falda, la desprendí de ella, sin escuchar desde luego lo que decía, la privé de los ligueros, le retiré las medias y de inmediato las pantaletas, momento en el que se rindió y no pudo seguir hablando. Tardó, ¿no? Me retiré entonces cuatro o cinco pasos de aquella sílfide, tomé un lápiz y empecé a ver las proporciones de su cuerpo para encajarla en el mural en el que estaba trabajando. Le ordené que no se cubriera con las manos y que me dejara admirarla en su esplendor. Cumplió al pie de la letra lo encomendado, bajando la cabeza y la mirada. Esa era la voz del amo. Sin poderme contener, dejé el lápiz sobre la mesa y me abalancé sobre ella. Tan fuerte fue nuestra pasión en aquel momento, que ni siquiera tuve tiempo de quitarme los pantalones, fue suficiente abrirme la bragueta para penetrarla mientras ella se estremecía, se estiraba, se retorcía y se conmovía como una víbora en un comal. No creo que hubieran transcurrido más de quince minutos desde que ella puso un pie en mi estudio hasta que concluimos la faena amorosa. ¿Para qué perder el tiempo cuando a ambos se nos antojaba un magno acostón? No seamos mojigatos ni hipócritas.

Los furiosos huracanes que azotan las costas del territorio de Quintana Roo o de Veracruz fueron absolutamente insignificantes en comparación con la capacidad destructiva de Lupe, cuando se enteró de que su hermana María y yo habíamos fornicado en mi estudio. Se presentó como un alma en pena y destruyó todas las pinturas que se encontraban en mi taller. Como me resultaba imposible detenerla por la velocidad con la que se desplazaba, cuando finalmente me enfrenté a ella, me encaró con una pistola en la mano y me dijo que me dispararía en un brazo para que yo jamás volviera a pintar y perdiera toda mi paz, de la misma manera que ella había perdido la suya al saber que yo había copulado, ni más ni menos, que con su queridísima hermana. De golpe tiró el arma al piso y salió llorando, huyendo a Guadalajara sin escucharme. A partir de ese día vagué por las calles de la ciudad de México como un fantasma. Sentí hundirme en un pozo, sin poder sujetarme de las paredes llenas de musgo. La lloré. No me podía permitir el hecho de no volver a verla. Su salida tan dolorosa y patética me hizo perder la ilusión por la vida y la pasión por el arte. Más hondo no podía darme. Me había equivocado. Nunca pude controlar mis arrebatos, sólo que, en esta ocasión, el precio a pagar fue muy elevado. Había sido un exceso y me dolía, cómo me dolía. El paso del tiempo me aplastaba. Extrañaba su presencia, sus comentarios, sus senos, su cabellera, sus piernas, sus nalgas, sus motivos de inspiración. Por primera vez dejé de trabajar las dieciséis o diecisiete horas acostumbradas en mis óleos y en mis murales. No podía concebir idea alguna, no podía recuperarme, no podía entender mi vida sin Lupe. ¿Qué haría sin Lupe, Lupe, Lupita, mi Lupe? ¿Qué hacer, Lupe, dónde estás, Lupe? Comía y dormía poco, al menos adelgazaba, era una ventaja. Para eso servían las penas de amores. La ciudad se me caía encima. La veía en cada esquina, en cada comedero, en cada restaurante; en mi estudio, en mi cama, en mi baño, en los museos, en los lugares donde yo pintaba, o en las escuelas o en cualquier bar tomando cerveza. Imposible tolerar su ausencia, por lo que decidí huir de la ciudad de México, antes de que el vacío que me había provocado su partida acabara conmigo. En ese momento entendí que nada en la vida podría ser igual sin Lupe. ¿Angelina?, ¿Marevna?, ¿Lupe Rivas Cacho?, todas podían esperar, pero yo no podía esperar a Lupe.

Recorrí entonces con José Vasconcelos el país de arriba a abajo. Estuvimos en el México analfabeto, en el México abandonado, en el México esclavizado, tal como lo habían dejado los españoles después de la Conquista.

Visitamos Yucatán junto con otros pintores. Sostuve encuentros con escritores, músicos y poetas, sin dejar de defender ardientemente los principios de la pintura mural. Sí, pero no dejaba de pensar en Lupe. Asistí a la conmemoración del Centenario de la Independencia de 1821, la única fecha respetable y válida para la conmemoración, puesto que el grito del cura Hidalgo de ninguna manera dio lugar al nacimiento del nuevo país, que vio la luz exactamente once años después de la convocatoria a la violencia y a la lucha armada en septiembre de 1810, en el pueblo de Dolores, Guanajuato. Yo tomaba apuntes, hacía bocetos, observaba insaciablemente este mundo vivo, verdadero, la fuerza auténtica y el único tesoro de México. Sí, pero no dejaba de pensar en Lupe. Yo percibía la energía de este país en el rostro de todos nosotros, en nuestras manos, en nuestros paisajes, en nuestras canciones y poemas, en nuestra comida y en nuestros bailes, en nuestras pirámides, en nuestro pasado prehispánico, ¿como desaprovechar esta energía? Sí, pero no dejaba de pensar en Lupe… El pueblo se nutriría de los poderes de nuestra raza, plasmando nuestra fuerza prehispánica en los murales. Ahí nacería el orgullo por nuestro pasado y con orgullo, sólo con genuino orgullo, seríamos capaces de construir el México con el que todos soñábamos. ¿Por qué no nos mirábamos valientemente frente al espejo, si había tanto que admirar y copiar? Yo coloqué miles de espejos a lo largo y ancho del país.

Todas vuelven, sí, todas vuelven y Lupe no podía ser la excepción. Lupe también volvió. Ella perdonaría mi desliz con su hermana, pero no podía prescindir de mi arte, de mi concepción de la vida, de mis pinceles, de mi tipo de vida, de la existencia, de mis lecturas, de mis pasiones, de mis inclinaciones, de Diego Rivera, de todo lo que yo era a mis treinta y seis años de edad. Por supuesto que nos casamos la mañana del 21 de junio de 1922. Yo viviría permanentemente acosado por las mujeres y Lupe lo sabía, pero de cualquier manera nos propusimos llegar a ser la pareja ideal, cuya vida iba a ser comentada por todo México, no sólo por nuestras pasiones, sino también por nuestras peleas públicas. ¡Qué temperamento el de esa mujer!, sí, ¿pero a dónde se iba sin temperamento? De hembra rabiosa pasaría a ser mujer y de mujer a trapo... Lupe reñía conmigo por tres razones muy claras: por la política, por algunas concepciones artísticas y por nuestras diferencias amorosas. Yo la reprendía por su egoísmo incontenible y por la amistad que sostenía con otros artistas contemporáneos, a quienes yo consideraba mis más feroces enemigos.

—Puedes tenerlo todo, pero nada más, Dieguito... —era, claro está, otra estrategia para controlarme...

Imposible olvidar cuando en una ocasión David Alfaro Siqueiros nos fue a buscar a casa y nadie abría la puerta, hasta que nuestra cocinera le informó que la casa estaba en paz porque los patrones habían salido, de otra manera los pleitos los habría escuchado todo el barrio.

—¿Cómo es eso? —preguntó Siqueiros.

—*Pus* sí, es *qui* el *siñor* le arrima unos santos catorrazos a la *siñora* que la hacen sonar como tambora, *verdá* de Dios —contestó la pobre mujer.

David, con quien nunca me entendí del todo, no acababa de abandonar nuestro domicilio cuando se encontró, en plena calle, con Lupe, que lloraba arrebatadamente. De inmediato le preguntó la razón de su pena, a lo que ella respondió enseñando sangre en la nariz y en la boca:

—Mira cómo me dejó este panzón de mierda, hijo de la chingada...

Tras lo cual lo invitó a mi estudio.

Era claro que casi no había pintor en México que no figurara en la nómina de sueldos de la Secretaría de Educación Pública, entre los que se encontraban Roberto Montenegro y Alberto Best Maugard, cuyas opiniones no eran revolucionarias, ni su talento apropiado para la pintura de tipo monumental. Esta poderosa corriente que se extendería a todo el continente, atrajo también a Siqueiros, recién llegado de España, a Clemente Orozco, a Fermín Revueltas y a cinco hombres que habían trabajado corto tiempo como mis ayudantes: Jean Charlot, Fernando Leal, Amado de la Cueva, Ramón Alva de la Canal y Emilio Amero.

Yo, por mi parte, continué idealizando todo lo azteca, la vida cotidiana, el ritual, la cosmogonía, la manera de emprender la guerra y los sacrificios humanos, pintaba desde los actos esotéricos de los sumos sacerdotes hasta las más humildes actividades domésticas. Trataba de eternizar las peñas, las nubes, las flores, las frutas, las aves, todo era motivo de placer y de recreación artística.

Fue en 1923, cuando ya había ingresado el Partido Comunista, cuando fui elegido para integrar el comité ejecutivo junto con David Alfaro Siqueiros y Javier Guerrero. Formamos el Sindicato Revolucionario de Obreros Técnicos y Plásticos y fundamos periódicos destinados a ayudar a los desposeídos, a los jodidos, a cerrar filas para rescatarlos de la marginación y del olvido. Esa era mi mayor responsabilidad como pintor.

En el Partido Comunista defendíamos a aquellos obreros y campesinos en un país donde abundaban los peones que no percibían más de treinta centavos por una jornada de trabajo que abarcaba desde que salía hasta que se ponía el sol. Imposible tolerar semejante abuso inhumano, perverso y degenerado. A nuestra causa política también se sumaron Roberto Montenegro, Carlos Mérida, Jean Charlot, Fermín Revueltas, Amado de la Cueva, Ángel Bracho, sin faltar desde luego José Clemente Orozco, el más grande artista mexicano, quien como nadie supo recoger el carácter y el espíritu del pueblo mexicano en sus obras. José Clemente se burlaba de los vicios de los pecadores y de las vírgenes locas. Al mismo tiempo, acariciaba con tanta furia la morbidez de aquellos a quienes atormentaba, que la gente pacífica se aterrorizaba ante sus obras. Su pintura era conmovedora, la expresión de un genio terrible, sentimental en exceso. Era un orgullo tenerlo en el Partido Comunista. Mientras todo esto acontecía, yo continuaba trabajando en una serie de 124 frescos en los muros de la Secretaría de Educación Pública. Sólo me concedía pequeños espacios para ir al baño y para los sagrados alimentos.

La tarea me llevó cuatro años y tres meses, sin olvidar los treinta murales que pinté en la Escuela de Agricultura de Chapingo. Yo mismo me sorprendía de mi capacidad de trabajo, aun cuando, justo es decirlo, en muchas ocasiones creí desfallecer y morir de la fatiga y quizás por eso la vida se ocupó de recompensar mis esfuerzos obsequiándome una nueva mujer. Debo confesar que le perdí la pista a Angelina Beloff y que continuaba casado con Lupe Marín, sí, pero lo anterior de ninguna manera significaba una aceptación en materia de fidelidad. ¡Qué barbaridad! Siempre estuve convencido de que la fidelidad a una sola mujer produce impotencia y que un hombre no es confiable si es leal a su esposa, por lo demás, siempre quise morirme con los testículos vacíos y ninguna oportunidad me presentaba la vida mejor que cuando conocí a Tina Modotti. Se trataba de una joven fotógrafa de origen italiano que había llegado de California acompañada por Edward Weston, otro fotógrafo, que cobró gran celebridad por los desnudos que le hizo a Tina, una mujer sin la estatura ni la arrogancia de Lupe, pero que mostraba suavidad y generosidad en su hablar y su mirar. Su rostro era dulce, de suaves líneas, con unos ojos que parecían estar siempre llenos de asombro por la vida que la circundaba. Su aspecto era el de una madona virginal. A principios de 1924, realmente cautivado por ella, le pedí que fotografiara con su cámara mágica el trabajo de mis murales en la Secretaría de Educación Pública. Y sí que valía la pena hacerlo porque los frescos cubrían tres pisos de alto, dos cuadras urbanas de largo y una de ancho. La superficie total pintada en los tres pisos y escalinatas era de mil quinientos metros cuadrados, el equivalente a una pintura que tuviera treinta centímetros de ancho y cerca de cinco kilómetros de largo. Un trabajo que solamente Tina podría documentar con su mirada avispada y sorprendida. Nada me dio más gusto cuando advertí que el tal Weston la había abandonado en diciembre de 1924, por lo que de inmediato la invité a colaborar, ahora sí, más íntimamente conmigo. ¿Está claro? La entrega se dio cuando, en una ocasión, ella me dijo que estaba en el tiempo límite en que su cuerpo expresaría su máxima belleza. Me lo dijo sin falsa modestia. Estaba consciente de que sus formas, ciertamente hermosas y singulares, muy pronto entrarían en una etapa de decadencia, por lo que le parecía importante conservar para la historia lo bello que todavía existía en ella. Fue en aquella ocasión que me dijo que estaba dispuesta a posar para mí cuando yo así lo resolviera. ¿Qué tal? Era mía. Lo sabía, lo sabía, lo sabía...

Empecé a realizar un conjunto de estudios dibujando el cuerpo de Tina y así, muy pronto, logré una rica serie de apuntes que titulé *La tierra dormida* en tan sólo dos sesiones, sí, dos sesiones, pero una de ellas, debo confesarlo, fue de setenta horas. ¿Quién puede trabajar durante setenta horas corridas? Nadie o pocos, lo que sí puedo decir es que a partir del momento en que la hice subir en una pequeña escalinata, algo así como un breve pedestal, y ella se desvistió lentamente hasta quitarse por completo toda la ropa, dejando expuesta hasta la última reserva de su pudor, me percaté de que efectivamente Tina bien podría haber sido un motivo de inspiración para los grandes pintores renacentistas. Claro que era una Madona, así, con mayúscula, ¡claro que lo era! Y si la contemplación de una obra artística es un privilegio de la vista, ahora bien, cuando no solamente es privilegio de la vista, sino que esta obra de arte de la naturaleza nos permite pasar de la contemplación al placer del tacto, entonces la sensación de eternidad es muchísimo mayor. Tocar el lienzo donde se encuentra consagrada *La Mona Lisa* no me produjo, en lo absoluto, el mismo hechizo que me despertó tocar la piel de Tina, mi Tina...

Yo tuve el privilegio de la contemplación y también del tacto, todo en un mismo tiempo. Nos hicimos el amor en el estudio, porque ella sabía muy bien que yo no resistiría la tentación de tocarla. Evidentemente, lo de posar había sido un mero pretexto para facilitarme el acceso a su cuerpo, a sus labios, a sus ojos, a sus párpados, a sus oídos, a sus olores, a sus manos conocedoras y traviesas, juguetonas, a su vientre plano, a su pelo recortado, a su piel de sílfide. Nos estrellamos contra una pared en nuestro arrebato, hasta que caímos en el piso, ella, por supuesto, encima de mí, para gozar del máximo premio que pueden gozar los mortales, el amor. Lupe empezó a sospechar por el tiempo que pasábamos encerrados en mi estudio. No tardó en sufrir un nuevo y no menos terrible arranque de celos incontrolables, un estallido de furia, de los tantos que le daban y que no sabía administrar.

Un buen día... ¿qué buen día?, un pésimo día, Lupe se presentó en mi estudio, para decirme que la próxima vez que yo invitara a mis colegas del Partido Comunista a mi estudio para intercambiar puntos de vista y tomar un poco de vino, ella se encueraría ante todos ellos, se sentaría en los equipales y les haría saber cómo la había pintado a ella, de modo que pudieran comprobar que Lupe estaba mejor, mucho mejor, que Tina; según ella, esa tipeja a mí me había dado, por lo visto, toloache. Cuando menos me lo esperaba, en el momento en que Lupe de alguna manera pudo comprobar sus sospechas en torno a Tina, en el momento en que estaba rodeado de mis amigos, llegó al estudio enfundada en una bata. Creí que era una broma. Después de saludar cordialmente, se abrió la bata, la tiró al piso y caminó entre mis cuadros absolutamente desnuda, muerta de la risa, ante la estupefacción de distinguidos comunistas y otros tantos políticos e intelectuales. No pude tolerar semejante afrenta y me levanté furioso persiguiéndola por todos lados, en tanto ella daba fingidos alaridos de susto, sin dejar de agredirme con sus odiosas carcajadas. Los invitados nos miraban sorprendidos y asustados sin saber en qué podría desembocar semejante infortunio para mí y, fortuna para quienes pudieron solazarse viendo a mi mujer en cueros. Mientras, Lupe se escondía detrás de los lienzos y los pateaba y algunos los rompía o me los aventaba, lanzándome jarrones, pinceles y trapos, todo lo que encontraba a su paso, como si protagonizara una escena de vodevil.

Finalmente logré alcanzarla con un brazo y con el otro le asesté un golpe que la derribó al piso junto con tres caballetes y sus respectivos óleos. Al rodar tuve la oportunidad de impactarla en la mejilla, hasta que volvió a sangrar por boca y nariz, su gran debilidad. Nos separaron mis «amigos», quienes aprovecharon el momento para manosearla mientras le ponían la bata. Les pedí que abandonaran mi estudio porque ya no había materia de conversación. Estaba yo absolutamente demudado y agotado. Días después, Lupe Marín y Concha Michel prepararon un plan para matarme. Cuando yo tocara a la puerta de la cocina, ellas me golpearían la cabeza con un par de metates hasta dejarme sin vida. Todo falló, afortunadamente, porque antes de actuar, las dos presuntas asesinas soltaron la carcajada ante mi mirada asombrada, carcajadas que yo compartí con ellas no sin dejar de revisar el cuerpo de Concha Michel, sólo que no se me antojaba.

¿Cancelar mi relación con Tina sólo por los escándalos de Lupe? ¡Ni muerto, eso sí, ni muerto! Mi trabajo con Tina me excitaba cada vez más. Nuestro amor era activo y entusiasta, sin prejuicios, la intensidad de nuestros sentimientos nunca impuso ni a ella ni a mí la exclusividad de ser el uno para el otro. Nuestro romance terminó en 1927, después de que la pinté, con el ánimo de eternizarla, por lo menos cinco veces en las paredes de Chapingo, utilizándola como modelo no sólo para *La tierra dormida*, sino también para *La germinación* y *Los frutos de la tierra*. Lo que sube, baja... El rompimiento vino cuando nació mi segunda hija con Lupe y ésta le mandó a Tina una carta terrible, devastadora y demoledora que ya no pudo resistir. Tina, y sólo Tina, fue quien, harta de mi Lupe, Lupita, decidió cancelar toda relación conmigo. ¿Llorarla? No, para qué llorarla, obviamente lo mejor era buscarme con la máxima velocidad a una nueva Tina. Un clavo saca a otro clavo, ¿no? Empecé entonces a buscar candidatas.

Renuncié al Partido Comunista por diferentes discrepancias y volví a reingresar una vez salvadas las diferencias. Más tarde volvería a renunciar y posteriormente me volvería a incorporar. En 1927 fui invitado a la Unión Soviética como pintor huésped para la celebración del décimo aniversario de la Revolución de octubre. Por supuesto que acepté encantado. Lupe se puso furiosa por el entusiasmo que yo tenía, pues iba a viajar sin ella. Lupe era un hermoso animal lleno de espíritu, pero sus celos y carácter dominante daban a nuestra vida en común una fatigosa y agitada intensidad y yo, desgraciadamente, no era un marido fiel. Siempre me estaba encontrando mujeres demasiado deseables para resistirlas.

Los pleitos sobre estas infidelidades se convertían en pleitos sobre todo lo demás. Una noche, por ejemplo, Lupe me sirvió un platillo de fragmentos de ídolos aztecas que yo acaba de comprar. Me dijo que, puesto que había gastado mi dinero en esos ídolos, no había quedado nada para comprar comida. A sabiendas de que enloquecería, me sirvió hervidos los pedazos de aquellas figuras prehispánicas que con tanta ilusión había adquirido. En otras ocasiones, Lupe me cansaba con largos discursos de reproche y amargos argumentos. Creo que nunca alcanzó a superar el romance que sostuve con su hermana. La verdad, no era para tanto... Cuanto más tiempo vivíamos juntos más infeliz parecía ser, y por eso acepté con agrado la invitación soviética, que resultó a su vez un precioso pretexto para separarme de ella. En el viaje recordé que había vivido ya muchos años con Lupe y, a pesar de ello, todavía no lograba olvidar su cuerpo desnudo cuando la pinté en mi primer mural. Las curvas y las sombras consagradas en el fresco dejaron en mí una huella imborrable para toda la vida. ¡Cuál no sería mi sorpresa cuando el poeta Jorge Cuesta me confesó llorando que estaba enamorado de Lupe! Ni siquiera fingí enojarme, sino que le di permiso para que la cortejara y le deseé el mejor de los éxitos. Le advertí que Lupe era muy peligrosa para los hombres que no eran muy vigorosos.

—Si eres débil, hermanito, te lleva la chingada, así de fácil, Jorge...

Cuando me despedí de mi Lupe, Lupita, para tomar el tren en dirección al puerto de Veracruz, me aventó la puerta del automóvil no sin antes dar por terminada nuestra relación al pronunciar:

—Vete al diablo con tus tetonas —así se refería a las mujeres rusas.

El hecho de conocer a José Stalin no me produjo ninguna sensación particular. Su estatura media, su complexión normal, su vestimenta, su enorme bigote y su mirada vidriosa, escasamente llegaron a impresionarme, salvo que pude advertir que la tela de sus codos estaba completamente deshilachada. Desde un principio tuve discrepancias con el régimen estalinista, tanto en el campo de la política, como en relación al arte. Estas divergencias serían determinantes en la actitud que yo adoptaría frente a la esperanza artística rusa y, por supuesto, influirían en mi obra y en mi futura postura política. A nadie escapaba que Stalin era un tirano, enemigo de cualquier tipo de oposición o de crítica. Ya tendría yo tiempo para cambiar de opinión y de cuestionar la eficiencia de la dictadura del proletariado para alterar el destino de los marginados y de los incomprendidos. En aquellos años yo desconocía que Stalin había eliminado tanto a la oposición de izquierda como a la de derecha del partido. Habían comenzado las persecuciones para concentrar a millones de personas en los gulags, en los campos de concentración, donde se encerraba a los «enemigos del pueblo», fundamentalmente a los supuestos trotskistas que contradecían su palabra. La «gran hambre» causaría la muerte de más de seis millones de víctimas, principalmente ucranianos; continuaban las purgas contra miembros del Partido Comunista, contra miembros del Ejército Rojo y contra la gente, los rusos de la calle, hasta llegar a siete millones de ciudadanos arrestados y veinte millones de deportados o de otros tantos presos en los campos de trabajo. Resultaba imposible conocer las víctimas totales del estalinismo. Yo odiaba al tirano, pero esperaba a ver el resultado de sus ideas en América. Por lo pronto parecían de vanguardia...

Nunca imaginé que la propia Tina Modotti, tal vez sin saberlo o proponérselo, había puesto en mi camino tanto a su heredera, como la de la propia Lupe. ¿Quién era ella? Pues, nada más ni nada menos, que Frida, Frida Kahlo. Mi querida fotógrafa italiana había arrastrado a su amiga Frida a una de las tantas fiestas de artistas que celebrábamos en distintas partes de la capital mexicana. Frida decía haberme conocido cuando realizaba mi primer mural en el Anfiteatro Simón Bolívar, en la Escuela Nacional Preparatoria. La verdad, no la recordé en ese momento ni después. Es obvio que su presencia no me causó ninguna impresión inicial, como había acontecido con otras mujeres.

La noche en que nos conocimos, recuerdo muy bien, disparé mi pistola en dirección a un fonógrafo, puesto que su música me molestaba. Acto seguido, soplé el cañón y, sonriente, me dejé caer en un sillón que mis admiradores rodearon de inmediato. Recuerdo que Frida vestía un traje de hombre y exhibía un clavel rosa en el ojal de la solapa. Cuando nos volvimos a encontrar en casa de Tina, yo le duplicaba la edad a Frida, tenía cuarenta y dos años, me había casado dos veces, había tenido cuatro hijos, uno de Angelina, de triste recuerdo, otro con Marevna, mi hija Marika, además de mis dos queridas, queridísimas hijas, las luces de mis ojos, que tuve con Lupe Marín: Ruth y Guadalupe. Esa joven mujer, Frida, se me atravesó mientras yo terminaba los muros de la Secretaría de Educación Pública en 1928. Se me atravesó diciéndome que no venía en busca de cumplidos, sino que buscaba la crítica de un hombre serio en relación a sus trabajos, a sus pinturas. Ni era aficionada al arte ni militante, simplemente era una muchacha, según me dijo, que tenía que trabajar para vivir. No tardé en frecuentar la casa de sus padres ni descubrir la vida difícil y dolorosa que había llevado Frida hasta el momento de conocerme. Comencé por incorporarla a mi mural titulado *La balada de la Revolución proletaria*, con sus atuendos muy particulares, su falda negra y su blusa roja, con una estrella del mismo color sobre el pecho que hablaba de una mujer joven, integrante del Partido Comunista, del que efectivamente se había hecho militante en 1928. Frida apoyaba la lucha armada de clases del pueblo mexicano.

En una ocasión, cuando yo pintaba *El pan de la insurrección*, perteneciente a *La balada de la Revolución proletaria* y ella posaba como modelo, me atreví a decirle:

—Tienes cara de perro...

—Tú tienes cara de sapo —me contestó sin moverse, tal y como correspondía a una gran modelo.

¡Cuánta audacia! ¿Cómo se atrevía aquella chiquilla, a la que yo le llevaba más de veinte años, a decirme que tenía cara de sapo? Pues nada, me parecía de lo más gracioso y afortunado. A partir de aquel entonces *Carasapo* fue el nombre favorito con el que ella me designaba, además de *Panzas* y *Dieguito*. Así empezamos a desarrollar entre nosotros una gran camaradería. Precisamente entre 1928 y 1929, cuando pintaba los muros de la Secretaría de Salud, Frida me convenció de que su hermana Cristina posara para mí. Cristina, con su mirada lejana, su figura pequeña y redondeada, cabía perfectamente en los motivos perfilados por mí. ¡Adelante! Sí que encajaba en los muros de la Secretaría de Salud, donde ella quedaría plasmada en una estampa titulada *El conocimiento*. Ahí pintaría otro desnudo: *La pureza*. Cristina tenía un cuerpo bello y vigoroso, coronado por un delicado rostro, su cabello largo, las oscuras cejas pobladas se unían arriba de su nariz y sus arcos negros enmarcaban un par de extraordinarios ojos color café. Era claro que la vida me premiaría generosamente en un futuro cercano, tan cercano que no pudimos evitar el hecho de hacernos el amor atropelladamente, como dos jóvenes amantes de la preparatoria que se devoran recíprocamente con un apetito bestial. La sola voz de Cristina me producía una erección que, en muchas ocasiones, no lograba ni con las caricias más audaces. Empezamos una larga, muy larga relación, obviamente a escondidas, sobre la base de que el fruto prohibido es el más apetecido...

Frida me contó que su padre había emigrado de Alemania a México en 1891 y que después de haber enviudado en el parto de su segunda hija, se había casado con Matilde Calderón, su madre, nacida en la ciudad de México, una mujer oaxaqueña sumamente religiosa, de fe muy sólida, al grado que tenía una banca reservada para ellas en la iglesia de San Juan Bautista, en Coyoacán. No es cierto que Frida hubiera nacido en 1910, como decían para proyectar cierto romanticismo con la fecha de su nacimiento. Como ella me lo confesó, había nacido en 1907, y para más detalles, a las 8:30 de la mañana. Su madre no había podido amamantarla, por lo que la había alimentado una mujer indígena, un personaje crucial en su existencia que para ella significó la encarnación mítica de la herencia mexicana. Ahí comenzaba la deuda adquirida con el pueblo de México. De sus tres hermanas y sus dos medias hermanas, solamente ella se había animado a trabajar en el estudio de su padre, un destacado fotógrafo, quien le enseñó a hacer tomas, a revelar y a colorear con diminutos pinceles las obras que requerían retoque. Se iba formando la personalidad de Frida a través de la nodriza y de la presencia artística de su padre, quien por cierto sufría convulsiones y ataques recurrentes de epilepsia. Los dramas en la vida de Frida comenzaron a los seis años cuando enfermó de poliomielitis y su pierna derecha adelgazó, secándose tempranamente como la rama de un árbol viejo. Muy pronto fue conocida en la escuela, con la consabida crueldad infantil, como Frida *la Coja* o la *Pata de Palo*, por lo que comenzó a luchar de por vida para ocultar su deformidad física en momentos de la niñez en que los chiquillos quieren exhibirse como perfectos e invulnerables.

Cuando Frida andaba en bicicleta y la ofendían por su deformidad o por su incapacidad para desplazarse a la misma velocidad, ella ocultaba la pierna usando tres o cuatro calcetines en la pantorrilla más delgada y un zapato con un tacón más alto en el pie derecho. Durante toda su vida odió la malformación, su pierna marchita que ocultaba debajo de largas faldas regionales.

El defecto físico la haría llegar a sentirse, con el tiempo, la más mexicana entre los mexicanos. Nada la detendría, ni para la pintura, ni para la política ni mucho menos para el amor. Si la vida había sido injusta con ella y la había atropellado precozmente, pues bien, ella buscaría la manera de saltar por encima de todos estos obstáculos y tratar de vivir una existencia normal, como si nada hubiera acontecido. Es obvio que esta determinación requería de un gran carácter y de una gran templanza. El destino no tardaría en imponerle nuevas pruebas, todavía más difíciles, para desafiar su fortaleza moral y psicológica.

Como por lo visto la parálisis de su pierna derecha no había sido suficiente y el castigo psicológico, en apariencia, lo había superado con los debidos esfuerzos, el destino la sometió a una nueva prueba para volver a medir su joven entereza. El 17 de septiembre de 1925, cuando ella y su novio viajaban en autobús, sufrieron un accidente al chocar contra un tranvía. Murieron varios pasajeros. Frida resultó gravemente herida, al extremo de que dudaban que pudiera sobrevivir. Su novio Alejandro quedó debajo del tranvía, se levantó como pudo y buscó con los ojos a Frida. El muchacho la transportó en sus brazos hasta una mesa de billar sacada precipitadamente de un café. En la desesperación e improvisadamente, le fue arrancado un enorme trozo de hierro que la atravesaba de lado a lado. El diagnóstico médico fue fatal: fractura de la tercera y cuarta vértebras lumbares, tres fracturas en la pelvis, once fracturas en el pie derecho, luxación del codo izquierdo, herida profunda en el abdomen, producida por una barra de hierro que penetró por la cadera izquierda y salió por la vagina desgarrando el labio izquierdo, peritonitis aguda, cistitis, que hizo necesaria la introducción de una sonda durante varios días. Pasó un mes en el Hospital de la Cruz Roja, donde, a pesar de los graves daños y de su absoluta inmovilidad, desarrolló su afición por la pintura. Después le impusieron un corsé de yeso que debería usar durante nueve meses, además de reposo total en cama de por lo menos otros dos después de su salida del hospital. Los dolores de la columna y del pie derecho eran y serían insoportables. La agotaban, la agotarían y consumían y consumirían en el futuro. Todavía faltaba algo más: Alejandro fue enviado por sus padres a estudiar a Alemania porque no veían con buenos ojos la relación con esta joven «sin recato», quien, además de insolente, iba a quedar lisiada. La ausencia del novio también fue devastadora, sentía hundirse en un pantano, inmóvil con un corsé de yeso, prótesis en una pierna, con la columna deshecha y víctima de dolores insoportables. Una tragedia total. A pesar de todo, Frida se las arregló, junto con su hermana Matilde, para pintar y trabajar en un cuarto con todo género de dificultades, mismas que salvaría, siempre las salvó.

Cuando en noviembre de 1927 Alejandro regresó finalmente de Alemania y la encontró muy recuperada, su relación recobró sólo temporalmente su carácter profundo, porque él se enamoró de Esperanza Ordóñez, una amiga en común que estaba «completa». Frida no pudo contenerse, fue su último destello de amor. Ahora estaba completamente sola sin imaginar, claro está, que yo, su ideal, pronto me convertiría en su pareja, en el amor de su vida, sin detenerme a pensar en sus limitaciones físicas, ni en sus exabruptos por los dolores, ni en la violencia verbal en la que podía caer, ni considerar tampoco que por las heridas causadas como consecuencia del accidente, jamás tendría la posibilidad de llegar a ser madre. En efecto: Frida acabaría sus días sin haber dado a luz a un pequeño, tal y como eran sus deseos y los de casi cualquier mujer.

Mientras visitaba a la familia Kahlo y estrechaba mis relaciones con Frida, sobre todo con Frida, sin descuidar a su hermana Cristina, no dejaba de pintar ahora en la sala de conferencias, estilo art déco, de la Secretaría de Salubridad y Asistencia. Escogí seis pinturas femeninas que representaban la vida, la salud, la continencia, la fuerza, la pureza y la sabiduría. Entre las modelos que utilicé se encontraba, no faltaba más, Cristina Kahlo, además de Ione Robinson, una hermosa rubia de diecinueve años, estudiante estadounidense de arte, que había venido con una beca Guggenheim para trabajar como mi ayudante. Ione posó para *La pureza* y *La fuerza*.

Mi relación con ella comenzó en el andamio, cuando desde una muy breve altura podía yo asomarme para contemplar su generoso escote, definido por una breve camiseta, que me permitía estimular todo género de fantasías y alimentar cualquier esperanza de un día poder besar y tener en mis manos esos senos tiernos, unos verdaderos capullos escasamente tocados, que parecían salirse de la prenda cuando se agachaba a mojar los pinceles en el aguarrás para después buscar los colores de la pintura en la paleta. Ione tenía un pretendiente llamado Joseph Freeman que decidió matarme cuando supo que la había invitado a comer y le pedí que se desnudara en mi estudio para poderla evaluar como posible modelo, a lo que ella accedió encantada, en la inteligencia de que me había ilusionado con ese cuerpo esplendoroso, dueño de una vital y ostentosa juventud que pude saborear al acariciarlo con las yemas de mis dedos, apenas tocando su piel. Ella se derrumbó ante el maestro, cayó de rodillas ante mí y, con toda humildad, empezó a desabotonarme la bragueta para demostrarme su incondicional sometimiento y admiración. La dejé hacer sin ayudarla, con absoluta indolencia, como si fuera una esclava absolutamente sumisa, dócil y obsecuente, la mejor manera de halagarme, reconocerme y exhibirme su justificado respeto. Cuando el tal Freeman se quejó con Tina Modotti de mis relaciones con Ione, aquella sugirió hacer correr la voz de que yo tenía una gonorrea incurable que no tardaría en transmitirle a Ione. La estadounidense era muy aprensiva en cuestiones de salud, por lo que muy pronto se empezó a apartar de mí. Los gringos, ya lo sabemos, son medio extraños y locos... Pero las mujeres vuelven siempre y Ione también volvería...

Al mismo tiempo que salía con Ione empecé también una relación más seria con Frida. Algo me atraía brutalmente en aquella joven. Mientras estrechaba mis relaciones con ella, consagraba en mis frescos a una u otra de las alumnas estadounidenses que habían venido a México a estudiar pintura y muralismo. Muchas de ellas en realidad habían venido para convertirse en esposas de un famoso pintor, objetivo que yo aprovechaba para encamarlas antes de cualquier trámite. Por supuesto que yo les prometía el cielo y las estrellas para acostarme con ellas. Con diversos pretextos, ciertamente eficientes, como el de garantizarles un lugar en la historia del arte mexicano, fueron accediendo sólo para recargar mi energía con nuevas ilusiones.

¿Qué haría yo sin mis pinceles y sin mi pene, mis amigos inseparables e incondicionales?, me preguntaba sonriente después de devorar esas gallinitas rubias.

En aquel entonces, nunca supuse que el cielo me castigaría como sin duda me castigó, afortunadamente ya al final de mi vida, con uno de los peores suplicios a los que podría someter a un hombre verdaderamente adorador de la belleza femenina. Esa sanción severa, trágica y aborrecible constituyó el nacimiento de un espantoso cáncer precisamente en mi bastón de mando, en mi falo, en mi miembro adorado, campeón de mil batallas, en mi órgano viril, en mi bálano, en uno de mis orgullos, en una de las fuentes de placer más generosas que yo conocí en mi existencia. ¿Cómo castigarme de esa manera tan brutal y salvaje? ¿Cómo un cáncer de pene? ¿Cómo iba a prescindir de mis relaciones con mujeres? ¿Acaso solamente podría ya pintarlas y tocarlas, sin tenerlas ni penetrarlas ni disfrutarlas ni hacerles los honores como corresponde a toda mujer hermosa? ¿Me lo amputarían? Siempre soñé o pensé que cuando se acabaran mis facultades viriles, de la misma manera se agotarían mis fantasías, pero ahora este equilibrio no se daría, tal vez tendría muchas más fantasías sin tener la menor posibilidad de desahogarlas. Horror, horror, horror...

Seguí saliendo con Frida. Me enloquecí con su mirada, con su sentido del humor. Entendí, a través de ella, que era muy difícil llegar a ser un individuo irónico y sarcástico sin haber padecido dolor, y ella había padecido dolor durante toda su existencia, no solamente dolor físico, sino también dolor psicológico. Esa ironía fina, esa irreverencia, esa arrogancia, esa templanza, ese coraje de esta mujer, me atraían día tras día. Ella estaba llamada a ser pintora y si fuera necesario pintaría colocándose un pincel en la boca, pero eso sí, lo juraba, sería pintora, por más que mi hija Guadalupe siempre dijera que era una pobre pintora a la que sólo le gustaba pasarla bien. Algo de razón tenía, lo concedo, sin embargo, ¿cómo no contagiarme con una pasión similar a la de Frida? ¡Imposible dejarla pasar como si nada hubiera acontecido! Si bien ella no tenía el físico de Angelina Beloff ni de Marevna ni de la Rivas Cacho ni mucho menos de Lupe Marín, ¡qué bárbara!, ni de Tina Modotti, ni de Ione Robinson, ni de ninguna de mis alumnas estadounidenses, también es cierto que al tocarla sentía un placer tal vez perverso, tal vez sano, tal vez genuino, sí, pero no tenía tiempo para pensarlo. Me embriagaba con el temperamento de esa mujer, cuya presencia requería yo cada día, además de disfrutarla ampliamente en el lecho sin preocuparme de su pierna seca como la rama de un árbol en el desierto. ¿Qué más me daba? De sobra había aprendido que lo más bello en la vida ni se puede ver ni mucho menos comprar con dinero. Era claro que su compañía solamente podía ser apreciada por un artista con mi sensibilidad. Ella era tanto como una potranca salvaje, una purasangre metida en el establo... A ver quién era el macho que podía controlarla. A ver quién podía domarla, a ver quién podía hablarle al oído para tranquilizarla y apartarla de las pesadillas que vivía de día y de noche, que la azotaban, que la estremecían, que la hacían llorar y delirar. Yo tenía que comportarme como el maestro milagroso que sabía abordarla y calmarla, que sabía pronunciar las palabras necesarias en el momento adecuado.

Después de haber compartido largas conversaciones, interminables charlas con Frida, de habernos identificado, de habernos arrebatado la palabra, de haberme enamorado de su pasión por la pintura, de su necesidad de decir y de denunciar, del coraje por ser, de no dejarse vencer en circunstancia alguna, de no doblegarse y después de haber pasado ratos interminables en el lecho, en el estudio, en el teatro, en el campo, admirando paisajes, al pie de las pirámides, en Veracruz, contemplando el Fuerte de San Juan de Ulúa, en cualquier parte de la República o discutiendo sobre política, sobre la opresión de los marginados, sobre la desesperación de los ignorantes, mutilados intelectual, social y culturalmente de por vida, después de habernos perdido en el amor, finalmente decidimos casarnos el 21 de agosto de 1929, después de convencernos de que, por diversas razones, nos necesitábamos el uno a la otra.

En lugar de vestirse de novia, Frida se puso las ropas de india de la criada de sus padres: falda de volantes de bolitas, blusa y largo rebozo, además de los huaraches obligatorios. Yo me vestí con pantalón y chaqueta gris, camisa blanca, sin chaleco y con mi gigantesco sombrero tejano en la mano. ¿No exhibía Frida una gran personalidad al romper con todos los protocolos, con todas las formas sociales, y en lugar de recurrir al tan sobado traje que usan las mujeres convencionales, llegara a nuestro enlace, con todos los formalismos y las personalidades que asistían, vestida como una sirvienta? ¿No era acaso esto una maravilla, un desplante de desprecio hacia los ricos, hacia los adinerados, hacia aquellos que no tenían la menor sensibilidad social? La ceremonia civil se llevó a cabo en el Ayuntamiento de Coyoacán y la realizó el alcalde, un destacado comerciante del pulque. Mis testigos fueron mi peluquero don Panchito, a quien yo siempre le decía «No hay Pancho malo, Panchito» y él me respondía «¿Y mi general Villa?», a lo que yo contestaba «Mi general Villa no se llamaba Pancho, se llamaba Doroteo», con lo cual él siempre se quedaba muy satisfecho. Por parte de Frida asistió el doctor Coronado, amigo de la familia, y el juez Mondragón, otro compañero mío de estudios.

La familia de Frida se opuso a nuestra boda. No sólo no le pareció que yo fuera mucho mayor que ella y comunista, sino porque parecía un Bruegel gordo. Afirmaban que era un matrimonio entre un elefante y una paloma, sí, sólo que a una mujer como ella nada la detendría, nada le importaba, nada le impediría ejecutar sus deseos. Sentía tener derecho a todo y lo tenía. Siempre pensé que después de tantos e interminables sufrimientos, Frida podía hacer lo que le viniera en gana y arrepentirse un minuto después, para tomar cualquier otra decisión aunque fuera en sentido contrario. ¿Quién podía disputarle nada a Frida después de la poliomielitis y del terrible accidente que la había dejado inválida de por vida, estéril y sepultada en dolores inenarrables? Sólo el padre de Frida asistió a la boda, el mismo que antes de firmar me dijo al oído:

—Diego querido, dése cuenta de que mi hija es una persona enferma y que estará enferma durante toda su vida; es inteligente pero no es bonita. Piénselo si quiere y si desea casarse le doy mi permiso. Pero está usted advertido...

El día de la boda todo prometía ser como un cuento de hadas. ¿Por qué? Porque Lupe, Lupita, mi Lupe, mi segunda esposa ya estaba felizmente casada con Jorge Cuesta y había olvidado su rivalidad con todas mis admiradoras. Vivíamos un interregno de paz... De hecho, bien lo sabía yo, solía juntarse con mis novias para hablar barbaridades de mí. En una de estas reuniones vespertinas, Tina Modotti ofreció su casa para la recepción de nuestra boda. Frida no tuvo ningún inconveniente, ni mucho menos lo tuvo cuando supo que la propia Lupe se había ofrecido para cocinar algunos de mis platillos favoritos. Todo parecía estar a mi favor. Mis mujeres parecían haberse tranquilizado. Ya ninguna intentaba envenenarme, ni darme una cuchillada por la espalda, ni dispararme en los brazos de tal manera que jamás volviera a pintar. El patio de la casa de Tina estaba decorado con colguijes y serpentinas, generando un ambiente con todos los encantos de una villa mexicana. La crisis se presentó de repente cuando, a medio convivio, Lupe no pudo controlar un terrible acceso de celos y empezó a presumir sus encantos, toda su belleza física, comparándola con las fragilidades, debilidades e incapacidades de Frida. Después de presumir y de exhibir su cuerpo, sin llegar a desnudarse, de repente, en un arrebato impredecible, no se le ocurrió otra cosa más que ir a levantar la falda de Frida, esa falda humilde, para exhibir nada menos que su pierna entumecida, su pierna reseca, su pierna inútil además de su pie paralítico. Esto fue suficiente para que Frida la empujara, con toda la fuerza que tenía mi chaparrita, y Lupe fue a dar al piso golpeándose severamente la cabeza. Si no las hubiera separado, de haber tenido al alcance un cuchillo, las dos se hubieran degollado, convirtiendo nuestra fiesta en un baño de sangre. ¡Ay, Lupe y, sin embargo, yo la seguía queriendo!

Por supuesto que no me casé por la Iglesia, ni Frida me lo pidió. ¿Con quién se trataba de quedar bien? ¿Con una sociedad hipócrita que espera la absolución el día de la confesión para seguir cometiendo innumerables pecados al día siguiente? ¿Cómo creer en Dios? Si no creía en Dios era porque no había ninguna razón para demostrar su existencia y sí cientos de miles para demostrar su inexistencia, menos, mucho menos iba yo a creer en los supuestos sacramentos de la jerarquía católica. ¿Cómo permitir que un arzobispo, con la máxima autoridad clerical de México, me diera la bendición, algo así como si me dieran en público una sonora mentada de madre? Esos sujetos corruptos, adinerados, promiscuos, degenerados llenos de poder, representantes de una gran traición a las enseñanzas de

Jesús, ¿ellos, esos parásitos, eran los que iban a venir a bendecir mi unión, unos descastados, innobles? ¿Esos sujetos inmorales vestidos con ropajes de oro, cruces pectorales con esmeraldas, rubíes y brillantes con los que se podrían construir cientos de escuelas o de orfanatos o con los que se podría alimentar a miles de mexicanos, ellos, los peores enemigos que México había conocido en su historia, esos cerdos facinerosos eran los que iban a venir a unirnos en el nombre de Dios? Que quedara bien claro: no les permitiría ni siquiera acercarse a un kilómetro a la redonda de la celebración de mi tercer matrimonio, ahora con Frida, la mujer de mi existencia. Finalmente había dado con ella.

En 1929 decidí escribir mi *Manifiesto de la Revolución en la Pintura*. En aquella ocasión dejé bien en claro lo siguiente: «He sostenido siempre que el arte en América, si llega a existir algún día, será el producto de la fusión del maravilloso arte indígena, venido de las profundidades inmemoriales del tiempo, en el centro y en el sur del continente y del arte del trabajador industrial del norte».

Frida estuvo invariablemente a mi lado cuando me expulsaron del Partido Comunista en 1929, porque según ellos, el gobierno me había corrompido y me había convertido en un incondicional de la autocracia. Ella no me consideró un traidor ni un reaccionario, ni pensó que las hoces y los martillos que yo pintaba en las paredes de Palacio Nacional no eran más que para impresionar a terceros, cuando en el fondo yo era un burgués podrido. Nunca fui un burgués podrido ni un lacayo del gobierno pequeñoburgués de México. Si se alarmaron porque me nombraron director de la Academia de San Carlos, la academia donde yo había hecho mis primeros trazos, ese era en todo caso un problema de ellos, yo estaba para crear y ayudar e impulsar a una nueva generación de pintores y nada, nada mejor que la Academia de San Carlos. Seguí pintando, pintando, eso sí, compulsivamente como siempre, por eso Frida me decía que yo era un enemigo de los relojes y de los calendarios. ¿Para qué las horas, para qué los días? Lo importante era pintar y dejar una constancia de mi paso por la vida, un ejemplo, algo que pudiera ayudar a entender nuestra realidad con el ánimo de cambiarla y de enderezarla. Mi trabajo fue la mejor constancia de mi inconformidad y de mi protesta.

Frida siempre estuvo conmigo. Frida me acompañó a la Casa Azul, ahí vivimos compartiendo nuestras vidas con David Alfaro Siqueiros y con su esposa, Blanca Luz, y otras tantas parejas de artistas. Frida, mi compañera, me seguía a todas partes, se había convertido en mi sombra. Se ocupaba de mis comidas, organizaba mi vida, construía una quimera a mi alrededor que, poco a poco, se convertiría en una realidad. Imposible encontrar sucio mi estudio, los pinceles con alguna huella de pintura o las paletas sucias. Todo empezaba a adquirir un orden maravilloso. Ella materialmente se mataba porque todo lo encontrara a mi agrado, al extremo de cambiar hasta su apariencia. Ya había abandonado su uniforme revolucionario que le había copiado a Tina: ahora tenía una falda caída atada a la cintura, camisa estricta de militante y corbata, y un peinado estirado acabado en un chongo o rodete que le daba un aire resuelto y juvenil. Frida me encantaba. Frida me sorprendía todos los días, Frida me llenaba de ilusiones. Frida me llenaba de paz, la paz necesaria para la creación. Frida también se reconciliaba con la existencia, vivía un sueño, el sueño iluminado del matrimonio, el sueño de la vida compartida de la mañana hasta la noche con el hombre al que más admiraba, el hombre que le había inspirado una fe nueva. Ahora Frida creía, ahora Frida se apartaba de los medicamentos, ahora Frida pensaba en el futuro con optimismo, con alegría, encontraba explicaciones y sentido. Descubría la felicidad aun cuando, justo es decirlo, pintaba cada día menos.

Muchas veces la encontraba vistiendo la indumentaria de las mujeres indígenas, las largas enaguas de volantes de las tehuanas de Tehuantepec, blusas bordadas de Oaxaca, de la sierra Huasteca, grandes rebozos de seda de Michoacán o de Jalisco, camisas de satén de las mujeres otomíes del valle de Toluca o huipiles con flores multicolores bordadas de Yucatán. Si algo nos unía a ambos era nuestro amor por México, nuestra pasión por las costumbres, nuestra admiración por nuestra historia. ¡Qué magnífico país!

Las relaciones entre Lupe y yo se restablecieron mágicamente. Poco a poco empecé a dorarle la píldora a Frida para que entendiera que no era nuestra enemiga y que los hechos anteriores habían sido consecuencia de los arranques esporádicos de una mujer impetuosa que en el fondo era muy buena. ¡Ay, Lupe, Lupita, mi Lupe! No tardé en convencer a Frida de las ventajas de mudarnos a un edificio de tres pisos que acababa de construir Lupe junto con Jorge Cuesta, su marido. Ellos vivirían en el piso de arriba y nosotros en el de abajo. Pronto todos estuvimos conformes y decidimos vivir juntos. La verdad, debo confesarlo, nunca me imaginé que en las

ausencias de Frida, cuando ella iba a visitar a su padre o a hacer algún mandado, me las arreglaría para que Lupe bajara y nos entre-
piernáramos, nos arrebatáramos, nos besáramos, nos poseyéramos,
nos desgarráramos como en los viejos tiempos. La pasión nunca
había disminuido. Bastaba con tocar su piel, con ver sus senos es-
plendorosos y sus nalgas de ninfa para que yo materialmente me
extraviara y claro que me extraviaba, y claro que me perdía y claro que me seguiría perdiendo con esa mujer llena de erotismo, llena
de pasiones carnales y llena de romanticismo y de pasión. ¡Cómo
darle con la puerta a la vida, cuando la vida me la servía en charo-
la! Bastaba con que apretara yo un botón para que entendiera Lupe
que era el momento de bajar. No sé, debo confesarlo, si la decisión
de Jorge Cuesta de amputarse los testículos respondió al hecho de
haber descubierto mi relación con Lupe o simplemente fue consecuencia de uno de los tantos momentos depresivos que este hombre
vivió a lo largo de su vida. Recordaré siempre su suicidio como una
de las experiencias más dolorosas que conocí a lo largo de mi peregrinar por la vida. Jorge, ya disminuido, en realidad medio hombre, tiempo después se hundió los dedos pulgares en los ojos y se los
arrancó. Acto seguido se los hundió en toda la masa encefálica para
morir desangrado de la manera más espantosa en que puede perder
la vida un ser humano. Sí, efectivamente todo eso aconteció, pero
nunca olvidé a Lupe ni sus visitas recurrentes cuando teníamos la
oportunidad de estar solos. Claro que los días en que no encontraba a Lupe, saciaba mis impulsos de guerrero con mi Frida. ¡Ay, qué
mujer! ¡Ella, en su manera de ser, era inigualable e incomparable!

Fue por aquellos años de 1929 y 1930 cuando mi nombre empezó a tener una gran recepción y acogida en Estados Unidos. Tan lo
fue que el propio embajador Dwight Morrow me invitó a pintar un
mural en el Palacio de Cortés en Cuernavaca, a cambio de doce mil
dólares. Imposible negarme. En ese momento no me importó la vin-
culación de este diplomático ni su papel en la terminación de la espantosa guerra cristera que financió la Iglesia católica con las limosnas
pagadas por el pueblo de México, simplemente porque no estaba
dispuesta a someterse a la Constitución de 1917, como tampoco
lo estuvo cuando se opuso a la de 1824 y a la de 1857. La Iglesia
siempre estuvo en contra de las causas más importantes de México.
Bueno, pero yo acepté hacer el mural sin imaginarme que en Cuernavaca reencontraría a una compañera de andamio, nada menos

que a mi queridísima amiga Ione Robinson, aquella estadounidense singularmente hermosa que no envejecería nunca, además de haber tenido tiempo de disfrutar una nueva aventura con una nueva y bella modelo a la que le dediqué un cuadro después de posar ante mí: *El desnudo de Dolores Olmedo*. Claro que seguía manteniendo relaciones con Frida, así como con Ione y Dolores Olmedo, con quien realmente viví arrebatos sensacionales, inolvidables, en su casa de Cuernavaca. Tal parecía que adonde yo fuera, siempre el amor me estaría esperando como gotas de lluvia, refrescantes para el caminante agotado. Tan agotado y fatigado estaba, que un día me desplomé y me desmayé, perdí el sentido precisamente por exceso de trabajo. Los médicos me recetaron descanso absoluto y me sometieron a una dieta pavorosa. De preferencia me ordenaron evitar las relaciones sexuales por el desgaste físico a que me sometía, mi organismo no estaba para resistirlo. Tendría que ser un breve, brevísimo paréntesis en mi existencia y en mis costumbres, pero sí, tenía que entender que la salud era primero.

Frida y yo nos fuimos a Estados Unidos, a San Francisco, para pintar en la Bolsa de Valores de aquella ciudad a la que ella llamaba «la ciudad del mundo». Hice otro mural para la Escuela de Bellas Artes de California. Entre uvas y peras nos quedamos cuatro años en Estados Unidos. Fueron los años treinta del odioso callismo y de sus despreciables peleles, los protagonistas de uno de los capítulos políticos más vergonzosos de México: el Maximato. Yo pintaba en Estados Unidos mientras la oligarquía callista continuaba suprimiendo las libertades de expresión en nuestro país. Obregón ya había sido asesinado y ahora Plutarco Elías Calles era el amo y señor de México. ¡Cuál democracia después de la Revolución! Nos merecíamos la democracia, nos merecíamos la libertad, nos merecíamos el bienestar generalizado de toda la nación después de tantos siglos de intolerancia y, sin embargo, todo lo que aconteció después de un sangriento movimiento armado fue que una pandilla de bandidos se apoderó de la presidencia para enriquecerse y para marginar más a los marginados, para aplastar más a los aplastados y para joder más a los jodidos. Ya el tiempo diría si de esta cantera de delincuentes no saldría un México mil veces peor que el que existía antes de la Revolución.

Íbamos y veníamos de México. Me enternecían los dolores que Frida seguía padeciendo de manera permanente. A mí me dolían mucho más que a ella. Me compadecía de sus lamentos, de sus llantos y de sus padecimientos, por más que ella tratara de ignorarlos y de ocultármelos. De San Francisco fuimos a Nueva York y después a Detroit, donde Edsel Ford me encargó un gran mural, un fresco enorme a cambio de veinticinco mil dólares. Ahí conocí la realidad de los obreros de la industria automotriz estadounidense. Descubrí que las líneas de montaje conformaban un sistema enajenante en el que los hombres eran explotados sin piedad alguna. A los trabajadores se les podía despedir en cualquier momento sin que pudieran exigir indemnización o prestación alguna. El sueldo estipulado en el contrato no se respetaba, pues existían miles de triquiñuelas que hacían posible reducirlo al mínimo. No había apoyo legal alguno, además de los cuerpos de espionaje que existían para detectar a los inconformes y expulsarlos de inmediato. Henry Ford, el padre de Edsel, era un antijudío ferviente además de simpatizante nazi, sobornaba a jueces con tal de salirse siempre con la suya. El poder económico siempre se imponía a la escasa representación de los obreros. Ni siquiera los sindicatos podían oponerse a la influencia de los grandes capitanes de la industria automovilística de Detroit.

Frida había tenido ya un aborto y sufrió otro más en Detroit. El accidente sufrido en su juventud le impediría definitivamente ser madre. Cómo consolarla ante tanta tragedia. Si no hubiera sido porque nunca creí en Dios, hubiera pensado que se ensañaba con ella o que la castigaba para ajusticiarme también a mí. Dios sanciona, a veces, me decían, no a los malditos, sino a quienes más quieren precisamente los malditos. ¡Cuánta crueldad! Con cuánta facilidad el clero católico podía manipular a la gente a través de la culpa. Sólo que la realidad de Frida no era de mi responsabilidad, aun cuando sí de mi incumbencia. Abandonamos Detroit una semana antes de la inauguración del mural para trabajar en Nueva York, un encargo esta vez de Rockefeller, el inmenso Rockefeller, el rey del petróleo. Supimos por la prensa del escándalo que se produjo cuando develaron el gran mural en Detroit y se comentó por los santurrones católicos y jesuitas que yo me había burlado del nacimiento del Señor, además de declararle la guerra a las organizaciones femeninas americanas. Sintieron injustificados mis símbolos dibujados para honrar a la revolución obrera. ¡Qué conservadores eran los gringos, así eran y así morirán, sólo que yo ya estaba en Nueva York pintando, pintando y pintando!

¿Cómo ejecutar un mural comunista en el Rockefeller Center? Rockefeller se disgustó por mis alegorías que exhibían al capitalismo bajo el aspecto de una tiranía feroz e implacable. No podía consentirlo, pero menos podía consentir que apareciera el rostro de Lenin en la enorme pared que me habían asignado. Imposible renunciar a mis decisiones. Mientras Rockefeller decidía si destruir o no mi mural y echarme, no sólo de Nueva York, sino de Estados Unidos, Frida y yo nos hastiábamos de los gringos. Nos sacaban de quicio, nos sublevaban estos tipos ricos. Habíamos visto a miles de personas en la peor de las miserias, sin lo mínimo para comer y sin un lugar para dormir, auténticos pordioseros, y sin embargo, nadie parecía condolerse de la terrible realidad que a mí tanto me impresionaba. Era espantoso ver a estos ricos que celebraban fiestas ostentosas de día y de noche, mientras miles y miles de personas morían de hambre. Entendí que los gringos carecían de la más elemental sensibilidad y sentido del decoro en relación a la postración que vivían los obreros bajo sus órdenes. Luego de ver los enormes gallineros sucios e incómodos en que obligaban a vivir a los trabajadores, el tan traído y llevado confort estadounidense para mí ya no fue más que un mito.

Mientras dibujaba unos frescos en la New Workers School conocí a Louise Nevelson, otra rusita exquisita, una princesita nacida en Kiev en 1899, de apellido de soltera Berliavska, judía emigrada con su familia. Era divorciada, era libre, y libre o no, me entró por los ojos con una fuerza indescriptible. Era mi premio. No podía olvidar que en cada mural podría tal vez encontrar un amor y Louise Nevelson fue, sin duda, un amor efímero, sí, breve, sí, pero exquisito. Pasamos muchas tardes nevadas, cuando el frío arreciaba en Nueva York, abrazados, tendidos, besándonos y pasándonos coñac de una boca a la otra en medio de estruendosas carcajadas. Para tomar coñac, nadie tiene la capacidad de crear un recipiente, una mejor vasija, que la boca de una mujer, sobre todo cuando se la admira y se la idolatra de rodillas como yo lo hacía con mi amada, amadísima Louise.

Me dolió el hecho de saber que Rockefeller había destruido a golpes de marro mi mural, cuya concepción tanto trabajo me había costado. Evidentemente no era un hombre con ideas modernas. Era la hora de volver a México y no teníamos dinero ni siquiera para comprar los boletos del transporte. Louise, mi Louise, intentó ayudarnos, pero no pude aceptar, por elemental caballerosidad, su ofrecimiento. Otros amigos nos acompañaron hasta el puerto después de haber sufragado el importe del viaje, pero no tanto por amistad, sino porque temían que vendiéramos los boletos con tal de quedarnos más tiempo en Nueva York, a pesar de que Frida había tardado mucho tiempo en entender la mentalidad estadounidense. Regresamos a México a finales de 1933, para inaugurar nuestro hogar en la esquina de Palmas y Altavista, en San Ángel, en la ciudad de México, una casa que me había construido mi querido amigo Juan O'Gorman, arquitecto y pintor. La casa tenía dos compartimentos, uno pequeño, de color azul, donde habitaba Frida, y otro, más grande, de color rosa, donde yo instalaría un amplio estudio. Afortunadamente, ya me habían encargado los murales del Palacio Nacional y tenía dinero para empezar a mantenerme.

En una ocasión, a finales de 1934, cuando hacía algunos apuntes a lápiz para continuar con mis murales en Palacio Nacional, de pronto entró un huracán a mi estudio. Volaron los bocetos, los dibujos, se cayeron los cuadros colgados, fueron a dar al piso los caballetes, se rompieron muchas de mis esculturas de barro, que había cuidado y comprado con tantos esfuerzos. Los tubos de pintura mancharon todo el piso, las paletas rodaron, en fin, no quedó nada en su estado original. ¿Era Lupe? No, qué va, no era Lupe, mi Lupe, mi Lupita, no; era Frida, Frida que caminando con todas las dificultades del caso estaba convertida en un basilisco porque después de su tercer aborto, que la había mantenido postrada y deprimida en cama, incapaz de consolarse con la existencia, había descubierto que yo me acostaba con Cristina, su hermana, un secreto que creí que lograríamos preservar hasta la muerte. Nada más difícil: un secreto entre más de una persona es imposible. Como decía un filósofo francés: «Sólo no se sabe lo que no se hace». Sería ingrato de mi parte no reconocer el espantoso dolor que me produjo el hecho de que Frida, mi mujer, mi amor, mi compañera incondicional, aquella que me cuidaba de día y de noche, que velaba por mí, por mi pintura, por mi salud, por mi entorno, por mi ambiente, por mis amigos, por mis enemigos, se hubiera enterado de que yo le era infiel nada más y nada menos que con su hermana. De nada sirvió la discusión cuando vi que se venía contra mí después de destruir todas mis cosas. De haber estado armada me hubiera matado. Estaba absolutamente descontrolada y fuera de sí. Imposible detenerla. Me gritó, me insultó, me ofendió, me humilló, me dijo que yo era un hijo de la gran puta, un hijo de la chingada, un miserable asqueroso, alacrán panteonero, un gusano diarreico, un enviado de Lucifer, un representante del diablo, tal y como me lo había dicho mi madre desde muy temprana edad cuando mi hermana y yo jugábamos con el cadáver de mi hermanito. No pude con ella, lo único que se me ocurrió fue colocar la cabeza encima del escritorio y cubrírmela con los brazos. ¿Golpearla? ¡Ni pensarlo!

Me sentí contra la pared. Imposible defenderme ni argumentar nada, absolutamente nada. Mentir resultaba inútil. ¿Para qué continuar con el engaño? Mejor adoptar la actitud del que va a ser fusilado y, en todo caso, pide que le cubran los ojos con una banda para no ver al pelotón. Cuando Frida acabó de insultarme, maldecirme y de jurarme venganza, desapareció de mi vista y de la casa sin que yo supiera adónde había ido a parar. Ya tendría tiempo de buscarla para tratar de reconciliarnos y también, claro, para pedirle perdón. Ella creyó que la relación con Cristina había sido sólo un arrebato pasajero, pero no, yo la seguí viendo durante muchos años y claro, debo confesarlo, nos acostábamos cuando podíamos. No, no fue un acostón, no fue una relación efímera; hasta 1935 seguí embelesado con las manos, la ternura, la belleza y sobre todo la voz infantil de esa mujer que me cautivaba y despertaba en mí sentimientos desconocidos. He aquí el texto de una carta escrita por Frida que encontré sobre la mesa en la que había estado haciendo unos dibujos. Me la sé de memoria:

> Confié en que Diego cambiaría, pero veo y sé que eso es imposible; es sólo un sollozo de mi parte. Naturalmente, debería haberlo entendido desde el principio, que no sería yo la que lo hiciera vivir de esta manera o aquella, especialmente cuando se trata de tal asunto [sus aventuras sexuales con otras mujeres]... Primero tiene su trabajo, que lo protege de muchas cosas, y luego sus amoríos, que lo mantienen entretenido. La gente lo busca a él, no a mí. Sé, que como siempre, él está lleno de preocupaciones sobre su trabajo; sin embargo, vive una vida llena de vida sin mi vacío. No tengo nada porque no lo tengo a él. Nunca pensé que él fuera todo para mí y que, separada de él, era como un pedazo de basura. Pensé que lo estaba ayudando a vivir tanto como podía, y que podía solucionar cualquier situación en mi vida sola y sin complicaciones. Pero ahora me doy cuen-

ta de que no tengo más que cualquier otra niña decepcionada al ser dejada por su hombre. No valgo nada, no sé hacer nada; no puedo ser mía. Mi situación me parece tan ridícula y estúpida que pueden imaginarse cuánto me desprecio. He perdido mis mejores años siendo apoyada por un hombre, y sin hacer nada más que buscar beneficiarlo y ayudarlo. Nunca pensé en mí misma, y después de seis años, su respuesta es que la fidelidad es una virtud burguesa y sólo existe para explotar y obtener ganancias económicas.[5]

Descubrí que Frida se había cambiado a un pequeño departamento moderno alejado de San Ángel. Poco a poco, pude empezar a entrevistarme con ella, a conversar e intercambiar puntos de vista. Nos veíamos de manera recurrente, eso sí, sin mayor intercambio carnal, el cual yo por mi parte sí continuaba disfrutando ampliamente con Cristina o con Lupe. A veces dejaba ropa mía olvidada en su nuevo departamento con la intención de dejar una huella de mi presencia. Necesitaba reconciliarme con Frida, no podía vivir sin ella, por eso le compré para su nueva vivienda un juego de muebles modernos, algo sensacional, iguales a unos rojos que también le regalé a Cristina para otra casa que ella tenía en la calle de Florencia. Tenía que contentarlas a las dos y que ninguna llegara a enfurecerse conmigo.

En el mes de julio de 1935, Frida me anunció que se iba a Nueva York, junto con Anita Brenner y Mari Shapiro, dos amigas estadounidenses con quienes huiría de la grave situación que padecía. No tardaría yo en descubrir que, además de pintar y de tratar de vender sus cuadros en Nueva York para sobrevivir, muy pronto empezaría a tener relaciones amorosas con gringos, los malditos gringos de quienes yo tanto huía y a quienes trataba de sacarles todo el dinero posible. Pues sí, Frida empezó a tener amores en Nueva York y no solamente con hombres, sino también con mujeres. Ella no estaba dispuesta a desperdiciar su vida en la inteligencia de que, según todo lo indicaba, yo ya no parecía tener remedio. Lo de Cristina la había desquiciado. No imaginé nunca su lesbianismo, si bien es cierto que ella, en alguna ocasión, me dijo que estaba dispuesta a convertirse en una cazadora de emociones y descubrir nuevos sentimientos y aristas que nunca había vivido. Si la existencia se reducía a un momento, breve, muy breve, por cierto, un instante entre dos infinitos,

[5] Lindauer, 1999: 30.

pues entonces había que sacarle todo el jugo y el jugo se lo sacó en serio, conviviendo impúdicamente, promiscuamente, con hombres y mujeres, lejos, muy lejos de mí. ¿Venganza, autodestrucción, o simplemente placer y búsqueda? Comoquiera que fuera, los celos me devoraban: ¡vieja canija!

Si lo que pretendía Frida era despertar en mí todo género de celos, sí, sin duda lo logró al extremo de tener que aventar muchas veces los pinceles al piso y salir furioso de mi casa de San Ángel sin saber qué hacer en cuanta ocasión me informaban de un nuevo extravío o de un nuevo amorío perverso de Frida. Todo llegaba mágicamente a mis oídos con ese «Ya sabes que te quiero y por lo mismo debes saber...». La daga me entraba con mucho cariño por la yugular... La lección que me estaba propinando no podía ser más ruda y en el fondo, claro, aceptaba, no podía ser tampoco más merecida. Ya en 1936, cuando estalló la Guerra Civil española, Frida y yo nos habíamos perdonado, nos habíamos intercambiado cartas de disculpa y de comprensión recíprocas. Cambiaríamos. Esa era, al menos, la promesa. Nosotros, claro está, nos encontrábamos del lado de los republicanos españoles y jamás formaríamos parte del movimiento falangista ni apoyaríamos el fascismo alemán ni el italiano, ni mucho menos el japonés. Adoptamos nuestra posición política, que nos pareció congruente.

En aquellos años ambos intervinimos para que León Trotsky, Lev Davídovich Bronstein, perseguido por Stalin a pesar de todos los méritos políticos que alcanzara a lo largo de la Revolución rusa, pudiera asilarse finalmente en México. Tratamos de convencer al presidente Lázaro Cárdenas para que aprobara la solicitud de asilo. Lo logramos. Trotsky vendría a México. Trotsky había sido el crítico por excelencia del estalinismo represor y brutal. Me cansé de oírlo decir que sin una serie de actos de terrorismo, que deberían ser cometidos cuanto antes, no podría pensarse en el derrocamiento del régimen estalinista. Hablaba de un golpe de estado... En la preparación de este golpe deberían utilizarse los métodos más eficaces, comenzando por el terrorismo y el sabotaje. Stalin odiaba a Trotsky porque este último era un ideólogo de la Revolución, un amigo de la unidad socialdemócrata opuesto a la escisión entre bolcheviques y mencheviques. Eran sabidas sus diferencias ideológicas y políticas con Lenin. Stalin odiaba a Trotsky porque el primero era un ejecutor de órdenes, un perro de presa que siempre se mantuvo, más que fiel, abyecto, sin la imaginación política ni la fortaleza ideológica del segundo. Stalin odiaba a Trotsky porque éste tenía ya varios años preparando una biografía sumamente crítica de aquél, en la que denunciaba, ya en el exilio, todos y cada uno de sus asesinatos. Stalin odiaba a Trotsky porque nuestro amigo se oponía a la visión estalinista, orientada a construir la sociedad comunista en naciones aisladas. Stalin odiaba a Trotsky por la creación de la IV Internacional, organización que, de cara a la Segunda Guerra Mundial, amenazaba con partir en dos el movimiento socialista, lo cual hubiera dañado severamente a Stalin en su carácter de cabeza visible del socialismo. Stalin odiaba a Trotsky porque éste se había convertido en un férreo acusador del pacto Hitler-Stalin o Ribbentrop-Molotov de agosto de 1939, un año antes de la ejecución de Trotsky en Coyoacán.

Yo, por mi parte, todavía tardaría un tiempo en preguntarme, ¿qué clase de régimen pensaba Trotsky que podría instaurar después de la caída de Stalin, si así pensaba comenzar su «transformación»? Lo más seguro es que hubiera sido un represor peor que Stalin... Trotsky y Lenin, como lo descubrí más tarde, crearon los campos de concentración a lo largo y ancho de Rusia, clausuraron cientos de periódicos socialistas, fundaron una policía secreta, la Checa, ciertamente macabra, que gozaba de cualquier tipo de facultades, incluida la de matar sin previo juicio; la de quemar, castrar, decapitar, gasear y lanzar al mar a los «enemigos del pueblo». Se trataba de destruir a los gérmenes contrarrevolucionarios con gran intensidad, asesinándolos en masa y enterrándolos en fosas comunes. La Checa tenía un manual de tortura en el que, entre otras cosas, se explicaba el uso de ratas para destrozar el recto del detenido y así forzar su confesión... La resistencia obrera fue quebrantada mediante el arma del hambre. ¿Cuál dictadura del proletariado? Los agitadores eran pasados por las armas. Murieron millones de civiles y otros tantos se exiliaron. El uso del terror era inevitable. Cabe la posibilidad de que lo único que verdaderamente odiaba Trotsky de Stalin era que éste ejercía el poder de modo más despótico. Siempre creí en una mano fuerte en México, en una especie de despotismo ilustrado tropical, para ordenarle a las masas qué hacer a la manera de un padre autoritario pero sabio que condujera a la nación de la mano hacia su bienestar. Tal vez estuve absolutamente equivocado porque sería imposible dar con un déspota de esa naturaleza. ¿Victoriano Huerta? ¡Claro que no!

José Stalin había dicho que no existían figuras políticas en el movimiento trotskista, excepto el mismo Trotsky, y si Trotsky moría, la amenaza sería eliminada. El líder soviético no dejaría de cumplir su tarea. Trotsky debía ser eliminado, según Stalin, en menos de un año, antes de que la inevitable guerra europea comenzara. Sin la eliminación de Trotsky, decía Stalin, no podía confiar en encontrar aliados internacionales. La suerte del gran líder rojo estaba echada. Todos sabíamos que lo matarían; lo que ignorábamos, claro está, era el cuándo.

Stalin sostenía que el trotskismo había dejado de ser una corriente política en el seno de la clase obrera, para convertirse en una pandilla, cínica y sin principios, de espías, de saboteadores y asesinos que actuaba según las instrucciones de organismos de espionaje de los estados extranjeros.

Frida fue por Trotsky a Tampico para extenderle la cordial bienvenida que yo no pude darle por estar siendo víctima de una dolencia. Para darle toda la importancia del caso, el presidente Lázaro Cárdenas mandó su propio tren, el *Hidalgo*, para que viajara con la debida seguridad Lev Davídovich, a quien instalamos en mi casa de Coyoacán junto con su esposa. Trotsky cumplió por lo menos con la parte del protocolo después de que lo instalé en la Casa Azul, cuando sostuvo que quería evitar todo lo que pudiera servir a sus enemigos como pretexto para decir que se mezclaba, ya fuera al estar lejos o cerca, en los asuntos internos de este país. Después de cenar y de convivir formamos guardias para evitar que alguien pudiera entrar abruptamente a mi casa y balearlo. No podíamos permitirlo. Obtuvimos una ametralladora Thompson para vigilarlo mientras él dormía con toda tranquilidad, sintiéndose protegido por nosotros, sus guardaespaldas. La que no podía conciliar el sueño era Natalia, su esposa, quien quería saber todos los detalles que pudieran ser importantes para preservar la vida de su marido.

Lombardo Toledano y su Confederación de Trabajadores de México, la CTM, no dejaron de protestar ante la presencia de Trotsky en el país. Les dolía no sólo que hubiera venido en su carácter de exiliado político, sino invitado por Cárdenas. Había una gran diferencia entre los dos conceptos. Aducían los espantosos crímenes de Lenin y consideraban a Trotsky un monstruo sanguinario y feroz, finalmente su cómplice. En ese momento nadie podía ya negar los negros fondos del régimen de Stalin y de la clase política que lo respaldaba, que no era sino una enorme burocracia, desde luego no la ofrecida por la dictadura del proletariado, sino una autocracia dictatorial absoluta que esclaviza, que tiraniza, que despiadadamente explota al pueblo, tal y como lo habían hecho los propios zares con los rusos marginados y depauperados. Nada había cambiado: antes eran los zares, ahora estaban los estalinistas que sojuzgaban y aplastaban al pueblo a través, supuestamente, de la dictadura del proletariado, una mentira marxista más en la que no había que creer. ¿De cuándo acá los proletarios mandaban en Rusia? ¿Cuándo se les tomó en cuenta? ¿Cuándo se les tomó en consideración? ¿Cuándo su opinión se convirtió en ley? ¿Cuándo su voluntad alteró el destino de la así llamada Unión Soviética, una unión evidentemente sometida por la fuerza y no por la decisión de todos los estados que se habían supuestamente unido para crear un gran país? Era claro que Estados Unidos, aunque pareciera una perogrullada, estaba unido democráticamente. Ni Tejas, ni California, ni Florida, permanecían en la Unión Americana a la fuerza, en la inteligencia de que quien decidiera o intentara siquiera romper con el supuesto pacto soviético, muy pronto el ejército o la marina, o ambas fuerzas estalinistas, aplastarían la menor simiente de democracia. ¿Cuál Unión Soviética? ¿Cuál? Un embuste, otro más. Por ello me opuse también a Lombardo Toledano. No creía en sus puntos de vista ni soportaba, en aquellos momentos, el apoyo a Stalin. Siempre pensé que el presidente Cárdenas hizo muy bien en abrirle la puerta a Trotsky para que nos contara los horrores del estalinismo y nos comunicara sus opiniones para lograr el beneficio de las masas mexicanas. Él alimentaría nuestras esperanzas con su ideología.

Ante la actitud tan agresiva que adoptó Lombardo Toledano en contra de Trotsky, éste no tuvo más remedio que responder: «Los peores enemigos del socialismo del pueblo soviético son los supuestos "amigos" de la pandilla dirigente de Moscú. El señor Lombardo Toledano fue una parte de ellos. Lombardo es uno de los agentes más esforzados y menos escrupulosos de la burocracia de Moscú y el peor enemigo del trotskismo».

La ruptura de Trotsky con la mayoría de los militantes comunistas que había constituido el grupo mexicano, se convirtió desde junio de 1937 en un hecho. Ya no participaban en las guardias ni mantenían contacto con el revolucionario ruso. Fui yo, y otros artistas y colegas, quienes nos encargamos del cuidado de este eminente y distinguido filósofo, pensador y político ruso.

¡Claro que mi intervención fue definitiva para que Trotsky pudiera llegar a México y algún país lo pudiera aceptar, a pesar de las persecuciones de que era objeto! Noruega misma estaba muy preocupada porque era evidente que en cualquier momento podría producirse una intervención armada de Rusia, solamente por haber dado cobijo a Trotsky. Yo me la jugué por él, yo hablé con Cárdenas, yo me jugué mi prestigio político, yo compré su bandera sin saber en esos momentos que a pesar de que Frida evidentemente no hablaba ruso y se comunicaba con Trotsky en inglés, entre ellos empezaba a haber una especie de flirteo. A este miserable yo lo había recibido en mi casa y le había abierto las puertas de mi país, y ahora coqueteaba con mi mujer. ¡Si yo lo hubiera sabido oportunamente! Frida firmaba sus cartas usando siempre la palabra «Love». Esto lo hacía con propios y extraños. Era una mujer maternal y cariñosa por naturaleza. Sí, pero Trotsky entendió este «Love» como una insinuación amorosa. Ella respondió gradualmente sus cartas encantada por el talento brutal de este ruso singular. Como Natalia, la esposa, no hablaba ni una palabra de inglés, no lo entendía, Trotsky y Frida se atrevieron a hablar incluso delante de ella de temas que de haberse expresado en ruso, tal vez se hubieran convertido en un par de sonoras bofetadas en el rostro del bolchevique. Toda su imagen pública se estrellaba ante la figura fuerte de Natalia. Trotsky le acercaba libros a Frida sin que yo pudiera suponer que entre las hojas iban cartas e insinuaciones amorosas. Recuerdo haberle pasado a Frida varias veces las novelas que Trotsky le hacía llegar a media conversación en la comida. Yo, Diego Rivera, el imbécil, era el puente para que mi mujer, mi Frida, mi amor, se comunicara con Trotsky.

Un día se dio la fecha fatal. Frida y Trotsky quedaron de verse a solas en el departamento de Cristina, su hermana. Ahí tuvieron su primer encuentro amoroso. Claro que Frida era una mujer juguetona, coqueta, sonriente, audaz, impetuosa, irreverente, que entendía las relaciones carnales como territorios sin límite, donde no había espacio para prohibición alguna. La libertad era total. Era una hembra vigorosa, con respuestas muy emotivas, apasionadas, arrebatadas y esto enloqueció totalmente a Trotsky, quien tal vez nunca había tenido en la cama a una mujer de semejantes proporciones y de una juventud eterna, a pesar de todos los golpes que Frida había sufrido y padecido a lo largo de su vida. Se siguieron viendo regularmente, se siguieron acostando, ocultándome su relación. Si lo hubiera sabido oportunamente, hubiera estallado en un arranque de celos de consecuencias imprevisibles. Una traición así de quienes me debían agradecimiento por mil y una razones, desde luego que no lo hubiera perdonado. ¿Cómo era posible que mi mujer me engañara en citas clandestinas nada menos que en casa de mi cuñada, su cómplice, en la calle de Aguayo?

Natalia no tardó en descubrir los hechos, cayó en una terrible depresión. ¿Cómo era posible que después de lo que habían pasado juntos, de los brutales asesinatos de sus hijos a manos de los gatilleros de Stalin, del éxodo de país en país, de los miedos, de las amenazas, de las advertencias, de saberse ambos amenazados por el dictador, quien en cualquier momento podía privarlos de la vida, bueno, cuando menos a León, él se atreviera a violar un pacto sagrado e implícito entre ellos? Y, sin embargo, Trotsky lo había violado, por lo que decidieron separarse por un tiempo. Él fue a vivir a la Hacienda de Hueyapan, cerca de Huasca, en el estado de Hidalgo, para tratar de encontrarse a sí mismo, sin lograrlo. De igual manera que le escribía cartas suplicándole perdón a Natalia, le escribía otras a Frida pidiéndole más amor, más comprensión, más ternura, más relaciones, hasta que ella se cansó. No era fácil complacer a Frida, Trotsky nunca la entendió, hasta que su relación se acabó después de seis meses. Natalia perdonó a quien decía llamarse «tu viejo perro», en tanto Frida se decía estar harta del «viejo».

¿Qué tal? Y yo invitándolo a México para protegerlo de los pistoleros de Stalin... ¡Grandísimo cabrón! Con el tiempo me enteraría de la clase de fiera que era Trotsky con las mujeres. Desde luego que no era la primera vez que le era infiel a la pobre Natalia. Precisamente en los días de la Revolución de octubre de 1917 en Rusia, se hallaba involucrado con una rubia joven inglesa, quien le quitaba la respiración y lo llenaba de bríos. ¡Cómo que no era cosa fácil asaltar el Palacio de Invierno... y lo logró!

Asimismo, en 1920 amó insaciablemente en su despacho del Kremlin a la artista Clara Sheridan cuando ésta esculpía su cabeza... De hecho, Jean von Heijenoort, su secretario particular, me contó la cantidad de aventuras amorosas de este hombre incendiario que parecía no tener tiempo para los romances.

Nada comparable a mí, desde luego, pero el viejo tenía lo suyo… Y la prueba de que no podía compararse conmigo fue la devastación sentimental que le produjo su relación con Frida y la consecuente separación con Natalia, a quien agobió reprochándole una infidelidad que tuvo con un oficial ruso nada menos que ¡hacía veinte años!, precisamente en la época en la que él se revolcaba con Clara… La culpa lo devoraba. Natalia remató a Trotsky, cuando se encontraban separados por el arrebato con mi Frida, con la siguiente verdad universal contenida en una de sus cartas: «Todos, en el fondo, estamos terriblemente solos». A lo que Trotsky respondió: «Esa frase ha sido para mí como una cuchillada en el corazón…», una ofensa a su concepción del hombre comunista.

Como los ataques de los estalinistas contra los trotskistas se hacían cada vez más marcados y frecuentes, en la Casa Azul la atmósfera era de inquietud y de tensión. En todos lados veíamos rostros sospechosos. Decidí comprar la casa vecina para conceder todavía mayor seguridad a Trotsky y evitar un asalto del lado de la vecindad. Entonces yo no sabía que Trotsky ya se había acostado con mi esposa. He aquí a tu imbécil haciendo el papel de imbécil. La campaña de injurias y de amenazas de los estalinistas mexicanos cada vez era más virulenta.

La visita de André Breton a México nos impactó a todos. Resultaría difícil imaginar las conversaciones que sostendríamos entre Trotsky, Frida, Breton y yo por las noches en nuestra casa de San Ángel, entre sirvientes, choferes, animales diversos, monos, pericos, perros, un tren de vida bastante costoso que yo difícilmente podía sostener. ¿Pero para qué era el dinero sino para dos cosas: contarlo y gastarlo? Atesorarlo era francamente aburrido e inútil. ¿Cómo era posible que alguien tuviera dinero en el bolsillo y no se lo gastara? Me parecía incomprensible.

Viajamos, junto con Jacqueline, la esposa de Breton, por una buena parte de la República, discutiendo siempre la afirmación en la que tanto insistía el francés: «México es el país surrealista por excelencia». Entre carcajadas, y no tantas, analizábamos siempre con nuevos argumentos la tesis artística de este gran experto de la pintura de todos los tiempos.

Cuando Frida me anunció su viaje a Estados Unidos con el ánimo de preparar su exposición en la galería de Julien Levy para la que había trabajado intensamente en los últimos dos años, no pude ocultar mi malestar al pensar que me volvería a ser infiel. Ella no sabía que en el infierno neoyorkino se le reproducirían los dolores en el pie derecho. Fue de médico en médico hasta que uno de ellos consiguió finalmente aliviar una úlcera trófica que padecía y que no podía detenerse. El accidente no había hecho más que acentuar un proceso ya iniciado con las secuelas de la poliomielitis, la parálisis de la pierna derecha. Qué mujer tan valiente, no se detenía ante nada. No la vi muy afectada cuando Breton se rindió y cayó en halagos respecto a su pintura, y dijo que llegaría a la cumbre del arte universal.

Lo que tenía que pasar, pasó: Frida tuvo una relación íntima y apasionada, una relación amorosa en Nueva York, con el fotógrafo Nicholas Murray. Según me dijeron, era alto, esbelto y atlético, dos veces campeón de sable en Estados Unidos, con un rostro aristocrático. No nos parecíamos en nada... Frida se sintió seducida desde el principio por aquella exótica belleza masculina. Llegaron a pasearse abrazados, como enamorados, por la Quinta Avenida y Central Park, deteniéndose en las esquinas a besarse, riendo a carcajadas a la menor ocasión, extasiados el uno con la otra. Ella pasó con Nicholas tres meses, nada menos que en su casa de Nueva York. Por supuesto que se olvidó de nuestra atmósfera borrascosa con Trotsky y de su relación pasada con él. Con Nick, como lo llamaba, vivió un amor alocado en el torbellino de la vida neoyorkina, donde ella trató a pintores y artistas como la bailarina Martha Graham, Louis Nevelson, la pianista Clare Boothe Luce y la pintora Georgia O'Keeffe, con la que tuvo una aventura lésbica verdaderamente intensa en los momentos en que no estaba con el famoso Nick. Claro que también salió con todos los amigos que logramos hacer mientras pintaba el fresco de Nelson Rockefeller.

Frida tuvo un éxito sensacional con su exposición. Vendió y vendió y vendió, además de haber recibido innumerables encargos de diferentes empresas y personas. Todos querían sus cuadros. Su éxito fue tan inusitado como justificado. Mientras ella tenía relaciones amorosas, carnales, con hombres y mujeres, yo le enviaba mis cartas, despidiéndome siempre como «Tu principal sapo-rana». Claro que le echaba sentido del humor al asunto sin suponer, o tal vez sí suponiendo mi realidad, pero sin aceptarla.

Poco tiempo después del regreso de Frida a la vida tempestuosa de San Ángel, a los celos y rivalidades mezquinas que según ella me rodeaban, rompí violentamente con Trotsky, no sólo por una severa discrepancia entre los conceptos que ambos manejábamos en relación a André Breton, sino porque se negó a publicar íntegro un texto mío en la revista *Clave*. La mutilación implicaba una represión a mi libertad de expresión. Algo intolerable, un golpe de estado a mi intelecto.

Finalmente, después de la expropiación petrolera, Francisco Mújica, secretario de Estado en el gobierno de Cárdenas, decidió mandar petróleo mexicano a las potencias del Eje, a Adolfo Hitler, decisión que yo reprobé y condené. Por el contrario, Trotsky no tuvo el menor empacho en aceptar su validez y su conveniencia.

Por la razón que fuera era claro que yo, tarde o temprano, rompería con Trotsky. El viejo era intratable. Era el supremo titular de la verdad. Imposible contradecirlo ni tratar de refutarlo, ni de argumentar con él. Como le dije en la última ocasión que nos vimos: «Es muy difícil discutir con quien lo sabe todo mejor que nadie». Si estuve de acuerdo en que se mudara de casa y que se fuera a otra en Coyoacán que parecía una fortaleza, lo anterior fue también porque, por aquel entonces, ya conocía las relaciones que este traidor había tenido con Frida, mi Frida. En aquellos días también supe de los flirteos de Frida con el escultor japonés-estadounidense Isamu Noguchi, quien decoró los muros del mercado público Abelardo Rodríguez. Nadie imaginará lo que me contestó Frida cuando le reclamé sus infidelidades:

—Mira, pinche rana con cuerpo de sapo, tú no eres nadie para hablar de fidelidad...

Mientras llegábamos al final de 1939, Trotsky incumplía su palabra de no intervenir ni criticar al país que le había dado asilo y lo recibiera con los brazos abiertos. Aducía que la producción capitalista se extendía cada vez más a todos los sectores del país, pero bueno, ¿las tareas fundamentales respecto de los intereses populares habían sido realizadas? No. ¿Cuáles habían sido las causas? A su juicio la Revolución mexicana había sido una de las últimas revoluciones burguesas. En ello residía la clave. Era precisamente el atraso histórico de la Revolución mexicana, como sucedió también con la rusa de 1917, lo que explicaba, según él, el grandioso aborto que había sido nuestro movimiento armado frente a la alharaca de las clases dominantes. Todo lo acontecido se había reducido a extender cada vez más cadenas de concesiones, forzadas e inevitables, al imperialismo. Yo no podía estar más de acuerdo con él: «En la realidad sólo se había concentrado aún más el poder; ahora ya no se llama Porfirio Díaz, ahora se llamaba Lázaro Cárdenas». ¿En qué se habían beneficiado las masas depauperadas, hambrientas y desesperadas después de la Revolución mexicana? En nada, la Revolución no había servido para abatir la miseria.

Mis relaciones con Frida continuaron envenenándose. Vivíamos en la misma casa pero estábamos absolutamente distanciados, hasta que ella decidió abandonar nuestro nido de San Ángel para irse a vivir, por lo pronto, a la casa paterna, en agosto de 1939. No tardamos en iniciar los trámites del divorcio que se consumó en noviembre de ese mismo año. Ella bebía, en aquel entonces, una botella de brandy al día. ¿Quién le mandó dinero a Frida para poder sobrevivir? ¿Quién? Nicholas Murray, el maldito fotógrafo gringo la ayudaba con sus gastos, a pesar de que él ya se había casado en Nueva York. Yo debo confesar, por mi parte, que también deseaba salir con la mujer que me atrajera, la que se me diera la gana, en el momento en que se me diera la gana. A Frida no le molestaba en realidad mi infidelidad como tal, sino que temía la humillación de que yo la pudiera abandonar por una mujerzuela. ¡Ay!, las vanidades...

Mi separación de Frida no significaba que yo no reconociera que ella estaba entre las mejores cinco pintoras del mundo entero, aun cuando es justo decirlo, yo le ayudé a terminar muchos de sus cuadros, no sé cuántos ni me importa, como un justo homenaje a nuestro amor. Veía con asombro los artículos de los periódicos, fundamentalmente estadounidenses y mexicanos, donde la ropa de Frida, tan extravagante y exótica, se había puesto de moda. Frida se convertía en sinónimo de un *look*, mucho más popular que su producción creativa. Se empezó a hablar del estilo de vida de Frida Kahlo. Aparecía en *Vogue* y otras revistas internacionales, como «*La Robe Madame Rivera*», con todo y sus trajes de tehuana. Salía en portadas y adquiría una popularidad realmente sorprendente en muy corto plazo gracias a sus vestidos, a su joyería y a su representación mexicanísima. Frida se mundializaba.

Cuando se acercaban las elecciones presidenciales de julio de 1940, Trotsky fue víctima de un primer atentado, el 24 de mayo, por un grupo de estalinistas, fanáticos y feroces, que incluían al pintor David Alfaro Siqueiros. Asaltaron la recámara de Trotsky con ametralladoras y vaciaron todos sus cartuchos en la pequeña habitación sin haber abierto la puerta. Creyeron los asesinos haber masacrado a la pareja, que al oír pasos se escondió debajo de la cama y sólo así pudieron escapar de las balas. ¡Claro que la policía cardenista descubrió a los integrantes de la banda de criminales y fueron arrestados en su totalidad! David Alfaro Siqueiros, acusado de intento de homicidio, evidentemente fue a dar a la cárcel, donde confesó su autoría y su participación innegable en el plan homicida.

Yo vivía un interludio mágico sin Frida y sin presiones de ninguna naturaleza, lo cual no me impedía pensar en el pánico que habían sufrido Trotsky y su Natalia aquel día de mayo. Para llenar el vacío producido por Frida, continué disfrutando, como nunca, el constante tráfico de jóvenes estadounidenses que venían a visitarme y entrevistarme o para aprender pintura o para posar o simplemente para acostarse conmigo. Era claro que mi fama ya remontaba las fronteras. Ser un donjuán, a pesar de mi peso y de mi aspecto físico, no era sencillo, pero qué éxito había tenido con las mujeres, tanto que cuando se presentó en aquel mismo año Paulette Goddard, la estrella de la Paramount Pictures, a la que llamaban *Sugar* y estaba casada con Charles Chaplin, con quien acababa de filmar *El gran dictador* y era la protagonista de *Tiempos modernos*, no tardamos en acostarnos ni en disfrutar en la cama diferentes fantasías que a ella le llamaban poderosamente la atención. Cómo gozaba Paulette mi sentido del humor. Cuando yo suponía que Chaplin era invencible, sucedía que, afuera del escenario, el gran mimo, ese genio universal, adquiría una personalidad completamente distinta. Paulette Goddard posó para mí. Me la devoré.

Empezábamos a tener un romance cálido y festivo gracias a mi dominio del inglés, cuando la policía supuso que mi rompimiento con Trotsky implicaba también mi complicidad en el asesinato. No sólo Siqueiros, sino tal vez yo mismo había estado involucrado en el atentado. Nada más falso. Me podían acusar de muchas cosas, pero no de ser un criminal. Por diferentes razones, Paulette descubrió que me buscaban, por lo que le pidió a Irene Bohus, una joven pintora húngara, con las nalgas más notables que conocí en toda mi vida, una amante sensacional, ocasional —porque una vez abajo de la cama no podíamos hablar absolutamente de nada—, que me sugiriera huir, lo cual hice escondido en el piso de su automóvil, cubierto con lienzos, trapos y demás menesteres de pintor. Accedí de inmediato y así pudimos burlar a la policía que ya iba tras de mí. ¿Cómo agradecerle a Paulette y a Irene lo que hicieron por mí en aquella ocasión? No sólo eso, también me consiguieron un pasaporte con todo lo necesario para entrar a Estados Unidos. Sin embargo, abandoné la capital de la República con mi pasaporte normal y con la propuesta de pintar un mural en la Biblioteca del San Francisco Union College. ¡Qué importantes eran los amigos en la vida! En realidad eran el gran patrimonio de la existencia.

En ese mismo año supe que el canciller alemán Joachim von Ribbentrop y su par soviético Vyacheslav Molotov habían firmado un pacto secreto que establecía una alianza entre Hitler y Stalin. Caí en una terrible confusión. Yo no estaba del lado de los nazis, pero menos si los nazis ahora habían trabado un acuerdo con los estalinistas, con lo cual, todos, a mis ojos, se convertían en fascistas. Imposible mantener relaciones con los fascistas como Francisco Franco, el dictador español. Si no aceptaba la hegemonía de Stalin, ni mucho menos la de Hitler, ¿entonces qué opción me quedaba? Por esa razón me convertí en espía al servicio de Estados Unidos. Para mí los vínculos entre los agentes de Stalin y los hombres de Hitler significaban una amenaza aún peor que la de Estados Unidos, por lo que decidí colaborar con los «representantes del imperialismo», sin experimentar remordimiento alguno. ¿De qué lado iba yo a estar? Mis vínculos con los estadounidenses habían comenzado a finales de 1939, cuando ya había estallado la guerra europea, pero antes de que los japoneses bombardearan Pearl Harbor unos años después y comenzara la segunda conflagración mundial. Claro que entonces pude acusar en Washington a Narciso Bassols y al líder sindical Vicente Lombardo Toledano, de ser los principales agentes de Moscú. Añadí a la lista a Alejandro Carrillo, a José Zapata Vela, a Hans Meyer y a Silvestre Revueltas. No faltaba más, había que exhibir a los pistoleros de Stalin y ellos sin duda lo eran.

México llegó a ser un centro mundial de espionaje donde operaban la policía secreta rusa y la Gestapo, ambas se convirtieron en vasos comunicantes. Espías nazis y espías rusos operaban en el interior de las organizaciones mexicanas, comunistas o no. Entre las dos estructuras y organizaciones, ejecutarían, ya sin tardanza, el crimen en contra de León Trotsky por medio de una operación conocida como *Pato*. Lombardo Toledano involucró a los agentes rusos en la administración cardenista, que ya tenía vínculos con los personajes nazis.

El primer atentado contra Trotsky había fracasado porque el equipo de asalto no estaba integrado por asesinos profesionales, con experiencia en ataques directos a la persona. Sólo que ahora existía un plan alternativo que tal vez implicaría la pérdida de la vida del verdugo. La insistencia de Stalin para que Trotsky fuera asesinado se había vuelto insoportable. Ramón Mercader se acercaría a Trotsky, escondiendo entre sus ropas una barra de acero con la que le partiría el cráneo. Cuando fue informado de la decisión, Mercader sugirió utilizar mejor un piolet, debido a su gran habilidad como escalador.

El asesino de Trotsky, como toda buena araña, supo tejer perfectamente bien su red y día a día conquistaba la amistad y la confianza de la familia de su víctima. Solamente Natalia percibía en él algo siniestro y deseaba que ya no se presentara en su casa, constituida ahora sí como una auténtica fortaleza. Después de largo tiempo de convivencia y con una sangre fría sorprendente, el 20 de agosto de 1940, Ramón Mercader decidió ejecutar finalmente el crimen. Bajo la gabardina llevaba cosidos una daga y un piolet al que le había recortado el mango. En una de las bolsas portaba un revólver y un escrito que supuestamente revisaría Trotsky. Lo utilizaría para distraerlo. En otro de sus bolsillos guardaba una carta en la que aseguraba, por si la huida fallaba, que había atentado contra el bolchevique exiliado porque éste lo quería obligar a participar en una red terrorista que atentaría contra la vida de Stalin. Era claro que tenían el plan perfectamente bien concebido para acusar a Trotsky de magnicidio, cuando por la cabeza del ruso no pasaba la idea de semejante atentado. Aquella mañana, cuando Trotsky se levantó temprano como siempre y saludó a Natalia, le confesó estas palabras fatídicas:

—«Ha pasado otra noche, mi amor, sin que nos asesinen y, además, hacía mucho tiempo que no me sentía tan bien como hoy».

El día del asesinato, Mercader llegó a las 6:30 de la tarde a la casa de los Trotsky. Como siempre, le habían abierto la puerta varios secretarios del famoso bolchevique. Le indicaron a Mercader que Trotsky estaba dando de comer a los conejos. Luego éste lo invitó a pasar a su despacho, le pidió que diera lectura a unos documentos que le presentó y Mercader se colocó atrás de la silla, a su izquierda. Trotsky le daba la espalda. No daba muestras de desconfianza, según confesó el asesino. Éste colocó su gabardina sobre un mueble, extrayendo previamente el piolet. Mientras Trotsky leía el artículo, Mercader cerró los ojos y golpeó sobre la cabeza de aquel hombre que le había dispensado la confianza para entrar a su casa. Sólo le asestó un golpe. Trotsky lanzó un grito estridente y de inmediato, con el pico encajado en el centro del cráneo, se lanzó sobre el asesino, mordiéndole la mano izquierda y prácticamente arrancándole un pedazo. Después empezó a perder fuerza y cayó para atrás. La madre de Mercader, una espía de origen español que profesaba el comunismo, llamada María Eustaquia Caridad del Río, esperaba a unos pasos la salida de su hijo, quien ya nunca pudo escapar porque fue detenido por los ayudantes del bolchevique. Supe de la furia de Trotsky al sentirse mortalmente herido. Hubiera querido sacarle los ojos a Mercader al saberse traicionado. Por algo Nataloshka nunca aceptó a este sujeto de mirada torva a quien, sin embargo, debilidad de los hombres y mujeres, dejó seguir ingresando a su hogar. Los restos de Trotsky fueron incinerados y las cenizas reposan en una urna en el jardín de su casa. Natalia nunca dejó de visitar la tumba de aquel hombre a quien había amado tanto.

Yo me encontraba en San Francisco pintando un mural para la Golden Gate International Exposition cuando supe que, después de un tratamiento de electroterapia, calcioterapia y punciones para extraer el líquido encefalorraquídeo, Frida se había ido con Heinz Berggruen, un joven y rico coleccionista de arte, a Nueva York. Heinz deliraba por Frida mientras yo le telefoneaba a larga distancia, le escribía y le suplicaba que volviéramos a contraer matrimonio. A su regreso de Estados Unidos nos volvimos a casar, el día en que yo cumplí cincuenta y cuatro años, con la condición obviamente impuesta por ella de que Frida pagaría sus gastos y de que no volveríamos a tener relaciones sexuales. Por supuesto que de inmediato violamos el pacto por completo. Nuestra ceremonia fue muy breve. Decidimos pasar nuestra segunda luna de miel en California, un lugar que nos atraía y en el que nos encontrábamos finalmente en paz. A estas alturas a Frida ya no le importaban mucho mis encuentros con otras mujeres. Seguíamos teniendo relaciones sexuales intensas y poderosas, en tanto yo le aseguraba que me gustaban tanto las hembras que creía ser lesbiano.

Vivíamos una vida libre, un juego tal vez cruel para Frida y en el que yo mandaba. Todavía esperaba que ella fuera avasallada por mi amor. ¿Cuál no sería mi sorpresa cuando se dieron las circunstancias para que Lupe, Frida y yo estuviéramos juntos en la cama? Los tres nos preguntamos: «¿por qué no...?» Realmente disfrutamos de un cálido *ménage à trois*, abierto, franco, genuino, ya sin celos ni rivalidades, que nos permitió revivir a carcajadas las hazañas de Lupe. Cómo es la vida, ¿no?

En 1942, en medio de la guerra, cuando el gobierno ya no me encomendaba más frescos, hice muchos retratos de caballete a diferentes personalidades, incluso a María Félix, una mujer con la que tuve un intercambio sexual breve, insípido, aburrido a pesar de todas las ilusiones que me hice cuando finalmente accedió a acostarse conmigo. Como ya me había pasado con Lupe Rivas Cacho: no podía tocarle absolutamente nada porque siempre algo se le iba a descomponer de su físico perfecto, de tal manera que decir que saboreé este encuentro amoroso era tanto como faltar a la verdad. Después pinté a Dolores del Río y a otros tantos personajes de la época. ¡Cuánto encanto podía tener Dolores!, un encanto que descubrí mientras ella se sentaba encima de mí y hacíamos el amor como para cumplir con un protocolo y dejar una huella de nuestra pasión. Fue para mí también un romance absolutamente insípido.

La salud de Frida se deterioraba con los años. Después de los corsés de yeso y de cuero, en 1944 usó su primer corsé de acero. Sentía que la sostenía por la espalda, pero no le aliviaba los dolores. Adelgazaba a ojos vistas, lo que le provocaba regularmente periodos de sobrealimentación forzada y a veces hasta continuas transfusiones. En 1945 le fabricaron para el pie derecho un zapato ortopédico con suela compensada. Otra vez le colocaban un corsé de yeso tan ajustado que no podía soportarlo, pues le causaba dolores espantosos no sólo en la espalda sino también en la cabeza, la nuca y el tórax. Tuvieron que quitárselo. Continuaron las radiografías, las punciones lumbares, las inyecciones diversas, los analgésicos, los tónicos y largos, interminables periodos de cama. Ni siquiera llegamos a comentar que a Mercader, el asesino de Trotsky, lo habían condenado a veinte años de prisión. Vinieron las operaciones de columna, continuaron los malestares y los dolores. Ella cayó en una profunda depresión y en una espantosa paranoia. A ratos era violenta, a ratos arrojaba cosas y le pegaba a las personas cercanas con su bastón. Tomaba cantidades enormes de Demerol y otras drogas de las que era asquerosamente dependiente. Imposible ayudarla. ¿Cómo hacerlo? Cayó en la neurastenia, en la anorexia, en el alcoholismo. Mientras tanto me acosté también con Linda Christian y también con Pita Amor. ¡Qué mujeres, cuánto las disfruté!

En 1949, cuando estaba por inaugurarse una gran exposición en el Instituto Nacional de Bellas Artes para celebrar mis bodas de oro como pintor, Frida escribió:

> No hablaré de Diego como mi esposo porque sería ridículo, Diego no ha sido ni será esposo de nadie. Tampoco como una amante, porque él abarca mucho más allá de las dimensiones sexuales, y si hablara de él como de un hijo, no haría sino describir o pintar mi propia emoción. Viéndolo desnudo, se piensa inmediatamente en un niño rana parado sobre las patas de atrás, su piel es blanca y verdosa como la de un animal acuático. Sus hombros infantiles, angostos y redondos, se continúan sin ángulo en brazos femeninos. Su vientre enorme, terso y tierno descansa sobre sus piernas bellas como columnas que rematan en grandes pies, los cuales se abren hacia afuera como para abarcar toda la tierra y sostenerse sobre ella incontrastablemente. Un ejemplar de humanidad futura. Yo quisiera siempre tenerlo en brazos como a un niño recién nacido.[6]

En 1950, a causa de una insuficiencia circulatoria en la pierna derecha, a Frida le amputaron los cuatro dedos del pie derecho, ya que se habían vuelto negros y estaba en juego nada menos que su vida. No fue sino hasta después de la sexta operación de un total de siete, que volvió a estar en condiciones de trabajar entre cuatro y cinco horas al día. Sobre la cama le fue instalado un caballete especial que le permitía pintar. En medio de grandes dificultades pintaba, trataba de crear y de desahogarse.

En 1953, Frida fue a su última exposición, vestida con una blusa bordada de Oaxaca, peinado con trenzas y puestas sus alhajas, su demacrado rostro expresaba la angustia y el agotamiento. Lola Álvarez Bravo pensó en cancelar la inauguración, pero Frida insis-

[6] Le Clézio, 1995: 163.

tió en llegar en ambulancia y que fuera transportada con grandes cuidados para no perderse el acontecimiento. Imposible bajarla de la cama. Todos nuestros amigos estaban presentes. Lloraba desconsoladamente y más lloró cuando tuvieron que amputarle la pierna derecha porque los dolores ya eran insoportables. Le pondrían una pierna artificial para que intentara caminar. Todo lo que pensaba era en la muerte, y sobre todo, que ella muriera primero. No podría vivir sin mí, lo repetía, para ella yo era su niño, su hijo, su madre, su padre, su amante, su esposo, su todo, imposible entender la existencia sin mi presencia. Yo no podía dejar de mirarla con verdadero azoro. Una mujer así no nacería en los próximos dos mil años.

En abril de 1954 Frida intentó suicidarse. Bebía coñac, brandy, tequila, todo mezclado, a lo que sumaba las pastillas, todas las medicinas de que podía disponer, y no lo hacía inocentemente. Prefería terminar con su vida antes que continuar así. Los intentos de suicidio la dejaban exánime, acabada, agotada, incapaz de articular una sola palabra, el cuerpo pesado por todo lo que había tomado. En una ocasión estuvo a punto de quemarse viva.

El 13 de julio de 1954, gravemente enferma de una infección pulmonar, finalmente Frida se rindió y falleció siete días después de su cumpleaños número cuarenta y siete. Una embolia pulmonar fue la causa de su muerte. En su diario escribió: «Espero alegre la salida... espero no volver jamás... Frida».

Con la muerte de Frida envejecí medio siglo. Sentí que la sangre me dejaba de circular y que perdía el sentido, así como cualquier interés en la existencia. Nunca quise a ninguna mujer más que a Frida. No me importó haber dado con un documento que hablaba de sus amantes, hombre y mujeres por igual: Nicholas Murray, Georgia O' Keeffe, Lupe Marín, Ignacio Aguirre, Isamu Noguchi, María Félix, Dolores del Río, Ricardo Arias Viñas, León Trotsky, Julien Levy, diferentes miembros del Partido Comunista, Heinz Berggruen y José Bartolí. ¡Ay, Lupe, mi Lupe...! A ninguna admiré más que a ella. A ninguna idolatré, a ninguna respeté como a ella, ni siquiera cuando junto con Lupe Marín mi ex esposa, Frida y yo tuvimos relaciones sexuales en un fabuloso *ménage à trois*. Frida se prestaba a todo. Frida estaba abierta a la vida, Frida se la tragaba a puños, Frida nunca se rendiría y al dejarme sentí que me hundía en unas aguas bravías de las que nunca saldría vivo.

La muerte de Frida conmocionó a todo México. La velamos en

el Palacio de Bellas Artes, adonde asistió el ex presidente Lázaro Cárdenas. Teníamos mucho en común. Juntos escuchamos corridos al tiempo que la gente se apiñaba a nuestro alrededor. Nadie se percataba de que yo tenía el rostro abotagado por el dolor y era indiferente a los empujones, a los gritos, a las porras de todas las personalidades imaginables del mundo artístico, políticos de alto nivel, representantes de la alta burguesía, comunistas y anticomunistas, una multitud de amigos, la familia, el pueblo de México, siempre a nuestro lado, devoto, entusiasmado, estremecido y orante.

Yo volví al Partido Comunista y quise ser siempre el pintor revolucionario. Tenía yo retratos de Stalin, de Marx, de Malenkov, de Mao Tse-Tung y de Lenin, a pesar de que no sabía si las tesis de Lenin o de Stalin o de Mao finalmente podrían ser eficientes como para rescatar a tantos millones de personas de la miseria, mi preocupación eterna.

En 1955 me casé con Emma Hurtado, mi ayudante y mi agente comercial, después de que Lupe se negó a volver a contraer nupcias conmigo. ¡Malvada! Mis relaciones con Emma no pudieron ser peores, porque el peor castigo que me podía haber dado la vida, el peor tormento que me podía haber aplicado a mí, o uno de los peores aparte de haberme mutilado las manos, era haber descubierto que tenía un espantoso cáncer de pene que me impedía, obviamente, tener relaciones amorosas. Afortunadamente la medicina rusa y las radiaciones con cobalto me ayudaron a recuperarme y a salvarme de una enfermedad que hubiera sido espantosa, ya que los médicos mexicanos recomendaban la amputación total, decisión que yo no tomaría. Prefería la muerte.

Casado y curado, tuve relaciones amorosas con Rina Lazo y con Machil Armida. Qué mujeres, nunca dejé de admirarlas, nunca dejé de quererlas a todas, a todas por igual, sí, pero la única dueña de todos mis sentimientos, a la que ya nunca veré, es a Frida, y menos la veré ahora mismo que siento que ya no puedo sostener este último lápiz, con el que he escrito estas líneas, y veo cómo quedan solamente pedazos de todos los que ya utilicé. Estoy perdiendo de vista el sacapuntas, aquí tirado en la cama, escribiendo como puedo, pergeñando estas pequeñas ideas después de haber sufrido un infarto cerebral, un derrame cerebral. Sé que me voy, escribiré mientras pueda, ya que me es imposible pintar. Todo se nubla, apenas puedo ver, es más, no sé si estoy escribiendo, no tengo contacto con el papel. Recuerdo vagamente mis premios, mis galardones, mis reconocimientos mundiales, mis homenajes, mis exposiciones retrospectivas, mis murales, mis retratos como el de *La vendedora de flores*, el *Retrato de Guadalupe Marín*, el de Dolores del Río, el *Desnudo con alcatraces*, el de mi querida hija Ruth, el de Dolores Olmedo... Recuerdo los aplausos del público, los cheques por miles de dólares, todo lo percibo acaso perdido entre la bruma, pero me quedo con las mujeres sin las cuales ni las litografías, ni las naturalezas muertas, ni el clasicismo, ni los frescos, ni el cubismo ni ninguna otra corriente artística hubieran tenido sentido. ¿Para qué la fama, el dinero y el éxito sin una mujer para compartirlo to...do, todo, to...dooo? ¿Están mis ojos abiertos? Luuu... Luuu... pe...

Isabel Motecuhzoma, Tecuichpo

LA PRINCESA FURIOSA

Los historiadores que de mentiras se valen, había de ser quemados como los que hacen moneda falsa.

MIGUEL DE CERVANTES

No desmayen ni se acobarden: esfuercen ese pecho y corazón animoso para salir con la empresa más importante que jamás se les ha ofrecido: miren que si con esta no salen, quedarán por esclavos perpetuos y sus mugeres e hijos por consiguiente, y sus tierras quitadas y robadas; tengan lástima de los viejos y viejas y de los niños y huérfanos, que no haciendo lo que deben al valor de sus personas y á la defensa de la patria, quedarán por ustedes desamparados y en manos de sus enemigos para ser esclavos perpetuos y hechos pedazos...

CUAUHTÉMOC

Poco tardaron en llegar á España documentos fidedignos completamente contrarios á dichas relaciones (las cartas de Cortés); pero la monarquía hizo que se sepultasen luego en sus archivos y permanecieran allí bajo el secreto más riguroso, porque pensó, que si se les daba publicidad, la nación española se desprestigiaría enormemente.

GENARO GARCÍA

Al doctor Rubén Drijanski, por sus conocimientos
mágicos con los que puede devolver la salud y la
felicidad a quien tenga la fortuna de acercársele

—Suélteme, suélteme, hijo de la gran puta, ¡suélteme! —grité desesperada cuando Hernán Cortés, el malvado capitán general de las hordas de bárbaros euroafricanos, intentaba abrirme otra vez las piernas para manchar mis entrañas con su asqueroso veneno, de la misma manera en que lo había hecho con mis hermanas mayores, Inés y Ana, y hasta con Xochicuéyetl, de sesenta y nueve años de edad, la madre de Motecuhzoma, el gran Huey Tlahtoani, entre otras tantas mujeres a las que me referiré más adelante en este breve relato que escribo con mis conocimientos del castellano, sin dejar de pensar en náhuatl, la primera lengua que aprendí en mi existencia y que jamás olvidaré para estar siempre cerca de los de mi raza.

El invasor no era un hombre que se resignara ni que se dejara vencer por nadie, ni por sus hombres ni por sus superiores de Cuba ni los de las Cortes de Madrid ni por sus vasallos, súbditos o subalternos; no se trataba de un hombre que se disminuyera ante enormes desafíos como era apoderarse de la Gran Tenochtitlan con sus guerreros águila o jaguar, sus decenas de miles de educados en el Calmécac y en el Telpochcalli, sometidos a las más severas disciplinas militares. Estaba acostumbrado a pelear en desventaja, gracias al adiestramiento recibido en las justas de caballería contra los moros en la Reconquista, tácticas que aplicó contra los nuestros, de modo que una triste nativa, una mujer natural de estas tierras, como yo, Tecuichpo, hija de Motecuhzoma, pero indefensa, huérfana y abandonada a mi suerte a pesar de la nobleza de mi apellido, no representaría el menor obstáculo a vencer. ¿Me haría suya por las buenas o por las malas? Lo veríamos...

Cuando acudí a su sospechoso llamado y entré cautelosamente a la habitación real de Axayácatl, mi venerado abuelo, otro gran emperador mexica, una amplia y lujosa estancia ahora ocupada, o mejor dicho, usurpada por Cortés, el invasor me ordenó que me despojara de mi huipil, un precioso vestido blanco bordado con flores por ancianas xochimilcas de aquella parte del imperio. Por supuesto que al darme cuenta de las intenciones de Cortés, el invasor, traté de huir, pero fui violentamente detenida por sus soldados. Me cerraban el paso. No tenía escapatoria. El truhán reía a carcajadas al saberme atrapada. Corrí entonces en dirección a una de las ventanas para lanzarme, sin más, al vacío. Antes muerta que volver a ser violada por este sanguinario extranjero, a quien ya nadie detendría porque estábamos vencidos, absolutamente derrotados. Era mucho mejor perecer estrellada contra el piso que ser penetrada por ese monstruo que había asesinado a mi padre, el gran señor Motecuhzoma Xocoyotzin, como también había mandado a ahorcar al emperador Cuauhtémoc, al igual que a otros reyes y vasallos incondicionales. Imposible olvidar que ese engendro del mal, ese esperpento humano, había incendiado pueblos y ciudades mexicas, así como las de nuestros aliados y había matado a cientos de miles de nosotros, los naturales, los que murieron en la guerra o contagiados de la espantosa peste, la viruela asesina.

Su llegada a México Tenochtitlan había significado no solamente la extinción de una civilización de la que propios y extraños estaban tan sorprendidos como orgullosos, sino que había enlutado la inmensa mayoría de los hogares, destruido templos, casas, jardines, bibliotecas y palacios, incendiado campos y arrasado con sistemas eficientes de producción de la tierra, así como haber quemado a la gente viva en sus hogueras de horror o colgada de las ramas de nuestros ahuehuetes. Eso sin contar a los miles y miles que habían muerto en las minas buscando el oro, el teocuitlatl, causa de nuestra destrucción, una maldición por la diabólica avaricia de los españoles. Y Cortés, este feto llegado a la edad adulta, esta deformidad de la madre naturaleza que mi padre bien podía haber alojado en unos de sus zoológicos, ahora intentaba abusar otra vez de mí.

Este asesino que no se había bañado en seis meses y que apestaba a orines añejos, a diferencia de nosotros que nos aseábamos en ocasiones hasta tres veces al día y nos perfumábamos con agua de heliotropo, pues la higiene era un imperativo, un obsequio para quien se acercara a nosotros, ahora me atacaba con sus negros antecedentes a cuestas, tratando de besarme con su barba llena de rastros de comida, sus dientes del color de la mierda y el aliento pestilente de uno de los itzcuintli, nuestros pequeños perros.

Cortés me interceptó ágilmente antes de que yo pudiera saltar por la ventana. Rodamos juntos por el suelo. Por supuesto estaba borracho, pero no por ello disminuido en su fortaleza física. Trató de besarme, a lo que yo me resistí como una bestia herida. Entonces rasgó violentamente mi huipil, cuyos restos arrojó al piso, dejando expuestos mis senos que intenté cubrir inútilmente con mis brazos, oportunidad que él aprovechó, entre carcajadas, para sujetarme con furia.

Quedé completamente desnuda porque nosotras no usábamos ropa interior, esa costumbre odiosa de los europeos. Me tomó entonces firmemente por el cabello y por las orejas para inmovilizarme la cabeza y meter su lengua vomitiva entre mis labios. ¡Claro que se la mordí febrilmente con el ánimo de arrancársela! Al zafarse y ver que sangraba, me dio un tremendo golpe con el puño cerrado que me derribó y me hizo escupir un par de dientes al caer y estrellarme contra una de las paredes de la habitación. No recuerdo cuánto tiempo permanecí sin sentido, tuvo que haber sido muy poco, porque cuando volví en mí, Cortés se secaba la sangre de la boca con un trapo y se limpiaba el sudor con el antebrazo. Escupía una y otra vez, además de maldecir. Yo también experimentaba un terrible dolor en el cuello y en la mejilla derecha y sangraba abundantemente. La lengua me anunciaba la falta de varios dientes. Sólo que no estaba dispuesta, por ningún motivo, a perecer como una cobarde, como lo hiciera mi padre: yo sí le daría batalla al intruso bandolero que había acabado con lo mejor de nosotros. Si era menester morir, con gusto lo haría sin entender por qué los dioses habían permitido inexplicablemente que este vándalo nos invadiera y avasallara. ¿En qué nos habíamos equivocado? ¿Por qué un castigo tan severo?

De pronto empezó a arrastrarme por ambas piernas hacia el petate, muy ancho y cubierto con plumas de quetzal, donde se proponía continuar con la humillación y la infamia. Me raspaba la espalda sin que esto le importara ni lo detuviera. Tenía el pecho totalmente cubierto por un vello denso, muy denso, a diferencia de nuestros indios que eran lampiños. Al creerme todavía adormecida, confiado en que ya no opondría resistencia, alcancé a soltar uno de mis pies para golpearlo en la nariz con un giro brusco y repentino. En tanto se reponía de la sorpresa y del dolor corrí otra vez desesperada en dirección a otra de las ventanas. Soñaba con volar en el vacío y acabar con la tortura. En el último momento, cuando intentaba trepar angustiada por la pared, este miserable alacrán logró tomar mi pierna derecha para jalármela brutalmente. Ambos rodamos por el suelo, yo con otra herida, esta vez en la barbilla, al golpearme con el marco del postigo. En su virulencia, una vez puesto de rodillas, el malvado invasor que contaba en aquel entonces, 1527, con cuarenta y dos años de edad, volvió a sujetarme por la cabellera para estrellarme la cabeza contra el piso para, entonces sí, hacer de mí cuanto le viniera en gana. Sus intenciones eran muy claras, sólo que en ese momento se dio perfecta cuenta de que, ya sin vida, el placer se le disminuiría fatalmente y el encantamiento desaparecería para siempre. De modo que me jaló del pelo arrastrándome, en tanto yo gritaba y trataba inútilmente de arañarlo. Fallé en todos los intentos hasta que Huitzilopochtli vino en mi ayuda indicándome otra posibilidad de defensa. Al pasar junto al pequeño banco en el que se encontraba la armadura con la que el invasor se había defendido de los flechazos y lanzadas de nuestra gente, pude hacerme de su espada, un arma que yo nunca había tenido en mis manos. Con un movimiento arrebatado logré herirlo en una de sus piernas. ¡Ah, cómo le dolió el impacto! ¡Lo oí gritar y blasfemar mil barbaridades! Esperaba que ninguna de sus amenazas se cumpliera. Ahora sangraba más que yo, pero no dejaba de cerrarme el paso a la ventana. Después de revisar la cortada me lanzó una mirada feroz, mientras empezaba a rodearme como una fiera a su presa antes de lanzarse al cuello para asfixiarla y devorarla. Tirada en el piso, jadeante y desesperada, sin llorar, yo también escupía sin dejar de apuntarle a la cabeza con ese enorme cuchillo que las hordas españolas habían utilizado con tanto éxito. ¿Cuál sería la manera más efectiva para desarmarme?

—Si tu padre, grandísima perra, se hubiera defendido igual que tú, por supuesto que yo jamás habría conquistado este país de salvajes caníbales —me advirtió sin dejar de mirarme ni de sangrar por la lengua y la pierna. ¡Ay, si pudiera cortarle el cuello de varios tajos profundos y romperle cada uno de los huesos!

—Nosotros presentamos ofrendas por motivos religiosos, ustedes asesinan por crueldad, por oro, por avaricia, cochinos depravados —respondí sacando la fuerza de la noble herencia de mi familia—. Nuestra civilización...

—¡Qué civilización ni qué mierdas! Ustedes son unos caníbales, comen carne humana —me interrumpió sin dejar de dar vueltas ni yo de seguirlo atentamente con la espada y con la mirada. De sobra sabía que aprovecharía la menor distracción para desarmarme. Mi padre siempre me enseñó a tomar las víboras por la cabeza y jamás por la cola. Cortés sangraba por la boca y por la pierna. Su aspecto era deplorable, pero ya ni imaginar el mío.

—Las piras en las que tus sacerdotes queman a nuestro pueblo que se niega a dar sus joyas o tesoros, las torturas con las que descuartizan a la gente, amarrándole piernas y brazos a cuatro caballos que salen a galope después de asestarles unos fuetazos, son muestras de avanzada civilización, ¿no? ¿Crees que no sabemos cómo les cortabas las orejas, la nariz y las manos a los otomíes y a los nuestros, en general? ¿Crees que ya se nos olvidaron las matanzas de Cholula, la del Templo Mayor o la de Tepeaca? ¿Crees que no sabemos cómo le quemaste los pies a Cuauhtémoc, mi marido, hasta dejarlo cojo de por vida? ¿Crees que no sabemos cómo quemaste y destruiste todo lo que no entendías? ¡Asesinos, todos ustedes son unos asesinos y además ladrones!

—¡Cállate, perra!, ¿quién eres tú para hablar de lo que no sabes?

—Acuérdate —continué furiosa sin dejarme impresionar— que con tu cruz de mierda le rompías la cabeza a los nuestros y después de bautizarlos los colgabas y decapitabas, como hiciste con Cuauhtémoc. Ustedes sólo vinieron a saquear y a matar al amparo de su dios, un salvaje que bendice los asesinatos y el incendio de nuestros pueblos: ¡nada queremos con él, nada!, ¿me entiendes?

Cortés tenía todas las ventajas, tantas que con una patada me rompió la muñeca y me hizo soltar la espada en medio de un horrible dolor. Sin compadecerse al ver mi mano rota como un junco doblado ni conmoverse por mi ataque de llanto, tiró otra vez de mí hasta llegar al petate, donde, una vez desprovisto de toda su ropa, goloso como uno de sus perros desea la carne cruda, sujetándome las rodillas, me abrió violentamente las piernas para dejarse caer sobre mí. Me advirtió que si yo lo volvía a morder me degollaría ahí mismo, como habían hecho alevosamente con cientos de nosotros durante la fiesta del Toxcatl...

Juré que le daría otra tarascada para arrancarle, ahora sí, toda la lengua. Que se cuidara de tenerme cerca porque lo atacaría como una loba hambrienta. El dolor de mi brazo era insoportable, pero más lo fue el golpe que me asestó en pleno rostro, momento que aprovechó para tomar su miembro y hundirlo en mis carnes, en tanto yo gritaba rabiosa y sangraba aún más por nariz y boca. Como corresponde a una bestia, empezó a jadear arremetiendo salvajemente en mi interior. Pensé en mi padre, en Motecuhzoma, en Cuitláhuac, en Cuauhtémoc y en los caballeros águila, sí, pero nadie estaba ahí para defenderme; tendría que esperar a que el bárbaro se saciara infectándome para siempre con su repugnante xinachyotl, por más que fuera el origen de la vida, una vida de la que no quería saber nada. Este ser nauseabundo se agitaba, bufaba y derramaba en mis entrañas su hediondo líquido con el que me fecundaría y nacería el mestizaje. ¡Cuántas miles de mujeres indias habrían corrido mi misma suerte para dar a luz hijos rechazados y no deseados, para crear generaciones y más generaciones de personas resentidas y rencorosas con las que se construiría el nuevo México Tenochtitlan! ¿Cómo haríamos para reconciliarnos y abrazarnos ante tanto daño? ¿Qué podemos esperar de quien crece con rencor, coraje y odio? ¡Claro que me embarazó y que nunca reconocí a Leonor, nuestra hija!

Cuando hubo terminado y cayó pesadamente a un lado, yo lloraba compulsivamente, mientras él ordenaba que me callara, diciéndome que si quedaba embarazada tendría la fortuna de mejorar la raza, un bien que no nos merecíamos quienes teníamos la piel del color de una mierda vieja. Éramos incapaces de aceptar que ellos embellecerían la raza por la fuerza, para que aún en contra de nuestra voluntad, la especie evolucionara.

—Es un premio, perra color de chocolate, entiéndelo o jódete...

—Premio tu puta madre, asqueroso asesino de mi familia y de mi pueblo...

—Ya entenderán que fue una orden de Dios por su propia conveniencia...

—Tu dios es otra mierda al igual que tú —grité llorando mientras cerraba inútilmente las piernas. El daño ya estaba hecho. Vería si con algunas de nuestras hierbas lograba evitar la terrible fecundación—. ¿No me dijiste que tu dios murió en una cruz? ¿Cómo es posible que un dios muera y que lo maten sus propios hijos? ¿Te das cuenta de que es otro excremento, al igual que tus tres espíritus convertidos en uno solo? ¡Qué trinidad ni qué trinidad! ¿A quién se le ocurre que un dios pueda morir asesinado por otros hombres? Si tu dios no vale nada, imagínate lo que valen tipos como tú...

—¡Calla ya, salvaje! No sabes lo que dices —repuso volviéndose a vestir y dando un trago de agua para escupirlo después. No había delicadeza ni educación. Mientras se arreglaba, me ordenó que saliera de la habitación antes de que llamara a sus hombres y me sacaran desnuda, sangrada y fracturada a la calle.

—Que ellos te den trapos nuevos, ahora lárgate, perra maldita, me has echado a perder el rato...

—Estás lleno de veneno y de maldad y tu dios te perdona todos tus pecados, ¿verdad? ¡No te cabe el odio en el cuerpo y por eso te estás vengando de cuanto encuentras a tu paso!

—¿Te callas?

—Eres un alacrán que muerde y envenena sin causa alguna.

—¡Guardias!

—Además, eres un cobarde, abusas de las mujeres porque eres más fuerte, te apropias de lo ajeno porque eres incapaz de convencer...

—¡Guardias, he dicho!

—¿Y sabes que sólo los tontos nunca pueden convencer ni a tontos ni a pueblos? ¿Te das cuenta de que eres tonto? De otra manera utilizarías la palabra y no la espada, sabes que no tienes la razón...

En ese momento entraron varios asquerosos barbudos que habían estado espiando mi violación. Sonreían gozosos.

—¡Guárdenla, escondan, así como está, a esta princesa de mierda!

—Esa es la verdad, Huitzilopochtli sabrá vengarme...

—Tu *Huichilobos* estuvo callado durante toda la Conquista, al igual que tu Quetzalcóatl, también de nombre impronunciable... ¿No se dan cuenta de que esos dioses son meras basuras tan inútiles como todos ustedes? Sólo quinientos españoles nos apoderamos de tu supuesto imperio...

—No descansaremos hasta no ver cómo nuestros sacerdotes te sacan el corazón en lo alto del Templo Mayor y te cortan el miembro...

—Pues trabaja duro, perra, cuando me pidas en el futuro y de rodillas que te vuelva a tomar, entonces lo pensaré. Ya no tendrás ese privilegio. Sólo yo sé tratar a las mujeres como tú. Ninguno de los de tu clase sabe cómo domar a una potranca salvaje de la nobleza...

—Te esperaré en el Templo Mayor.

—¡Llévensela y enciérrenla! Ya la volveré a pedir.

—La pagarás, miserable, asesino, la pagarás, todo se paga en esta vida.

—¡Sáquenla, he dicho! —tronó frenético. Cuando me sacaban desnuda y a empujones alcanzó a decirme—: He visto a muchas personas que nunca pagan nada, eres una imbécil. Cuando muera me iré de este mundo con una bendición para garantizarme un lugar en el reino de los cielos.

—Pues si tu dios te perdona, entonces estará confirmando que es eso, una mierda —agregué, cuando ya rodaba desnuda escaleras abajo...

Yo era pequeña, muy pequeña cuando escuché por primera vez a mi padre, el emperador Motecuhzoma Xocoyotzin, referirse a los hombres barbados de piel blanca que empezaban a llegar provenientes del mar, por donde nace el sol. Advertí con horror cómo se acobardaba al oír una y otra vez que estos hombres, a su juicio representantes de los dioses, se acercaban y amenazaban la existencia de su imperio.

Nunca nadie lo ha dicho y creo que ha llegado el momento de hablar, de decir, de gritar hasta desgañitarnos, para que quede constancia de lo que aconteció aquí, en la Gran Tenochtitlan, la tierra de mis ancestros, de mis abuelos, de mis padres, de nuestros hijos y nietos. Yo, Tecuichpo, ahora diré la verdad, la explicaré para hacer justicia a mis muertos, a nuestros muertos. No permitiré que la historia vaya a recoger únicamente los puntos de vista de los vencedores, las mentiras de Hernán Cortés, quien escribió una versión amañada y perversa, de acuerdo a sus intereses, de lo que fue llamada posteriormente la Conquista de México, de esta civilización maravillosa que se extinguió a partir de la llegada de los españoles. Nos será muy difícil, pero no imposible, superar el traumatismo de tanta brutalidad que, tal vez, se extienda durante siglos y siglos. A saber... Pero no quiero, no, no quiero adelantarme ni deseo que el coraje retenido se desborde antes de tiempo. Es mejor, mucho mejor, relatar la vida de mi padre para poder entender su reacción desde que fuera informado de la presencia de grandes casas flotantes en el océano, llenas de armas y animales desconocidos para nosotros y de hombres blancos, los mismos que nos despojaron de todo lo nuestro, aprovechándose de nuestras profecías, supersticiones y creencias espirituales.

¿Por qué tenemos que aceptar como válidas las versiones de Cortés contenidas en sus *Cartas de relación*, escritas para confundir y ganarse la simpatía y la buena fe de su rey? ¿No era evidente que él, nuestro verdugo, iba a redactar una historia en la que se exhibiría como un líder comprensivo, piadoso, caritativo y generoso, mientras a nosotros, los naturales, nos presentaría como a una inmensa colonia poblada por gente atrasada, demoníaca, salvaje, ávida de salvación mediante la evangelización y del bautismo? Ningún español de aquella época, exceptuando quizás al valeroso fraile Bartolomé de las Casas, se atrevió jamás a confesar la verdad de los sangrientos crímenes y atropellos ejecutados en nombre de su dios y de su emperador, cuyas justicias temían. Algo debo confesar por más que me duela y me pese por tratarse de quien se trata, pero existen muchas razones para demostrar que Motecuhzoma Xocoyotzin, mi padre, fue un traidor a su pueblo, un endeble y caprichoso gobernante, un místico cándido e ingenuo, entreguista de su dominio, miedoso, agorero y fanático religioso, en el fondo, un hombre débil y temeroso, timorato, que disfrazó sus miedos y su cobardía con supersticiones y supuestos diálogos con Huitzilopochtli, nuestro magnífico y sabio dios de la guerra. ¡Cuánto lastima la verdad, cómo hiere la realidad, pero juré no ocultarla por más que el dolor y la vergüenza me rompan el alma!

¡Que se conozcan nuestras razones, las de los dueños de este país mágico y hechizado, antes protegido por mil deidades! ¡Que se sepa cómo fueron quemadas nuestras bibliotecas y nuestros monumentos para destruir cualquier huella ilustre de nuestra cultura y de nuestro pasado! Esta destrucción se llevó a cabo con un fanatismo ciego por unas hordas bárbaras que abandonaron Europa en busca de oro, hordas integradas por soldados doctrineros y frailes ávidos de bienes materiales, pero faltos de cultura y de comprensión para entender la maravilla de nuestra civilización. Los vimos llegar como verdaderos lobos con apariencia de hombres, amenazándonos con la cruz de la espada, predicando la mentira y la corrupción, ambas vergonzosas entre nosotros. La obediencia, el respeto y el mérito eran los valores más importantes en la sociedad que construyó el fabuloso imperio azteca.

Es la hora de los vencidos, el momento de hablar aun cuando este texto se vaya a perder también en la noche triste de la historia. Hernán Cortés, aquel que cuando mancebo se acuchillaba algunas veces con hombres esforzados y diestros y siempre salía con victoria, comenzó a labrar su fama de asesino en un lugar conocido como Potonchán, población que tomó a sangre y fuego, donde se contaron ochocientas víctimas sólo porque era bien sabido que el cacique había vestido de oro a Juan de Grijalva, su predecesor. ¿Dónde estaba el maldito oro? Poco después Cortés mandó a cortar los pies a su propio piloto, Gonzalo de Umbría, así como ahorcó a otros dos de los suyos por osar regresar a Cuba en secreto, comprometiendo con su traición la suerte de la invasión. El invasor mandó dar muerte a treinta guerreros de Tecoac que habían salido a su paso; se consagró a devastar los indefensos pueblos cercanos, saqueándolos y esclavizando a sus pobladores. Como él mismo confesó: «Les quemé más de diez pueblos y les mandé cortar las manos» a cincuenta mensajeros de Tlaxcala que venían supuestamente en son de paz. Otra noche «y antes de que amaneciese di sobre dos pueblos en que maté mucha gente». En Cholula «en dos horas murieron más de tres mil. A todos los señores que eran más de ciento y que tenían atados, mandó el capitán sacar y quemar vivos en palos hincados en tierra. Cuando no quedó un hombre por matar, se hizo todo lo posible por destruir aquella ciudad y duró tres días el trabajo», según las propias palabras de los soldados de Malinche. Ya en Tenochtitlan, hizo quemar a quince nobles «atadas las manos i los pies». Al marchar contra Narváez acordó la muerte de la nobleza mexica y de sus líderes militares, mil principales, hombres ilustres que bailaban, desarmados, honrando a sus dioses.

Antes de emprender su vergonzosa huida durante la Noche Alegre «a ora de bísperas, mandó matar á todos los señores mexicas detenidos sin dexar ninguno». Posteriormente asesinó Hernán Cortés a las mujeres del emperador, incluida Xochicuétl, madre de Motecuhzoma y a las nueve esposas de mi padre, al igual que a los treinta y ocho señores representantes del imperio. En su fuga precipitada, sacrificó a miles de sus aliados naturales quienes «metidos en la primera azequia se ahogaron… y hazían puente por donde pasábamos los de á cavallo». Abandonó a doscientos sesenta de los suyos e hizo herrar a los primeros esclavos con la letra G, la primera de la palabra *guerra* que quedó así grabada para siempre en el rostro de los mártires. Los enemigos de Cortés lo acusaron de haber matado entre quince y veinte mil indios de Tepeaca y sus alrededores, la más brutal y la más olvidada de las matanzas ordenadas por el invasor en la Nueva España. En Texcoco «dieron fuego á lo más principal de los palacios del rey Nezahualpiltzin, de tal manera que se quemaron la mayoría de los archivos reales» del imperio mexica. Saquearon Cuernavaca, donde «hubo gran despojo, ansi de mantas muy grandes como de indias». A Xochimilco, tras ocuparla con violencia, «mandéla quemar toda». Destruyeron el acueducto durante el infame y prolongado asedio de tres meses a Tenochtitlan. «Las mujeres y niños, aguijados irresistiblemente por la necesidad, salían desarmados de noche á pescar por entre las casas de la ciudad, sólo para que les ficiésemos todo el daño que pudiésemos...». Destruyeron y quemaron Ixtapalapan y la Gran Tenochtitlan, cuyas poblaciones combatientes fueron aniquiladas por medio de una guerra de exterminio. Desde el 7 de agosto, según cálculo de Hernán Cortés, murieron miles en la defensa y añade que, a raíz del sitio de la capital: «del agua salada que bebían y del hambre y mal olor... murieron más de cincuenta mil ánimas». Todo estaba tapizado de cuerpos, de modo que «no había persona que en otra cosa pudiera poner los pies». Tomaba prisioneros, los interrogaba, los mandaba quemar o a arrojar de las azoteas, afirmando que murieron más de ciento cincuenta mil habitantes y que a unos catorce o quince mil los mandó meter en un patio muy grande, separando hombres de las mujeres, ordenando enseguida matar a estocadas y lanzadas a todos los hombres. Tomada la ciudad, «dióse Méjico a saco. Los españoles tomaron el oro, plata, y los indios ropas y despojos». Para celebrar su conquista, organizó una bacanal en que el desorden no conoció límites, «tocándole el papel de víctimas á las pobres indias á quienes brutalmente burlaban los invasores».

Mi padre nació en 1468, Dos Técpatl, en Aticpac, uno de los calpullis de Tenochtitlan. Su primer nombre quiere decir «Señor de rostro serio» y el último «El más joven», para distinguirlo del primer Motecuhzoma, Ilhuicamina, «El flechador del cielo», su abuelo. El día del alumbramiento la comadrona emitió un terrible alarido, idéntico al que lanzaban los guerreros mexicas tras capturar a un prisionero en la batalla.

Cuando nacía un varón se consultaba a un sabio astrónomo, un tlamatini, para conocer su destino. Si el niño había visto la luz en un día Dos Técpatl, entonces estaría condenado a padecer en el caso de que no gobernara adecuadamente. Lo mejor que le podía pasar a un Dos Técpatl era lanzar el último suspiro peleando, porque si lo apresaban en vida, sería ejecutado. De tal manera que era muy importante conocer la interpretación de los sabios, para saber cuál sería la suerte que correría mi padre a partir del día de su nacimiento. Para tal efecto, Axayácatl, su padre, de quince años de edad, mandó llamar al Tonalpohque, especialista en el estudio de los libros sagrados. Los presentes observaron cómo se contraía el rostro del sabio, quien, sin duda, había percibido una señal desastrosa y mentía por miedo a un terrible escarmiento del emperador, enemigo de las noticias adversas, más aún si se trataba de un niño llamado, tal vez, a gobernar este imperio. Así, el brujo se las ingenió para encontrar, por lo pronto, un mejor destino para el recién nacido.

Desde muy pequeño, Motecuhzoma Xocoyotzin fue amparado y cobijado en el boato de los grandes señores imperiales. Disfrutó la asistencia de tutores y mentores, quienes le transmitieron su historia, economía, política, artes militares, cultura, religión y civilización mexica.

Cumplidos los diez años de edad, en 1478, Motecuhzoma ingresó al Calmécac de Quetzalcóatl, el centro educativo reservado a los nobles y a los plebeyos prometedores, casa de llanto y de tristeza, de donde salían los grandes hombres que gobernaban al pueblo. Las interrupciones continuas del sueño se mezclaban con baños de agua helada y agotadoras actividades relacionadas con el culto, que incluían desde el barrido de los templos hasta las expediciones a los montes para recoger las espinas utilizadas por los sacerdotes en las ofrendas. Era una vida que buscaba la perfección espiritual, donde la mínima infracción se pagaba con penas muy dolorosas, pero formativas.

Nosotros comunicábamos nuestros conocimientos, así como el arte de hablar y escribir, en el Calmécac y el Telpochcalli, nuestras escuelas. Ahí aprendíamos a difundir información oral y a manejar aparatos de contabilidad, calculadoras, memoriales o registros, signos de comunicación a distancia por medio de tambores y hogueras, conjuntamente con nuestros métodos de expresión pictográfica, rollos, códices, mapas, archivos y bibliotecas, tomando siempre en consideración la naturaleza particular de nuestro lenguaje. Existían también los ministros de la palabra, los huehue nahuatlatos, que memorizaban hechos acontecidos con toda fidelidad y corrección, verdaderos libros vivos que mantenían en el presente el fuego de la verdad con toda puntualidad. Entre ellos eran elegidos los mensajeros de correos y embajadores.

En el Calmécac, Motecuhzoma aprendió la ciencia de las cuentas o las matemáticas, el conocimiento del cielo y de los astros, el libro de los días, el arte de hablar con elegancia, así como el de la guerra; la ciencia de los censos o la estadística, la ciencia del gobierno, el conocimiento de las genealogías o heráldicas, el de plantas y medicinas, historia o lo que se dice de las cosas antiguas, los dichos de los ancianos, el arte de pintar y representar en glifos, la ciencia del impulso o ímpetu vital, el arte de ahuyentar y conocer las lluvias, la prudencia en el hablar y, por supuesto, las artes militares en las que Motecuhzoma fue todo un maestro, según lo demostró la expansión y consolidación de nuestro imperio. Luchar como soldado en el campo de batalla, hacer cautivos de guerra y morir en la acción, daba seguridad, un gran prestigio en vida y acompañar al sol en su ciclo diurno aseguraba un lugar privilegiado en el lugar donde se disfrutaban de los más refinados placeres.

Aprendían en el Cuicacalli cantos de los guerreros fantasma, canciones de festejos olvidados y cantos del paraíso. Les enseñaban a renunciar al cariño por la familia, a aguantar las pruebas físicas, les exponían a diversos climas y dificultades, les obligaban a escalar las rocas más afiladas, a nadar bajo el agua, a caminar de espaldas con los brazos atados y sobre campos de rastrojos de maíz, pero también a hablar con elocuencia en público, pues el gobierno para el que se les estaba preparando dependía de la palabra hablada. No es por casualidad que el término Huey Tlahtoani sea también sinónimo de portavoz, el que habla, el que es poseedor de la palabra: los demás callan. Los poderes humanos y divinos le son propios.

Mi padre disfrutaba jugar a las guerras con otros muchachos. Organizaba, mandaba y dirigía a su tropa juvenil, tomándose tan en serio su papel de futuro tlahtoani que cuando veía que alguno de los jóvenes se acobardaba y lloraba por algún golpe, lo mandaba traer para vestirlo con un huipil de mujer, advirtiéndole que no lo admitiría más en sus prácticas militares para que no contagiara a los otros con sus miedos y llamándole *quilontontli* en público, es decir, cobarde.

Los mexicas pintábamos nuestra realidad social en telas de pita o de hilo de la palma silvestre, en pieles de animales o en papel amate.

Teníamos grandes bibliotecas llamadas Amoxcalli, casa de los libros, donde conservábamos nuestros archivos. ¡Con cuánta rabia vimos arder los libros y tesoros que hablaban de nuestra historia! Ahí está el primer obispo de la Nueva España, fray Juan de Zumárraga, el despiadado inquisidor apostólico, ese generoso hombre de su dios, que no sólo mandó a quemar vivos a muchos de nosotros en la hoguera en condena por nuestro supuesto salvajismo, sino que también ordenó destruir en un auto de fe nuestros códices y bibliotecas, alegando que era menester quemar todo lo nuestro porque no teníamos «cosa en que no hubiese superstición y falsedades del demonio». Por eso incendiaron todo, para que no quedara rastro de nuestro envidiable pasado. Lo único que debía subsistir era el dicho de los españoles. El propio Hernán Cortés se sumó al saqueo y destrucción de archivos y bibliotecas en el palacio de Axayácatl donde fue alojado, así como en el gran Teocalli, hecho que repitió en todos los pueblos que tomó a sangre y fuego, como lo hizo en Texcoco, ayudado por los traidores tlaxcaltecas. No quedó nada, nada de lo nuestro.

A la muerte de mi abuelo, Axayácatl, y la de Tizoc, quien murió posiblemente envenenado por mandato de Tlacaélel, Ahuizotl fue elegido Huey Tlahtoani por el tlahtocan. El día de su toma de poder se ofrendaron algunos cautivos de guerra en honor de Huitzilopochtli, puesto que el nuevo tlahtoani había determinado ofrecer muchos más cautivos de los que nunca se hubieran presentado al sol. De ahí que hubiera enviado varios ejércitos al valle de Oaxaca a capturar víctimas para las ofrendas y a lograr la anexión de Oaxaca, Tecuantepec, Xoconochco, El Petén y parte de Guatemala. Mi padre nunca se separó de Ahuizotl. La carrera militar de mi padre Motecuhzoma Xocoyotzin estaría condecorada con collares de flores y actos heroicos. Su valentía, todavía en esos años, era indiscutible. Se trataba de un guerrero resuelto, disciplinado e intrépido, los requisitos necesarios para alcanzar el grado de Tlacochcálcatl, de la misma manera que llegó a ser un guerrero águila con cabeza rapada, rango reservado a los militares que hubieran efectuado proezas atrevidas y excepcionales.

¿Y el amor? Los jóvenes guerreros tenían permiso de regocijarse con las mujeres consagradas a Tlazohtéotl, manifestación femenina del amor carnal. Los indios acomodados acostumbraban a bañarse en temazcallis o baños de vapor donde eran lavados por sirvientes que los azotaban mesuradamente con racimos de hojas de mazorca para estimular el cuerpo. En el mes dedicado al dios de la lluvia, el pueblo preparaba ofrendas para Tláloc. Durante cinco días absteníanse los hombres de las mujeres y las mujeres de los hombres. Las viudas sólo se podían casar con el hermano del esposo muerto. Entre los ritos previos al matrimonio, la pareja ofrecía algunas veces la sangre virginal de la novia a Ometéotl, la esencia dual creadora.

Por diferentes fuentes supe que Motecuhzoma Xocoyotzin descubrió a los diecisiete años el placer y el encanto que provocamos las mujeres en los hombres. Mi padre sabía que tenía que casarse con una princesa de Texcoco o de Tlacopan, descendiente del linaje de tlahtoanis, la mujer más honorable de ambas ciudades. Muy pronto descubrió a la pareja de sus sueños, la hija de Totoquihuatzin II, la hermosa Tecalco. De inmediato se enviaron las titizi, las casamenteras, con unos ricos presentes a Tlacopan y a Texcoco, para cumplir de ese modo con los protocolos de nuestras tradiciones. La boda no tardó en celebrarse con la ceremonia ritual en el Huey Itualli de Tenochtitlan. La novia fue bañada en su casa. Ahí le lavaron el pelo, le adornaron brazos y piernas con pluma colorada, le untaron concha nácar y unos polvillos amarillos de tecozahuitl en la cara; la sentaron sobre un estrado cubierto con petate, donde todos pasaron a felicitarla, anunciándole que dejaba de ser joven y comenzaba a ser vieja, por lo que debía actuar ya como anciana, con serenidad y educación. Las viejas le aconsejaron levantarse de noche, barrer la casa y poner el fuego antes de amanecer, preferir al marido y no ir con frecuencia a la casa de sus padres. Finalmente, Tecalco apareció vestida con un magnífico huipil, una túnica larga femenina de algodón, bordada con hilo de oro y pluma rica, un regalo de mi abuela, la madre de Motecuhzoma.

La hermosa princesa, mi futura madre, adornó su cuello con un precioso collar de plata y piedras preciosas. Sus largos cabellos negros fueron trenzados con hilos de plata y los extremos embutidos en dos mariposas de oro y turquesas. El novio asistió vestido con todo el esplendor que correspondía a tan alto señor: xihuitzoli de oro y turquesas, pulseras en los brazos y piernas y tobillera de cascabeles de oro; un pectoral magnífico con un caracol cortado en el centro, rodeado de piedras chalchihuites y turquesas. El maxtlatl, que guardaba su virilidad, estaba bordado de caracolas y pájaros con pluma fina; vestía cacles de oro y piedras preciosas y un impresionante manto, encargado por Totoquihuatzin II, de las más preciosas plumas de quetzaltótotl con ricos calabrotes de oro en forma de colibríes que colgaban y tintineaban. Sobre la estera matrimonial, hecha por los maestros plumarios de Tenochtitlan con los símbolos de ambas casas reales, se procedió al anudamiento del manto del futuro Motecuhzoma II con el huipil de la bella Tecalco. Los sacerdotes de Huitzilopochtli sahumaron a la pareja y la colmaron de bendiciones en la residencia privada de Motecuhzoma, donde los novios permanecieron durante tres días en sus habitaciones, atendidos sólo por una sirvienta que periódicamente les llevaba comida. Sin esta ceremonia, a la pareja no se la podía considerar unida y por lo mismo la descendencia no podría reclamar legitimidad ni herencia alguna. Sobra aclarar que el matrimonio no era algo libre, sino un negocio concertado entre las familias de los contrayentes. No era cuestión que pudieran resolver los jóvenes casaderos, sino un convenio precedido por un largo proceso, fundamentalmente político, entre las familias de los novios. En el caso de mis padres, fueron muy afortunados porque, desde el principio, hubo una total armonía en el matrimonio, a pesar de haber sido arreglado.

Las mujeres mexicas contraíamos nupcias entre los doce y los trece años de edad, por lo que las familias de los contrayentes instruían a las adolescentes para sobrellevar al esposo y evitar que el matrimonio fracasara. Las indias adolescentes éramos muy precoces y disfrutábamos ávidamente del macho. Adorábamos presumir nuestras grandes tetas, la prueba necesaria de que podríamos amamantar a niños fuertes y sanos para conquistar el mañana. Nuestros pechos anunciaban nuestra fertilidad, la posibilidad de poder traer hijos al mundo. Si cualquiera de nosotras deseaba abortar en secreto, simplemente iba con el Tláloc Tlamacazque, quien nos recomendaba las hierbas necesarias para lograrlo, no sin antes recurrir al incienso, a rituales de baile y cantos, además de otras técnicas espirituales y de la medicina herbolaria. Éramos muy fecundas y tempranas en parir y grandes criadoras, gracias al atole caliente en las mañanas y a no traer los pechos apretados.

Si bien es cierto que gobernantes y señores tenían derecho a la poligamia, eran menos las opciones. Mi padre, por ejemplo, llegó a tener nueve esposas y veintiséis hijos, pero en ningún caso llegó a tener ciento cincuenta y dos mujeres embarazadas al mismo tiempo, como es falso que Nezahualcóyotl hubiera tenido sesenta hijos varones y cincuenta y siete hijas y Nezahualpilli ciento cuarenta y cuatro vástagos. Los narradores españoles faltaron a la verdad cuando afirmaron que en el palacio de Motecuhzoma existían tres mil mujeres, entre señoras, criadas y esclavas. Estas cifras fueron generalmente exageradas, aunque acertaron al describir a las bellas doncellas que lo rodeaban, ya que éstas andaban ricamente aderezadas y si se bañaban muchas veces al día no era sólo porque al tlahtoani le disgustaban los malos olores, sino porque la limpieza era entendida como un ritual de purificación ante los dioses. Utilizábamos el fruto del copalzocotl, llamado por los españoles «árbol de jabón», y la raíz de la saponaria, que producen la espuma necesaria para el aseo personal y el lavado de la ropa. Un buen aroma despedido por el cuerpo es señal de educación, de salud y de higiene, por lo que es muy sencillo concluir que los invasores no eran educados ni sanos ni limpios.

En relación a los cuidados de la belleza femenina, las mujeres nos rodeábamos de un arsenal de objetos comparables, según me decían, con los del Viejo Mundo: espejos de pirita cuidadosamente pulidos, ungüentos, cremas y perfumes. Como nuestra piel es morena, un color envidiable, nos gustaba pintarnos con un tinte amarillo claro, con el cual aparecemos representadas, con frecuencia, en los códices. El aspecto lo lográbamos utilizando un ungüento llamado axin o una tierra amarilla, tecozauitl, tan buscada que algunas provincias la suministraban como tributo. Nos encantaba pintarnos los dientes de negro y de rojo oscuro, de acuerdo a la tradición huasteca. Por lo que hacía al pelo, la moda dictaba que fuese levantado sobre la cabeza hasta formar dos capullos parecidos a cuernos pequeños. ¿Coquetas? ¿Qué mujer no es coqueta y desea lucir lo mejor posible? No es cierto que mientras más nos miramos en el espejo, más destruimos la casa, como también es falso que la coquetería sea una flor espinosa o que quien se adorna es que carece de corazón. ¡Por supuesto que podemos ser coquetas y devotas! ¿Por qué no? Si somos un placer para los terceros, entonces que nuestros maridos evolucionen para que también lo disfruten. Es su obligación...

Entre algunos grupos sociales, tanto en el campo como en la ciudad, las mujeres con frecuencia llevaban el busto descubierto y caminaban con los pies desnudos, con sandalias con suelas de fibras vegetales o de piel atadas al pie por medio de unas correas entrelazadas y provistas de taloneras; tratándose de nobles, nosotras siempre usábamos el huipil y hasta sandalias con la base de oro... Durante las fiestas del mes Tecuilhuitl las mujeres danzaban con los soldados, muy bien vestidas con hermosas faldas y bellas blusas, decoradas con dibujos que representaban corazones, casas, peces, soles o flores coloridas bordadas por sus abuelas.

El tlahtoani abría, por lo general, la danza con las nobles más hermosas y con las mujeres que personificaban a las deidades, quienes portaban hermosos copilis de plumas y despedían las fragancias más exquisitas de todo Tenochtitlan. En algunas ceremonias se consumían hongos sagrados y un cactus especial cortado en finas laminillas llamado peyote, que generalmente proporcionaban la sensación de ser un semidiós capaz de conquistar el mundo entero, un hombre que puede matar a miles de un solo golpe. El pulque que se permitía beber con las debidas autorizaciones podía dejar un mal sabor de boca y un cierto dolor de cabeza, al contrario de los hongos, los nanacatl, que crecen en las laderas de la sierra, porque al desaparecer los efectos, sólo se siente cansancio, un agradable y delicioso cansancio. Cuando se quiere ver la realidad con otros ojos, la medicina correcta es el peyote o el nanacatl. Nadie puede acompañarnos en una liberación tan maravillosa, especialmente cuando se siente, de día y de noche, la espada española en la garganta o se sueña con las manos, la nariz o los pies mutilados o quemados, eso sí, «piadosamente».

Motecuhzoma se encontraba barriendo el templo de Huitzilopochtli cuando la Suprema Asamblea Mexica fue a notificarle su designación como el sucesor de Ahuizotl, Huey Tlahtoani de México Tenochtitlan, en septiembre de 1503. Mi padre, ahora ya un tlacatecuhtli, tenía treinta y cinco años en el momento en que fue colocado casi a la altura de la divinidad. Ahora sus mandatos eran divinos, sagrada su persona, sus órdenes irrebatibles, imposible de ser ignoradas porque la desobediencia tenía como consecuencia la muerte: morir por él, a su servicio y en respeto a sus creencias religiosas, era ascender a los dominios del sol y regresar luego con un canto en la boca, la piel convertida en plumas, a la vida libre y musical de la floresta.

Durante la investidura del tlahtoani le eran entregados los instrumentos y las insignias para la penitencia: el xicolli, chaleco ceremonial sin mangas que se amarraba al frente; el yeitecómatl, recipiente de calabaza que se suspendía de la espalda con unas tiras rojas y que contenía tabaco en polvo, el cual era mascado por sus cualidades energizantes y relajantes; el copalxiquipilli, bolsa que contenía copal; el tleimaitl popochcomitl, en forma de cazoleta y dotado de un mango con una serpiente de fuego y un par de agudos punzones que solían ser elaborados con huesos de águila y jaguar. Además, se le perforaba la base de la nariz con ayuda de un punzón de hueso de jaguar para colocarle el xiuhyacamitl, una nariguera tubular, para cubrirlo finalmente con la xiuhtlalpilli tilmantli, una capa reticulada de algodón teñido de azul y enriquecida con piedras de turquesa, un par de sandalias doradas, un escudo y una espada de navajas, junto con un haz de dardos que simbolizaban su investidura judicial.

Lo primero que hizo mi padre, pasados estos cumplimientos, fue hacer la expedición de costumbre para conseguir víctimas a sacrificar el día su coronación. Esta vez traeríamos a los de Atlixco, que se habían sustraído a la obediencia al imperio. Al final, según me contaron, los presentes disfrutaron del peyote con el que tuvieron visiones y revelaciones respecto al porvenir. ¿No era un buen momento para los augurios?

Sin tardanza alguna mi padre empezó a organizar su palacio: alojó de inmediato a sus mujeres, a sus concubinas, a sus hijos pequeños, a los príncipes de las naciones sometidas, a los grandes del reino que tenían funciones en palacio, a algunos nobles, un cuerpo escogido de guerreros águila y ocelote, a sus mayordomos, administradores, contadores, joyeros, maestros del arte plumario, cocineros, cantores, artistas y un innumerable grupo de servidores de todas clases, incluidos los cautivos, los enanos que el tlahtoani observaba antes de enviarlos a sus reservas. Mi padre promulgó, desde un principio, ciertas normas llamadas «Las chispas divinas». Según éstas, sólo los miembros de la más alta nobleza, es decir de nuestra propia y amplia familia, podrían ocupar los cargos de mayor importancia. Sólo los nobles podían vestir ropas de algodón. El pueblo, en general, estaba obligado a usar telas de fibra de maguey. Sólo los nobles podían vivir en una casa de dos plantas. Las personas de origen humilde no tenían, desde luego, espacio en su gobierno. Eso sí, debo confesar que Motecuhzoma Xocoyotzin mandaba a matar de un golpe en la cabeza con un palo pesado a quienes habían ocupado puestos de gran responsabilidad en la administración pública anterior y pudieran utilizar los secretos en contra del imperio. En las discusiones o debates donde intervenía el tlahtoani, nadie podía levantarle la voz ni tratarlo con desafío, salvo que el atrevido impertinente estuviera dispuesto a perecer encerrado sin derecho a alimento alguno. Sólo el tlahtoani adjunto, el llamado cihuacóatl y el vigilante de la casa de los dardos, además de mi tío Cuitláhuac, podían mirarlo a los ojos y discutir abiertamente los asuntos más delicados del Estado. Sólo los principales y los miembros del Gran Consejo. ¡Ay, ay, ay!

La rigidez en el protocolo del palacio exigía que los visitantes asistieran descalzos y vestidos con burdas mantas. Si se trataba de grandes o señores en tiempo de frío, sobre las mantas elegantes que llevaban, debían ponerse encima una muy pobre y muy gruesa para que nadie se mostrara poderoso en su presencia. Quienes tuvieran la oportunidad y la fortuna de dirigirse a él no sólo debían clavar la mirada en el piso, sino mostrar sumisión y humildad. Si el tlahtoani se dignaba a contestar, lo hacía, por lo general, en voz muy baja, moviendo escasamente los labios. Un ayudante, casi siempre un noble, respondía a las solicitudes de sus visitantes con la debida sonoridad. Intimidaba, sí, pero a él, dicha estrategia le había reportado innumerables éxitos.

La gente que atendía a Motecuhzoma era muy cuidadosa en cambiar frecuentemente su vestuario y la vajilla en que comía y bebía, salvo los objetos de oro que eran cuidadosamente lavados y desinfectados, sobre todo en la época en que ya los españoles se encontraban en los recintos.

Lo que sobraba en palacio como ropa, alimentos y otros objetos, le era dado a las familias allegadas a los principales.

Aislado la mayor parte del tiempo, Motecuhzoma rara vez se dejaba ver para crear misterio en torno a su figura. En su soledad, retirado en las montañas cercanas, rodeado de agua, cacería y bosques, pensaba en las mejores soluciones para los complejos problemas de su gobierno.

La comida, por lo general, se servía en una vajilla hecha con barro de Cholula, en parte colorada y en parte prieta. Nadie podía hablar ni hacer alboroto mientras él disfrutaba sus alimentos, se divertía mirando a los enanos, gibados y otros tales, mostrando algunas veces señales de risa y divertimento. A veces mantenía amenas conversaciones con los sabios y gente culta de su medio. Su mesa invariablemente estaba llena de frutas de diferentes colores, tamaños, aromas y aspectos. Se la servían, a veces cortada en pequeños pedazos, en vasijas de oro, acompañadas de cacao. A diario podía comer pescado fresco que traían de la costa los tamemes, así como las más diversas aves preparadas de diversas maneras por los cocineros personales. Uno de sus grandes lujos consistía en deleitarse con nieves traídas en corteza de cocos vacíos desde el Iztaccíhuatl o del Popocatépetl que le servían, por lo general con limón, su favorita. Una vez que él había concluido, entonces era el momento para que se alimentaran la servidumbre y los tres mil hombres de la guardia personal ordinaria del palacio. Sí, muchas veces nos deleitábamos con la carne humana. A mi padre siempre lo distinguían con el muslo más carnoso del guerrero más fornido que había sido sacrificado en la mañana en la piedra de los sacrificios. Motecuhzoma se abstenía de comer carne humana si ésta no era consecuencia de una ofrenda. Su canibalismo estaba justificado por motivos religiosos. Al acabar la comida, ponían sobre la mesa tres canutos muy bien pintados y dorados, dentro de los cuales habían colocado tabaco. Siempre fumaba cuando disfrutaba las improvisaciones de los jorobados, de los locos o de los albinos, de los enanos y artistas, quienes lo distraían hasta que se retiraba a sus habitaciones a dormir antes de iniciar la segunda jornada de trabajo.

De Motecuhzoma, hijo y nieto de tlahtoanis y principales, se decía que nunca había existido tlahtoani tan valeroso y eficaz que gobernara con tanto éxito el imperio. «Fue pues Motecuhzoma de los que ennoblecían mucho a los principales y los hace ser amados de los suyos y temido de los enemigos. Fue dadivoso, amigo por extremo de hacer mercedes, y así no solamente a los suyos, pero a los españoles, les hizo muy grandes y muchas, sin fin de otro provecho, sino por ser liberal. Aunque era muy regalado y muy servido, jamás comió ni bebió demasiado y decía que al príncipe convenía ser más virtuoso que otros porque todos le miraban e iban por donde él iba. Fue sabio y prudente así en negocios de paz como en los de guerra. Venció en nueve batallas campales. Aumentó el número de sus reinos y señoríos; y como muy pocos guerreros, no hubo en todo este mundo quien pudiese entrar en el campo de batalla con él, porque o todos eran sus vasallos, o los que no lo eran lo podían ser». Guardó gravemente, porque convenía así, la severidad de su persona. No había ningún principal que no le temiera y reverenciara.

Mi padre disfrutaba el ejercicio de su cargo como emperador por muchas razones, entre ellas, el acceso que tenía a mujeres de las diferentes partes del imperio. Gozaba mucho la presencia de las huastecas y de sus audaces apetitos. No perdía la oportunidad de desanudar los moños que las mixtecas llevaban en la parte posterior de la cabeza ni del feliz momento de privarlas del huipil y descubrir sus cuerpos desnudos con la debida autoridad correspondiente a todo un soberano, uno de los privilegios que le obsequiaba el poder. ¿Quién podía negarse? Durante las guerras se preocupaba particularmente de asegurar un buen suministro de cautivas. Tenía un grupo selecto de guerreros que se ocupaba de elegir a las princesas más hermosas entre los diferentes poblados que iban conquistando los guerreros. De esta suerte, las citaba puntualmente en su palacio, las hacía sentar en la estera, para llamarlas, una a una o a todas juntas, para compartir el lecho, tantas veces lo solicitara. Las mixtecas, con el cuerpo teñido de azul, le despertaban una tentación irresistible. No dejaba de sorprenderle que estas muchachas, audaces y golosas, disfrutaran con tanta intensidad el tiempo que pasaban con la máxima autoridad del imperio.

Las hordas de bárbaros euroafricanos, unos criminales extraídos de las cárceles de Castilla y León, eran enviados a la fuerza por Fernando e Isabel, los reyes católicos, a integrar las expediciones de Colón. Estos salvajes ignorantes y los que continuaron después con la invasión de los nuevos territorios descubiertos, ¿acaso iban a entender la importancia del calendario azteca con sus 365 días y cuarto, un instrumento cronológico de una precisión insuperable, o se iban a preguntar cómo se había construido un gigantesco dique de varias leguas de longitud, que separaba el agua dulce de la salada en el lago de Texcoco? ¿Unos analfabetos iban a comprender la ciencia azteca? ¿Cómo explicarles a esos rufianes la trascendencia de las matemáticas, disciplinas técnicas imprescindibles en arquitectura, ingeniería y astronomía y hasta para calcular el pago de impuestos de una parcela tomando en cuenta incluso el tipo de suelo? ¿Les iba a interesar cómo calculábamos las fracciones? ¿Se sorprenderían ante el impresionante sistema de acueductos construidos por Nezahualcóyotl para

abastecer de agua potable de los mantos subterráneos de Chapultepec hasta el centro de Tenochtitlan? ¿Podían acaso imaginar el talento de nuestros ingenieros, quienes lograron construir una ciudad
encima de un lago y, por si fuera poco, en el corazón de los temblo-
res, puesto que los sismos se presentaban cotidianamente? ¿Cómo
construir una ciudad encima del agua e iluminarla espléndidamente,
al igual que otras ciudades europeas? Nuestros conocimientos médicos eran impresionantes: hacíamos la cesárea, tratábamos algunos
males menores de la cabeza y realizábamos intervenciones dentales.
Y no sólo eso: Motecuhzoma siempre vivió preocupado e interesado
por el conocimiento de las plantas y de los animales, tan es así que
ordenó que se observaran y se clasificaran, para descubrir en qué podían ser útiles para su pueblo. Las plantas medicinales o perjudiciales
para la salud y una inmensa mayoría de animales existentes, fueron
nombrados y ordenados. Pero no sólo eso, nuestros sabios consagra-
ron su vida al estudio de los fenómenos y los ciclos astronómicos y
meteorológicos en relación con el cultivo de los vegetales y desarrollo
de la vida del hombre sobre la tierra. ¡Cuántas ventajas obtuvimos de
estas investigaciones! Pero, todo eso y más, mucho más ¿impresionaría a unos delincuentes, prófugos de la justicia, que sólo buscaban oro
y violar a cuanta mujer se les atravesaba en el camino?

Desde muy temprano entendimos que jamás podríamos alcanzar la consolidación de nuestro imperio sin la imposición del orden
y el respeto a la ley y a la autoridad. ¿A dónde va un pueblo sin justicia? El emperador dedicaba una buena parte de su tiempo al nombramiento de jueces. Estaba convencido de que sin justicia cada
persona resolvería sus diferencias a macanazos o a pedradas. De ahí
que cuando supo que ciertos jueces habían obstruido la justicia, los
colocó en una jaula frente al Gran Teocalli demandando a la gente
que los matara a pedradas. ¡Qué regalo tan reconciliador se le obsequiaba al pueblo! ¡Cuánta generosidad del emperador que permitía el desahogo en contra de los traidores! Esa era la sanción para
quienes incumplían con sus obligaciones. ¿Qué funcionario se iba a
exponer a morir a manos de la gente por haberse corrompido? Pues
bien, todo este exitoso sistema legal se perdió con la llegada de los
españoles. Con ellos, en cambio, llegó la corrupción judicial, desconocida entre nosotros. ¡Adiós higiene social, adiós evolución, adiós
respeto entre nosotros, adiós bienestar para todos, adiós derecho,
adiós porvenir! Maldita descomposición...

Los súbditos del imperio eran obedientes, trabajadores disciplinados y nobles. Los mexicas odiamos la mentira por encima de todo. Una vez debatidos los programas y aceptada la decisión, ya no existía la marcha atrás ni cabían pretextos ni omisiones. Las reglas eran las reglas. Si los gobernantes o los súbditos incumplían la ley eran juzgados y ejecutados, a veces quemados en una plaza pública o ahorcados en cualquier esquina de la Gran Tenochtitlan o del imperio. Todos éramos iguales ante la autoridad; aunque había diferentes clases sociales y algunas diferencias, la autoridad trataba de ser imparcial para evitar descontentos, por eso avanzábamos y conquistábamos cuanto territorio apetecíamos con excepción de los tlaxcaltecas y de los purépechas. Cuando los bárbaros destruyeron nuestro sistema legal y los verdaderos dueños de este país nos quedamos sin acceso a la justicia, para la inmensa mayoría fue difícil seguir defendiendo nuestros derechos ante los tribunales españoles, los de los invasores; a diferencia de algunos principales que sí fueron oídos, el pueblo perdió toda esperanza y nos sepultamos en el hambre, en el atraso, la tristeza y en la desesperación. Nos robaron nuestro país pero no nos dieron uno mejor. Sólo nos usaron para sacar oro de las minas y desperdiciaron un talento tan evidente como sobresaliente. La perversa discriminación se impuso al desaparecer la justicia del imperio.

Motecuhzoma siempre entendió que cualquier esfuerzo sería estéril sin una educación que no se concentrara únicamente entre los sacerdotes, los militares y la nobleza. ¿Cómo consolidar de otra manera un imperio que ya llegaba más allá de las malditas Hibueras? Por ello en cada calpulli era obligatoria la existencia de una escuela para los hijos de quienes trabajaban la tierra. Las desigualdades comienzan con la falta de instrucción. En una sociedad donde la educación es acaparada por unos cuantos, los ignorantes, los abandonados, convocarán por envidia y pugnas del poder a la violencia. Como bien, muy bien, lo decía Motecuhzoma Xocoyotzin:

—Si en un bosque es imposible que todos los árboles crezcan iguales, no hagamos más grandes las diferencias entre sabios e ignorantes, inteligentes e idiotas: que todos vayan al Telpochcalli, nuestras escuelas.

Motecuhzoma Xocoyotzin dispuso que cualquiera que tuviera tierra estaba obligado a trabajarla y explotarla de acuerdo a la ley. Cada beneficiario de un calpulli estaba obligado a aportar una determinada cantidad de costales de maíz al año o perdería sus derechos, por lo que sería contratado, pero ya en su calidad de esclavo, en otra comunidad. Así y sólo así se lograba aumentar la producción agrícola que era calculada por matemáticos capaces de determinar la cantidad de mazorcas que podrían lograrse de acuerdo a las condiciones climáticas y geográficas de un lugar. Tontos, atrasados e ineficientes, por supuesto que no éramos. Este incentivo resultó ser todo un éxito para garantizar la alimentación del imperio y evitar la violencia por hambre. No había tierra abandonada, no había milpas sin trabajar, no había espacio para la holgazanería ni para el alcoholismo: algunos tenían autorización de tomar pulque en ciertas ocasiones, quien no lo hacía así sufría severas penas en público para escarmiento de todos los demás.

¡Claro que nos ayudó la introducción de la escritura alfabética! ¿Cómo negarlo? A pesar de que tuvimos conocimiento de la escritura y la elaboración de los códices, quedamos excluidos de la escuela en el momento en que todo esto fue sustituido por la educación española que antes era garantizada en los calpullis. Sí, pero ¿de qué nos sirvió el arribo de la letra impresa si los indios quedamos excluidos de la escuela antes garantizada en los calpullis? ¿Quién iba a educar a los millones de indios que quedaron abandonados a su suerte? ¿Nuestros maestros iban a ser esos malditos ensotanados eternamente vestidos de negro con sus cruces colgando del pecho y que nos amenazaban bajo cualquier pretexto con la horca, la pira o la espada? ¿Ellos nos iban a enseñar a leer y a escribir? ¿Ellos...? ¡Claro que la población empezó a atrasarse con alfabeto o sin él! ¿De qué nos servía la escritura europea si se había superpuesto a la nuestra, que era de mayor perfección? Las grandes masas se sepultaron en la ignorancia y en la apatía, una de las consecuencias del sometimiento contra el que siempre lucharon mis abuelos, Ilancuietl, Acamapichtli, Huitzilihuitl, Chimalpopoca, Itzcóatl, Motecuhzoma Ilhuicamina, Axayácatl, Tizoc y Ahuizotl. ¿Por qué alfabetizar a un indio o, peor aún, a una mujer, si los españoles ponían en duda hasta la existencia de nuestra alma? ¿Acaso el conocimiento de las letras iba a ser útil para tirar del arado como bestias de carga o para picar piedras en las entrañas de la tierra con tal de dar con la plata o para abrir las piernas y ser violadas por estos maleantes? ¿Qué bienes pudieron habernos legado los invasores? ¿La ventaja de una religión superior al amparo de la cual fuimos masacrados? ¿La enseñanza práctica de todos los vicios concebibles? ¿La degradación moral como ejemplo? ¿La mentira como base de cualquier acción? ¿La traición? ¿Los números romanos?

¡Cómo me hubiera gustado que se hubiera recogido la voz verdadera de Cuitláhuac o la de Cuauhtémoc, la de los vencidos, realidades y opiniones que nunca fueron apuntadas por los cronistas españoles! Pero, claro está, la universidad quedó, como todo, reservada para los invasores; nosotros, los esclavos, podíamos irnos a la mierda, como en efecto nos fuimos... ¿De qué sirvió la letra y de qué serviría una universidad si el sistema tiránico español nos limitó a los indios el acceso a la cultura, reduciendo nuestra visión a una educación religiosa en la que no cabía ningún otro tipo de conocimiento?

¿Cuál aportación, cuál mejoría moral, si los españoles sustituyeron nuestros principios y valores por algo mucho más simple: la habilidad para mentir y traicionar? ¿Ejemplos? De acuerdo a las reglas para la guerra, nuestros embajadores entregaban a los representantes de nuestros enemigos un cierto número de escudos y macanas para que estuviesen apercibidos y no cupiese el argumento de la ventaja, de la sorpresa o de la traición. Antes de la batalla se les concedían dos días para que tomaran una decisión y prepararan la defensa. En caso de silencio o de rechazo, se les obsequiaban otros veinte días, advirtiéndoles que después del ataque el señor sería castigado con la pena de muerte. El último llamado, propio de nuestra cortesía, se hacía a los guerreros de la ciudad amenazada, porque ellos habrían de recibir los golpes y resistir el peso de la guerra. Con los españoles, nuestro sentido del honor se convirtió en nuestro peor enemigo. Los invasores engañaban y violaban cualquier trato o pacto y festejaban nuestra estupidez por haberles creído. ¡Cuántas veces nos atacaron por sorpresa y, además, por la espalda! Con nosotros, hasta en la guerra existía la cortesía y el respeto a los adversarios. Caímos en sus trampas, porque para nosotros era indigno poner trampas a los adversarios.

¿Qué teníamos que aprender los mexicas, los texcocanos, los tecpanecas y los mayas de los españoles? Nuestro ritmo de progreso era impredecible hasta que fue brutalmente decapitado.

Hernán Cortés trató en todo momento de denigrar a Motecuhzoma, de calumniarlo ante su monarca. La usurpación, el despojo, el pillaje, las matanzas requerían de una víctima, de una justificación y esa víctima, según declaración propia de Cortés, no podía ser otra sino Motecuhzoma. Obviamente le endilgó las matanzas ejecutadas por las hordas españolas, lo declaró obsequioso para encubrir sus propios robos y atropellos y para explicar sus propias canalladas. Lo presentó también como un hombre extraviado, un hereje salvaje que habría que cristianizar para legitimar su usurpación de acuerdo con las leyes españolas y motivar la guerra de exterminio. A veces lo proyectaba pueril e ingenuo y otras veces malvado y cruel, según sus estados de ánimo. ¿Así se dieron los hechos? ¿Vale sólo la palabra del invasor? ¿Y la nuestra? ¿Quién oiría la nuestra? ¿Cuándo?

¿Por qué los españoles destruyeron a marrazos las esculturas de Chapultepec en las que aparecían todos los emperadores mexicas, desde Acamapichtli hasta Motecuhzoma Xocoyotzin? A sus cincuenta y dos años, antes de la caída de nuestra amadísima Tenochtitlan, mi padre aparecía en los retratos como un hombre delgado, moreno claro, pocas barbas prietas, ralas y el rostro algo largo y alegre, ojos de expresión severa y cariñosa, con una cabellera trenzada de pluma de tlauhquéchol y la nariz atravesada con un canuto de oro muy sutil y orejeras de esmeraldas, las xiuhtezcanacochtli, de solera de oro labrada con gran delicadeza, además de las muñequeras del brazo y tobillera del pie derecho, collarejos de cuero de ocelote con su rodela y sonaja, sentado sobre una silla de piel de puma, mirando con mucha gravedad, la estampa de todo un príncipe.

Motecuhzoma era hombre de mediana disposición, acompañado con una exquisita majestad real, bien acondicionado aunque muy justiciero y esto hacía por ser amado y temido. Muy bien educado, enérgico y determinado en el hablar, gracioso y amable. Su aspecto era de divinidad de gran señor: ágil y fuerte, diestro en la guerra y en los ejercicios físicos de juego de pelota y natación, además de hábil en tiros de cerbatana, arco y jabalina.

En la vida social se mostraba bien hablado y gracioso cuando se ofrecía tiempo para ello; pero junto con esto, muy cuerdo; tomaba elíxires y hierbas para ser más potente, porque como ya dije, era muy dado a las mujeres. Gustaba de fiestas y placeres aunque, por su gravedad, asistía en contadas ocasiones. En la religión y adoración de sus dioses era muy cuidadoso y devoto, en los sacrificios muy solícito. No perdonaba las ofensas, por livianas que fuesen, si se hacían contra el culto divino. Siempre encontrábamos a un hombre inflexible y fanático cuando se trataba de asuntos relativos a la divinidad. Hernán Cortés pagó muy caro el hecho de haber subestimado esta faceta de mi padre, reduciéndola a una mera superstición propia de tribus atrasadas...

En las ofrendas en las que participaba mi padre como supremo sacerdote de Huitzilopochtli, se extraía el corazón de los prisioneros, fundamentalmente guerreros o doncellas, después de darles un gran golpe asestado con un enorme cuchillo de obsidiana. También organizábamos combates entre prisioneros, los quemábamos en la hoguera divina y los matábamos con flechas, amarrados a un poste. La creciente importancia de las ofrendas afectó nuestras relaciones con otros pueblos, pues los sacrificados eran generalmente extranjeros, esclavos o prisioneros de guerra. Sí, sí, por supuesto que acaparábamos el odio de los conquistados y de los tributarios, no sólo por los sacrificios humanos a que los sometíamos, sino por los altos impuestos que cobrábamos con eficiencia y rectitud, puesto que todos tenían que cooperar con el mantenimiento del imperio.

La ofrenda era esencial en la religión mexica, pues se relacionaba con los ciclos fundacionales y de la creación y la sangre era considerada el líquido precioso en que se transforma la luz del sol después de ser el alimento de las plantas; esta filosofía fue difícilmente entendida por los españoles. Si los hombres no pudieron existir sin la creación que de ellos hicieron los dioses, éstos, a su vez, necesitaban que el propio hombre los mantuviera con su inmolación y les proporcionara como alimento la sustancia mágica, el chalchiuatl, que se encuentra y esconde en la sangre y el corazón humanos.

Durante las fiestas de Atlacahualco, en el mes invernal, ofrendábamos niños al dios Tláloc, para tener largos ciclos de fertilidad. Se les arrancaban las uñas para que gritaran y lloraran con el fin de demostrar al dios de la lluvia que realmente necesitábamos de su generosidad. A otros los llevábamos a las montañas, de donde venía el trueno. Se les encerraba y se les dejaba morir de hambre en el interior de las cuevas. Estos niños no eran extranjeros, eran hijos de nuestro propio pueblo, elegidos por decisión de los sacerdotes. En el pasado, los niños tenían que ser hijos de nobles, pero desde Motecuhzoma I, lo habíamos evitado. Los nobles pagaban por estar exentos de este tratamiento. Algunas de las personas que tomaban el lugar de los dioses y las diosas o los representaban en ciertos festejos, eran elegidos en Tenochtitlan. En los festejos de Ochpaniztli, barrido de caminos, se escogían las muchachas de trece a dieciocho años, que eran las más excitables, para ofrendarlas en las fiestas propiciatorias de fertilidad.

Otro ejemplo del rigor moral en el que vivíamos, se encuentra en el momento en que Nezahualpilli accedió al trono en la niñez, a la muerte de su padre Nezahualcóyotl y contrajo nupcias, tiempo después, con mi tía, Chalchiuhnenetzin. A ella se le habían otorgado más de doscientos servidores y se le había ubicado en un palacio hermoso para que tuviera una morada digna, a la altura de su rango. Sin embargo, a la par que en belleza, la jovencísima princesa había crecido en vileza y se hacía desear por cuantos hombres hermosos se mostraban ante ella. Era viciosa, era consciente de su estirpe y no tenía escrúpulos. Todo hombre que yacía con ella y le daba el placer que deseaba era inmediatamente estrangulado, para que después no pudiese contar a nadie su infamia. Luego mandaba a hacer estatuas de los fallecidos y las colocaba en una galería enfrente de sus aposentos, alrededor de los jardines, donde tenía su habitación. Cuando el rey Nezahualpilli, extrañado por tanta estatua, le preguntaba su origen, ella le respondía que se trataba de dioses propios de su religión. El rey, conocedor de los muchos ídolos de los tenochcas, dudó, guardó un prudente silencio, esperó y observó. La buena suerte acabó cuando ella perdió la sensatez y perdonó la vida a tres de sus amantes. Le era imposible imaginar la vida sin el placer que le reportaban aquellos señores expertos en arrebatos carnales: Xicocóatl, el más grande del reino de Texcoco y señor de la casa de Tezoyucan, y los otros dos, Huitzilihuitl y Maxtla, nobles de alto linaje. El sabio y sagaz Nezahualpilli descubrió un día para su enorme sorpresa que uno de ellos llevaba una joya que él mismo le había regalado a la reina días atrás. Con la debida cautela ordenó seguir al noble y vigilar las estancias de la monarca. Actuó fríamente. Supo esperar, hasta que una noche, informado de la presencia de los amantes de la reina, acudió a visitarla como si nada supiera. Al acercarse hasta su rica estera comprobó que quien supuestamente dormía era una estatua con pelo humano. Sus temores se revelaron ciertos cuando en unos aposentos cercanos se encontró a la reina Chalchiuhnenetzin en una orgía con sus tres apasionados adoradores. Conteniendo sus deseos de matarla en privado, como era costumbre en los casos de escándalos de miembros de las grandes familias y de la nobleza azteca, decidió que el proceso a la reina y a sus cómplices debería ser público. Que el pueblo se enterara sin ocultar la verdad. Si se trataba de una auhiani, una prostituta de las clases altas, era el momento de demostrar que la ley se aplicaría a todos por igual. ¡Preparen la horca o la hoguera!

¿Y cómo no iba a ejecutarla ante el pueblo si había encontrado a la reina, a la soberana del reino de Texcoco, acostada, completamente desnuda, nada menos que con tres mancebos privados del maxtlatl indispensable para cubrir las partes nobles? Tampoco llevaban ya el pectoral y los copilli. Los penachos hechos con plumas de guacamaya y de guajolote, mas no de faisán y de quetzal, delataban la extracción popular de los amantes. No todos pertenecían a la nobleza mexica. Uno de ellos era danzante y, tan lo era, que en el piso se encontraban tiradas unas coyoleras, las tobilleras de cuero ahuecadas y rellenas de semillas de árbol utilizadas para marcar con sonidos el ritmo de los bailes, además de una faja roja que se ata en la frente de los bailarines, el ixcualmécatl, indispensable para no perder el equilibrio ni la concentración. No pasó mucho tiempo antes de que Nezahualpilli descubriera una tilma bordada con plumas preciosas, la capa utilizada por los hombres para protegerse del frío, arrojada en desorden sobre un escudo. ¿Quién de la baja nobleza se había atrevido a entrar a su palacio para acostarse con la reina? ¿Quién, cuando cualquiera sabía que los adúlteros eran masacrados a pedradas en las grandes plazas? Si a eso se exponía un ciudadano que se relacionaba ilegalmente con cualquier mujer casada, habría que suponer el castigo para quien lo hacía con la esposa del tlahtoani.

Nezahualpilli ingresó en los aposentos reales sólo para encontrar a mi tía desnuda y bocarriba, con dos de los jóvenes de rodillas a sus lados, dedicada a acariciarlos de arriba abajo, en tanto el tercero la poseía con un furor inspirado en el aoktli, el pulque que acompañado de unos buenos hongos, bien podría hacerlo sentir cercano al tlaltikpak papayotl, el Paraíso terrenal. El tlahtoani se quedó paralizado. ¿Quién era esa persona con la que había vivido tantos años? No la conocía. ¿Cómo había podido vivir tan equivocado y jamás suponer sus alcances ni sus verdaderas intenciones? ¿Era candoroso o imbécil? Bastó un tronido de dedos para que todos fueran arrestados entre sustos, lamentos, disculpas y explicaciones, hasta que entre gritos y súplicas fueron encerrados en los calabozos reales. ¡Ah, qué mi tía abuela, Chalchiuhnenetzin!

Ahuitzotzin, acompañado por cinco hermanos de la princesa, fueron a entrevistarse con Nezahualpilli porque estaban de acuerdo en que fuese castigada con la muerte, pero les parecía una deshonra, un escándalo para los mexicas, que ajusticiaran a la princesa en público.

La petición no fue escuchada: la reina y sus amantes fueron ajusticiados en presencia del pueblo. No cabía una sola persona más en la plaza de Texcoco. Por supuesto, no se presentaron ni el Huey Tlahtoani ni los príncipes ni ningún otro noble mexica. El conjunto de los servidores de la reina, sus cómplices, así como los que habían hecho las estatuas y cuantos conocían del asunto y no lo habían denunciado, fueron conducidos al fuego, quemados vivos y luego enterrados en una gran fosa común cerca del templo de la deidad femenina llamada Tlazoltéotl, la que oía y perdonaba o no, los pecados originados por la riqueza y las pasiones carnales. No había tregua para quienes violaban las normas sociales.

Los antecesores de Motecuhzoma II habían expandido las fronteras del imperio hasta donde llegaron los dominios mayas, durante los últimos setenta años. Comprendía más de trescientas cincuenta ciudades-estado sometidas, agrupadas en provincias, las cuales estaban obligadas a pagar ricos tributos en fechas establecidas y en ocasiones especiales. Para administrar y consolidar la expansión imperial en tantas ciudades-estado se requería un gran don de mando, aplicación estricta de justicia, además de un control administrativo y militar.

De mi padre se decía que era el fruto de los linajes ancestrales, tan grande que en el mundo no se conocía otro igual; en su casa lo servían muchos señores con los pies descalzos y los ojos puestos en el suelo; tenía treinta vasallos, cada uno con cinco mil combatientes; ofrendaba cada año a miles de personas; atendía en detalle la más linda y más fuerte ciudad puesta sobre el agua y contaba con más de cuarenta mil canoas a sus órdenes; su corte era grandísima, muy noble y muy generosa; acudían a ella muchos príncipes de varias zonas; sus rentas y riquezas eran incalculables, porque no había nadie, por gran señor que fuera, que no le tributara y ninguno tan pobre que no aportara algo de sangre de sus brazos.

Sí, claro, nos odiaban, la insolente actitud mexica frente a los sometidos era algo insoportable. Sobre todo cuando los recaudadores hacían constantemente sus rutas a lo largo y ancho del imperio arrebatando la riqueza duramente trabajada y llevándose además a hombres y a niños para la muerte. Era evidente que Motecuhzoma Xocoyotzin se definiría, en el corto plazo, como un gobernante déspota y caprichoso, enérgico e inflexible, cuyo delirio de grandeza ayudaría a consolidar las arcas del imperio e integraría definitivamente todas sus fronteras.

Si algo le produjo a mi padre un terrible dolor fue el hecho de haber sido derrotado por los tlaxcaltecas en 1504. Vivió un castrante pesar al no haber podido hacerse de aquellos territorios, que a partir de aquel entonces se llenaron de enemigos feroces. El escandaloso fracaso militar se tradujo en la captura de miles de mexicas, algo a lo que no estábamos, por supuesto, acostumbrados. Nuestro ejército volvió humillado a Tenochtitlan. Como represalia, mi padre impuso sanciones a Tlaxcala: suspendió el trueque de algodón y de sal. Insistimos en las guerras floridas, que eran representaciones de las batallas reales donde se elegían algunos guerreros enemigos para las ofrendas en la piedra de los sacrificios. En realidad acaparábamos el rencor, los resentimientos y los resabios de aquellos tlaxcaltecas, que a pesar de haber sido diezmados por las continuas guerras religiosas, encerrados en aquel cerco amurallado que les impedía alcanzar la costa y traer de ella el algodón y la sal, jamás aceptaron, no obstante, someterse a Tenochtitlan y perder su libertad. Nunca logramos conquistarlos sin imaginar, claro está, que unos enemigos tan poderosos ubicados en nuestras fronteras, tarde o temprano podrían hacer una alianza con los españoles o con quien fuera, para extinguir las maravillas ejemplares del imperio mexica.

Mientras tanto, durante las celebraciones del Fuego Nuevo, Motecuhzoma Xocoyotzin se convirtió, además, en el sacerdote supremo de Huitzilopochtli. Paso a paso se fue transformando, al extremo de expresar varias veces que había tenido comunicación directa con él, la máxima deidad entre todos nosotros. Asistía a las ceremonias divinas para conmemorar el tiempo nuevo. Contemplaba cómo entre varios religiosos inmovilizaban bocarriba a la víctima, de preferencia tlaxcalteca, en tanto ésta daba gritos de horror, cuando el sacerdote, armado con un cuchillo de obsidiana, le rompía el esternón con un golpe certero para abrirle el pecho y sacarle el corazón palpitante para ofrecérselo a los dioses. El hueco sangrante del pecho del prisionero se preparaba para encender un fuego nuevo, el fuego de la vida, fuego de alianza entre los dioses y los hombres para que el tiempo continuara y se repartiera la vida en ciudades, pueblos, regiones y templos del imperio. La comunión era total. Nuestra gente se cortaba las orejas, incluso las de los niños de cuna, y esparcían la sangre en dirección del fuego en la montaña. La ceremonia del Fuego Nuevo era la renovación, era la esperanza. Entonces, el fuego nuevo era llevado al templo de Huitzilopochtli, en el centro de la ciudad de Tenochtitlan, donde se ponía en el pebetero divino. Los mensajeros, los corredores y los sacerdotes llevaban el fuego a sus ciudades natales para tranquilizar a los suyos, al pueblo ávido de paz y de esperanza renovadoras.

Algunos españoles vomitaban al presenciar algunas de las ofrendas en las que intervenía el líquido precioso, es decir, la sangre humana, la misma que ellos hacían correr en profusión con sus espadas; cuando se trataba de su empleo religioso, militar y político, su mentalidad se impregnaba de ignorancia y superstición. Degollábamos a dos mujeres esclavas en el altar, en lo más alto del templo, donde los sacerdotes las desollaban íntegramente, sacándoles las canillas de los muslos. Al día siguiente, por la mañana, dos indios principales se vestían con los cueros frescos y ensangrentados y bailaban usando los rostros como máscaras. Los cuerpos sacrificados eran rodados desde lo alto del templo para ser recibidos abajo por dos mujeres viejas, dedicadas a meter unas jícaras con tamales y mole en la boca de los cadáveres y a rociar las caras con unas hojas de maíz mojadas en agua. Luego otros hombres les cortaban la cabeza y la colocaban en el Tzompantli o muro de cráneos. ¿Y el sacrificio llamado Tlacacaliztli, en que la víctima era atada y flechada para que la sangre cayera sobre la Madre Tierra y se fertilizaran los campos?

Al traidor lo llevábamos a la plaza para desmembrarlo comenzando por los labios y la nariz, siguiendo por las orejas, las manos y los brazos, para terminar con los pies, tobillos y piernas. Acostumbrábamos a rapar al juez o al senador acusado de haber recibido regalos de los litigantes o de los reos, de modo que todos pudiéramos distinguirlos en las calles como corruptos. En las guerras, las cabezas humanas eran consideradas trofeos muy valiosos, especialmente las de los prisioneros. Una vez desolladas, las secábamos y las colocábamos en el Tzompantli, para intimidar a los enemigos, para que llegado el momento de los tratados de paz, se cumpliera con los principios para hacer valer el orden, la base del progreso.

Yo, Tecuichpotzin Motecuhzoma, Flor de Algodón, nací en 1510 como consecuencia de una alianza matrimonial perfecta. Mi nacimiento implicó el apoyo del rey de Tlacopan, uno de los dos aliados de Tenochtitlan y, por ello, miembro del cuerpo electoral. Después del parto se produjo un gran júbilo en palacio por el exitoso alumbramiento de una noble doncella, flor blanca y perfumada. Mi nombre entre los descendientes españoles se complicó con un Tecuichpo Ixcaxóchitl, que significa *flor negra*, pero la traducción correcta del náhuatl sería *capullo blanco, flor blanca y perfumada*. En aquellos años los españoles ya habían conquistado La Española, Puerto Rico y Jamaica. Diego de Velázquez iniciaría la conquista de Cuba ese mismo año.

Mi madre me contaba el cambio tan radical que había experimentado mi padre a partir de mi nacimiento. Buscaba, como nunca antes lo había hecho, un espacio para cargarme en sus brazos. Algo había visto en mí o le habían anunciado los sacerdotes, por lo que no perdía oportunidad de acariciarme y de besarme. Según empezó a pasar el tiempo, entendí la mirada que me obsequiaba cuando me presentaba en cualquiera de los aposentos reales. Nadie podía pasar sin anunciarse a la habitación del trono salvo una persona: yo. Sí, yo, yo gozaba de todas las atenciones y privilegios. Recuerdo haber hecho juegos de niña en lugares donde se discutían elevados problemas de Estado. Yo acaparaba el cariño, los premios, la palabras más hermosas del emperador y recibía en cantidades abundantes aquello de lo que él mismo carecía, de tiempo, sí, de tiempo, porque me lo obsequiaba todo en cualquier momento o circunstancia. Sólo tenía ojos para mí y no para mis hermanos.

Resulta difícil imaginar mi sorpresa de chiquilla cuando descubrí que, en muchas ocasiones, mi padre se disfrazaba como cualquier persona humilde del pueblo bajo y caminaba por las calles o entraba a los mercados, en especial al de Tlatelolco, ya no como lo hiciera Nezahualcóyotl para buscar temas poéticos, sino para conocer la realidad de su gobierno, escuchar de viva voz la opinión que se tenía de él, para tener acceso a una realidad que sus consejeros normalmente le hubieran ocultado. Una de las fiestas que más saboreaba, perdido en el anonimato, consistía en ver escalar unos enormes postes a aquellos hombres-pájaro hasta trepar a una gran altura, donde después de bailar en círculos, desafiando al sol, se ataban los pies a unas cuerdas y empezaban a girar alrededor para volar de cabeza, hasta llegar de nueva cuenta al piso, para ser recibidos con grandes ovaciones de admiración por parte de nuestra gente. Pues bien, como iba desprovisto del boato imperial y muy pocos lo conocían físicamente, yo lo acompañé muchas veces a perdernos en las filas del pueblo, no únicamente para ver de cerca a los indios voladores, sino cualquier otra fiesta popular, sin que jamás mi padre soltara, ni un solo instante, mi mano.

Sí, claro, por supuesto que mi padre construyó un gigantesco zoológico en Chapultepec, con sus jaguares de caza y sus nobles águilas. Ahí coleccionaba seres humanos deformes, anormales, jorobados, tartamudos, gente de ojos azules y uno o dos ejemplares de piel clara. Era evidente que si él no los hubiera enjaulado para contemplación del público, los habrían matado, como solía ocurrir en el pasado y sigue sucediendo en las demás comunidades que conozco. ¡Cuántas veces lo visitamos juntos sin acabar de sorprenderme tanto de los hombres y de los animales que ahí se encontraban enjaulados, como de los comentarios e historias que yo alimentaba, aún más, con mi imaginación infantil! Sí que pasé miedos y en más de una ocasión corrí a su lecho en las noches, perseguida y asustada por los monstruos espantosos que deseaban devorarme entre rugidos de horror. Nunca dejó de abrirme un espacio entre sus sábanas de algodón. Imposible ocultar su sonrisa paternal cuando yo temblaba de miedo.

Cuando nací y mi padre insistió en que me nombraran Tecuichpo, me convertí en la hija que él siempre buscó, a la que invariablemente hacía reír, a la que dedicaba unos instantes antes de que me entregara al descanso diario. Velaba por mí, vigilaba mis alimentos, veía por mi educación, solicitaba detalles de quienes me rodeaban, se preocupaba por mis tristezas y disfrutaba mis alegrías. Llegué a ser una compañía inseparable para él. Nunca dejó de repetirme que significaba para él una fuente de tranquilidad, de inspiración y de felicidad. ¡Cuánto hubiera disfrutado escuchar esas palabras cuando dejé de ser niña! Buscaba a mi padre pero ya no estaba. Los españoles lo habían asesinado.

Bastaba con ver su mirada para constatar el orgullo que mi padre sentía por mí. Me sabía una yakakuitlapoli, una chiquilla, pero eso sí, despierta e inteligente, que le producía admiración, confianza y simpatía. Nadie lo hacía reír como yo, sobre todo cuando me expresaba como una persona mayor, cuando ni siquiera había cumplido los diez años de edad. Estaba adelantada a mi tiempo y a mis hermanos, situación que no escapaba a su entendimiento. Por esas razones me buscaba en las horas más inoportunas del día únicamente para verme, para acariciar mi pelo, para arreglármelo si es que estaba desaliñado, para ajustar mi pequeño huipil, el que él siempre exigía que estuviera de un blanco perfecto sin que los hilos de colores que lo decoraban se hubieran despintado o corrido.

¡Cuántas veces disfruté cuando mi padre me cargaba y yo me golpeaba en la cabeza con su enorme penacho hecho con plumas de quetzal o de tucanes! Reíamos. Me bajaba al piso al mismo tiempo que se desprendía de su penacho para corretearme gozoso y sonriente a lo largo y ancho de su inmenso palacio, las casas nuevas de Hueytlatlan, donde él retozaba conmigo como lo podría hacer cualquier padre de Tenochtitlan, una vez concluidas sus actividades personales. Nunca tuve el tiempo suficiente para contar cuántas habitaciones tenía el palacio de Axayácatl, mi querido abuelo. Siempre he recordado y recordaré hasta el momento de mi muerte los días felices que pasé ahí, ocultándome de la mirada de mi padre, escondiéndome en todos los cuartos o en la sala del trono, sin que él pudiera encontrarme, a pesar de los gritos que daba para anunciar la conclusión del juego y de la hora de retirarse a seguir trabajando en sus elevadas responsabilidades. Creo que fui la única niña que alguna vez pudo jugar tanto en el palacio de Axayácatl, como en el de Motecuhzoma Xocoyotzin. Era muy fácil identificar los pasos de mi padre al golpear el piso con sus sandalias de suelas de oro, anudadas a los tobillos con unas agujetas confeccionadas con piel de venado. Sin embargo, yo salía de mis escondites después de haber estado oculta tras enormes soles de oro, estrellas de plata o estandartes bordados con los escudos reales de mis antepasados, así como con los collares con que habían sido ungidos tlahtoanis en su momento. ¡Por supuesto que jugábamos en las recámaras del tesoro! No había espacio alguno reservado para nuestros juegos. ¡La sorpresa de la guardia imperial y de otros súbditos cuando veían al emperador Motecuhzoma corriendo tras de su hija en los pasillos! Durante aquellas reuniones de Estado palaciegas, mientras jugaba con el sol, la luna y el viento, empecé a escuchar, de soslayo, acerca

de la llegada regular de extranjeros a nuestras playas, precisamente por donde salía el sol. Mi padre pensaba que se trataba de una
ensoñación, una especie de fantasía causada por alguna insolación
a causa de haber bebido mucha infusión de cactus, de peyote o por
haber comido setas sagradas con miel. ¿Qué sería eso? Para tratar
de huir de esa realidad e intentar olvidar los dibujos que había solicitado a fin de conocer las visiones de sus espías, las que hablaban
de enormes templos que navegaban sobre el agua con telas blancas,
mi padre se impuso una estricta disciplina de trabajo, además de
sangrarse las orejas y las espinillas con cortes hechos con cuchillos
afilados de obsidiana, la más negra y cortante que pudiera tener a
la mano. En mucho me sorprendía su actitud con tan sólo imaginar
el dolor que producirían las heridas. ¿Sólo así escucharían los dioses las plegarias?

Una mañana, cuando llegaban insistentes noticias del mar, anunciando el arribo de más templos gigantescos que flotaban sobre el
agua, mi padre empezó a perder el habla como si presintiera la inminencia de la catástrofe. Nos contagiaba a todos con sus miedos. ¿Qué
hacer si el señor invencible, el que no se doblega, el semidiós, tiembla,
enmudece, se confunde y nos confunde? Con cada nuevo informe volvíamos a escrutar su rostro. Lo leíamos a la perfección y advertíamos
su pánico, su escepticismo, su fatalismo. Cada día dejaba de ser el
gran líder poderoso, invencible, arrollador, invulnerable e invencible.
Su voz se debilitaba, se le caían los hombros, ya no erguía la cabeza
ni se desplazaba con altivez real. Su impresionante soberbia imperial
se desvanecía hasta hacer de él un humilde mortal. De emperador se
convertía en un súbdito sin saber de quién... La presencia de un cometa, de esos tan conocidos por los astrónomos mexicas, se interpretaba como la inminencia de grandes cambios tanto sociales como
naturales. Algo fatal, lo que fuera, pero alguna catástrofe se produciría. Los cometas ya eran presagios de guerra o de malas noticias,
aunque en ocasiones la guerra pudiera ser una buena noticia. Como
los emperadores eran incapaces de interpretar el significado de las estrellas fugaces, tarea que correspondía a los sacerdotes, éstos debían
leer muy bien el lenguaje de los cielos, porque si llegaban a exagerar
en sus predicciones, corrían el peligro de ser ejecutados por no haber
interpretado correctamente las señales enviadas por los astros.

Nunca olvidaré cómo ordenó a gritos furiosos que los astrónomos y sabios del Calmécac fuesen interrogados hasta la saciedad,

al no poder entender con precisión cuando le anunciaron la relación que los hombres blancos que acababan de llegar tendrían con el presunto colapso mexica. Cuando le informaron que los hombres blancos acabarían con el imperio azteca, ordenó que los arrojaran a las cárceles y fueran abandonados allí para que muriesen de hambre. «¡Que mueran por inútiles!». ¡Ay de aquel que les daba un tamal, un trago de atole o un peyote para disminuir sus penas, porque sería encerrado junto con los sabios! Las órdenes eran las órdenes...

Siguieron los pronósticos, la ira de mi padre se hacía más insana y violenta contra los astrónomos, los agoreros, los adivinos, hechiceros y ancianos. El pueblo, por su parte, estaba muy confundido debido a los cálculos proféticos que oía en los templos y en las calles.

Un día, a media mañana, después de inciensar a los dioses poniendo el copal en una especie de cuchara llamada támitl y de ofrendarlos con manjares, papel y codornices, mi padre ya no pudo resistir sus miedos y confesó a los sacerdotes más importantes del Templo Mayor:

—Deben saber que estoy muy triste y con gran sobresalto, temiendo lo que ha de venir sobre mí, por lo cual he determinado ir a esconderme a una cueva de los montes, donde nunca más apareceré. Si quieren seguirme, se los agradeceré.

¡Claro que nunca se encerró en cueva alguna, pero sí pensó que la aparición de los cometas estaba relacionada con la llegada de los hombres blancos, de pelo en la barbilla, avistados por los espías en las playas del mar del oriente! Yo, por mi parte, no entendía lo acontecido puesto que contaba con menos de diez años de edad, sin embargo, no dejaba de observar la disminución que sufría el emperador. Se estaba convirtiendo en una sombra de lo que había sido.

¿Qué había pasado con el guerrero vencedor de Nopalla e Icpactepec, Tlachquiauhco, Chalco, Yancuitlan, Toya, Malinaltépec, Izquiquixoyan y Cuetlachtla, Xaltépec, Cuauhtzontlan, Quimichtépec, Tututépec, Quetzaltépec, Cihuapohualoyan, Cuexcomaixtlahuacan, Iztactlalocan, donde por primera vez figuraron como héroes su hijo Ilhuitl Témoc y su primo Cuauhtémoc, Tlachquiauhco en la Mixteca, Matzacintla, Zacatepec, hasta llegar a Nicaragua? ¿Qué quedaba del ser invencible, ignorante del mínimo temor?

Motecuhzoma nunca olvidaría las palabras pronunciadas en público por Nezahualpilli, rey de Texcoco, unos días antes de morir:

—Señor emperador, el cometa señala la ruina, grandes cambios, el colapso para ti y para mí, he visto la perdición. Ocurrirá. Apuesto dos pavos contra mi reino a que tendrás una muerte horrible, pero yo, el rey viejo, moriré antes que tú. Ya no asistiré a la catástrofe que se aproxima. No la viviré; tú sí verás la desaparición del imperio que orgullosamente construyeron nuestros abuelos.

Estas profecías podían acabar con la paciencia de mi padre y lo obligaban a encerrarse en el templo de Huitzilopochtli para sangrarse, herirse y flagelarse de tal manera que su dolor lo escucharan los dioses. Los augurios lo enloquecían, sobre todo cuando le hablaban de una muerte horrible. ¿Un azteca, y no cualquier azteca, sino el propio emperador, temiendo la muerte? Imposible entenderlo después de conocer nuestra religión y nuestra historia.

Mientras crecían los rumores provenientes del mar, la gente exhibía cada vez más miedo, temía la llegada de extranjeros con costumbres diferentes y deseosos de apoderarse de sus tierras. Ante la incertidumbre, se preguntaba si sobreviviría, si el imperio sobreviviría, si la ciudad sobreviviría. Había en el pueblo una enorme angustia y una grave consternación que se complicaba con el estallido repentino de incendios en los templos, por la presencia de cometas o por terremotos o inundaciones. Para evitar los malos augurios, se rompían las viejas ollas, se colocaban nuevas en las casas, se manufacturaban nuevos petates frente a la hoguera, nueva ropa en general. En todas partes se ofrecía incienso a los cuatro rumbos del universo, tanto ante los templos como en los patios de palacios y casas. Se comían tamales de semilla de amaranto y miel y en los templos locales los sacerdotes ofrecían esclavos en sacrificio. La preocupación era colectiva.

Un mensajero llegó a solas de Xicallanco. Exigió una entrevista con el emperador. Se veía agitado y asustado. Sólo Motecuhzoma podría entenderlo y ayudarlo a la resignación. Traía consigo una sencilla tela. En ella figuraban tres enormes barcos de grandes velas. Era una pintura meticulosa hecha por un gran artista. No nos quedaba la menor duda. Las naos eran semejantes a las avistadas en el año 12 Calli, 1517. La catástrofe resultaba inminente. Tendríamos que pagar viejas, muy viejas cuentas. Los hombres volvían por el camino donde nace el sol, ahí por donde nos habían anunciado el regreso de los dioses.

Se hablaba de mala suerte, muy malas señales debidas a la gestión de mi padre como gobernante y los rituales religiosos contrarios a otras deidades. Empezó a decirse que Motecuhzoma era el emblema del desastre, que él estaba trayendo la adversidad. El emperador trató de pagar su deuda con los dioses al quemar papel salpicado de caucho y danzando durante varias horas, en la más absoluta soledad, en el interior del templo de Huitzilopochtli, después de haber ofrendado la sangre de sus orejas y haber quemado muchas bolas de incienso. Sin embargo, en las noches soñaba con un monstruo de dos cabezas, con una mujer blanca, muy blanca, según me decía en secreto, que le gritaba al oído hasta despertarlo. Ella le reclamaba, lo condenaba, lo juzgaba y lo sentenciaba. No dejaba de sufrir las pesadillas derivadas del arribo del cometa. Según los invasores, mi padre tenía pesadillas en las que veía un pájaro siniestro a través de un espejo de obsidiana. Veía cosas terribles. Con el tiempo, iba perdiendo su paz y tranquilidad. Su vida se convertía en una calamidad. Sentía que Huitzilopochtli lo estaba abandonando porque ni después de los sacrificios de tantos y tantos prisioneros, contestaba sus oraciones ni hacía el menor caso de sus plegarias. Ya no recibía mensajes divinos ni instrucciones respecto a los mejores caminos a seguir. Sin embargo, lo que me consta es que hablaba a solas sumergido en un estado de tremenda confusión al no entender cabalmente lo que se avecinaba. Mi padre se aterraba al entrever el final de la Triple Alianza y enfurecía por no haberle podido ganar la guerra a los tlaxcaltecas, sumándose así al pesimismo reinante. ¡Cuánta soledad entre tanta compañía! Si Quetzalcóatl, opuesto a las ofrendas humanas, había caído en contradicción con Motecuhzoma por no haber entendido su retorno cíclico, el caos se impondría tarde o temprano... Mi padre y los notables se preguntaban, en el interior de la asamblea, qué habíamos hecho tan mal que era necesaria una venganza. ¿Por qué Huitzilopochtli no se lo anunciaba? ¿Por qué los dioses lo dejaban solo en esta catastrófica coyuntura? ¿Por qué tenía que tocarle a Motecuhzoma Xocoyotzin el arribo de estos hombres blancos y salvajes cuando el imperio mexica estaba a punto de alcanzar su esplendor?

Las noticias eran escalofriantes, se hablaba de hombres de cabello largo que empezaban a poblar nuestras playas. Los invasores se habían asentado sin pedir siquiera autorización a los monarcas locales. Vestían ropas asombrosas; montaban grandes venados; provocaban horribles truenos con extraños ingenios y mataban a los indios locales como si fueran ratas: los ahorcaban en árboles o les clavaban largas y duras cuchillas en el estómago. ¿Qué dioses eran estos? ¿Lo eran?

En una ocasión, después de haber dispuesto de diez hermosas princesas para una ofrenda dedicada a conseguir ayuda, benevolencia y armonía con el sol y la jícara celeste, y cuando los sacerdotes habían alzado sus corazones a fin de que el sol pudiera contemplarlos un momento antes de colocarlos en el recipiente del águila, la famosa vasija verde, se presentó en el palacio de Motecuhzoma un súbdito nuestro, al que los hombres barbados le habían cortado el dedo índice y el pulgar de la mano derecha, así como todos los dedos de la mano izquierda y de los pies, porque los espiaban. Cuando mi padre le preguntó detalles o pormenores de estos seres blancos, dijo que habían llegado en cuatro naos muy grandes, mucho más grandes de lo que se había visto en todas nuestras vidas, de un tamaño inmensamente mayor que el de nuestras canoas. A bordo de estas naos iban quince hombres que pescaban para comer como nosotros, con cañas y con redes. Metían los peces en cestas verdes y azules.

Motecuhzoma interrumpió abruptamente la conversación para preguntar, con el rostro petrificado:

—¿Esos seres comen?

—Me sorprendí —dijo aquel infeliz— porque siempre pensé que los dioses no comían, que escasamente hablaban y que no defecaban, tal y como vi a esos sujetos hacerlo cuando sacaban sus cuerpos de la nao para tranquilizar sus organismos en horrible estruendo.

Aquel vasallo narró que tenían el cabello claro y sus carnes blancas, llevaban barba muy poblada y unas camisas de metal para protegerse quién sabe de qué. Hablaban un idioma extraño. Hablaban mucho. También reían, reían demasiado. Algunos llevaban en la cabeza unos tocados rojos. Otros, simplemente, paños blancos. De la misma manera en que podían ser candidatos al zoológico de rarezas del tlahtoani, también podían ser criaturas de otra parte del mundo que hacía ya mucho tiempo habían tocado estas tierras y ahora regresaban. En el peor de los casos, eran hombres brutales capaces de mutilar a las personas, de colgarlas, o de quemarlas vivas sin explicación alguna. En otras islas, donde los mismos hombres se habían aposentado, habían atacado a la población, matándola o mutilándola en busca de oro y mujeres.

Aquellos hombres tenían el rostro grande y pelo en todo el cuerpo y, en cierto modo, se parecían más a los animales que a los humanos: no se comportaban como dioses. Tenían muchas manchas, la cara sucia, el cabello apestoso. Despedían unos olores como animales muertos de mucho tiempo. Vestían atuendos pesados, eructaban al comer y no se separaban en ningún momento de sus largas espadas de metal, pesadas y difíciles de levantar, pero de bordes y punta afilados. No era posible que tuvieran que ver algo con los dioses, porque su burdo comportamiento los denunciaba. ¿Cómo podían ser divinidades cuando a cada paso descubríamos más y más brutalidades? En nada se parecían a aquellos hombres que nos habían anunciado que tenían la mitad de su cuerpo con la forma de animal. Los invasores no respondían a esta descripción hecha por algunos sacerdotes, a quienes mi padre había mandado a encerrar en unas tinajas por embusteros.

Desde un principio, mi tío Cuitláhuac, hermano menor de mi padre, le había dicho que no permitiera llegar a los intrusos, que no les mandara obsequios, que no tuviera la menor condescendencia con ellos, que se trataba de unos forasteros, de unos extranjeros indeseables que habían venido a destruir todo lo que nosotros habíamos construido. Que no les creyera, que eran unos asesinos, unos criminales, unos borrachos. ¿Cuáles dioses, si eran unos depravados con las mujeres? Que no aceptara sus argumentos, que los amenazara con su regreso al mar o con la posibilidad de colgarlos de cualquier ceiba de la costa. Mi tío Cuitláhuac supo leer, como nadie, la realidad, mientras que mi padre, sepultado en la superstición, en la confusión y en el miedo, tomaba a diario decisiones equivocadas.

—¿Cómo es posible —agregaba Cuitláhuac— que les temas como si fueran dioses, cuando son unos forasteros que desembarcaron, lucharon montados en grandes venados, mataron a muchos de los nuestros y utilizaron perros para ayudarlos a asesinar? Tú mismo sabes —concluyó impotente— que sólo han demostrado interés por el oro, el oro, el odioso teocuitlatl, que pretenden encontrar a como dé lugar, arrebatándoselo a quien se deje. Si no tuviéramos oro, no estarían aquí, hermano, no se los enseñes.

—¿Y los trajes negros de piedras negras y las armas que producen truenos? ¿Y la destrucción de los dioses mayas de Potonchán para colocar en su lugar una cruz, sin que los castigaran nuestros dioses? ¿Acaban con Quetzalcóatl o con Kukulcán sin consecuencias y sin que hubieran muerto todos juntos de un relámpago? —repuso el emperador sin ocultar una mirada llena de angustia.

—Hay eventos que no me puedo explicar todavía, pero algo te repito, dioses no son, así no son los dioses, hermano venerable y querido...

Motecuhzoma ignoró el llamado de Cuitláhuac, así como el de los otros integrantes de la Asamblea Suprema. De inmediato y en mi presencia, envió a la costa a sus mensajeros con riquísimos objetos de oro y plata, además de piedras preciosas, algo de su tesoro personal y una parte del de Axayácatl, además de mantas, ricos textiles y plumas que equivalían a verdaderos tesoros.

Cuando estuvieron ante la presencia de Hernán Cortés, éste no sólo los recibió con una gran cortesía, como un hermano mayor generoso y comprensivo, sino que, después de invitarlos a comer a bordo de uno de sus barcos para impresionarlos, organizó rápidamente una carrera con sus venados, dispararon sus palos de trueno, estallaron sus cañones e hicieron concursos de tiro al blanco con sus ballestas, que en muchos casos resultaron inferiores en precisión a nuestros arcos y flechas. Evidentemente, aquel hombre barbado, a quien después conoceríamos como Malinche, sólo deseaba deslumbrar a los nuestros, de la misma manera en que él y los suyos se sorprendieron con la calidad y riqueza de los regalos enviados por Motecuhzoma. Justo es decir que ni las telas, los textiles, tan importantes para nosotros, ni las plumas con las que homenajeábamos a los embajadores de otros países, les llamaron de alguna manera la atención. Las dejaron de lado para observar el oro, sólo el oro, con el que, como luego sabríamos, Cortés se ganaría la buena voluntad del emperador español.

Una vez conocidas las dotes guerreras de mi tío Cuitláhuac, así como la fuerza de su carácter, mi padre lo nombró jefe supremo del ejército mexica tenochca. Yo tendría escasos cuatro años de edad cuando mi padre le encomendó el cuidado de las fronteras de la sede imperial, la ciudad de México Tenochtitlan; lo comisionó para mantener el sometimiento de los pueblos tributarios aledaños; lo involucró como supremo comandante en los asuntos de alta política; le encargó la sucesión de las diferentes naciones bajo control mexica en Tula, Teotihuacan, Azcapotzalco, Coyoacán, Xochimilco y Chalco. Esta decisión, con el tiempo, tendría un papel determinante en nuestra historia, cuando los informes de los hombres barbados no dejaban de llegar a la ciudad, ni los agoreros ni los sabios dejaban de emitir conclusiones atemorizantes anunciando el colapso del pueblo mexica.

¡Qué hombre, mi tío Cuitláhuac! ¿Cómo no recordar cuando en agosto de 1520 se convirtió en mi primer marido en el momento en que yo acababa de cumplir los diez años de edad y empezaba a ser una mujer completa, como todas las de mi edad? Con cuarenta y cuatro años Cuitláhuac era elegido emperador en circunstancias políticas y militares completamente adversas. Después de nuestro matrimonio me llamó a su habitación en lo que quedaba de su palacio de Ixtapalapan. Ahí se encontraba, aun cuando muy descuidado, el enorme estanque lleno de aves de plumajes de diversos colores encendidos; los jardines llenos de flores aromáticas y no menos hermosas. Los gigantescos árboles que desafiaban al cielo y sombreaban las terrazas, continuaban siendo dignos custodios de líderes privilegiados como los de mi familia. Tan pronto llegué a su alcoba conducida por sus soldados de confianza, todos ellos empenachados y vestidos con túnicas blancas, pulseras en los brazos y piernas y tobilleras de cascabeles de oro, además de pectorales de cobre, alejó a su guardia personal con una palmada y me sonrió. Me tomó por los hombros, me revisó detenidamente como a su mujer. No me soltaba. No hablaba. Temblaba. Me clavó la mirada en pleno rostro y luego la bajó para revisar mis incipientes senos ocultos bajo el huipil. Sin pronunciar palabra alguna, soltó los moños delicados que lo sostenían. La prenda cayó al piso como una cortina arrugada. Ahí me tenía a sus órdenes, virgen y pura, cuando empezó a dar vueltas alrededor de mí. Sus ojos negros como la obsidiana despedían un fulgor particular. Se trataba de un hombre tocado por la agresión a Tenochtitlan, nuestra altiva ciudad incendiada por los españoles. No quedaba una piedra encima de la otra. Disimulaba como podía sus emociones, su profundo malestar, su dolor, su rabia. Era medio hombre. ¡Todo lo que sentí cuando recorrió con su dedo mi espalda, desde mi nuca hasta mis nalgas! Me estremeció. De pronto me volvió a encarar sólo para que yo pudiera ver cómo lloraba su tragedia, mi tragedia, nuestra tragedia, la tragedia de Tenochtitlan. Se arrodilló frente a mí, me miró de abajo arriba únicamente para volver a tomar los listones de mi huipil tirados en el piso y levantarse con ellos entre los dedos de sus manos. Me vestía de nueva cuenta. De pronto me abrazó, sujetando firmemente su cabeza contra la mía. No dejaba de gemir. Nunca olvidaré ese momento. Nada podía pasar entre nosotros, él estaba profundamente consciente de que si me tocaba me podía impregnar del mal que a la postre acabaría con su vida. No era la ocasión. Ninguno de los dos estábamos para el amor. El luto nos tenía sobrecogidos. Fue una de las últimas veces que lo vi antes de que la viruela, el irremediable mal, avanzara. Salí del salón cuando él, ya dándome la espalda, contemplaba desde la ventana la majestuosidad del Popocatépetl...

Los nombres en la historia van y vienen. Los protagonistas se suceden los unos a los otros. Los actores dejan una huella profunda o insignificante en las vidas de los pueblos, sin embargo, la presencia siniestra de Hernán Cortés significó la peor catástrofe sufrida por un imperio llamado a deslumbrar al mundo entero. Cuando zarpó este salvaje euroafricano de la isla de Cuba rumbo a Tenochtitlan, se inició aquel sitio ya anteriormente calculado que terminaría años más tarde con el colapso de un orgulloso imperio que se convertiría finalmente en ceniza, la cual desaparecería con el menor soplido del viento. Cortés no había olvidado llevar a bordo, de acuerdo a las experiencias vividas por terceros, una serie de objetos, además de armas, utilizados por otros expedicionarios para impresionar, cautivar y atrapar a sus futuros enemigos: embarcó gran variedad de quinquillería, como cascabeles, espejos, sartales y cuentas de vidrio, agujas, alfileres, bolsas, agujetas, cintas, corchetes, hebillas, cuchillos, tijeras, tenazas, martillos, hachas de hierro, camisas, tocadores, cofias, gorgueras, zaragüelles y telas de lienzo, sayos, capotes, calzones, caperuzas de paño, todo lo cual se repartió en las naos.

En 1511, cuando los españoles pasaron a Cuba, ejecutaron al cacique Hatuey por haber echado al río al odioso crucificado de los cristianos. La respuesta no se hizo esperar: atado a un palo, antes de morir, decíale un religioso de San Francisco que si creía en su Dios y en su fe y aceptaba aquello que se le decía, iría al Cielo, donde habría gloria y eterno descanso, y si no, que iría a dar al Infierno a padecer eternos tormentos y penas. El cacique Hatuey, pensando un poco, preguntó:

—Ustedes, cristianos, los españoles —inquirió temeroso el cacique al religioso—, ¿van a ir al Cielo?

El sacerdote, con rosario y evangelio en mano, respondió:

—Sí, hijo mío, pero sólo quienes son buenos.

Entonces Hatuey concluyó con un razonamiento impecable:

—En ese caso, prefiero el Infierno y apresúrese a prender el fuego... No quiero saber de ustedes y menos en toda la eternidad que tanto alegan...

Cuando los indios cubanos se percataron de que los españoles, los civilizadores, mataban a hombres y a mujeres, y aun a niños, a estocadas y cuchilladas y los demás se los repartían como esclavos para trabajar las tierras que antes eran de su propiedad, no les quedó más salida que huir a los montes y ahorcarse desesperados, asfixiando antes a sus mujeres e hijos. Era muy difícil que sus flechas, lanzadas desde lejos, lograran matar o herir a los invasores. Lo anterior llegué a saberlo puesto que logré sobrevivir, soportando y conviviendo con los invasores treinta años después de la invasión de Tenochtitlan, tiempo más que necesario para conocer todas estas canalladas. En tres o cuatro meses murieron de hambre más de siete mil niños en aquella isla. ¿Esa era la evangelización?

A las matanzas de los naturales durante las batallas, se agregaban las ejecuciones y masacres que se hacían en los pueblos ya dominados, cuando los españoles temían algún levantamiento. Por si fuera poco, los indios se hacían reos convictos de traición cada vez que defendían sus propios bienes, tierras, mujeres o hijas contra la codicia y la lujuria desenfrenada de los españoles.

La invasión de Cuba fue el inicio del exterminio generalizado, después de varios obstáculos el obeso capitán Diego de Velázquez se acostumbró a ejecutarlo todo por medio de Hernán Cortés, que se había vuelto su más cercano amigo y más tarde su alcalde, a quien confiaba los asuntos difíciles. Cortés había tenido una gran escuela, cuyos conocimientos aprovecharía en Tenochtitlan.

Al lanzar el primer cañonazo apareció en el horizonte una columna de fuego, una inconfundible señal de mal agüero que fue el principio del descontrol que el pueblo experimentó. De nada sirvió que el pueblo gritara y danzara dándose palmadas en la boca ni que se multiplicaran las ofrendas de sangre para tranquilizar la ira de los dioses. En otra ocasión se generó un incendio en el templo de Huitzilopochtli sin que ser humano alguno, aparentemente, hubiese encendido la mínima llama. Mientras más agua se arrojaba sobre el fuego, éste adquiría una fuerza más virulenta. Entendíamos que las acciones de ese tipo eran producto de la animadversión generada por una buena parte de los principales texcocanos que se habían rebelado contra Motecuhzoma por la imposición de su sobrino Cacama en el reino. ¿Se trataba de un anuncio o de una venganza de un poder superior en contra? Si ese era el caso, nuestro colapso era inminente. Era difícil oponerse y, por ello, se llegó a decir que se escuchaba una voz de mujer que sollozando gritaba:

—¡Oh, hijos míos! Nos vamos ya a perder… ¡Oh, hijos míos!, ¿a dónde les podré llevar y esconder?

Pero la historia había comenzado antes de que Hernán Cortés fundara la Villa Rica de la Vera Cruz en 1518. Francisco Hernández Córdoba, otro español, ya había tocado las playas de Campeche, donde los indios lo atacaron con arcos y flechas, matando a más de cincuenta de los invasores, entre ellos al propio Hernández de Córdoba. Los mayas jamás vieron a los españoles ni a sus caballos ni a sus perros como figuras semidivinas ni tampoco contemplaron la indeseable visita como una venganza de los dioses. Los atacaron, siendo o no enviados de los dioses.

Diego de Velázquez ordenó una segunda expedición desde Cuba en busca de riquezas al mando de Juan de Grijalva. Esta nueva misión militar concluyó en otro desastre porque los guerreros mayas también recibieron con los rostros pintados a los intrusos. Iban armados y protegido el cuerpo con escaupiles; coloridos penachos de plumas ondeaban en sus cabezas. Después de que Grijalva recibiera un flechazo en la boca y perdiera los dientes a resultas del combate, continuó junto con Pedro de Alvarado en busca de tierra firme hasta llegar a la costa, donde fue descubierto por los espías de Motecuhzoma Xocoyotzin. Mi padre les hizo llegar el rico trabajo de sus orfebres, lapidarios y artistas de la pluma, una espléndida ofrenda con el deseo de que los dioses o teules se volviesen por el mar del oriente, pero que antes aclararan si se trataba de dioses o no, en lugar de sepultarlos a flechazos y lanzadas, de acuerdo a la respuesta de los mayas y de otros indios de la región que no padecían nuestras supersticiones ni se encontraban en la misma confusión que nosotros ni pagarían tan caro su fanatismo religioso. Ellos sí que supieron cómo tratar a estos endiablados extranjeros…

Pedro de Alvarado, el maldito carnicero, regresó a Cuba para mostrar a Diego de Velázquez la calidad de los regalos enviados por

Motecuhzoma Xocoyotzin. Respecto a los ataques de los indios, ya se había descubierto la estrategia para quebrantarlos: antes del primer choque por contacto personal era menester utilizar la artillería, escopetas y los arcabuces... No imaginábamos ni conocíamos el efecto devastador de la pólvora.

Las espléndidas noticias provenientes de un vasto imperio llamado Culúa avivaron la imaginación y la codicia de Diego de Velázquez y del propio Hernán Cortés, un apostador nato, dominado por una evidente fascinación por los objetos materiales ya que, según decía, solamente con el oro se podían curar las enfermedades del alma. Lo devoraba un rencor inexplicable, un apetito de venganza incontrolable que intentaba saciar a través de personas supuestamente inferiores, a las cuales despreciaba, como despreció a los naturales que no se quisieron someter y a los que esclavizó y destruyó implacablemente. Hablo de un déspota, de un tirano sangriento en la pura acepción de la palabra, como quedará demostrado en las siguientes páginas.

Cortés, como me lo comentó él mismo posteriormente, sirvió como monaguillo en la iglesia de San Martín, España, donde adquirió una notable sensibilidad hacia la liturgia y desarrolló el arte de predicar que haría de él un líder muy eficaz. Si bien es cierto que sus padres lo enviaron a la Universidad de Salamanca para que concluyera sus estudios como abogado, también es cierto que abandonó dicha institución porque, por supuesto, los estudios y la academia no estaban diseñados para él. Cortés había nacido para destruir, había nacido para mandar, había nacido para imponer, había nacido para traicionar, había nacido para sojuzgar, había nacido para imponerse a propios y extraños, como lo hizo con el propio gobernador Diego de Velázquez, de quien salió huyendo de Cuba acusado de los más diversos cargos. Cuando Velázquez lo mandó arrestar, Cortés ya había zarpado como corresponde a un prófugo de la justicia. Cortés huía, Cortés engañaba, Cortés mentía, estafaba, confundía, ¿y si esto hacía con sus superiores, qué no haría con los indios, los naturales, educados con el máximo rigor ético y moral, para quienes la palabra y el respeto a ella constituían un deber inevitable?

Cortés, un hombre con un gran don de la palabra tanto hablada como escrita, pero esclavo de la mentira, estaría por cumplir los treinta y cinco años a su arribo a la Gran Tenochtitlan, mientras que

Motecuhzoma contaba con cincuenta y dos. Nunca dejó de sorprenderme su apasionada y genuina religiosidad: estaba convencido de la existencia de su dios, en cuyo nombre acribilló, mató, expropió, robó, sangró, para cumplir sus aviesos cometidos. Cortés advirtió a la tripulación que su principal obligación era servir a Dios sin cometer blasfemias, ni jurar en vano el nombre de Dios, ayudar la evangelización, a la cristianización, alfabetizar, abstenerse de sostener relaciones sexuales con las nativas, renunciar al juego de los naipes y cuidarse de faltar al respeto a la dignidad de los naturales. Evidentemente, Cortés jamás cumplió ninguna de sus promesas, ni ante su propio dios ni ante el gobernador ni ante el emperador español, a quien robó y engañó en tantas ocasiones le fue posible. Así, a la voz de «Hermanos, sigamos la señal de la Santa Cruz con fe verdadera, que con ella conquistaremos», zarpó de Cuba el 18 de febrero de 1519. La expedición contaba con once navíos, quinientos ocho soldados, sin contar la marinería, dieciséis caballos y yeguas, treinta y dos ballesteros y trece escopeteros. En dichas condiciones llegó finalmente a Cozumel.

Sin mayores problemas Cortés se aproximó a tierra firme, para encontrar, en las inmediaciones de Tabasco, a dos personajes que le ayudarían de manera significativa en su tarea de conquistar el imperio azteca. Uno de ellos fue Jerónimo de Aguilar, otro español náufrago que había vivido ocho años entre los mayas. Este hombre se convertiría en un intérprete muy eficaz para entablar comunicación con todos los naturales, como lo sería más tarde una de las veinte esclavas obsequiadas a Cortés por los señores principales de la región, quien respondía al nombre de Malinalli o Malintzin, doña Marina. Cortés no sólo había ganado una fiel amante que habría de darle su primer descendiente, de hecho con él continúa el terrible mestizaje, sino que con ella se hacía del lenguaje, del idioma necesario para el futuro dominio del Anáhuac: Aguilar hablaba maya y español y Malinalli el maya de Tabasco, además del náhuatl.

Justo es narrar que cuando a Cortés le presentaron a Malintzin y entendió que se la regalaban, junto con otras veinte esclavas para que dispusiera de ellas a su antojo, el teul la tomó de inmediato de la mano y a jalones la condujo a su pequeña tienda de campaña sin guardar el menor decoro o respeto ante sus anfitriones. Ella no hablaba castellano y él no conocía las más elementales palabras del náhuatl, es más, nunca lo aprendió, pues lo consideraba un conjunto de sonidos con el que se comunicaban los perros. ¿Y la melodía de nuestro idioma? ¿Para qué insistir...? Mientras él se desprendía de la armadura, le hizo señas a Malintzin con un par de jalones del huipil, indicándole que se desnudara, que se diera prisa. Ella se quedó inmóvil ante el salvajismo y ansiedad del extranjero. El cuerpo velludo del invasor sorprendió a la mujer. Los naturales carecían de pelo en el pecho, en las piernas y en la espalda. Barba tampoco tenían y menos tan poblada como la de Cortés. Sin salir de su asombro y ante su falta de respuesta, el euroafricano la tiró sobre la estera, le subió el huipil, tomó su miembro con la mano derecha y lo introdujo con toda la violencia de la que fue capaz. Malintzin gritó buscando de dónde asirse cuando la bestia ya se había saciado y empezaba a vestirse de nueva cuenta. Cuando salió otra vez a continuar la entrevista con los soberanos locales, ya buscaba a otra de las esclavas para cuando volviera a estar solo. Pedro de Alvarado hizo lo propio con la que le correspondió como obsequio de la tribu. ¡Cuántas carcajadas soltaron en la noche, durante la cena, cuando intercambiaron puntos de vista respecto a los rostros de las indias cuando eran ultrajadas!

Doña Marina, más tarde conocida como la Malinche, hizo saber a Cortés algunas de nuestras costumbres carnales, tema en el que el invasor, desde un principio, se mostró muy interesado. Ella le mostró cómo adorábamos el miembro viril en nuestros templos y plazas, juntamente con imágenes en relieve, representando los diversos métodos de placer que pueden existir entre el hombre y la mujer. Por ella supo que eran condenados a muerte los varones que se entendían con varones en el lecho, al igual que quienes tenían relaciones íntimas con su madrastra o el padrastro con su hijastra, de la misma manera en que la gente del pueblo ejecutaba a pedradas a los amantes prohibidos, a los adúlteros y a quien forzaba sexualmente a una joven. El invasor conoció muchos de los secretos medicinales de estas tierras como que los caracoles terrestres y las víboras reforzaban los poderes sexuales de los viejos que deseaban tener potencia con muchas mujeres; los que abusaban de esas carnes siempre ostentaban el miembro armado y despedían abundante simiente. Los sacerdotes guardaban continencia y muchos de ellos, por no venir a caer en alguna flaqueza, se hundían mil cosas en medio del miembro viril para volverse impotentes. Imposible no contar cómo después de haber ayunado muchos días, separaban y levantaban con navajas de piedra la piel del miembro viril, espacio por donde pasaban innumerables varitas, unas más gordas que las otras, para ser quemadas y poder ofrecer el humo mágico, el copal, a los dioses.

Motecuhzoma Xocoyotzin mandó otra delegación de cien tamemes, de las tantas que enviaría, que llegaron con cargas de ropa de algodón, artesanías magníficas de plumas multicolores, máscaras de mosaicos, ánades, perros, ocelotes, monos y otros animales de oro. Si los referidos objetos llamaron poderosamente la atención de los castellanos, ésta se desbordó cuando, entre los regalos, distinguieron la presencia de un sol de oro muy fino, una gran obra para mirar, del tamaño de una rueda de carreta, una luna de plata, así como diferentes recipientes llenos de oro en granos chicos. Los españoles, en debida y justa reciprocidad, obsequiaron galletas, tocino y tasajo. A continuación, los tamemes le pidieron a Cortés que se retirara a la brevedad, a lo que éste respondió que había pasado muchos mares sólo para ver a Motecuhzoma y que no renunciaría a su propósito. ¿Cómo explicar que ese sol de oro del tamaño de una rueda de carreta era la pieza tras la cual yo me escondía cuando jugaba en el aposento de Axayácatl?

Determinaron el día siguiente espantar a los mensajeros de Motecuhzoma, disparando artillería, con lo que los pobres quedaron muy asustados. Y asimismo los desafiaron uno a uno para que peleasen con ellos y como los rehúsaban, los denostaron con palabras afrentosas, mostrándoles muchas armas que traían y perros ferocísimos, dijéronles que habían de ir a Tenochtitlan, y con aquellas armas y perros habían de destruir y matar y robar sus haciendas. Despidieron a los naturales tan escandalizados y temerosos, que ya todos se persuadían de que no era aquel señor que esperaban, sino algún cruel enemigo suyo, que venía con gente feroz.

Los mensajeros llevaban el encargo de observar al extraordinario señor que llegaba de los mares.

Llegados a Tenochtitlan aquellos recaderos, dieron cuenta de su embajada a Motecuhzoma, quien, luego de que hubo oído todo esto, se espantó mucho, se le mudaron los colores, mostró gran tristeza y se desmayó ante las amenazas que habían proferido aquellos hombres blancos. Quedó muy espantado y casi sin aliento, lloroso, vacilando qué hacer, si huir o esconderse.

Motecuhzoma mandó a nuevos dibujantes a las costas y luego preguntó a los tlamatinis si entre los jeroglíficos heredados de sus mayores había alguno que representase las imágenes de los hombres que habrían de venir a ser dueños de la tierra. Unos hablaban de hombres con un solo ojo en la frente, otros se referían a seres fantásticos, mitad hombres, mitad peces y así trabajaban sobre el mismo concepto...

Fue llamado a la corte un anciano de Xochimilco, que conservaba la verdadera tradición de las profecías, el cual habló así:

—«Poderoso señor, si por decir verdad he de merecer la muerte, bien puedes hacer tu voluntad. Yo sé por las pinturas que aquí traigo cómo tienen de venir montados en un cerro de madera, tan grande que en él pueden caber muchos, y servirles ha de casa, como en tierra firme. Esos hombres han de ser barbudos y blancos, vestidos de diferentes colores y en las cabezas traerán coberturas redondas. Juntamente con ellos vendrán otros hombres montados en bestias como venados. Estos hombres se multiplicarán y poseerán la tierra, con todas las cosas ricas que hay en ella, como son el oro, la plata y las piedras preciosas».

El emperador recibió con sorpresa las nuevas profecías que hablaban del regreso de los teules. Los señores fueron invitados a dar su opinión en un nuevo consejo. Hablaron con franqueza. Mi tío Cuitláhuac, de Ixtapalapan, insistió en términos radicales, clavando la mirada en los ojos del tlahtoani. Sólo él se atrevía a semejante desafío:

—Mi parecer es, gran señor, que no metas en tu casa a quien te ha de echar de ella.

Cacama, de Texcoco, por su parte, expuso su punto de vista, del cual se arrepentiría hasta su muerte:

—El mío es que si nuestro señor no admite la embajada de tan gran señor, se deshonrará todo el imperio, pues los príncipes tienen la obligación de recibir a los embajadores. Si esta nueva gente trae intentos de tiranías, es más acertado recibirla que cortarle el paso, porque, viendo esto, los embajadores conocerán que nuestro señor no obra cobardemente.

Yo era muy pequeña en aquel entonces. Escuchaba detrás de las paredes las discusiones con mi tío Cuitláhuac, así como con otros nobles que discrepaban con el emperador. Adoraba a mi padre, sí, claro que lo adoraba, pero lo veía confundido, empequeñecido, asustado y torpe. Ignoraba las razones sensatas. No sabía qué hacer. Muy pocos estaban de su lado, sin embargo, no llamaba a las armas a ese pueblo esforzado, su pueblo, fundamentalmente militar y valiente, para detener al invasor, sino que, con cobardía, según alguien comentó a sus espaldas, se limitó a pedir la salvación a los dioses. Motecuhzoma volvió a enviar a los mensajeros, pero ahora iban con ellos adivinos y hechiceros, tonalpouhques y tlamatinis para que viesen si los podrían hechizar y controlar, echar una mirada maligna o conjurarlos, dominarlos con una palabra sagrada, con el fin de que ellos se enfermasen, muriesen o regresasen a sus lugares de origen. Pero los hombres tecolote, los hombres búho o hechiceros, los tlacatecolotl, fracasaron. Cuanto hicieron y dijeron y negociaron con los demonios invasores fue inútil. «No somos adversarios para ellos, —dijeron— somos como nada.» Volvieron confusos y tristes a dar esta relación a Motecuhzoma, el cual los oyó y se espantó ahora mucho más hasta caer en gran desmayo. ¿Quién los enviaba que ni sus conocimientos prosperaban...?

A partir de aquel momento fue tal su flaqueza que determinó recibiesen en paz a los españoles dándoles todo lo necesario y mandó a sus gobernadores para que con mucho cuidado proveyesen y sirviesen con todo lo que quisiesen a esos hombres que si no eran dioses, al menos contaban con poderes celestiales... ¡Cuánta confusión y cuántos miedos! No tardaría en darse cuenta del gravísimo error que estaba cometiendo.

Cuando Hernán Cortés ya había consolidado su posición en la Villa Rica de la Vera Cruz, dejando una robusta guarnición para proteger el pequeño fuerte que habían construido, decidió caminar tierra adentro hasta llegar a Cempoala, donde tuvo un encuentro con los naturales locales. A las pocas semanas de estar doña Marina con los españoles, de convivir con ellos, ya traducía directamente del náhuatl al castellano. Sin duda se trataba de una mujer excepcional. Malintzin tenía un talento tan grande como su coraje en contra de nosotros, porque ella había quedado huérfana de padre cuando, muchos años atrás, los mexicas fueron a cobrar sus tributos y éste se negó a entregarlos. Fue hecho preso y ejecutado. A partir de ese momento, esa pequeña niña que después fue regalada de una tribu a la otra, hasta llegar a manos de Cortés, jamás pudo contener su rencor ni su coraje en contra de nuestro imperio. En su ánimo sólo existía un gran apetito de venganza que Cortés utilizó muy bien para alcanzar sus objetivos. Tonto no era... Supo trabajar a su favor los resentimientos y los rencores que había hacia nosotros.

Después de una convivencia cercana con los totonacas en la que Cortés aprovechó para convencerlos de las ventajas de obedecer a su majestad, el rey Carlos I de España, el día menos pensado y de sorpresa, subió hasta lo alto del más sagrado de sus templos y, acompañado de tres de sus soldados, destruyó sin más a marrazos, uno a uno, los ídolos, los dioses en los que creían y creemos tanto totonacas como mexicas. Cuando los naturales, atónitos, quisieron detener al salvaje que atacaba a sus dioses, ya era demasiado tarde: tan sólo quedaban piedras sueltas de lo que antes fuera un Quetzalcóatl y en su lugar había colocado tres o cuatro cruces. Una cruz, ¿qué era una cruz? ¿Qué significaba aquello de poner una cruz a la fuerza y sin explicación alguna? ¿Cuál fue el resultado de esta terrible decisión? Bueno, pues lo primero que aconteció es que Malintzin, doña Marina, les explicó en náhuatl que los dioses de los hombres barbados eran mucho más eficientes y poderosos que los nuestros, tan esto era cierto, que si lo que se esperaba de la destrucción de los ídolos era que los dioses se enfurecieran y se vengaran, es claro que nada de esto pasó porque ni apareció de repente un huracán, ni tembló, ni se oscureció el cielo con un eclipse, ni se inundaron las tierras echando a perder los cultivos: ¡nada! Absolutamente nada. Esto convenció a los totonacas de la superioridad de los dioses españoles y no sólo eso, éstos creyeron también que Cortés era favorecido por nuestras deidades. A partir de ese momento, Cortés empezó a ser reverenciado. ¿Sería acaso, la personificación de un Quetzalcóatl o de un Huitzilopochtli? ¿Por qué los dioses no protestaban? ¿Por qué los dioses no se quejaban? ¿Por qué los dioses no castigaban a este maldito forastero que venía a imponer otras ideas? Muy sencillo, porque Cortés podría ser superior, y por lo mismo habría que obedecerlo.

Pero no sólo eso, la audacia de Cortés, su talento político, su capacidad para entender cómo éramos, de intrigar y anticiparse a nuestras respuestas, su determinación y coraje lo ayudaron a dominarnos y a establecer alianzas con nuestros enemigos. Treinta años después de consumada la invasión, cuando ya sentía yo venir el final de mis días, entendí que nuestras creencias religiosas no eran más refinadas que las de los españoles. Ellos ya habían pasado por ahí y sabían que nuestras convicciones espirituales tenían sus equivalentes en Europa desde tiempo atrás. ¡Claro que no iba a pasar nada si destruía a marrazos la figura de Quetzalcóatl! De sobra lo sabía él y de sobra también lo aprendió Malintzin, doña Marina. No había grandes diferencias entre creer en el dios de la lluvia o en el crucificado de los españoles o en Huitzilopochtli y en la Santísima Trinidad. Nuestro atraso espiritual y nuestros prejuicios, lo entendí varias décadas después, fueron definitivos para que se lograra la derrota. Nuestra pasión nos nubló la vista. Sólo espero que las futuras generaciones no sean tan arrebatadas respecto a su religión, para que nadie pueda volver a manipularlas a su antojo...

El poder de Cortés aumentaba no sólo espiritual, sino políticamente y para demostrarlo debo recordar cuando el maldito teul se encontraba en Cempoala, agasajado por los totonacas. En plena solemnidad aparecieron cuatro de nuestros recaudadores de impuestos para cobrar los tributos a que estaban obligados. ¡Cuál no sería la respuesta de esos embajadores cuando Cortés ordenó que no sólo no les pagaran nada y que acabara la sangría económica de Cempoala, sino que, además, los arrestó y los encerró en un cuartucho para que entendieran quién era la nueva autoridad! Sin embargo, horas más tarde, muy amañadamente, ahí estaba ya el gran maniobrero, dejó ir a dos de ellos alegando cualquier pretexto y en la noche, después de manipular a los dos encarcelados, les pidió que se retiraran con respeto y discreción para que le informaran a Motecuhzoma que él era su amigo y que, por lo tanto, los había liberado de la opresión totonaca. Toda una estrategia de embustes a los que nosotros no estábamos acostumbrados. La mentira, la estafa y la traición eran severamente castigadas en la escuela, en el Calmécac y en la vida diaria y social de los mexicas. Cuando los primeros representantes de Motecuhzoma le informaron al emperador la actitud de Cortés, de inmediato preparó a su ejército para ir a someter de nueva cuenta a los totonacas rebeldes. Ya daba sus instrucciones a los guerreros águila y ocelote para que fueran y no solamente sancionaran, sino que además trajeran una buena cantidad de presos para ejecutarlos en la piedra de los sacrificios, cuando surgieron los otros dos presos que tranquilizaron a Motecuhzoma, alegando que Cortés los había liberado en contra de la opinión de los totonacas y que, por ello, se le debía tener gratitud a este teul, considerado en principio un semidiós bueno, generoso y obsequioso.

La respuesta de mi padre no se hizo esperar, por lo que en lugar de enviar a un ejército para guerrear, envió a dos de sus sobrinos acompañados de muchos nobles, quienes le obsequiaron alhajas muy valiosas, dándole las gracias a nombre del monarca, aunque echándole en cara que hubiese hecho amistad con los rebeldes totonacas. Claro está que Cortés se excusó como mejor pudo y los embajadores se retiraron muy satisfechos por el buen trato que habían recibido, no sin antes haber presenciado ejercicios con pólvora, palos de trueno y cañones, otro mensaje de poder y superioridad militar para impresionar a Motecuhzoma. ¡Ya se podrá imaginar cuánto afectó el prestigio del poderoso Motecuhzoma este incidente: rápido corrió el rumor de que unos extranjeros habían ofendido gravemente al monarca sin ser castigados y recibiendo a cambio muestras de amistad y ricos tesoros!

Cortés tenía una buena experiencia adquirida de los españoles que anteriormente habían invadido Cuba, entre otras islas. Esta experiencia la aprovechó con un gran talento sin perder de vista que nos veía a la altura de seres escasamente superiores a las bestias. El desprecio era total. Ellos pensaban que la esclavitud era el medio más eficaz y el único aplicable para sacar provecho de nosotros. De la misma manera en que los animales no entienden razones, era conveniente usar el látigo, la pira, las torturas y la fuerza para someternos y obligarnos a cumplir con su órdenes. El palo, sólo el palo funciona con estos salvajes: vayamos por el palo... Teníamos la cicatriz de la maldita cruz en la nuca. Era imposible dejarnos en libertad porque jamás la sabríamos aprovechar; nuestra inteligencia, según ellos, era tan limitada como nuestros sacrificios humanos. Nunca entendieron que nuestras ofrendas a los dioses no significaban crueldad alguna, ni éramos fieras distintas a ellos. La discriminación se impuso desde un principio: a ellos no les impresionaban los alcances de nuestra civilización, comparable con cualquiera del mundo. A sus ojos sólo serviríamos como animales de carga o para extraer oro de las minas, jalar un arado o para abrir las piernas a la fuerza. ¿A dónde fue a dar todo lo nuestro cuando nuestros sabios, poetas y artistas fueron condenados al hambre y excluidos de toda academia por los euroafricanos incapaces de entender el progreso alcanzado por la civilización que destruyeron por una vulgaridad, el oro y la imposición de sus cruces de mierda?

Cortés recorrió muchos otros lugares, además de Cempoala y en todos ellos fue amorosamente recibido, merced a los falsos ofrecimientos de ayuda o amparo que no dejaba nunca de hacer a los habitantes. Los propios totonacas aconsejaron a Cortés una alianza con los tlaxcaltecas, puesto que eran nuestros feroces enemigos. No era conveniente, por el momento, seguir hasta Cholula y de ahí a Tenochtitlan, sino lo prudente sería aliarse con los tlaxcaltecas, sumar fuerzas militares y a éstas irlas aumentando hasta llegar con un ejército de naturales para rodear la Gran Tenochtitlan.

¡Pobres tlaxcaltecas: ignoraban que una alianza con los españoles implicaría en el futuro su destrucción total y su desaparición como una impresionante civilización, al igual que acontecería con la nuestra! Jamás entendieron que una alianza con ellos significaba servidumbre, sometimiento, contribuir con alimentos, ayuda militar, espionaje, embajadas, intérpretes, armas y guerreros, construir fortalezas, además de sus casas e iglesias y en general, trabajar y obedecer sus mandatos. Para animar a los naturales «amigos», sus aliados, se les toleraba todo aquello que prohibían a sus enemigos, excepto robar oro, conservar a sus ídolos y comer carne humana. Se les permitía participar en el despojo de ropa, plumas y utensilios; se les infundía el espíritu de venganza y destrucción y se los alentaba con ofrecimientos de mercedes reales y la entrega de los señoríos de sus enemigos, sin percatarse de que más tarde se volverían en contra de ellos para convertirlos en víctimas. Este era el verdadero significado de las alianzas. ¡Cuánto resentimiento!

¿Imaginarían los tlaxcaltecas y los cempoaltecas que terminada la invasión se procedería al reparto de pueblos sólo entre los invasores y que nuestras autoridades se extinguirían, serían sustituidas por completo? Todos, nobleza incluida, nos convertiríamos en esclavos y se marcaría a la gente con hierro candente, la famosa G en la frente o en la mejilla, de acuerdo a las mismas prácticas españolas impuestas en contra de los negros en África, según fui descubriendo con el paso del tiempo al fundarse la Nueva España sobre los vestigios de Tenochtitlan. ¿Este era el cristianismo que venían a imponer los euroafricanos? Ese y uno peor, mucho peor…

¿Previeron los tlaxcaltecas que la Conquista implicaría la destrucción de nuestros dioses, de nuestras bibliotecas y edificios, la muerte de nuestros príncipes y de nuestros letrados, la persecución de nuestros sacerdotes, la usurpación de sus dominios y que el pueblo se convertiría en una casta social estúpida, con confusiones espirituales, apática en relación al progreso, en estado de animalidad y de retroceso porque todo empeño consistía en que fuésemos cristianos, sin cuidarse primero de que fuéramos hombres? Después de la Conquista, instalado el gobierno español, los indios ya no pudimos llegar a ser ni cristianos verdaderos ni ciudadanos útiles. Fuimos considerados animalitos sin que nadie sintiese nuestra muerte ni que nuestro exterminio se tuviese por agravio. ¡Estúpidos tlaxcaltecas! ¿Qué esperaban de quienes nos aplastaron: que los encumbraran a ellos y les entregaran cómodamente el lugar que a nosotros nos arrebataban?

Por lo que hace a la hidalguía de la que tanto se enorgullecían los españoles, esa manera de ser honorable y respetable con la que supuestamente convivían en Europa, entre nosotros se redujo a faltar a la palabra empeñada, a violar juramentos, a engañar para obtener ventajas y a lucrar con nuestra buena fe. El valor español no fue sino un alarde de fuerza para atormentar al débil, en tanto que su cristianismo se orientó a matar, a esclavizar y a robar a quienes no quisieron darles sus tesoros o no pensasen como ellos. Finalmente, su escasa limpieza habría de convertirlos en agentes de la viruela, del sarampión y del tifo en campo virgen, por lo que hasta la mugre contribuyó a su triunfo.

Malintzin crecía por instantes a los ojos de Cortés. Sin ella jamás hubiera sabido de las diferencias entre tlaxcaltecas y mexicas y, por lo mismo, hubiera sido imposible trabar esa alianza siniestra y efectiva en contra nuestra.

Al acercarse a Tlaxcala, se presentaron los primeros emisarios de Xicoténcatl con el objeto de entrevistarse con Cortés y conocer de cerca sus intenciones. Muy pronto descubrió doña Marina que los supuestos representantes no eran ni emisarios ni embajadores, sino espías. Al ser Cortés informado de sus verdaderas intenciones, pensó, irritado, en un escarmiento ejemplar y, para intimidar a sus enemigos, ordenó que a diecisiete de ellos les amputaran las manos con un golpe de espada y al resto le cortaran el dedo pulgar para que no pudieran seguir utilizando el arco y la flecha en contra de los invasores. La misión regresaría a Tlaxcala con un mensaje muy claro: los tlaxcaltecas podían venir de día o de noche, que siempre encontrarían a los españoles prontos para resistirlos… Menudos dioses, ¿no?

Nada ni nadie iba a detener a Cortés. Los cientos de miles de indios que encontraría en su camino, fundamentalmente otomíes y tlaxcaltecas, no lo atemorizarían ni intimidarían. Su determinación era ejemplar, él estaba decidido a conquistar un objetivo y, en su afán de gloria, estaba decidido a perder la vida, a diferencia de Motecuhzoma, quien, por más que me duela, sólo se disminuyó en la misma medida que el otro se creció. ¿Quién se iba a imaginar a un tlahtoani mexica víctima del miedo? ¿El miedo? Así, al salir de Cempoala, Cortés se dirigió rumbo a Tlaxcala para trabar una alianza con nuestros furiosos enemigos, absolutamente ciegos por el rencor. ¿Nos es fácil conducir de la mano y con palabras amables a quien no puede ver, hasta arrojarlo a un precipicio? En el camino tuvo varios enfrentamientos con otomíes, los mismos que fueron vencidos con estrategias militares y con armamento que jamás habían visto ni escuchado ni padecido. ¡Cómo cortaban las espadas y descuartizaban los arcabuces! Un cañón podía destruir un muro, derribar un palacio o matar a muchos de los nuestros. Tanto mexicas como tlaxcaltecas nos alarmamos al conocer esos poderes bélicos. Nuestra sorpresa, temor y preocupación eran justificados. Tratar con Cortés era un problema. No tratar con Cortés era otro, tal vez muchísimo mayor.

Si se quiere hablar de la nobleza de nuestra raza, así como de las reglas éticas que se imponían aún dentro de la guerra, debo recordar que antes de los enfrentamientos militares entre españoles y tlaxcaltecas, éstos enviaban pavos, tortillas y tamales para que los invasores no pudieran alegar que habían perdido la guerra por hambre o por cansancio. Los euroafricanos carecían de alimentos, por lo que sus propios enemigos les salvaron la vida. Los tlaxcaltecas evidentemente deseaban ganar la guerra, pero como hombres dignos y honorables, en buena lid, sin trampas, en enfrentamientos armados en los que cada parte utilizaría sus mejores recursos y estrategias.

Los españoles no pudieron entender jamás esos detalles de cortesía que hablaban claramente del respeto a los adversarios. Entre ellos las guerras se entablaban en cualquier momento, sin regla ni limitación alguna. Cabía la traición, era hasta obligada con tal de vencer al enemigo. ¿Cómo guerrear con honor? ¿Qué era eso? ¿Y el respeto y las reglas?¿Por qué no atacar por la espalda a un adversario que manda alimentos y bebidas al campo de batalla, para vencer con «hidalguía», conquistando dignidad y gloria? ¡Qué fácil es engañar a quien confía en los demás y lo cree respetuoso de las formas y del honor! Cempoaltecas, tlaxcaltecas, otomíes, cholultecas y mexicas le creímos al teul, le creímos a Cortés, aceptamos, en un principio, sólo en un principio, la valía de su palabra, una palabra que dábamos por buena. De ahí vino la catastrófica derrota, entre otras razones de las que me ocuparé a continuación. Metimos al monstruo en nuestra propia casa.

No debo olvidar que durante la batalla anterior a la caída de Tlaxcala, los naturales atacaron con flechas, piedras y lanzas a los intrusos, estos forasteros indeseables. Si ellos hubieran aceptado que caballos y jinetes eran semidioses, jamás hubieran agredido a esos animales hasta machacarlos materialmente con macanas y garrotes. ¿Quién dijo, maldita sea, que nosotros éramos tan torpes y tontos como para aceptar que el caballo y el jinete eran un solo dios, el dios, tal vez Quetzalcóatl, que regresaba del otro lado del mar para imponer su ley? Nada más falso porque atacamos a los caballos, atacamos a sus jinetes para aplastarles la cabeza y el pecho a marrazos, lo que nunca hubiéramos hecho de haberlos adorado como dioses. ¿Quién se atreve a encajarle a un dios una lanza en el pecho o a sacarle el corazón en la piedra de los sacrificios como lo hicimos al día siguiente de la Noche de la Victoria, de la Noche Alegre, con cientos de invasores? Mentiras, embustes escritos por los españoles para exhibirnos como a unos salvajes incivilizados. ¡Claro, cuando todo esto se hizo ya no existía Motecuhzoma, había sido asesinado!

Nuestra sorpresa fue mayúscula cuando fuimos informados de que Cortés había tomado la ciudad de Tlaxcala. La noticia, en la Gran Tenochtitlan, causó una alarma incontrolable. Los enemigos estaban cerca, muy cerca, a un par de noches de la Gran Tenochtitlan y, sin embargo, a pesar de las múltiples embajadas, a pesar de los múltiples ruegos y de las súplicas para que regresaran por donde habían venido, Cortés, infranqueable, indomable, continuaba su paso dispuesto a pagar el precio que fuere para vencer, apoyado, ahora, por un ejército respetable de naturales. Motecuhzoma volvió a convocar a su consejo para decidir los pasos a seguir. Durante la Asamblea Suprema consultó otra vez a su hermano Cuitláhuac, para saber si había cambiado de opinión. Éste repitió, de modo que todos pudieran escucharlo, su decisión de atacar a los españoles, de no permitirles de ninguna manera llegar a Tenochtitlan.

—¡Atajémoslos y destruyámoslos, somos más, muchos más, es imposible que nos derroten si los atacamos por todos lados al mismo tiempo!

Los euroafricanos habían dado cuenta y razón, en muchas ocasiones, de su crueldad y su capacidad para matar y mutilar, si de esta manera alcanzaban sus fines.

Cuitláhuac insistió:

—Hermano emperador, entiende que la destrucción y las muertes que ha ocasionado Cortés no son propias de un dios, ni siquiera de un semidiós, sino de un asesino. Sabemos que ha incendiado pueblos enteros, sabemos que les ha cortado las manos a los otomíes, sabemos que quemó vivas a muchas personas, sabemos que encarceló a otras tantas hasta dejarlas morir de hambre, sabemos del daño que le ha hecho a muchos de los nuestros, conocemos cómo convenció a las diferentes pueblos de no pagar sus tributos para debilitar a nuestro imperio. Que no entren, hermano, que no entren. Nos han empobrecido y engañado. Hay muchas maneras de demostrar que el Malinche no tiene buenas intenciones.

Por su parte Cacamatzin, soberano de Texcoco, se mantuvo en su primera opinión; esto es, que los extranjeros fuesen magníficamente tratados por donde transitasen y benignamente admitidos en la capital.

Cuitláhuac interrumpió el discurso de Cacama:

—¿Qué comen los forasteros?

—Comen guajolotes, tortillas, frutas, pescado y verduras.

—O sea, comen lo que todos nosotros, ¿es cierto o no es cierto?

—Sí, cierto.

—¿Pueden ser los mismos que anteriormente vinieron a nuestras costas, los mismos extranjeros que habíamos conocido?

—Sí, son los mismos porque visten igual, hablan igual, comen igual, mutilan igual dedos o cabezas y queman igual vivas a las personas.

—¿Los dioses son criminales?

—No, querido Cuitláhuac —contestaron algunos otros miembros de la Asamblea Suprema.

—¿Y los palos de trueno no dicen que ellos pueden ser semidioses?

—No, son armas que tienen manera de explotar y dirigir la explosión adonde pueden hacer daño; sin embargo, el uso de estas armas no los hace jefes, sino, en todo caso, más salvajes, pues las usan en contra de gente indefensa. ¿Un dios de los nuestros puede divertirse así?

—¿Y los perros? —intervinó nuevamente Cacama.

—Los perros pueden caer atravesados por un lanzazo o por una flecha. No son animales divinos que vienen acompañados de forasteros celestiales. Ni los perros son divinos sino itzcuintlis, más grandes que los nuestros; ni los invasores son seres divinos, porque comen, beben y gritan, violan a las mujeres, cortan, incendian y matan. De modo que de dioses, nada. No estoy conforme con Cacamatzin. No debemos tratar magníficamente a estos extranjeros ni admitirlos benignamente en la capital: ¡me niego y que conste que me niego, pero me pliego al acuerdo de todos!

Cuando Cortés apresuraba su llegada a Tenochtitlan, recibió la visita de otros mensajeros enviados por Motecuhzoma con nuevos y magníficos presentes, para que lo felicitasen por sus victorias y le ofreciesen más regalos si desistía de su viaje a la capital, explicándole las dificultades del camino. Mi padre me decepcionaba por momentos. ¿Por qué en lugar de mandar obsequios no declaraba la guerra como sugería Cuitláhuac?

Cortés los recibió con los honores correspondientes a su dignidad y los entretuvo con la esperanza de que pudieran presenciar un encuentro armado con otros pueblos, a los que derrotaría sin tardanza. En presencia de los embajadores mexicas, los españoles fueron atacados por tres batallones de naturales que fueron derrotados sin mayores contratiempos en un par de jornadas.

Sin poder ocultar la sorpresa, uno de los mensajeros de Motecuhzoma se dirigió a Cortés diciéndole que no osara continuar su viaje porque él, experimentado en guerras, sabía que a cada paso se encontraría con cientos de miles de soldados mexicas que lo matarían de sed o de hambre y que le suplicaba que se retirara ahora antes de que fueran acribillados por los guerreros porque el camino era muy peligroso, indescifrable y lleno de calamidades. Cortés no se asustó, Cortés no se disminuyó, Cortés no se dejó intimidar, Cortés había aprendido de la mentalidad de los indios en Las Antillas. Cortés sabía que detrás de advertencias y amenazas se escondía el miedo, el miedo del gran tlahtoani mexica, a quien tenía en el puño de su mano. Sí, y mi padre, maldición, no lo entendía, y si lo entendía se acobardaba. ¿Qué sería de nosotros?

Cortés había entrado en Tlaxcala el 15 de septiembre de 1519, sin haber sufrido grandes bajas, ni ver diezmado su ejército, ni el de los cempoaltecas. El obsequio de cinco princesas indias, hermosas doncellas y mozas, hijas de los cuatro señores de Tlaxcala, confirmó el pacto de alianza y amistad con el invasor. Infelices mujeres tan ajenas a su destino... Una de ellas le tocaría al salvaje de Alvarado, Pedro de Alvarado, uno de los peores asesinos de los que tuvimos conocimiento.

En aquella ocasión, días después de la rendición, Xicoténcatl dijo a Cortés:

—Tratamos de matarte sin suerte alguna. Nuestros dioses no nos ayudaron. Fracasamos ante el desamparo de la divinidad, que está de tu lado. Determinamos ser tus amigos y servirte, y te rogamos, dado que estamos cercados de enemigos por todas partes, nos ampares, nos protejas y te quedes entre nosotros para descansar de los grandes trabajos que te hemos dado.

Cortés confió entonces en la palabra de los tlaxcaltecas. Bien sabía él que estos formidables amigos suyos, que había adquirido después de intimidarlos con sus armas, cuando no derrotarlos realmente en batallas abiertas, le serían muy útiles para atacar a sus enemigos finales. Descansó algún tiempo en Tlaxcala, saboreando de día y de noche a las doncellas, antes de emprender la marcha a su penúltima etapa del viaje hasta Tenochtitlan: Cholula, hacia ahí se dirigiría por recomendación de los mexicas. La Asamblea Suprema Tlaxcalteca sugirió a Cortés la inconveniencia de hacerlo, pero éste intuyó las ventajas de apoderarse de uno de los grandes centros religiosos del imperio.

Cholula era una ciudad grande y aliada que tenía entre cincuenta y sesenta mil casas, todas ellas muy apeñuscadas y juntas, con sus azoteas muy buenas. Asentada en un sitio llano y muy grande, con un río que pasa por delante, había en ella muchas torres espesas de los templos, lo cual impresionó de gran manera a los invasores. En el centro de la ciudad había una casa de sacrificios, la gran pirámide consagrada a Quetzalcóatl, la deidad tutelar de Cholula.

La entrada de los euroafricanos a Cholula fue pacífica y muy solemne. Los arcabuces guardaron silencio. Los perros caminaban controlados al lado de sus amos. Los indios llenaban las calles y las azoteas en medio del silencio impresionante y hostil. Desfilaban los caballeros y los infantes, los macehuales arrastraban las piezas de artillería. Algo había raro en el aire, extraño y desalentador. Supe que Cortés percibió con su olfato de perro un ambiente de desconfianza, el antecedente de la masacre que muy pronto advendría. La trampa en contra de los españoles estaba tendida desde Tenochtitlan por Cuitláhuac, el jefe supremo de todas las castas militares del imperio, el supremo comandante en los asuntos de alta política. Los vecinos salían de noche a ocultar a sus mujeres y a sus hijos en los montes cercanos.

Cuando tres o cuatro días después Cortés fue informado de que en el Templo Mayor de la ciudad habían sacrificado a diez niños de ambos sexos y que esa ceremonia se llevaba a cabo previo a un hecho de armas, ya no tuvo dudas. El teul y sus hordas de descastados pronto se dieron cuenta de que se tramaba una conjura en su contra, a través de la cual se pretendía exterminar a la gran mayoría de ellos; Cortés y su estado mayor estaban reservados para ser ejecutados en el templo de Huitzilopochtli, en lo alto, donde, uno a uno, les extraerían el corazón. ¡Cuánta felicidad!

Cien mil guerreros tlaxcaltecas se habían ofrecido a Cortés para entrar a Cholula, pero como eran enemigos, sólo había entrado a la ciudad acompañado de los guerreros de Cempoala. Se le hizo un gran recibimiento a cargo de sacerdotes y niños que, tocando caracoles y tambores, salían a saludar a los extranjeros. El pueblo les ofrecía gallinas y tortillas. Otros reían con complicidad. Como a partir del tercer día los cholultecas no pudieron continuar abasteciendo a sus innumerables huéspedes, Cortés vio en esto una clara señal de enemistad que exigía, según él, una sangrienta venganza. Esta afrenta, una parte de la intriga, impulsó la represalia.

La mujer de un principal informó a doña Marina de los planes para atacar sorpresivamente a los españoles, quienes serían cercados a hora oportuna y sobre ellos caerían los guerreros mexicas y los de Cholula. Veinte serían sacrificados allí mismo y llevados los otros a Tenochtitlan, donde les esperaba Huitzilopochtli. La estrategia había sido urdida en la corte de Motecuhzoma. Veinte mil guerreros mexicas habían llegado el día anterior para unirse a las numerosas fuerzas de la población. Diez mil se hallaban situados en las cercanías, y los otros diez mil en los principales puntos de la ciudad. Pasaría mucho tiempo antes de que se supiera que esos miles de guerreros mexicas habían sido enviados por Cuitláhuac.

Sin perder tiempo, Cortés, sabiendo del peligro que corría su expedición y recurriendo, como siempre, a las medidas extremas, pretextando que se quería despedir de los señores de la ciudad, dio un pregón disponiendo que todos los principales de Cholula se juntasen en el patio del Templo Mayor, el de Quetzalcóatl... La obediente nobleza cholulteca acudió en tropel, ajena a la terrible suerte que le deparaba el destino. Sencilla como era, con candor infantil, no pudo sospechar que Cortés le tendía un lazo de muerte. Los nobles de Cholula mostraban, por el contrario, una curiosidad alegre: no llevaron armas para atacar ni para defenderse.

La verdad es que Hernán Cortés pensó primero en asesinar solamente a los caciques y sacerdotes para poner espanto en la tierra y que, en lo sucesivo, se sometieran todos los naturales y le sirvieran como a señor absoluto, mas como el templo era muy espacioso, sobró bastante lugar, por lo que cambió el invasor de parecer e hizo que entraran, además de los señores principales, otros muchos individuos del ejército de Cholula. Los caciques, muy contentos, trajeron más indios de guerra.

Cuando ya no hubo ningún espacio vacío en el templo, cuando aquella inmensa muchedumbre quedó bien hacinada, casi sin poder moverse, los españoles se pusieron en las entradas. Tomó pues Cortés la palabra:

—Habéis traído gente para que peleen conmigo y por esa maldad que teníais concertada moriréis todos y en señal de que sois traidores, destruiré vuestra ciudad.

En ese momento mandó a soltar un disparo de arcabuz en pleno templo, el sonido que tenían apercibido para matar a muchos de ellos y quemar a otros tantos vivos. Cortés mismo confesó que en dos horas murieron más de tres mil. Durante cinco horas los españoles y sus aliados indios, que a poco se presentaron, hirieron y persiguieron con saña a la gente de Cholula. A todos los señores que eran más de ciento y que tenían atados, mandó el capitán a sacar y a quemar vivos en palos hincados en tierra. Pero un señor, y quizá era el principal y rey de aquella tierra, pudo soltarse y en unión con otros veinte o treinta o cuarenta hombres se defendió durante gran rato del día. Pero los teules, a quien no se les ampara nada, prendieron fuego al templo, donde se habían hecho fuertes, y allí mismo los quemaron, mientras los victimados daban voces:

—¡Oh, malos hombres!, ¿qué les hemos hecho? ¿Por qué nos matan? Anden, que a Tenochtitlan llegarán, donde nuestro universal señor Motecuhzoma nos hará venganza.

Al cabo de dos o tres días, salían muchos indios vivos, llenos de sangre, que se habían escondido y amparado debajo de los muertos. Cuando no quedó un hombre por matar, una casa por robar, ni una moza por raptar, los españoles pensaron en demoler la población. Se hizo todo lo posible por destruir aquella ciudad hasta que no quedara una piedra sobre la otra. Quetzalcóatl fue derribado de lo alto de donde estaba. A continuación lo quebraron y desaparecieron sin dejar ni rastro de él. El escarmiento de la ciudad santa, protegida hasta allí por el dios que atraía peregrinos de las tierras más apartadas, aumentó el prestigio de los teules castellanos.

Motecuhzoma continuaba entregado a su resolución supersticiosa de esperar. Cuando tuvo noticia de la terrible matanza ejecutada por Cortés en Cholula, comenzó a temer grandemente, temblaba como un azogado, imaginando que cuando lo vieran a él, le darían aquella suerte. Quiso hacer la experiencia y así envió un principal suyo que se le parecía un poco, Tizicpopoca, vestido con sus ropas, a recibir a los españoles con mucho aparato de principales, criados y grandes presentes. El fingido monarca encontró a Cortés en el medio de las dos sierras Volcán y Nevada, en un llano que llamábamos El Patio, pero descubierta la farsa por los aliados de Cortés, se volvió avergonzado y confuso. Motecuhzoma había fallado otra vez.

Después de aquella espantosa masacre, dos hechos vinieron a aplastar aún más a mi padre: el primero, el Popocatépetl, ese gigantesco volcán, empezó a arrojar humo, hizo una terrible erupción lanzando por su ancho cráter una inmensa columna de humo y de fuego que se levantaba como un fantasma hacia los cielos. El Popocatépetl se hallaba a ocho leguas de la ciudad de Cholula. Este estallido dramático, otro mensaje, según él, de los dioses, sumado a la furia de Cortés porque había descubierto que Motecuhzoma participó en la conjura para matarlos a todos en Cholula, desplomó aún más al tlahtoani mexica en el abismo de su soledad. La amenaza de Cortés de cobrar venganza en contra de Motecuhzoma porque él venía en son de paz y no esperaba que lo fueran a apuñalar por la espalda, más la señal explosiva del Popocatépetl, hicieron que el tlahtoani se recluyera en el templo de Huitzilopochtli a pedir consejo, a pedir ayuda, a pedir protección, a pedir una señal divina con la cual defenderse de los forasteros temidos y bárbaros. ¿Qué estaría pasando con aquel hombre invencible que expandía fronteras, dominaba a sus vasallos, imponía su ley y gobernaba con un gran rigor militar, legal y moral? Con el paso del tiempo Motecuhzoma desaparecía y desaparecía. Tal vez, muy pronto, ya no quedaría ni rastro de aquel guerrero que había salido feliz y poderoso del Calmécac. ¿Qué pasaba? Sólo él sabía si estaba dispuesto a huir, a suicidarse o a entregar su imperio a los forasteros.

Cuando Motecuhzoma supo de la inminente llegada de Cortés se entristeció grandemente, se puso cabizbajo, no podía hablar, se le hizo un nudo en la garganta y exclamó:

—Puesto que los dioses nos desfavorecen y nuestros enemigos vienen prósperos, estoy determinado y determinémonos todos de poner el pecho a todo lo que se ofreciere. No nos esconderemos, no huiremos, no mostraremos cobardía: no pensemos que la gloria mexica ha de perecer aquí. Me compadezco de los viejos y viejas y de los niños y niñas que no tienen pies ni manos para defenderse. Todos los demás, moriremos por nuestra patria.

Cuitláhuac aconsejó que enviase inmediatamente un numeroso ejército a oponerse al paso de los extranjeros:

—No los dejemos avanzar. Todavía estamos a tiempo.

—Los dioses me han abandonado y toda resistencia será inútil.

—No hay tal, hermano emperador, los dioses sólo te están observando para medir tu coraje, tu talento y entereza para defender tu imperio. Sólo te están poniendo a prueba.

—Los dioses me han abandonado y toda resistencia será inútil.

—Hermano emperador: los dioses sólo te observan. Es momento de reaccionar. Defiende tu trono, defiende a tu gente, defiende el imperio, defiende todo aquello que nos heredaron nuestros ancestros, defiende el patrimonio por el que dieron la vida tantos mexicas que nos antecedieron en la existencia...

—Los dioses me han abandonado y toda resistencia será inútil.

—Los dioses sólo te están poniendo a prueba. Desean saber si eres digno de ocupar el primer cargo del imperio de nuestros ancestros, de proteger la imponente ciudad que ellos levantaron.

—Los dioses me han abandonado y toda resistencia será inútil.

Motecuhzoma insistió en que quería recibir, hospedar y volver a darle regalos a los españoles y que Cacama los fuera a recibir y su hermano Cuitláhuac, a pesar de todo su enojo, se fuese a Ixtapalapan y los guardase en su palacio.

En Chalco, después de que varias poblaciones juraron vasallaje al rey de España en contra de Motecuhzoma, en razón de una cadena de odios y resabios existentes, Cortés recibió la primera visita real, la de Cacamatzin, señor de Texcoco, designado para agasajar a los teules en nombre del emperador de Tenochtitlan. Con sorpresa advirtió el invasor que se trataba tan sólo de un mancebo de veinticinco años, a quien, en silencio y con gran respeto, conducían en andas otros indios. Al apearse constató cómo retiraban las pequeñas piedras y huellas de lodo o polvo que se encontraban en su camino para evitar que se lastimara o se ensuciara.

Cortés lo invitó a pasar a su alojamiento, haciéndole una profunda reverencia, a la que Cacamatzin correspondió tocando la tierra con la mano derecha y llevándola a la boca, nuestra forma amable de saludar. Hablaron. Motecuhzoma tenía grandes deseos de estrechar su amistad con el gran monarca del oriente que lo enviaba, sí, pero al mismo tiempo le rogaba mudar de propósito y regresar a su patria si realmente quería complacer al emperador mexica.

Cortés contestó, al comprobar una vez más los miedos de Motecuhzoma, después de recibir nuevos y más costosos regalos de oro, que, hallándose en gran parte vencidas las dificultades del viaje, sería más digno de represión por parte de su soberano si retrocediese, estando ya tan cerca de la capital.

—Entonces —repuso Cacamatzin sin ocultar una mueca de obvio disgusto—, en la corte nos veremos —y para tal efecto dejó allí parte de su comitiva para que lo acompañase en el resto del viaje hasta llegar a la ciudad de México Tenochtitlan. ¿Quién había dicho que el camino a la capital era tortuoso?

Contra todos sus deseos, Cuitláhuac esperó a Cortés y a sus hordas de salvajes por una calzada aproximadamente de una legua hasta llegar a tierra firme, donde estaba la ciudad de Ixtapalapan. Cuitláhuac estaba acompañado por Cuauhpopoca, señor de Coyoacán. Les obsequiaron una generosa bienvenida en esa ciudad de aproximadamente quince mil vecinos, la cual estaba en la costa de una laguna salada, grande, la mitad dentro del agua y la otra mitad en tierra firme. El palacio de Cuitláhuac tenía cuartos altos y bajos, jardines muy frescos con muchos árboles y flores olorosas, así como albercas de agua dulce muy bien labradas. Dentro de la alberca había muchos pescados y aves, tantas que muchas veces cubrían el agua. La diversidad de árboles, los olores que cada uno tenía, los andenes llenos de flores, frutales, plantas de la tierra y un estanque de agua dulce, impresionaron a los españoles. Muchos de ellos compararon una de sus ciudades, conocida como Granada, con ese auténtico vergel, donde podían entrar grandes canoas desde la laguna por una abertura que habían hecho nuestros ingenieros mexicas, y todo muy bien encalado y lucido de muchas maneras de piedra y pinturas dignas de una gran ponderación. Tan pronto Cuitláhuac instaló en su casa a los españoles, regresó furioso a Tenochtitlan para insistir otra vez ante su hermano en que los forasteros no eran enviados de los dioses ni nada que se le pareciera, sino que eran unos viles y vulgares ladrones que venían a acabar con el imperio y a derrocarlo como emperador.

En noviembre de 1519, el ejército de Hernán Cortés se formó colocándose los capitanes al frente de sus respectivas compañías. Montando su corcel, acompañado de tres jinetes, Cortés encabezó la columna. Continuaba luego la infantería española, compuesta por cuatrocientos hombres, resguardados los flancos por seis de a caballo que marchaban a regular distancia uno de otro. Seguía la artillería y detrás de ella marchaban los tres lanceros restantes que completaban el pequeño escuadrón. Después de los españoles, iban los bajes, ocupando el centro, y la retaguardia la formaba el ejército tlaxcalteca con seis mil hombres. Las tropas caminaron media legua por el espacio que divide los lagos de Chalco y de Texcoco, entrando desde allí, en una ancha calzada de dos leguas de largo, que unía Ixtapalapan con Tenochtitlan… Los pobladores que vivían a la orilla de la laguna salían curiosos a ver pasar a los extranjeros. De Mexicaltzinco, Colhuacán, Huitzilopochco, Coyoacán y Mixcoac, salían centenares de canoas llenas de indios remando hacia la calzada, para ver a los hombres desconocidos.

¿Por qué digo que los españoles o los euroafricanos eran la escoria de España? Porque cuando se acercaban a Ixtapalapan, yo pude verlos a la distancia y me di cuenta de que venían con una sola mujer india, la famosa Malintzin, de la que tanto nos habían hablado. Traían armas poderosas, flechas, lanzas, cascos y trajes extraños. Venían jalando unos artefactos con ruedas que vomitaban fuego y esferas negras. Algunos andaban sobre venados coludos y sin cuernos. Traían perros escandalosos que rugían como ocelotes hambrientos, acompañados de miles de cholultecas, tlaxcaltecas y tliliuhquitipecas, además de muchos prisioneros y molenderas de distintos lugares. Caminaban en desorden, con alborozo y gritería, cargando una bandera con una cruz roja entre resplandores blancos y azules. Observábamos con miedo y atención las costumbres extrañas y salvajes de estos hombres sin educación, sin moral y sin recato, que raptaban mujeres a su paso, que escupían y hacían sus necesidades en las calzadas, a la vista de todos, que eran violentos como niños sin pulir, que hablaban en una lengua ruda, a gritos y con violencia, y miraban a su jefe con enojo y sin respeto. Tales habían sido los informes recibidos por Motecuhzoma de sus embajadores.

Las azoteas de las casas estaban tan llenas de gente que ponían admiración. En medio de aquellas dos procesiones veían al gran rey Motecuhzoma. Lo llevaban cuatro nobles en una litera cubierta por planchas de oro y bajo un parasol de plumas verdes, salpicadas de alhajas del mismo metal. Lo acompañaban sesenta hombres mejor vestidos que los otros, pero todos descalzos. Delante de él iba un hombre con una vara de justicia en la mano, alta, de oro, representando la grandeza de este señor. Detrás de él, y a los dos lados, iban otros grandes señores.

Presidido por el cihuacóatl, un grupo de nobles compuso la primera y numerosa embajada que iba a encontrar a los teules. Los caudillos y dignatarios atravesaron la plaza del Templo Mayor; dejaron atrás las casas y los jardines y se adentraron por la calzada de Ixtapalapan, ancha como de dos lanzas. Tenían instrucciones de aguardar a Malinche y sus señores del humo y el rayo, rendirles pleitesía, bajarse en su presencia hasta tocar la tierra con las manos y besar entre los dedos esa tierra, sustentadora de la grandeza mexica. Llevaban flores para obsequiar a los extraños...

Poco antes de entrar en la calzada, salieron Cuitláhuac y el señor de Texcoco al encuentro de Motecuhzoma. Habían acordado con Malintzin adelantarse y ahora solicitaban la presencia del jefe de los hombres para cambiar sus vestiduras por otras más ricas. Y es así que a poco andar, en medio de una nube de polvo, en un silencio de angustia, surgieron Hernán Cortés y sus soldados teniendo como fondo el verde lejano de la floresta y los murallones del fuerte Xoloc.

Motecuhzoma estaba ricamente vestido; llevaba un manto adornado con riquísimas joyas, en la cabeza, el cuauhpiloli ligero de oro, y en los pies unas sandalias de lo mismo, atadas con cordones de cuero y cubiertas de piedras preciosas.

Cuitláhuac y Cacama tomaron en sus manos las de Motecuhzoma y así avanzaron hacia Cortés. Tenía entonces Motecuhzoma cincuenta y un años. Era de cuerpo esbelto, delgado, bien formado y de buena estatura. En sus modales se veía al hombre distinguido y afable, a la vez que digno y noble, despejada su frente y llenos de dignidad todos sus movimientos.

Cortés, de treinta y cuatro años, se apeó para abrazar a Motecuhzoma después de que ambos hombres se hubieran observado atentamente. Pero Cacamantzin y Cuitláhuac detuvieron al teul: la persona del soberano mexica era intocable. Cortés se quitó un collar de margaritas y de cuentas de vidrio y lo puso en manos de dichos nobles para que se lo colocaran al emperador. Acto seguido, le colgaron al invasor un collar con la insignia del caracol y un copilli de plumas verdes de quetzal —el símbolo de Quetzalcóatl— de las que pendían camarones de oro.

Después del intercambio de collares, Cortés preguntó:

—¿Acaso eres tú? ¿Eres tú Motecuhzoma?

Motecuhzoma respondió con la debida sobriedad sin dejar de escrutar la indumentaria y el rostro extraño del intruso:

—Sí, yo soy —exclamó orgulloso y al mismo tiempo turbado, preguntándose todavía si estaría frente a un enviado o no de los dioses. Cuestionó a Cortés—: ¿Acaso eres tú un Quetzalcóatl? —a lo que Cortés, sin saber qué responder, se dirigió a Malitzin, quien contestó por él con una evasiva.

Cortés fue llevado al palacio de Axayácatl, en el corazón del islote. El pueblo arremolinado, aunque asombrado y temeroso, siguió a los teules hasta que se perdieron en el impresionante edificio.

Motecuhzoma tomó del brazo a Cortés y lo condujo a una gran sala adornada con ricas colgaduras de algodón. Allí, haciéndole sentar en una tarima cubierta de un fino tapete, colocada junto a una pared que ostentaba un buen tapiz adornado de rica pedrería y oro, le dijo a través de Malintzin:

—Malinche, tú y tus compañeros están en su casa: coman y descansen: yo volveré después a visitarlos.

En cuanto el soberano azteca se alejó de los cuarteles españoles, el jefe castellano mandó a hacer una salva de artillería, cuyo horrísono estruendo se escuchó por todos los ámbitos de la ciudad y se prolongó por la ancha laguna. Fue una manifestación del poder de sus armas para infundir respeto y temor a los habitantes de la capital.

Cortés colocó la artillería en los puntos dominantes, sobre todo un cañón en la entrada, en la puerta que miraba a la calle. Situó a los soldados españoles en las piezas mejor dispuestas para poder acudir pronto al peligro; destinó los grandes patios y corredores para los tlaxcaltecas, y distribuyó centinelas en las azoteas, en las torres del muro y en otros sitios importantes...

Cuitláhuac pensó para sus adentros: «Si los malditos teules tuvieran buenas intenciones, jamás hubieran colocado sus armas en posición para atacar a nuestro pueblo. Nosotros los recibimos como amigos, no existía razón alguna para esas precauciones y, mientras tanto, mi hermano, ciego, sordo y mudo...»

Motecuhzoma había mandado que se diese un espléndido banquete al intruso: aves, peces, carnes, vegetales, frutas, bebidas, como la de cacao. Todo fue servido en abundancia. Un número considerable de esclavos, colocados detrás del emperador y los obsequiados huéspedes, se ocupaban en el servicio de la mesa, manifestándose ansiosos por complacerlos cumplidamente. Yo aproveché este momento para entrar discretamente al salón del banquete para poder ver a los teules de cerca.

No bien había concluido la comida, salió Motecuhzoma, para volver poco después con muchas y diversas joyas de oro, plata y plumajes, y con cinco o seis mil piezas de ropa de algodón muy ricas y de diversas maneras tejidas y labradas, para dirigirles unas palabras que les provocaron estupor, al igual que a nosotros:

—Valiente general y ustedes sus compañeros: todos mis servidores son testigos de la satisfacción que me ha causado su feliz llegada a esta capital y si hasta ahora he aparentado mirarla con repugnancia, ha sido únicamente para condescender con mis súbditos. Su fama ha engrandecido los objetos y turbado los ánimos. Decían que eran dioses inmortales, que venían montados sobre fieras de portentosa grandeza y ferocidad y que lanzaban rayos... Pero todos estos errores se han disipado con el trato que ellos mismos han tenido con ustedes. Ya se sabe que son hombres mortales como todos, aunque algo diferentes de los demás en el color y en la barba. Hemos visto por nosotros mismos que esas fieras tan famosas no son más que ciervos y que sus supuestos rayos son unas cerbatanas mejor construidas que las comunes. En cuanto a sus prendas personales, estamos bien informados... de que son humanos. No dudo de que ustedes igualmente han desechado o desecharán las falsas ideas que de mí les habrá dado la adulación de mis vasallos o la malevolencia de mis enemigos. Les habrán dicho que soy uno de los dioses que se adoran en esta tierra y que tomo cuando quiero la forma del ocelótl o de otro cualquier animal: pero ya ven —y al decir esto se tocó un brazo como para hacer ver que estaba formado a guisa de los otros hombres— que soy de carne y hueso como los demás mortales, aunque más noble que ellos por mi nacimiento y más poderoso por la elevación de mi dignidad. No niego que son grandes mis riquezas, pero las aumenta la exageración de mis súbditos. Algunos se habrán quejado de mi crueldad y de mi tiranía, pero ellos llaman tiranía al uso legítimo de mi autoridad y crueldad a la necesaria severidad de la justicia. Acepto la embajada del gran monarca que los envía, aprecio su amistad y ofrezco a su obediencia todo mi reino, pues en vista de las señales que hemos observado en el cielo y de lo que vemos en ustedes, nos parece llegado el tiempo de que se cumplan las profecías de nuestros antepasados, en las cuales se anunciaba que debían venir de la parte de donde nace el sol ciertos hombres diferentes de nosotros que al fin serían señores de estos pueblos. Nuestro dominio no ha sido hasta ahora sino como lugartenientes de Quetzalcóatl, nuestro dios y legítimo señor.

A todos los presentes nos gustó aquello de «ya se sabe que son hombres mortales como todos, aunque algo diferentes de los demás en el color y en la barba». Parecía que mi padre se apartaba de los fanatismos y reconocía la realidad. Vimos crecer a nuestro líder cuando afirmó que «sus supuestos rayos son unas cerbatanas mejor construidas que las comunes». ¡Por supuesto que los palos de trueno no eran concesiones divinas para que los intrusos dispararan relámpagos como los que se producen en las tormentas! Nosotros ya sabíamos lo que era una tormenta. Pero cuando nada menos que el tlahtoani mexica afirmó que aceptaba la embajada que nos enviaba el gran monarca, que apreciaba su amistad y ofrecía la obediencia de todo México Tenochtitlan, pues en vista de las señales que había observado en el cielo y de lo que veía en los invasores, le parecía llegado el tiempo de que se cumplieran las profecías de nuestros antepasados, en ese momento escuché cómo sacaban miles de flechas de los carcajes y los guerreros tensaban las cuerdas de sus arcos, más aún cuando Motecuhzoma sentenció que solo éramos lugartenientes de Quetzalcóatl y que teníamos que entregarles nuestros dominios a los españoles, y todo ello a escasos días de iniciada la invasión pacífica en la capital del imperio.

Nadie justificaba el entreguismo ni la fatalidad entre nosotros. ¿Mi padre se convertía en nuestro peor enemigo por miedo? Los españoles bien podían jactarse de haber tomado la Gran Tenochtitlan sin haber disparado ni un solo tiro de arcabuz. ¿Los invasores ya dormían en el palacio de Axayácatl y, poco a poco, llegarían a ser los amos y señores del imperio sin que nos hubiéramos opuesto con la conocida furia mexica? ¿Qué pasaba? ¿Qué decían los nobles, por qué no se pronunciaban en lugar de sólo agachar la cabeza ante mi padre cuando todo, absolutamente todo, estaba en peligro? Sabíamos que los intrusos no eran confiables y los dejamos entrar a nuestra ciudad capital. Sabíamos que eran crueles y salvajes y les obsequiamos un banquete. Sabíamos que habían asesinado y quemado pueblos enteros y Motecuhzoma expuso su deseo de entregarles nuestros dominios en lugar de sacarles el corazón en la piedra de los sacrificios. ¿Cuál conquista, cuando nos rendíamos sin masacrarlos a macanazos?

Jamás vimos dibujo o glifo alguno de Quetzalcóatl representado como un ser blanco y barbado. En nuestros códices aparece el signo del viento con una máscara con el pico de un ave. Es falso que Motecuhzoma hubiera sufrido la confusión de creer que Cortés fuese Quetzalcóatl, en cambio sí creyó, o por miedo fingió creer, que se trataba de hombres enviados por otros dioses. ¡Cuántas veces discutí este punto con los cronistas españoles sin mayor éxito!: ellos insistían en el error para exhibirnos como tontos y justificar sus atropellos y bellaquerías.

El general español sostuvo, siempre sonriente, claro está, que era enviado del rey más poderoso de Europa, el cual no podía aspirar como descendiente de los dioses al pleno dominio del país. Se contentaba con establecer una confederación y amistad perpetua con los reyes mexicas y que el fin de su embajada no era despojarlo del imperio, sino de anunciarle la verdadera religión y darle consejos importantes para mejorar su gobierno y la suerte de sus vasallos...

Cortés mentía. Cortés mintió de principio a fin. ¿Cuál amistad perpetua con los reyes mexicas cuando venía a matarlos y a apoderarse de todo? ¿Cuáles consejos para mejorar el gobierno si estaba decido a destruir todo lo nuestro hasta que no quedaran ni cenizas? ¿Cuál deseo de anunciar la verdadera religión cuando ya se instalaban piras, salas de tortura y cadalsos para quemar, torturar y colgar a quienes continuáramos con nuestras creencias? ¿A esa barbaridad civilizadora llamaba Cortés anunciar la verdadera religión?

¿Cómo confiar en hombres así, más aún cuando no tardarían en demostrarnos su bestialidad al percibir la presencia del oro? Acuchillarían, matarían, encarcelarían, torturarían, incendiarían y destruirían a cambio de llenar sus alforjas con el metal dorado. ¿Cómo una persona, en apariencia amable, podía transformarse en una fiera al ver tres granos de oro? En mi interior, y por el momento, sólo existían diferentes dudas respecto a las palabras del teul. El tiempo me ayudaría a entender, con profundo dolor y malestar, que toda la invasión se reducía a una palabra, lo demás no pasaban de ser embustes, engañifas y traiciones. La palabra era: ¡oro! Esas tres letras constituían su única divina trinidad...

Al día siguiente correspondió Hernán Cortés su visita al rey y en ella se extendió la conversación sobre varios asuntos; el tema principal fue el de la religión cristiana, cuyos principales misterios explicó el invasor y aunque no logró persuadir a Motecuhzuma de las verdades que le anunciaba, obtuvo la promesa de que no se volviese a servir carne humana. Recibió también, en esta ocasión, grandes regalos de Motecuhzuma, que consistían en varias alhajas de oro, un collar del mismo metal para cada soldado y diez cargas de vestidos de algodón.

Tiempo después de su arribo a Tenochtitlan, gracias a doña Marina y a Jerónimo de Aguilar, Cortés pronunció una versión pulida de su acostumbrado discurso en el que, por primera vez, adujo que los cristianos adoraban al único y verdadero Dios; explicó que Jesucristo, el hijo de Dios, había sufrido muerte y pasión en una cruz a fin de salvar al mundo; que este Cristo había resucitado tres días después de su ejecución y luego había ido al Cielo; que él y su padre habían creado todo; y que los seres que los mexicas consideraban dioses eran, en su opinión, demonios, cuyo aspecto era feo y cuyos actos eran aún peores.

Nunca imaginó Cortés la afrenta que representaron sus palabras. El rostro de mi padre, el de los sacerdotes presentes, el de la nobleza y el de los guerreros se endureció de repente. La religión de un mexica rebasaba en importancia a cualquier otro valor, más aún cuando ya sabíamos lo ocurrido con el templo de Quetzalcóatl en Cholula y con otras deidades otomíes, cempoaltecas y tlaxcaltecas que Cortés había destruido a su paso. Temíamos que empezara a atacar nuestras convicciones espirituales y, sin embargo, lo peor, ya había comenzado a hacerlo. ¿Nuestros dioses eran demonios? Ya lo veríamos...

Cortés pasó los primeros cuatro días de su estancia en la ciudad observando lo que más convenía a sus miras. Ascendió a lo alto de los templos de Huitzilopochtli y Tláloc sin poder esconder una expresión de horror por la sangre de las víctimas ahí sacrificadas. Visitó el mercado de Tlatelolco, subió la elevada meseta de la Gran Pirámide, penetró en los teocallis, vio más huellas de nuestras ofrendas, contempló desde las alturas el Templo Mayor de Tenochtitlan y la extensión del valle, le explicaron la importancia del Calmécac, se sorprendió por el tamaño de la escultura del dios de la lluvia y de Coatlicue, la Madre Tierra; preguntó por los setenta y ocho edificios que integraban el centro ceremonial de Tenochtitlan, contempló los seis inmensos espejos de agua de los lagos de Chalco, Texcoco, Xochimilco, Tzumpango, Xaltocan y Tenochtitlan; comprobó la existencia de treinta y nueve ríos navegables en la capital del imperio. El palacio de Motecuhzoma, el del tlahtoani, era impresionante, como sin duda lo era el de Axayácatl, donde fueron alojados. Quiso saber mucho más de nuestras técnicas hidráulicas y agrícolas, de nuestras terrazas y chinampas, de la cimentación y construcción de edificios levantados en el centro de un lago. ¿Cómo harían? Esas técnicas eran desconocidas en España.

Cortés se sintió atraído, desde un principio, por el tlachtli, el juego de pelota. Cada vez que la bola de ulli lograba pasar por el hueco del tlachtemalácatl o algún jugador lograba derribar a un contrario, daba puntos a favor al grupo del golpe afortunado. La riqueza y la miseria se jugaban continuamente gracias al desbordado entusiasmo de las apuestas: ricas mantas de algodón con adornos de plumas, hermosas joyas de chalchihuitle, figurillas de jade, bolsas de cacao, manojos de pluma de quetzal, canutos de plumas llenos de polvo de oro y muchas cosas preciosas. Algunas mujeres cambiaban de dueños al terminar el juego. Algunos hombres se entregaban para trabajar gratis en provecho del ganador o para ser sacrificados en ofrenda a los dioses. Cortés disfrutaba como nadie el juego del totoloque, el pasatiempo de la aristocracia mexica, que consistía en arrojar unas bolitas de oro en dirección a unos rodelitos del mismo metal, el blanco, en realidad. Cuando Motecuhzoma ganaba, repartía las alhajas de oro del premio entre los españoles, y a la inversa, cuando el invasor era el agraciado. ¡Cuánta diversión y afectos se obsequiaban a los intrusos! De la misma manera en que Cortés disfrutó intensamente el patolli, un juego de azar, aborreció el baño del temazcalli cuando el tlahtoani lo invitó a entrar únicamente cubierto por una breve túnica en una caverna oscura para curarlo de cualquier enfermedad que pudiera tener. Se trataba de sudar los males para aliviarse de las dolencias del cuerpo y del alma. El español se asfixiaba. Salió huyendo alegando que era una costumbre pagana y por lo mismo diabólica, es decir, prohibida por su religión. Cortés declaró que los indios que no estuvieran enfermos no se podían bañar en estos baños calientes bajo la pena de cien latigazos durante dos horas públicamente. No había entendido nada. Jamás se aliviaría de nada. Le esperaba, según yo, una muerte horrible. Pero, ¿quién era él, este miserable invasor, para castigar a ninguno de nosotros y dar latigazos en cualquiera de nuestras plazas porque no le parecían bien nuestros hábitos y costumbres?

Motecuhzoma pasaba el tiempo enseñándole a Cortés los prodigios, avances y tesoros del imperio sin advertir, o sin querer hacerlo, las verdaderas intenciones de los españoles en torno a nuestro imperio invencible. Mientras el invasor le enseñaba a mi padre el manejo de los arcabuces o de las ballestas y practicaban el tiro al blanco de aves en el lago de Texcoco, enmarcado por nuestros volcanes, o adiestraban, en privado y a escondidas, al emperador a montar sus caballos, los malditos extranjeros saqueaban el palacio de Axayácatl. Eran unos auténticos ladrones. Un día encontraron un pasaje secreto que conducía a la habitación donde se encontraba el tesoro. A partir de ese momento comenzó el descarado robo de todo lo nuestro. Estaban hospedados en una casa ajena y, sin embargo, estos bastardos enviados por dioses o semidioses también bastardos, cuando menos, empezaron a hurtar todo lo que encontraron a su paso.

Cuando mi padre reclamó tímidamente la fechoría al descubrir que su propio palacio y el del tesoro público, en el que se albergaban los impuestos recaudados, al igual que el de Axayácatl, también estaban siendo rabiosamente saqueados y las magníficas piezas de oro labradas por nuestros artesanos eran fundidas hasta convertirlas en tejos, una vez retiradas las piedras preciosas, Cortés respondió:

—«Estos cristianos son traviesos, é andando por esta casa han topado ahí cierta cantidad de oro, é la han tomado: no recibáis dello pena...».

No dejaron de buscar en cada rincón y recámara hasta dar con un aposento, muy secreto y apartado, donde estaban las mujeres de mi padre, con sus damas y amas que las servían y miraban por ellas, las cuales se habían recogido en aquel aposento por temor a los españoles...

Está de más aclarar cuál fue la suerte de las honestas doncellas luego de que dieron con ellas los asquerosos aventureros y, sin embargo, mi padre volvió a callar, muy a pesar de que yo, su hija y otras hermanas mías más, además de mi propia madre, estábamos entre el grupo de presas que fueron ultrajadas sin la menor piedad. Yo me salvé por mi corta edad, pero las mayores sufrieron violaciones de cuanto soldado entró en la habitación y como el emperador no protestaba, pues continuaron hasta hartarse. Nunca olvidaré cuando a mi propia madre la desvistieron entre varios soldados españoles que apestaban a mierda, de esos que habían venido a ver por lo mejor de nosotros y, después de inmovilizarla, sin importarles sus gritos y súplicas, fue penetrada, uno por uno, hasta dejarla sucia de mil venenos y en llanto y amargura totales. A mí me respetaron por tener apenas nueve años, pero no se detuvieron al despedazar a esas mujeres en mi presencia. ¿Ese era el amor, esa era la piedad de la que tanto hablaban? Entre nosotros, las violaciones eran castigadas con la pena de muerte. ¿A dónde irían a dar nuestras leyes, así como el orden y el respeto con los que habíamos crecido? ¿Quién sancionaría a los intrusos? ¿No los meteríamos en jaulas para que el pueblo los matara a pedradas? ¿Qué saldría de esta espantosa impotencia? Nos despojaban de todo lo nuestro sin que nadie hiciera nada por defendernos ni imponer justicia de acuerdo a nuestras leyes. Y bien visto, ¿a dónde iríamos sin justicia? ¿Que cada quien se las arreglara como pudiera cuando estábamos viendo que en muchos hogares mexicas las mujeres eran violadas, tal y como había sucedido en la alta nobleza? ¿Y nuestros jueces y nuestros guardianes y nuestro emperador y nuestra fuerza? ¡Qué caro pagaríamos nuestro abandono!

¡Cuántas salieron embarazadas y desquiciadas, odiando no sólo a los intrusos, sino a Motecuhzoma que lo consintió! ¿Cuáles dioses? Eran vándalos por más que instalaran una capilla —que fue inaugurada con una misa solemne— para adorar a sus dioses, nada menos que en una de las salas del templo de Huitzilopochtli. ¿Cómo era posible que cualquier tipo de dios autorizara, o como ellos decían, bendijera las espantosas violaciones en las que las mujeres gritaban enloquecidas? ¿Ejemplos de una doble moral que nunca ninguna divinidad castigó? Cortés no había aceptado casarse con mi media hermana, alegando que tenía mujer en Cuba y sólo una le permitían sus leyes. Mas después de haberle echado agua en la cabeza y bautizarla con el nombre de doña Ana, entonces ya empezó a compartir con ella el lecho, al mismo tiempo que con doña Marina y con Beatriz, otra hermana mía de Texcoco. ¿El dios crucificado autorizó que abusaran de mis hermanas, después de que se les hiciera una señal de la cruz en la frente y les mojaran la cabeza?

Cuando Cortés llegó a nuestra tierra yo estaba prometida con Atlixcatzin, el hijo de Ahuizotl. Mi esposo, el mejor candidato para suceder a mi padre, murió en 1520. Como yo tenía lazos con Ahuizotl y Motecuhzoma, esto me concedía el derecho de ser la esposa principal del sucesor de este último y, por lo mismo, explica mis subsecuentes matrimonios con Cuitláhuac y Cuauhtémoc. Sí, estuve casada con dos Huey Tlahtoani, pero sólo con el segundo aprendí a ser mujer a los once años, cuando él acababa de cumplir los diecinueve en febrero de 1521, ya pasada la Noche de la Victoria, que sólo los españoles entendieron, con justa razón, como la Noche Triste.

Jamás olvidaré las condiciones en que contraje nupcias con Cuauhtémoc, el nuevo tlahtoani, quien me dijo que yo era una mujer muy hermosa el día mismo en que me conoció, la más hermosa que había siquiera contemplado e imaginado en su vida, una ichpoxochite ketsali, si bien es cierto que Cuauhtémoc también se casó después, de acuerdo a nuestra costumbre, con Xuchimazatzin, conocida mejor como María, mi hermana, una mujer adulta, como él, con quien pudo procrear dos hijos. Quien sostenga que yo, Tecuichpo, hija legítima de Motecuhzoma y de su principal esposa, nunca llegué a consumar el matrimonio con Cuauhtémoc, falta absolutamente a la verdad.

Tres días antes de nuestra boda se empezó a preparar el banquete, que consistió en tamales y en un mole especial. Las damas de mi servicio me lavaron y me adornaron el pelo y, cuando estuve lista, una matrona de mi familia puso una manta sobre el suelo de unas andas, un palio improvisado, sobre el que yo me senté para que me llevaran hasta la casa de mi novio. Una vez colocada a un lado de un pequeño altar, oculta tras el incienso, las mujeres ancianas empezaron a darme consejos para tener éxito en mi matrimonio. ¿Mi matrimonio? ¿Cuánto tiempo duraría mi matrimonio y en qué condiciones lo viviríamos, antes de que Cortés le quemara los pies a mi marido, lo colgara de un árbol y lo decapitara al día siguiente, tal y como aconteció?

Me habían vestido con un huipil blanco, del mejor algodón y con los mejores bordados. Varias doncellas, teopizque y tonalpouques anudaron mi blusa con la manta de mi novio al tiempo que un grupo de músicos tocaba la especial melodía para las reuniones de dualidad, la maravillosa *Xochipitzahuatl, Flor menudita*, que con el tiempo se convertiría en la melodía con que mi amado pueblo me recordaría por siempre en las ceremonias sagradas de Tonantzin, allá en el Tepeyac. Mientras ocho parejas danzaban alrededor, el copal nos envolvía en medio de cantos y flores. Fue el momento más feliz de mi vida. No teníamos tiempo más que para una muy breve ceremonia matrimonial sin el esplendor de los mejores años del imperio. A mí no me importaban las otras mujeres ni los hijos de quien ya era el emperador mexica. Sólo me interesaba vivir el momento, únicamente el momento. Por ello el emperador ordenó que nos prepararan el baño, el temazcalli, con vapor de agua de hierbas aromáticas, y que colocaran pequeñas lámparas de aceite sin que nos lastimara la luz, cuidando de que pudiéramos ver nuestros cuerpos y escapar a la oscuridad total. A la entrada habían acomodado a los músicos con flautas, un chicahuaztli, un aztecocoli y varios teponaxtles. En el temazcalli volvíamos al vientre materno llevados de la mano de la diosa Temazcaltoci, la gran madre de los dioses y de los humanos. Ella es nuestra abuela, la eterna preocupada por nuestra salud, la de sus niños, sus amados hijos. ¿Qué habría sido de Temazcaltoci? ¿Por qué nos habría abandonado igualmente?

Cuauhtémoc encendió el fuego y colocó las piedras calentadas al rojo vivo, sobre las que yo deposité el agua hervida con plantas medicinales, para provocar nuestro encuentro espiritual en el vientre mismo de la Madre Tierra y así lograr la unión de nuestras almas y de nuestros corazones. Ahí pediríamos por la vida misma. De las hierbas aromáticas se obtendrían los vapores sagrados, el atlachinolli, para curarnos de todos los males cuando los humos ascendieran portando nuestras palabras y deseos al cielo. No queríamos a nadie en nuestro entorno. Ambos nos sahumaríamos para trabajar con las esencias del fuego, el agua, el aire y la tierra, y librarnos de los españoles. Yo le serviría a mi marido en un jarro de barro agua

caliente y hierbas elegidas. Cambiaría nuestra suerte al oler el euca-
lipto, el romero, la manzanilla, el pericón, huautli, las cáscaras de
cítricos y el patchouli, entre otras más. Nos dábamos suaves golpes
con mazos de ramas de pirul. El calor que sentíamos era la señal esperada para saber que nos curábamos.

Después de sudar abundantemente los malos humores, nos re-
costamos y descansamos con el cuerpo bien cubierto con sábanas
de tela de maguey muy gruesas. Para concluir con la purificación
yo froté el cuerpo de Cuauhtémoc con agua de patchouli y palo de
rosa para iniciar el romance, en tanto él lo hizo con agua de manda-
rina y geranio para transmitirme alegría, confianza y protección.

A continuación nos pusimos de pie para untarnos aceites muy
delicados de albahaca, de árbol del té, de jazmín y de sándalo. Apenas podía distinguir el rostro del joven emperador cuando recorría
con sus manos aceitadas mi tierno cuerpo de ichpoxochitl, donce-
llita, flor menudita, como él bien me decía. Echaba la cabeza para
atrás como si así fuera a sentir más, mucho más el cuerpo de la mujer amada. Sus manos llenas de aquel líquido tibio y perfumado res-
balaban por mis senos, por mi espalda, mis nalgas y mis piernas en
la tenue penumbra. Él no percibía que yo cerraba mis ojos para no
acobardarme y dejarlo hacer. En ocasiones crispaba los párpados
y el rostro y sonreía cuando Cuauhtémoc me abría la entrepierna
con suaves insinuaciones para no dejar de aceitar ni un solo espacio de mi talle, ni siquiera aquel en el que se encontraba el último
refugio de mi pudor. Me estremecía. Apretaba las carnes de mi cara
como si fuera a estallar en mil pedazos. Imposible vivir tanta emoción sin demostrarla. Me acerqué y lo besé en los labios, en tanto él
me los mordía delicadamente y, por primera vez nos abrazábamos,
nos fundíamos y yo sentía los poderes del hombre adheridos a mis
piernas y a mi pubis, mi ciuatepoltsontli. ¡Qué sensación tan maravillosa que explica como nada la eternidad en la que viven los dioses! Lo rodeaba por la cintura y me sujetaba con firmeza mientras
frotaba arrebatadamente mi cuerpo contra el de él. Nos frotábamos
la una contra el otro en medio de suspiros, quejidos y jadeos. Así
nos había hecho la diosa Xochiquetzal, la del amor y de la belleza,
el uno para la otra.

Llegado el momento hundí nuevamente mis manos en el aceite de palo de rosa. Le indiqué a Cuauhtémoc que girara de modo
que me diera la espalda. Acaricié entonces sus hombros de piedra

tallada, día a día, en el Telpochcalli de Malinalco, sus brazos de roca utilizados para escalar muros, aventar lanzas a gran distancia, disparar flechas, y sus piernas duras después de tantas caminatas, ejercicios, carreras, batallas y concursos para llegar a ser de los mejores. La madera preciosa de nuestros árboles más altos era más blanda que las carnes de mi ilustre amado. No podía dejar de aceitar con sumo cuidado la prueba misma de su virilidad, su tepoli, el miembro masculino, mejor dicho el tepolkuautli, porque se encontraba erecto y desafiante como la rama más gruesa y robusta de una ceiba. Me esperaba. Yo sabía que me esperaba, nos esperábamos. El emperador gemía en tanto soltaba los mazos de hierbas con los que pretendía golpearme suavemente después de nuestro masaje, nuestro inolvidable momotsoa. Desistió. Lo desarmé en tanto resolvió acariciarme la cabellera, revolviéndomela de un lado al otro, como si no supiera qué hacer con ella. Sólo decía en voz muy baja: «Tecuichpo Ixcaxochitzin, mi niña, Piltzihuatzin, Tecuichpotzin, Quetzaltzin...».

No podíamos más. Decidimos acostarnos encima de la estera, la más apartada de las piedras y de los vapores perfumados. Cuando se posó encima de mí y percibí cómo buscaba refugio en mi interior para recuperar la paz perdida, cuando me di cuenta de que se asfixiaba por más que intentaba respirar, cuando me invadió por completo y sentí un flechazo que me enviaría al otro mundo, cuando comenzamos a agitarnos y él arremetía con la indomable fuerza del guerrero, cuando mi cabeza se sacudía por las feroces embestidas, cuando nuestros cuerpos sudaban y nuestras lenguas se cruzaban, cuando nos mordíamos y suplicábamos, gemíamos, jadeábamos, clamábamos al cielo, invocábamos, nos entregábamos, reíamos y suspirábamos y apurábamos el paso extraviados en aquellos aromas celestiales, de pronto estallaron todas las estrellas del infinito y ambos gritamos: «Ometéotl, suprema esencia dual, Xochiquetzal, esencia femenina del amor y de la belleza, Huitzilopochtli, voluntad guerrera, venerable Quetzalcóatl, Chalchiutlicue, esencia del agua de jade, Tláloc, amado Tláloc, ven y fertiliza con tus inmensos poderes este cuerpo para que de nuestra pasión nazca el heredero que rescate a nuestra raza en todos los ciclos por venir...». Un grito poderoso y veloz, surgido del alma del pueblo mexica, pudo ser oído hasta en el último pueblo del imperio. Quetzalcóatl nos sonreía...

La fiesta no fue triste a pesar de que todos estábamos de luto. Mi padre, asesinado, nunca pudo imaginar que en cada hogar mexica faltarían una o dos o tres personas, o toda la familia, como consecuencia de la guerra o de la viruela o del sitio impuesto a la Gran Tenochtitlan. La pena, el desconsuelo y la melancolía no podían ser mayores. El duelo que se había apoderado de todos nosotros parecía ser infinito a pesar de la Noche de la Alegría, cuando logramos largar a los españoles de nuestra ciudad. Sí, pero en qué condiciones la dejaron y nos dejaron en aquel año… ¡Cuánto dolor y cuánta incapacidad de consuelo! ¿Y los penachos multicolores y los teponaxtles y nuestros templos y nuestros dioses y nuestra cultura y nuestros chalchihuites y nuestro Calmécac y nuestros calpullis y nuestros huipiles y nuestras ceremonias y nuestros códices y nuestras danzas y nuestros rituales? Todo se había perdido. ¿Quién podía animarnos o tranquilizarnos cuando sólo cabía la resignación, porque sabíamos que la fiera estaba merodeando lo que antes fuera la Gran Tenochtitlan, las piedras que todavía quedaban del ostentoso imperio? En cualquier momento daría su zarpazo final, nos asfixiaría y más tarde nos devoraría hasta no dejar ni rastro de nosotros. A nadie escapaba esta terrible realidad. Yo permanecí todo el tiempo al lado de mi marido, el emperador Cuauhtémoc, hasta su honrosa capitulación, y de ahí, la destrucción total de Tenochtitlan. Permanecí con Cuauhtémoc aproximadamente medio año antes de que el imperio capitulara en manos del malvado Cortés, de sus sanguinarios capitanes y de nuestros eternos y no menos odiados enemigos, los tlaxcaltecas. Resistiríamos antes de la derrota final el 13 de agosto de 1521 y todo ello en razón del pavoroso sitio que impusieron los españoles para privar de agua y de alimentos a una población incapaz de defenderse porque estaba diezmada, agotada o enferma. El éxito de la invasión, que quede muy claro, que me escuchen Huitzilopochtli, Tláloc, Tezcatlipoca y Quetzalcóatl, que me oigan los mexicas sobrevivientes, la invasión se consumó gracias a la peste, a los tlaxcaltecas y a Ixtlixóchitl, señor legítimo de Texcoco a quien mi padre defraudó políticamente, traicionando el linaje del gran Nezahualcóyotl al no quererlo reconocer como gobernante e imponer a su sobrino Cacama; fueron él y sus ejércitos de ciento veinte mil texcocanos, los mismos de nuestra raza, quienes en verdad nos derrotaron junto con la viruela, no los españoles. ¡Claro que Cortés supo trabar alianzas en contra nuestra y servirse de nuestros enemigos, sí, así fue, pero a esos quinientos españoles nos los podríamos haber comido si Cuitláhuac, mi amado tío, hubiera sido el tlahtoani y en ningún caso mi padre, finalmente un despreciable cobarde lleno de supersticiones y de miedos que entregó el imperio sin haber disparado siquiera un triste flechazo! Los dioses no estuvieron con nosotros cuando permitieron la elección de Motecuhzoma en el momento más difícil de la historia del imperio; nos abandonaron al haber aceptado que los tlaxcaltecas se unieran en nuestra contra con los españoles, nos sacaron el corazón con la peste y nos remataron con el sitio del que ya nunca nos recuperaríamos, por lo menos hasta que alumbre el nuevo sol.

La vida da giros inesperados en el momento menos previsto. Una terrible catástrofe ocurrió casi a mediados de 1520, cuando Cortés llevaba seis meses de permanecer en Tenochtitlan. Cortés ordenó, ya no sugirió ni solicitó el desmantelamiento de nuestros templos para sustituir nuestras deidades por las suyas y además, cancelar indefinidamente, las ofrendas de sangre, decisión que sólo produciría la ira de los dioses, quienes nos enviarían como castigo todas las privaciones, enfermedades y desgracias inimaginables, como habría de ocurrir cuando por aquellos días arribó a la Villa Rica de la Vera Cruz la cuarta armada despachada a nuestra tierra por Diego de Velázquez, integrada por dieciséis navíos en los cuales venían mil cuatrocientos soldados, ochenta caballos y veinte equipos de artillería. Los espías secretos de Motecuhzoma habían informado de las carabelas con más, muchos más hombres blancos de oriente. ¡Nadie podía siquiera suponer que en esa nueva expedición proveniente de Cuba venía a bordo el mejor y más poderoso aliado de los españoles y que ayudaría eficazmente a la destrucción de todo lo nuestro y de todos nosotros: la viruela!

Motecuhzoma se apresuró a hacer del conocimiento de Hernán Cortés el arribo de esos veinte navíos a la Villa Rica de la Vera Cruz, cargados con mucha gente, caballos y armamento. De hecho se ofreció a proporcionarle toda la ayuda que llegara a necesitar, si es que éste llegaba a ser el caso. El teul no dejaba de recordar que había abandonado Cuba huyendo de la autoridad de Diego de Velázquez quien, no era difícil de predecir, estaba dispuesto a castigar a Cortés por desacato, traición y otros cargos no menos graves. A

Velázquez le correspondía el prestigio político ante Carlos I de haber conquistado Tenochtitlan y en ningún caso a Cortés, un descarado arribista, quien habría de pagarlo caro, muy caro. Este último sabía las que debía y, por lo mismo, no podía ocultar que los navíos atracados en la Vera Cruz no le serían amigables ni amistosos ni generosos. Venían por él, venían a arrestarlo, venían a recluirlo en alguna prisión, venían a mandarlo esposado y con grilletes a España y, por supuesto, venían a apoderarse de todos los tesoros de esta tierra, mejor dicho, a arrebatárselos a Cortés, quien sabía que, por ningún concepto, podía resultar derrotado por las tropas de Pánfilo de Narváez y sus capitanes. Todo su esfuerzo orientado a tomar la capital del imperio mexica se desplomaría como un castillo de naipes y en lugar de haberse asegurado un sitio muy decoroso en la historia como el invasor de Tenochtitlan, pasaría el resto de su vida en una letrina pestilente en las cárceles de Castilla. En lugar de que su cadáver fuera a reposar con el tiempo en un gran partenón construido para los máximos líderes de la historia del mundo entero, sería enterrado en una fosa común sin dejar rastro alguno. De modo que jamás permitiría que Pánfilo de Narváez lo venciera. Iría por él, claro que iría por él. Lo que se cuidó Motecuhzoma Xocoyotzin de confesarle a Cortés fue la totalidad de la información. Por supuesto que ésta nunca se la haría saber al invasor: Motecuhzoma ya había entrado en tratos secretos tanto con Pánfilo, como con sus capitanes, para lograr la liberación del imperio azteca, según se lo había prometido aquel en el intercambio de mensajes. Le habían hecho saber que la nueva misión militar tenía dos objetivos: arrestar a Cortés por traidor, y dos, liberar a Motecuhzoma de los secuestradores que se habían apoderado de su imperio, esto último, claro está, se trataba de una mentira de punta a punta. Narváez venía a heredar el esfuerzo de Cortés, a continuar los saqueos de los tesoros mexicas, cempoaltecas, tlaxcaltecas, cholultecas, y para robarle el crédito histórico al capitán Malinche. Nadie podía dudar que de Narváez sólo podríamos esperar ceniza, llanto y muerte, lo mismo que podríamos esperar de cualquier otro español, uno más cruel e interesado por el oro que otro.

Los mexicas veían a su rey desposeído, entregado a extranjeros que se presentaban como señores y que ocupaban la ciudad con un ejército auxiliar de tlaxcaltecas y texcocanos rebeldes, nuestros peores enemigos. Todo esto estimuló una terrible conmoción que se propagó como el fuego de un bosque, iniciado por un relámpago. Las masas contemplaban los hechos llenas de estupor, de dolor, de furia, de resignación y coraje, de impotencia y de deseos de venganza, de tristeza y de llanto, de lamentos y de maldiciones. ¿Qué hacía el tlahtoani, heredero de los fundadores tenochcas, que no los protegía?

Cortés sabía muy bien que de ninguna manera podía irse a combatir a Pánfilo de Narváez a la Vera Cruz dejando al emperador Motecuhzoma con las manos libres para conducirse como se le diera la gana. Imposible ir a combatir a Narváez y saber después que Motehcuzoma se había levantado en armas a sus espaldas. Quedaría atrapado entre dos fuegos. Tendría que abandonar la Gran Tenochtitlan y para ello dejaría el cargo al gran asesino Pedro de Alvarado, su incondicional, con planes muy específicos para inmovilizar, en el más amplio sentido de la palabra, a mi padre y a sus ejércitos intocados.

Cortés y Alvarado decidieron la suerte del emperador y del pueblo de Tenochtitlan antes de que el gran jefe de los teules iniciara su misión defensiva. Tal y como se comprobaría posteriormente, Hernán Cortés ya había arrestado a mi padre y le había puesto grilletes y así se quedaría durante el tiempo que estuviera en la campaña militar en contra de Narváez. Estábamos hablando de la peor agresión física, moral y política que no solamente pudiera sufrir el propio Motecuhzoma, sino toda la nación mexica. ¿Cómo era posible que el máximo emperador de los mexicas fuera detenido, arrestado, esposado y colocado con grilletes en el interior de su habitación en el palacio de Axayácatl? Pero no sólo esto, Cortés preparó con Alvarado el posible aniquilamiento de toda la nobleza mexica mientras él estuviera fuera. Repetirían la masacre de Cholula. Ya tenían una gran escuela. No solo desconfiaba evidentemente de Motecuhzoma, quien en su ausencia podía revertir todo lo logrado durante los seis meses de campaña en la Gran Tenochtitlan, sino que la nobleza militar azteca tenía que ser aniquilada en su totalidad para que el imperio se quedara sin líderes políticos ni religiosos ni militares expertos en el arte de la guerra. Así las cosas, y en su orden, primero arrestarían a Motecuhzoma y, en segundo lugar, cuando Cortés hubiera abandonado la Gran Tenochtitlan, en las fiestas de Toxcatl, se pasaría a cuchillo a nuestra alta jerarquía, a la gran nobleza, para dejar descabezado el imperio.

Pero no, no debo avanzar más sin antes aclarar que Cacama, el rey de Texcoco, se había enemistado y distanciado severamente de Cortés, porque éste había mandado colgar a su hermano por una razón irrelevante. Cacama había llamado a las armas a los suyos en contra de los españoles, por lo que Motecuhzoma ideó una estrategia para impedir a todo trance la revuelta y que el valiente soberano fuera aprehendido por no respetar la voz de los intrusos. Mi padre le tendió una trampa a Cacama, para congraciarse con Ixtlixóchitl, a quien le había arrebatado el reino de Texcoco, pero ya era demasiado tarde. Logró su arresto sin que el tlahtoani se percatara de que perdía a uno de sus grandes aliados, capaz de rescatarlo de la debacle y salvar al imperio del colapso. La captura de Cacama, el rebelde, convenció a Cortés de la necesidad de aprehender también a los nobles más destacados del imperio antes de salir a la Villa Rica. De esta manera Motecuzohma lo ayudaría a encarcelarlos y, una vez hechos presos, haría lo propio con el mismo emperador, para tiempo después matarlos a todos. ¡Cuánta vergüenza!

Los acuerdos se ejecutaron de inmediato con una perversa eficiencia y una cobardía inconfesable de mi padre. Primero arrestaron a los nobles, entre los que se encontraba incluido el propio Cuitláhuac, quien se resistió como una fiera hasta que sucumbió víctima de una mayoría armada ante la que no podía competir. La rabia contra Motecuhzoma, su hermano, se desbordó cuando echaron al gran señor de Ixtapalapan a un cuartucho en la parte baja del palacio de Axayácatl. Acto seguido, inmovilizados los nobles, tocaba el turno al emperador. El invasor acababa con cualquier posibilidad defensiva de los mexicas. Cortés, Juan Velázquez de León, Diego de Ordaz, Gonzalo de Sandoval, Pedro de Alvarado y doce de sus principales soldados, decidieron entrar, de dos en dos, al palacio de Motecuhzoma, para arrestar al gran Huey Tlahtoani, al gran emperador azteca, al ilustre heredero de los fundadores tenochcas. No podían retrasar el procedimiento ni un momento más. La estrategia no podía ser más audaz.

El pretexto que adujo Cortés, quien hizo rodear estratégicamente el ilustre palacio del tlahtoani con más de cien soldados muy bien armados, consistió en culpar a Motecuhzoma de la muerte de dos españoles a manos de Cuauhpopoca, el principal mexica residente en Nautlán. A su juicio, el emperador mexica había ordenado el asesinato de ambos españoles y, por lo mismo, requería de un escarmiento. Nada más lejos de la imaginación de Motecuhzoma que saber que todo se reducía a una excusa para inmovilizarlo de cara a la campaña de Narváez.

Mi padre recibió a Cortés, obsequioso como siempre, le presentó algunas joyas de oro y le ofreció a algunas de mis hermanas, a lo cual Cortés se resistió con una repentina severidad. Fue entonces cuando Malinche le dijo en pleno rostro que era su obligación arrestarlo y privarlo de la libertad por haber violado las más elementales normas de la amistad. Mi padre se quedó petrificado.

—¿Cómo es posible que pretendas arrestar a un emperador? ¿Cuáles normas de la amistad he violado, teul? —adujo mi padre petrificado y profundamente perturbado por la situación. Imposible consentirlo y menos, mucho menos, explicarlo ante su pueblo. ¿El jefe Huey Tlahtoani y Teopizque, imagen de Tonatiuh y Huitzilopochtli, símbolos del Sol, arrestado?

Cortés trató de convencerlo de la conveniencia de acceder, sin violencia todavía, a su sugerencia. Pasada media hora y ante los infructuosos resultados, Juan Velázquez de León se acercó desenvainando la espada con la mano derecha y diciéndole al emperador de los mexicas al rostro, de manera que no hubiera dudas respecto a sus intenciones:

—O te llevamos preso o te daremos estocadas. Si no nos acompañas en este momento al palacio de Axayácatl, aquí mismo serás victimado a puñaladas.

Motecuhzoma revisó uno a uno los rostros de sus captores para ver si alguno mostraba debilidad o flaqueza. ¿Y la amabilidad y las reglas y los paseos por el lago de Texcoco y las promesas de paz y de respeto? Fracasó:

—Soy el Huey Tlahtoani, gran señor de estas tierras, heredero de los fundadores tenochcas.

—O nos acompañas o aquí mismo mueres, maldito perro. ¡A la mierda con tu pasado y tus dioses de cagada! Dejémonos de cuentos: o vienes ahora mismo con nosotros o te zurzo a puñaladas, reyecito de carcajada... —contestó Velázquez de León.

Motecuhzoma guardó silencio y agachó la cabeza. Cerró los puños. De golpe se llevó las manos a la cara. ¿Lloraba? ¿Se arrepentía? ¿Escuchaba las palabras de Cuitláhuac y las de Cacama? ¿Qué hacer? ¿Cómo rendir cuentas a sus antepasados y a los dioses? Cuando salió de sus reflexiones se puso de pie como quien está dispuesto a todo, a llamar a la tropa o salir preso a donde lo llevaran. Sin que nadie pudiera suponer su respuesta ni ocultar su confusión, expuso que iría de buena voluntad, que acompañaría a los teules. Entonces los capitanes españoles le hicieron muchas caricias y cambiaron su actitud, que se convirtió de pronto en comentarios risueños y felices. Envainaron sus espadas. El júbilo volvió a reinar.

Antes de abandonar la habitación, Motecuhzoma le suplicó a Cortés que tomara a sus hijos como rehenes y que lo eximiera de la afrenta. Ante la negativa del invasor, mi padre fue conducido en andas al palacio de Axayácatl, mientras los suyos demandaban airosamente la guerra. Motecuhzoma fingió haber ido voluntariamente, acatando el designio de Huitzilopochtli. Para mi mayor pena también fueron arrestados otros nobles que acompañaban a mi padre en el palacio. Todos se sometieron cuando el emperador aceptó su suerte.

¡Cómo hubiera cambiado la historia de nuestro pueblo si cuando decidieron arrestar a Motecuhzoma éste hubiera llamado a la guardia imperial y solicitado que mataran ahí mismo a Cortés y a todos los teules sin necesidad de llevarlos posteriormente a la piedra de los sacrificios para extraerles el corazón! Con una sola voz, un solo chasquido de dedos, un par de palmas que hubiera dado mi padre, habría sido suficiente para acabar ahí con todos ellos; sin embargo, Motecuhzoma, el emperador, atemorizado, acobardado, empequeñecido, decidió acompañar preso a los españoles rumbo al palacio de Axayácatl, quien de haber estado vivo, sin duda alguna, le hubiera sacado los ojos con los pulgares. ¿Y no se los hubieran sacado igualmente Motecuhzoma Ilhuicamina y Ahuizotl y Acamapichtli? ¿Había olvidado las reglas y los principios de honor y de dignidad aprendidos en el Calmécac? ¿Y el ejemplo para otras generaciones y para todos sus súbditos, reyes y vasallos del imperio? ¿Motecuhzoma esposado y con grilletes arrojado como un perro a un cuarto? ¿Y aquello de que nadie podía mirarlo a los ojos ni mucho menos tocarlo...? La última posibilidad de rescatar su imagen consistía en arrebatarle su lanza a uno de los suyos para suicidarse clavándosela en el pecho, pero ni a eso se atrevió. ¿Cómo hubieran explicado los españoles el suicidio o la muerte del emperador? El conflicto hubiera sido mayor y a Cuitláhuac le hubieran concedido toda la razón. Él y Cuauhtémoc supieron conocer las intenciones ocultas de las hordas hispánicas.

Motecuhzoma ocupó la recámara contigua a la de Cortés, donde el invasor vivía maritalmente con mis hermanas. Tampoco tuvo empacho en convivir al lado de la habitación donde, supuestamente lo mejor de su vida, era profanado diariamente. ¿Quién era en realidad mi padre al que vi llorar como a un niño cuando le pusieron los grilletes como a un delincuente vulgar? Lloraba como cualquiera, lloraba por no haber sabido defender su imperio y haber perdido el respeto de su gente. ¿Un emperador mexica llorando ante su impotencia? ¿Y la soberbia y la altanería y los principios y los valores? ¿No le importaba lo que hacían los teules cada noche con nosotras?

La prisión de Motecuhzoma causó estupefacción en toda la ciudad. Andaban los caudillos suaves como la arcilla por el miedo. Nadie se aventuraba por las calles, como si hubiera un jaguar suelto, como si fuera noche muy oscura. Sólo Cuauhtémoc en Tlatelolco debió alentar en el rencor a los escasos príncipes, líderes de guerreros, huidos de la capital. ¿Él daría el grito de guerra o daría la orden para hacer sonar los tambores?

¡Cuánta pena me dio ver la noche anterior a mi padre tratando de aprender a rezar en latín el avemaría y el credo! El emperador decía, como pretexto y como justificación, que el dios de los cristianos era muy bueno, pero a los suyos los tenía por verdaderos. Huitzilopochtli no tenía por qué tomar venganza en su contra. Él sabía, en el fondo de su corazón, que lo reverenciaba y adoraba, y si aprendía a elevar plegarias a los dioses extranjeros era sólo por no irritar a los intrusos y no por cobardía...

Nunca imaginé que mi padre pudiera ser arrestado. ¡Cuánto hubiera yo preferido que lo privaran de la vida en ese momento delante de nosotros, de los mismos españoles, o que hubiera muerto en un combate por no dejarse apresar en su propio palacio! Cuando llevaron a Cuauhpopoca ante la presencia de mi padre para que explicara las razones por las cuales había matado a los dos españoles, aquel simplemente lo remitió con Cortés para que él hiciera justicia. Los españoles, quienes después de un supuesto juicio armaron una pira pública y quemaron vivos a Cuauhpopoca, a sus hijos y otros nobles, ante el azoro de todos los tenochcas. Los gritos de horror al ser devorados por las llamas los voy a escuchar hasta el último día de mi vida. ¿Qué quedaba ya del tlahtoani mexica a estas alturas de su vida cuando hasta el derecho a impartir justicia en su pueblo, una de las sagradas facultades del príncipe supremo, lo había cedido a los invasores?

Cortés salió a principios de mayo de aquel 1520 rumbo a la Villa Rica de la Vera Cruz en busca de Narváez. Pocos días después de su partida tenía que celebrarse el Toxcatl, una de las fiestas religiosas más importantes del calendario, en honra del dios Tezcatlipoca, señor de la oscuridad y patrón de los comerciantes y de los nobles. En la ceremonia al dios se sacrificaría a un mancebo sin tacha, personificación de Tezcatlipoca, un hombre a quien en el último año se le habría colmado de deleites y placeres de la carne. Su vida durante ese periodo había sido realmente envidiable. No viviría hasta volverse un anciano incapacitado que sabe que un día sus hijos le reducirán la comida. Él tenía garantizado un lugar en el nivel 13 del Tlálocan, donde viviría eternamente en un hermoso entorno, a diferencia de sus hermanos que sólo podrían esperar pasar la eternidad en el Mictlán, el lugar de lo invisible. Por tanto, desde luego se competía por obtener estos honores.

Al llegar el día de la veintena de Toxcatl, señalado como el de la culminación de la ceremonia calendárica, las mujeres que lo acompañaban y que simbolizaban a las diosas de las flores, el maíz y la sal, lo abandonarían. Después de disfrutar banquetes y homenajes, el mancebo marcharía a uno de los oratorios ribereños de las lagunas, donde, sin ayuda, ascendería las gradas de la pirámide, rompiendo en los sucesivos escalones las 365 flautas tañidas durante el año. En la terraza de la pirámide se le despojaría de sus atavíos y riquezas materiales para simbolizar así que todos los deleites y bienes temporales habrían de terminar en dolor y en miseria. Finalmente se recostaría sobre el momoztli, donde se le sacaría sangre para ofrecérsela a los dioses.

Se me había permitido, por primera vez, participar en la ceremonia. Mis dedos morenos colocarían semillas sobre las orejeras de las serpientes, además de los bezotes, el mazo de plumas y otros utensilios, un gran privilegio, tal vez pensado para compensar mis sufrimientos al ver a mi padre esposado y sangrando de los tobillos por la fuerza de los grilletes y privado de su soberbio penacho.

Los sacerdotes tenochcas pidieron permiso para realizar la celebración a Pedro de Alvarado, que accedió con la condición de que ni nobles ni militares llevasen armas, ni sacrificasen a nadie. El plan para ejecutar la matanza marchaba a la perfección. ¿Cómo era posible que los españoles nos concedieran o no la autorización para festejar a nuestros dioses y todavía se nos impusiera la condición de no ir armados ni de celebrar sacrificios humanos, o sea, renunciar a nuestra religión? ¿Quiénes eran estos sujetos desalmados y mañosos para gobernar nuestro imperio sin haber sido disparada ni una flecha? Sometidos y tristes, se llevó entonces, como siempre, una solemne danza mitotiliztli y chitontequiztli en el patio del Templo Mayor, donde se juntó la inmensa mayoría de la nobleza mexicana, la clase política y militar, adornada con todas las joyas de oro, pedrería y otras riquezas que tenía.

Estaban bailando unos mil pobladores, la mayoría señores, asidos por las manos y otros dos o tres mil sentados allí mirándolos; desnudos, pero cubiertos de piedras y perlas, collares, cintas brazaletes y toda clase de joyas de oro, plata y aljófar y con muy ricos penachos en las cabezas.

Alvarado, quien después pretextaría un intento de alzamiento mexica, ejecutó una salvaje matanza de consecuencias terribles para todos nosotros, pues al decapitar a las principales cabezas de las tres monarquías, el pueblo, entregado a sí mismo, sería incapaz de intentar nuevas sublevaciones. El salvaje teul se preparó a atacar en el Templo Mayor no sin enviar otras cuadrillas de españoles y de tlaxcaltecas a todas las otras partes de la ciudad, donde hacíamos la celebración, como disimulados que iban a verlas y mandó a que a cierta hora, todos atacaran... Estando los pobres mexicas muy descuidados, desarmados y sin recelo de guerra, movidos los españoles por no sé qué antojo o tal vez por la codicia de las riquezas de los atavíos, tomaron los soldados las puertas del patio donde bailaban y al entrar comenzaron a lancear y a herir cruelmente a aquella gente ilustre. «Otros, no hallando otro remedio, echábanse entre los cuerpos muertos y se fingían ya difuntos, de esta manera escaparon algunos. El patio estaba con tan gran lodo de intestinos y sangre que era cosa espantosa y de gran lástima ver así tratar la flor de la nobleza mexicana que allí falleció casi toda.»

Cuando acabó la carnicería los españoles tuvieron tiempo y sangre fría para entregarse al despojo de los cadáveres, entre los que había no pocas mujeres y niños. Entonces se escuchó el grito de guerra, los jefes de los calpullis que quedaban corrieron en busca de sus armas. Un clamor general se levantó en la ciudad convocando a los guerreros. Una nube de flechas y piedras cubrió a los teules y los obligó a replegarse a su cuartel en el palacio de Axayácatl.

Al regresar a sus aposentos los castellanos se encontraron con que sus compatriotas, encargados de vigilar a Motecuhzoma, no se habían resignado a dejar de tomar parte en la masacre y habían participado también en la matanza, asesinando a muchos de los señores que atendían al emperador. Mataron a todos los caciques encadenados por los castellanos antes de la salida de Cortés rumbo a la Villa Rica. Motecuhzoma y aquellos sobrevivientes como su hermano Cuitláhuac, el gobernador de Tlatelolco, y el cihuacóatl, se hallaban encadenados. Mi madre, en cambio, fue asesinada como si se tratara de una enemiga feroz que hubiera podido causar muchos daños... ¡Ah, criminales!

No terminaba aún la matanza cuando el pueblo mexica se enteró de lo que pasaba y comenzaron a dar voces y gritos para que viniesen con armas todos los que eran para tomarlas contra los españoles. Acudió mucha gente que comenzó a pelear con los desalmados teules con tanta furia, que los hicieron retraer a las casas reales, donde estaban aposentados. Llegado allí Alvarado, herido de una pedrada en la cabeza, corriendo sangre fue en busca de Motecuhzoma para quejarse por lo que le habían hecho injustamente los mexicas. El tlahtoani, con una voz apenas audible, contestó:

—Si tú no lo hubieras comenzado, mis vasallos no te hubieran hecho daño. Los has echado a perder a ellos y a mí también. ¿Quién podrá ahora controlar la furia mexica?

Después de la matanza, un desconocido que me ayudó a resguardarme, me llevó al palacio junto a mi padre, a cuyo lado también me encadenaron. Él tenía la mirada perdida. Ni siquiera volteó a verme ni trató de consolarme, mientras yo lloraba la tragedia mexicana que, a pesar de mi edad, entendía en toda su espantosa realidad.

Sobra decir que Cortés no tuvo ningún problema en arrestar a Narváez, a través de una buena estrategia militar que le permitió coronar con éxito su expedición y hacerse de todos los soldados españoles, de su armamento, de sus caballos y de sus perros. Una vez triunfante, emprendió el regreso a Tenochtitlan, pues ya se habían cumplido los planes de la matanza del Toxcatl. No imaginaba el tamaño de la rabia mexica ni tardaría en pagar el precio por el grave atentado cometido. ¡Creí que le había llegado su hora al déspota! Ya era justo. Los dioses finalmente nos apoyarían...

Cuando Cortés volvió a marchas forzadas comprobó a su llegada que la ciudad se había convertido en un polvorín. Nadie te-

nía el control de nada. Los españoles se encontraban aislados en el
palacio de Axayácatl, rodeados, después de haber enardecido a los
mexicas con la masacre. El maldito teul recriminó a Pedro de Alvarado frente a Motecuhzoma, sólo en apariencia, la acción criminal,
bárbara, que había llevado a cabo mientras él estaba ausente. Ambos españoles habían resuelto que la cuerda se rompería por lo más
delgado y, por lo mismo, Cortés podía culpar a Alvarado de la matanza despiadada y bendecida por la cruz de los ensotanados, dejando intacto el prestigio político del invasor para poder negociar
con el emperador lo necesario. Sin embargo, se encontró a un Motecuhzoma devastado, a un Motecuhzoma que había perdido todo
su brillo, toda su generosidad, todo su prestigio, toda su fama y
todo el escaso respeto al que todavía podía aspirar. De Motecuhzoma no quedaba nada y menos, mucho menos quedaba ya, cuando
los propios soldados de Pánfilo de Narváez le informaron a Cortés que mi padre ya había estado en tratos con su jefe y que habían
acordado trabar una alianza entre los dos para acabar con Cortés...
la confianza del invasor español se había perdido para siempre.

Desde la matanza de la nobleza no hacían mercado los mexicas, ni tampoco daban de comer a los españoles, cosas ambas que
pusieron a Cortés, al día siguiente de su regreso, muy mohíno... El
hambre y la sed acosaban a la ciudad. El día de su llegada todavía
salió Motecuhzoma a recibirlo, pero como sabía de sus acuerdos secretos con Narváez, lo trató con gran desprecio. Motecuhzoma le
envió varios nobles para solicitar una entrevista y Cortés les encargó que dijesen a su rey que mandase a abrir los mercados o que de
lo contrario los abriría el ejército a costa del monarca. Las recrimi-
naciones de Motecuhzoma hicieron mella en el capitán Malinche.
En el fondo él también quería la paz sin despreciar la guerra. Había
que intentar el camino fácil, precisamente ahora que los soldados
de Narváez y los miles de tlaxcaltecas y cempoaltecas hacían más
grave el problema del avituallamiento.

El pueblo enardecido y enojado en contra de Motecuhzoma lo
odiaba tanto o incluso más que a los teules. Por esa razón había
decidido ya no llevar alimentos a ningún mercado, no sólo al de
Tlatelolco, para que los teules murieran de hambre. La solidari-
dad mexica se imponía en contra de los invasores. A los pocos días,
Cortés se dio cuenta de que su ejército estaba al borde de la deser-
ción por hambre, al igual que las brigadas tlaxcaltecas y cempoal-

tecas. No había nada que comer, el plan mexica de liberación, de inspiración popular, resultaba un éxito. En poco tiempo Cortés tendría que rendirse o abandonar la ciudad y si abandonaba la ciudad, el imperio mexica resurgiría. Cortés le exigió a Motecuhzoma que aplacara a su gente, que ayudara a la subordinación, que impusiera el orden; sin embargo, cuando Motecuhzoma, absolutamente decaído, salió al balcón para dirigirse a la poderosa nación mexica, ésta se negó a escucharlo y arrojó una lluvia de piedras y de flechas contra su soberano. La pérdida de respeto era total. Motecuhzoma sintió en carne propia el desprecio de la gente que había conquistado durante diecisiete años de trabajo y de servicio patriótico. Ahora estaba derrotado.

Cortés exigió los alimentos para su tropa, para los aliados, a lo que Motecuhzoma contestó que escaseaban, pero que la única persona que podría reconciliar al pueblo para recuperar la normalidad y que los mercados volvieran a despachar productos, como había sucedido anteriormente, era Cuitláhuac, su hermano. Sólo él podía convencer a las masas de la conveniencia de volver a surtir con aves, verduras y frutas a la ciudad y a los invasores. Los mexicas no se quejaban, estaban dispuestos a pagar el precio que fuera con tal de recuperar su dignidad y vengar las muertes de los nobles y militares fallecidos durante la ceremonia de Toxcatl.

Motecuhzoma ya había acordado con Cuitláhuac cederle el imperio y que, tan pronto Cortés lo liberara, si es que esto se lograba, empeñara lo mejor de su talento no sólo en no aportar los alimentos a los mercados, sino en organizar a todas las huestes militares mexicas, hoy decapitadas, para poderlas enfrentar a los españoles. Cuitláhuac confiaba en reunir por lo menos a doscientos mil soldados, muchos más de los necesarios para aplastar a los enemigos de Tenochtitlan.

Cortés, con sus ideas feudales, por nada del mundo hubiera soltado a los hijos de Motecuhzoma, a quienes hubiera creído herederos del trono, mas como ignoraba que el modo de elección de los mexicas seguía el orden de los hermanos del gobernante, no se opuso a dejar en libertad a Cuitláhuac.

El hecho de que Cortés llamara perro asqueroso a mi padre y que hiriera públicamente su vanidad, lo hizo salir bruscamente de la incomprensible inmovilidad en que se encontraba. ¡Cuánto se arrepintió de no haber acatado las insistentes sugerencias de Cuitláhuac, en el sentido de no permitirle a Cortés entrar a Tenochtitlan! Sus palabras lo torturaban, le arrebataban el sueño, así como las ilusiones de vivir. ¡Horror!, ¿qué había pasado? ¿Se trataría de una pesadilla?

Un mensajero que los españoles habían enviado a la Vera Cruz, no le fue posible salir de la ciudad y volvió a la media hora descalabrado y herido, dando voces de que todos los indios de la ciudad, acaudillados por Cuitláhuac, venían dispuestos a la guerra, y que tenían todos los puentes alzados. En eso se oyó el sonido del caracol de guerra, dado por un guerrero mexica. Los españoles atacados se replegaron al cuartel, donde fueron sitiados. Se puso fuego al edificio, se cortó el agua y se impidió la entrada de víveres. Los mexicas les habíamos cortado la retirada al destruir los bergantines. Ni pensar en huir a través del lago. La posibilidad de salir navegando estaba cancelada. Había sido necesario cargar con toda la artillería para impedir que el palacio de Axayácatl fuese inundado por la muchedumbre.

Fue cuando Hernán Cortés supo quiénes éramos los mexicas y cuán dispuestos estábamos a morir antes de seguir con el sufrimiento. Los crueles huéspedes que retenían a su rey bajo apariencia de guardar su vida, ocupaban su ciudad, conservaban a expensas de ellos, para su vergüenza y ante sus ojos, a sus antiguos enemigos los tlaxcaltecanos y texcocanos sublevados; los que consumían las provisiones no cesaban de injuriarlos, les imponían tributos, robaban por la fuerza cualquier cosa preciosa que encontraran; rompían las imágenes de los dioses y prohibían los antiguos ritos y ceremonias; ésos serían ejecutados uno a uno. La guerra era la guerra. Si los dioses estaban sedientos de sangre, ninguna mejor que la de estos asesinos para aplacar su ira.

Cortés había liberado a Cuitláhuac para que éste convocara a los escasos caudillos todavía existentes, restableciera la armonía y la tranquilidad y llevara la orden del sometimiento inmediato e incondicional. Esos eran, en efecto, los planes y la estrategia, sólo que Cuitláhuac, lleno de fuego, con el alma incendiada, armó, como era su deseo tan sólo un año atrás, a un ejército para atacar a los malditos invasores degenerados y asesinos. El pueblo lo reconoció de inmediato como al nuevo Huey Tlahtoani, el hombre que no mostraría sometimiento ni respeto a las armas españolas ni a su origen divino. Los guerreros mexicas que coronaban las azoteas de los edificios que rodeaban los cuarteles lanzaron una lluvia de piedras y de flechas que cubrió el suelo, impidiendo andar a los soldados. Los españoles recibieron a los asaltantes con sus cortantes espadas y arcabuces haciendo estragos, obligándolos a retroceder. Inmediatamente se presentaron nuevos escuadrones, como brotados de la tierra. Las tropas de Cortés dispararon a un tiempo toda su artillería, acompañada de un fuego nutrido de arcabuz, que destrozó las filas de los mexicas, dejando las calles cubiertas de cadáveres. Sólo que los mexicas enfurecidos no retrocedían para abandonar el lugar del combate, sino para reunirse con nuevos escuadrones y continuar la lucha. ¡Oh maravillosa valentía! Aunque de cada cañonazo caían traspasados diez, a veces doce de ellos, y saltaban sus miembros por el aire, no por eso cejaban. Los mexicas dispusieron entonces asaltar por todas partes el edificio. Un gran número de mexicas había logrado escalar la muralla y arrojar en las habitaciones teas encendidas, logrando poner fuego a los aposentos y a los alojamientos de madera de los tlaxcaltecas. Los españoles se vieron precisados a derribar aquella parte de la muralla para sofocar el fuego, prefiriendo dejar abierta al enemigo una ancha brecha por donde acometiese, antes que morir abrasados. Los mexicas dirigieron allá sus batallones. Recibieron a quemarropa una descarga de artillería que destrozó sus filas. El suelo quedó alfombrado de cadáveres mexicas. La noche vino al fin a suspender la terrible lucha, separando a los tenaces combatientes. No era costumbre entre los mexicas combatir después de puesto el sol, ya que la noche la dedicaban a preparar lo destruido y a preparar estrategias.

Hernán Cortés sabía que su empresa estaba en riesgo, que todo lo logrado se podía destruir en cualquier momento. Quedó evidente el hecho de por qué los mexicas habían logrado construir un imperio tan gigantesco y consolidarlo a lo largo del tiempo. La furia mexica la tenía a la vista. Ningún pueblo ni ninguna civilización de las que él había conocido había adquirido tanta fortaleza ni mostrado tanto coraje ni rechazo a los españoles como este pueblo lleno de fuego e hijo del sol. En su desesperación, el jefe de los teules se dirigió rabioso a las habitaciones en donde se encontraba un Motecuhzoma enmudecido y perdido en sus pensamientos. Sus pasos eran fáciles de reconocer porque gustaba de raspar las paredes del palacio con el filo de su espada. Al entrar en la habitación imperial, acompañado de varios de sus soldados, el invasor lo increpó directamente al rostro y lo culpó por haber organizado la revuelta a través de su hermano Cuitláhuac. Lo acusó de traidor porque desde luego sabía que Cuitláhuac jamás iría a organizar el mercado de Tlatelolco para que sus amigos españoles y tlaxcaltecas pudieran comer. El bloqueo para matarlos de hambre había sido idea de Motecuhzoma. La idea de liberar a Cuitláhuac para organizar a las fuerzas militares mexicas había sido de Motecuhzoma. La idea de entablar negociaciones secretas con Pánfilo de Narváez había sido también de Motecuhzoma. La idea de organizar al ejército mexica para que atacara a los españoles en Cholula también había sido de Motecuhzoma, responsable de que su misión cristiana pudiera fracasar. ¿De qué le podía servir ya Motecuhzoma, ese perro desleal? Mantenerlo con vida implicaba la posibilidad de que siguiera intrigando en secreto y complicando la existencia y los planes españoles, por un lado; y por el otro, ya no le era de ninguna manera útil para tranquilizar a los suyos porque por razones mucho más que obvias, su pueblo le había perdido todo el respeto. ¿Para qué mantenerlo con vida? ¿Para que conspirara en silencio en su contra?

—¡Matemos al perro! —dijo Cortés dirigiéndose a Pedro de Alvarado.

En ese momento Motecuhzoma conoció al verdadero Cortés, un déspota que lo volvía a llamar perro asqueroso y que lo insultaba de una manera soez. Atrás habían quedado los días de la amabilidad que ambos se habían dispensado; atrás habían quedado los días de la cacería, las lecciones para aprender el juego de pelota, las conversaciones religiosas para convencerse el uno al otro de la fortaleza y eficiencia de sus dioses… Atrás había quedado el proceso de seducción. Y pensar que en su primera entrevista Cortés había declarado que su intención no era despojarlo del imperio, sino anunciarle la verdadera religión y darle consejos importantes para mejorar su gobierno y la suerte de sus vasallos… Ahora Cortés lo miraba con un desprecio y una altanería inusitados. Se habían perdido todas las formas y la delicadeza a las que Motecuhzoma era tan afecto. Ahora Cortés se presentaba como un tirano, como un invasor desesperado que estaba a punto de perder la guerra:

—Tú eres un maldito indio de mierda, el único culpable de lo que está aconteciendo. Nadie más que tú organizó todo esto a mis espaldas como corresponde a un traidor. Yo siempre te dispensé mi amistad, miserable indio, y tú me pagas con una puñalada por la espalda; por esta razón, negro asqueroso, yo también te encarnaré no una espada, sino un palo por el ano para que aprendas, aunque ya sea muy tarde, a comportarte como hombre.

De esta manera, un Cortés perdido de furia y sabiendo la inminencia de la derrota, tomó al emperador del largo pelo y, a jalones, empezó a sacarlo de la habitación hasta conducirlo al centro del patio de palacio, donde había sembrado un palo de aproximadamente el doble del tamaño de cualquier indio, para asesinar al gran Huey Tlahtoani. Muy pronto se reunieron los soldados españoles y los tlaxcaltecas para asistir a la ejecución del emperador mexica.

Motecuhzoma, a sabiendas de su suerte, todavía tuvo la audacia de encomendarle al invasor que cuidara de sus hijos, en particular de mí, de Tecuichpo, y que viera que me entregaran la parte de la herencia que me correspondía. Imposible olvidar las palabras y las advertencias de Cuitláhuac, aunque no se las quería llevar a la muerte.

Cortés intentó justificar la muerte de Motecuhzoma con un breve discurso. El silencio fue estremecedor, de la misma manera en que el miedo nos paralizó a todos por igual. Se trataba del tlahtoani mexica, del poderoso soberano, el gran príncipe Huey Tlahtoani, heredero de los fundadores tenochcas. Con un chasquido de dedos, el teul de todos los demonios ordenó que trajeran a un Motecuhzoma desvestido, sin su túnica blanca de algodón, cubriendo sus partes nobles con un escaso taparrabos, el maxtlatl, obviamente sin ostentar su enorme penacho de plumas, el copilli de quetzal, ni aparecer en andas cargado por cuatro de sus servidores incondicionales. Todos se atrevían a mirarlo. El respeto ya no existía. Caminaba con mucho pesar arrastrando sus grilletes sin levantar la cabeza ni intentar siquiera mirar de frente al sol, nuestro astro rey, el que todo lo sabía y descubría con sus luces destellantes luminarias. Varios redobles de tambor hicieron más siniestro el espectáculo. El escenario estaba lleno de cruces, esos malditos símbolos de los españoles, a cuyo amparo realizan todos sus crímenes y vejaciones. Un par de sacerdotes le dio al condenado a muerte la última bendición para que se fuera, según ellos, al otro mundo en paz. ¿Cuál otro mundo, cuál paz, cuáles demonios peores que estos perversos asesinos?

El emperador se resistió como pudo, pues doña Marina, esa traidora de todo lo nuestro, le había venido traduciendo con lujo de detalle los planes del invasor. Imposible evitar la ejecución de la sentencia cuando siete u ocho hombres, españoles todos, subieron a empujones al Huey Tlahtoani al cadalso por una pequeña escalinata de madera improvisada. Cuando los tambores y las fanfarrias dejaron de sonar, seis verdugos con el rostro cubierto lo levantaron en vilo para sentarlo sobre la superficie afilada del palo sobre el cual resbaló Motecuhzoma lanzando un gemido de terrible dolor que estremeció a todos los presentes. El grito dejó de escucharse cuando la punta apareció por su garganta. Motecuhzoma perdió el sentido en medio de convulsiones. Perdió la vida en tanto se formaba un inmenso charco de sangre sagrada en el piso. Pasaría mucho tiempo antes de que los asistentes pudieran olvidar ese terrible grito de dolor que anunciaba el final de una época histórica para el imperio mexica.

Yo no pude contener el llanto. Me tapé los ojos como pude, al igual que los oídos. No quería vivir ni ver ni saber ni escuchar. ¿Qué hacer? Corrí a esconderme en la primera esquina que encontré, huyendo de todo, de mí, de los españoles de mierda, de mi suerte, de los míos, de los cobardes, de nuestro futuro, de mi futuro, del salvajismo, de las mentiras, de las traiciones, de la realidad, de mi desamparo, de mi soledad. ¡Nadie estaba para consolarme! Era huérfana a los diez años. Correr como enloquecida por los pasillos en busca quién sabe qué, fue lo único que se me ocurrió. ¿Qué podía hacer yo para vengar tanto ultraje, tanto dolor, despojo, violaciones y humillaciones? ¿Qué?

Cortés no se arredró:

—Esta es la suerte que le espera a todos los traidores —gritó fuera de sí. ¿De qué se vengaría él? ¿De qué se vengarían sus dioses o nuestros dioses?

En ese momento se acercó Pedro de Alvarado y le aconsejó al oído que subieran el cadáver de Motecuhzoma a lo alto del palacio de Axayácatl para que intentaran convencer a la muchedumbre enardecida de la conveniencia de deponer las armas. No era posible saber si estaba vivo o muerto. Malintzin traduciría como si Motecuhzoma estuviera vivo y hablando. Las palabras de doña Marina se perdieron entre el griterío del pueblo. Sin embargo una voz nueva, la de un animoso capitán llamado Cuauhtémoc, de escasos dieciocho años de edad, se hizo escuchar cuando exclamó en voz alta:

—¿Qué es lo que dice este cobarde de Motecuhzoma, mujer de los españoles, que tal se puede llamar, pues con ánimo mujeril se entregó a ellos de puro miedo y asegurándonos nos ha puesto a todos en este trabajo? No le queremos obedecer porque él ya no es nuestro rey. Como a vil hombre le hemos de dar el castigo y el pago —y diciendo esto alzó el brazo y marcando hacia arriba del palacio ordenó que dispararan muchas flechas, con la esperanza de que hicieran blanco en el cuerpo de Motecuhzoma, que estaba detenido por varios españoles ocultos en la terraza.

Lo que desconocía Cuauhtémoc, mi futuro marido, era que resultaba imposible hacerle ya ningún mal a mi padre, porque apenas un par de horas atrás lo habían asesinado.

No es cierto que a Motecuhzoma lo hubieran estrangulado, como también es falso que lo hubieran matado metiéndole una espada por la parte baja del cuerpo. Yo estaba presente, a él lo mataron como ha quedado descrito, el 27 de junio de 1520 al anochecer. Esa es la única verdad.

Cortés ordenó días más tarde que tiraran el cadáver de Motecuhzoma a la calle como si se tratara de un perro muerto, se dirigió a un salón donde se encontraban treinta señores, los últimos nobles que quedaban todavía en las habitaciones imperiales. Habían sobrevivido inexplicablemente al Toxcatl, pero desde luego no correrían, en esa ocasión, con la misma buena suerte, porque el invasor, sediento de venganza y presa de una rabia incontrolable, aprovechando que se encontraban encadenados, los acuchilló a todos para no dejar la menor sombra de la realeza tenochca. Un placer muy particular experimentó el teul embravecido, cuando hundió su espada cuarenta y siete veces en el menguado cuerpo de Cacama, el heroico patriota texcocano, quien había apoyado el primer grito de rebelión en contra de los españoles, lanzado tiempo atrás por Cuitláhuac y Cuauhtémoc, arrepentido de haberles permitido la entrada a Tenochtitlan. El señor texcocano se defendió hasta sucumbir, como sucumbieron igualmente todos sus pares en razón de la brutalidad española.

Cuando el pueblo encontró el cuerpo de Motecuhzoma lo llevó a un lugar conocido como Acopulco, donde lo colocaron sobre una torre de leños, a los que le prendieron fuego después de una muy breve ceremonia. El cadáver ardía con una singular violencia, en tanto las carnes crepitaban y chisporroteaban. Las llamas se podían distinguir a varias leguas de distancia. Era un haz de espigas de fuego. Para sorpresa de los presentes, descubrieron que el cuerpo de Motecuhzoma olía en un principio a carne chamuscada, pero después el olor fue algo insoportable, como si se estuviera quemando a un animal muerto que había empezado a descomponerse varios días atrás.

Cortés subió a lo alto del palacio y convocó al pueblo para tratar de convencerlo de las ventajas de la paz. No era conveniente continuar con los enfrentamientos porque nadie resultaría beneficiado de ellos. Sin embargo, la gente contestó con otra lluvia inmensa y voluminosa de flechas. Había que decidir algo pronto. Llegada la noche del 30 de junio de 1520, que más tarde sería reconocida como la Noche Alegre o la Noche de la Victoria, en ningún caso la Noche Triste porque los mexicas finalmente habíamos ganado, Cortés cayó en la cuenta de que si esa noche no abandonaban la ciudad de México Tenochtitlan, posteriormente ningún soldado podría salir de ella con vida. Sin la posibilidad de huir a bordo de los bergantines, solamente quedaba una calzada abierta, pero sin puentes, éstos habían sido derribados por los mexicas, por lo que Cortés ordenó que se hicieran una especie de balsas, de maderos muy bien atados para que hicieran las veces de puente que arrastrarían por las calles para poder pasar de un lado al otro como su malvado dios les diera a entender. Cortés nos obligó a salir del palacio a mis hermanos, a Chimalpopoca, a Tlaltecatzin y a mis hermanas, Ana y Leonor, así como a la hija de Xicoténcatl. Nos desplazamos lentamente por la calzada de Tlacopan, por ser la más corta y la única parcialmente demolida por los mexicas. Avanzamos al centro del grupo escoltados por treinta españoles, junto con doña Marina. ¡Cuántas veces había salvado la vida de Cortés! Malinche anunció que si contábamos con la suerte suficiente para pasar por encima de tres enormes fosos, sobre los cuales se colocarían las plataformas improvisadas que se habían hecho todavía en el palacio, entonces podríamos, tal vez, salvarnos.

Al pasar por el primer foso conocido como Tecpantzinco, de pronto pareció que todo el ejército mexica salía a atacar con furia y coraje para hacer gran daño por todas partes a los españoles. Pudimos ver la turbación y temor en los rostros de los teules, fueron obligados a huir y muchos cayeron durante la fuga, llenos de oro, en las aguas o en el foso, donde se hundían desesperados como gigantescas piedras. ¿Un dios desconocido se los tragaría hasta el fondo de sus entrañas? Tantos fueron cayendo y hundiéndose que muy pronto pudimos pasar sobre ellos sin puente y caminando sobre los cadáveres de los invasores. Una carreta que venía custodiada como si se tratara de un semidiós o del dios más importante de los españoles, de repente cayó en un hoyanco y se volcó con su preciada carga al agua. Era una parte muy importante del tesoro de Axayácatl, de Tizoc, de Ahuizotl y de Motecuhzoma, que había sido fundido para ser transportado a España. Era el botín logrado por los españoles durante los ocho meses que llevaban desde que llegaron a la Gran Tenochtitlan.

Murieron muchos españoles en las acequias, junto con sus caballos y con sus riquísimas cargas, sin que nadie pudiera darse el tiempo de ayudarlos o de tenderles la mano. Era evidente que no hubieran rescatado ni a sus propios hijos ni a su padre, ni a un hermano ni a su madre si antes no dejaban el oro a salvo. El miedo se había apoderado finalmente de todos, un miedo que nunca conocieron gracias a la cobardía, comprensión y generosidad de Motecuhzoma. Sí, pero ahora los españoles conocían la verdadera fuerza mexica, a pesar de que la sociedad militar y política había sido totalmente desintegrada. El imperio se encontraba acéfalo y, sin embargo, el pueblo, levantado en armas gracias a Cuitláhuac y a Cuauhtémoc, logró castigar a los españoles sin llegar a alcanzar sus verdaderos merecimientos. Para mí, ninguna pena, sanción o escarmiento, hubieran sido suficientes para vengar la traición y la afrenta. Ni siquiera la piedra de los sacrificios me permitiría reconciliarme con mi pasado y mi derrota. Nos habían dejado como a un pueblo huérfano. ¿Qué destino nos esperaba? ¿Qué papel jugaría la brutalidad española en nuestro futuro?

Una buena parte de los españoles, tal vez trescientos, que integraban la retaguardia, al ver lo que acontecía a sus compañeros que les llevaban la delantera, prefirieron regresar al palacio de Axayácatl para salvar la vida. Los invasores fueron cercados por los guerreros mexicas y acribillados a lanzadas o a flechazos, tal y como se debería haber recibido desde un principio a estos semidioses de mierda. Este fue el momento elegido por Cuauhtémoc y sus infatigables guerreros para caer sobre los españoles que supuestamente nos resguardaban, pero que ya para entonces sólo buscaban el modo de salvar la vida. Algunos, como se dice, «murieron ricos», ahogados en el foso de Tecpantzinco, otros más salieron disparados detrás de Cortés, «que iba delante de todos», pero lo cierto es que la mayoría de los que nos cuidaban cayó a manos del comando tlatelolca encabezado por Cuauhtémoc, quien abriéndose paso entre los teules se dirigió directamente hacia mí, me tomó entre sus brazos y me apartó de inmediato de la feroz batalla en que los españoles caían por decenas. La alegría de los nuestros al verme en brazos de Cuauhtémoc fue indescriptible y les inyectó un ánimo imbatible. Junto conmigo fue rescatada mi hermana Totlachco; mi hermano Chimalpopoca fue muerto durante el fiero combate.

Cuando me sentí en los brazos de Cuauhtémoc volví a experimentar la misma sensación de seguridad de los días felices en que yo jugaba con mi padre en los pasillos del palacio de Axayácatl o de las noches felices que buscaba su lecho para poder conciliar el sueño después de haber visitado su zoológico. Cuauhtémoc me devolvió la fe perdida, sentí de nueva cuenta confianza y algo de esperanza se alojó dentro de mí. No todo estaba perdido. Iniciaba otro momento en nuestras vidas, al que le deberíamos sacar todo el provecho posible. Un mexica no se deja vencer, habían sido las palabras que mi padre se cansó de repetirme al oído. Esa había sido la Noche Alegre, la Noche de la Victoria, y así esperaba yo, al menos, que pasara a la historia.

El amanecer dio cuenta de los hechos cuando muchos de los cadáveres de los forasteros aparecían con diez o quince flechazos disparados de frente o por la espalda, otros tantos, masacrados por las macanas. Los mexicas empezaron a limpiar de cadáveres la laguna. Sacaron los caballos y las armas, la artillería pesada de los españoles, los arcabuces, las ballestas, espadas de metal, lanzas y saetas, los cascos y las corazas de hierro, los escudos de los teules. Los bárbaros finalmente aprendieron la lección. Del hacinamiento de los muertos de la laguna y calzadas separamos a los nuestros. Buscaron los cadáveres de los nobles y de los sacerdotes, los condujeron en medio de los llantos de los deudos, los ataviaron con sus plumas y joyeles y los incineraron entre danzas, incienso, fuego y música de flautas y golpes sonoros del teponaztli. Escuchamos a la distancia el sonido del chicahuaztli, del atecocoli, el tecciztli, el acaxtli, hecho con corazas de tortuga, así como el huéhuetl. No había quien no llorara ni que no fuera sorprendido por la luz de las fogatas con el rostro empapado. Las pinturas de la cara se encontraban deslavadas por las lágrimas. Los soldados mexicas encontraron cerca de quinientos cadáveres españoles y los sobrevivientes fueron ejecutados por instrucciones de Cuitláhuac. La idea era que no quedara ningún invasor vivo para que a nadie se le volviera a ocurrir invadir la Gran Tenochtitlan. Cuauhtémoc era el primer interesado en cumplir personalmente las instrucciones dictadas por el nuevo Huey Tlahtoani. Su rabia era contagiosa.

Los mexicas apenas estaban terminando la ceremonia luctuosa de nuestros muertos y la recolección de los despojos, cuando se decidió llevar a cabo la ceremonia de toma de mando de Cuitláhuac. El evento no pudo ser más triste. Cuitláhuac en muchas ocasiones soñó con llegar a ser Huey Tlahtoani, aunque nunca imaginó que ocurriría en condiciones tan catastróficas. No había tiempo para celebraciones. Era necesario interceptar a Cortés e impedir su arribo a Tlaxcala para que no se hiciera fuerte de nueva cuenta con nuestros enemigos. Cuitláhuac, ya tlahtoani, y Cuauhtémoc, encontraron a Cortés y sus huestes y a miles de tlaxcaltecas y cempoaltecas en Otumba. Ahí se libró una feroz batalla en la que Cortés corrió con suerte, pues en un primer enfrentamiento derribó al portador del pantli y alcanzó a protegerse en el centro de la ciudad, donde fue recibido con todos los honores correspondientes a un mensajero de los dioses. ¿Dónde estaría Huitzilopochtli?

Cortés vivía obsesionado con volver sobre sus enemigos y ofendernos, diezmarnos y aplastarnos por cuantas vías e instrumentos fuera posible. El invasor negoció con los tlaxcaltecas ofreciéndoles a cambio una parte de todo lo que él conquistara. Por supuesto que acordó entregarles Cholula, así como muchas otras libertades religiosas y políticas, siempre y cuando la alianza hispano-tlaxcalteca no se debilitara. Mentía, volvía a mentir, siempre mintió. ¿Cuáles libertades religiosas o políticas? Nada, no quedaría nada de lo nuestro. El invasor sabía perfectamente que sin los tlaxcaltecas sería imposible intentar la revancha en contra de los mexicas. Varios barcos llegados a la Vera Cruz, cargados de ballestas, pólvora, cañones y soldados ayudaron a Cortés en la reconquista del imperio mexica. El gobernador Diego de Velázquez ya había entendido... En muy poco tiempo estuvo en condiciones de acercarse sigilosamente hasta Texcoco, donde los frenéticos españoles, al no encontrar ya nada para robar, prendieron fuego a esa hermosa ciudad de palacios que construyeron con tanto esfuerzo y talento Nezahualcóyotl y su hijo Nezahualpiltzin. Muy pronto Texcoco fue reducido a cenizas y se convirtió, a través de Ixtlixóchitl, en el principal aliado incondicional de los invasores. Cacama hubiera podido morir una y cincuenta veces al constatar el destino de lo que consideraba su reino.

Cortés entonces hizo alianzas también con los de Chalco y con los tecpanecas. Me resultaba inentendible que los nuestros se sumaran a las tropas de los invasores cuando a nadie podía escapar ya que la capital del imperio había sido destruida y no quedaba nadie que pudiera encabezarla. ¿Era muy difícil comprender que a partir de la invasión inevitable de Tenochtitlan, los españoles se voltearían en contra de sus propios aliados para sepultarlos en la esclavitud, en la ignorancia, en la miseria y en el oprobio? ¿Acaso no habían entendido que los españoles no estaban dispuestos a cumplir ninguna de sus promesas, que no tenían sentido del honor, que no tenían dignidad y que se olvidaban muy rápido de sus palabras tan pronto se llenaban de oro? Si el enemigo a vencer éramos nosotros, y nosotros, de hecho, teníamos todo en contra, ¿entonces para qué una nueva alianza si después de dominarnos definitivamente, ellos, nuestros enemigos, seguirían nuestros mismos pasos y serían igualmente destruidos? ¡Qué falta de visión, o ésta había sido ignorada por el fanatismo y la confusión! Ellos podían haber previsto su suerte al conocer la nuestra. ¿No? ¿Les esperaba un futuro mejor cuando se trataba de los mismos hombres malditos, amparados por su mismo dios, un demonio? ¿La historia no se repetiría?

Cuando Cortés se aproximó a Tepeaca acompañado de aproximadamente cuarenta mil indios y buenas cargas de pólvora y refuerzos de soldados españoles, descubrió que los mexicas nos habíamos hecho fuertes en esa localidad, a la que atacó después de rodearla y asesinar a cuanta persona viva encontró a su paso. El rencor del invasor era incuantificable, tanto que mandó a acuchillar a niños, a mujeres, a ancianos, en ataques delirantes de odio y de rencor. En ese combate, si es que se le puede llamar así a otra masacre, murieron entre quince y veinte mil de los nuestros en condiciones que nadie nunca querrá recordar. Tepeaca será una prueba que espero la historia recoja para exhibir a Cortés como uno de los peores asesinos de los que se tenga memoria en la historia del mundo.

Cuitláhuac desesperado trató de trabar alianzas con diferentes pueblos, entre los que buscó a los propios tlaxcaltecas, quienes se negaron a cualquier acuerdo y a cualquier trato. A continuación habló con los tarascos, con Calzontzin purépecha, quien respondió:

—¿A qué hemos de ir a Tenochtitlan? Muera cada uno de nosotros por su parte.

Cuitláhuac mandó a sus mensajeros para anunciar la suspensión de los tributos por un año, más el tiempo que la guerra durase. Los señores de diferentes reinos antes tributarios de Motecuhzoma, agradecieron el ofrecimiento, pero no pararon de apoyar a Cortés. Los escasos integrantes de la Asamblea Suprema, entre ellos obviamente Cuauhtémoc, no dejaron de aconsejar la estrategia más inteligente para defenderse de los españoles y de los tlaxcaltecas y de otras tribus que ya merodeaban en los alrededores de Tenochtitlan, a tan sólo dos meses de la Noche de la Victoria. Estábamos solos, absolutamente solos y rodeados de enemigos.

Mientras se restablecían las defensas y se trataban de fortalecer los restos del imperio mexica, Cuitláhuac se dio tiempo para reconstruir el Templo Mayor, el Teocalli y colocar nuevamente los ídolos en sus antiguos recintos. Hizo restaurar también calles, casas y calzadas y no sólo celebró su toma de mando en septiembre, coincidiendo con los festejos de Ochpanitztli, sino que ordenó que fueran sacrificados algunos prisioneros castellanos y tlaxcaltecas atrapados en las últimas escaramuzas. Como de costumbre, los cráneos de estas víctimas fueron a parar al Tzompantli. ¡Cuánto orgullo!

Muy bien sabía Cuitláhuac que su primera batalla ganada no había sido definitiva y que Cortés no era un hombre que se dejara abatir; tarde o temprano regresaría a tratar de recuperar lo perdido. No escapaba a Cuitláhuac el hecho de que, en esta ocasión, Cortés no recurriría a la diplomacia que antes había mantenido con Motecuhzoma, sino que ahora trataría de someternos por medio del terror, de la fuerza, de la violencia y del vandalismo. Si antes no había conocido la piedad ni en Cholula ni en el Templo Mayor, ahora menos clemencia, compasión y misericordia mostraría. El invasor giró instrucciones a españoles y a tlaxcaltecas con una crueldad enferma, sin imaginar que un aliado feroz y devastador lo ayudaría definitivamente a conquistar Tenochtitlan. De otra manera Cortés jamás hubiera logrado apoderarse del imperio de México Tenochtitlan. Jamás nos hubiéramos dejado derrotar si no hubiera sido porque la viruela acabó con la mayoría de todos nosotros.

Si con algún aliado mortal pudo contar Hernán Cortés para conquistar México, sin duda alguna, y esto es conveniente que se sepa, que se grite, que se divulgue, ese fue la viruela, tuberculosis, sífilis, gonorrea, lepra, influenza, sarampión... Habían decapitado al estado mexica, sí, nobles, generales, sacerdotes y políticos habían sido asesinados, pero el ejército estaba prácticamente intacto y Cuitláhuac y Cuauhtémoc eran nuestras máximas esperanzas, sólo que la peste fue más devastadora que todos nuestros peores enemigos armados, multiplicados por un millón. La peste fue más eficiente que cientos de miles de arcabuces y de ballestas juntas. ¿Cómo imaginar que esta maldita enfermedad llegaría hasta la Gran Tenochtitlan cuando desembarcó la expedición de Pánfilo de Narváez? En ella venía un negro infectado de esta terrible calamidad. La catástrofe comenzó en Cempoala. Las casas de los indios eran muy pequeñas y vivían muy apretados, por lo que el contagio era muy simple y sencillo. El mal los abrasaba, los quemaba, ayudado por el calor de la tierra. Eran tantos los muertos que, como no los enterraban, el hedor corrompió el aire y así se expandió esta terrible pestilencia con la fuerza de los vientos de septiembre. El mal terminó por extenderse por todo el imperio.

Los pobladores de México Tenochtitlan jamás habíamos padecido una enfermedad similar. La plaga fue de tal manera terrible que murieron más de la mitad de nuestros pobladores. Los naturales no conocíamos el remedio para la viruela y ni los sacerdotes, los brujos, los médicos, ni nuestras hierbas pudieron hacer algo para salvar al pueblo. Muchos murieron de hambre pues no había quien les diera pan ni cualquier otro alimento ya que todos los de la casa habían muerto. A esta enfermedad la llamamos la Gran Lepra, porque eran tales las viruelas que parecían leprosos, a tal extremo que todavía hoy en 1550 es posible ver a muchos mexicas con las marcas de la enfermedad en la cara.

¿Los dioses estaban del lado de los teules? ¿No querían que sobreviviéramos? ¿No bastaba con las alianzas con nuestros enemigos? Los españoles no contraían la enfermedad o la contraían difícilmente porque en Europa estaban acostumbrados a estos padecimientos, no así nosotros los naturales, con nuestros cuerpos tan vírgenes y expuestos a un flagelo enviado por todos los demonios juntos.

Una de las decisiones más sobresalientes de Cuitláhuac fue la de designar a Cuauhtémoc Tlacatécatl o general en jefe de los ejércitos mexicas, texcocanos, tecpanecas y tlatelolcas, y Huey Teopixte o sumo sacerdote. Hizo a Coanácoch, hermano de Cacama, señor de Texcoco y a Tetlepanquetzaltzin señor de Tlacopan. Una vez arreglada de alguna manera su descendencia, el emperador, mi tío, celebró sus bodas conmigo, aun cuando yo contaba en aquel momento con tan sólo diez años, tiempo en el que nos casábamos ya muchas de nosotras. ¡Qué lejos estaba Cuitláhuac de imaginar que él, tan ilustre caudillo, iba a ver interrumpido su esfuerzo de rescate porque vino la epidemia de Teozáhuatl, la viruela! Nunca olvidaré su cara de horror cuando vio que sus súbditos, vasallos y los soldados mexicas empezaban a enfermarse y a contagiarse los unos a los otros. Para nuestro horror, en noviembre de 1520 descubrimos que el emperador Cuitláhuac, a cinco meses de la Noche de la Victoria, había sido víctima y estaba infectado. Todo el calor de la lumbre estalló de repente en las piernas de Cuitláhuac. Hasta que toda la piel explotó, se le abrieron las pústulas y cegaron sus ojos. ¡Cuánto estarían festejando Cortés y el asqueroso Alvarado este nuevo azote que por lo visto nos enviaban los dioses!

De nada sirvieron los esfuerzos de los médicos mexicas que habían sido convocados para salvar la vida de su Huey Tlahtoani. El Máximo Sacerdote o Mexicatl Teohuatzin, el venerable responsable de los dioses hizo presencia y aun con riesgo de perder la vida ingresó a los aposentos de Cuitláhuac acompañado por un curandero que iba provisto de una vasija con tabaco comprimido y macerado que había sido golpeado nueve veces. Esta esencia se disolvía con agua y se echaba sobre la cabeza del enfermo. Nada fue lo suficientemente útil como para salvarle la vida a Cuitláhuac, mi marido.

La muerte del tlahtoani fue muy rápida, desesperada y violenta. A todos nos sobrecogió el ánimo cuando empezó a delirar y las fiebres empezaron a acabar con él. No había sido suficiente la muerte de Motecuhzoma, sino que ahora su hermano, el gran líder mexica también moría. ¿Qué íbamos a hacer sin nuestros emperadores? La ciudad estaba indefensa, el imperio a la deriva sin nobles, rodeados de los malditos españoles y sus aliados, quienes en cualquier momento caerían sobre nosotros. Los invasores simplemente se sentaron a esperar que la peste hiciera su trabajo. Dejaron todo en manos del tiempo y de la viruela.

Muerto Cuitláhuac y una vez celebradas las exequias fúnebres, tomó el liderazgo Cuauhtémoc, hijo del rey Ahuitzotzin y de la heredera de Tlatelolco, sobrino de Motecuhzoma y hombre de mucho valor y coraje, muy esforzado, de cara larga y alegre y muy gentil disposición. Su mirada era grave, pero no dejaba de proyectar una sensación de dulzura que contrastaba con la terrible violencia que tenía que emplear para defender los restos del imperio. Cuauhtémoc, justo es decirlo, había mandado matar a varios de mis hermanos hijos de Motecuhzoma, no tanto por deshacerse de adversarios políticos, sino por acabar con los posibles portadores de las voces del apaciguamiento. Cuauhtémoc no quería ni oír la palabra apaciguamiento. Rechazaba la idea de la paz. La invasión española no tendría como final un acuerdo entre las partes, sino tendría que resolverse por medio de la fuerza, de la muerte en la batalla; de otra manera no habría reconciliación posible.

Cuauhtémoc, bien capacitado en las artes de la guerra, era valiente, osado y animoso, detestaba el licor blanco sacado del maguey; exhibía, a pesar de su juventud, prudencia y sabiduría. Al hablar, las palabras se percibían como flores salidas de sus labios. Era recatado y modesto, pero no por ello dejaba de infundir un gran respeto. Su linaje parecía haber sido heredado de los ancestros. El día de su toma de mando se presentó vestido de ocelote y de águila, el traje que había llevado su padre a la guerra, cuya aparición en el campo de las batallas hizo huir a los enemigos. No es de extrañar que al reunirse el Consejo Supremo, bajo la presidencia de Coanácoch y Tetlepanquetzaltzin, Cuauhtémoc fuera elegido para suceder a Cuitláhuac.

Con el atuendo de sacerdote respectivo, frente a la imagen de Huitzilopochtli, como lo había hecho Cuitláhuac unos meses antes, Cuauhtémoc fue ungido tlahtoani, después de ofrecer incienso y de haber ordenado el sonido de cien trompetas de caracoles, cien atecocolis, para conmemorar el hecho. A finales de febrero de 1521, tomó formalmente posesión del mando. Extrañaba la presencia de Cuitláhuac, a quien admiraba por su valor, por su determinación y por su coraje. Él continuaría la obra con lo poco, escaso, escasísimo que tenía a su alcance. ¿Dónde había quedado la magnificencia del imperio sobre todo después de la peste? ¿Qué quedaría si él fracasaba? ¿Qué seguiría?

Cuauhtémoc también mandó embajadas para trabar alianzas con otros pueblos; envió obsequios caros, los pocos que pudo labrar todavía a nombre del Huey Tlahtoani; eximió en su dominio de tributos y otorgó libertades a sus antiguos súbditos, restituyó las tierras que antes les hubieran tomado, todo ello a cambio de unir fuerzas para atacar a Cortés. Todo esfuerzo resultó inútil, más aún cuando el invasor había sentenciado aquello de «no dar un paso adelante sin dejar todo arrasado». Estábamos perdidos. ¿Con qué nos defenderíamos?

En uno de sus discursos, Cuauhtémoc dijo a los mexicas que cuando nos faltasen las armas, cuando las flechas ya no pudieran tener obsidianas y los arcos estuvieran rotos, era preciso dejarnos crecer las uñas para con ellas despedazar a los enemigos. Ése era mi marido, ése era Cuauhtémoc, el último tlahtoani mexica, el Venerable Señor Águila que Desciende como el Sol en el Atardecer, según el significado de su nombre, en un claro presagio de lo que viviría y viviríamos. Si los españoles no creían en los presagios, entonces, ¿cómo fue posible que Cuauhtémoc al nacer hubiera recibido el nombre de Águila que Desciende, como si pareciera que hubiera anticipado el destino doloroso que le esperaba a nuestra nación, así como el sol en el ocaso a punto de culminar y de recorrer su último tramo del ciclo diario?

Cuauhtémoc fortalecía la ciudad con fosos y trincheras; armaba a la gente con largas picas, soltaba los tributos, ofrecía mercedes a los pueblos que resistiesen a los españoles, que los matasen y que les enviasen las cabezas. Nada le producía más placer que recibir cabezas de los invasores. Con qué gusto tan contagioso les extrajo el corazón a cuantos españoles y tlaxcaltecas cayeron prisioneros. No tuvo piedad ni contemplaciones con ellos. ¡Cuánto tenía que haber aprendido mi padre de nuestro señor, el venerable Águila que Desciende! Cuauhtémoc dio a entender en todo su imperio cuánto les convenía la unión con los mexicas para librarse de la opresión de los extranjeros. Fue muy insistente en esas advertencias. Ganó muchos amigos, aunque la inmensa mayoría no se quisiera confederar con él, no tanto por el miedo a los castellanos, cuanto por sus antiguas enemistades. Hizo grandísima provisión de armas, levantó la vitualla de la comarca, hizo ejercitar a la gente en las armas y tenía gran cuidado de saber qué hacían sus enemigos. No estaba dispuesto a ceder ni a conceder la victoria a los intrusos. Mientras tuviera uñas habría posibilidades...

El tiempo pasaba, la peste cedía, cuando Cortés estuvo a punto de ser apresado por un guerrero águila mexica, que cometió el gravísimo error de querer traerlo preso de acuerdo a nuestras costumbres, para ejecutarlo en el Huey Teocalli. ¡Cuánto hubiéramos ganado si en lugar de traerlo preso le hubiera masacrado la cabeza a marrazos y le hubiera destruido el pecho con la lanza para acabar con él, y después haberle cortado los pies y los brazos y traer la cabeza del invasor en sus manos, colgando de sus cabellos! Esto hubiera sido un feliz final para todos nosotros, pero nuevamente las tradiciones y las costumbres nos traicionaron. Un español y un tlaxcalteca, al ver que se llevaban preso al jefe máximo de los teules, saltaron para rescatarlo, matando evidentemente al guerrero águila. Cortés siguió tramando su estrategia: construyó bergantines para moverse por el lago. Entendía que las calzadas estaban destruidas y no podría desplazarse con agilidad. Evidentemente que para los mexicas dichos barcos ya no eran templos flotantes llenos de semidioses, sino naves más grandes que nuestras canoas, eso sí, llenas de salvajes, bárbaros asesinos que estaban a punto de quedarse con todo lo nuestro. Cortés intentó firmar una paz a la que Cuauhtémoc se negó enérgicamente. No había manera de transigir: Cuauhtémoc nunca se convertiría en un nuevo Motecuhzoma, otro traidor. De esta manera, el invasor ordenó el asedio a la capital. Entró en Azcapotzalco y al día siguiente en Tacuba, de donde tuvo que retirarse al ver el empuje de los escasos mexicas que todavía oponían resistencia. A los bergantines los acompañaban miles de canoas, donde navegaban los ejércitos enemigos en número superior a los ciento cincuenta mil, junto con los invasores. ¿Cómo resistir una fuerza así en nuestras condiciones? Muy pronto empezó a faltar el agua dulce pues Ixtlixóchitl, que conocía a la perfección los puntos débiles de nuestro pueblo, mandó a romper el acueducto que surtía de agua pura y dulce desde Chapultepec a la capital tenochca. No había alimentos y entonces apareció la nueva peste, puesto que los habitantes empezaron a comer lo que tuvieran a su alcance e inclusive a beber agua contaminada, salada y podrida, con la cual la enfermedad se propagó y destruyó la mejor de nuestras esperanzas. Los cadáveres de niños, de mujeres, de ancianos, de guerreros, de sacerdotes, sabios, hechiceros, de médicos, de astrónomos, de poetas, de pintores, de ingenieros y de arquitectos, de comerciantes y de maestros, de danzantes y de cantantes, aparecían tirados en el piso. Todo el pueblo aparecía muerto, enfermo, agonizante.

Fue entonces cuando Cuauhtémoc, señor de Tenochtitlan, viendo que todo se estaba perdiendo y que se acercaba la última batalla, les dijo a todos los suyos:

—Valerosos mexicas, ya ven cómo nuestros vasallos se han rebelado contra nosotros. Ya tenemos por enemigos no solamente a los tlaxcaltecas y chololtecas y huejotzingas, sino también a los texcocanos, a los chalcas y xochimilcas y a los tecpanecas. Les ruego que se acuerden del valeroso corazón y ánimo de los mexicanos aztlanecas, nuestros antepasados, que siendo tan poca gente la que en esta tierra aportó, se atrevieron a someter a ejércitos con muchísima más fuerza que la que ellos ostentaban. Ellos no dejaron costas ni provincias lejanas que no sujetasen exponiendo su vida y haciendas para aumentar y ensalzar su nombre y valor. Por lo cual ha venido a tener el nombre de mexica la nombradía y excelencia que tiene y a ser temido su nombre por todo el mundo. Por tanto, valerosos mexicas, no desmayen, no se acobarden: esfuercen ese pecho y corazón animoso para salir con una empresa, la más importante que jamás se nos haya ofrecido. Miren que si con ésta no salimos, quedaremos por esclavos perpetuos y nuestras mujeres e hijos por consiguiente, y nuestras haciendas quitadas y robadas. Tengan lástima de los viejos y viejas y de los niños y huérfanos porque si no hacemos lo que debemos y defendemos a nuestra nación, quedaremos desamparados y en manos de nuestros enemigos para ser esclavos perpetuos y hechos pedazos. No miren que soy joven y de poca edad, sino miren que lo que les digo es verdad y que estamos obligados a defender nuestra ciudad y nuestra nación, donde les prometo no desmayar ni desampararla hasta morir o librarla.

Todos prometieron seguirlo hasta el final, cualquiera que éste fuera.

Nuestra gente moría, claro está, por beber agua infectada o por hambre, pero no tanto víctima del filo de las espadas ni de la pólvora ni de las flechas enemigas. El final era inminente, no había nadie prácticamente que se defendiera ni que contara con la fuerza necesaria ya no para aventar una lanza, sino para levantarla. ¡Cuánto pesaban los brazos y la moral y el ánimo y el coraje! ¡Cuánto pesaban la derrota y el pasado y el futuro! ¡Cuánto pesaba el luto! ¡Cuánta tragedia! ¿Y dónde estaba Huitzilopochtli? ¿Todo había sido mentira? ¿Los poderes de nuestros dioses y de nuestros ancestros también habían sido mentira y nos habían abandonado? ¿Era cierto entonces que sus cochinas cruces, dos tristes palos cruzados y un dios tan débil que había sido asesinado por los propios hombres, ahora resultaba que había tenido más fuerza y autoridad que todos nuestros dioses juntos? ¿Todo era falso? ¡Cuánto vacío! ¡Cuánto dolor! ¡Cuánta confusión! ¿Qué podíamos esperar del porvenir? Y pensar que ya no teníamos garra ni nervio ni siquiera para arañar… ¿Y las uñas? ¿Quién tenía uñas? ¿Sus compañeros, los guerreros tlatelolcas, quién?

Cuauhtémoc transfirió entonces su cuartel general a un edificio de Tlatelolco llamado Tecpan, en Yacacolco. La efigie de Huitzilopochtli fue trasladada del Templo Mayor de Tenochtitlan a Amaxac Tequipeuhca, Tlatelolco. Ya no quedaban ni rastros del mercado lleno de colores, de frutas y verduras, de animales, de aves ni de pescados. No quedaba nada. El ejército o, mejor dicho, los siete jóvenes guerreros de Tlatelolco que andaban descalzos, sin sandalias atadas con tiras de pieles de venado, sin escudos ni penachos ni lanzas ni arcos ni flechas ni carcajes, se trasladó también ahí. Lo que quedaba de la población de Tenochtitlan hizo lo posible por fortalecerse en Tlatelolco, para esperar el momento sagrado de la capitulación que la víspera había ya acordado el Consejo Supremo. Nadie pensaba en rendirse.

En medio de los tormentos del hambre y de la peste, los sobrevivientes, enflaquecidos y extenuados, sólo parecían esperar a su vez su hora de fallecer. Los españoles encontraban confirmadas estas noticias a medida que se internaban en la ciudad.

—Me haces la guerra, *Guatemuz* —habría mandado a decir Cortés a Cuauhtémoc—, porque eres muy mozo...

A lo que respondió el último Huey Tlahtoani:

—Las palabras son para las mujeres: las armas para los hombres.

Cuauhtémoc no era capaz de concebir la derrota. Su educación guerrera, su sentido del honor tallado día a día, noche a noche, en el Calmécac, se lo impedía. Fue criado en la convicción de que los dioses siempre estarían del lado de los mexicas, los invencibles, los poderosos dominadores. Exigió que trajeran en su presencia a los últimos prisioneros españoles y tlaxcaltecas y él mismo, como sacerdote supremo, llevó a cabo los sacrificios necesarios para tratar, todavía, de recuperar la buena voluntad de los dioses. ¡Cuánto placer el escuchar el maravilloso sonido de los huesos rotos del pecho de los intrusos cuando el cuchillo de obsidiana los perforaba con un solo golpe preciso y perfecto! Por supuesto que los dioses no escucharon los rezos ni las plegarias del tlahtoani. Ya no nos escucharían. Se había cerrado el ciclo astronómico. En lugar de Huitzilopochtli, Coatlicue y Tláloc, se verían con una cruz colgada del cuello. ¡Horror!

Así llegó el infausto 13 de agosto en que Cortés intentó cerrar el cerco y tratar nuevamente de firmar la paz, no por respeto a las vidas humanas, sino porque temía que Cuauhtémoc y los suyos echaran al agua los tesoros de los tlahtoanis mexicas y con esto se perdiera una buena parte del botín del que pensaba hacerse a cualquier costo. Por supuesto que le era irrelevante la suerte de los naturales, lo que no deseaba es que éstos murieran llevándose a la tumba el secreto de los tesoros. ¿Quién podía creer en las palabras del teul si nos había engañado de principio a fin? ¿Qué seguiría después de hacer la paz? ¿Nos quemarían vivos con tal de saber dónde podían encontrar más oro, el maldito oro, lo único que les interesaba de nosotros? ¿Los dioses nos habrían dado tanto oro para atraer a estos infames españoles, bastardos, hijos de muy mala madre? ¿Por qué razón lo habrían hecho? ¿Verdad que si sólo hubiéramos sido un pueblo exitoso en el cultivo del maíz, sin oro ni plata, hubiéramos subsistido sin llamar la atención de estos desalmados, malignos invasores?

Esa mañana del 13 de agosto de 1521, Cuauhtémoc nos embarcó en unas canoas para abandonar Tlatelolco, en un último recurso desesperado. Todos sabíamos que la derrota era irremediable. No quedaba ya nada de nosotros cuando fuimos alcanzados por un bergantín de Cortés. El emperador se puso de pie en la popa de su canoa para pelear, mas me vio a su lado, así como a otras mujeres cuyas vidas no quiso sacrificar y que trataría de proteger hasta el final, por lo que abandonó su actitud guerrera para decir:

—No disparen, que yo soy el tlahtoani mexica de esta tierra. Lo que por último te pido es que no mates a mi mujer ni a ninguna mujer sagrada, sino que me tomes a mí y me lleves al capitán Malinche. Me entrego como ofrenda pero no lastimen a los míos.

Claro está que en un momento Cuauhtémoc pensó en suicidarse, pero con esto nos hubiera dejado desprotegidas; su presencia era importante para que no sufriéramos daños posteriores. ¡Qué fuerza se necesita para vivir a la fuerza en función de terceros! Lo más sencillo era quitarse la vida y abandonar a su gente a su suerte.

Cuando Cuauhtémoc estuvo frente a Cortés y el tlahtoani le pidió que lo matara pero que cuidara de su familia, el diabólico teul se negó: tenía otros planes para Cuauhtémoc que no tardaríamos en descubrir... El cerco fatal había durado noventa y un días. Los pocos mexicas que no perecieron quedaron tan flacos y sucios, amarillos y hediondos que producía mucha lástima verlos.

Al otro día se cantó una misa, hubo una larga procesión de los invasores que siguió la imagen de la Virgen María de Extremadura

Guadalupe en España, hasta una colina en el poniente, ahí donde
Cortés había salvado la vida y repuesto en la noche de nuestra victoria, desde la que se veía el lago y la ciudad en ruinas. A continuación se cantó un Tedeum. Se les dieron las debidas gracias a Dios y
a sus santos por la masacre cometida en contra nuestra. ¡Qué dios
tan injusto, qué mierda de dios debe de ser ése que bendice el asesinato, que manda la peste, que manda la viruela y que manda la
muerte y que permite el acribillamiento y la masacre de todos los
nuestros, como en Cholula o en el Templo Mayor! ¡Qué dios tan
vengativo, qué dios que no protege, qué dios que no ayuda, qué
dios que bendice a los asesinos, qué dios que todo lo perdona después de un par de rezos hipócritas!

Ya no quiero acordarme de lo que pasó a continuación, es muy
doloroso repetir el tormento al que sometieron a mi marido que-
mándole los pies para que dijera dónde estaban los tesoros de Motecuhzoma, cuando los españoles se lo habían robado todo y lo
habían convertido en lingotes desde que se les concedió un generoso hospedaje en el palacio de Axayácatl. Por supuesto que no había
ningún tesoro más que aquel que ellos mismos habían dejado caer
al agua en su huida de Tenochtitlan en la Noche de la Victoria. No
quedaba nada, salvo el apetito feroz y depravado de los españoles
por el oro. ¿Quién era el único responsable de que todo se hubiera
convertido en ruinas? Motecuhzoma, quien por otra parte ya lo había entregado todo durante el tiempo de su cautiverio y antes, mucho antes, cuando empezó a enviarle obsequios a los invasores al
saber de su infausto arribo a las costas. ¿Era la misma gente que venía en paz a ayudarnos de parte de su soberano? ¿Qué habría sentido mi padre en su terrible arrepentimiento, en su espantoso dolor,
al comprobar que sus cobardes equivocaciones se tradujeron en la destrucción de todo? ¿Por qué, por qué los había dejado entrar a la
Gran Tenochtitlan cuando la mayoría se oponía a su decisión? Tarde
o temprano tal vez hubieran venido otros españoles a tratar de conquistarnos, pero hubieran llegado advertidos de los peligros de enfrentar a los mexicas, quienes ya no creeríamos en la patraña de los
dioses venidos de oriente. No, no les hubiera sido fácil volver.

Yo vivía en Coyoacán, en la casa de Cortés, donde me tenían
permanentemente vigilada, cuando Cuauhtémoc fue torturado con
aceite hirviente. Para imaginar su dolor, según me dijeron, bastaba
ver el estado en que quedaron sus pies. En uno de ellos, los dedos

habían desaparecido por completo, carecía de forma alguna y aparentaba ser un pedazo de carne chamuscada y doblada hacia el extremo derecho sin que pudiera moverlo en sentido alguno. El otro, simplemente había quedado reducido a un muñón como si se hubieran fundido con el calor todos los huesos y quedara algo así como un dedo muy ancho y grande. ¡Miserables españoles, y todo por el maldito oro! Cuauhtémoc perdió la paz para siempre. Las pesadillas lo acosaban despierto o dormido. A partir de ese día escasamente volvió a hablar, salvo para dictar una que otra ordenanza en Tlatelolco. Permanecía sentado en el piso, con la mirada extraviada como un ídolo de bronce. ¿Y su trono icpalli dorado con piedras preciosas? ¿Y el palio que cargaría un conjunto de nobles, los mismos que una vez depositado en el suelo, retirarían cualquier objeto del piso que pudiera lastimarlo al caminar? ¿Y su copilli que nunca pudo lucir ni estrenar, decorado con sus 548 plumas azules del ave xiuh totol y las verdes del quetzal? ¿Y su adorado pueblo llamado a conquistar tierras desconocidas del otro lado del mar y de los mil ríos? ¿Y los científicos y jueces y maestros y guerreros y sacerdotes y astrónomos, ingenieros y arquitectos? ¡Cuánto talento desperdiciado! ¡Nunca se sabría hasta dónde podría haber evolucionado la civilización mexica, llamada a deslumbrar al mundo entero! ¡Cuántas veces Cuauhtmémoc había soñado con matar a Cortés y a los suyos!

A Cortés no le era suficiente haber violado a mis hermanas y a mi propia madre, entre otras tantas mujeres más, ni haber asesinado a mi padre, ni haberle quemado los pies a Cuauhtémoc, no, qué va, como si todos los ultrajes cometidos en contra de mi familia no hubieran sido bastantes, me hacía llamar tantas veces se le daba la gana para meter sus cochinas manos debajo de mi huipil, desvestirme y chuparme con su lengua el cuerpo entero, hasta penetrarme y echarme tan pronto la bestia se hubiera saciado. ¿No eran bastantes las injurias? Por supuesto que no. En muchas ocasiones se presentó borracho y con los pantalones orinados a buscarme en la asquerosa habitación donde dormía. Me tomaba entonces, me arrojaba furioso sobre la estera de paja tejida, ¿cuáles sábanas de algodón blanco, como las que usaba cuando mi padre vivía?

Por razones de Estado ya nunca me dejaron vivir con mi marido en la inteligencia de que nuestra descendencia hubiera constituido un singular peligro para la invasión. Un heredero directo de Motecuhzoma le parecía inaceptable a Malinche, por lo que nos separaron para evitar cualquier embarazo y por ende, cualquier amenaza. Más tarde supe que Cortés se llevó a Cuauhtémoc a Las Hibueras, donde le daría muerte al último Huey Tlahtoani, después de haber inventado que Cuauhtémoc conjuraba para asesinarlo. Nadie podría imaginar el suplicio que significó para Cuauhtémoc caminar cientos de lunas y soles con lo que le quedaba de los pies, sobre piedras, ríos y terrenos ardientes, en compañía de otros señores mexicas, tirado de un caballo que lo mantenía atado a una soga. Jalaban a un cadáver. Sin embargo, ¡qué recepción le ofrecieron los chontales a la llegada del tlahtoani mexica a Coatzacoalcos! Salieron a recibirlo con unos abanicos de plumas de quetzal para darle sombra, colocaron adornos con ramas de oyamel, lo vistieron con una tilma y sandalias de turquesa; le pusieron un pectoral de caracol cortado y un collar de jade y brazaletes de piedras preciosas... Enseguida les dieron a beber atole y pinole. Después, momentáneamente revivido, habló Cuauhtémoc a los señores de Acallan, sabía que era su última oportunidad de hacerlo. Se dirigió a ellos con algún rastro de su nobleza y coraje:

—Tengan salud; alégrense. Ya nos llevan a Castilla. Y no sé si volveré o allá moriré. Ya no podré venir a visitarlos; gocen de buena salud, amen a sus hijos en paz y tranquilidad, no los aflijan. Sólo una cosa más les diré: compadézcanse de nosotros, porque me obligan a saludar al gran teul emperador que está en Castilla.

—Delante de ti nos humillamos; no te preocupes —le respondieron—, acá están tus bienes, tus tributos; ya van para allá ocho canastos con oro, pectorales y collares de jade; que vayan pues, son tuyos, te los hemos estado guardando.

Les replicó el tlahtoani:

—Me han dado placer, señores, y se ha satisfecho su corazón.

Luego llevaron ocho canastos y los cargadores los fueron a dejar al jacal del señor. Entonces los chontales sacaron un teponaztle y un tambor vertical para danzar y bailar. En dicho viaje, doña Marina fue regalada por Cortés a Jaramillo, un soldado de inferior categoría, porque el jefe de los teules estaba harto de ella y ya no la necesitaba. Esa maldita mujer, envenenada de resentimientos, le hizo saber a Cortés que mi marido tramaba matarlo, cuando en realidad, si bien habían dicho lo anterior, era parte de las fantasías inspiradas en el líquido rojo que bebían de los españoles. Pensaban

Cuauhtémoc y sus nobles con volver a ocupar sus altos cargos, pero sólo soñaban y jugaban, imaginaban esa posibilidad cuando doña Marina, esa indigna conspiradora, delató los supuestos planes, imposibles de llevarse a cabo.

Coanacohtzin, rey de Texcoco, había dicho a Cuauhtémoc, y a Tetlepanquetzaltzin, y otros:

—Vean aquí, señores, que de reyes, estamos hechos esclavos, y tantos días hace que nos trae así Cortés, y estos pocos cristianos que con él vienen, que si nosotros fuéramos otros y no miráramos a la fe que debemos, bien pudiéramos hacerles una burla, para que se acordaran de lo pasado, y de haberle quemado los pies a mi primo Cuauhtémoc.

A esto respondió Cuauhtémoc:

—Deja, señor Coanacohtzin, esta plática tal vez no se entienda y piensen que lo intentaremos ahora.

Como resultado de la supuesta conjura Cuauhtémoc fue ahorcado por Cortés. Otro emperador asesinado en manos de los intrusos que venían a convencernos de las ventajas de creer en su Santa Cruz. La verdad es que el malvado teul sólo deseaba impresionar a los mayas chontales con el asesinato del tlahtoani mexica para que aprendieran a respetarlo y a saber quién era el verdadero jefe, el merecedor de los obsequios y de los honores. Si eso le hacían al soberano mexica, más les valía someterse a su voluntad y caprichos. Antes de colgarlo, eso sí, Cortés hizo bautizar a Cuauhtémoc con el nombre de Hernando de Alvarado Cuauhtémoc, un asco de nombre, una burla para nuestro pasado, para entonces sí poder matarlos en el nombre fuera de su dios.

—¡Oh, Malinche! —prorrumpió el rey de Tenochtitlan durante su martirio—: ¡días hace que yo tenía entendido que esta muerte me ibas a dar y había conocido tus falsas palabras, porque me matas sin justicia! Tu dios te lo demande, pues yo no me la di cuando me entregaba en mi ciudad de Tenochtitlan.

Una vez bautizado y obtenido el permiso de su dios para matar, colgaron al Huey Tlahtoani y lo dejaron suspendido de la rama de un árbol por espacio de dos días como escarmiento para las tribus locales, la misma escuela sangrienta que conocimos cuando le cortaban manos, nariz y pies a los embajadores tlaxcaltecas o cuando quemaron pueblos enteros para impresionar a los pobladores y convencerlos de la conveniencia de aceptar la autoridad y el vasallaje españoles. Al día siguiente, le cortaron la cabeza a Cuauhtémoc y la clavaron en una ceiba delante de la casa que había de la idolatría en el pueblo de Yaxzam. En Tepechpan, su cuerpo aparecía desnudo y decapitado, casi sin brazos y colgado por los pies, bocabajo, sujeto de una soga. Como un acto de caridad le amarraron piadosamente una cruz a una de sus manos. En lo que quedaba de sus pies descarnados, tenía grilletes de hierro con los cuales pendía del árbol del pochote.

No sólo Cuauhtémoc fue colgado, sino también Coanacohtzin, rey de Texcoco, Tetlepanquetzaltzin, rey de Tlacopan, Vehichiltzi, hermano de Cuauhtémoc y rey de Michoacán y los dos generales indios Xihmocóatl y Tlacatl, todos fueron ahorcados en un árbol en Izancanac. A continuación fueron igualmente decapitados a espadazos y sus cabezas también colocadas encima de estacas que fueron abandonadas cuando Cortés emprendió su regreso a la Gran Tenochtitlan. Así acabó el imperio mexica a manos de unos intrusos que llegaron a nuestras tierras prometiéndonos amor, paz y ayuda en nombre de un dios y de un rey generosos y comprensivos que únicamente deseaban nuestro bien...

Sólo entonces cesó el peligro, según sentenció fray Toribio Benavente, Motolinía, pues, como él mismo escribió:

—Dios, que ya a esta tierra había traído su santa fe y divina palabra, no quería que se perdiese, y así luego el Señor daba gracias a los frailes de apaciguar todo.

A partir de entonces, nada tuvo sentido. Nos convertimos en un país de sonámbulos, de extraviados. Cuauhtémoc tuvo razón cuando nos advirtió lo que sería de nosotros si los españoles lograban la conquista: nos convertiríamos en esclavos. En eso nos convertimos, nos guste o no, en esclavos perpetuos porque los españoles castraron a este pueblo ingenioso y valeroso. Tendrán que pasar muchos años para que al cierre de los ciclos surja alguien que sepa rescatar los valores y principios mexicas y volver a construir con ellos el país que antes teníamos, un país próspero, justo, educado, respetuoso, honorable y deseoso de derribar todas las fronteras. Con los españoles al frente de nuestra nación seremos decadentes, injustos, ignorantes, groseros, despreciables y desearemos hundirnos en nuestras propias fronteras. ¿Quién nos ayudará a salir de la tristeza infinita que nos aflige, para convertirnos otra vez en audaces invasores?

Todos los mexicas empezamos a caminar con los ojos abiertos, sin parpadear, sin dormir, nunca volvimos a dormir ni a soñar ni a fantasear. ¿Qué vida le puede esperar a unos huérfanos que vieron a sus padres torturados y luego llegaron a verlos colgados bocabajo de las ramas de unos árboles y, como si nada fuera suficiente, todavía asistieron a su decapitación para dejar clavadas sus cabezas en unas varas? Lo que siguió fue que los sacerdotes inventaron una hoguera para quemar vivos a quienes no respetábamos su perversa religión en la que teníamos que creer en contra de nuestra propia voluntad. Inventaron cárceles, salas de tortura, suplicios que nosotros, los llamados salvajes, jamás llegamos a concebir. Jamás imaginé la maldad humana hasta que conocí a los españoles. Nuestras ofrendas, llamadas por ellos *sacrificios* para desprestigiarnos ante la historia como unos salvajes, eran para adorar a nuestros dioses. A los honrados con la distinción de sacarles el corazón les dábamos peyote para que no sufrieran o tuvieran alucinaciones antes de la sagrada ofrenda, ¿pero torturar?, ¿torturar?, no existía en nuestras costumbres. La perversión llegó a nosotros de la misma manera en que la viruela nos enfermó y mató por igual. Éramos un pueblo puro que fue envenenado por unos intrusos euroafricanos que jamás entendieron las maravillas de nuestra civilización que destruyeron por una mera vulgaridad, el oro que todo lo pudre y lo enferma...

¿Quién aprovechó mejor que nadie la experiencia de Cortés en la Gran Tenochtitlan? Muy sencillo: su primo, Francisco Pizarro, invasor del Perú. Él siguió paso a paso las enseñanzas del teul que tuvo la audacia de apoderarse del más grande imperio conocido por donde nace el sol. ¿Cuál fue la estrategia de Pizarro? Apoderarse de Atahualpa, el soberano del Perú y asesinarlo a la primera oportunidad por negarse a tributar, a reconocer al monarca español y a los dioses de los invasores. Así llegaría dominar a todo un pueblo que por más armado y feroz que fuera, igualmente fue masacrado gracias a que Pedro Pizarro, hermano del invasor, trabó una alianza con quince mil naturales, fieros guerreros súbditos de la cacica de Pachacamac, enemiga acérrima de Atahualpa. La historia se repetía, el ejemplo y la escuela de Cortés en Tenochtitlan se imponía 8 de septiembre de 1533.

Yo por mi parte fui bautizada y en lugar de Tecuichpo, Flor de Algodón, me nombraron doña Isabel. Una vez fundada la Nueva España, me casé dos veces más por imposición de Cortés, y una por mi propia voluntad. Mis hijos, todos mestizos, fueron educados de una forma diferente al resto de la población nativa e incluso de los niños teules afincados en el Nuevo Mundo. Los españoles me consideraban como la principal heredera de Motecuhzoma y por lo tanto, el 27 de junio de 1526, día de mi primer matrimonio con un español, con Alonso de Grado, un hombre que odiaba a los de mi raza, Cortés me otorgó la gracia de recibir los lucrativos ingresos de doce estancias del pueblo de Tacuba, mil doscientas casas y varios miles de vasallos indios. Me hicieron rica, muy rica, riquísima. Mis hijos también recibirían sus encomiendas, entregadas en el nombre del rey, dadas en dote y arras para siempre jamás. Aunque claro, la que nunca recibiría ninguna herencia de mi parte, sería Leonor Cortés Motecuhzoma, el producto de la terrible violación relatada al principio de estas páginas, redactadas cuando presiento que la muerte ronda mi lecho, y a quien jamás reconocí por ilegítima. El odio por el invasor siempre se ha mantenido vivo. Quedé embarazada del jefe de los teules a finales de 1527. En marzo del siguiente año Cortés viajaría a España, por lo que al ser informado de mi estado, y sabiendo que había quedado viuda de Alonso de Grado, simplemente decidió casarme con Pedro Gallego. La imposición de estos matrimonios con españoles, se debieron en gran medida a impedir que procreara con uno de los de mi raza un heredero del imperio azteca que sirviera de pretexto nuevamente para la sublevación.

Mi segundo esposo español tampoco tendría una larga vida y de nuevo quedé viuda. Ante esta nueva situación decidí unirme en matrimonio con el peor enemigo de Hernán Cortés, un soldado español de nombre Juan Cano Saavedra, extremeño igual que él, muy devoto de la virgen española de Guadalupe, quien había venido junto con Pánfilo de Narváez, patrocinado por Diego de Velázquez para derrocar a Cortés y reivindicar los territorios en nombre del rey de España. Nadie mejor que ese hombre culto, sensible, proclive al mundo mexica, y con una sed de venganza contra Cortés porque lo había maltratado cuando Narváez fue derrotado en Cempoala. A Juan Cano no le quedaba otra opción para seguir vivo más que la de unirse al ejército de Cortés, aunque fuera en contra de su voluntad.

Con este último matrimonio, como esposa legítima ante las leyes españolas podría contrarrestar al todavía poderoso Cortés, quien permitió nuestra boda a cambio de ganar el apoyo de Juan Cano ante sus múltiples adversarios españoles, que maquinaban un juicio de residencia para expulsarlo de la tierra de la que se decía dueño y capitán general. Esta boda me permitió continuar una callada resistencia y preservar, aunque fuera sólo con mi sangre, mi linaje sagrado, aquel que no pude continuar con mi amado señor Cuauhtémoc, quien latía en mi corazón y a quien siempre pertenecería. Mi pequeña venganza ya estaba en marcha: la sangre mestiza poblaría esta tierra y llevaría nuestro anhelo libertario a través de los siglos, tal y como quedó asentado en mi testamento y el de mi esposo, Juan Cano —que fue alcalde de la ciudad de México—, al declarar la abolición de la esclavitud de los indios en un documento con validez oficial, para que la memoria histórica de mi amado pueblo lo guardara y lo tomara en cuenta en ese ciclo que le esperaba antes de que un nuevo sol iluminara el destino de esta sagrada tierra mexica, tenochca, tlatelolca.

Gracias a las atenciones que recibía del rey de España por mi origen ancestral, viví en condiciones de lujo y bienestar, a final de cuentas era una princesa y había nacido para ser servida. Finalmente conseguí adaptarme a mi nueva vida. Me deleitaba el sonido armonioso del teponaxtli pero también me resultaba sublime el sonido de órganos y vihuelas, y cada vez disfrutaba más del vino tinto, el pan y el queso. Mi nueva vestimenta me complacía, me gustaba cómo los brocados y finas sedas resaltaban mis encantos femeninos, además de que no podía negar el placer de calzar hermosos botines altos de gamuza, al igual que me resultaba mucho más cómodo comer con el tenedor, la cuchara y el cuchillo. ¿No ha sido siempre así la historia? Yo entendí a tiempo que el mestizaje era inevitable. A partir de entonces éramos dos culturas que tomarían el mismo camino.

Sólo así, casándome, teniendo descendencia y haciendo un esfuerzo por aprender a vivir con los españoles, pude resguardar a mis últimos parientes, allá en Texcoco-Acuexcomac, y sobre todo gozar de libertad para unir los últimos vestigios de nuestras creencias espirituales en el Tepeyac, lo único posible ante las circunstancias, para proteger veladamente a mi amado pueblo que se quedó huérfano de padre sin nuestro señor Cuauhtémoc, pero que tenía en mí a su madre espiritual que ya nunca los abandonaría, pues ahora, al yo descarnar mi imagen, los cuidaré desde el cielo cada hermosa mañana... ¿Cómo los cuidaré? Quiero que nunca nadie olvide, hasta el último día en que termine la historia, que mi rostro, el de Tecuichpo, Flor de Algodón, es el que aparece en todos los retratos, óleos y pinturas de la Virgen de Guadalupe y, por lo tanto, convertida en eterna madre protectora, jamás dejaré de velar por todos ustedes...

EPÍLOGO

En 1946, algunos historiadores de El Colegio de México tuvieron acceso al acta notarial en la cual se detallaba la última morada de Cortés en el Templo del Hospital de Jesús y decidieron buscar sus restos. El domingo 24 de noviembre del mismo año encontraron el nicho que guardaba la urna. El 28 de noviembre de 1946 el presidente Ávila Camacho expidió un decreto mediante el cual confirió al Instituto Nacional de Antropología e Historia la custodia de los restos mortales de Hernán Cortés.

El 9 de julio de 1947, en acatamiento a los deseos de Cortés, reubicaron los restos en la misma iglesia y colocaron al pie del nicho una placa de bronce con el escudo de armas de Cortés y la siguiente inscripción: «Hernán Cortés. 1485-1547».

En el templo del Hospital de Jesús, hace muchos años, un viejecillo vestido con andrajos, de piel oscura, enjuto, demacrado y consumido, repartía a la entrada, con la mirada clavada, perdida en las baldosas, unos volantes con la siguiente leyenda:

Bienaventurado aquel mexicano que repatríe los restos de Cortés a España, de donde nunca tuvo que salir...

MARTINILLO

Josefa, la Corregidora

LA HEROÍNA DESCONOCIDA

Dígale a la emperatriz que quien es reina de su casa, no puede ser criada en un palacio...

DOÑA JOSEFA ORTIZ DE DOMÍNGUEZ

A Jaime Serra Puche, el coloso constructor
del comercio exterior mexicano

—Josefa, mi vida, ¡no, Josefa!, no, mi amor, no, no, por lo que más quieras, no, no, no...

El antiguo corregidor de Querétaro se desplomó en el piso en un arrebato de llanto sin que sus piernas pudieran sostenerlo. Desvanecido, arrodillado ante el lecho de muerte de su mujer, permaneció perdido entre contagiosos espasmos apretando compulsivamente la mano derecha de su esposa entre las suyas, sin percatarse de cómo, por instantes, aquellos dedos, otrora mágicos, se entumecían, se paralizaban y se contraían empapados por sus lágrimas, sin devolver al menos una leve caricia a su rostro congestionado por el dolor. Se negaba a aceptar la realidad, buscaba enloquecido una explicación tratando de ingresar en la eterna noche de los tiempos, en la que su mujer se perdía para siempre sin proferir ni un postrer lamento. El corregidor luchaba inútilmente por retenerla en el mundo de los vivos. La jalaba hacia sí intentando rescatarla de un vacío del que jamás volvería. Retumbaba en su cabeza una espantosa sensación de vértigo, como quien se precipita en un agujero negro hasta extraviarse en la eternidad. Imposible oponerse a una fuerza superior como la muerte. Nunca nadie había podido con ella. Miguel Domínguez Trujillo tampoco podría vencerla y se rendiría ante la Pálida Blanca tan sólo un año después del fallecimiento de su querida Josefa.

María Josefa Crescencia Ortiz Téllez, mi Corregidora en toda la extensión de la palabra, exhaló un suspiro de alivio, el último, el 2 de marzo de 1829. En ese momento, presa de la desesperación, no me percaté cómo se relajaban las líneas duras de su rostro ni cómo proyectaba gradualmente una expresión de paz a partir del momento en que el Señor decidió llamarla a su lado para descansar el sueño de los justos. Josefa rejuveneció misteriosamente al expirar. Su personalidad generosa, su sentido maternal, su amor por los desposeídos, su comprensión por el dolor ajeno y su sentido de la indulgencia, afloraron en aquel semblante arrugado y cansado por la lucha sin cuartel en contra de la adversidad desde su más remota infancia. En aquel entonces, me encontraba prácticamente ciego, como consecuencia de unas voluminosas cataratas que no me permitían ver siquiera mi mano a tan sólo unos centímetros de distancia de mis ojos también fatigados por comprobar tantas traiciones, episodios sangrientos y descorazonadores, felonías y luchas civiles aviesas que no sólo se representaban en ciudades y pueblos y en el campo del honor, ¡qué va!, sino en el seno mismo de familias como la mía, donde el espíritu insurgente y las fuerzas realistas también libraron combates devastadores. ¿Quién dijo que la lucha por la independencia no se llevó a cabo también en el interior de los mismos hogares mexicanos, entre marido y mujer, como fue mi caso, así como entre padres e hijos o entre los propios hermanos? ¿Quién ha dicho que en las revoluciones al enemigo a vencer no se lo enfrenta también sentado a la mesa, a la hora de la merienda o en la cama o en las estancias familiares, donde supuestamente se reconcilian los seres queridos?

Esa mañana sentí la presencia aterradora de la muerte en la habitación donde agonizaba mi querida Josefa, Jose, mi Jose, quien en los días previos a su fallecimiento, a título de despedida, había perdonado mis agravios con la mano puesta en el corazón, de la misma manera en que yo disculpé los terribles e innumerables momentos vividos como víctima y que, justo es confesarlo, no eran pocos ni irrelevantes. Baste decir que desde la madrugada del 16 de septiembre de 1810, la mañana trágica del Grito de Independencia, hasta ese terrible 1829, mi mujer estuvo presa durante cuatro años interminables, encerrada por meses en conventos o cárceles disfrazadas, sin poder pisar la calle y, en muchas ocasiones, desautorizada a recibir cualquier visita, ni siquiera de alguno de nuestros trece hijos, más dos hijas de mi primer matrimonio y una tercera niña de la que no quiero acordarme, pero de la que daré, sin duda, cuenta y razón en las siguientes páginas. ¿Cómo no suponer el daño familiar, el dolor cotidiano de saber que Josefa, mi mujer, la madre de nuestros vástagos, estaba privada indefinidamente de la libertad por cuestiones políticas? ¿Cómo explicarle esa tragedia a los menores de edad? ¿Cómo justificar su ausencia y evitar el sentimiento de vacío, de pérdida, cuando apenas empieza la infancia y se requiere inequívocamente la insustituible presencia maternal? «¿Y mamá...? ¿Dónde está mamá...?». En la cárcel o en un convento, comoquiera que fuera, pero apartada por la fuerza de nosotros, a quienes más quería y más necesitaba...

Precisamente, cuando Josefa empezó a alucinar sentí sobre mi nuca el helado aliento mefítico del demonio. De golpe despertaron los poros de mi piel. Mi mujer se iba, claro que se iba. Ya no reconocía a nadie. Se quejaba, por momentos, de los años tortuosos vividos o, mejor dicho, padecidos en el Colegio de las Vizcaínas cuando, siendo apenas una escuincla, la obligaban a fregar los pisos con cepillos de cerdas muy gruesas hasta dejarlos relucientes, para evitar las sanciones salvajes de la madre superiora. El daño tan severo sufrido en las rodillas, en la espalda y en las manos después de una interminable jornada de trabajo, sólo podía medirse al tratar de recostarse pesadamente en los catres malolientes instalados en las celdas.

La mañana de su muerte, Josefa deliraba. En ocasiones emitía sonidos guturales sin que sus hijos presentes y algunos de sus cónyuges pudieran entender palabra alguna. Nos cruzábamos miradas en busca de explicaciones, pero cualquier esfuerzo resultaba inútil. Maldecía a las monjas, en realidad meras esclavas, que jamás volverían a salir del convento y morirían obviamente enclaustradas sin percibir remuneración alguna, a cambio de convertirse y mantenerse como esposas del Señor. La amargura devoraría a la larga lo mejor de ellas. A través de castigos inenarrables impuestos por las hermanas de la orden a las alumnas como Josefa, lograban vengar su cautiverio, sus resentimientos y rencores al haber renunciado al amor físico, a la maternidad, a la libertad, a la diversión, a las caricias atrevidas de un hombre, a los besos, al sol, a la luz, a la belleza de la naturaleza, a la lectura indiscriminada de los llamados clásicos. Josefa esto... Josefa aquello... Limpia las letrinas, enjuaga los bacines, lava la ropa, los trastos sucios del refectorio, cambia la ropa de cama orinada y sudada de la abadesa, de la priora o de la rectora; ayer tuvo diarrea con sangre... Josefa, Josefa, Josefa...

Jamás olvidaré la mañana en que conocí a quien sería mi mujer por toda la vida. Yo acostumbraba a caminar los domingos por las calzadas laterales de la Alameda y pasar largos ratos sentado alrededor de cualquiera de las cuatro fuentes instaladas en el parque, leyendo invariablemente a Montesquieu. ¿Cómo olvidar, sobre todo en mi condición de abogado, *El espíritu de las leyes*, por más que este libro estuviera prohibido por la Santa Inquisición? ¡Claro que subrayaba algunas de sus ideas como «Entre menos piensa el hombre, más habla». «Siempre he observado que para triunfar en la vida hay que ser entendido, pero aparecer como tonto.» «La corrupción rara vez comienza en el pueblo.»

La Alameda se había convertido, con el paso del tiempo, en el sitio favorito para el amor. Entre aquellos hermosos jardines aparecían, perdidos entre los fresnos y los coloridos macizos de azaleas, gardenias y azahares, jóvenes y doncellas casaderas, quienes recurrían a elaborados lenguajes para conocerse y acercarse al sexo opuesto, a pesar del implacable acecho de las odiosas y obligatorias chaperonas o de las madres preceptoras que las acompañaban. Un pañuelo en el piso o cayendo graciosamente, como si fuera un descuido, frente al hombre deseado, bastaba para empezar, con la debida delicadeza y educación, el galanteo, la ronda, el enamoramiento, la serenata, hasta la solicitud formal ante los padres de la novia para iniciar el cortejo autorizado que bien podría desembocar en el matrimonio.

En mi carácter de viudo y como padre de dos niñas a mis treinta y cuatro años de edad, no ignoraba que los domingos por la tarde las internas del Colegio de las Vizcaínas paseaban juguetonas por la Alameda. Debo confesar que buscaba una mujer joven, una adolescente, hasta púber, animado por el deseo de rehacer mi vida. Nada podía ganarme más que la candidez e inocencia de una núbil. Cada final de semana las observaba llegar a la misma hora, tiempo después del almuerzo, provenientes de la iglesia de San Francisco, dar una vuelta por el parque, perfectamente bien formadas y tratando de evitar las miradas traviesas de extraños como yo. Sus uniformes grises, impecables y bien planchados, sus zapatos lustrados, sus cabellos intencionalmente alineados, las trenzas tejidas con listones blancos tal vez para destacar su pureza, sorprendían a los paseantes por el orden y el silencio con los que se desplazaban hasta perderse de regreso por la calle de Plateros en dirección a la catedral y llegar oportunamente a la hora del rosario… ¡Cuántas veces Josefa me contó cómo se aburrían hasta las lágrimas ya antes de llegar al segundo misterio!

—Miguel, se nos hacía larguísimo y tedioso tener que estar ahí en actitud devota y recogida durante tanto tiempo, repitiendo, uno tras otro, mil avemarías...

Si bien para aquellas muchachas, jóvenes o niñas estudiantes, los paseos por la Alameda representaban la máxima ilusión después de padecer el terrible enclaustramiento semanal, yo, en cambio, lo agradecía, porque me garantizaba la existencia de una mujer pura, nunca mancillada ni acariciada, la feliz oportunidad de hacerme de una esposa que no contara con más de dieciséis años de edad, tal y como aconteció con Josefa, mi Jose. El comportamiento en el interior de las Vizcaínas debía ser excelente para evitar el encierro en una celda de castigo, precisamente el domingo, el único día de asueto.

En una ocasión, no sé si leía a Diderot o a Voltaire, de repente, un poco mojado por el rocío de una de las fuentes que me empapaba por un veleidoso cambio del viento, levanté la cabeza y di con la mirada inesperada de Josefa, quien de inmediato trató de esquivarme cuando ya era demasiado tarde. De sobra sabía ella cómo le clavaba la mirada tan pronto la distinguía entre el grupo, sin dejar de seguirla ni un solo instante hasta perderla de vista. Cuando una de las compañeras descubrió nuestro secreto intercambio visual y pellizcó a Josefa como una señal de entendimiento entre ellas, advertí la llegada de un premio que me concedía la vida. Ahí estaba una nueva oportunidad. Evidentemente no intenté abordarla, hubiera sido un suicidio, la habrían podido acusar de haber iniciado la provocación. ¡Cuidado! Nada más falso. La semana siguiente se convirtió en una pesadilla para mí. ¿Qué hacer hasta el otro domingo? ¿Siete días? ¿De dónde sacar la paciencia? ¿Esperar? ¡Sí! No tenía otra alternativa. Mis graves responsabilidades como oficial mayor de oficio del virreinato me ayudaron a solventar la carga del tiempo. Si bien mis tareas públicas constituyeron un gran aliciente, estas no impidieron que pudiera diseñar una estrategia para impresionar a mi elegida en nuestro próximo encuentro. Ordené que mi berlina fuera tirada no por dos sino por cuatro corceles negros con las cabezas decoradas con grandes penachos multicolores, además de las bridas de gala. Desde mi coche, sin apearme, acompañaría la breve procesión de las alumnas. Sería muy sencillo identificar a Josefa. Deseaba impresionarla montando un gran boato que me distinguiera, de modo que no tuviera duda alguna de mis intenciones, que se ruborizara ante sus amigas, que mi presencia despertara todo género de comentarios, chismes y rumores que tarde o temprano alcanzarían a la madre superiora. De acuerdo a mis planes, me desplazaría al paso de las jóvenes estudiantes a lo largo de la calle Plateros. Pasaríamos enfrente de la Casa de los Azulejos y, acto seguido, me dirigiría al Colegio de las Vizcaínas para informar a la madre preceptora, con la debida oportunidad, de mis sanas intenciones, para que me permitiera tratar a María Josefa según las reglas de la institución.

Mi estrategia operó a la perfección. Aquel día no tardé en dar con Josefa, quien vestía su uniforme limpio y flamante, aderezado con enaguas almidonadas y calzones de manta blanca, cerrados en los tobillos... «No era bonita; pero tampoco fea.» Se trataba de una mujer blanca, alta, esbelta, de hombros caídos, pecho turgente y amplio, actitud modesta y decorosa al mismo tiempo que elegante, cabellos y ojos negros brillantes y profundos, mirada que pasaba de la ternura a la energía, barba levantada, nariz recta de estatua griega, boca graciosa, abierta a la sonrisa, como a la palabra, brillante dentadura, cejijunta, delgada, bien formada, con un porte, con una verticalidad que haría reclamar varias veces a la madre superiora: «¡Eres estampa de la más insolente altanería!».

Mi influencia en el gobierno virreinal bien pronto se hizo sentir. Con un chasquido de dedos podía disminuir severamente los donativos de los que dependían las Vizcaínas. Obviamente me fue permitido visitarla y tratarla, con el debido consentimiento de Josefa, del capellán del colegio y, por supuesto, de la madre superiora, quien tomándola cariñosamente de la mano, tal vez para halagarme a mí, le dijo a quemarropa en aquel hermoso salón de la rectoría en el que ella ingresó:

—María Josefa, este caballero —me presentó la monja en un tono reverencial— se interesa por ti, quiere tratarte, ha conseguido permiso de la superioridad. ¿Qué dices tú? ¿Accedes a ello?

María Josefa perdió el habla; le temblaban las piernas; creyó caer.

El capellán, tomándola del brazo, con palabras huecas, adujo con ademanes circunspectos:

—Hemos explicado a don Miguel Domínguez, aquí presente, que tu destino en este colegio era consagrarte a Dios Nuestro Señor como supremo esposo, y que sólo con tu plena voluntad volverías al mundo. Eres libre para escoger. Piensa bien lo que dices y resuelve conforme a los dictados de tu fe y de tu conciencia.

María Josefa no podía contestar... Levantó la cara, me miró a los ojos como sólo ella podía hacerlo. Me sentí fulminado por esa mirada franca y certera. Tomó fuerzas de su propia flaqueza y, con voz apenas audible, pronunció la palabra con la que llevaba soñando durante las interminables noches primaverales de 1789.

—¡Sí!

Podría visitarla los sábados en la tarde, invariablemente acompañado de una monja que escuchaba todas nuestras conversaciones. Claro que con el paso del tiempo las monjas fueron corrigiendo los modales de Josefa, sus expresiones, su manera de conducirse, hasta su modo de andar, además de haber disfrutado de inmediato de una mejor celda, de un mejor lugar en el refectorio, abundancia en los alimentos y de haber suprimido muchos trabajos tan humillantes como dolorosos a los que sometían anteriormente a mi ahora ya pretendida.

Josefa tenía un temperamento enigmático. Desde las primeras conversaciones me llamó la atención una fuerza singular, notable a su edad, que aparecía cuando disputábamos algún punto de vista. No cedía fácilmente. A pesar de su escasa información, recurría con imaginación y talento a los más diversos argumentos para refutarme. Advertía en ella una necedad irreverente que no respetaba mi jerarquía política y social. Algo ocultaba aquella chiquilla que me atraía poderosamente. Su notable humildad contrastaba con un sorprendente sentido de la dignidad. Imponerme no sería una tarea sencilla. Acostumbrado a doblegar a las mujeres por tradición, educación, autoridad y respeto, ahora me encontraba de golpe con una damita a la que sería menester convencer o de otra manera jamás me concedería la razón. Su origen no la detenía ni mi poder la impresionaba. Su personalidad constituía un desafío.

Corría el año 1790. Mi posición de abogado y mi puesto público me permitían vivir con excelencia, condición que a mi pretendida no parecía impresionarla como a las demás mujeres de mi entorno. Deseosos de apartarnos de los oídos curiosos de la chaperona, pero sin escapar totalmente de su vista escrutadora, los sábados en la tarde recorríamos, una y otra vez, los once patios interiores del colegio. Mientras le explicaba a mi futura mujer los arcos y las cornisas del hermoso edificio, detalles del estilo churrigueresco, los grandes paramentos recubiertos de tezontle, los contrafuertes de cantera y le hacía saber cómo un grupo de vascos radicados en México había fundado la institución, aprovechaba la ocasión para tocarla colocando mi mano sobre su hombro señalando, por ejemplo, una magnífica estatua de san Ignacio de Loyola, el fundador de la Compañía de Jesús. Ella no protestaba ni insinuaba siquiera el menor malestar. En otro momento, sentados en los contornos de una fuente instalada en el patio central, ponía mis dedos sobre su antebrazo, para advertir cómo un grupo de chiquillas traviesas, tal vez sus mejores amigas, nos miraban a través de las rejas de las arcadas del segundo piso a sabiendas de que yo la cortejaba. Percibía en ellas una mezcla de placer, pudor y vergüenza, mientras yo utilizaba el menor pretexto para tocar a Josefa en la rodilla, en las manos, a la hora de retirar de su pelo cualquier basurita o alineárselo. Josefa lo consentía y hasta lo propiciaba, en tanto me excitaba. Una chiquilla tan joven y tierna bien pronto sería mía: que si lo sabía yo...

En una ocasión, cuando rezábamos arrodillados en el templo del colegio y mientras ella, cabizbaja, elevaba sus plegarias y yo admiraba los cinco retablos dorados y el espléndido órgano del que saldrían notas celestiales —¿podríamos casarnos ahí mismo?, ¿lo autorizarían las monjas?—, crucé mis brazos humillando mi cabeza sobre el reclinatorio para tomar a escondidas la mano de Josefa que se encontraba cubierta por una mantilla sevillana de color negro. Acaricié sus dedos sin voltear a verla. Ella no los retiró. La señal esperada se dio como si la inmensidad de la bóveda celeste estallara con unos fuegos artificiales de miles de colores. Una y otra vez acaricié con las yemas de mis dedos su piel núbil. ¡Cuánto placer disfruté con tal sólo imaginar que yo era el primer hombre en su existencia! La supe mía. Lo demás, al tiempo...

Durante nuestras conversaciones, a las que yo nunca llegaba con las manos vacías —invariablemente le llevaba un regalo para despertar la admiración y la envidia de sus amigas de modo que aquilataran, a la distancia, mi personalidad económica y envidiaran a mi pretendida acercándola a mí aún más—, Josefa me contó su vida. ¿Qué tanto podía revelarme si su efímera existencia apenas se reducía a dieciséis años? Mi sorpresa fue mayúscula.

Su padre, Juan José Ortiz Vázquez, un inmigrante español originario de Vizcaya, venido a la Nueva España a cazar fortuna, había contraído nupcias con doña Manuela Téllez Girón en el convento de Santa Teresa, la Antigua. La suerte adversa le había arrebatado a su mujer cuatro años después del nacimiento y bautizo de su única hija, María Josefa Crescencia. Enfermo, viudo y sin fortuna arrastró durante diez años una existencia miserable y de privaciones hasta sucumbir en la ciudad de México, dejando a la pequeña Josefa en la más horrenda orfandad en 1784... Las manos piadosas de su media hermana, doña María Sotero Ortiz de Escobar, hija del primer matrimonio de su padre con doña Manuela Paredes, la ayudaron a sobrevivir durante sus primeros doce años de existencia, hasta verse obligada a entregarla por incapacidad económica al único lugar en el que podía llegar a tener cabida: un orfanato, en este caso el del Colegio de las Vizcaínas, en el que desde 1785 había pagado parte de su albergue, además de con ayudas de familiares y amigos, fregando pisos, ayudando a la cocina, haciendo labores domésticas y aprendiendo rudimentarios menesteres como lavar, planchar, cocinar, coser, tejer, bordar, leer y escribir, siempre y cuando su quehacer estuviera desvinculado de la cultura. Lo importante era recibir una educación monástica con la perspectiva de llegar a ser una monja modelo, la esposa ideal del Señor...

La rigidez de la escuela, las estrictas normas monásticas, las reiteradas órdenes para someterse a las instrucciones de las superioras sin mediar explicación alguna, los trabajos humillantes, la disciplina militar, las incomodidades obligatorias, el dolor imprescindible para congraciarse con Dios, orillaron a Josefa a abandonar la institución un año después, sólo para regresar al sagrado recinto al cumplir los dieciséis años de edad, momento en el que, un par de meses después, tuve la fortuna de conocerla en la Alameda, y digo fortuna, muy a pesar de los terribles episodios que viví a su lado y a título del balance final de nuestra relación. ¡Claro que muchas veces llegué a maldecirla y a lamentarme de mi existencia! ¡Evidentemente que vivimos días, meses y hasta años maravillosos!, pero lo anterior, sin olvidar que terminamos innumerables discusiones a gritos y a sonoros portazos que habrá escuchado toda la vecindad antes y después de nuestra estancia en Querétaro. ¡Fue cierto, sí, sí, lo fue, muchas veces tuve que encerrarla a empujones y bajo llave para que no continuara cometiendo locuras que complicaban mi carrera política, comprometían a nuestra familia y amenazaban su propia libertad! ¡Por supuesto que no puedo ignorar la ocasión en que me fue infiel, para ya ni recordar los terribles enfrentamientos que padecimos por nuestras irreconciliables diferencias políticas! ¡Imposible dejar en el tintero la cantidad de veces que levanté la mano para golpearla y, sin embargo, desistí en los últimos instantes: ella jamás me lo hubiera perdonado ni yo tampoco! Sí, de acuerdo pero, a pesar de todo, volvería a contraer nupcias con ella y engendraría trece o más hijos, todos los que el Señor dispusiera...

Dos pérdidas muy tempranas y significativas, además de circunstancias ciertamente difíciles, afectaron severamente la personalidad de Josefa: una, la de su madre, a los cuatro años de edad, y la otra, la de su padre, al cumplir los diez. Después, las privaciones materiales, la ausencia de afectos, la sensación de soledad, la perenne incomprensión, la necesidad inevitable de hacerse valer por sí misma, de explicarse su realidad y contestársela en el desamparo, los interminables accesos de llanto durante las noches de luna llena inmóvil, el enfrentamiento violento con la desigualdad a pesar de ser ella hija de español y, por ende, criolla, el dolor al sufrir los horrores de la discriminación, el pavoroso sentimiento de abuso y de indefensión al ser menor de edad y para colmo mujer, fueron tejiendo, con hilo muy grueso, una personalidad recia, firme, tenaz, y sobre todo necia, obstinada, testaruda, empecinada y obcecada hasta que no se le demostrara una razón superior. Todo ese conjunto de agresiones hicieron de Josefa, por un lado, una mujer generosa con los desposeídos, quienes, como ella, no habían tenido el privilegio de nacer en sábanas de seda ni en el interior de palacios ni de ser retratados de niños en telas al óleo con sus perros favoritos; por el otro, la convirtieron en una persona ruda, empecinada y feroz con quienes identificaba como los responsables de alguna injusticia social.

Bastaba una orden, según ella improcedente o injustificada, para que exigiera explicaciones convincentes, justificaciones, a pesar de su tierna edad. Siempre un por qué, por qué, por qué... El adulto encargado de su educación, a falta de argumentos, bien podía recurrir a un jalón de trenzas o de orejas o hasta la reclusión en las celdas de castigo, con tal de reprimir a esta mocosa rebelde, capaz de desquiciar hasta a la Santísima Trinidad. Se cansó de escuchar en la más absoluta inmovilidad y de acudir a los llamados de su padre, sólo porque la irritaba el tono de intolerancia y de impaciencia con que se dirigía a ella. «Háblame bien o no voy...». Si algo podía desquiciar a Josefa era la conclusión de una discusión con un «¡A callar!, cuando seas madre decidirás si das o no razones: por lo pronto a obedecer...». Obedecer era una palabra prohibida en el léxico de la Corregidora, como justificadamente decidió llamarla y apodarla el querido pueblo de México, apelativo que espero no se pierda con el paso del tiempo y que, por el contrario, se aquilate con el peso de la historia.

¿Por qué los niños prietos comen con tortillas y no usan cubiertos? ¿Por qué no tienen zapatos ni huaraches? ¿Dónde duermen? ¿Por qué no vienen a la escuela con nosotras? ¿Por qué no saben leer? ¿Por qué nos miran tan raro y nos ceden el paso cuando nos cruzamos en la calle? ¿Por qué todos los maltratan? ¿Por qué no tienen ropa limpia y planchada como la de mi escuela y por qué huelen tan mal? ¿Tienen prohibido bañarse? ¿Por qué el letrero ese tan feo que está colgado en las Vizcaínas: «En esta noble institución no se aceptan indias, negras, mulatas o mestizas»? ¿Por qué me dicen en el colegio que todos somos iguales ante Dios y aquí en la Tierra somos tratados de manera diferente? ¿No se enojará Dios? ¿Por qué hay servidumbre y esclavitud? ¿Es cierto que hay esclavos que son propiedad de una persona y que los torturan, los golpean y hasta los matan? ¿No les importa el dolor humano, la piedad ni la caridad como nos enseñan las monjas? ¿Hay dos mundos? Dime, dime, ¿por qué las diferencias? ¿Por qué no entiendo las palabras que pronuncian los indios? ¿Qué tiene que ver el color de su piel? Por qué, por qué, por qué...

Concluyó felizmente el año de 1789 y entramos a marchas forzadas a 1790 sin que se presentara la dorada oportunidad de estar a solas con Josefa. Los días pasaban y esperábamos con singular deleite los sábados en la tarde. Ideábamos mil y una maniobras para librarnos de la odiosa chaperona que preguntaba más que un oficial encargado de las aduanas. Viajé a España para atender asuntos propios de mi encargo público y soñé, ya desde Veracruz, con mi futura mujer. ¿Acaso no podría tenerla a mi disposición hasta que contrajéramos nupcias? Las últimas semanas de aquel año volví de Madrid con las manos llenas de obsequios para mi amada. Nuestras cartas no podían ser más prudentes ni cuidadosas puesto que no escapaba a nuestra atención la censura inquisitorial que se cernía sobre cualquier habitante de la Nueva España. Nosotros no éramos —no podíamos serlo— una excepción.

La oportunidad llegó en el momento más inesperado. El día de la Inmaculada Concepción, el 8 de diciembre de 1791, las monjas de las Vizcaínas organizaron una gran fiesta con cohetes, brujas, juegos de resbaladillas, volantines, sube y baja, gallina ciega, carreras en costales para transportar granos, competencia de machincuepas, cometas, lotería, entre otros más, sin olvidar los tacos, las garnachas, las memelas y los tamales servidos con agua de chía y de horchata ni los tarros de café con piloncillo con los que se obsequiaba el paladar exclusivamente de los adultos. En medio de la algarabía, Josefa me pidió subir a su salón de clases para que lo conociera y me sentara en el pupitre desde el que recibía las lecciones de caligrafía para aprender a «escribir como correspondía a una alta dama de sociedad», según el papel que la vida le tenía asignado a mi lado.

—¿Pero no está prohibido que las niñas aprendan a escribir con tal de impedir cualquier tipo de comunicación con sus pretendientes? —interrumpí a Josefa, sin ocultar mi sorpresa.

—Cuando ingresé a las Vizcaínas yo ya sabía leer y escribir, Miguel —repuso Josefa, llamándome cariñosamente por mi nombre—, mi padre y mi hermana me enseñaron a hacerlo: es más, mi solicitud para ingresar al colegio la redacté de mi puño y letra. Está firmada por mí, compruébalo tú mismo en los archivos.

—No tengo nada qué comprobar, Josefa, me basta y me sobra tu palabra. Tienes una gran ventaja sobre otras muchas mujeres aun mayores que tú. Tendrás acceso a los grandes escritores y al mundo fantástico de las ideas.

—¿Y tú me llevarás de la mano por el laberinto para no perderme jamás?

«¡Cuenta con ello, amor!», iba yo a decir cuando me abstuve de cualquier precipitación:

—¡Cuenta con ello, Josefa! Lo verás y comprobarás en su momento…

Su inocencia le impidió advertir la cantidad de fantasías que había despertado en mí el hecho de que me invitara a su salón de clases. Accedí de inmediato, gustoso, reprimiendo mi deseo instintivo de tomarla de la mano y seguirla hasta las aulas. Adopté las precauciones del caso ante la posibilidad de ser seguido por nuestra eterna chaperona, la madre Socorro, quien supongo por sus actitudes cerriles, nunca fue tocada por varón alguno. La madre superiora no sólo no opuso resistencia alguna a mi petición, sino que nos bendijo con un «vayan con Dios» que me llenó el alma de calor. Adiós, Socorro, adiós, en toda la acepción de la palabra…

Al entrar en el salón de clases, Josefa me pidió que ocupara su lugar como si yo fuera el alumno, en tanto ella tomaría el papel de maestra, el de la madre Dolores. Jugamos por unos instantes a contestar preguntas de ortografía elemental. Obtuve las mejores calificaciones. Entonamos las canciones que ella interpretaba a media mañana, antes de los rezos. Fui interrumpido y castigado entre carcajadas en varias ocasiones, por no haber aprendido la letra e incumplir con los deberes. Me riñó en diferentes momentos por la manera como tomaba la plumilla y la remojaba con la tinta, pareciéndome a un iletrado. El tiempo pasaba y nuestra estancia en el salón de clases podía parecer sospechosa. Decidí entonces abandonar los juegos, ponerme de pie y dirigirme hacia ella sin retirar la mirada de su rostro candoroso. No podía desaprovechar la dorada oportunidad. Mientras la «profesora» hablaba y hablaba, sentada tras un pequeño escritorio, la tomé sin más de la mano. Con un ligero tirón le hice entender mis deseos de que se levantara y me siguiera hasta llegar a la puerta que carecía de pestillo. Como la estancia ostentaba ventanas que daban a la calle para obtener la máxima luminosidad, decidí recargarme contra la puerta con todo el peso de mi cuerpo para impedir el paso de cualquier intruso. De inmediato jalé de ella con el propósito de abrazarla por primera vez en nuestras vidas. Josefa se resistió instintivamente. No habíamos entrado a su salón para eso...

Como no quise atraerla contra su voluntad, pensé en otra estrategia de abordaje. Como si se tratara de un cáliz sagrado, sostuve entre mis manos su rostro nacarado, muy a pesar de que su abuela Isabel había sido morisca, y su bisabuela, negra. Sin dejar de mirarla, arreglé delicadamente una parte de su cabello en tanto me acercaba para besarla. Si se hubiera retirado abruptamente habría perdido una batalla muy importante. Sin embargo, no podía dejar de hacer mi mejor intento. En el fondo yo no ignoraba que buena parte de su actitud respondía a su deseo de huir de la escuela a cualquier precio. Yo era su salvación. Si me rechazaba tendría que enfrentar los horrores de las celdas de castigo, la misma comida asquerosa y la reclusión forzosa. Era una realidad, como también lo era la indudable atracción que ella sentía por mí. Rechazarme era tanto como tirar todo por la borda o al menos diferirlo quién sabe cuándo en el tiempo. ¿Cómo viviría yo el desaire?

Sabía que ante un jovenzuelo de su edad, la emoción sería igualmente intensa y que tendrían mucho más tiempo para los escarceos y el romanticismo. Lo nuestro tendría que ser más rápido ante la imposibilidad de estar más tiempo solos. ¿Era un ahora o nunca?

¡No! Pero quién sabe qué podría suceder en el futuro. De modo que subí mis manos sin dejar de rozar sus mejillas hasta tomar su cabeza rodeándola con mis dedos. La tenía. Josefa temblaba, por lo que decidió cerrar sus ojos para dejarme hacer a placer. Aceptó, como me lo confesaría más tarde, que no habría otra oportunidad como aquella. Tenía que vencerse, poder con ella misma, atreverse sobre la base de que nunca había sido besada por hombre alguno. La experiencia debería ser estremecedora. Se requería de audacia. Ella la tenía o tendría que inventarla. La inventaría. La inventó. Cuando por fin posé mis labios sobre los suyos sentí que se retiraba sutilmente, tal vez como consecuencia de un estremecimiento pasajero. Sin embargo, se mantuvo erguida con las manos cruzadas sobre su vientre. Insistí con una mayor intención. Ejercí una mayor presión sobre su boca en tanto ella la endurecía y permanecía inmóvil. Mía era la iniciativa, mía era la responsabilidad si de repente entraba sor Socorro, una mocha fanática impresentable y asexuada, un ser desprovisto de la menor vibración salvo las producidas por la envidia y el recelo.

Coloqué entonces mis pulgares delicadamente sobre sus párpados cerrados. Entre beso y beso le pedí que aflojara los labios, que no se retirara cuando se los humedeciera con mi lengua, que me abrazara, que se acercara a mí, que se tocaran nuestros cuerpos, que me tomara como su maestro ahora que estábamos en el salón de clases, que nos consagráramos como hombre y mujer. La respuesta no se hizo esperar. Lentamente se colgó de mi cuello y cuando la sentí indefensa, la atraje con la debida fortaleza hacia mí para estrecharla con la fuerza del macho, deseoso de que conociera mi poder indiscutible. Al descubrirlo y sentirlo a su máxima expresión se retiró, negó con la cabeza sin dejar de besarme, se resistía consciente de su destino por lo abrupto de nuestra relación, pero gradualmente se doblegó en tanto yo metía mis manos por debajo de su enaguas para jalarla de las nalgas hasta fundirnos en un intercambio sediento de besos insaciables de los que parecíamos ya no poder salir con vida. Unas voces al fondo del pasillo nos obligaron a recuperar la razón…

Mientras todo esto acontecía, la historia estaba por revelar lo que algunos años antes había empezado a escribirse, escogía personajes al azar y los colocaba caprichosamente sobre un tablero de ajedrez sin saber con precisión el papel que desempeñarían en el futuro. Todos arriba: caballos, torres, alfiles, reyes y reinas, arriba, todos arriba…

Así, en la segunda mitad del siglo XVIII, nacen, uno a uno, los protagonistas que estarían por cambiar la geografía política de México y del mundo. En 1753 coincide el surgimiento de la imponente figura de Miguel Gregorio Antonio Ignacio Hidalgo y Costilla Gallaga Mondarte Villaseñor, con la de su feroz enemigo y verdugo, Félix María Calleja del Rey Bruder Losada Campaño y Montero de Espinosa. En 1765 llega a este mundo con los ojos bien abiertos, don José María Teclo Morelos Pérez y Pavón y, en 1766, Francisco Ignacio Elizondo Villarreal, el gran traidor; en 1767 aparece don Matías Monteagudo; en 1769, un año crítico, emergen Napoleón I Bonaparte, el emperador de los franceses, además de Ignacio María de Allende y Unzaga, de triste recuerdo para mí, acompañado de otro formidable insurgente: el gran Ignacio Aldama; en 1773, nace Ignacio López Rayón; en 1783, Agustín Cosme Damián de Iturbide y Arámburu o Agustín I de México, para concluir con Fernando VII de Borbón, nacido en San Lorenzo de El Escorial, el 14 de octubre de 1784. Espero tener tiempo, aun cuando breve, para describir la importancia o influencia que cada uno de ellos ejerció en la historia de México. Y digo que espero tener tiempo no sólo porque las fuerzas me van abandonando por el peso de los años, sino porque me veo obligado a escribir con la cabeza adherida al escritorio y los ojos pegados al papel en la inteligencia de que las cataratas me nublan por minutos la visión y, como es claro, no puedo dictarle a nadie estas confesiones que de llegar a concluirlas, las guardaré celosamente en el viejo cartapacio heredado de mi abuelo y que deberá ser abierto quince años después de mi muerte, próxima, muy próxima, por cierto, según escucho cómo la helada calaca afila la guadaña entre sonrisas sardónicas y chirridos de horror.

Claro que podría contar en los siguientes párrafos cómo en 1790, mientras yo cortejaba a Josefa, Miguel Hidalgo y Costilla era nombrado rector del colegio nicolaíta. ¿Por qué no recordar también en este breve espacio cómo Abad y Queipo, de claras ideas liberales y lector fervoroso de los enciclopedistas franceses que tanto Hidalgo y él mismo leían juntos a hurtadillas, fue el mismo obispo traidor que excomulgó a quien después sería el líder de la independencia, a pesar de sus coincidencias ideológicas?

Hidalgo era un gran teólogo, un extraordinario filósofo, además de empresario exitoso, ávido lector, alegre y vivaz, bailador y andarín, buen jinete y montador de becerros, cazador empedernido, memorista notable dotado de un magnífico buen humor y, sobre todo, interesado en hacer frecuentes visitas a los pueblos cercanos, para trabar conocimiento con hombres y pueblos nuevos. Por si lo anterior no fuera suficiente, para redondear su personalidad, era torero y actor, devorador de lecturas peligrosas, libertino, seductor de mujeres, jugador de naipes, sin olvidar que, en sus pláticas con los fieles, aparte de otras frases impías, afirmaba que Gregorio VII, aunque canonizado, estaba en los infiernos...

Sin embargo, el pícaro cura Hidalgo sufriría en 1792 un severo golpe que lo derrocaría de la rectoría del colegio nicolaíta. El impacto fue tan demoledor que no sólo fue removido de su alto cargo, sino que fue desterrado de Valladolid por pervertido y violador de los divinos mandamientos. Las acusaciones consistían, primero, en tener relaciones con Manuela Ramos Pichardo y engendrar con ella dos hijos; segunda, haberse vuelto arrogante y pretencioso; y tercera, haberse ganado demasiados admiradores.

> En cuanto a lo primero, se ha visto su silueta salir clandestinamente de los claustros nicolaítas, deslizarse en la noche por las calles desiertas y desaparecer en una casa de los alrededores, envuelta por las sombras. Sus idas y venidas están registradas. La casa, localizada. La mujer identificada. Por lo que toca a lo segundo, su innegable sabiduría lo ha hecho vanidoso. Su seguridad en sí mismo y sus vastos conocimientos los utiliza para burlarse de los demás y reír a costa de su ignorancia. Ha llegado, como Luzbel, a tener más ciencia que conciencia. Y, por último, el control espiritual que ejerce en el cuerpo académico no sólo de San Nicolás, sino también del Seminario, así como entre los miembros del clero y en la sociedad misma, es incompatible con los intereses de la Mitra, cuyo pastor es el único que debe ejercer esta guía espiritual.[7]

Pero ahora sólo quiero recordar a mi adorada Jose y cómo un domingo por la mañana, el 6 de enero de 1791, Día de Reyes, previas las autorizaciones del caso, pasé en mi berlina de lujo por Josefa a las

[7] Herrera, 1995: 120.

Vizcaínas con la idea de llevarla a un ágape servido en honor de los herederos de los condes de Santiago de Calimaya en la Hacienda de los Morales, al poniente de la ciudad de México. Durante nuestras entrevistas sabatinas habíamos tramado un plan para deshacernos de sor Socorro de modo que fuera creíble nuestra estrategia, de esta suerte ya no nos sería difícil burlar a la chaperona que bien pudo haber enloquecido por incumplir con las estrictas instrucciones vertidas por la superioridad. Entre risotadas de complicidad y a sabiendas de lo que implicaba escapar de la atenta mirada de aguilucho de la monja, procedimos a ejecutar nuestra maniobra con absoluta falta de pericia y una gran dosis de audacia. Yo, el oficial mayor de oficio del virreinato, un hombre respetable y austero, sometido escrupulosamente a las reglas y a las leyes de la sociedad y del Estado, hacía travesuras como un chiquillo, de esas que justifican una vida…

Josefa y yo recorrimos vastas extensiones sembradas con frijol y trigo en abundancia, tierras decoradas por el paisaje que forman los cactus y nopales en los cerros, mezquites y huizaches en los campos, y los álamos, introducidos por los europeos, en paralelas formaciones que flanquean las entradas de las haciendas y los caminos vecinales. Tan pronto cruzamos el enorme portón de la entrada y los mayordomos de los condes, vestidos con elegantes libreas de seda cárdeno oscuro, camisas con brocados belgas, tricornios negros emplumados y oscuros zapatos de charol, nos ayudaron a descender de la berlina, entramos al salón de recepción, en cuyo interior fuimos debidamente anunciados con tres sonoros golpes en el piso asestados por el ayudante de cámara con un pesado báculo de plata. Acto seguido, nos perdimos en la muchedumbre, seguidos obviamente por sor Socorro. Cuando se abrió un enorme espacio para bailar me declaré indispuesto y me dirigí a los jardines perfumados con flores de azahar, nuestros famosos hueledenoche, a respirar aire fresco. Una urgencia repentina que Josefa tenía que satisfacer en los aseos la obligó a ausentarse por unos momentos, después de los cuales yo me presenté para inquirir inmediatamente por su suerte. Como no se presentaba, decidí ir a buscarla de inmediato, confundiéndome con los invitados de modo que la monja no pudiera seguir mi paso y pudiera extraviarme en medio del ágape. Por supuesto que fui de inmediato a mi carruaje en el que ya me esperaba mi doncella con las manos heladas. Ambos conocíamos nuestra suerte y juntos habíamos resuelto abrazarla.

Momentos después nos apeamos frente a una hostería muy cercana conocida como Las Mercedes, famosa por los tamales de pescado que servían con salsa de chipotles y frijoles de la olla. Josefa se ajustó el sombrero y subimos precipitadamente al segundo piso huyendo de la mirada de los comensales y del recepcionista, un viejo conocido mío que me garantizaba la debida discreción. Desconozco si Josefa deseaba decirme algo mientras se descubría la cabeza arrojando sobre la cama, entre tímidas sonrisas, el güito decorado con holanes bordados que yo le había comprado en una tienda ubicada tras las arcadas en la Plaza de Armas. Era mi momento. La tomé por la cara, la sujeté con frágil fortaleza y la besé arrebatadamente, de la misma forma en que lo había hecho en su salón de clases hasta el instante en que escuchamos aquellas voces que nos llamaron a hacer uso de la razón. Aquí ya no cabían razones ni argumentos ni palabras ni pretextos: el único lenguaje posible era el de la carne, el de los cuerpos, el de las humedades, sudores y respiraciones entrecortadas; el de los labios, el de las manos, el de los sexos reunidos hasta el infinito, el de los lamentos, los monosílabos, los ayes, los cuidado, los espera, los me duele, pero sigue, los mi vida, mi amor, mi razón de ser, los no pares, sigue, Miguel, Miguel, ¿qué siento? ¡Ay! Miguel, me estremezco, me muero, más, mi hombre, ven, ven...

El vestido que le obsequié para semejante gala en la Hacienda de los Morales lo escogí tomando en cuenta que los nudos fueran fáciles de deshacer y que los botones pudieran abrirse rápidamente. ¡Por supuesto que yo no tenía dedos de doncella para privarla de la prenda en cuestión de segundos ni contábamos con el tiempo necesario para llevar a cabo tan compleja operación! Procedí sin violencia alguna, sin pausas; besaba a Josefa mientras le quitaba el vestido con la misma ilusión que un chamaco recibe un regalo envuelto en una bolsa y sólo desea romper la envoltura sin guardar las formas ni el protocolo, para encontrarse de pronto con una caja y otra más que necesita abrir para llegar al juguete deseado que tomará gozoso y hechizado entre sus manos.

Tuve esa sensación cuando finalmente el vestido cayó a los pies de Josefa sólo para dar con una densa crinolina y un corpiño, los peores enemigos de las sensaciones corporales. Hice girar a Josefa para desprenderla, puesta de espaldas, hasta del último bastión de su pudor. Así, sentado en la cama, hice deslizar sus bragas hasta tenerla completamente desnuda delante de mí. ¡Qué nalgas, Dios mío! Apiádate de mí, Señor, que soy un humilde pecador, el más modesto, respetuoso, sencillo, llano, sumiso, dócil y obediente de tus hijos. ¿Estas nalgas son las que deben entenderse como piedad, clemencia o misericordia? Mientras ella se cubría los senos con los brazos cruzados sobre el pecho, yo besaba sus nalgas recorriéndolas con mi lengua húmeda. Las mordí, me perdí en ellas sin percatarme de que Josefa permanecía de pie, inmóvil, parada en el centro de sus ropas tiradas sobre el piso como si fuera el pistilo de una enorme flor que me correspondía desvirgar de una buena vez por todas. Al hacerla girar y contemplarla con detenimiento, una vez bajados sus brazos con la debida dulzura y hechizarme con aquellos senos núbiles jamás mancillados, la recorrí de arriba abajo con las yemas de mis dedos, acaso tocándola hasta caer de rodillas ante aquella diosa mexicana que contemplé como se reza a Dios en los altares, con la vista clavada en la inmensidad del infinito, en el que me perdí lentamente sin volver a salir jamás. Entré, entré lentamente, conteniendo mis ímpetus devoradores. Hacía breves pausas acatando sus súplicas. Respetaba sus deseos haciendo esfuerzos enormes. Me detenía, me mordía los labios, respiraba, sudaba abundantemente, pero eso sí, hasta el límite de mis capacidades me contenía, me detenía con tal de hacer de ese momento un día inolvidable y no arruinar una vida por una precipitación imperdonable. Avancé y avancé despacio, muy despacio, paso a paso, como quien se pierde para siempre en un laberinto lleno de flores, capullos perfumados cuajados de rocío con el tierno sabor del tiempo... ¡Ay, Josefa, Jose, mi Jose...!

Cuando salimos precipitadamente de la hostería advertí un cambio de actitud en Josefa. No hablaba. No reía. No suspiraba como lo había hecho con anterioridad. Tampoco me contestaba ni me tomaba de la mano. Tal vez se sentía culpable por haber incumplido una promesa, un voto hecho ante la virgen. ¿Se sentiría ultrajada y traicionada? Lloraba sin que yo pudiera consolarla. Imposible llegar en semejantes condiciones ante la presencia de sor Socorro. Las normas morales, la educación recibida, los juramentos hechos de rodillas para salvar a cualquier costo la virginidad, el haber entregado sin compromiso previo un tesoro tan bien guardado y custodiado por las mujeres y peor aún, sin haber recibido las debidas bendiciones celestiales, los santos sacramentos del matrimonio administrados por un pastor de la Iglesia, la sepultaban en la más profunda culpa. ¿Cómo confesarle los hechos a nadie? Sería expulsada de la escuela y de la sociedad que la juzgaría, además, con adjetivos altisonantes. ¿Se arrepentía?

—¿Te arrepientes...?

Enjugándose las lágrimas repuso:

—¿Y si me abandonas ahora? Nadie me querrá en el futuro. Si he estado sola en mi vida, más sola voy a estar si me expulsan de la escuela y mi hermana me larga de la casa.

—No te tortures de esa manera. No te dejaré.

—¿Te casarás conmigo para protegerme?

—Lo haré. Te haré la mujer más feliz de la tierra.

—¿Sabes lo que significó para mí entregarme?

—Lo sé y lo entiendo como un acto de amor que sabré corresponder como un caballero en tiempo y forma.

—¿Como un caballero y como un marido enamorado...?

—Como un caballero y como un marido enamorado —repuse a mi vez rodeando sus manos con las mías.

Una vez convencida y sabedora de que comenzaba un nuevo capítulo en su existencia, se arregló los cabellos, Josefa se dio un par de toques de carmín en el rostro y en los labios, se ajustó el vestido, particularmente el escote y el sombrero, me preguntó cómo lucía y una vez obtenida mi respuesta aprobatoria, me obsequió una sonrisa iluminada; el fiel reflejo del futuro que ella imaginaba o soñaba a mi lado. Yo, por mi parte, la contemplaba extasiado.

De regreso al ágape, Josefa preguntó a sor Socorro por mi paradero. Rabiosa adujo ignorarlo.

—¿Dónde andabas, endemoniada chamaca? Dios me ampare por hablar así —exclamó sor Socorro santiguándose.

—Me dio un vahído y la condesa me facilitó su salón de descanso para recuperarme.

—Vahído le va a dar a la madre superiora cuando le informe que te perdí.

—No, madre, vahído nos va a dar a las dos si no podemos regresar a tiempo a la escuela porque no aparece don Miguel. ¿Dónde está?

Al poco tiempo me apersoné desquiciado por el coraje, echando manos de mis mejores cualidades histriónicas. Después de llamarle la atención a Josefa y de que ella escondiera un par de sonrisas sardónicas, emprendimos el feliz regreso a las Vizcaínas.

Razones emanadas de mi alto encargo público me impidieron

hacer presencia como cada sábado en el colegio. Dejé de asistir un par de meses; sin embargo, le mandaba a Josefa comunicaciones lacradas en las que refrendaba las seguridades de mi afecto en el lenguaje más camuflado posible. En aquel entonces, yo ignoraba que la regla del mes de enero ya no se había presentado como igualmente había acontecido con las de febrero y marzo. ¡Y yo tan ocupado y ajeno a los acontecimientos! Que la cintura de Josefa crecía por instantes, que vomitaba, que se mareaba, que no podía conciliar el sueño, que lloraba por cuestiones insignificantes, que ostentaba un rostro macilento, que había perdido toda la energía, que no podía levantarse de la cama, ni lo deseaba, que estaba eternamente fatigada y deseosa de dormir todo el tiempo que fuera posible, que sus humores cambiaban a cada momento, que ningún doctor acertaba en el diagnóstico, que había decidido ya no recibir la visita de ningún otro galeno y que si Dios, nuestro Señor, había decidido llamarla a su lado, ella no opondría resistencia alguna. Estaba dispuesta a morir en paz. Nada, absolutamente nada me informaba Josefa de esta situación, es más, ni siquiera contestaba mis misivas, hasta que decidí ir personalmente a la escuela en busca de respuestas. ¿Qué querría decir tanto silencio?

A mi pregunta concreta, la madre superiora, sorprendida por mi ignorancia de los acontecimientos, simplemente me extendió el reporte que había llenado el capellán de la escuela:

> En los primeros meses del año de 1791… presenta una comunicación a la Mesa de Nuestra Señora de Aránzazu, su media hermana María Sotero Ortiz viuda de Escobar, en la que manifiesta que por haberse enfermado su hermana y ya no querer estar en el Colegio, solicita le permitan volver con ella sin regreso… La mesa concedió la licencia. En 30 de marzo de 1791.[8]

—¿Y por qué no me buscó?

—Sólo Dios lo sabe —contestaron a coro la madre y el capellán.

Salí precipitadamente de las Vizcaínas en busca de Josefa. Me reprochaba haberla descuidado durante tanto tiempo. Pero, ¿por qué ella no me lo había reclamado? ¡Cuánta arrogancia! ¡Cuánta soberbia! ¿Qué le habría pasado para tomar una decisión tan radi-

[8] Agraz, 1992: 36.

cal y explosiva? ¿Así era ella de volcánica e impredecible? ¡Claro que no había abandonado la escuela por enfermedad alguna! ¡Por supuesto que no estaba enferma, de sobra lo intuí al salir de la escuela! Dos personas sabían la verdad a la perfección: María Sotero, su hermana y, por supuesto Josefa, quien, desde luego, estaba embarazada de casi tres meses. No pasé mayores apuros para localizar a mi amada. Se negaba a recibirme. No quería saber de mí. Ella creía haber confirmado sus sospechas de que sería traicionada la mañana misma del Día de Reyes.

Nuestro encuentro fue tan desafortunado como brutal cuando, violando todas las reglas, me introduje en su habitación sin recabar permiso alguno. Mi enfrentamiento con la realidad no pudo ser más desastroso. Efectivamente, Josefa había renunciado a las Vizcaínas cuando empezó a faltarle la regla. Sin duda alguna estaba preñada, pero la Madre Naturaleza había dicho la última palabra y, mientras dormía, ya en casa de su hermana, el cuerpo de Josefa decidió, sin consecuencia alguna y por ninguna razón explicable, cancelar la germinación, el producto de nuestro amor. Había acontecido esa misma semana y por ello todavía guardaba cama. La culpa me devoraba. Reconocí mi error. Invoqué el perdón, supliqué la indulgencia y la absolución. Juré de rodillas en su lecho que jamás la abandonaría, que la cuidaría, que la atendería y vería por ella antes que a mis ojos o a mi vida.

—Me equivoqué, Josefa, me equivoqué, perdón, perdón, perdón...

Cuando sentí la presencia de su mano acariciando mi cabellera me reconcilié con la existencia que, generosa, me concedía una nueva oportunidad. Nuestras relaciones continuaron entonces con la debida normalidad ya sin el asfixiante acoso de sor Socorro. Pasada la obligatoria cuarentena vivimos un auténtico romance en libertad. Hacíamos el amor, nos besábamos, nos acariciábamos, nos entregábamos el uno a la otra en cuanto albergue, hostería, mesón o posada se aparecieran en nuestro camino. En ocasiones nos escapábamos hasta el campo mismo, a San Agustín de las Cuevas, una zona que posteriormente sería conocida como Tlalpan, cerca del pueblo de Xochimilco, donde había manantiales y ojos de agua en los que retozábamos a placer hasta que, creo que el 16 de julio de ese 1791, el mismísimo día de la virgen del Carmen, Josefa volvió a quedar embarazada. Por lo pronto decidimos dejar pasar el tiempo y nos abstuvimos de casarnos aun cuando nació María Ignacia Domínguez Ortiz, el 25 de enero de 1792. Esa chiquilla ya llenaba nuestras vidas, cuando a mediados de agosto de ese mismo año, Josefa me anunció que nacería otro vástago nuestro y que se negaba a que fuera otro bastardo. ¿Bastardo? ¡Sí, bastardo! ¿O acaso se le llama de otra forma a los hijos naturales, a los nacidos fuera de matrimonio? Mi mujer deseaba, bueno, no deseaba, me exigía y, con toda razón, la legalización de nuestra relación de cara a Dios y a la sociedad. Aduje las dificultades inherentes al matrimonio religioso sobre la base de la existencia de una hija ilegítima: el clero jamás lo sancionaría. Sería necesario solicitar la intervención del virrey Revillagigedo ante la egregia figura del ilustrísimo y excelentísimo arzobispo de México, la máxima autoridad católica, don Alonso Núñez de Haro y Peralta, para obtener la debida autorización clerical.

—Pues entonces —repuso Josefa en plan burlón, pero no menos determinante—, habla entonces, como tú dices, con la egregia figura del ilustrísimo y excelentísimo arzobispo de México, la máxima autoridad católica, don Alonso Núñez de Haro y Peralta, para obtener la debida autorización clerical... Ya no por mí, sino por nuestros hijos, salvo que tampoco te importen nuestros hijos...

Después de dos severas reprimendas y con el propósito de evitar escándalos, contrajimos finalmente nupcias en secreto, el jueves 24 de enero de 1793, en la propia casa del señor cura del Sagrario Metropolitano de México, don Juan Francisco Domínguez, a las ocho de la noche. No nos permitieron casarnos en la catedral de México como era mi deseo. Ni hablar, sólo que mi mujer, ahora sí, contaba con todos los títulos religiosos para vivir legalmente en sociedad junto con todos sus hijos, nuestros hijos, porque, a partir de ese momento, mi esposa no sólo se hizo cargo de mis dos hijas, María Guadalupe, y María Josefa Domínguez Alarcón, de trece y doce años respectivamente, sino que cubrió de amor y de besos a José María Domínguez Ortiz, nacido el 23 de febrero de 1793, un mes después de nuestro feliz enlace y después a Mariano, el 21 de septiembre de 1794, a María Dolores el 23 de febrero de 1796, a Miguel María José, el 26 de septiembre de 1797, a María Juana, el 10 de julio de 1799, a María Micaela, el 7 de julio de 1800, a Miguel María Remigio, el 1 de octubre de 1801, a María Dolores, el 16 de abril de 1803, a María Manuela Domínguez Ortiz, el 18 de julio de 1804, a María Ana Domínguez Ortiz, el 19 de mayo de 1806 y a José María Hilarión, el 21 de octubre de 1807, el año en que las tropas francesas encabezadas por Napoleón Bonaparte empezaron a entrar en España con el título de aliadas, no sólo para desquiciar a la corona española, sino también a todas sus colonias de ultramar. Doce hijos nuestros, más dos de mi matrimonio anterior, más María Magdalena, de la que me ocuparé posteriormente. Una familia de dieciséis personas claro que implica un severo compromiso de pareja, ¿o no? ¡Qué felices éramos! De eso se trataba la vida.

Un día, el menos pensado, a principios de 1802, cuando ya había nacido nuestro séptimo hijo y con eso de que cada niño trae la torta bajo el brazo, el virrey Marquina me nombró corregidor de Querétaro, un cargo muy lucrativo que otorgaba un gran prestigio. Jamás imaginé cómo afectaría mi vida y la de mi familia la distinción indiscutible de la que yo era objeto. Nunca supuse los días y años convulsionados que padeceríamos al ubicarnos exactamente en el ojo de un huracán que mi esposa ayudaría a girar a su máxima rapidez, exhibiendo unas fuerzas y un coraje desconocidos en ella. Alguna voz interna le había animado a viajar a Querétaro como si supiera, de antemano, que ahí tenía una cita con el destino y encontraría finalmente una justificación para su existencia. Para mí se trataba de un puesto más en mi carrera política, para Josefa —algo se lo decía, no en balde las mujeres tienen un sexto sentido—, la aventura queretana daría un feliz vuelco a su vida y le aportaría los datos necesarios para entender las razones por las que había llegado a este mundo. Si, como decía Calderón de la Barca, la vida es sueño, pues es cierto afirmar que al fin y al cabo, los juegos la vida son... ¡Y nos fuimos a Querétaro en la primera diligencia! Mi fama bien ganada al frente de la Oficialía Mayor de Oficio y en las Cortes de la ciudad de México, me ayudó a lograr una aceptación inmediata en la localidad. Mi imagen se catapultó cuando legislé a favor de los desheredados, oponiéndome a la consolidación de los capitales piadosos, propiedad del clero. Al igual que a Josefa, me interesaba el bienestar de las masas, objetivo al que se oponía la alta jerarquía católica, así como los grandes empresarios españoles financiados con los capitales piadosos, propiedad de la Iglesia; entre ambos poderes presionaron al virrey Iturrigaray para destituirme y me destituyeron.

He aquí tan sólo una parte, en realidad un muy breve resumen, del informe que rendí al virrey Marquina en noviembre de 1801 en relación a los obrajes de paños, una vergüenza para cualquier ser humano que medianamente se respete:

Ha llegado aquí a tal punto la corruptela que se trata aquí de los hombres lo mismo que se puede tratar de las bestias, porque los padres empeñan a los hijos, los hermanos a los hermanos y las mujeres a los maridos. ¡Para qué tengo que fatigarme! Hay una absoluta libertad y facilidad entre la miserable gente del pueblo para empeñarse en cantidades de 30, 40, 60 o más pesos con el expresado pacto de devengarlas con su trabajo personal...

...el dar desahogo a sus vicios y pasiones se presta innumerables veces motivo para contraer una deuda de éstas, que sirve de cadena a imponderables males... no hay demanda más común que las demandas sobre quién dio primero alguna cantidad adelantada para llevarse al peón.

...se me presentó en los obrajes al tiempo de ellos, una multitud de hombres tan desnudos de ropa que no reñían tapado más lo que la honestidad no permite manifestar; pero envueltos en la mayor miseria, reducidos al más infeliz estado a que pueden llegar los individuos de la humanidad...

...conociendo la necesidad urgente que tiene el operario de salir a buscar al hijo que se ha perdido, a la mujer que se le ha huido u otra cosa de esta naturaleza, les dan licencia para que salgan, pero esto es dando por fiadores a alguno o algunos de sus compañeros; pero si éste sale, se huye o se oculta, todo lo que él debe a la oficina se les carga a sus fiadores...

...los daños que ocasiona el encierro... la necesidad la libertad, la solicitación y la ocasión... conspira a causar la infidelidad de los matrimonios...

...Por más que me he fatigado en buscar la necesidad que se pondera de anticipar dinero, no la he podido encontrar, y lo único que acerca de ella he oído es que como los indios y plebeyos de que se compone la gente de los obrajes nunca tiene dinero junto, quando llega el tributo, los derechos de un entierro, casamiento, bautismo u otra cosa semejante, si no se les suple lo que importa no tienen con qué hacerlo,.. a mí me parece que no se ha visto este punto con toda la madurez y reflexión que merece por su gravedad.

...y lo que me enseñan las reglas de la prudencia y el derecho es que por deudas cortas a nadie se puede poner largo tiempo en prisión...[9]

[9] Brading, 1996: 205-206.

Por estas razones me destituyó arbitrariamente el virrey Iturrigaray como corregidor de Querétaro, poniendo en mi lugar a don José Ignacio Villaseñor. Si bien es cierto que obispos y arzobispos tuvieron éxito al deponerme, no es menos cierto que las cortes de la metrópoli me repusieron posteriormente en el cargo. ¡Para algo era abogado y buen abogado! Gracias a los recursos que interpuse ante la Corte de Madrid se aprobó la suspensión de la Consolidación y por Orden Real del 11 de septiembre de 1807, se ordenó mi restitución con la obligación de pagar los dos años de salario que había dejado de percibir. Desde muy joven aprendí a defender con determinación y coraje mis derechos, pasara por encima de quien tuviera que pasar. Obviamente, las autoridades virreinales se llenaron de rencor hacia mí, pero al mismo tiempo aprendieron a respetarme y a no contemplarme como a un enemigo menor. ¿Ya no estaba el virrey Marquina?, pues entonces estaban las cortes de Madrid. A ellas recurrí y ellas me concedieron la razón. Jamás permitiría yo semejante explotación de personas.

Mientras yo vigilaba de cerca el pago de los jornales de los aborígenes, supervisaba el pago de impuestos, encarcelaba a los pillos, ejercía mi personalidad como juez del cabildo, asistía a juntas de la policía, atendía de cerca la marcha digna de las prisiones reales, promovía la libertad de los indios en los obrajes, esas malditas empresas cuestionables, perdón que insista, que empleaban a personas condenadas por diversos delitos a la prestación de servicios forzosos y trataban de retenerlas endeudándolas con el adelanto de salarios y pagos en especie, otro tipo de esclavitud disfrazada y, además, sistematizaba el gobierno y trataba de cancelar los abusos del Ayuntamiento, y en general intentaba cumplir con mis obligaciones cotidianas, no me percataba de que Josefa se convertía, con el paso del tiempo, en la madre de los desheredados queretanos. Muy pronto se extendió por la región la noticia de la existencia de una señora que trataba a los indios como iguales y los consideraba herederos de Dios y de su gloria…

Josefa había comenzado a vivir de cerca la institución de la esclavitud. Enloqueció con la explotación infame de los indios. En la ciudad de México vivía muy apartada de estas terribles realidades. En Querétaro, como residíamos en la parte alta de una de las cárceles de mi jurisdicción, resultó inevitable que mi mujer escuchara los gritos desgarradores de dolor de los condenados que se negaban a confesar la verdad. Las flagelaciones y los latigazos formaban parte de las rutinas carcelarias. ¿Cómo evitar que los tormentos, las torturas y los azotes autorizados por la ley escaparan al conocimiento de ella? ¿Cómo impedir que se enterara de los reiterados levantamientos indígenas, como la Rebelión de los Sombreros, una parecida a la Conspiración de los Machetes, de Toluca, para echar de la colonia a los españoles, a quienes se veía como unos despiadados explotadores de los marginados? Lo cierto era que no se habían respetado las Ordenanzas del rey Felipe II, donde se reconocía, a favor del novohispano, el derecho a la tierra y a la santidad de su hogar. ¿Por qué los españoles no habían seguido esas instrucciones y, por el contrario, habían constituido latifundios con tierras robadas al indio, a quien convirtieron en una bestia sujeta a las más crueles explotaciones?

—¡La única forma de hacer justicia, Miguel, es lograr la independencia total de la Nueva España y expulsar a los encomenderos! —decía Josefa.

¿Cómo omitir uno de los más rudos enfrentamientos matrimoniales que empezamos a tener desde el momento en que la señora corregidora visitó, a solas, una de las cárceles y descubrió las condiciones en las que coexistían las presas y los presos?

—Miguel —me reclamó furiosa una noche, antes de la hora de la merienda, cuando yo regresaba cansado a la casa e intentaba cerrar la puerta—, no puedo creer que no hayas hecho algo para aliviar el dolor de los prisioneros que estás matando en tus cárceles.

—En primer lugar, señora, yo no mato a nadie, no matamos, salvo a quien la ley ha condenado a pagar con la vida sus chapuzas o sus crímenes —repuse sorprendido e irritado, mientras dejaba sobre una mesa los libros que pensaba leer más tarde a la luz de las veladoras—. Además, debes cuidar tu tono y lo que afirmas porque no se puede hablar sin saber...

—Lo sé todo, Miguel: estuve en la cárcel de mujeres y me di cuenta, con mis propios ojos y oídos, de que las humedades, la comida, las enfermedades, el aire pestilente que se respira, las condiciones de higiene, sin aseos, ni baños ni letrinas en las celdas, harán que esas personas mueran de infecciones o hambre o de padecimientos pulmonares, mucho antes de que siquiera se demuestre su culpabilidad. ¿Por qué dices que...?

—Tu obligación es estar al lado de nuestros hijos, educándolos, velando por ellos, forjándolos, preparándolos para el futuro, en lugar de visitar delincuentes —expuse disgustado por sus imprudentes iniciativas y por invadir sin autorización mis terrenos—. ¿Cómo te atreviste a visitar una cárcel, es más, a salir de la casa sin mi autorización?

—¿Acaso crees que necesito tu autorización para descubrir el mundo en el que vivo, en el que viven mis hijos, en el que vive mi gente, nuestra gente, en el que vives tú mismo y que, a pesar de tu puesto, no has podido cambiar? —me disparó, como un tiro al centro de la frente.

—Te comprometiste ante el sacerdote que nos casó a que te someterías a mi autoridad como jefe de familia.

—Sí, cierto, sólo que tú no eres sólo jefe de familia, sino jefe de una región del país a la que no se refirió el cura. ¿Cuándo nos dijeron en el sagrario que yo debería no ver, no oír, no salir a la calle ni al campo ni visitar las cárceles ni hablar con las presas ni darme cuenta de la situación infernal en la que sobreviven nuestros semejantes? ¿El gobierno no tiene corazón, los malditos españoles no tienen corazón, España y su odiosa corona no tiene corazón, la Iglesia, tan piadosa y misericorde, no tiene corazón? Tú, el corregidor, que corriges, ¿no tienes tampoco corazón? ¿Nadie tiene en este mundo corazón? ¿Ya todos estamos muertos, Miguel, y no nos hemos dado cuenta?

—Roma no se hizo en un día, mujer —aduje para tranquilizarla mientras nuestros hijos nos rodeaban, uno por uno, con el rostro lleno de pánico—. Sosiégate, serénate, merendemos y hablemos posteriormente con más reposo —exclamé tomando mis libros y dirigiéndome al comedor, en cuyo umbral recibí otra andanada, esta vez disparada por la espalda.

—Empiezo a verlo todo muy claro, Miguel —me amenazó como si hubiera terminado de desenvainar una espada—, ni a los españoles ni a su Iglesia les preocupó jamás educar a los indios, sólo les interesó cristianizarlos, alcoholizarlos y, una vez embrutecidos y controlados, explotarlos a su gusto y placer. ¿No lo ves claro? Con crucifijos, mucho pulque y cárceles o piras para los necios, se resolvían los problemas. Ellos se llevan a España el producto de nuestro trabajo y de nuestro esfuerzo y, a cambio, nos sepultan en la miseria: gran negocio, ¿no? ¿No ves claro que somos un país triste y decaído desde la Conquista? Se repartieron a las mujeres como botín de guerra, las violaron, nacieron los mestizos, es decir, aparecieron generaciones y más generaciones de resentidos, de rencorosos, de personas ávidas de venganza, de desposeídos de todo, seres abandonados sin padre ni madre que los reconociera y los amara, en tanto a los hombres los mandaban a trabajar en las minas o en los campos como animales. ¿Cómo quieres que en esas condiciones levantemos la cabeza si, además, hoy mismo nos siguen pegando en el hocico para que la humillemos? ¿O crees que el bienestar es igual en todo el virreinato? Mira la desigualdad. Mira cómo vive la mayoría, si es que a eso se le llama vivir. ¡Es una vergüenza! No sabes el coraje que les estoy tomando a los peninsulares: ¡los odio, Miguel, los odio, te juro que los odio! ¡Tenemos que echarlos a patadas de aquí!

—¿Te has vuelto loca, Josefa? Yo trabajo para el gobierno virreinal. Todo lo que ves es producto de mi trabajo con el gobierno que tú odias. Todo lo que comes y lo que comen todos estos niños que nos miran, es consecuencia de mi sueldo como corregidor al servicio del virrey de la Nueva España. Tu ropa y los enseres, todo es gracias a los españoles que nos dieron empleo y prosperidad.

—Pues haz el cambio desde adentro. Sé innovador. ¿O estás de acuerdo en que a los indios se les enseñe catecismo en lugar de brindarles una educación que les permita ganarse la vida? ¿Estás de acuerdo con el salvajismo de la esclavitud y de los obrajes? ¿Estás de acuerdo con las torturas y las condiciones en que mueren los presos, tus presos, cuya vida debes custodiar? Todo esto que padecemos, desde las violaciones, las incineraciones en la pira, los ultrajes de la Inquisición y sus persecuciones, las inhumanas explotaciones, se hicieron para salvarnos de caer en las manos del demonio, pero el verdadero infierno se da aquí en la Tierra. ¿Estás de acuerdo con la Inquisición? Dímelo —me gritó con la cara congestionada por la furia.

—Por supuesto que no estoy conforme con esas barbaridades —respondí a punto de perder la compostura—. Yo te he hablado de mis esfuerzos por ayudar a los indios. Casi pierdo el cargo por esa razón y tú lo sabes y lo sabes muy bien. Sabes que he liberado ya a tres mil indios de los obrajes y que a diario rescato a muchos más del oprobio en el que viven, de modo que tus acusaciones son injustas.

—Cierto, pero es insuficiente. Dale fuetazos a diario a una mula y un día te dará una coz. Esta gente ya no aguanta más. Tres siglos de castigo son suficientes, mucho más que suficientes. Es más, un solo día en semejantes condiciones sería suficiente, ¿no?

Decidí dejar que se desahogara. Ella se calmaría y yo aprendería algo más de mi mujer.

—Los puestos más importantes los acaparan los españoles —continuó imparable—, las tierras las acaparan los españoles, la riqueza: los españoles, la educación: los españoles, los mandos en el ejército son para los españoles, la justicia la imparten los españoles de acuerdo a sus estados de ánimo. ¿Cuándo un indígena va a ganar un pleito judicial? ¿Cuándo, eh? Ni siquiera lo intentaría porque está dispuesto al despojo, acostumbrado al sometimiento y a los golpes por el solo hecho de protestar. Antes los quemaban vivos por hacerlo, hoy simplemente los encierran de por vida porque se les olvidó que existen... En tus cárceles no encontrarás ni un solo rico, están llenas de borrachos, de insolventes o de quienes fueron sorprendidos robando un par de tortillas para alimentar a sus hijos. Los indígenas, escúchame bien —me advirtió furiosa—, son honorables por naturaleza, ¿qué quieres que hagan antes de morir de hambre? ¿Esperar a que alguien les regale una tortilla y un puñado de frijoles...? No, Miguel, te arrebatarán la tortilla y los frijoles, que, además, son suyos... ¿Ya revisaste por qué tienes tantos presos? ¿Lo has hecho? ¿Has revisado sus expedientes? ¿Cómo es posible que no hayas destruido a martillazos las salas de tormento que existen en tus prisiones y que la Inquisición y las arquidiócesis tengan sus propias cárceles? ¿Para qué necesita el clero unas cárceles con sótanos de tortura? ¿Para salvarnos del Infierno?

Yo la contemplaba atónito. ¿De dónde habría sacado tantos argumentos esta mujer que jamás había pasado por una universidad? ¡Nunca leyó a los clásicos ni a los autores inmortales del Renacimiento ni a los enciclopedistas ni a los grandes pensadores de la Revolución francesa y, sin embargo, sus motivaciones y convicciones parecían estar originadas en las lecciones de estos hombres señeros en la historia del pensamiento humano! ¡Cuánta sensibilidad política y social y cuánta fiereza para defender sus principios! Era de temer. En esas reflexiones me encontraba tratando de escrutar su rostro, dando rienda suelta a mi sorpresa, cuando, de pronto, disparó otra sonora descarga, nutrida, muy nutrida. Las palabras de

Josefa me dejaron espantado al darme cuenta de sus alcances, de su feroz determinación y de mi absoluta incapacidad para contenerla, reprimirla ni, claro está, controlarla.

—Tenemos que expulsar de esta tierra bendita a los españoles. No debemos descansar hasta no echarlos a punta de bayonetazos a Veracruz. ¡Que regresen por donde volvieron estos malditos estafadores, chantajistas, negreros, abusivos, aprovechados, usureros! No, Miguel, se han quedado con todo mientras las enormes mayorías carecen de lo más indispensable. Tú has visto, como yo lo he visto, dónde viven los españoles, los palacetes con los que insultan la dignidad de nuestro pueblo y has visto, como yo lo he visto, los jacales en los que escasamente subsisten los nuestros. Es una salvajada. Ellos tienen la riqueza que han acaparado con el trabajo y la muerte de nuestros indios. ¿Pruebas? Ve cómo visten los españoles, ve sus ropajes y ostentosos carruajes, ve las escuelas de sus hijos, sus industrias y comercios, cómo viajan, cómo los atienden sus médicos, cómo cuidan su salud, ve cómo hablan y lo que leen, mira las enormes extensiones de tierra que poseen y la fortuna que extraen de ellas gracias a la esclavitud, que es gratuita, cuando todo lo que ven tus ojos y los míos era de estos menesterosos, hoy indigentes y expoliados hasta la sinrazón. Tenemos que devolverles a nuestros aborígenes lo que es suyo. Si a ellos se lo arrebataron por la fuerza, pues por la fuerza tenemos que reponérselos. Jamás abriremos el puño de los españoles por las buenas. Ellos sólo entienden las reglas de la violencia que han impuesto aquí durante siglos. ¿Violencia? Violencia tendrán —adujo mientras sus fosas nasales se dilataban rabiosamente al respirar.

Estaba viviendo el desahogo de muchas generaciones que hablaban y gritaban desde su garganta.

—Si la tierra era de nuestros aborígenes —continuó lanzada a toda carrera—, devolvámoselas, ellos la trabajaron mejor que nadie. Apartémoslos de los yerberos, démosles un médico; que ya no vayan descalzos por la calle, calcémoslos y vistámoslos decentemente sin esos trajes de manta con los que mueren como moscas cada invierno. Acabemos con la esclavitud, es indigna e inhumana. Concedámosles acceso a los tribunales, démosles un empleo digno, bien remunerado, hagamos justicia, permitámosles asistir a las escuelas, para que el nuevo país no sea habitado ni dirigido por analfabetos ni ignorantes ni facinerosos. ¡Ya está bien, Miguel, es la hora de la verdad!

Hagamos una nueva patria para toda esta gente. Para eso nacimos, esa es nuestra misión en la vida: la he descubierto, yo al menos...

Ese día conocí a fondo a mi mujer. Quién sabe desde cuándo tenía retenidos en el alma todos esos conceptos e ideas de los que se nutrió a partir de nuestra llegada a Querétaro. En 1807 Josefa contaba con treinta y cuatro años de edad y una madurez propia de una mujer mucho mayor. La adversidad sufrida en su infancia y juventud estallaba ahora volviéndola una fanática defensora de los derechos de los indígenas. Sin duda, pensé, influía la sangre negra que corría por sus venas, el haber nacido y crecido en un cuarto de vecindad y palpar en carne propia la pobreza y haber visto la opresión y petulancia con que los españoles trataban a los indios, mestizos y criollos. Todas estas circunstancias contribuyeron a que germinaran en ella no sólo las ideas de libertad, sino una acrecentada animadversión hacia los europeos; fue el rencor inveterado de una raza o casta oprimida y humillada que habitaba en su interior. Me percaté, por primera vez, de que iría tan lejos como fuera necesario y que antepondría posición, tranquilidad y bienestar y familia para mandar a los españoles de regreso al mar... ¡Claro que era la misma mujer fogosa, apasionada, que ahora parecía inoculada por la política que, desde luego, viviría con la misma devoción, ímpetu y coraje! Bastaba con tocarla para convertirla en una brasa humana. Era suficiente besarle el cuello para despertar en ella a todas las mujeres juntas de la historia. Pues bien, esa sensualidad, esa lujuria traducida en fuerza, en calor abrasador, ahora la llevaba a la política. Era algo como vivir al lado de un volcán en erupción...

¿Qué importancia podría tener en la Nueva España el hecho de que la marina real española hubiera sido derrotada, junto con la francesa, en Trafalgar en 1804? Aparentemente ninguno puesto que estábamos muy lejos, del otro lado del Atlántico, muy apartados del catastrófico escenario naval que encumbró para siempre la figura de Nelson, el eterno almirante inglés. Sin embargo, la Nueva España reaccionó airadamente en contra de esta dolorosa debacle militar, no nueva, por cierto, después de la suerte corrida por la supuesta Armada Invencible, muchos años atrás. ¿Razones? ¿Por qué la riqueza de la Nueva España, nuestra riqueza, nuestro sagrado patrimonio creado con tantos esfuerzos, tenía que invertirse en conflictos armados para los que, por más que formáramos parte de la corona española, carecíamos de toda responsabilidad e incumbencia en los hechos? ¿Por qué el oro y la plata de las minas mexicanas se destinaba, en parte, a construir una flota europea, además perdedora? ¿Por qué desperdiciar nuestros recursos, muchos o pocos, en objetivos tan desvinculados del proyecto de construcción de una gran colonia? Ya era hora de separarnos de España para que nuestros recursos fueran destinados única y exclusivamente a resolver nuestros problemas domésticos y velar, en todo caso, por la evolución y el progreso del nuevo país. No sólo Trafalgar constituyó un serio motivo de preocupación y sacudió las conciencias novohispanas, por supuesto que no: un hecho singular vino a desquiciar la vida política, económica y social de las colonias españolas de ultramar: Napoleón Bonaparte invadió abiertamente la Península Ibérica en 1808. Esta nueva conmoción en la Nueva España no se hizo esperar. ¿Qué hacer? ¿Aceptar el poder del emperador de los franceses en lugar del de Carlos IV y el de su hijo Fernando VII? ¿Esperar indefinidamente la caída de Bonaparte o propiciar y declarar la independencia de la colonia hasta que los Borbones no recuperaran su autoridad perdida, o acaso había llegado el feliz momento de buscar para siempre nuestra propia soberanía rompiendo definitivamente con todo lo español, comenzando con la corona? ¡Al diablo no sólo con Napoleón, sino con toda España y sus reyes de caricatura de muy mal gusto, por cierto! La efervescencia en América era incontrolable. ¿Quién se quedaría finalmente con el poder al frente de la Nueva España? ¿La monarquía doméstica, el clero, los militares, los españoles o los criollos, estos últimos los supuestos dueños del país? Cada grupo jalaba agua para su molino...

Veracruz se convertía en un colmenar cuando de Sevilla, Cádiz, Valencia o La Coruña llegaban embarcaciones no sólo con mercancías, sino también con las últimas noticias de lo que acontecía en la metrópoli. La tripulación de *La Atrevida* que había arribado a Veracruz el 8 de junio de 1808 nos trajo la noticia de los motines de Aranjuez. El pueblo español, tan manipulado como enardecido, había conseguido la renuncia de Godoy, el ministro poderoso y odiado, así como la deposición de un soberano, Carlos IV, y el acceso al trono de un nuevo rey, Fernando VII, legitimado supuestamente por la voluntad popular. El 23 de junio, *La Croza* trajo informes de los trágicos sucesos del 2 de mayo en Madrid, unos atroces fusilamientos ejecutados por los franceses en contra de la población madrileña que dieron como resultado una ola de protestas y de proclamas de indignación que, muy pronto, desembocarían en la guerra de Independencia de España: ¡fuera las fuerzas napoleónicas! El 14 de julio bajaron del *Ventura* la *Gaceta de Madrid*, por la cual nos enteramos de las vergonzosas abdicaciones de la familia real y de la imposición de José Bonaparte, José I, como rey de España. Por el capitán de *La Esperanza* supimos que España se había levantado en armas en contra de la dominación francesa.

Matías Monteagudo, abogado del Real Fisco en el Tribunal del Santo Oficio de la Inquisición, el arzobispo Lizana y otras personas piadosas, acordaron en la mañana del 16 de septiembre de 1808 (¡ay!, 16 de septiembre), la deposición del virrey Iturrigaray por «anticlerical y traidor». Por medio de la *Gaceta de México* y el *Diario de México*, se informó que el virrey había sido destituido debido a que el pueblo así lo había dispuesto y porque Iturrigaray «quería cortar la cabeza al arzobispo, a varios oidores y a otros principales; que tenía dispuesto quemar el templo de Guadalupe; [y] que tenía ocultos a dos leguas de México a veinticinco mil franceses». Los dedos flamígeros apuntaron hacia la figura de Monteagudo, claro está, una de las máximas autoridades eclesiásticas: el clero, nuevamente, fue el gran responsable de los hechos. La Iglesia continuaba controlando hasta el último suspiro de este país. Ella y sólo ella decidiría, por lo pronto, el nombre del sucesor…

A Pedro Garibay le sucedió como virrey el arzobispo Lizana y Beaumont y después don Francisco Xavier Venegas, quien se presentó en la ciudad de México recién el 14 de septiembre de 1810, dos días antes del estallido en Guanajuato. ¿Qué tino, no? Tres virreyes en dos años, el caos cundía. El malestar se multiplicaba. La independencia era un secreto a voces. Sólo había que seguir el paso de la pólvora incendiada que se dirigía presurosa a un barril ubicado en el centro mismo del Bajío, en Querétaro, precisamente en mi jurisdicción; la tea encendida la agitaba nada menos que mi querida esposa, Josefa, mi Jose, ¡ay, Jose!, entre otros tantos más, de quienes me ocuparé en los próximos párrafos, sin descuidar la presencia del capitán Allende, el verdadero causante del desquiciamiento del país y de mi matrimonio, sí, de mi matrimonio, pero vayamos por partes…

En 1808 existía en Querétaro, en la calle del Descanso, número 14, una academia literaria llamada Los Apatistas, en la que se aparentaba llevar a cabo reuniones de tipo literario, cuando en realidad en ellas se conspiraba en contra del gobierno español. Yo, lo confieso y declaro, asistí en un principio, animado por el movimiento de independencia, siempre y cuando no estuviera inspirado en la violencia. Yo también creía en la libertad y en el momento preciso para arrebatarle la autonomía a España, pero, eso sí, sin derramamiento de sangre ni destrucción material de todo lo edificado durante trescientos años. Me negaba a dar marcha atrás a las manecillas de la historia para empezar de nuevo con la construcción de un nuevo país. Mejor, mucho mejor, continuar con lo ya iniciado sin pérdidas de tiempo. Mi vida, la de Josefa y la del país cambiaron cuando abrí la puerta del salón de sesiones secretas de la academia. ¡Baste imaginar las repercusiones de mi presencia, la del corregidor, en semejantes asambleas! En una de ellas, perdido entre la audiencia, tomó la palabra un capitán del Regimiento de Dragones de la Reina conocido como Allende, proveniente del pueblo de San Miguel, a unas cuantas leguas a caballo de Querétaro. Su discurso, además de virulento en contra de la metrópoli, era sustancioso, parecía recoger las palabras vertidas por Josefa unos días atrás en mi casa. Hablaba con enjundia, conocimiento, pasión y sólidas convicciones. Parecía un actor de teatro interpretando un papel de gran líder de un movimiento revolucionario. Alzaba la voz, la modulaba, agitaba los brazos, se arreglaba insistentemente la cabellera para cuidar su imagen. Su complexión era la de un atleta acostumbrado a montar a caballo, día tras día, sin apearse. Su musculatura se mostraba impresionante. De pronto, cansándose de dirigirse al presídium, giró para hablar de cara a la concurrencia. No tuve duda en afirmar ante Josefa que se trataba de un hombre convincente, duro, elegante y bien estructurado, pero que sobre todo estábamos frente a un seductor profesional de públicos y, más tarde me enteré, también de mujeres, para lo cual estaba debidamente armado de dotes poderosas como la palabra y el físico. No tardé en percatarme de que Allende era un dirigente nato, dotado con una fuerza similar a una estampida de caballos, finalmente un sujeto peligroso, de cuidado y de respeto.

Dos días después, Josefa y yo asistimos al palco de honor de la plaza de toros. Para nuestra sorpresa, al menos para la mía, Allende toreaba e hizo el paseíllo montado sobre un caballo tordillo jerezano que acicateado en los ijares hacía magníficas cabriolas; la bestia, tal vez gozosa, coceaba durante las piruetas. Fuimos distinguidos cuando Allende mandó colocar el capote de paseo sobre la breve barda de nuestra barrera de primera fila. En un principio no me pareció extraño hasta que, tiempo más tarde, entendí que el homenaje, por más inverosímil que pareciera, no estaba dirigido a mi persona... Nunca olvidaremos las distintas corvetas que nos obsequiaba ni la destreza y acoplamiento que ostentaba montado sobre el animal. ¿Cuál no sería nuestra sorpresa mayúscula cuando Allende se apeó en plena lidia para citar al toro sin capote ni banderillas, sino así, desarmado y con el pecho descubierto, se decidió a enfrentar al formidable astado? La fiera respondió al llamado después de rascar la arena con las pezuñas y se abalanzó tan rápido como pudo para acabar con el audaz torero que lo citaba en los medios de la plaza. Después de una ágil voltereta lo dejó pasar para tomarlo inmediatamente por los cuernos en el momento mismo en que el burel hacía por cornearlo a la mitad de la maniobra. Sin perder tiempo alguno, sin soltar la cornamenta, Allende empezó a torcer la cabeza del animal para derribarlo y vencerlo. Por unos instantes, dentro del hermético silencio de los presentes, asistimos a un espectáculo nunca visto, un combate cuerpo a cuerpo entre un gladiador de nuestros días, en contra de un toro, al menos cuatro veces más pesado que Allende y supuestamente dotado de mucha más fuerza en el cuello que cualquier mortal, humilde o no. Ambos se debatían, a veces dando brincos, para controlar finalmente el uno al otro, hasta que para nuestro azoro, la fiera cedió y cayó pesadamente a un costado sin que su verdugo le permitiera ponerse nuevamente de pie. El aplauso del graderío no se hizo esperar.

He dedicado mi vida a la lectura y a mi profesión como abogado, de ahí que haya descuidado y evitado la menor actividad física, razón por la que no dejó de sorprenderme la singular musculatura de este espécimen de hombre llamado Ignacio Allende, capaz de vencer a un toro en un combate cuerpo a cuerpo y de saltar de un caballo al otro, ambos a pleno galope, en un reducido redondel. No sólo eso: este notable varón, según nos contó posteriormente, podía echar una soga sobre la rama de un árbol a treinta metros de altura y, sentado en el piso, empezar a trepar por ella sin servirse de las piernas, utilizando únicamente los brazos y subir y bajar, una y otra vez, como si se tratara de un ser ingrávido. Nunca nadie en el cuartel había podido derrotarlo a la hora de las vencidas, muy a pesar de acercarse, de un momento al otro, a los cuarenta años de edad, pues según nos hizo saber, había nacido en 1769. ¿Un chamaco?, no, no era un chamaco, pero sí un líder natural, al igual que un destacado militar poseedor de ideas políticas de verdadera vanguardia, además de un buen orador: en síntesis, un insurgente de la más pura cepa.

Por Allende supimos Josefa y yo, en una de las diferentes visitas que nos hizo tanto a mi despacho como a nuestra propia residencia, que mucho antes del Grito de Dolores ya celebraba juntas revolucionarias en los entresuelos de la casa de su hermano Domingo y, que para evitar sospechas, organizaban bailes ahí, en San Miguel, en los altos de la misma casa, de modo que los conjurados, iniciados en el secreto, se confundieran con los invitados en la sala de música. Invariablemente hablaba de tomar el sable, poner la patria en libertad, sacudirnos del yugo español y conservar esta preciosa América para sus legítimos dueños y señores. ¡Fuera con quienes no tenían derecho de reclamarla…! En ocasiones Josefa y él utilizaban, curiosamente, los mismos términos. Más tarde supe que el propio Allende había estado involucrado como el más destacado de los cabecillas en la conspiración de Veracruz de 1809, en la que había hablado por primera vez de un grito de libertad que muy pronto se daría en el centro del país, en realidad un llamado a la independencia. Él encabezaba, sin duda alguna, lo mejor de la insurgencia. Su pasión era contagiosa. Su estrategia, impecable, razón por la cual rechazó una plaza de regidor en el Ayuntamiento de San Miguel, porque organizaba cuidadosamente y con gran entusiasmo la famosa conjura de Valladolid, la misma que abortó porque Iturbide, uno de los invitados al movimiento, al igual que lo fuera el obispo Abad y Queipo, lo denunció ante la autoridad. Los conspiradores perdonados, lejos de desistir de sus intentos desestabilizadores, se refugiaron en Querétaro para continuar la batalla por la independencia. ¿Dónde se reunían? En mi casa, sí señores, en mi casa, en mi presencia y ante la de mi esposa: ambos deseábamos lo mismo. Era la hora de la libertad, sí, siempre y cuando, insistía yo, no se recurriera a la violencia. Grave error el mío, no tardaría en descubrirlo.

Allende nos visitaba cíclicamente en la casa. Llegué a pensar que, además de insistir en el diseño de planes para lograr la independencia y de comentarlos con Josefa y conmigo, intentaba cortejar a mi hija Pepita o a María Ignacia, en el entendido de que me empezaba a parecer exagerada su reiterada presencia en nuestro hogar, en lugar de que me buscara en mi gabinete para tratar los negocios públicos. De cualquier manera, en una ocasión, vino acompañado por el cura Miguel Hidalgo y Costilla, quien logró contagiarnos con su fogosa pasión por la causa de la libertad. Durante la merienda Allende nos hizo saber que él mismo había invitado al sacerdote, a quien había conocido en San Luis Potosí en 1800, a encabezar el movimiento de independencia, dado su insuperable poder de arrastre popular, la fuerza incomparable de su verbo, la confianza que despertaba en las masas al ser un representante de Dios en la tierra y la certeza de su infalibilidad, así como el perdón eterno con el que contarían de seguir incondicionalmente sus pasos las futuras huestes. Allende no se había equivocado al elegir a Hidalgo para esos menesteres. De risa fácil, franca, accesible, dotado de una gran capacidad para escuchar al prójimo, un hombre culto y preparado, apartado definitivamente del concepto de una rata de biblioteca, locuaz, simpático, ingenioso, pícaro y atrevido, inteligente, poseedor de una notable inteligencia, no tardó en conquistarnos. Antes de terminar de sopear la primera concha en el tarro ardiente de chocolate ya éramos suyos. ¡Cómo disfrutamos su sentido del humor, su claridad conceptual, la solidez de sus principios y la lógica irrefutable de sus planes! Todo estaba justificado, ya éramos independentistas... Josefa la primera... Yo expuse mis reservas a partir de mi negativa a aceptar la violencia, la muerte y la destrucción como vías para coronar con éxito nuestra obra. Me obsequiaron un prudente silencio.

Un día Josefa se ausentó a la hora de la comida: estaba con el cura Hidalgo y con Allende, de quien yo iba descubriendo su fama, bien ganada, de mujeriego irredento, de faldero incorregible. Otra vez, Josefa faltó a la misa esgrimiendo la misma disculpa, la cual siguió aduciendo unas veces a media tarde, en la mañana o en el momento mismo de los sagrados alimentos durante la cena. Mi mujer empezó a faltar y a contarme parcialmente los motivos de sus ausencias. Todo ello estaba relacionado con la independencia. Allende era el líder natural, el impulsor, el genio creativo, el ocurrente, el incansable, el talentoso, el ardiente defensor de la libertad, el autor de planes militares y financieros inimaginables y además, debo confesarlo, tenía quince años menos que yo, cuatro más que mi mujer y una musculatura apolínea, una agilidad de pantera y una simpatía arrolladora, sin olvidar la fortaleza de sus ideas políticas, tan bien cimentadas como su habilidad seductora. Los celos empezaron a devorarme. Las salidas repentinas de Josefa no dejaron de inquietarme. ¿Cómo era posible que descuidara a sus hijos si había sido una madre entregada, devota y atenta hasta de los mínimos detalles de todos y cada uno de ellos? Ahora resultaba que no estaba, simplemente no estaba y la respuesta era Allende, Allende, Allende... ¿Allende?

No pasó mucho tiempo antes de que en nuestras reuniones de la academia se acordara detonar el movimiento de independencia en la primera semana de octubre de 1810. El secreto tenía que guardarse celosamente porque la vida y la libertad personal de todos nosotros no eran un juego. Uno por uno, los participantes de los más diversos sectores fueron pasados por la báscula y analizados con lupa para evitar delaciones y felonías, caras, muy caras de acuerdo a nuestros planes políticos y a nuestra existencia. En el mes de julio de ese mismo año, Josefa fue invitada por el cura Hidalgo al pueblo de Dolores, Guanajuato, para conocer de cerca su realidad, sus sembradíos de vid, su cultivo del gusano de seda, sus representaciones teatrales, su obra caritativa en lo general, su arraigo a la tierra y su popularidad, con las que se podría cambiar la realidad de los indigentes. En la última visita en la que estuve presente, el cura Hidalgo se dirigió en estos términos fundamentalmente a mi mujer:

—No conviene que, siendo mexicanos, dueños de un país tan hermoso y rico, continuemos por más tiempo bajo el gobierno de los gachupines; éstos nos extorsionan, nos tienen bajo un yugo que no es posible soportar por más tiempo; nos tratan como si fuéramos sus esclavos, no somos dueños de hablar con libertad; no disfrutamos de los frutos de nuestro suelo, porque ellos son los dueños de todo; pagamos tributo por vivir en lo que es nuestro y porque ustedes los casados vivan con sus parejas, por último, estamos bajo la más tiránica opresión. ¿No le parece que esto es una injusticia?

—Sí, señor —contestó Josefa sin dejarlo casi concluir.

—Pues bien, se trata de quitarnos este yugo haciéndonos independientes, quitamos al virrey, le negamos la obediencia al rey de España y seremos libres; pero para esto es necesario que nos unamos todos y nos decidamos a tomar las armas para correr a los gachupines y no consentir en nuestro reino a ningún extranjero. ¿Qué dices, tomas las armas y me acompañas para verificar esta empresa? ¿Das la vida si fuese necesario por la libertad de tu patria? Tú eres joven, estás ya casada, tienes hijos, ¿y no te parece que ellos gocen de la libertad que tú les des, haciéndolos independientes?

Josefa repuso «Sí, señor», sin ocultar su júbilo, en tanto yo no me comprometía con el mismo fervor en razón de aquello de tomar las armas para correr a los gachupines. Para mí era mejor la negociación que la guerra. Discrepábamos, pero no podía en el fondo estar más que con ellos.

—No hay más remedio, es preciso resolvernos a verificar nuestra empresa, vayamos en silencio: nos vemos en Dolores en el próximo mes de julio —alegaba jubiloso el párroco, cuando para mí era imposible separarme de mi cargo y menos, mucho menos, que nos vieran en público a Allende, a Hidalgo y al corregidor en persona, junto con otros tantos conspiradores más, en momentos álgidos y tan delicados.

La debilidad debería ser considerada pecado mortal. Contra mi intuición y mis deseos, dejé partir a Josefa rumbo a Dolores. Algo me decía que dicho viaje cambiaría mis días y los de ella, aun cuando, en ese momento, yo desconocía que detrás de la invitación del cura Hidalgo para mostrarle a Josefa su obra piadosa, estaba Ignacio Allende, con planes opuestos a la caridad y al respeto...

Sí, sí, claro que sí, Allende no tuvo ningún empacho ni problema alguno en penetrar en la habitación de la hostería El Fogón Mágico, en la que Josefa se disponía a pernoctar, una vez concluida la visita a cuanto lugar la llevó el cura Hidalgo, sin concederle descanso alguno ni siquiera por tratarse de una dama, madre de familia de doce hijos, menos los fallecidos tempranamente. Ella, según me comentó, tampoco expresó queja alguna. Yo, por mi parte, había interpretado oportunamente el cruce de miradas entre Allende y Josefa en diferentes eventos a los que asistíamos. Bien decía Blaise Pascal que el amor y la riqueza no se pueden ocultar; ni la tos tampoco, hubiera agregado yo con algo de humor negro. Pues bien, ellos dos tampoco podían disfrazar sus emociones ni el encantamiento que se despertaban entre sí y no sólo por razones físicas y las lógicas atracciones sexuales, sino por la identificación política y social que los acercaba al extremo de llegar a la máxima intimidad a la que pueden arribar un hombre y una mujer. La sola posibilidad de la independencia de la Nueva España los embriagaba. Su risa espontánea y vacía ante la menor imbecilidad los unía como dos grandes cómplices, mientras a mí me irritaba hasta la náusea. No quise verlo, me negué a admitirlo y rechacé furioso las señales inequívocas enviadas por la realidad, la maldita realidad.

En aquel mes de julio de 1810, el todavía invencible capitán Allende urdió un plan que le resultó sobradamente exitoso. Me resisto a confesarlo, pero estoy convencido de que Ignacio y Josefa ya habían disfrutado intensos momentos amorosos en Querétaro habiendo puesto como escudo de sus fechorías a mi propia hija Pepita, una solterona de casi treinta años de edad, una crueldad adicional si no se pierde de vista que también hicieron correr la voz de que nuestra hija de diecinueve años, María Ignacia, era, en realidad, la pretendida, todo lo anterior para esconder su descarado adulterio. En aquellos tiempos, las diferencias políticas entre Josefa y yo se fueron complicando al extremo de llevar nuestros puntos de vista hasta el lecho. Nuestras relaciones de pareja se suspendieron en los meses previos al Grito de Dolores. ¡Claro que yo continuaba asistiendo a las juntas para lograr pacíficamente la autonomía de la Nueva España, pero Josefa insistía en la violencia como única vía de solución! Si de hecho carecíamos de todo tipo de intercambio carnal y la hija de la corregidora nació el 14 de marzo de 1811, entonces no resulta complejo colegir que mi mujer se embarazó en julio del año anterior, y precisamente en esas fechas ella había visitado Dolores con el cura Hidalgo, y en ese pueblo Allende irrumpió en la hostería de Josefa y la poseyó sin que yo supiera si se trataba de la primera vez en que lo hacían o todo lo de Dolores fue otra estrategia para seguir encontrándose a mis espaldas. La realidad es que en dicho marzo nació la niña de ambos, a la que insistí en bautizar con el nombre de María Magdalena Longinos, por razones más que obvias, ¿quién no conoce la vida de María Magdalena?, y además Longinos, por haber sido el centurión que atravesó el costado de Cristo, tal y como sentí que me apuñalaban a mí cuando me enteré del adulterio cometido en contra de mi honor, el de mi matrimonio y el de mi familia.

Días antes de que se produjera el arresto de casi todos los insurgentes en Acatita de Baján, el 21 de marzo de 1811, una semana después del nacimiento de María Magdalena Longinos, Ignacio Allende, tal vez previendo su suerte después de la escandalosa derrota en Puente de Calderón y ya enfilándose hacia Estados Unidos para abastecerse de dinero y de energías, le comentó a la luz de la fogata nocturna, a Mariano Abasolo —ese gran traidor y cobarde que renegó de los insurgentes para salvar la vida gracias a las influencias de su esposa, María Manuela Taboada— su aventura amorosa con Josefa Ortiz de Domínguez, la Corregidora. Tal vez se negaba a irse al otro mundo sin que alguien supiera de sus andanzas con mi mujer. De sobra sabía Allende que si Calleja llegaba a echarle el guante encima, sin duda alguna sería fusilado y decapitado, tal y como aconteció posteriormente. Sin poder creer lo que mis oídos escuchaban, atrapado en la impotencia, fui informado de que Abasolo finalmente le había hecho saber a su esposa, dentro del más escrupuloso secreto, claro está, lo acontecido aquella noche en Dolores. Ella a su vez se lo había confesado a un cura de Querétaro, conocido mío, quien me había hecho saber la dolorosa verdad, verdad que se convirtió o se materializó en una niña, la hija de ambos, María Magdalena, nacida tres meses antes de que Allende, su padre, fuera pasado por las armas y ejecutado y decapitado en Chihuahua, el 26 de junio de ese trágico 1811.

Mi imaginación se convirtió en mi peor enemiga. Las escenas obsesivas asaltaban mi mente describiéndome, con lujo de detalle los arrebatos carnales entre mi mujer, Jose, Josefa, mi Jose, y el maldito militar que me arrebató su amor. ¿Cómo competir con él en galanura, físico, simpatía, en juventud, en la intensidad de sus pasiones o en la novedad que para ellos representaban sus respectivas carnes, una terrible desventaja para mí después de más de veinte años de relación? Yo representaba al padre serio y proveedor, responsable de mis hijos, cuidadoso y amoroso protector de mi familia, atento a cada solicitud de mi mujer, pero mis cincuenta y cuatro años de edad me exhibían como un anciano generoso, accesible y tierno, sí, pero al final un anciano que no era ni joven ni alto ni rubio ni de cuello erguido, ancha la espalda, hercúlea, y poderoso el brazo, de andar resuelto y con garbo, mirada audaz, azules los ojos, ardientes, limpios y claros, patillas largas y bien pobladas, faz expresiva, líneas firmes de las cejas que le prestaban un interesante medio marco que subrayaba la definida intención de la mirada, jinete entre los jinetes, cual soldado temerario, complaciente en los festines, comedido en los estrados, lidiando toros, prodigio, de caballeros dechado... ¿Qué era yo comparado con él? Mis atributos y cualidades se diluían ante los suyos. Ninguna mujer se dignaría voltear a verme si no fuera por la estatura de mi cargo público. Así me imaginé en mis interminables noches de insomnio la conversación entre ambos militares, a horas de ser arrestados, así como los hechos que parecían arrebatarme la paz para siempre:

—¿Sabes guardar secretos, Mariano? —podría haber preguntado Allende precavido a un hombre de su supuesta e incondicional confianza.

—¡Por supuesto, mi capitán! —habría contestado Abasolo inclaudicable—, nomás póngame a prueba.

—Pues tengo que confiarte algo, pero de hombre a hombre. ¿Me juras que no saldrá de ti aun cuando te estiren en el potro de tormento de la Santa Inquisición? ¿Aunque te coloquen el cinturón de san Erasmo o te apliquen la tortura de la cigüeña?

—Me podrán partir en dos como a los sodomitas, que guardaré silencio eterno, confía en tu amigo —habría asegurado Abasolo, quien seguramente se encontraría en el Infierno por traidor a la nueva patria y a la sagrada amistad.

—Pues en una ocasión, cuando le pedí al cura Hidalgo que le presumiera su obra en Dolores, entré en la habitación de la hostería donde se encontraba Josefa para sorprenderla cuando cepillaba dócilmente su cabellera, sentada frente a un improvisado tocador, una vez disuelto el chongo imprescindible que la caracterizaba.

—¿Qué Josefa? ¿La Corregidora? —habría preguntado un Abasolo escéptico e iluso.

—Por supuesto, ¿quién más...? —podría haber aducido Allende—. Tan pronto me vio corrió a mis brazos vestida, como se encontraba, únicamente con su camisón blanco. Fue un encontronazo con el amor, el más puro amor, el que une a una pareja por atracción física, por empatía intelectual, por similitud de objetivos existenciales, por compartir el mismo sentido del humor e idénticos intereses, una identificación total, integral, absoluta. La Corregidora es una mujer pulcra, atenta a su peinado, a los pliegues de su falda, a la limpieza de su calzado, al cuidado de su aspecto y de su imagen, en lo particular especialmente sensible con su aliento y con la proyección de aromas a su paso, pues se perfuma con delicadeza, tanto las partes íntimas, como su cuello, sus muñecas, su rostro y su cabello. Es la mujer más mujer que he conocido, pues sin ser una auténtica belleza, su sensualidad me conmueve, me atrapa, me seduce, me vence. ¡Claro que cada persona utiliza diversos lenguajes corporales para comunicarse con el sexo opuesto, de modo que una hembra que a mí me trastorna, a ti puede no decirte nada, pero Josefa me induce a la locura: ahora entiendo cómo el corregidor le ha hecho tantos hijos!

—¿Y entonces...?

—No era la primera vez que nos encontrábamos en la intimidad. Nuestro primer encuentro fue en San Miguel, mi tierra, en una coyuntura favorable que ambos entendimos no se volvería a presentar. Nos perdimos en una fonda sin acuerdo previo ni nada por el estilo. Los dos sabíamos nuestra tendencia, nuestra inclinación por el otro, la importancia de aprovechar la menor oportunidad, por ello la tomé de la mano después de una pelea de gallos y mientras su caballerango estaba entretenido en pleno jolgorio, nos obsequiamos una hora de amor sin que ella me consultara siquiera a dónde la llevaba. Sí, pero hay de momentos a momentos: en Dolores no teníamos prisa ni espías, al menos eso creíamos ambos...

¿Y yo qué hacía en Querétaro hecho un imbécil, rodeado de ayudantes y de funcionarios para sacar adelante mis responsabilidades oficiales, insistir en la ayuda a los marginados, mientras mi mujer retozaba con Allende? El sentimiento originado en la deslealtad, la infidelidad del ser amado, no la traición de un colega o de un socio o hasta de un hermano, sino la de tu mujer, la compañera de tu vida, te puede hacer hervir la sangre y llegar a todo con tal de saciar el apetito de venganza. Puedes patear las paredes, entrar a su guardarropa y escupirlo, quemar cuanta prenda encuentres a tu paso, acabar con el menor recuerdo de tu convivencia con ella, hacer añicos sus retratos y romper los obsequios que hayas recibido de ella. Los gritos hasta desgañitarte no sirven para nada, ni siquiera los reclamos a Dios por haberte enviado un dolor tan espantoso e insoportable. ¿Cómo recurrir a un confesionario si en esos lugares la información se administra en términos de las mejores conveniencias del clero? Tuve que tragar mi pesar, mi horrible sufrimiento en soledad, que en aquellos momentos era un denso pantano en el que me hundía irremediablemente.

Las imágenes me asaltaban una a otra como feroces latigazos, terribles azotes de mi conciencia...

—Recibí a aquella mujer inmortal en mis brazos, la tomé como si se tratara del último día de nuestra existencia. Le devolví los besos y las caricias con la misma arrebatadora pasión con que ella lo hacía. ¿No es, acaso, una maravilla dar finalmente con una mujer que siente lo que tú, es intensa como tú, fogosa como tú, delirante como tú, impúdica como tú, dispuesta y gozosa como tú, volcánica, atrevida, ardiente, viva, sedienta, impaciente, devoradora e impetuosa, como tú? ¿No es delirante vivir el sueño con el que siempre soñaste?

—¿Y entonces...?

—Bueno —habría respondido Allende impaciente, como si Abasolo sólo quisiera llegar a la culminación sin poner atención al preámbulo, una de las etapas de mayor erotismo que el acto carnal mismo, pero bueno, debería continuar y continuó—: ella tenía muchas menos prendas que yo, por lo que entre beso y beso traté inútilmente de zafarme las botas hasta caer al piso junto con ella envueltos en sonoras carcajadas. ¡Qué manera de disfrutar a una mujer! Montado encima de ella, totalmente vestido, le mordí los labios a mi Corregidora, mía, mía y de nadie más, se los succioné fuertemente hasta hacerla reír, sólo que ella no sonreía, vivía el instante como el condenado a muerte al que le sirven la última cena antes de la ejecución. Ella intentó quitarme el cinturón pero el peso de mi cuerpo se lo impedía, hasta que decidí apearme al menos para privarme de la ropa elemental que impedía el contacto con la carne. Mientras lo hacía, ella, colocada de rodillas, me introducía juguetona la lengua en el oído, haciéndome sentir unos escalofríos de horror. Parecía una chiquilla que alborotaba mi cabello, me tapaba los ojos, me hacía cosquillas en lo que me desvestía, o mejor dicho trataba inútilmente de hacerlo, tirado en el piso en las circunstancias en que me encontraba. Como no dejaba de retozar y después de haber cumplido a medias mi objetivo, sin poderme desvestir por completo, una vez perdida la paciencia, ahí mismo salté sobre ella para inmovilizarla con mis manos sujetando sus brazos contra los tapetes. Ella negaba con la cabeza, agitándola de un lado al otro, mientras yo incursionaba lentamente en aquel territorio de la alegría, la poseía sin perder de vista ni un solo instante las contracciones de su rostro, sus silencios, sus sudores, sus quejidos apenas audibles, sus párpados crispados. Se mordía los labios, se retorcía gozosa, suspiraba sin poder abrazarme.

¿Desde cuándo no jugaba yo con Josefa en el cuarto, en nuestra intimidad? Nuestra horrorosa rutina había apagado, con el paso del tiempo, el fuego de nuestro amor. Ni siquiera compartíamos la tina porque mis carnes escurridas me avergonzaban y no era un episodio antojadizo, sino que, en todo caso, inspiraba pena y compasión. Evidentemente que ya no éramos la feliz pareja que había huido en busca del amor la mañana aquella de la recepción en la Hacienda de los Morales. ¿Qué quedaba de nuestra pasión vivida con la máxima intensidad en la hostería de Las Mercedes? La juventud se me había escapado. Ella disfrutaba sus últimos momentos carnales antes de caer, como yo, en la decrepitud. Sin poder domar mi imaginación, ésta insistía en demolerme, lastimándome, sin piedad alguna, en mis partes más sensibles.

—Josefa sabía que me impresionaría su reacción y me la obsequiaba a su máximo esplendor. De pronto, apreté el paso, acicateé en los ijares a la hembra y arremetí, arremetí sin piedad alguna, una y otra vez, la solté, liberé sus brazos, me arroparon, me rodearon, se sujetaron de mi cuello, me arañó la espalda en venganza, me atrapó, hasta que ambos cerramos los ojos y gritamos cuando unos gigantescos fuegos artificiales mancharon con mil colores la inmensidad de la bóveda celeste. Como no quisimos morir separados, todavía apretamos jadeantes nuestros cuerpos para entrar juntos a la eternidad, ese momento de la vida que sólo sabemos distinguir los privilegiados que hemos vivido el verdadero amor... —¡Por supuesto que Abasolo no habría entendido nada! Allende se habría opuesto a explicarle cualquier detalle. Echado el último sorbo de café sobre la fogata se habría dispuesto a dormir. Obviamente dándole la espalda: nada quedaría ya que hablar entre ellos...

Estos momentos se repetían, uno a otro, en mi mente. El castigo era insoportable, excesivo. No había tregua ni misericordia ni clemencia. Mi casa, mi gabinete, Querétaro se habían convertido en prisiones para mí. El desconsuelo y la congoja me acompañaban como una sombra amenazando con acabar con mi salud. ¿Quién podía soportar semejante flagelo sin morir?

Yo desconocía lo acontecido en Dolores entre Allende y mi mujer en aquel julio de 1810, si bien estaba al tanto de los planes para llamar a la independencia en octubre de ese mismo año. Asistía regularmente a la academia acompañado de Josefa, sabía los nombres de todos los implicados, la conjura marchaba a la perfección. Yo también soñaba con un nuevo país, en devolvérselo a sus dueños originales, en erradicar la histórica desigualdad, en generar riqueza y en compartirla, en permitir el acceso de todos a la toma de decisiones nacionales, en educar, sí, en educar al noventa y ocho por ciento de analfabetos generados durante la Colonia, ¿qué futuro le podía esperar a un país de ignorantes? ¿Qué se podía construir en dichos términos, cómo poner una piedra encima de la otra, ante semejante apatía, decepción y tristeza? ¡Bienvenida la independencia, pero sin recurrir a las armas!

Las relaciones con Josefa se deterioraban cotidianamente en la medida en que nos acercábamos a la fecha fatal del 16 de septiembre. Nunca dormíamos juntos, sino en habitaciones separadas; debo reconocer que mi creciente malestar hacia ella, nuestras ásperas diferencias, nuestros reiterados enfrentamientos verbales que en varias ocasiones prácticamente nos condujeron a la violencia física, impidieron mis reiteradas visitas a su habitación. Un año y medio después del nacimiento de nuestro duodécimo hijo, José María Hilarión, en 1807, nuestras relaciones habían empezado a deteriorarse. ¿Y si no hubiera sido nombrado corregidor y no hubiera permitido que Josefa se contaminara con este polvorín de ideas revolucionarias, habría salvado mi matrimonio y evitado, además, su infidelidad? ¿En Querétaro enterraría todas mis ilusiones? ¿Por qué habría aceptado el cargo? ¿Era el precio a pagar por mi vanidad de avanzar en mi carrera política? Podía contar por minutos cómo perdía a mi mujer, la mujer de mi vida. Sí, pero ella se negaba a entender el doble juego en el que yo participaba. ¡Imposible que yo abriera las barajas y adoptara el papel de un conjurado, de otro insurgente! Todavía aceptaba la posibilidad de hacer el cambio por adentro, convenciendo a la audiencia, al clero, a los criollos y a ciertos españoles adinerados, de la procedencia de llevar a cabo un proceso de autonomía civilizado y respetuoso sin tenernos que matar los unos a los otros para detentar el poder. Ella me pedía que me abriera el pecho, que lo expusiera a las balas si fuera necesario, que me abstuviera de seguir adoptando posiciones conservadoras y mojigatas, que jamás conquistaríamos la libertad por medio de las palabras, sino de las balas, que tomara un mosquete, desenvainara la espada y me fuera a luchar por los desposeídos, que expulsáramos como fuera a los españoles, que acabáramos con instituciones salvajes como la Santa Inquisición y la esclavitud, que repartiéramos tierras a los hambrientos, que construyéramos escuelas, que nos apoderáramos del tesoro público y lo invirtiéramos en México sin que se lo robaran los peninsulares: aquí era donde hacía falta invertir la riqueza generada en la colonia, en lugar de mandarla a la metrópoli para que se la gastaran en barquitos, en brocados, en pañuelos de seda y en vinos y licores...

—¡Reacciona, Miguel, vayamos a las armas! Es el único lenguaje que entienden los hispanos. De la misma manera en que ellos se impusieron, ahora tenemos que liberarnos de ellos.

¿Qué alternativas tenía? Una, quitarme la careta y tomar las armas, después de renunciar a mi cargo. Me jugaba el pellejo, un problema menor y, además, la posibilidad de sepultar en la orfandad a mis hijos. La otra, permanecer en el cargo y ayudar con el debido talento desde adentro. Opté por lo segundo, a pesar de que Josefa no entendería absolutamente nada de mi actitud... ¡Qué lejos estaba yo de parecerme a Allende montado en su hermoso caballo blanco, desafiando, espada en mano, al universo!

Hidalgo cumplía al pie de la letra el acuerdo con Allende de dedicarse a organizar y dirigir políticamente el movimiento, en tanto que él se ocuparía de la vertiente militar, en la que era un experto. Desde el curato, Hidalgo nombró agentes corresponsales en las entonces provincias de San Luis Potosí, en las internas de oriente, en las de México y Michoacán. El día del «gran jubileo se encuentra cerca», le escribiría a diversos caudillos, en especial a su discípulo y amigo José María Morelos. La cadena de levantamientos armados detonarían en todo el país de la misma manera en que una chispa incendia la mecha colocada alrededor de varios pueblos y ciudades de la Nueva España. Estallarían por los aires trescientos años de oscuridad, oprobio y explotación colonial. La fecha del levantamiento se acercaba. Los preparativos se hacían cada vez más rápidamente, se distribuían funciones, se encargaban plazas, se designaban responsables y se trazaban planes de avance y de resistencia civil. Sí, pero entre los conjurados crecían el nerviosismo y las dudas... La estructura ya era demasiado grande como para que no se dieran traiciones y filtraciones e indiscreciones. Había que apurar el paso. El factor sorpresa jugaba un papel determinante. Cuando los realistas despertaran, ya media colonia estaría tomada por los insurgentes.

Hidalgo atraía a la causa al pueblo abandonado, hambriento y dolorido. Para los primeros días de septiembre, empeñado en lograr la adhesión del batallón provisional de infantería de Guanajuato, mandó a llamar a Dolores al tambor mayor y maestro de música de aquel cuerpo, Juan Garrido, y a dos sargentos del mismo cuerpo: «les propuso el plan de insurrección y les prometió hacerlos oficiales, les ofreció a cada uno setenta pesos para convencer al resto de la tropa. Aceptaron todos ellos y después de las fiestas se retiraron luego de haber jurado secrecía y lealtad».

El 4 de septiembre de 1810, Allende le encomendó al capitán Joaquín Arias, al frente del batallón segundo de Celaya, la detonación del principal foco de la conspiración: Querétaro. Previo juramento ante Dios en el sentido de que nunca, en ninguna coyuntura, traicionaría la causa, procedió a entregarle la cantidad de dos mil pesos para el mantenimiento de su gente.

El viernes 7 de septiembre de 1810, con el pretexto de saludar a mi hija Pepita, lo encontré en mi propia casa, en la sala, eso sí, acompañado del gran Aldama, despidiéndose de la corregidora... El plan, según nos dijo, empezaba a operar a la perfección: se había hecho un buen acopio de armas; los nuevos conjurados crecían en número e importancia. La mística para el combate estaba presente en todos los espacios. Nadie había revelado, supuestamente, el secreto, cuya violación se pagaría con la vida.

Bajo el disfraz de saraos y reuniones literarias del grupo de Los Apatistas, los conspiradores daban los últimos toques a la conjura, sin percatarse de que una ola de rumores se erguía sobre la academia... y se expandía por calles, plazas, iglesias, parroquias, fondas, hosterías, comercios, mercados y pulquerías. Los conspiradores se contaban en número de cuatrocientos. En muy poco tiempo, según me di cuenta, la información comenzaría a filtrarse a oídos enemigos: era un secreto a voces.

El 9 de septiembre se hizo la primera denuncia formal de la conspiración, en San Miguel, y se dio aviso a la ciudad de México. Al día siguiente, en Querétaro, el capitán Joaquín Arias, sospechando que la conspiración se había descubierto y con temor de ser apresado, pues era él quien dirigiría el movimiento armado en esa ciudad, se denunció a sí mismo y a sus cómplices, con lo cual salvaba la vida al traicionar a los suyos. Para el 11 de septiembre, Juan Ochoa, el alcalde formal, había escrito dos denuncias al oidor Guillermo Aguirre. Los nombres de los conspiradores y el plan inicial estaban ya en los labios de las personas equivocadas. Los realistas respondían movilizándose en silencio y con la debida discreción, como el tigre que acecha a su presa. Éramos observados, sin percatarnos, a través de una enorme lupa.

Para el 13 de septiembre, el tambor Garrido cantaba. José Antonio Riaño, el intendente de Guanajuato, escuchaba todo lo pactado con el cura de Dolores a principios de mes y recibía también los setenta pesos que el cura le había dado a Garrido. Riaño, el ilustrado y viejo amigo de Hidalgo, mandaría inmediatamente al subdelegado de San Miguel la orden de que se aprehendiera a Allende y Aldama y que después pasara por Dolores e hiciera lo mismo con el cura Hidalgo.

La orden de Riaño no llegaría a su destino: fue interceptada previamente por Allende, quien no pudo evitar otras instrucciones para lograr su aprehensión porque sobre él pesaban grandes sospechas. Allende huyó de San Miguel y cabalgó toda la noche hasta llegar, el 14 en la madrugada, a Dolores, con el propósito de informar al cura Hidalgo de que todo había sido descubierto. Mientras tanto, de regreso en Querétaro, los delatores seguían saliendo de las alcantarillas. Manuel Iturriaga, ex conspirador de Valladolid, y viejo conocido de Hidalgo, pues sucedió a éste como rector del Colegio de San Nicolás, fue junto con Allende e Hidalgo autor del movimiento de conspiración que se extendería a diferentes lugares de la Nueva España. A principios de septiembre cayó enfermo y en su lecho de muerte, con el fin de descargar su conciencia, confesó en tono de pecado todo acerca de la conspiración que se estaba fraguando y de su participación en las conjuras de Valladolid y Querétaro. El cura Rafael Gil de León, quien le administró la extremaunción, simpatizante del movimiento, confesó igualmente a un español de nombre Francisco Bueras que una junta conspiradora estaba tomando lugar en Querétaro, que el objetivo principal de la junta era hacer estallar la revolución, que estaba enterado de mi participación como corregidor, así como la de mi esposa, y también sabía de los lugares donde se fabricaba el armamento; los mozos que manufacturaban los cartuchos habían delatado los trabajos que hacían en la clandestinidad. Las últimas palabras del también moribundo Bueras consistieron en denunciar el plan insurgente para degollar españoles como él, pero que, como último gesto de lealtad a la corona, ya había dado aviso de todo al comandante de brigada García Rebollo.

Trabajábamos, sin saberlo, tras una vitrina. Josefa también había sido denunciada, según me lo confirmó el propio cura Gil de

León. Mi esposa, mi familia, mi cargo, yo mismo, todos estábamos sentenciados. ¿Cómo salir del embrollo? ¿Cómo explicarle al virrey estas denuncias sin ser pasado por las armas o ir a dar a los sótanos de la Inquisición para ser sometido a los más infames suplicios? El miedo se apoderó de mí cuando acabé de escuchar las palabras del cura, quien obviamente me confiaba un secreto de confesión que al ser violado le acarrearía a él sanciones igualmente severas e irreversibles. Mi obligación era protegerlo y resistir cualquier tortura sin pronunciar jamás su nombre.

¿Qué hacer? No había espacio para fingimientos. Frente a frente, marido y mujer, expusimos nuestros respectivos y no menos furiosos puntos de vista. Yo invocaba la lealtad a mi cargo y la posibilidad de utilizarlo civilizadamente en beneficio de la causa, además de mis obligaciones como funcionario, mi dignidad de hombre y de marido y el buen nombre de nuestros hijos. Ella alegaba temperamentalmente el derecho a una patria libre a cualquier costo, respeto a la más elemental dignidad humana y para lograrlo había que recurrir a las armas. No se detendría ante nada ni ante nadie. Imposible entendernos. Destruíamos nuestro hogar por diferencias políticas. Coincidíamos en los objetivos, pero no en la manera de lograrlo. Como sabía que Josefa no aceptaría de ninguna manera mi estrategia política de salvación, no comprendería las razones por las que encarcelaría a los nuestros y sabiendo que carecía de cualquier control sobre ella, decidí, contra mi voluntad, una vez agotado el diálogo y el intercambio de insultos, encerrarla en su habitación con lujo de fuerza y a violentos empujones, tomándola por el chongo, arrastrándola por el piso como una fiera herida, entre amenazas y arañazos, gritos y denuestos. No tenía otro remedio. Josefa era capaz de salir a la calle y tomar un caballo o robar un carruaje para avisarle a Allende del descubrimiento de la conspiración. Su fanatismo le podía haber costado la vida y a mí la cárcel, cuando menos. Tenía que encerrarla y la encerré bajo llave que llevé conmigo antes de arrestar a mis amigos, a nuestros amigos, mis cómplices, mis audaces compañeros de interminables veladas cuando urdíamos para conquistar la libertad, como Epigmenio y Emeterio González, a quienes yo protegería bajo mi custodia para que no los sacrificaran y salvándome yo, junto con Josefa. Necesitaba aparentar que ya había atrapado a una parte de los conspiradores, que estaba en contra del movimiento, y, de esa suerte, no se me podría ya tachar como cómplice de los insurgentes, aun cuando evidentemente lo era. Las sospechas ya no se cernirían sobre mí... Lo demás serían meras habladurías, habladurías que pronto se convirtieron en tropel, porque no eran una sino varias las fuentes que nos señalaban como autores de la sedición.

Mi adorada Josefa no podría dejar que el movimiento que tanto amaba y en el que tanto desvelo y energía había puesto se convirtiera en una conspiración fallida más. Encerrada desde su habitación, dando fuertes golpes en la pared, taconazos, según supe después, logró comunicarse con el alcaide de cárceles de Querétaro, Ignacio Pérez, a quien pidió que fuera inmediatamente a ver a Allende para avisarle las últimas noticias acerca del descubrimiento de la conspiración. Pérez no tenía los recursos para cumplir el encargo de doña Josefa, pero ella recalcó su importancia y le rogó, pared de por medio, que fuera como pudiera. Ignacio salió de nuestra casa, bajó por la calle del Biombo y, al no tener los medios, robó un caballo que estaba frente a una barbería y cabalgó toda la noche para llevar el crucial mensaje de mi esposa.

Pero Ignacio Pérez no era el único plan de Josefa: mandó a llamar, por medio de su hijastra, al cura José María Sánchez, que vivía cerca de las casas reales, donde se acostumbraba a celebrar las reuniones de conjurados, para que le pagase una visita, nada más y nada menos, que a Joaquín Arias, el gran traidor, que nos había delatado un par de días atrás; después de todo, era el encargado de comenzar el levantamiento en Querétaro, aunque en ese momento ya era el confidente de las autoridades españolas.

Arias recibió la embajada con la petición de que comenzara el levantamiento, que la conspiración había sido descubierta y que era urgente tomar acción para contrarrestar el tiempo perdido, le dijeron de parte de Josefa. ¿A quién le fue a pedir ayuda...? ¡Metió la mano en el hocico del lobo! La reacción de los conspiradores fue una sorpresa: la comitiva insurgente fue recibida con largas y esperas hasta que la misma corregidora fue acusada por Arias de precipitar los hechos, por lo que sin más, denunció a mi esposa y a los demás conspiradores ante el sargento mayor de su regimiento y ante el alcalde ordinario Juan Ochoa. El techo se nos caía encima.

Para llevar a cabo nuestra aprehensión, los españoles planearon una farsa, donde aprehendieron a Joaquín Arias con el consentimiento de éste para no despertar sospechas. Así, le encomendaron a Arias que llevara en su poder algunas cartas que permitieran considerarlo como implicado. Arias, que había mostrado previamente las cartas a los españoles, llevó unas enviadas por el cura Miguel Hidalgo a Ignacio Allende y las que éste a su vez le había enviado a él mismo. También llevaba un oficio que tenía una especie de plan general de la revolución, donde se decía que se pensaba poner un emperador y varios reyes feudatarios.

La trama de la obra comenzó. Aprehendieron y revisaron a Arias hasta *encontrarle* todas las cartas comprometedoras. Posteriormente lo llevaron al convento de la Cruz, custodiado por el alcalde Ochoa, Juan Fernando Domínguez y José Alonso. El convento estaba ocupado en su totalidad por frailes españoles; ahí le tomaron una declaración, totalmente falsa, pero en ella dio datos verdaderos de quienes éramos los demás conjurados.

El alcalde Juan Ochoa se sintió respaldado con las declaraciones de Arias y, a pesar de carecer de autoridad legal, proveyó auto de prisión contra todos los conjurados y después pidió auxilio al comandante Ignacio García Rebollo, quien puso cien hombres sobre las armas. A las doce de la noche de ese día 15 de septiembre de 1810, fui arrestado, junto con mi esposa y 15 personas más...

Josefa fue trasladada al convento de Santa Clara, a pesar de encontrarse embarazada y de que dejaba abandonada a su numerosa familia compuesta de once hijos, que estuvieron igualmente presos, pero con tal rigor, que la guardia de las casas consistoriales y centinelas de vista puesta en los corredores, no permitían a nuestros hijos salir de sus habitaciones.

Lo que sí logró Josefa es que Ignacio Pérez llegara a Dolores para comunicarles las malas nuevas a Allende y al padre Hidalgo. Ya en la madrugada se tenía que tomar una decisión crucial, o estallaba el movimiento de independencia o se comenzaba a apresar gachupines en ese mismo momento. ¡Urgía una definición! Era de vida o muerte.

El descubrimiento de la conspiración había coartado casi todos los planes de un movimiento masivo que había sido preparado con meses de antelación: no quedó otra opción más que eliminar el orden y conjurar una horda de indios enfurecidos, desarmados, incapacitados y hambrientos para enfrentarlos al ejército realista, que muy pronto daría con los cabecillas, los derrotaría por diferencias internas y dislocaría el movimiento pasándolo por las armas.

¿Dónde estaban los fusiles, las bayonetas, los sables y las fornituras para la infantería y las armas para la caballería? ¿Los cañones de campaña, las balas, la metralla, las cureñas, los arneses de tiro y las tiendas de campaña? ¿Sólo palos, garrotes y frustración con resentimientos? ¿Esas eran las municiones?

¿Por qué tenía Josefa que avisarle a Allende y no a Hidalgo? ¿Por qué Allende, por qué, por qué, por qué? Me preguntaba en mi encierro. ¿Por qué estaba embarazada mi mujer si con tantas diferencias, riñas y distanciamientos, ni siquiera había hecho las visitas conyugales tan acostumbradas como deliciosas a su habitación? ¿Por qué? ¿El fruto de su vientre era mío? ¡Imposible! Estos pensamientos me agotaron, me agobiaron y me sublevaron durante los días de cautiverio. Confrontar directamente a Josefa hubiera significado una ofensa imperdonable. Plantear la duda era un atrevimiento y, por otro lado, tragármela significaba envenenar mis días. No tendría otro remedio que esperar a que el coraje y el sentimiento de traición me devoraran las entrañas. Sólo que, como la verdad siempre aflora, el tiempo, que todo lo cura, se encargaría de darme la paz o perderla para siempre. ¿Qué hacer cuando pasara de las suposiciones a los hechos, de las fantasías a la realidad por más dura que ésta fuera? ¿La acusaría de adúltera? ¿La abandonaría en la calle? ¿Cuál sería la respuesta de nuestros vástagos si yo cometía una villanía a sus ojos? Por el momento tenía la sensación de que alguien me hundía la cabeza en una tina llena de desechos humanos...

A las cinco de la mañana del 16 de septiembre de 1810, el cura Hidalgo arengó a la multitud en el atrio de la parroquia de Dolores, diciendo que el movimiento que acababa de estallar tenía por objeto derribar el mal gobierno quitando el poder a los españoles que trataban de entregar el reino a los franceses; que con la ayuda de todos los mexicanos la opresión vendría por tierra; que en adelante no pagarían ningún tributo y que a todo el que se alistase en sus filas llevando consigo armas y caballo pagaría él un peso diario y la mitad al que se presentara a pie. Muchos de los que ahí estaban se apresuraron a confundirse con los insurrectos y de aquella compacta muchedumbre salieron los gritos: «¡Viva la independencia!». «¡Viva la América!» «¡Muera el mal gobierno!» «¡Viva Fernando VII, rey de España!», preludio de los que mil y mil veces atronarían los campos de batalla durante once años de pavorosa contienda.

El lector de estas líneas apresuradas y tortuosas no debe preocuparse porque en el Grito de Independencia el cura Hidalgo haya exigido vivas al rey de España, en apariencia una contradicción para quien deseaba romper con la corona; sin embargo, se trataba de no irritar ni provocar a las autoridades virreinales con la idea de una fractura total con la metrópoli, lo cual hubiera estimulado una represalia mucho más severa que la que finalmente se produjo. Hidalgo se negaba a proclamar el nombre de Fernando VII, pero acabó por aceptar la sugerencia de Allende y no despertar la ira de la autoridad que, por otro lado, amenazaba con ser enorme y sangrienta, como en realidad lo fue.

Después, como ya es bien sabido, inició el movimiento de independencia en el que los resentimientos, los rencores, el hambre, las vejaciones, las carencias y las humillaciones sufridas durante trescientos años surgieron a flor de piel adquiriendo una violencia inusitada. Cuando se incendia un bosque intencionalmente, el viento, siempre veleidoso, puede hacer cambiar de un momento a otro la dirección del fuego y quemar precisamente a aquellos que iniciaron la conflagración. Ese fue el caso. Josefa y yo fuimos liberados y exclaustrados del convento, junto con otros conspiradores, una semana después por el virrey Venegas. Logré ser restituido en mi cargo, después de considerarse un atropello mi aprehensión. Mi esposa, en cambio, continuó vigilada y sometida a una sospecha y escrutinio permanentes. Hidalgo comenzó por ordenar el arresto de los párrocos españoles incondicionales de la corona que habían utilizado los confesionarios para informar al virrey de cualquier conato de sedición. Los párrocos españoles eran los primeros a los que se pretendía pasar a cuchillo. El talento y la visión política del cura de Dolores le hicieron percibir la importancia de tomar un estandarte de la virgen de Guadalupe en Atotonilco, para captar aún más la atención de las masas y atraerlas para sumarlas a la lucha por la libertad. Se logró el efecto deseado. Las diferencias entre Hidalgo y Allende no se hicieron esperar desde que los pueblos tomados por los insurgentes empezaron a ser materialmente saqueados por la tropa. Hidalgo, sin estar de acuerdo con los robos masivos, entendía que éstos eran una forma de pagar y de gratificar a la gente y que, por otro lado, concedían el derecho a la venganza ancestral. Allende, como militar amante del orden, se negaba a aceptar semejantes ultrajes, sobre todo cuando se trataba de las mujeres violadas, porque estas actitudes desprestigiaban al movimiento. «No podemos pasar como unos salvajes peores que los mismos españoles». Estas diferencias, a la larga, acabarían con la relación entre ambos líderes, las auténticas cabezas y, por esta razón, se sentarían las bases del escandaloso fracaso futuro. Imposible olvidar cuando Allende, que se encontraba en uno de los balcones de su casa, se daba cuenta del desorden en el propio San Miguel; lleno de indignación mandó pedir su caballo, montó en él «de bata, chinelas y espada en mano empezó a recorrer los puntos más tumultuosos, reprochando a los amotinados su conducta y cintareando a algunos, logró restablecer el orden y aun despejar las calles y las plazas». Actitud correcta en un militar de cualquier época. Hidalgo se sintió ultrajado por el maltrato. La distancia entre ambos crecería con el tiempo.

La pavorosa sequía que azotaba al Bajío y a buena parte del país se había traducido en una gigantesca hambruna, la hambruna se convirtió en desesperación y la desesperación indígena aportó miles de voluntarios para la causa de la independencia, de tal manera que apenas unos quince días de iniciado el movimiento insurgente, Allende e Hidalgo ya contaban con más de setenta mil hombres, ciertamente muy difíciles de coordinar, de alimentar, de armar, de capacitar y obviamente de controlar. La chusma alborotada saqueó entonces la ciudad de Celaya. Una muchedumbre frenética y furiosa, ostentando un justificado odio hacia los españoles y presintiendo el arribo de la libertad y la cancelación de la esclavitud, encontró en la destrucción y en el degüello de extranjeros la manera idónea para vengar tres siglos de agravios. Los pueblos se rendían voluntariamente a los insurgentes tanto en Salamanca, como en Irapuato, como en Silao, hasta concluir con la toma de la Alhóndiga de Granaditas que acabó en una carnicería con la muerte de más de doscientos españoles y otros tantos indígenas caídos en combate. Sin distinción alguna, hombres, mujeres y niños fueron asesinados y despojados de cuanto llevaban encima, sus cadáveres quedaron desnudos, tendidos entre charcos de sangre, en tanto que el oro y la plata, las joyas y la mercancía más preciada la arrebataba la tropa insurgente en la confusión de aquella escena dantesca. Los pocos que quedaron vivos fueron llevados a la cárcel en medio de una muchedumbre que los insultaba y los golpeaba, amenazándolos con la muerte.

La Iglesia, representada en un principio por Manuel Abad y Queipo, no tardó en excomulgar a Hidalgo el mismo 24 de septiembre de 1810, excomunión en la que quedaban incluidos todos aquellos que militaban junto con él en las filas de los insurgentes. Sin embargo, esta demoledora arma espiritual utilizada en contra de la insurrección, no surtió los efectos deseados. Por lo visto, nadie temía pasar la eternidad en el Infierno o nadie aceptó la validez de semejante herramienta, un chantaje para dominar el levantamiento. El clero ofreció recompensas a quien entregara vivo o muerto a Hidalgo y sus capitanes. La oferta se tradujo en otro fracaso. Ni siquiera cuando el virrey Venegas ofreció diez mil pesos para quien diera muerte a Hidalgo, Allende y Abasolo, tuvo éxito la proclama contenida en el bando real. En todo caso, las multitudes lo ignoraron. Con Lucifer y sin él, nadie los iba a detener...

El 11 de octubre de 1810, el señor obispo Lizana, queriendo atemorizar aún más al pueblo mexicano que deseaba su independencia, usó toda la fuerza clerical para asustar a los creyentes, y publicó el siguiente edicto:

...Que habiendo llegado a sus noticias que varias personas, por ignorancia o malicia, han llegado a afirmar no ser válida ni dimanada de autoridad legítima la declaración de haber incurrido en la excomunión las personas nombradas en dicho edicto, desde luego declara que la enunciada excomunión está hecha por superior legítimo... Con entero arreglo a derecho y que los fieles cristianos estarán obligados en conciencia, so pena de pecado mortal, y de quedar excomulgados, a la observancia de lo que la misma declaración previene, la cual hacía y ratificaba dicho prelado por lo respectivo a su jurisdicción...[10]

Con la toma de Guanajuato, Hidalgo se hizo llamar Capitán General de los Ejércitos de América. Era claro que empezaba a perder contacto con la realidad. Sólo que el gobierno virreinal no tardaría en responder ante la violencia desatada, de ahí que el teniente general Félix María Calleja publicara la siguiente proclama para dejar muy en claro el papel de la autoridad.

Soldados de mis tropas: os han reunido en esta capital los objetos más sagrados del hombre; religión, ley y patria. Todos hemos hecho el juramento de defenderlos y de conservarnos fieles á nuestro legítimo y justificado gobierno. El que falte á cual-

[10] Chavarri, 1957: 62.

quiera de estos juramentos, no puede dejar de ser perjuro, y de hacerse reo delante de Dios y de los hombres. No tenemos más que una religión, y es la católica, un soberano, que es el amado y desgraciado Fernando VII, y una patria, que es el país que habitamos, y á cuya prosperidad contribuimos todos con nuestros sudores, con nuestra industria y con nuestras fuerzas. No puede haber, pues, motivo de división entre los hijos de una propia madre. Lejos de nosotros semejantes ideas que abrigan la ignorancia y la malicia. Sólo Bonaparte y sus satélites han podido introducir la desconfianza en un pueblo de hermanos. Sabed que no es otro su fin que dividirnos y hacerse después dueños de estos ricos países, que son tanto tiempo el objeto de su ambición... A esto conspira la sedición que ha promovido el cura de Dolores y sus secuaces: no hay otro camino que evitarlo, que destruyendo antes esas cuadrillas de rebeldes que trabajan en favor de Bonaparte...

San Luis Potosí, 2 de octubre de 1810[11]

Esa era la posición militar del virreinato; sin embargo, vale la pena recordar la postura del clero ante la repartición de tierras a los indios, propuesta por Hidalgo. Era preferible, a sus ojos, continuar con los bienes de manos muertas, esos inmensos territorios propiedad de la Iglesia que permanecían inexplorados y abandonados, que favorecer el desarrollo económico y social de los más desfavorecidos: ¡cuánto egoísmo, Dios mío!

El Obispo de Guadalajara, don Juan Ruiz Cabañas, en edicto de 24 de octubre hacía extensivas a los habitantes de sus diócesis que abrazaran las causas de la Independencia, las excomuniones pronunciadas contra el señor Hidalgo por el Obispo de Valladolid, el Arzobispo de México y el Tribunal de la Inquisición, refiriéndose a la devastación y exterminio que debía producir el designio del Cura Hidalgo, de querer entregar las tierras a los indios.[12]

Allende e Hidalgo, al sentirse perseguidos por Calleja y sabedores de que la ciudad de México estaba desguarnecida, trataban de decidir la conveniencia de tomarla después de apoderarse de Querétaro y de los pueblos circunvecinos y de apuntarse un éxito notable en

[11] Arteaga, 2003: 187-189.
[12] Cue, 1966: 98.

el Monte de las Cruces, batalla en la que fue derrotado Iturbide. En esta decisión se encuentra la debacle del ejército insurgente puesto que Allende insistía en la toma de la ciudad de México en tanto que Hidalgo entendía como temeraria, peligrosa y suicida semejante decisión. No tomaron la capital de la Nueva España y desperdiciaron una espléndida oportunidad estratégica. El cura de Dolores traicionó el pacto con Ignacio Allende, desde que renegó de la autoridad militar que éste ejercía, según lo pactado. El virrey Venegas, quien ya arreglaba su equipaje para partir a Veracruz y zarpar de inmediato rumbo a España, dándose por vencido, no salió de su azoro cuando fue informado de que las tropas insurgentes abandonaban repentinamente el sitio de la ciudad de México y se dirigían a Guadalajara. Nadie suponía las divisiones existentes entre los jerarcas de los ejércitos de la libertad. Miguel Hidalgo, en aquel entonces ya se hacía llamar Generalísimo...

Como Calleja se percató de la atracción que ejercía la virgen de Guadalupe en las tropas rebeldes, decidió nombrar a la virgen del Pueblito como generala de los ejércitos realistas. Se entabló entonces un combate entre los poderes divinos. Hidalgo declaró la abolición de la esclavitud, al tiempo en que rechazaba la oferta de Allende de capacitar militarmente a la tropa. El suicidio se seguía gestando, así como las divisiones se venían ahondando. De esta suerte, Allende es derrotado en la Batalla de Aculco, en razón de que el cura de Dolores se había negado a mandarle los refuerzos imprescindibles para alcanzar la victoria. El rompimiento era irreversible. Jamás olvidaré cuando Félix María Calleja recuperó la ciudad de Querétaro y me vi obligado a encerrar, de nueva cuenta, a Josefa en su habitación porque, como autoridades invitadas al ágape, en mi carácter de corregidor, mi esposa había decidido escupir a Félix María Calleja en pleno rostro, después de calificarlo de mil maneras altisonantes a pesar de que nos habían devuelto la libertad y a mí el cargo público.

En los meses subsecuentes Hidalgo se negó a apoyar militarmente a Allende. Volvió a traicionar el pacto entre ambos, porque cuando este último le pidió ayuda para someter militarmente al Bajío e Hidalgo se opuso a proporcionársela para precipitar la derrota en Guanajuato, se acabó la última posibilidad de entendimiento entre ambos. Fue entonces cuando Hidalgo se hizo llamar Su Alteza Serenísima y Allende trató de envenenarlo en tres ocasiones: le resultaban insoportables las tendencias monárquicas del cura de Dolores. Lo hubiera fusilado sin más...

Ignacio Allende consideró que era lícito, así lo declaró en su causa, darle un veneno a Miguel Hidalgo para...

> ...cortar los males que estaba causando, como los asesinatos que de su orden se ejecutaban en dicha ciudad, con los muchos más que amenazaba su despotismo, lo que no pudo ejecutar por lo mucho que el cura se reservaba de él, pues por lo demás, apoyándolo en su idea Maldonado y Villaseñor, compró el veneno por medio de Arias, para aprovechar la ocasión que se presentase a cualquiera de los tres, y de eso cree que han de ser sabedores don José María Liceaga, don Vicente Saliderno; y que aun en su equipaje podrá hallarse la parte del veneno que se reservó para el efecto.[13]

Las degollinas de españoles continuaban sin que Hidalgo impidiera las matanzas ejecutadas por sus soldados, porque éstos, según él, estaban sedientos de sangre debido al odio acumulado durante siglos y que ahora estallaba contra la clase representante de los opresores, resultando por lo mismo explicado y hasta justificado el aniquilante impulso; y que habría sido peligroso además de inútil tratar de frustrarlo, pues la fiera saltaría sobre los obstáculos y su furia destruiría más aún, incluyendo a quien la contrariara. El caos militar se imponía, en tanto las divisiones internas se exacerbaban. La derrota final era inminente. Allende buscaba la mejor oportunidad para destituir a Hidalgo de la misma manera en que lo había nombrado. De cualquier manera Calleja merodeaba en las afueras de Guadalajara, mientras continuaban las diferencias entre Allende e Hidalgo, el primero reacio a dar la batalla en esa ciudad y el segundo decidido a hacerlo en las afueras, en el Puente de Calderón, donde las tropas insurgentes fueron definitivamente exterminadas. Hidalgo fue depuesto de todo poder político y militar y se le señaló como el causante de todas las derrotas. Fue entonces cuando Ignacio Allende decidió iniciar una marcha al norte, a Estados Unidos, con el objetivo de rearmarse, reordenar su ejército diezmado y abastecerse de

---

[13] María y Campos, 1964: 211.

recursos. Empezaría un mortal peregrinar por tierras áridas sin el equipo ni los comestibles, ni mucho menos el agua, necesarios para emprender un viaje rodeado de tantas adversidades y obstáculos de toda naturaleza. Ignoraba que se acercaba a una trampa mortal colocada por el clero de la que nadie saldría con vida.

Ya sea por la desmoralización que siguió a la desastrosa derrota de Puente de Calderón, ya por el desprestigio que trajo a la causa la excesiva saña de Hidalgo contra los españoles de Guadalajara y de los pueblos que la insurgencia en retirada iba dejando atrás, ya, en fin, por el tremendo efecto que causaba entre la población la predicación desde los púlpitos de la contrarrevolución fomentada por el alto clero, el hecho es que la insurgencia, en su fuga hacia el norte, se deshacía a pedazos. De camino a Saltillo, proveniente de Zacatecas, el propio Allende era masivamente abandonado por sus seguidores, situación dramática que le hizo ver el mismo Hidalgo. Ni en su desesperación, sintiéndose mortalmente perseguidos, aceptaron la posibilidad de indulto propuesto por el virrey Venegas: «Jamás aceptaría someterse a la ignominia del arrepentimiento por haber encabezado la más justa de las causas y la más necesaria de las revoluciones». Esa era una cuestión de indudable dignidad. Sin duda, uno de los rasgos que lo hacían identificarse tanto con su querida Josefa. Lo que deseaba afanosamente era llegar a refugiarse en Estados Unidos, la única manera de continuar la rebelión y aun de salvar el pellejo.

El capitán Ignacio Elizondo, un importante contacto insurgente en las Provincias Internas de Oriente, y uno de los mayores colaboradores financieros de la causa insurgente al proporcionar al movimiento trescientas barras de plata y poner en sus manos a dieciocho gachupines más que listos para ser sacrificados con los métodos habituales, había logrado ganarse la confianza del teniente general Jiménez.

Allende, no obstante, desconfiaba mucho de los ejércitos insurgentes de las provincias de oriente, «por la facilidad que habían tenido para voltear casaca contra sus gobernadores»; pero orillado por las circunstancias, confió en la sinceridad de la insurgencia norteña y aceptó su participación sin imaginar que muy pronto caería en una trampa mortal... Cuando el 16 de marzo Allende dispuso que una parte de su ejército tan diezmado permaneciera en Saltillo al mando de Ignacio López Rayón, en realidad no hacía sino entrar en la ratonera que la verdadera contrainsurgencia, es decir el alto clero de la Nueva España, a través de don Primo Feliciano Marín de Porras, obispo de Monterrey, les tenía dispuesta a los valientes pioneros de la lucha por la independencia política.

Marín de Porras operaba oculto en las sombras la derrota final de los independentistas, lanzaba tremendos anatemas en contra las huestes infernales de Hidalgo y de la revolución y tenía bajo su control el movimiento contrainsurgente, cuya primera medida, cosa curiosa pero harto explicable, consistió en la aprehensión de las demás autoridades virreinales, incapaces por sí mismas de hacer frente al magno reto de detener la expansión del movimiento y de impedir el paso de los insurgentes al país del norte. Había que interceptarlas a como diera lugar, y las interceptó. El obispo Marín de Porras ordenó la aprehensión de Ignacio Aldama y de Casas, el gobernador insurgente de Tejas.

Simultáneamente, Allende y el ejército insurgente salieron de Saltillo el 16 de marzo de 1811. Al día siguiente, una vez que los padres de la patria se habían internado en el desierto siguiendo las falsas promesas de seguridad dadas a Allende y Jiménez por los gobernadores insurgentes y por el mismo Elizondo, éste, junto con otro de los operadores del obispo Marín de Porras, un tal Benigno Vela —otro farsante que se hizo pasar por insurgente, pero que mantenía secretamente comunicación con el obispo, a quien se refería como «mi amo y señor»—, se dispuso a cerrar la pinza y, enterado del arresto de Aldama, el brazo derecho de Allende en Tejas, procedió a continuar la ejecución del siniestro plan trasladándose a Monclova a fin de detener a los líderes insurgentes y cercar de un modo por demás asfixiante a la caravana del desierto...

Comenzaba a anochecer el 17 de marzo cuando Elizondo, cumpliendo instrucciones del obispo Marín, detuvo al gobernador insurgente de Coahuila arrancándole su firma para que figurara al calce de una carta en la que se aseguraba al generalísimo Jiménez:

> ...que toda la Villa esperaba con gran entusiasmo para recibir á los caudillos insurgentes, á los que se les preparaban grandes fiestas: que él, Aranda, por su parte, había dispuesto que Elizondo con parte de las fuerzas que guarnecían la plaza saliera á situarse en Baján, para que les hiciera los honores correspondientes.[14]

14 De la Fuente, 1910: 345-346.

La carta fue entregada a los insurgentes para estimular y fortalecer su confianza en un gobierno adicto, insurgente. Acto seguido, y ya con el gobernador Aranda en calidad de prisionero, se reunieron en la sacristía de la parroquia de Monclova, Elizondo y demás traidores, y formaron un gobierno que coordinaría el resto de la operación y compuesto, entre otros notables, por sacerdotes. El cerco, así pues, se cerraba aún más, como la garganta sedienta de los primeros y más valientes mexicanos dignos de ese nombre, los mismos que ese mismo 18 de marzo hacían su arribo a la Hacienda de Anhelo, donde descansarían y beberían un poco de agua y donde, también, tendrían el infortunio de recibir la funesta carta firmada por Aranda con la pistola de Elizondo en el pecho.

Elizondo abandonó Monclova para dirigirse al lugar destinado a escenificar el final de la primera gran lucha por nuestra independencia. Todavía, a fin de asegurarse que el arribo de los insurgentes ocurriera en medio de la más desesperada y penosa situación, mandó tapar la noria de la Punta del Espinazo, a unos 33 kilómetros antes de Baján, donde se calculaba que los insurgentes llegarían exhaustos y desfallecientes por la sed al día siguiente, para pasar la noche y salir, tan pronto como el sol se asomara, rumbo a su destino final: las norias de Baján.

Todavía la noche del 20 de marzo los realistas enviaron al soldado Pedro Bernal a dar un recado a Allende: «Que lo estaban esperando con las calles adornadas y arcos desde el puertecito hasta Monclova, que el agua en la jornada que tenían que hacer era muy escasa y era conveniente que los coches y fuerzas principales se fueran adelante».

En aquellos días yo notaba a Josefa ansiosa y preocupada, tal vez presentía que algo no iba bien en la campaña militar y que la vida de Allende corría peligro. El tiempo se encargaría de confirmar sus presentimientos. El 21 de marzo, al amanecer, la caravana insurgente, muerta de sed, reanudó su marcha. Elizondo había apostado sus tropas a un costado del estrecho y sinuoso camino, de manera que daban la impresión de querer homenajear a los insurgentes, cuando en realidad se aprestaban a detenerlos del modo más traicionero, más ruin, más bajo. Los contrainsurgentes, encabezados por el padre Camacho y el padre Borrego, Ignacio Elizondo y Benigno Vela, avistaron el primer contingente. Era un carro con una escolta de aproximadamente sesenta hombres en el que viajaban algunos religiosos y un niño de doce años con casaca de capitán. Como a una legua de Baján, cuando la caravana ya distaba a un tiro de fusil, Elizondo marcó el alto al carruaje y junto con el padre Borrego se acercó a los viajantes: fingió, junto con la oficialidad, agasajarlos y los hizo descender del vehículo. Acto seguido se acercó al visible responsable de ese primer contingente, un fraile carmelita llamado fray Gregorio de la Concepción, quien dejó escrito:

> Elizondo se puso a mi derecha y el padre [Borrego] a la izquierda. Así caminamos como un cuarto de legua y se quitó Elizondo el sombrero y le dio tres vueltas sobre su cabeza… y me dijo que me diera por preso de parte del señor obispo de Monterrey.[15]

Abruptamente, las mismas escoltas de este contingente seudoinsurgente comenzaron a pasarse, por salvar la vida, a las filas de Elizondo, mientras el resto de la tropa era amarrada por la espalda, entre otros, por el propio padre Borrego.

El último capítulo de la emboscada había comenzado. Maltrechos, sedientos, desesperados, los trece contingentes restantes se acercaban fatalmente a Baján.

Uno por uno hicieron descender de sus respectivos coches a los líderes del movimiento de independencia. Cuando en lugar de homenajearlos y de aplaudirles, les pidieron que se declararan presos en nombre del rey de España y del virrey Venegas, los que intentaron defenderse y resistirse fueron ultimados a balazos por una enorme tropa que rodeaba los carruajes. Aquellos que se resignaron a su suerte fueron atados de pies y manos y tirados en el piso como cerdos a punto de llegar al matadero. Al llegar el sexto carro en el que viajaba el generalísimo Ignacio Allende, acompañado de una dama, según las versiones, de gran juventud y muy buen ver, además de su hijo Indalecio, Tomás Flores, administrador del estanco de tabaco, los intimó a la rendición en nombre del soberano español. Un Allende tan sorprendido como frenético exclamó:

—«Eso no, primero morir. Yo no me rindo».

Desde su coche tiró un balazo que se hundió en las arenas del desierto. Elizondo mandó entonces abrir fuego y entre los tiros, uno de

---

[15] Melero, 1981: 34.

ellos hizo blanco en el pecho del hijo de Ignacio Allende. El fornido militar no pudo arrancar una sola palabra más de su vástago,
el proyectil muy probablemente le había traspasado el corazón. Lo
sacudió de las solapas, le gritó, le invocó, le suplicó y por toda respuesta obtuvo el silencio de Indalecio, cuya cabeza sin vida se movía de un lado al otro ante las desesperadas maniobras de su padre
para intentar revivirlo.

—Cobardes, miserables, han matado a un chamaco, con la vida
de un millón de ustedes no recuperan la de este muchacho. Mama-
rrachos, hijos de la gran puta —cuando parecía caer de rodillas en
la arena de pronto se abalanzó contra el grupo de fusileros logrando
sólo ser golpeado, inmovilizado y atado a la voz de «No lo maten,
lo queremos vivo», lanzada por el traidor Elizondo. Acto seguido
fue arrojado como un bulto más bocabajo, mordiendo el polvo y
lanzando una y mil maldiciones.

De pronto apareció el cura Hidalgo, ignorante de su suerte y de
los hechos, montado en un caballo prieto, acompañado de un sacerdote y de cuarenta hombres de las colonias del Nuevo Santander.
Intentó sacar una pistola, lo que le impidió la tropa realista que de
inmediato lo hizo desmontar para amarrarlo de inmediato y amor-
dazarlo al grito de «Maldito hereje rebelde».

Tan pronto como Elizondo concluyó su vergonzosa misión, recibió orden del comandante general de las provincias internas de
diezmarlos, pero no sabiendo lo que esto significaba, consultó al
padre Camacho:

—«Sáquelos usted de la prisión, fórmelos en ala y yo le diré lo
que ha de hacer. —Dijo el clérigo, para después aconsejar—: Cuente
usted desde el primero, del uno hasta el diez; fusile a éstos: vuelva a
contar hasta diez, y fusile y fusile...».[16]

Y así fueron fusilados, peor que perros y a instancias del padre Camacho, trescientos seis de los ochocientos presos capturados
aquella mañana siniestra, en la que pudo verse que «la banda de generalísimo de nuestro Hidalgo la llevaba puesta un indio apache».

La historia concluyó cuando los presos ilustres fueron trasladados a Chihuahua, donde después de enjuiciarlos únicamente para
cubrir las apariencias, fueron fusilados tres meses después. Claro
está que además de degradar y de rasparle las manos al cura Hidal-

[16] Zerecero, 1975: 222.

go con cepillos de acero por haber tenido en sus palmas los santos sacramentos, una vez ejecutados fueron decapitados y las cabezas de Miguel Hidalgo, Ignacio Allende, Juan Aldama y Mariano Jiménez colocadas en cada una de las esquinas de la Alhóndiga de Granaditas. La medida ejemplar era muy clara: quien intentara otra vez iniciar un movimiento de independencia ya sabría la suerte que le esperaba con tan sólo ver las cabezas expuestas a la luz pública. Marín fue generosamente recompensado por la alta jerarquía católica por haber salvado a la Iglesia y a la colonia.

Cuando fuimos informados del arresto de Ignacio Allende, Josefa trató de disimular el miedo que le devoraba las entrañas. Si bien pudo aparentar cierta indiferencia durante el juicio a que fueron sometidos los líderes de la independencia, cuando supo que Allende había sido pasado por las armas y además decapitado explotó en un llanto tan doloroso e interminable que llegó a contagiar a quienes la rodeábamos. Ella, claro está, no podía confesar el verdadero motivo de su dolor. Estaba obligada a sufrirlo, a padecerlo y a enterrarlo en su más íntima soledad, más aún cuando mi mujer supo que las últimas palabras de su amante no fueron «Indalecio, Indalecio, Indalecio, Indalecio» sino en realidad «Josefa, Josefa, Josefa», según comentó el soldado encargado de dispararle el tiro de gracia en la frente.

Imagine el paciente lector que ha recorrido estas páginas a mi lado, la respuesta de Josefa cuando llegó a nuestras manos el texto del letrero colgado en la Alhóndiga de Granaditas para explicar la presencia de las cabezas de los líderes insurgentes en las cuatro esquinas del edificio:

> Las cabezas de Miguel Hidalgo, Ignacio Allende, Juan Aldama y Mariano Jiménez, insignes facinerosos y primeras cabecillas de la revolución: que saquearon y robaron los bienes del culto de Dios y del real erario: derramaron con la mayor atrocidad la inocente sangre de sacerdotes fieles y magistrados justos: y fueron causa de todos los desastres, desgracias y calamidades que experimentamos y que afligen y deploran los habitantes todos de esta parte tan integrante de la nación española. Aquí clavadas por orden del señor brigadier don Félix María Calleja del Rey, ilustre vencedor de Aculco, Guanajuato y Calderón y restaurador de la paz en América.
>
> Guanajuato, 14 de octubre de 1811[17]

---

[17] Chavarri, 1957: 133.

El tiempo, que todo lo cura, desde luego no curó a Josefa. Nunca nadie podría curarla. Sólo la muerte podría acabar con su coraje por lograr la independencia de México. Lloró, lloró y volvió a llorar cada vez que veía a María Magdalena, la hija de aquel amor furtivo e intenso con Allende. Como corresponde a un caballero le di mi nombre sin chistar ni reclamar ni ofender ni humillar, fundamentalmente por respeto a nuestros hijos y a mi mujer, a quien tardaría mucho tiempo en perdonarle su debilidad, así como el último grito de la pasión antes de envejecer y apagarse para siempre. Pensé que mi comprensión respecto a sus fragilidades amorosas a la larga se traduciría en agradecimiento y admiración hacia mi persona. No me equivoqué. No, no me equivoqué en ello, pero sí erré y volví a errar desde que observé las recurrentes visitas de emisarios enviados tanto por López Rayón, como por el propio José María Morelos y Pavón, con quienes ya había hecho contacto Josefa para insistir en la independencia de México con cualquier persona que deseara tomar la estafeta y continuar con ese proyecto humanista, político y social llamado libertad. Fusilados Allende e Hidalgo quedaba Morelos. ¿Dónde estaba Morelos? ¡Que venga Morelos! Cuál no sería mi sorpresa cuando una noche de 1814 escuchamos unos sonoros golpes en las puertas de la casa, ejecutados por la policía que venía a arrestar a Josefa.

Cuando la llevaban presa advirtió con coraje y sin el menor empacho:

—¿Qué esperan para fusilarme? Mi sitio no es en el convento al que me conducen, sino en el paredón. Fui tan responsable o más que los ajusticiados ¿Así entienden ustedes la justicia?

Durante el trayecto, Josefa le hablaba a los soldados tratando de convencerlos de que se unieran a la insurrección de Morelos, por lo que Cristóbal de Ordóñez le ordenó que se callara, a lo que ella le contestó:

—Le ordenaron que me lleve prisionera pero no que me haga callar. Cumpla usted sus órdenes que yo cumpliré con mis deberes…

Encerrada y recluida Josefa se seguía comunicando con los insurgentes, incitándolos a la lucha y estimulando en ellos el espíritu patriótico. A pesar de que la constitución había hecho desaparecer el cargo de corregidor y, por lo tanto, había perdido el empleo, me dirigí a la ciudad de México para hacer gestiones orientadas a lograr la libertad de mi esposa, con la promesa de vigilarla personalmente, además de pedir el apoyo de la familia. Se decía que mi esposa era un agente efectivo, descarado, audaz e incorregible que trataba desgraciadamente con éxito de imponer el odio a España. Sin embargo, accedieron. Volvió a Querétaro. El fusilamiento de José María Morelos, en 1815, no hizo mella en sus actividades. Se creció ante el castigo. Ante su intolerancia se ordenó su traslado otra vez a la ciudad de México, para internarla bajo severa incomunicación en el convento de Santa Catalina de Siena, durante cuatro años. En 1820, enfermo y casi ciego, me dirigí al virrey Apodaca para suplicar la libertad de Josefa, a quien ya iban a mandar a España, en calidad de presa incontrolable... El arzobispo no la deseaba en el interior de los conventos por tratarse de un ser altamente contaminante, y el virrey no la deseaba libre en las calles por la misma razón... Lo mejor era recluirla con las *recogidas*, las prostitutas, en una cárcel de mujeres. Apodaca accedió imponiéndole por cárcel la ciudad de México. Ese era el menor de los castigos. ¡Albricias!

La mañana en que mis hijas y yo fuimos a recogerla al convento de Santa Catalina vimos en su rostro las huellas de su penoso cautiverio. Proyectaba una palidez de muerta con unas ojeras inconmensurables y una rigidez impresionante. Al subirse a mi carruaje me enrostró las siguientes palabras:

—Sé que por tus ruegos me han concedido la libertad. Sé también que estás enfermo y en desgracia; que necesitas de mí. Mi deber de esposa me impone el sacrificio de venir a tu lado y aquí estoy, pero que nadie espere de mí nada más. Jamás haré declaración alguna que contradiga mis principios. Antes prefiero morir.

Una vez en casa se enteró de que nuestro hijo mayor había combatido a los insurgentes al mando de Agustín de Iturbide. Jamás volvió a recibirlo ni a él, ni a su mujer, ni a sus nietos con el siguiente argumento:

—No puedo admitir que alguien de mi propia sangre sea capaz de derrochar su valor y su hombría por una causa tan mezquina.

De mutuo acuerdo prescribimos, dentro del hogar, el tema de la independencia. Sin embargo, no dejaba de tener intercambios de información ahora con Vicente Guerrero en las provincias del sur. Guerrero era, de hecho, el único sobreviviente de la insurgencia.

Cuando una mañana lluviosa de septiembre nos anunciaron que Iturbide y Guerrero se habían abrazado en Acatempan y que la guerra de independencia había terminado, Josefa se desplomó en un sillón de la sala y, con sus manos temblorosas, comenzó a llorar. A su juicio, de nada servía que Iturbide hubiera sustituido en el mando a los virreyes, porque si bien había cambiado la máxima autoridad, a su juicio permanecería el mismo sistema impuesto por los españoles, es decir, la esclavitud, la explotación, las vejaciones, las humillaciones y la desigualdad y la ignorancia, los lastres heredados del virreinato.

—Iturbide representa a los bienes del clero, a la encomienda, y Guerrero a la insurgencia, a los esclavos. No hay consuelo posible. ¿De qué sirve haber roto con España si con Iturbide no habrá evolución ni progreso ni bienestar para los desposeídos? Aquí seguirán los mismos españoles y el mismo clero voraz dispuesto a defender con lo que sea sus privilegios y sus bienes.

Por eso y sólo por eso Josefa no tomó parte en ninguno de los festejos de la independencia, en tanto que para mí se había logrado un gran triunfo, por lo que no tuve ningún empacho en tratar de ayudar al nuevo gobierno. ¡Por supuesto que me volví a enfrentar con Josefa por la disparidad de criterios! La discusión fue tan violenta que hablamos de una separación definitiva, más aún cuando Ana Huarte, la emperatriz de México, había nombrado a Josefa como su primera dama de honor en la corte; su respuesta furiosa, así como el hecho de haberlos echado de la casa con calificativos irrepetibles, complicaron nuestra relación. Jamás olvidaré cuando le dijo a la comisión de honor enviada por el emperador:

—Dígale a la emperatriz que quien es reina de su casa, no puede ser criada en un palacio...

Me reclamó haberme acomodado con los usurpadores y, acto seguido, me disparó a la cara:

—Es la última vez que tolero a tu lado el insulto de esta clase de ofrecimientos, la próxima vez te dejo para siempre.

Aplaudió a rabiar la renuncia de Iturbide y su destierro, así como llegó a brindar cuando supo que había sido fusilado en los alrededores de Tampico en 1824, año en el que encabecé el triunvirato precursor de la Constitución, en cuyo marco se me designó como Primer Magistrado y Presidente de la Suprema Corte de Justicia. Para qué decir que Josefa se negó a asistir a mi toma de posesión y prohibió cualquier festejo dentro de su casa, amenazando con abandonarla si alguien siquiera intentaba efectuar la mínima celebración. ¡Era implacable!

—Pero, Josefa, si ya no existen los virreyes, si el emperador fue fusilado, si ya rompimos con España, si México es independiente, si México tiene un nuevo gobierno constitucional, ¿hasta cuándo y por qué vas a continuar en la rebeldía?

—No le creo nada a nadie. Mientras yo no vea que se preocupen realmente por los desposeídos y por los muertos de hambre y se cambien radicalmente los sistemas de opresión y de explotación, y se eduque y se alfabetice a la gente, que nunca nadie cuente conmigo.

Cuando el gobierno de Guadalupe Victoria deseó congraciarse con ella y aprovechó la reunión de la Junta de Recompensas para reconocerle sus esfuerzos por la libertad de México, Josefa ostentó el más brutal de los rechazos:

—Pueden decirle a la Junta de Recompensas que Josefa Ortiz no tiene precio.

Imposible olvidar cuando el propio presidente Guadalupe Victoria vino invitado a almorzar a nuestra casa y cuando aquél pareció aprobar el escandaloso incendio y saqueo del mercado del Parián, ocasionado por el motín de La Acordada, el movimiento sedicioso iniciado en contra del gobierno del propio Victoria por haber apoyado al general Manuel Gómez Pedraza, en lugar de Vicente Guerrero; ella, indignada, le echó en cara que, siendo presidente de la República, hubiera permitido semejante infamia sin impedirlo por la fuerza. Don Guadalupe contestó ratificando su aprobación a esos hechos, lo que acabó por exasperar a la enérgica matrona, quien le ordenó que saliese inmediatamente de su casa y no volviera a poner los pies en ella... El presidente de la República salió dando zancadas sin sombrero y a pie se fue hasta palacio, en cuyas cercanías fue alcanzado por un mozo que le llevó la prenda olvidada. ¡Esa era Josefa y así moriría!

Todos en la familia intuimos que ella había participado activamente en la comisión dictaminadora que concluyó con la expulsión de Iturbide del país, y más tarde fue determinante su presencia para que se emitiera un decreto por medio del cual se autorizaba a privar de la vida a Iturbide en el caso de que volviera a pisar el territorio nacional.

Imposible contenerla ni reducirla ni controlarla, hasta que una mañana de 1829 cayó al suelo víctima de un ataque al corazón. Ella se sintió tocada de muerte. Sabía que la Pálida Blanca estaba rondando nuestra casa y que en cualquier momento se la llevaría sin consulta previa con nadie. Unos días antes de su muerte, en una reunión familiar, nos aclaró que jamás se había arrepentido de nada, adujo mientras miraba a la cara a nuestra querida hija María Magdalena, quien estaba próxima a cumplir los dieciocho años, sin que en ningún momento su rostro exhibiera el menor parecido con su padre.

—Soy mexicana y me moriré mexicana. Amo a esta tierra, pero detesto a los ladrones, a quienes esclavizan, a quienes explotan y abusan de la miseria ajena, a quienes envilecen a nuestras familias, los humillan y nos atormentan como si fuéramos unas bestias. No soy culpable de nada, si acaso de haber luchado por mi país. No logré mis objetivos, me voy de este mundo sin haber cumplido mis metas: la ignorancia y la miseria, el abuso y la desigualdad continúan ahí. Espero que cualquiera de ustedes siga la lucha que inicié con el cura Hidalgo y con Allende y con Morelos y con Guerrero y con Guadalupe Victoria. Nada deseo más que alguno de mis hijos continúe la batalla por la libertad que yo emprendí y corone con éxito las enormes tareas que dejé pendientes. «Cuidado con aquel de mis descendientes que invoque mi nombre para obtener prebendas, posiciones o privilegios que no merezcan por su propio esfuerzo», a quien lo haga lo consideraré un maldito desde el más allá —clamó en tanto caía en un espasmo de tos del que sólo pudimos rescatarla con la ayuda de dos médicos que nos pidieron resignación y fortaleza, porque su corazón resistiría, tal vez, unas horas más.

En la última noche de su existencia, ella y yo nos perdonamos, nos agradecimos nuestros apoyos recíprocos, nuestra comprensión, nuestro amor y nuestra devoción del uno por el otro, a pesar de las duras pruebas a las que nos había sometido la existencia.

Cuando menos me lo esperaba, tomando mis manos y sacando fuerza no sé de dónde, me pidió que me acercara y colocara mi oído lo más cerca que pudiera de su boca. En ese momento me dijo:

—Gracias por Allende, vida mía, gracias por María Magdalena, mi amor, gracias por haber sido un caballero, gracias por haber sido el padre de mis hijos, gracias por haberme perdonado, gracias por haberme dejado vivir, gracias por no habernos extraviado el uno al otro a pesar de tanta adversidad, gracias por haber existido…

—Josefa, mi vida, ¡no, Josefa!, no, mi amor, no, no, por lo que más quieras, no, no, no…

Lázaro Cárdenas

EL UTOPISTA SUICIDA

A los veinte años de edad todos somos marxistas, pero el que lo continúa siendo a los cuarenta, sin duda es un imbécil.

La felicidad de los campesinos no puede asegurarse dándoles una parcela de tierra si carecen de la preparación y de los elementos necesarios para cultivarla. Por el contrario, este camino nos llevará al desastre, porque estamos creando pretensiones y fomentando la holgazanería. Es interesante observar el elevado número de ejidos en los que se cultiva la tierra, y sin embargo, se propone que ellos se amplíen. ¿Por qué?; si el ejido es un fracaso, es inútil aumentarlo… Hasta ahora hemos estado entregando tierras a diestra y siniestra y el único resultado ha sido echar sobre los hombros de la nación una terrible carga financiera, lo que tenemos que hacer es poner un hasta aquí y no seguir adelante en nuestros fracasos…

¿Y cómo se va a poder gobernar al país, si poniéndose de acuerdo dos o tres líderes de sindicatos importantes pueden hacer caer a un gobierno con un paro?

A Ramón Alberto Garza porque a diario
construye el periodismo del futuro

En mis años mozos, cuando discutíamos apasionadamente diversos puntos de vista económicos, sociales y políticos y nos agredíamos, como estudiantes airados e incendiarios, para identificar las fórmulas idóneas aplicables en nuestro país para detonar el crecimiento económico, invariablemente creí en el talento, la información, la experiencia y la buena voluntad del presidente Lázaro Cárdenas. Admiré desde mi formación profesional la generosa autenticidad con que gobernaba y me contagié de sus patrióticas intenciones para con el pueblo que tanto amaba. Pensaba, en aquel entonces, que todas sus decisiones estaban fundadas y orientadas a propiciar el bienestar y la superación material y cultural de la nación. Eran evidentes y palpables, y claro está, justificados, justificadísimos, sus deseos de ayudar al desvalido, al marginado, al excluido del progreso, de la escuela, de la empresa, y de todo género de esperanza. El tal *Tata Lázaro* sólo deseaba, con justa razón, ayudar. ¿Acaso el término «ayudar» no justifica en sí mismo la existencia? Pues Cárdenas ayudaba, mejor dicho, intentaba ayudar al campesino muerto de hambre o al obrero explotado o al chamaco adoctrinado con teorías y dogmas religiosos absurdos que lo embrutecían al igual que al pueblo de modo que la Santa Madre Iglesia Católica, una vulgar institución de comercio espiritual, continuara recibiendo sus limosnas para que los creyentes se ganaran un lugar en el paraíso. A más miseria y desesperación, más necesidad de solicitar el auxilio de Dios y a más necesidad de solicitar el auxilio de Dios, más dinero en los cepillos, en las urnas y, claro está, en las cuentas de cheques del clero. Los universitarios éramos y son y serán, por definición, rebeldes y amantes del cambio, y el cambio, para nosotros, no tenía otro nombre más que Lázaro Cárdenas. ¡Qué equivocados estábamos, salvo que el cambio se entendiera como involución...!

Pero veamos, veamos con lupa quién era este mítico líder político mexicano, una figura intocable, legendaria, estudiada por cientos de biógrafos, sálvese el que pueda, unos más fanáticos que otros, cuya obra siniestra ayudó, de manera incontestable, a la destrucción y atraso del país, según pude constatar cuando mis estudios e investigaciones posteriores me permitieron demostrar los daños que su gestión presidencial le había ocasionado a México.

Lázaro Cárdenas, nacido en Michoacán en 1895, vivió los últimos años de la dictadura porfirista que acabó aplastando a los trabajadores del campo y a los obreros, tanto a través de las compañías deslindadoras y de las haciendas, como por medio de agresiones armadas policiacas o militares como las de Cananea y Río Blanco, que derramaron la sangre inocente de quien solamente pedía pan y respeto a los más elementales derechos del ser humano.

Lázaro, nacido en el seno de una esforzada y numerosa familia de ocho hijos, de clase media rural, sufrió severas privaciones que lo obligaron a echar mano de su agudo ingenio para poder vencer una adversidad que, en todo momento, se hacía presente. Por supuesto que Cárdenas conoció en su juventud la prepotencia de los latifundistas, los horrores de la miseria, las levas obligatorias en los años de la Revolución, los trabajos esclavizantes y la arbitrariedad, la injusticia en contra de quien carecía de recursos a fin de pagar un abogado y defender su humilde patrimonio cuando de buena manera llegaba a tenerlo. Cárdenas supo de los temidos rurales porfiristas, de los atropellos de los terratenientes, de los patrones influyentes, de los industriales explotadores, de los mexicanos vendepatrias, traidores despiadados de todo tipo.

¡Claro que entendió a los bandoleros, como Pancho Villa, cuando el hambre, la enfermedad, la desesperación y la muerte acababan con cualquiera de sus sueños! Estuvo abiertamente de acuerdo en luchar contra el salvajismo de los odiosos amos que nunca llegaron a conocer siquiera la piedad. Cárdenas se preguntaba, como lo hiciera Séneca: «¿Qué hace un pueblo antes de morirse de hambre, cuando además no ignora que los caballos de los hacendados vivían en mejores condiciones que el más destacado de los peones, si es que se llegó a conocer a algún peón destacado?». Entendió cómo las privaciones, la ausencia de satisfactores materiales y la amenaza de la inanición podían transformar a una buena parte del país en delincuentes o en impartidores prácticos de la justicia social. ¿Cómo evitar que una nación se hiciera justicia con su propia mano, cuando ve que sus hijos perecen de hambre o porque carecen de los más imprescindibles recursos como para comprar el más primitivo de los medicamentos con los que se podría salvar una vida? Claro que las privaciones invitan a la violencia y ésta bien podría justificarse como el último recurso antes de ver fallecer a un ser querido en un petate, en tanto la familia impotente carece de soluciones para evitar la reincidente presencia de la muerte que arrebata sin piedad alguna las vidas de los desamparados, que no cuentan ni con un par de centavos para acercarse a la más próxima botica.

La falta de oportunidades y la desigualdad aberrante ante un gobierno corrupto, ciego, sordo y mudo, únicamente puede conducir a la efervescencia y a la descomposición social. ¡Pobre de aquel país que tiene que resolver sus diferencias con las manos o con las armas o con un machete o un palo o una piedra o cualquier objeto que tenga a su alcance para matar y vengarse de su condición! En cada ser hambriento hay un rebelde, y en cada rebelde y desesperado, un bandolero en potencia y cuando son muchos los bandoleros en potencia o en la práctica, se atenta con lo que sea, en contra del sistema opresivo que los mantiene en la postración. Eso se llama revolución y las revoluciones como la china, la rusa, la cubana y la mexicana, sólo sirvieron para concentrar aún más el poder, y propiciar con ello la falta de estructuras democráticas, la involución de sus respectivos pueblos.

Cuando los bandoleros desesperados por el hambre que ha originado la muerte de sus abuelos, de sus padres y de sus hijos en el mismo petate y que continúan usando los mismos huaraches llenos de costras de lodo, esos individuos famélicos, analfabetos, sepultados en la miseria y en el desamparo, se toman de la mano e invitan a un movimiento armado como el que vivió Cárdenas cuando apenas contaba dieciocho años de edad, desde luego que implica un justificado viraje en las concepciones sociales y políticas propias de la juventud. Resultaba inaplazable abrir el país, oxigenarlo, cambiar los esquemas, las estructuras, los procedimientos para impedir que, en el futuro, un grupo diminuto, voraz, implacable y ridículo de la población, un porcentaje insignificante, llegara a controlar, de nueva cuenta, a la inmensa mayoría de la nación, tal y como había acontecido en la Colonia y en el odioso Porfiriato con sus espantosas y dramáticas consecuencias. ¿Por qué los trajes de manta no tienen bolsas?, se preguntó Cárdenas de joven, tal vez niño, al compadecerse de la situación en que vivían los campesinos mexicanos. Él mismo entendería la respuesta años más tarde: ¿para qué las bolsas si no hay nada que guardar en ellas?

Cárdenas descubrió la debilidad y el amor que sentía por su país desde que convivió con los más pobres en el campo mexicano. Entendió que los ricos y prepotentes hacendados jamás abrirían el puño por las buenas ni compartirían sus riquezas con todos aquellos que les ayudaban a generarlas. El peón seguiría siendo peón, esclavo, explotado y continuaría cobrando con fichas, en lugar de dinero, convencido de que jamás podría llegar a saldar sus deudas, ni mucho menos a aspirar a tener una vida digna junto con su familia. ¿Quién iba a canjear sus fichas por otros bienes fuera de la hacienda? ¿Cómo comprar una casa, pagar una escuela, liquidar una cuenta de hospital o adquirir un par de huaraches con fichas, las odiosas fichas?

Imposible estar de acuerdo con el pillaje y con el robo, como también resultaba imposible coincidir con estimular un nuevo estallido social. Lo más conveniente era llegar al máximo poder y una vez investido con toda la autoridad política y legal, aprovechar las facultades del Estado, propias de su elevada investidura, para repartir la riqueza con arreglo a las leyes y a la Constitución. Instalado en la presidencia de la República, no necesitaría invitar a nadie a la toma de las armas, para eso existían las normas y la Carta Magna, para que, con arreglo a ellas, se pudiera entregar a la gente todo aquello que no obtendría voluntariamente de sus propietarios reacios a ceder, en ningún caso ni en ninguna circunstancia, al menos una parte de su patrimonio, para evitar que el día de mañana los desposeídos se lo arrebataran por la fuerza. Resultaba más conveniente que el gobierno distribuyera pacífica y equitativamente, eso sí, de manera coactiva, los bienes, para que el pueblo compartiera toda la riqueza, en lugar de que aquel, desesperado, destruyera todo a su paso como un enfurecido e incontrolable huracán.

No coincidía con Pancho Villa en aquello de que a los ricos había que ablandarlos primero con palabras, y de fracasar en el intento, como desde luego se fracasaría, entonces no quedaría otro recurso más que los mecates y las balas, los mecates para ahorcar a los perfumaditos, según decía él, de las ramas de los ahuehuetes. Los magnates jamás se apiadarían por que los niños continuaran trabajando en sus minas, ni haciendo surcos en sus milpas en lugar de estar en la escuela, ni les dolía el hecho de que los hombres trabajaran hasta dieciocho horas al día a cambio de un miserable jornal, que además en pocas ocasiones podían convertir en dinero. De modo que ni palabras ni mecates: ¡la ley!

Los empresarios y los hacendados no se inmutaban cuando una mujer embarazada pedía, con justa razón, un par de meses para resolver los problemas provenientes del alumbramiento y de la lactancia. ¿Acaso les iba a importar que un obrero no pudiera trabajar porque se le había atorado una mano en una de las máquinas instaladas en los ingenios para refinar azúcar, o iban a destinar una parte de sus recursos para indemnizarlo o pensionarlo de acuerdo a la más elemental dignidad? No, claro que no, las terribles condiciones sociales no estaban en el horizonte de las preocupaciones de los dueños de los capitales, como sí lo estaba el hecho de tomar un buque en Veracruz para ir de vacaciones, al veraneo, a Europa, llenos de baúles y de dinero, oro o plata, obtenidos, en muy buena parte, gracias al trabajo fecundo y brutal de sus empleados que nunca recibirían ni la compensación ni la retribución proporcional a su esfuerzo.

Cárdenas sabía de la Hacienda Los Álamos, propiedad de la familia Terrazas, que tenía una extensión de seis millones de hectáreas, algo así como la superficie de Holanda, Suiza y Dinamarca juntos, o tal vez un poco más, mientras que los campesinos mexicanos no tenían tierra ni siquiera para enterrar a sus difuntos. Cárdenas entendió, desde un principio, que cuando un gobierno expropia, el funcionario que lo hace es un estadista, y cuando el pueblo se apropia por hambre de los bienes ajenos, otro modo de expropiación, entonces quien ejecuta semejante acción se considera un bandido. Todo dependía de quién escribiera finalmente la historia.

La mayor parte de las empresas generadoras de riqueza se encontraba, a finales del Porfiriato, en manos de unos cuantos mexicanos y, sobre todo, extranjeros, que acaparaban el bienestar, razones de más por las que estallaría la Revolución. El cinco por ciento de la población, si acaso, detentaba el noventa por ciento del ingreso en México, el resto pasaba hambre… Las panaderías, carnicerías, lecherías, tiendas de ultramarinos y abarrotes, eran propiedad de los españoles, aun a principios del siglo XX. Los textiles eran acaparados por franceses, en tanto las minas de plata, oro, cobre y zinc y buena parte del petróleo, la industria eléctrica, los ferrocarriles y los aserraderos, eran dominados por estadounidenses e ingleses. ¿Qué le quedaba a México? ¿Cuánta de esa riqueza iba a dar a mexicanos de piel morena u oscura? ¿Qué futuro le podía esperar a México si como país, en 1910, vivían en el territorio nacional casi quince millones de habitantes, de los cuales trece vivían en el campo sin ser propietarios ni tenedores de tierra, ni siquiera de una triste mula? Era desesperante constatar cómo se perdía toda una fuerza de trabajo, además ingeniosa y laboriosa.

¡Cuánta energía desperdiciada, cuánta, cuánta gente improductiva y cuánta riqueza perdida por la soberbia y avidez de unos pocos, tan pocos que ochocientos treinta y cuatro latifundistas, entre estadounidenses, españoles y mexicanos, eran propietarios del país entero! La injusticia era palpable y evidente y todo gracias a Díaz, el tirano, que había sentado las bases del fracaso. Sí, ¿qué iban a hacer millones de mexicanos antes de morirse de hambre, mientras los hijos de los patrones se educaban en Europa o en Estados Unidos? Las diferencias se profundizaban. La educación tenía, tiene y tendrá un severo impacto en el ingreso y, por ende, en el bienestar social. ¿Acaso los desposeídos tenían que esperar la misma suerte de sus abuelos y morir del mal del viento o de trago o de entripada o de tuberculosis, para cerrar un nuevo capítulo echando el cadáver a un agujero, como un perro querido, sin siquiera una bendición, porque se carecía hasta de un centavo para pagarle al cura el precio de la extremaunción? La esclavitud estaba presente a pesar de todo lo establecido en las leyes mexicanas, y de los esfuerzos de Hidalgo y Morelos por combatirla.

¿Cómo construir una promisoria democracia cuando el ochenta por ciento o más, mucho más, de la población, no sabía ni leer ni escribir? Claro que los sufragios eran una farsa en la que el primer engañado era el pueblo, un fantasma que nunca había existido hasta que se armó y mató y colgó y fusiló, incendió y destruyó. ¡Cuidado con los fantasmas!

La situación económica de la familia impidió que Lázaro Cárdenas terminara la escuela primaria, misma que abandonó por carencias económicas. Para salir adelante con los suyos trabajó de recaudador de rentas, de tenedor de libros, de escribiente, de archivista, de prensista, de cajista, de amanuense, de tipógrafo, de ayudante de alcalde, de chicharronero y de vendedor de carnitas, entre otras actividades, por medio de las cuales trataba de hacerse de dinero para intentar escapar de las carencias, sobre todo después de la muerte de su padre, que se dio cuando él apenas contaba dieciséis años de edad. Ahí se veía claro al hombre dispuesto a emprender cualquier esfuerzo y tarea con tal de no resignarse a una suerte en la que él no creía. Nada, no había nada escrito. A él, a Cárdenas, le correspondía redactar cada página de su existencia.

La vida se encargaría de ir formando a este joven que repentinamente se vio involucrado en la Revolución, cuando el embajador Henry Lane Wilson, en contubernio con Victoriano Huerta, decidió asesinar al presidente Madero. Claro está que estalló un movimiento armado para derrocar a *el Chacal*, al tirano que había intentado vender la patria a los intereses estadounidenses. Cárdenas no tardó en tomar parte en la conflagración que atrasaría a México por lo menos cincuenta años más, sólo para que volviera a darse la concentración del poder en un solo hombre y después en un solo partido, finalmente en una dictadura individual o corporativa, qué más daba, era lo mismo. El joven militar no olvidaría jamás cómo, en aquellos años violentos, en pleno movimiento armado, conocería a Plutarco Elías Calles, quien será su padrino desde 1913 hasta 1934, cuando aquél lo encumbró a la primera magistratura de la nación.

¡Ay, paradojas de la historia, ahí vemos a un Lázaro Cárdenas joven, muy joven, sentado con un sombrero de petate arriscado a media cabeza, con dos cananas cruzándole el pecho y combatiendo a Zapata, al líder del movimiento agrario que después el propio Tata Lázaro encabezaría ferozmente! ¿Qué pensaría en sus años de presidente de la República al recordar que él mismo había combatido con las armas al así llamado *Atila del Sur*, que no tenía otro propósito en la vida más que el de ejecutar su principio de «Tierra y Libertad», según lo establecía el Plan de Ayala?

Al concluir la Revolución, Cárdenas mostró dos grandes inclinaciones: una, la de continuar en el ejército hasta obtener el máximo grado al que un militar podía aspirar y, dos, las mujeres, que producían en él un hechizo, una especie de embrujo incontrolable.

Todo le sorprendía de las mujeres, absolutamente todo. Le llamaba la atención que hablaran en voz femenina: estoy cansada, fatigada, divertida, vestida, desvestida, apasionada, descarada, cínica. El placer comenzaba cuando las escuchaba hablar y pronunciarse en dicho género, para, a continuación no dejar de sorprenderse porque usaban vestido en lugar de pantalones, medias en lugar de calcetines, zapatos con tacón bajo o tacón alto en lugar de las férreas botas de militar. Se fascinaba con los perfumes, con los ligueros, con el maquillaje, con la pintura de labios, con los toques de color en los ojos, con los arreglos de su cabello, con los objetos para decorarse, como los aretes, las pulseras, los collares, los prendedores, las peinetas, las diademas. Todo parecía enloquecer, y con justa razón, a este militar, que se venía haciendo en la línea dura, en la línea difícil, viviendo, siempre de cerca, las dificultades de su gente, situación que no le impedía, de ninguna manera, enamorarse de las personas del sexo opuesto, diferentes en todo, risueñas, sensibles, traviesas, juguetonas, coquetas, delicadas, sensibles, alegres y finalmente deliciosas por su cuerpo, por sus gracias, sus atributos, su hablar, su caminar, su mirar y su estar en la vida. Nada más hermoso y atractivo que ellas, ellas, sólo ellas, eso sí, sin perder jamás de vista el poder, el poder total y absoluto.

En una ocasión, en febrero de 1916, el año de la elección de Venustiano Carranza para la presidencia de la República, Cárdenas llegó a Guadalajara con Juana María, una mujer alta, norteña, de Chihuahua, jocosa, divertida, risueña y, sobre todo, dueña de una cabellera negra, ojos radiantes, mirada intensa, de risa pronta y fácil, además de un cuerpo espectacular que atrapó desde el primer instante a este joven militar, cuando apenas contaba con veintiún años de edad. Así era Cárdenas, así fue desde la juventud y sería en la vejez: de repente llegaba con una nueva mujer, eso sí, con la debida discreción y, por qué no, con un hijo de ambos que presentaba con la máxima naturalidad y familiaridad.

Como la Revolución también implicaba la oportunidad de enriquecerse y hacerse de unos buenos centavos, según se lo había confirmado el propio Plutarco Elías Calles, por aquellos días le dio a su madre, doña Felícitas del Río, su adorada madre, dos sorpresas: una, la compra de una casa que puso a su nombre, y dos, la aparición de una hija, Alicia, que finalmente se quedaría en Jiquilpan, en cuanto él se dedicaba a continuar construyendo su carrera militar y política en el Distrito Federal y el resto del país.

A Juana María la conoció después de volar un puente por el que pasaban los trenes para abastecer con parque y municiones a los Dorados de Villa, de acuerdo a las instrucciones del general Obregón. Juana María, esa joven mujer, también se enamoró del militar cuando éste comenzó por contarle las batallas en que había participado, así como los hechos de guerra donde había triunfado. Como en la Revolución, según le dijo él, un día estás y al otro día estás, pero muerto, ambos decidieron entregarse en cuerpo y alma al amor, en la inteligencia de que cualquiera de los dos podría perder la vida en el momento más inesperado, más aún él, que se encontraba de día y de noche en la línea de fuego. Así, una tarde de 1915, se encerraron en una casa de huéspedes donde ambos vivieron el primer arrebato carnal de sus vidas, por más que el joven militar ya hubiera tenido experiencias con otras mujeres sin que, eso sí, se tratara de arrebato alguno. Juana María era virgen, pero audaz y deseosa de exprimirle el jugo a la vida.

En aquella ocasión, Cárdenas descubrió un placer muy particular: encontraba un cierto encanto perverso y divertido en hacer el amor sin desvestirse, como si se tratara de un joven estudiante que no podía darse el lujo de privarse de toda la ropa porque en cualquier momento la pareja podía ser sorprendida por la madre de la novia. Claro que con Juana María hubo besos, arrumacos, caricias audaces, sofocones, disparos de temperatura, humedades, disculpas, precauciones, súplicas de «cuidado mi amor, cuidado, es la primera vez», pero prevaleció la posición del osado militar en el momento del enlace amoroso. Tal vez fue la propia Juana María quien, por pudor y pena, aceptó por inexperiencia que su galán sólo se abriera la bragueta y así, con el uniforme puesto, acostándose encima de Juana María, quien únicamente se había levantado el vestido, consumaron aquella histórica entrevista que nunca ninguno de los dos olvidaría, y tan no lo olvidarían que de ahí nacería la pequeña Alicia, quien siempre gozaría de la protección de su padre a partir de aquel año de 1916.

Cuando Cárdenas le presentó su renuncia formal a Calles con el pretexto de atender asuntos familiares, como el de hacer la vida en el campo al lado de Juana María y de su hija Alicia, aquél lo convenció de la importancia de mantenerse de alta en el ejército con el argumento de que no habría ningún negocio mejor que el de la Revolución... Juana María no tendría más remedio que esperar mejores tiempos y oportunidades. Ella estaba presente cuando el 21 de junio de 1918, a la edad de cincuenta años, en Guadalajara, murió la madre de su Lázaro. En su lecho de muerte, doña Felícitas, aquella extraordinaria mujer, le dijo a su hijo:

—Cuida de tu chiquita Alicia y además, júrame, Lázaro, júrame por Dios que serás un buen cristiano y que nunca tomarás la decisión de matar ni darás la orden de matar a nadie.

—Pero mamá, soy un militar.

—Militar o no, júrame, en este momento, que cuidarás a tu hija Alicia, que serás un buen cristiano y que no matarás ni ordenarás matar, o me iré de este mundo con una gran tristeza en el alma.

Ante el silencio de su hijo, doña Felícitas insistió, a lo que éste respondió:

—Te lo juro, mamá, te lo juro: ni mataré ni ordenaré que maten, en el fondo tienes toda la razón.

—¿Cuidarás de Alicia?

—Cuidaré de ella, mamá, no te preocupes.

Poco tiempo después, giró la cabeza hacia una ventana y se quedó dormida para siempre con los ojos abiertos.

A la mitad del gobierno de Venustiano Carranza, Lázaro Cárdenas ya no podía prescindir de su vida con las mujeres. A una de ellas, a Catalina Vázquez, le regaló un hermoso pabellón, recuerdo de su amor, mientras Juana María se encontraba en Jiquilpan y la visitaba de vez en cuando, porque no la olvidaba. Muy pronto, como los marineros en los puertos, empezó a tener en cada pueblo, en cada ranchería, una mujer por las buenas o por las malas.

Si alguna de ellas, después de un breve cortejo y de un proceso de seducción y una vez bajados el cielo y las estrellas, no se rendía o su familia se resistía a su relación, simplemente se la robaba, como aconteció con Salud Herrera, cuyo padre se negaba, a como diera lugar, a que se consumara una canallada en contra de su hija. A Cárdenas siempre le sobraban alcahuetes y mensajeros que iban a endulzarle la vida a las muchachas que le llamaban la atención. Las seducía a la distancia cuando sus enviados proyectaban una imagen maravillosa del pretendiente; si fracasaba el primer ataque, él en persona intentaría llegar a un convencimiento o acuerdo. Si pasado el tiempo y agotada la paciencia quedaba confirmado que se trataba de una hembra rejega, entonces entraba en acción el último de los operativos, el del rapto, eso sí, con la debida seriedad, porque Cárdenas no era muy afecto a las sonrisas, prefería mantener el rostro adusto, aun en los momentos en que hacía el amor. Yo lo vi, verdad de Dios que yo lo vi: lo juro por ésta...

En Uruapan, uno de sus centros de actividades, en su propia tierra, llegó a ser conocido tanto por su labia como por sus raptos, la señal de que la tolerancia se había agotado. ¿Niños? ¡Ya vendrían! Por lo pronto, quería a la mujer y a la mujer la tendría...

La vida, la gran maestra, lo destinó, gracias a la intervención del general Plutarco Elías Calles, Calles, siempre Calles, a la zona de la Huasteca, en el corazón mismo de los pozos petroleros más ricos y apetecidos por la industria de todo el mundo. Ahí, en su calidad ya de general brigadier, conoció Lázaro Cárdenas de cerca a los magnates petroleros, supo el tamaño de la defraudación fiscal que practicaban día con día al no declarar los barriles de oro negro que extraían de las entrañas de la tierra mexicana. Un escandaloso y cínico despojo. No solamente desfalcaban a la nación al robarse el hidrocarburo sacado de nuestros veneros, tampoco declaraban al fisco la realidad de sus utilidades, además de omitir los verdaderos precios de venta de nuestro petróleo en los mercados internacionales. El michoacano apretaba las quijadas, fruncía el ceño, enarcaba las cejas y agudizaba la mirada, al confirmar que las compañías petroleras norteamericanas, inglesas y holandesas, además de las mexicanas, por supuesto, evadían al fisco y además estafaban a la nación al disponer ilegalmente de su patrimonio y, por si fuera poco, todavía explotaban a los trabajadores mexicanos pagándoles sueldos de hambre. Enfureció al confirmar que el petróleo nacional estaba siendo utilizado para enriquecer a unos auténticos maleantes y a sus países de origen, adonde iba a dar toda esa abundantísima riqueza con la que, sin duda, se podría rescatar del hambre, que tanto le preocupaba, a la mayor parte de la nación.

Gracias a que nació en el campo, pudo conocer de cerca las terribles carencias de los campesinos; gracias a que estalló la Revolución, se enamoró de Juana María y vio nacer a su hija Alicia; gracias a Calles, se había mantenido en el ejército y logró hacerse de un buen patrimonio, el necesario para comprar ciertas propiedades, como la que le había regalado a su madre. Gracias a la Revolución, había conocido cómo los extranjeros se robaban abiertamente los bienes de la nación, entregándole a cambio solamente mendrugos de la sustracción de una gigantesca riqueza; gracias a la Revolución, supo cómo Manuel Peláez, un militar, forajido al servicio de las compañías petroleras, había coordinado a un ejército de guardias blancas capacitado para impedir la entrada del Ejército Constitucionalista en la zona petrolera, de tal manera que los empresarios extranjeros de ningún modo se vieran afectados por la convulsión armada; gracias a la Revolución, conoció a Plutarco Elías Calles y al general Álvaro Obregón, quienes lo llevarían de la mano para poder materializar su sueño militar y, por supuesto, el político.

Una mañana de mayo de 1920, Cárdenas recibió un telegrama donde se le ordenaba asesinar al presidente Venustiano Carranza. La instrucción provenía de Álvaro Obregón, quien se había levantado en armas en términos del Plan de Agua Prieta para impedir que Ignacio Bonillas, un pelele, una marioneta de Carranza, llegara a la presidencia de la República, mientras este último se escondería atrás de la silla presidencial para seguir gobernando al país. Obregón no se lo iba a consentir por haber sido él, y sólo él, el héroe militar de la Revolución. Era evidente que Venustiano Carranza jamás había estado en el campo de batalla y su gestión, en ese sentido, se había reducido a recibir los partes de guerra enviados por Obregón. Si bien había permitido a Carranza concluir su mandato, en ningún caso le toleraría eternizarse en el cargo ni a través de interpósitas personas, como era Bonillas, el embajador en Washington, un ilustre desconocido a quien la sociedad mexicana llamó, con su fino sentido del humor, *Flor de Té*.

Cuál no sería la sorpresa de Cárdenas, cuando se dirigía a la sierra de Puebla a cumplir cabalmente con sus instrucciones, y se encontró con Rodolfo Herrero, quien le informó que Venustiano Carranza se había suicidado.

—¿Suicidado? —preguntó Cárdenas.

—¡Suicidado, mi general, a la mexicana! Usted sabe…

Rodolfo Herrero, el asesino, no tardaría en ocupar un cargo en el gobierno de Álvaro Obregón, en lugar de haber pasado el resto de sus días en la cárcel después de haber asesinado al presidente de la República, el segundo jefe del Estado mexicano asesinado en tan sólo siete años, si no se perdía de vista el magnicidio de Pancho Madero en 1913. Ocho años después asesinarían también a Álvaro Obregón, con lo cual sería el tercer mandatario acribillado en tan sólo quince años. Ése era el México bronco que nadie quería volver a recordar ni mucho menos a vivir.

Aquella noche, después de haber tenido una intensa relación amorosa con una mulata veracruzana que regularmente lo acompañaba en las giras militares, Lázaro Cárdenas tuvo un encontronazo con su conciencia: juró defender a las instituciones de la República y, sin embargo, había estado absolutamente dispuesto a asesinar, de acuerdo a las instrucciones recibidas como buen militar, al presidente Carranza. Si incumplía con lo ordenado por la superioridad, sería depuesto del cargo por Calles y por Obregón, con lo cual hubiera acabado su carrera política, y si lo hacía, entonces habría incumplido su juramento castrense de respetar, a toda costa, las instituciones de la República, además de haber faltado a lo prometido a su madre en el lecho de muerte. No fue Cárdenas quien lo asesinó, sino Rodolfo Herrero, con lo cual los cargos morales se diluyeron en las noches veracruzanas, en tanto escuchaba a los tríos, se deleitaba con los requintos y acariciaba las cabelleras negras azabache de las jarochas que podían trastornar sus instintos.

Cuando años más tarde, en su carácter de jefe de las operaciones en el Istmo de Tehuantepec, encargado de sofocar rebeliones regionales, se vio obligado a cumplir las instrucciones del presidente Álvaro Obregón, dictadas para apoyar e instalar, mediante la fuerza, a su paisano y querido amigo, Plutarco Elías Calles, en la presidencia de la República, accedió a luchar en contra de una buena parte del ejército mexicano que sostenía la candidatura de Adolfo de la Huerta. La lealtad hacia Calles era la lealtad hacia Calles: no había más.

Cuando se dio el primer enfrentamiento en contra del general Buelna, espada principal delahuertista, Cárdenas fue derrotado en Huejotitlán, en el mes de diciembre de 1923, y hecho prisionero en la ciudad de Colima. Obregón enfurecido declaró:

—Este fracaso lo preví porque el general Cárdenas es cumplido, pero incompetente...

Ya tendría tiempo de recuperar su prestigio y la confianza en sus habilidades y conocimientos militares. Tan lo logró que cuando en 1927 México estuvo a punto de ser nuevamente invadido por Estados Unidos, en razón de la expedición de la ley petrolera del presidente Calles, Cárdenas fue enviado para incendiar todos los pozos petroleros veracruzanos en caso, nada remoto, de que en cualquier momento se pudiera producir una nueva intervención armada norteamericana como ya se había producido en 1914 por órdenes del presidente Wilson. Calles le ordenó a Cárdenas que tan pronto viera en el horizonte del golfo de México las primeras chimeneas de los acorazados y barcos estadounidenses, procediera al incendio inmediato de todas las instalaciones petroleras. Si el oro negro, ese rico manantial, no era para los mexicanos, entonces no sería para nadie. Afortunadamente el general Cárdenas no tuvo necesidad de cumplir tampoco dicha orden, porque Calles amenazó con denunciar al presidente Coolidge ante la Sociedad de Naciones respecto a las intenciones de Estados Unidos, después de que tuvo en sus manos los mapas y la estrategia militar del gobierno yanqui para apoderarse de los pozos petroleros mexicanos. La Casa Blanca no tuvo más remedio que echar marcha atrás. México se salvó.

En tanto León Toral, la madre Conchita, la alta jerarquía católica, Calles, su amado paisano del alma, y Morones ejecutaban toda una estrategia para asesinar exitosamente al presidente electo Álvaro Obregón, Cárdenas se perdió por otra mujer durante su desempeño como general de división, comisionado, en 1928, para llevar a cabo el control de la zona petrolera de la Faja de Oro en Tamaulipas y Veracruz. El destacado militar se entregaba en pleno trópico, a lo largo de un cálido verano en la Huasteca, a Josefina Valencia, con quien pasaba las tardes haciendo el amor en una hamaca a la luz de los plácidos atardeceres en el golfo de México, una vez concluida y descartada la posibilidad de otra invasión naval norteamericana. Cárdenas, en aquel entonces un hombre de treinta y tres años de edad, confirmaba su inclinación hacia las mujeres mucho más jóvenes que él, como era el caso de Josefina, su *Chepi*, esa muchacha que cuando caminaba parecía estar bailando un rítmico danzón, moviendo las caderas y los senos, como si ella no se percatara del embeleso que producía en el general Cárdenas, los repetidos quiebres de cintura, su cabellera larga y toda aquella femineidad que asistía a aquel exquisito fenómeno de la naturaleza. Cárdenas no podía dejar de tocarla ni de besarla, ni de caer con ella en tantos arrumacos como fueran posibles, sin tomarla en serio y sin dejar de escuchar noticias de la ciudad de México, para saber cómo resolvía Calles el conflicto derivado del asesinato de su paisano, tratando de no manchar su administración con un magnicidio del que propios y extraños lo responsabilizaban y acusaban. Imposible olvidar cuando el pueblo de México, siempre irónico, sarcástico se preguntaba:

—¿Quién mató al general Obregón?

—Cállessssseeee la boca...

De sobra sabía Cárdenas, mientras montaba a esa jocosa mulata sin quitarse el uniforme militar, que su carrera política dependía del éxito de Calles y de su talento para resolver el entuerto, mismo que resolvió con una gran habilidad para anunciar que no se reelegiría y que dejaría a su partido, el PNR, que resolviera, entre comillas, el nombre del nuevo titular del Poder Ejecutivo. Por supuesto que Calles supo escoger muy bien a un candidato obsecuente que igual se desplazaba entre las filas obregonistas que entre las callistas, como sin duda lo hacía Emilio Portes Gil, quien después de un excelente trabajo de manipulación política y de oportunismo resultó electo presidente. *El Turco* no se equivocaría. Conocía a los políticos mexicanos mejor que la palma de su mano...

El año de 1928 vendría cargado de sorpresas agradables: al mismo tiempo que Cárdenas era nombrado, obviamente por Calles, gobernador de Michoacán, gestión que culminaría en 1932, Lázaro tuvo la enorme fortuna de conocer a Caridad Pelayo Quintana, uno de los grandes amores de su vida, originaria de Zitácuaro, Michoacán, otra joven mujer, quien por aquel entonces tenía dieciocho años de edad. A Caridad sí la tomó en serio. Tal vez fue la primera mujer que tomó en serio, sin olvidar, claro está, a Juana María ni a la pequeña Alicia, su hija. Con Caridad caminaba por las calles empedradas de Zitácuaro, visitaban la presa del Bosque, las grutas de Tziranda, la zona arqueológica de San Felipe, Angangueo, pero donde pasaron sus momentos más felices fue, sin duda alguna, en la sierra Chincua, en un lugar denominado «El Llano de las Papas», un santuario con árboles llenos de mariposas provenientes de Canadá y Estados Unidos, donde Cárdenas soñaba con tenerla en sus brazos, a lo que ella se negaba en la misma medida en que no se cumplieran previamente ciertas formalidades. Cárdenas amaba su tierra. En ocasiones compraban algodones azucarados en el kiosko de la plaza principal, en tanto el militar llamaba a los boleros para que le dieran grasa a sus botas. Disfrutaba el contacto con su gente sin descuidar la menor oportunidad en que Caridad cruzara las piernas para admirárselas, o por un descuido llevara abierto un botón de la blusa por donde él pudiera esculcar, goloso y en silencio, la parte de la anatomía femenina que casi podía hacerle perder la lucidez, como sin duda ocurría con los senos de Caridad que alguna vez tendría en sus manos para acariciarlos y besarlos. Caridad se daba a desear, Caridad no era una mujer fácil. Caridad era una mujer moralmente estructurada y devota religiosa, tanto así que el general Cárdenas no pudo tocarla ni apretarla siquiera bailando, hasta que no certificaran su relación ante Dios, ante el Señor, que todo lo sabía. Lázaro Cárdenas insistía en los besos de despedida. No, no habría besos de despedida. Lázaro Cárdenas pedía un abrazo al terminar una pieza. No, no habría abrazo al terminar la pieza. Lázaro Cárdenas exigía alguna expresión de cariño para demostrar el amor que Caridad sentía por él. No, no habría expresiones de cariño hasta que se casaran ante la fe de Dios. En ese momento él podría conocerla y tenerla como se le diera la gana, mientras tanto no habría nada, absolutamente nada; es más, ni siquiera ella lo presentaría ante sus padres en tanto Lázaro Cárdenas no adquiriera el compromiso formal de asistir a la iglesia y recibir de rodillas el sacramento divino, para tener el perdón y la autorización del Señor.

Entre súplicas, amenazas, advertencias, lamentos y la intransigencia absoluta de Caridad, el joven gobernador del estado de Michoacán mostró un especial interés por la situación del campo. Fomentó y creó de la nada la educación rural. Para él era importantísimo educar a los campesinos. Hacerlos responsables, alfabetizarlos para que a través de la educación pudieran aprender nuevas técnicas, adquirir más conocimientos, tener acceso a más experiencias, en fin, evolucionar. A pesar de que Cárdenas apenas había podido concluir la escuela primaria, no por ello ignoraba la importancia de la formación escolar y académica. Por ello es que inició una auténtica revolución educativa en el estado, poniendo los acentos en las condiciones económicas del trabajador campesino. Él fue el primero en organizar repartos de tierras y en fomentar, en gran escala, el crédito agrario, al mismo tiempo que construía obras notables de infraestructura, como carreteras, instalaciones de riego e incorporaba grandes contingentes populares, campesinos y obreros, a la estructura nacional del PNR, el Partido Nacional Revolucionario. El joven gobernador intervenía en todos los ámbitos de la administración pública, mezclándose en las atribuciones de los poderes legislativo y judicial. A los componentes de la cámara local de diputados los trataba como a sus empleados. Sin respetar ni su fuero, ni la división de poderes. Cárdenas les ordenaba votar, sin discusiones, los decretos y las leyes que él les mandaba. Era evidente que en una entidad tan atrasada, tan religiosamente fanática, tan ignorante y analfabeta, no se podía poner a consideración de nadie la mejor conveniencia para el estado, ¿no? Ahí quedaba clara la personalidad del tirano. De democracia ni hablemos. Se proyectaba como un Porfirito regional. Cárdenas decidió erigirse como un tlahtoani, como un cacique, como un caudillo, el hombre que tomaba las riendas del estado y sabía mejor que nadie lo que le convenía a Michoacán. Así lo hizo saber, así lo hizo sentir, así lo ejecutó y sus paisanos, en un principio, al menos las mayorías depauperadas y marginadas, no podían estar más de acuerdo con él, siempre y cuando las beneficiara, aun cuando fuera en apariencia. Ya veríamos los resultados de sus «ayudas» en el largo plazo. El gobierno de Michoacán fue un laboratorio de pruebas para el joven mandatario que soñaba con verse en Palacio Nacional.

Durante su gestión como gobernador del estado expropió un rancho ganadero, El Tesorero, propiedad de Ignacio Urquiza Couturier, mejor conocido como el *Tío Nacho*, por su generosidad y entrega con sus peones y campesinos. Don Nacho contaba con doce mil hectáreas de tierra y diez mil cabezas de ganado, la mayor parte de ellas importadas de Brasil para mejorar la raza. Operaba con talento y audacia un negocio próspero hasta que Cárdenas decidió expropiarle la mitad de la finca, hecho que le comunicó abiertamente en público. En la mañana en que se hizo patente semejante determinación, Urquiza Couturier le respondió al jefe del Ejecutivo local, de manera que todos pudieran escucharlo:

—Escúcheme bien, generalito, a mí no me va a expropiar ningún hijo de la chingada esta tierra que llevo trabajando toda mi vida...

Cárdenas lo fulminó con la mirada sintiéndose en absoluto ridículo. Por supuesto que nunca indemnizaron a don Nacho por la expropiación de la mitad de su rancho, así que corrió con suerte al no haber perdido todo. Lo que descubrió después y le fue particularmente útil para amargarse la existencia, fue que las seis mil hectáreas, supuestamente destinadas a dotar de tierras a los campesinos de la región, fueron vendidas a Guillermo Jenkins, al coronel José García Valseca y a dos hermanos de apellido Espada. ¿Cuál reparto agrario para los campesinos desvalidos? Los tres flamantes propietarios se las arreglaron para comprar las otras seis mil hectáreas de campesinos a quienes Urquiza Couturier se las había vendido sepultado en la frustración y en la amargura. ¿En qué se convirtió todo? En un gigantesco latifundio, de los que supuestamente combatía Cárdenas, donde se producía algodón...

¿Por qué vendió don Nacho las otras seis mil hectáreas? Porque otros campesinos, ajenos al Tesorero, ávidos de ejidos, cada noche capaban a los animales importados de Brasil, de modo que quebrara el rancho, y una vez desaparecidos los animales, también por robos masivos, se declarara la propiedad como una tierra ociosa con todas sus consecuencias...

Don Nacho entendió muy tarde que los hijos de la chingada no sólo expropiaban, sino que vendían entre sus amigos el producto del hurto, mejor dicho de lo expropiado, en términos eufemísticos...

Durante su administración estatal hizo dos paréntesis: uno para casarse por la Iglesia con Caridad Pelayo Quintana, pues ya no soportaba un solo rechazo más, y el otro para convertirse en 1930 en flamante presidente nacional del PNR, todo ello gracias otra vez a Calles, invariablemente a Calles, siempre a Calles. Los políticos de la época habían entendido que quien intentara eternizarse en el poder, como lo había hecho Porfirio Díaz o Carranza u Obregón, sería detenido por medio de las balas. La reelección había dejado de ser una posibilidad real para nadie. En lugar del gobierno de un solo hombre, resultaba mucho más conveniente, según lo dejó dicho el propio embajador Dwight Morrow, organizarse en un partido sólido en lugar de que los aspirantes al poder se pelearan entre sí, para que esta organización pudiera perdurar a lo largo del tiempo y de generación en generación. Había muchos Torales armados, listos para matar al presidente que intentara reelegirse. Para Cárdenas fue un reconocimiento a su carrera el hecho de que a los treinta y cinco años de edad hubiera podido escalar hasta llegar a ocupar uno de los cargos más relevantes en la política nacional. Era evidente que Plutarco Elías Calles movía sus fichas a su antojo y colocaba a sus incondicionales, a aquellos que le habían demostrado su lealtad y su confianza a lo largo de los años, en los puestos verdaderamente claves de la función pública. ¡Qué lejos empezaban a estar los años infantiles, difíciles y tortuosos de Jiquilpan!

Mientras Cárdenas, ya convertido en un gran conocedor de las tripas del ejército, organización que dominaba con una gran facilidad, ahora en su nueva posición conocería muy de cerca a toda la familia revolucionaria, es decir a gobernadores, a secretarios de gobierno, a los jefes de los territorios nacionales que aún no se habían constituido en estados de la Federación, a diputados locales y federales, a senadores de la República, a periodistas, a la prensa, en general, al gabinete del presidente Ortiz Rubio, el baboso de *el Nopalito*. El cargo de presidente del PNR le permitió involucrarse con la crema y nata de la política mexicana, ya no sólo de las fuerzas armadas. Ahora Cárdenas tenía muchos más hilos y muchos más anclajes y soportes para escalar hasta la primera magistratura. Él sabía que llegaría, tarde o temprano, pero no que lo haría como en realidad llegó.

Nadie podía ignorar que ese cargo tan elevado se lo debía a la voluntad de Plutarco Elías Calles, y por lo mismo se le empezó a contemplar con respeto. Sólo un ciego no podría ver esa realidad. ¿Experiencia? Claro que había vivido de cerca los acuerdos del gobierno con la Iglesia católica y claro que supo desarticular y extinguir la rebelión escobarista en el año de 1929, misma que concluyó cuando los «rebeldes», los supuestos valientes golpistas, se dedicaron a extraer todo el dinero posible de los bancos de Monterrey, Saltillo y Torreón, y a evacuar, en retiradas que Escobar llamó «estratégicas», las ciudades mencionadas.

La carrera ascendente de Cárdenas no se iba a detener, por más que renunció a la presidencia del PNR a finales de 1931, para pasar a ocupar por un par de meses la cartera de la Secretaría de Gobernación. ¿No estaba todo muy claro?

Mientras tanto, había contraído nupcias únicamente ante la Iglesia con Caridad, sí, su Caridad. Finalmente había tenido acceso a ella después de una interminable ceremonia religiosa y de un odioso sermón en que el sacerdote no dejó de recordar pasajes de la infancia de Cárdenas, cuando ni siquiera lo había conocido en aquella época. La ceremonia religiosa le parecía insultante, hipócrita, grosera e intimidatoria, al extremo de que cuando concluía, el sacerdote se ocupó de decir:

—Y recuerden, hijos míos, que lo que Dios une, sólo Dios lo puede desunir.

¿A quién creía que se estaba dirigiendo ese siniestro ensotanado? ¿Cuántas veces había sabido de sacerdotes que desunían a billetazos lo que Dios había unido? A otro perro con ese hueso...

Era lo de menos, el enlace religioso se trataba de un mero trámite, absurdo y ridículo, además de anacrónico, pero si para poder poseer a Caridad era necesario vestirse de negro, arrodillarse, comulgar, persignarse, rezar y hacer todo tipo de votos para preservar la integridad de la familia, él cumpliría con cualquier condición con tal de poder desnudar a esa mujer con la que había soñado tantas veces, con la que fantaseara durante las interminables noches de insomnio, porque ella ni siquiera le había permitido meter la mano debajo de la blusa ni acariciarla por encima de la prenda. Nada, Caridad había dicho que nada, sin embargo, aquella noche de 1930 surgió como una mujer completamente diferente. Parecía haber perdido para siempre cualquier expresión de timidez o de pudor.

Cuando finalmente estuvieron solos en la habitación del Hotel Virrey de Mendoza, en Pátzcuaro, ella no tuvo ningún empacho en soltarse ni en manifestar los inmensos esfuerzos que había realizado para no entregarse a Cárdenas antes de tiempo.

—Si me hubiera entregado antes no te hubieras casado conmigo, ¿verdad, chulo? ¿Querías tu premio, amorcito de mi vida? Pues comprométete ante el altar o nada...

Esa vez ya no tenía por qué contenerse. Podía ser ella y sólo ella, y gozar y divertirse y descubrir al hombre, a su marido, a su amante, al futuro padre de sus hijos. El encuentro carnal con Caridad no pudo ser más emocionante. Cuando él sugirió mantenerse vestidos como si fuera una travesura de chiquillos, ella se negó a cumplir semejante deseo y procedió a desabotonarle la guerrera al ansioso general, que se comportaba como si la vida finalmente le hubiera cumplido uno de sus grandes caprichos. Cuando estuvieron desnudos, ella fue la de las iniciativas. Parecía como si Cárdenas, impedido de hacer el amor a su antojo, según sus deseos, se hubiera entumido y no supiera cómo corresponder a las caricias ni a las insinuaciones, ni a las palabras ni a los suspiros de Caridad. Parecía un hombre desarmado, inhibido, algo así como si a un militar se le privara del uniforme, del fuete, de las botas, de la espada y de la pistola, y quedara desamparado al haber sido privado de la imagen de la que supuestamente se desprendía su autoridad. Sólo el tiempo ayudaría a Cárdenas a tener una buena relación amorosa con Caridad. Sólo el tiempo. En aquella ocasión ella comprobó, en la noche de bodas, que su experiencia sexual con su marido no había sido lo que esperaba. Sin embargo, el futuro podría proporcionarle muchas sorpresas como en realidad se las proporcionó. «¿La próxima vez lo hacemos vestidos, Caridad? Dime que sí, ¿sí...?»

Terminados los episodios amorosos de los cuales resultaría embarazada Caridad, la hermosa Caridad, Lázaro, lleno de imaginación, de energía y de esperanza por revertir el destino no sólo de los michoacanos, sino también de México entero, volvió a su tierra para concluir su mandato, ciertamente irregular, en diciembre de 1932. En este último tramo de su administración, este infatigable coloso de la política abrió cien escuelas por parte del gobierno y trescientas a cargo de los patrones propietarios de las fincas. Estimuló a los hacendados para educar al campesinado. Volvió mixta la enseñanza normal. Insistía en que si los maestros, de ambos sexos, no estaban bien capacitados, evidentemente no podían enseñar, y si no podían enseñar, su presencia en las escuelas sería absolutamente inútil; democratizó el sistema universitario y pagó con puntualidad a los catedráticos; repartió tierras a los campesinos, estableció el crédito rural para poder financiar las labores del campo y procuró vincular a los obreros con los estudiantes. Se trataba de una reconciliación en todos los niveles sociales y políticos. De la misma manera mandó erigir dos estatuas a Morelos, una en Morelia y otra en Janitzio, de carácter monumental. Él sería el nuevo Morelos en su estado natal. ¿Quién podía oponerse a sus políticas de gobierno? ¿Quién?

Como parte innegable de su política anticlerical, y entendiendo el daño que la religión católica hacía en la ciudadanía, en particular, en este caso en sus paisanos, publicó el decreto número cien en el que establecía la limitación para que únicamente treinta y tres sacerdotes pudieran oficiar en el estado. Tres por cada distrito de los diez en que dividió la entidad. En consecuencia estableció que no se registraría ningún ministro de cualquier voto, de cualquier religión, si dentro del territorio no representaba ninguna jerarquía de su ministerio, ya fuera como arzobispo, obispo o delegado. Estaba clara su posición ante la Iglesia católica. Había que limitarla y cortarle las uñas...

Lázaro Cárdenas no tenía una buena relación con Abelardo Rodríguez, el nuevo presidente pelele impuesto por el *Jefe Máximo*. Se trataba del tercer mandatario nombrado por Calles dentro de la vergonzosa etapa política mexicana del Maximato. Cárdenas concluiría su gobierno en Michoacán con la atención muy bien puesta en la próxima administración que iniciaría el primer día de diciembre de 1934. Mientras tanto trabajaría con el mismo entusiasmo en Michoacán, administración que él consideraba algo así como un ensayo para cuando llegara a la presidencia de la República, un destino que pensaba inexorable dadas sus relaciones con Calles, su preparación, sus antecedentes de lealtad, su incondicionalidad ante el Jefe Máximo y su capacidad militar y administrativa bien conocida ya por el Jefe Máximo de la Revolución.

Entre tanto, a finales de 1932, Lázaro Cárdenas sería padre. Nacería Maritza Cárdenas Pelayo, a quien el general Cárdenas la llamaría con mucho cariño *Calala*. El gobernador del estado de Michoacán no podía estar, de ninguna manera, más satisfecho al tener en sus brazos a su nueva hija, producto de su intenso amor con Caridad. La vida los distinguía a ambos con un maravilloso premio como era tener una chiquilla que habría de iluminar la vida de este líder político. Sólo que la vida, la misma vida le tenía preparada una gratísima sorpresa al general Cárdenas: Pachita, otra mujer de la que Lázaro también estaba enamorado, traía al mundo, casi al mismo tiempo que nacía Calala, a otro hijo del gobernador, a quien éste se negó a llamar Lázaro porque ese nombre le parecía raro y feo. Sin embargo, al tener a la criatura en sus manos y constatar el tamaño del labio superior y ver sus ojos negros y hundidos, una imagen perfecta de sus años infantiles, no pudo más que enamorarse de ese nuevo niño, otra gratificación de la existencia que también, claro está, vendría a iluminarle el camino. Bien dicho, todos los hijos que tuvo el general Cárdenas con diferentes mujeres, en diferentes momentos, vendrían a endulzar sus días. Todos eran hijos de la nación y de él mismo... A ver quién se atrevía a averiguar quién era la nación...

¿Quién más le endulzaría la existencia? Una nueva mujer llamada a alegrar y estimular su existencia se llamaba Amalia, su Amalia. Amalia, una joven dama distinguida de Tacámbaro, Michoacán, de su tierra misma, extraída de un importante círculo social, había conocido al general Cárdenas antes de que tomara posesión como gobernador del estado en 1928, en una finca llamada Los Pinos; sin embargo, por los vaivenes políticos, por los levantamientos armados como el de Escobar, como por sus desplazamientos a la ciudad de México para fungir como presidente del PNR y después como secretario de Gobernación, por todas estas circunstancias explosivas y cambiantes, le fue imposible establecer una relación estrecha con Amalia. Sólo que cuando entró en la última fase de su gobierno y tuvo más tiempo para dedicárselo, al mismo tiempo que lo hacía con Caridad y con Pachita, se dio los espacios necesarios para pretender a Amalia. Sus padres se negaron abiertamente a que continuara la relación entre el general y la doncella, dada la diferencia de edades entre ambos, que fluctuaba entre los dieciocho y los diecinueve años, razón de más para que sus progenitores se negaran a permitir cualquier tipo de cortejo, sin olvidar que también se trataba de un militar cuyas inclinaciones autoritarias, intolerantes, eran bien conocidas y por lo mismo, motivos adicionales de preocupación. Se abrió ese espacio, de 1928 hasta 1931, en que pudo continuar finalmente el cortejo de la ilustre michoacana, muy a pesar de la resistencia de sus padres. Ni el general gobernador ni Amalia podían verse abiertamente, tal y como lo dictaban las buenas costumbres. Ella, sin embargo, no ocultaba su admiración ni su enamoramiento por Lázaro, pero las circunstancias les impedían disfrutar abiertamente de su amor. Según avanzaba el tiempo se agotaba la paciencia del general, quien soñaba con disfrutar a la preciosa y joven Amalia, una mujer distinguida, de buen porte, exquisita, de buenos modales, excelente trato, gran vocación social, amorosa con los desposeídos, cariñosa con los marginados y, sobre todo, convencida del apasionado amor que le tenía el general Cárdenas, un amor abierto y espontáneamente reciprocado. Tarde o temprano llegaría el momento de tomar las decisiones y éstas no se hicieron esperar ante la última negativa del padre a aceptar a Cárdenas como el marido de su hija.

—Antes muerto —llegó a decir—, tú, hija mía, te mereces algo mucho mejor que un politicote, militar y, además, mujeriego empedernido.

Una vez definidas las posiciones, escogido militarmente el campo de batalla e identificado plenamente el enemigo y su ubicación, Cárdenas disparó. Una noche raptó a Amalia, desde luego con su consentimiento. Ella se desprendió de la habitación en la que dormía en el plácido hogar familiar, anudando varias sábanas hasta caer en los brazos del general, su novio, su futuro amante, su futuro esposo, el padre de sus hijos. No olvidó, eso sí, dejarle una carta a sus padres en la que insistía en su decisión y en sus convicciones. Ya era una mujer.

Así, el gobernador encaminó su automóvil hacia Uruapan, donde se instalaron en un pequeño mesón ya sin huéspedes a la vista a esas altas horas de la noche. Apenas pudieron pedir unas cervezas, un poco de vino y unas botanas. La cocina estaba cerrada, no así la habitación que había reservado el general Cárdenas para pasar la primera noche con la mujer de su vida. Juana María, Pachita y Caridad podían esperar. Ninguna como Amalia, ninguna como ella cuando finalmente pudieron tener el intercambio amoroso que habían venido reteniendo durante muchos años de relación en los que la oportunidad no se había dado para poder estar juntos, dadas las circunstancias e impedimentos familiares y políticos.

Siempre se ha dicho que el fruto prohibido es el más sabroso y Amalia, por supuesto, era mucho más que un fruto prohibido. Una mujer virgen, inexperta, pero audaz, decidida, obsecuente y dócil ante las solicitudes de Lázaro, quien no solamente había tenido varias condecoraciones en el campo de batalla, sino también, a diferencia de ella, en el terreno amoroso. Cárdenas se convirtió en el maestro y Amalia en su alumna. Nada más erótico, nada más perverso, nada más fantástico y estimulante que ella aceptara resignadamente las instrucciones y las ejecutara al pie de la letra según le instruía el encumbrado militar.

Amalia se sorprendió en un principio ante la petición de su galán de hacer el amor, de tener relaciones siempre y cuando él no se desprendiera ni de la guerrera militar ni de los pantalones. El asunto concluiría con que Cárdenas sacara su instrumento por la bragueta y ultimara de esta manera como un bachiller travieso aquella escena amorosa. Por más docilidad que mostró Amalia, ella consideró que de esa manera ni siquiera llegaría a sentirse mujer, por lo que después de varias súplicas y ante las dificultades propias al tratarse de una virgen, finalmente Cárdenas a regañadientes aceptó someterse a las peticiones de su amante. La noche transcurrió entre:

—¡Ay, Lázaro, cuidado...! ¡Ay, ay, amor, más despacito...! ¡Ay, mi vida, me lastimas...! ¡Ay, ay, mi amor, tenme paciencia...! ¡Ay, militarote, no soy una ranchera experta...! ¡Ay, mi góber, esfuérzate y ármate de paciencia, probemos, ven, acércate, así, no, así no, espérate, no te precipites, dame mi tiempo, respétame, no lo eches a perder, me lastimas, no, no, déjame respirar, me sofocas! ¿Qué no entiendes que es la primera vez? ¿Qué no te puedes poner en mi papel de mujer? ¿Qué no ves que no tengo experiencia? ¿Qué no ves que si eres un bruto y un salvaje, jamás podremos volver a disfrutar esta relación porque me vas a asustar de por vida? ¡No me espantes, generalote, dispénsame, obséquiame, ven, abrázame, suspírame, cuéntame cuentos, dime palabras bonitas y poco a poco, así, así, rufianzote, así, secuestrador de menores, mentiroso, traidor, embustero, así, asaltacunas, así, así, así...!

La pasión por Amalia resultó incontenible, tan incontenible que se casaron por lo civil en septiembre de 1932, al final de su mandato como gobernador del estado. ¿Caridad? Caridad sabría comprender el atropello. ¿Atropello...? Cuidado con las palabras, en todo caso, las elevadas razones de Estado...

Cuando el 1° de enero de 1933 Plutarco Elías Calles nombró a Lázaro Cárdenas secretario de Guerra y Marina, Amalia ya estaba embarazada. El 17 de junio de ese mismo año, dos días después de que Lázaro Cárdenas aceptara su candidatura para la presidencia de la República, nacería una niña a la que la feliz pareja llamaría Palmira, un nombre que respondía a una pequeña finca que Lázaro tenía en el estado de Morelos para huir del bullicio de la ciudad, respirar el aire sano del campo y vivir algún tiempo en paz. Sin embargo, Palmira, una niña prematura, viviría escasas horas por una serie de insuficiencias respiratorias. Amalia quería morir al mismo tiempo.

El dolor del general Cárdenas no pudo ser mayor cuando supo del fallecimiento de su nueva hija. Sólo que la vida no tardaría en compensarlo por la dolorosísima pérdida y días después le anunciarían el nacimiento de su hijo Arturo. ¿Nombre de la madre? Caridad Pelayo Quintana, su Caridad, su inolvidable Caridad. El nuevo vástago había nacido en agosto, en Tlalpan, muy cerca de donde se encontraba Amalia. El orgulloso padre de familia corrió al lecho de Caridad para tener en sus brazos al pequeño Arturo, finalmente un hijo, Arturo Cárdenas Pelayo, que se parecía a él en la forma de los labios, en el mentón, en la frente amplia y en el corte de la cabeza. Sin duda se trataba de un Cárdenas, el hombre que él necesitaba para perpetuar su dinastía política en el país. De sobra sabía que, ya ungido candidato a la presidencia, todo lo demás sería un problema de tiempo para que los Cárdenas vinieran a incendiar a este país con su nacionalismo, su coraje, su indiscutible patriotismo, su conocimiento, sus definiciones y su determinación para dar los golpes de timón que fueran necesarios con tal de buscar un mejor destino para México.

¿Quién se iba a oponer a los dictados de Calles, el Jefe Máximo? ¿Quién? Existía, justo es decirlo, una gran oposición al Maximato de Calles. En todos los sectores del país ya no se deseaba oír hablar más de los presidentes peleles. El cambio constituía una necesidad política inaplazable. Este punto de vista lo compartían los obregonistas, los vasconcelistas, los saencistas, los ortizrubistas, resentidos con Calles en diferentes grados y por diferentes motivos. No había enemigo pequeño. Se trataba de una oposición respetable dentro del mismo bando revolucionario. Además estaban los recuerdos de la guerra cristera y el resentimiento de los católicos en contra de Calles. La depresión económica de 1929 había detenido el progreso y la evolución económica del país, si bien para 1934 la crisis había dejado de provocar estragos y México empezaba un proceso de recuperación, la parálisis económica de ninguna manera podía ser una buena consejera ni ayudaba a la causa del caudillo, un caudillo que había prometido no eternizarse en el poder y no reelegirse jamás. Cumplía su promesa, sin embargo, sí intentaba eternizarse en el poder a través de aquellos presidentes nombrados por él, en la inteligencia de que a la menor oposición, al menor titubeo o a la menor señal de traición o deslealtad, simplemente serían depuestos del cargo para que nadie olvidara quién gobernaba en México. Sin duda lo gobernaba el propio Calles con mano dura, puesto que tenía el control de ejército, el control de los medios de comunicación, el control de la Cámara de Diputados, el control de la Cámara de Senadores, el control de todos los gobernadores del país, de las policías, de los sindicatos privados, de los sindicatos públicos y de toda aquella persona que a título personal o unida a un grupo, intentara de alguna manera, ciertamente suicida, oponerse a los designios del caudillo. Calles, *el Turco*, sabía tomar decisiones y las tomaba…

Nadie podía ignorar los riesgos que corría si se enfrentaba a Plutarco Elías Calles. Era evidente que la oposición tenía un precio y el precio consistía en amanecer tirado en una calle con un tiro disparado en el centro de la frente. En el México del siglo XX las diferencias políticas se resolvían con la bala desde que Porfirio Díaz fue corrido a balazos, Madero y Pino Suárez fueron asesinados a balazos, Victoriano Huerta fue derrocado a balazos, Belisario Domínguez fue privado de la vida a balazos, Zapata fue victimado a balazos, Venustiano Carranza fue acribillado a balazos, al igual que Villa, Francisco Serrano y Arnulfo Gómez y como, claro está, no podía ser la excepción aquello de que el que a hierro mata a hierro muere, Obregón también había sido ultimado a balazos, todo a balazos. Las diferencias entre mexicanos se dirimían a balazos, y quien intentara ponerse enfrente del *Turco* sabría que las diferencias se resolverían a balazos. No en balde seguía vivo todavía Luis N. Morones, el brazo armado, el gran cínico y maleante que había sido secretario de Industria y Comercio durante su gobierno de 1924 a 1928. ¿Entendido que en México todo se resuelve a balazos? Pues sobre esa base nadie quiso discutir cuando Lázaro Cárdenas ganó las elecciones el 4 de julio de 1934, con dos millones, doscientos sesenta y ocho mil votos contra veinticuatro mil setecientos de Antonio Villarreal, quince mil ochocientos de Adalberto Tejada y mil doscientos de Hernán Laborde. No habría otro presidente de la República más que Lázaro Cárdenas. ¿Y Jiquilpan? ¿No que no existían posibilidades de ascenso para los desposeídos? ¿Y Juárez y Porfirio Díaz?

Dos grandes promesas de campaña quedarían presentes de manera permanente en la conciencia del electorado mexicano: una, Cárdenas había jurado respetar la vida humana y con ello honrar lo prometido a su madre en el lecho de muerte. No mataría y cumpliría con su palabra a como diera lugar. El otro acuerdo se había tomado en la convención del PNR en 1933, celebrada en Querétaro, donde se comprometió solemnemente a reformar el artículo tercero de la Constitución para liquidar la escuela laica e introducir la escuela socialista en primaria y secundaria. La idea de la escuela socialista debería imbuir de anticlericalismo a la intelectualidad mexicana, a los círculos gobernantes, a la sociedad y a la prensa. No se trataba de importar ideas de la educación estalinista-soviética según Calles, sino simplemente imponer una educación racionalista con la que no se contaminara con dogmas la mente de los niños. Cárdenas, embozado, tenía otra idea, por lo que hacía distribuir estos textos que no eran de su autoría pero que sí impactaban en los círculos sociales y políticos: «No es posible dejar la educación en manos de la Iglesia porque apegándose al dogma se aparta de la razón y la razón, precisamente la razón, es lo que nos distingue de los animales... ¿Cómo renunciar a ella? Con sus ideas anacrónicas, descabelladas, sobre las que no caben los cuestionamientos ni la crítica filosófica, el clero forjará generaciones de supersticiosos manipulados por una supuesta culpa o estimulará la presencia de más cínicos, quienes después de cumplir con ciertos rezos, a modo de penitencia, reincidirán en el pecado y así hasta la eternidad, en lugar de preparar personas responsables en lo individual, cuerdas y sensatas, sanas, libres de cualquier culpa inexistente, intelectuales lúcidos, amantes de las ciencias, de la demostración empírica de los hechos, críticos de cualquier afirmación, estudiosos abiertos a todas las corrientes, pensadores opuestos a los dogmas y a los artículos de fe, en fin, defensores feroces de los procesos racionales y de las verdades científicas requeridas por el país para su sana evolución.

»No es conveniente que se permitan las escuelas religiosas para educar a los niños porque aunque los religiosos pretendan enseñar principios morales, en la actualidad todos estamos convencidos de que las religiones están perfectamente corrompidas y que se han convertido en una trama de cuentos y de leyendas, de absurdos, aberraciones y confusiones con las que procuran envolver la inteligencia y el corazón de los niños, con objeto de apropiarse del ser futuro y después poder manejarlo a su antojo, siempre con fines bastardos».

Cuando las manecillas del reloj anunciaron el arribo del día 1° de diciembre de 1934, el general Lázaro Cárdenas del Río protestó como presidente de la República en ceremonia solemne que se verificó en el Estadio Nacional. Su discurso de toma de posesión, pronunciado con una voz aguda, chillona, aburrida, en ocasiones apenas audible, leído sin el énfasis ni el entusiasmo que anunciara el arribo de nuevos tiempos como el remedio de los grandes males nacionales en política, en el campo y en la economía, fue recibido por el general Calles con el debido beneplácito. Cárdenas parecía enviar un mensaje de sometimiento similar al utilizado por Emilio Portes Gil, por Pascual Ortiz Rubio y por Abelardo Rodríguez, sus antecesores en el Maximato. Era evidente que se trataba de un nuevo monigote más, según Calles, a quien podría mangonear a sus anchas sin ninguna consideración. Tan lo anterior era válido, que la mayor parte del gabinete cardenista estaba integrado por callistas de viejo cuño —incluido, por supuesto, un hijo del Jefe Máximo—, así como el congreso, el ejército, el poder judicial, para ya ni hablar de las autoridades locales, es decir los gobernadores de los estados de la Federación. ¡Claro que Plutarco Elías Calles continuaba constituido como la máxima autoridad política e intentaba prolongarse indefinidamente en el Maximato, mientras tuviera vida!

Una vez satisfechos los requisitos marcados por el protocolo y de haber recibido felicitaciones de todas las fuerzas políticas, sociales, militares, periodísticas de la nación, el presidente de la República recién ungido se dirigió a Navolato, Sinaloa, con el ánimo de rendir pleitesía a Plutarco Elías Calles, quien se encontraba en aquella localidad jugando al póquer entre varias personalidades castrenses. Cuando el Jefe Máximo fue informado de la presencia del nuevo Jefe de la Nación, siempre los jefes, quien venía a saludarlo y a presentarle sus respetos, contestó que lo sentaran en el «ahitepudras», un sillón en el que Calles mandaba acomodar a las personas que lo visitaban y que sus escoltas y servidumbre entendían a la perfección como un castigo, una actitud displicente para quien deseaba tener una entrevista con él. Se trataba, en todo caso, de un desplante de autoridad. El capitán encargado de darle ese mensaje a Calles, se atrevió a hacer la siguiente observación al oído:

—Mi general, tal vez no me expliqué, se trata de Lázaro Cárdenas, el que está allá afuera esperando audiencia con usted, se trata del nuevo presidente de la República.

Calles, impertérrito, simplemente volteó a ver el rostro del militar con una mirada de fuego que el otro entendió con la debida claridad.

—Te acabo de decir que lo sientes en el «ahitepudras», ¿o no entiendes, carajo?

Cárdenas se sintió terriblemente herido en su persona, lastimado, ultrajado, pero como buen militar, supo subordinarse ante aquella persona, a la cual le debía absolutamente toda su carrera, desde sus inicios, cuando él apenas estaba por cumplir los dieciocho años de edad. Si ahora Calles lo había encumbrado nada menos que hasta la primera magistratura de la nación, era justo que tuviera algo de paciencia, ¿o no? Cárdenas esperó por espacio de dos horas y media a que el Jefe Máximo concluyera su partida de póquer en la inteligencia de que en una ocasión o no le había llegado el diez para completar la corrida o se había quedado con un par de reyes y un par de ases sin poder completar el *full*. El juego terminó cuando apostó fuertemente en la mesa haciendo sentir que tenía el gran juego de la tarde, y se llevó todas las apuestas que estaban colocadas sobre la mesa sin exhibir su juego. Simplemente había ganado, ¿o no? ¿Quién se iba a atrever a pedirle a Calles que volteara las barajas para ver si tenía o no razón, si era justo o no, o si se había conducido o no con probidad?

—Mañana continuamos —concluyó mientras se embolsaba sonriente todas las fichas...

Acto seguido, Calles se dirigió al salón anexo donde estaba el «ahitepudras» y abrazó al general Cárdenas, felicitándolo por su nuevo nombramiento y por la votación prácticamente unánime que había recibido del pueblo de México, una prueba indudable de su aceptación y de su imagen como un político de vanguardia y probo. Después de una breve conversación, Cárdenas se colocó su sombrero de civil, puesto que iba vestido como tal y evitó, por mera discreción, decirle, repetirle al Jefe Máximo lo que había pronunciado en su discurso de toma de posesión y que nadie o muy pocos habían entendido su mensaje, pero que muy pronto todos, absolutamente todos, caerían en cuenta del extremo de sus afirmaciones:

—«He sido electo presidente y habré de ser presidente».

No era el momento para insinuarle a Calles sus intenciones ni el contenido de sus afirmaciones. A los hechos, y los hechos no tardarían en producirse para la alarma del Jefe Máximo, quien muy pronto se percataría del terrible error que había cometido al encumbrar a Cárdenas, pensando que con él se podría eternizar en el Maximato. ¿A quién se había atrevido a hacer esperar casi tres horas mientras concluía su juego de póquer? El rencor crecía... Ya se verían las caras...

De regreso a la ciudad de México, Cárdenas recordó el terrible malestar que existía por el callismo en el país, harto ya de tanta imposición, intolerancia, intransigencia y corrupción. A nadie escapaba el descontento de los campesinos y de los obreros sepultados en la desesperanza al ser otra vez víctimas de promesas incumplidas, muy a pesar de la Revolución, en tanto era ostentoso el enriquecimiento de la clase política que seguía su marcha galopante e insultante y amenazaba con desbordarse. Para él, para Cárdenas, la tarea aparentemente sería sencilla, se trataría de estimular la toma de tierras para ayudar a los campesinos desposeídos y, por supuesto, propiciar el estallido de más huelgas para provocar un gran malestar en la sociedad y explicar ese justificado malestar por los históricos sueldos de hambre, por el desempleo y por las condiciones económicas reinantes. Era el gran momento del cambio. Día a día Calles recibiría los mensajes necesarios para entender que había concluido su reinado. Además de lo anterior, Lázaro Cárdenas llevaba en el bolsillo una reforma constitucional, la del artículo tercero, la del PNR, que establecía: «La educación que imparta el Estado será socialista y además de excluir toda doctrina religiosa, combatirá el fanatismo y los prejuicios, para lo cual la escuela organizará sus enseñanzas y actividades en forma que permita crear en la juventud un concepto racional y exacto del universo y de la vida social».

Evidentemente que la Iglesia católica discrepaba de semejante disposición y lucharía nuevamente a brazo partido para evitar su aplicación en todo el país. Los dogmas, alegaba, no son prejuicios, ¿quién dijo?, además es imposible en un país católico excluir «toda doctrina religiosa». ¿Quién es el Estado para enseñar? Los conceptos racionales son por definición inmorales y conducen al pecado mortal...

En aquellos años le sorprendía a Cárdenas cómo el presidente Roosevelt de Estados Unidos derogó sin más la Ley Seca, que tenía como objetivo prohibir la fabricación, el consumo, la elaboración, el transporte, la importación, la exportación y la venta de alcohol. Según el jefe de la Casa Blanca, se habían obtenido resultados contraproducentes porque la oferta había crecido aún más, el contrabando estaba completamente desbocado y nadie podía controlar los mercados negros ni la existencia de dinero negro. Un gigantesco consumo valuado en miles de millones de dólares se había puesto en manos del hampa, que introducía ilegalmente el alcohol en territorio norteamericano para revenderlo a precios estratosféricos, obviamente sin pagar impuestos, obligando al Tesoro americano a distraer una parte de su presupuesto a la creación de fuerzas policiacas orientadas a la persecución de los maleantes. El crimen alcanzó proporciones inenarrables, no sólo cuando los delincuentes defendieron su lucrativo negocio, sino cuando entre los mismos capos, se disputaron violentamente las calles de las principales ciudades de la Unión Americana. El gobierno de Estados Unidos decidió atacar frontalmente el crimen organizado y, sin embargo, el crimen creció; atacaron la corrupción y la corrupción creció. Los problemas sociales, en lugar de resolverse, se complicaron exponencialmente. Crecieron las cargas fiscales por la construcción de prisiones y sus gastos operativos; se plantearon mejorar la salud de la nación, pero ésta empeoró al ingerir tóxicos sustitutos del alcohol. Muchos bebedores cambiaron al opio, la mariguana o la cocaína u otras sustancias peligrosas, impensables antes de la prohibición. En resumen, un pequeño grupo era el que estaba haciendo el gran negocio con cargo a la salud de la nación y a las finanzas del Estado. Cuando Roosevelt decidió acabar con la Ley Seca, una parte de la sociedad y de la prensa lo atacaron diciendo que Estados Unidos se convertiría en un país de dipsómanos. Nada más apartado de eso. Cuando se volvió a permitir la ingesta de alcohol, en lugar de gastar los recursos del fisco en penales, policías y soldados, se invirtió en centros de rehabilitación para combatir las adicciones, y se instrumentó una política educativa para evitar que, en lo sucesivo, los menores cayeran en ese vicio. Finalmente, la legalización sólo lastimó grave e irreversiblemente a los traficantes de alcohol y a los policías corruptos que garantizaban la impunidad.

Estas decisiones del presidente Roosevelt, como las que tomó agresivamente en contra de los grandes empresarios estadounidenses, de los grandes *trusts*, dueños de prácticamente todo el país, para someterlos a la ley de modo que no tuvieran más poder que el gobierno mismo, animaron a Cárdenas para tomar medidas radicales. Su estancia en la presidencia de la República de ninguna manera sería olvidada.

Los años de crisis que habían propiciado graves necesidades en las masas; el ejemplo y el apoyo del gobierno de Roosevelt que desplazaba hacia el intervencionismo estatal la política norteamericana; el espectáculo de la deificación del Estado que se presentaba en el estalinismo, el nazismo y el fascismo, y una muy justificada repulsa popular a los métodos de represión política empleados en los años del Maximato, inclinaron la balanza de la política mexicana hacia la postura del presidente Cárdenas, quien, por otro lado, una vez asegurado el apoyo de Roosevelt, empezó muy pronto a encarar a Calles para reivindicar el respeto a la investidura presidencial.

Tan pronto regresó Cárdenas de Sinaloa de ver a Calles, empezó a tener reuniones cada vez más frecuentes con Francisco Mújica, su secretario de Economía, diputado constituyente en 1916, su colega de toda la vida, de aquellos años en que juntos lucharon dentro del Ejército Constitucionalista para derrocar la dictadura de Victoriano Huerta. Se habían hecho amigos en el campo del honor y ahora lo eran en el campo de la política. Mújica no tardaría en convertirse en el gran ideólogo del cardenismo. Ambos instrumentaron el Plan Sexenal, de inspiración soviética, que implicaba la recuperación gradual del control sobre los recursos naturales usufructuados por las compañías extranjeras; la nacionalización de las industrias básicas, de los servicios públicos y del crédito; la destrucción de los monopolios privados; la revisión de las concesiones ilegales y gravosas concedidas a particulares, nacionales o extranjeros, por gobiernos anteriores; la racionalización y modernización de la industria mexicana; el desarrollo del sector cooperativo; la creación de fuentes de crédito para las cooperativas, la pequeña y mediana industria del sector ejidal, además de la revolución educativa para cambiar de fondo las estructuras y alterar para siempre el destino de México. ¿Quién no podía estar de acuerdo con Cárdenas y con Mújica? ¿Quién no podía coincidir con rescatar, en la medida de lo posible, la riqueza nacional de la que se aprovechaban los extranjeros, para hacer que ésta produjera sus beneficios en la población nacional? ¿Quién no quería acabar con el abuso, con la explotación, con la esclavitud en la que continuaban viviendo campesinos y obreros, a pesar de que el país se acercaba vertiginosamente a la mitad del siglo XX y el atraso que se observaba era una vergüenza para cualquier mexicano con el menor asomo de dignidad? Por lo demás, en dicho intento de planificación estatal impulsado por Calles, el socialismo no podía entenderse sino como un modelo demagógico: *¿El Turco* iba a dejar a un auténtico comunista en el poder? Sí, cómo no...

Por aquellos años Amalia Solórzano de Cárdenas invertía una buena parte de su tiempo en cuidar a su hijo Cuauhtémoc, quien había nacido en el primer año de gobierno de su marido. De la misma manera atendía a otros hijos del general Cárdenas, producto de sus andanzas y de sus travesuras a lo largo y ancho del país, así como se rodeaba de otros menores recogidos en sus giras o descendientes de sus ayudantes y empleados que, tarde o temprano, se convertirían en compañeros de juegos de Cuauhtémoc. Muy pronto se empezó a ver a un conjunto de ocho o nueve chiquillos y una niña que retozaban por los jardines de Los Pinos. Ella recibiría a todos los hijos de su marido menos a Maritza, *Calala*, y a Arturito, nada menos que los hijos de Caridad, de quien, de tiempo atrás, tenía noticias del romance y del amasiato que vivía con su marido. Los celos de Amalia por Caridad le devoraban las entrañas. ¿Qué le vería? No se trataba de romances furtivos como en los demás casos, no, a Caridad le había puesto casa, casa chica, por supuesto, muy cerca de Los Pinos, en Polanco, para más detalles. Eso sí, nada que ver con Caridad ni lo que a ella le perteneciera, niños o bienes, no faltaba más. La joven Primera Dama disfrutaba de largos paseos a caballo por la Hacienda de los Morales, donde había enormes pastizales y campo abierto para poder disfrutar al aire libre momentos de emoción al correr a todo galope por aquella zona fresca y virgen cubierta de árboles.

Cárdenas estaba dispuesto a mejorar el nivel de vida de los obreros, de ahí que desatara una terrible epidemia huelguística a lo largo y ancho del país para aumentar los sueldos y salarios. Las peregrinaciones a Palacio Nacional de representantes del comercio, de la industria y de la banca se hacían interminables, las quejas eran escandalosas. Todos amenazaban con la ruina de las empresas, y cuando se produjera tal debacle se arruinaría el país porque era la única fuente de recaudación y de empleos sanos que existía. ¿Qué haría Cárdenas sin puestos de trabajo, sin la recaudación, sin los impuestos pagados por las empresas, si éstas llegaban a cerrar y a clausurar al no poder pagar los sueldos demandados por sus empleados? Estallaban huelgas en el ramo textil en Puebla, en Veracruz y el Distrito Federal, en la fábrica de papel San Rafael, en la Pasamanería Francesa, en las compañías telefónicas, en los Ferrocarriles Nacionales, propiedad de extranjeros, en el Mexicano de Veracruz y en los campamentos de la vía Uruapan a Zihuatanejo, en las líneas de los caminos, en los trenes eléctricos, en La Laguna, en los campos petroleros de Tampico, en las panaderías de Durango y de la capital, en los cines, en las empresas de alumbrado, en todas partes, con la amenaza de convertirse en una huelga general en todo el país que, de acuerdo a esta política, no tardaría en reventar por los aires en mil astillas.

—Huelgas —le ordenaba a Lombardo Toledano—, quiero que detones huelgas, ¿entendido? ¡Huelgas!

A Cárdenas no se le movía un solo músculo de la cara, él intuía o creía saber la capacidad económica de los empresarios, pero también su mezquindad, su egoísmo y su desprecio por los depauperados, por aquellos que después de trabajar muchas más de diez horas diarias, recibían una retribución ridícula por el tiempo prestado, así como carecían de seguridad social, de un sistema de jubilaciones, de pensiones y de servicios médicos oportunos. ¿De qué les había servido prestar toda una vida sus servicios a una empresa si cuando llegaban a la senectud y al agotamiento de sus fuerzas, estaban prácticamente cercanos a la miseria sin ninguna posibilidad de pagar el costo de su salud, ya no se diga de poder adquirir una casa y vivir a la altura de la más elemental dignidad exigida por el ser humano?

Calles empezó a dar de golpes sobre la cubierta de su escritorio en su rancho, El Tambor. ¿Qué es esto? ¿Un suicida? ¿Quiere acabar con todo lo construido? Morones, que venga Morones ahorititita...

¿Acuerdos con los empresarios? ¡Ni hablar! Imposible negociar con ellos. Mejor detonar las huelgas en todo el país y luego abrir los espacios para las conversaciones, sin percatarse de cómo se paralizaría el arribo de más inversiones, se suspendería la creación de empleos y la economía se desaceleraría, hasta ver con más claridad. ¿Por qué no tratar de conciliar intereses antes de golpear y provocar exactamente lo contrario a lo que se deseaba: ayudar a los obreros creando plazas de trabajo mediante una alianza entre empresarios, gobierno y sindicatos? Pero no, influido por la dictadura del proletariado, que era dictadura, pero no del proletariado sino de Stalin, quiso Cárdenas imponer su ley a manotazos y a manotazos empezaron a fugarse los capitales, a contraerse la producción y a congelarse la contratación de nuevos empleos. ¿Estaba loco el presidente? ¿A quién le convenía el desorden? ¿Deseaba provocar a Calles para obligarlo a declarar en contra de sus políticas y largarlo del país por tratar de intervenir en su gobierno? ¡Ajá...!

Si por el lado industrial Cárdenas no podía estar más decidido a incrementar a cualquier costo los salarios de los obreros mexicanos, sin importarle que los empresarios aumentaran los precios de venta de sus productos para no ver disminuidas sus utilidades con los incrementos salariales, y que se produciría una carestía que afectaría a todo el sector obrero y campesino —¿inflación y carestía?, ¿qué era eso?—, el campo continuaba siendo uno de sus principales motivos de preocupación. ¿A dónde iría con millones de campesinos sepultados en el hambre? Era inaplazable iniciar una política de rescate de estos millones de personas que se encontraban en un estado de abandono total durante los últimos quinientos años, desde que los españoles habían convertido a los trabajadores incansables de los calpullis en meros esclavos de la encomienda, y así como esclavos se habían perpetuado a lo largo de cinco siglos en que nunca nadie había pensado en ellos, muy a pesar de que eran los constructores del México profundo, del México que todos presumíamos y del que todos alardeábamos, sólo que dichos constructores nos daban vergüenza en un país racista y clasista que despreciaba a las personas de piel oscura, a los malolientes, a los que se vestían con andrajos y que asustaban por su aspecto, cuando ellos encarnaban la verdadera nobleza y poder de la nación. Había que ir por ellos y ningún mejor instrumento para lograrlo que la expropiación masiva e indiscriminada de tierras. ¡Ay!, si hubiera entendido la experiencia, y atendido los consejos de Obregón...

Sólo que, para poder ejecutar sus planes, necesitaba instrumentar una política eficiente para independizarse del callismo y convertirse en la única autoridad indiscutible, incuestionable, si fuera necesario erigirse como un dictador de tal manera que nadie pudiera oponerse a sus ideales ni obstaculizar la materialización de sus sueños. Junto con Francisco Mújica, sentados uno frente al otro en el escritorio presidencial, ambos diseñaron la estrategia para desmantelar gradualmente el aparato callista. ¿Cómo? La Cámara de Diputados tenía que ser cardenista, la Cámara de Senadores tenía que ser cardenista, el ejército tenía que ser cardenista, la Suprema Corte y el poder judicial tenían que ser cardenistas, la prensa tenía que ser cardenista, los gobernadores tenían que ser cardenistas, al igual que los legisladores locales y los presidentes municipales de todo el país, sin olvidar los sindicatos públicos y privados, de tal forma que nadie pudiera sabotear sus planes. Cuando todo, absolutamente todo fuera cardenista se le podría dar una patada en las nalgas al Jefe Máximo para que se fuera a la mierda, de donde nunca tuvo que salir... Además, el proyecto de nación lo requería... Mientras tanto tejerían una red, silenciosa y persistentemente como las arañas lo hacen sin que nadie se percate.

¿Otro Porfirito? El fin justifica los medios, lo demás son pamplinas...

Evidentemente que el momento estelar se daría cuando se pudiera expulsar del país a Plutarco Elías Calles, al poder detrás de la silla presidencial, quien había gobernado el país desde 1924 y ya era hora de decapitar finalmente su autoridad para que México conquistara otra etapa de su independencia.

Los primeros pasos se darían al reorganizar a su propio partido, el PNR, sirviéndose de las masas campesinas y obreras, y otorgándoles privilegios escandalosos que el país, o mejor dicho los terratenientes y capitalistas, vieron con muy malos ojos. ¿Deseaba realmente ayudarlos o buscaba hacerse de clientes para que lo apoyaran políticamente en contra de Calles? ¿Cómo era posible que el partido estuviera gobernado por una ralea de desconocedores de los más elementales principios del buen gobierno y que firmaban con una cruz en los papeles porque ni siquiera sabían leer ni escribir y si lo hacían, redactaban su nombre con faltas de ortografía y ahora se les daba voz y voto para apoyar la verborrea populista? En el mismo orden de ideas, empezó a trazar una política orientada a desprestigiar al capitalismo, al que había que negarle todo su carácter progresista, declararlo explotador de las clases trabajadoras, hambreador del pueblo, reaccionario enemigo de la Revolución, aliado del capital extranjero, heredero de todas las traiciones de nuestra historia, sucesor de los antiguos hacendados, latifundista emboscado, clerical oscurantista, gachupín franquista, nazi vergonzante, hijo de Maximiliano y de Porfirio Díaz y enemigo de Benito Juárez.

Sí, en efecto, el entablar un pleito abierto en contra de los titulares de los capitales implicaba la imposibilidad de crear los empleos y la prosperidad deseada por el cardenismo. ¿Qué empresario que pensara en invertir en México lo iba a hacer sobre la base de que se le consideraba explotador de las masas, hambreador del pueblo y enemigo de la Revolución y de la patria? ¿Cuánto tiempo transcurriría antes de que dicho gobierno expropiara arbitrariamente sus bienes, pagando o no indemnización? ¿El gobierno iba entonces a contratar a los desposeídos? ¿Sí? ¿Y con qué dinero sostendría a millones de burócratas ociosos e inútiles mientras el país quebraba sin bienes de consumo? Cárdenas lastimaba su imagen y la del país y, apremiado por la urgencia de nulificar a Calles, no se percataba de la magnitud de los daños. Lo que fuera, era lo mismo: lo importante era exhibir las maldades de los empresarios aun cuando ellos fueran los únicos capaces de crear fuentes productivas de trabajo y de pagar impuestos para financiar el gasto público. Cárdenas se picaba un ojo y se lo picaba a México.

La catarata de agresiones y de epítetos agradó de manera notable a los resentidos, a todos aquellos que carecían de trabajo o de vivienda o que, de tenerla, no satisfacían sus necesidades, ni siquiera las alimenticias, ni las educativas, ni las culturales, ni las materiales en lo general. ¡Claro que al diablo con los empresarios! ¿Para qué los empresarios, si finalmente acaparaban todas las ganancias y el bienestar dejándoles a los obreros, los verdaderos artífices de su éxito, una herencia paupérrima e insignificante, los pobres peones tenían que resignarse a vivir en el hambre y en la desesperación? Claro que tenía razón el presidente Cárdenas, Tata Lázaro: había que quitarles a los que tenían para dárselos a quienes no tenían para que finalmente nadie tuviera nada y resolviéramos nuestras diferencias, de nueva cuenta, con las manos. ¿Un pacto entre sectores? Ningún pacto: las huelgas y las expropiaciones. Nunca nos entenderemos. Primero los pobres, primero los que no tienen, primero elevemos el nivel de vida de los marginados y luego veremos cómo poder facilitar el bienestar de los que tienen. La igualdad era un objetivo a conquistar a como diera lugar. Todos tenían derecho a la educación, todos tenían derecho a los manteles largos, todos tenían derecho a viajar a Europa, todos tenían derecho a tener automóvil o hablar diferentes idiomas, cuando una tercera parte de la población ni siquiera podía hablar el castellano. ¿Por qué no? ¿No es justo hacer el cambio, y sobre todo en seis años lo que no se hizo en quinientos? Arriba Cárdenas, el salvador, el mago, el comprensivo, el liberador de los oprimidos, a los que dejaría mucho más oprimidos; arriba Cárdenas, el nuevo Padre de la Patria, patria cada vez más chica porque ya nadie o pocos, muy pocos, estarían dispuestos a invertir. El resultado opuesto empezaba a surtir efectos.

¿Quién no podía estar de acuerdo con estas reclamaciones? ¿Quién no podía estar de acuerdo con aquello de «primero los pobres», señor presidente Cárdenas? ¡Claro que primero los pobres, acabemos con los ricos que nos han explotado! La idea no podía ser mejor, sólo que ahí en esos momentos yo también vivía convencido de que el camino escogido por Cárdenas era el correcto, había que construir un capitalismo de Estado como el soviético, para que repartiera las bondades y los beneficios de las empresas entre todos los trabajadores.

«Viva», gritaba yo a mis veinte años, viva el capitalismo de Estado, viva la distribución del ingreso entre los pobres, viva el Estado empresario, viva el Estado con conciencia social, viva la igualdad entre todos nosotros. Finalmente yo sí creía en que era factible que existiera un bosque con todos los árboles exactamente iguales. Mi obnubilación política y filosófica me llevaba a aceptar semejante torpeza. Por supuesto que nunca podría haber en un bosque todos los árboles iguales, de la misma manera que el comunismo y el capitalismo de Estado era una gran patraña que se derrumbaría años más tarde, en 1989, junto con el Muro de Berlín y la Cortina de Hierro, según pude yo mismo constatar con aplausos estruendosos al reconocer los errores políticos y económicos en los que había caído en mi juventud. El comunismo, bien pronto quedaría muy claro, había sido la mentira política más grande del siglo XX. Nunca se vio que país alguno votara libremente por el comunismo que invariablemente se impuso con las bayonetas en contra de la voluntad popular. ¿Cuándo el comunismo soviético o el chino o el cubano, entre otros tantos más, permitieron que se llevaran a cabo sufragios libres? Se intentó hacer feliz a la población a la fuerza hasta que se desplomó el socialismo antidemocrático dejando en orfandad a los tiranuelos, amigos de la tiranía, quienes pretextaban el bien de las masas para despojarlas de todo mientras ellos se enriquecían con cuentas secretas en Suiza...

Cárdenas empezó por clausurar las casas de juego, incluyendo el Casino de la Selva en Cuernavaca y el Foreign Club, en el Estado de México. Financió holgadamente las actividades sindicales encabezadas por Lombardo Toledano; constituyó la Confederación Nacional Campesina, la CNC, para tener en el puño a los trabajadores del campo. Dividió el país en zonas militares y comenzó una revisión de las concesiones ilegales y gravosas concedidas a particulares, recrudeció el conflicto con el clero no sólo a causa de la educación socialista, pues el 25 de agosto de 1935 se expidió una Ley de Nacionalización de los Bienes del Clero, para expropiar fincas rústicas o urbanas donde se impartiera enseñanza confesional. Repartió posesiones agrarias definitivas por más de dos millones de hectáreas, inició una efectiva campaña de terror parlamentario en el Congreso de la Unión, donde Calles controlaba a más del doble de diputados y senadores que él. Comenzó por largar a diecisiete diputados de sus curules tras producirse una balacera en el salón de sesiones —el pretexto perfecto—; desaforó, en sesión presidida por su hermano Dámaso, a cinco senadores y más tarde a los gobernadores de Sonora, Sinaloa, Durango y Guanajuato, acusados de sedición, de la misma forma en que invalidó los procesos electorales de Nuevo León, Colima y Tamaulipas, mediante la «desaparición de poderes», para rematar destituyendo a varios militares de importantes puestos de mando con cualquier pretexto por más ingrávido que fuera. No había espacio para los callistas. Eso sí, Cárdenas había jurado no matar y no mataría. Llevaría a cabo sus planes en el terreno político, en el del chantaje, en el de la intriga, en el de la amistosa advertencia, pero poco a poco se hizo de una autoridad incontestable ante el poder legislativo para instrumentar aquellas leyes necesarias para acometer vertiginosamente sus ideales.

El Maximato estaba llegando gradualmente a su final. Día a día se le amarraban las manos a Calles. Cárdenas se hacía de un gran poder, el necesario para ir cortando, uno a uno, los lazos sobre los cuales se mantenía de pie el callismo. Cárdenas siempre se negó a clausurar el Congreso y a convocar a nuevas elecciones de legisladores, porque en ningún caso quería parecerse a Victoriano Huerta, ni mucho menos a Iturbide, ni a Santa Anna, ni a Porfirio Díaz. Era mucho más conveniente proseguir en el terreno de la conversación, del convencimiento amistoso o amenazador para lograr sus fines, hasta que finalmente pudo alcanzarlos dentro de una ley redactada a su gusto, por ello había que modificarla para dejarla a su gusto y plena satisfacción. Los golpes mortales continuaban en contra del *Turco*, el maldito *Turco* de todos los demonios: a continuación se detuvo a Luis N. Morones, el desacreditado ex secretario de Industria y Comercio de Calles, a quien se le sorprendió en posesión de diez mil cartuchos y cincuenta y siete rifles subametralladoras que iban a ser utilizados en una sublevación armada. Se desbarataba así el liderazgo de la CROM, la confederación utilizada por Calles para controlar al sector obrero que la sabiduría popular supo calificar por sus siglas en Cómo Robó Oro Morones, y al revés decían: Más Oro Robó Calles. El sentido del humor nacional nunca podía fallar... Cárdenas se iba convirtiendo en un gran tirano. Ya controlaba la Cámara de Diputados, la Cámara de Senadores, a los campesinos y al ejército porque los militares también se habían venido convirtiendo al cardenismo por significar una mejor esperanza. Los históricos apoyos de Plutarco Elías Calles se iban desvaneciendo de la misma manera que las olas del mar borran cualquier huella de la arena.

Josephus Daniels, quien había sido secretario de la Marina de Estados Unidos en 1914, ahora fungía como embajador en México, sepultado en culpas por el injustificado bombardeo en Veracruz ordenado por él mismo y por Franklin Delano Roosevelt, su subsecretario. Paradojas de la vida política. Pues Daniels tenía la facilidad de mezclarse fácilmente con todos los mexicanos, con los reaccionarios y con los radicales, con los conservadores, con cleri cales y anticlericales. Disfrutaba el nacionalismo mexicano. Los reportes a Estados Unidos, en la Casa Blanca no reflejaban alarma a pesar de las circunstancias, y si las reportaba, Daniels siempre hacía saber que los complejos problemas jamás se saldrían de control. Ni siquiera cuando en 1935 Cárdenas organizó una primera embestida en contra de los petroleros estadounidenses e ingleses, sobre todo los de la compañía petrolera El Águila, que fue emplazada a huelga, salvo que se pagaran dieciocho millones de pesos por contribuciones omitidas al gobierno mexicano. Los inversionistas estadounidenses no dejaban de levantar la ceja ante semejantes acontecimientos. Cuando veas las barbas de tu vecino cortar, pon las tuyas a remojar... Roosevelt estaba dispuesto a apoyar a Cárdenas y lo apoyaría.

Mientras Cárdenas estipulaba que era misión de la Secretaría de Educación subrayar los intereses egoístas de las clases privilegiadas y aclarar que las prácticas socialistas representaban un medio para obtener la verdadera libertad individual y poner fin a la explotación mediante limitaciones adecuadas a la propiedad privada, Calles daba de manotazos, gritaba, se tiraba de los pelos en la soledad de su casa de Cuernavaca o en el rancho de Sinaloa, arrepintiéndose de haber llevado al michoacano al poder. ¿No que los michoacanos eran lentos y tontos?

Mientras tanto, el presidente visitaba a Caridad en su casa de Polanco, varias veces a la semana. ¿Qué veía en aquella mujer? Caridad lo arropaba, le cubría la cabeza con ambos brazos, lo cobijaba, le tapaba los ojos con sus manos de seda, le desmantelaba el sistema de presiones y de angustias, lo recogía como a un chamaco ávido del consuelo materno, era la madre obsequiosa, comprensiva y generosa que cura las heridas, las limpia, las besa con un contacto mágico que hace desaparecer el dolor. Caridad lo reconfortaba, lo animaba y lo estimulaba. Ella era un remanso de paz. Para Cárdenas, aquella visita amorosa equivalía a ingresar en un templo perdido en las montañas. Siempre pronunciaba la palabra esperada, acariciaba cuando más se necesitaba, reía en el momento más oportuno, jugaba para romper el hielo en la coyuntura más inesperada y abría los brazos para recibir al guerrero fatigado con tan sólo un cruce de miradas, no requería mayor esfuerzo ni señas ni otro tipo de lenguaje. ¿Y en la cama? Cárdenas se dejaba hacer, transportar, flotar, soñar, tocar, sentir y volar hasta huir de este mundo. Nunca nadie gozó de tantos poderes como Caridad. Ella sabía sacar lo mejor del jefe del Estado mexicano. Lo desarmaba, lo desarticulaba, lo inutilizaba, lo reducía a la edad infantil hasta manipularlo como a un niño, el de Jiquilpan, nada de respetarlo y dirigirse a él en términos de su elevada investidura.

—Aquí te callas, Lazarito, y tus pendejadas las dejas en el coche con tu escolta. Éste es terreno neutral, el del amor, amor mío, amor de mi vida... Ven, te apapacho, presidentito bonito...

Los alumnos de la Escuela Normal de Guadalajara comenzaron por negarse a recibir la enseñanza oficial, la socialista, y el 15 de febrero de 1935, como respuesta a su actitud, fueron clausurados ochenta colegios particulares en dicha ciudad. En el mismo mes se dio a conocer el juramento que la Secretaría de Educación Pública exigía a los maestros federales: «Declaro ser ateo, enemigo irreconciliable de la religión católica, apostólica y romana y haré toda clase de esfuerzos por destruirla, desligando mi conciencia de todo culto religioso y estoy dispuesto a luchar contra el credo en el terreno que sea necesario».

Evidentemente la guerra en contra del clero estaba declarada.

Los pasquines y las arengas católicas antisocialistas rezaban entre otras cosas: «Abajo la educación sexual. Las madres de familia protestan contra la educación sexual. Antes muertas nuestras vírgenes que convertidas en prostitutas. Ni prostitutas ni sodomitas. Pedimos venganza al cielo contra los corruptores de la niñez». «Los padres de familia tienen la estrecha obligación de velar por el alma de sus hijos y tienen derecho a que se respete su conciencia: no permita usted que perviertan a sus hijos, reclame el respeto a su derecho o retírenlos de esas escuelas impías. Más vale la ignorancia que la perdición del alma inocente de los niños».

Evidentemente Cárdenas sabía que todos estos panfletos y volantes habían sido redactados en las sacristías y que, como era obvio y conocido, el clero católico jamás daría la cara, siempre asestaría las puñaladas por la espalda. A modo de respuesta contestó que su gobierno no tenía el propósito de combatir las creencias ni el credo de ninguna religión.

Los obispos de México prohibieron a los maestros firmar cualquier documento contrario a la fe católica y los obligaron a eludir las disposiciones del gobierno acerca de la enseñanza. El episcopado mexicano publicó una pastoral colectiva que hacía eco de una encíclica de Pío XI: *Divini Illius Magistri*. Los obispos afirmaban el derecho del magisterio de la Iglesia para cumplir la misión que Jesús les había encomendado, como era la de dirigir y administrar escuelas y universidades católicas. Los niños debían, en justicia, rendir contenidos religiosos en las escuelas y no sólo científicos. Excomulgarían a quien impartiera educación sexual.

La población rural, la ignorante, la beneficiaria de las políticas de Cárdenas, se negó a aceptar la escuela socialista. Los maestros empezaron a armarse. Los pertrechos de guerra llegaban por conducto del Espíritu Santo. Todo parecía indicar que estallaría una nueva rebelión cristera. Las masas de trabajadores del campo y de obreros iracundos empezaron a perseguir a los maestros que practicaban la enseñanza socialista. A unos los expulsaban de los poblados, a otros les cortaban con una navaja de herrero las orejas o la lengua para que no pudieran dar clase, o los castraban para impedir la proliferación de serpientes como ellos; los más desafortunados perecían quemados o asesinados a garrotazos mientras se destruía la escuela, como pasó en varias entidades del país. Muchas maestras fueron secuestradas, golpeadas y violadas y hasta asesinadas. La asistencia escolar, sobre todo en Jalisco, se desplomó de 1934 a 1940. Muy rápido se llegó a un nivel de trescientos maestros asesinados en todo el país. La violencia cundía.

Con el ánimo de evitar triquiñuelas judiciales o chicanas, o trampas o dilaciones o zancadillas en los tribunales mexicanos y con el ánimo de enderezar las acciones políticas en contra de los empresarios nacionales o extranjeros o latifundistas expropiados, y para tener el control de la economía y de la legalidad del país, legalidad ya muy al estilo cardenista, el presidente de la República, ya con el control del Congreso de la Unión en el puño, dispuso modificar las leyes para que los ministros de la Corte ya no fueran inamovibles, de modo que su estancia en el cargo y su nombramiento dependieran precisamente del presidente en turno… Muy pronto casi la mayoría absoluta de ministros, magistrados y jueces de la Federación fueron cardenistas, de tal manera que de cualquier resolución que él emitiera en su esfera de gobierno, más les valía a los encargados de aplicar la justicia concederle absolutamente toda la razón al presidente, a riesgo de ser cesados de inmediato, con todas sus prestaciones, de tan elevados cargos en el poder judicial, si todavía se le podía llamar «poder» a ese apéndice presidencial.

Calles venía, Calles iba, Calles alegaba, Calles aducía, Calles maldecía, Calles amenazaba, Calles proponía, Calles sugería, Calles se inmiscuía, Calles protestaba sin que sus palabras tuvieran el menor rebote o el menor efecto en los encumbrados cargos en la cúpula del poder.

Sentados Cárdenas y Mújica en el despacho presidencial, analizaron de nueva cuenta los apoyos restantes de Calles, sólo para constatar que únicamente su secretaria personal y Morones, mejor llamado *el Marrano de la Revolución*, eran quienes, entre otras insignificantes personalidades, se encontraban del lado de Calles. Después de constatar que las fuerzas vivas de México, las políticas, las militares, las sociales, las judiciales, las periodísticas —a las que tenía controladas— estaban con Cárdenas, además del apoyo discreto de Josephus Daniels, éste decidió entonces dar el siguiente paso con el que sin duda cambiaría la historia de México: el proceso de desmantelamiento del poder callista había concluido. Podía meter entonces a Calles en un avión y desterrarlo del país para siempre, de modo que se abstuviera de seguir interviniendo en los asuntos de su gobierno. Cárdenas había dicho que él sería el presidente y estaba dispuesto a cumplir su promesa al precio que fuera. Él sería el presidente y nadie más. Lo había dicho desde su toma de posesión para que todos lo escucharan y sólo algunos, con el oído y la mente muy finas, le entendieron.

Calles desesperaba. Nada mejor para su temperamento que explotar de rabia, regresar a la ciudad de México y dirigirse a Palacio Nacional con un nutrido piquete de soldados para tomar a Cárdenas de las solapas y sacarlo del despacho presidencial a patadas, para colocar en su lugar a un pelele diseñado a su gusto. En esta ocasión no se volvería a equivocar. No lo había hecho con Portes Gil en su momento, ni menos, mucho menos con *el Nopalito*, el baboso de Pascual Ortiz Rubio y finalmente había acertado con la nominación de Abelardo Rodríguez, todos ellos obsecuentes e inclinados ante la majestad del Jefe Máximo. Las pesadillas lo acosaban de día y de noche. ¡Qué gigantesca capacidad de engañar tenía Lázaro Cárdenas! Nunca había imaginado que detrás de ese militar disciplinado, subordinado, callado, ordenado y ejecutor fiel y certero de sus instrucciones, en apariencia un soldado leal e incuestionable, ahora, una vez nombrado presidente de la República, sacaba su verdadera personalidad, la de un rebelde, la de un traidor ante quien lo había llevado del más humilde puesto militar hasta convertirlo en general de división y posteriormente en jefe del Estado mexicano. Cárdenas era un desleal, lo había aprendido demasiado tarde, un resentido y cuídate, como siempre se lo decía a Morones, cuídate de los resentidos, «Luis, cuídate de ellos porque no sabes en qué momento te darán una puñalada por la espalda.»

Cárdenas sin duda se la dio, pero no abruptamente, se la asestó con lentitud, perforándole todas las carnes, paso a paso, con una sonrisa en el rostro mientras hundía el acero hasta la empuñadura. Ése era Cárdenas, y Calles lo había descubierto cuando ya sentía amputadas las manos, los brazos y la lengua. Sólo faltaba que le cortaran la cabeza. De nada habían servido sus protestas escritas y publicadas, donde Calles se quejaba de las consecuencias que podían provocar en el país las divisiones personalistas... Obvio está, las divisiones que provocaba Cárdenas. Se decía que el presidente solamente buscaba hacerse de influencias con fines bastardos, desde luego sin decir el nombre de Cárdenas, pero eso sí, mencionando que sus decisiones podrían atraer al país las más graves y desastrosas consecuencias. El Jefe Máximo evitaba los nombres, y evitaba señalar y apuntar. Las entrelíneas estaban dirigidas a Lázaro Cárdenas. El Jefe Máximo se quejaba de la división en el poder legislativo entre cardenistas y callistas, él llamaba a la unidad, a la existencia de una sola tendencia política. Claro que se cuidaba de decir que la única tendencia política que había de existir era la de él. Sin embargo tenía que cuidar sus palabras. Todavía se atrevía a halagar a Cárdenas, de quien decía que llevaban veintiún años de tratarse continuamente y su amistad tenía raíces demasiado fuertes para que alguien pudiera quebrantarla. En el fondo él sabía que a pesar de semejante antigüedad, su relación con el jefe del Estado mexicano se estaba quebrantando o ya se había quebrantado por completo. Calles maldecía las huelgas que sentía injustificadas. ¡Ay, si Morones fuera el secretario de Industria que tenía controlado a todos los sindicatos a través de la CROM, jamás hubiera permitido la suspensión de labores que asustaba al capital y promovía la inestabilidad en el país! Morones, Morones, ¿dónde estás, Morones? Le hubiera gustado decir a Cárdenas: «¿Por qué cierras las fuentes de prosperidad, por qué lastimas a los capitales, por qué espantas a la inversión extranjera, por qué detienes la marcha del país, por qué destruyes al país?». Claro, eso es lo que hubiera querido decirle, pero estaba impedido. Condenaba la huelga de tranvías y se ponía del lado del empresariado nacional porque éste carecía de posibilidades económicas para pagar los altos adeudos que se estaban demandando para hacer frente a las jubilaciones, a los servicios médicos, a las indemnizaciones, a las vacaciones y a todo lo que la ley exigía. Calles seguía del lado de los empresarios y no así de los obreros. El Jefe Máximo criticaba al presidente y trataba de sabotear inútilmente sus políticas.

Cárdenas se hacía, día con día, de más armas. Alegaba que cumplía con su deber y que como jefe del Ejecutivo de la nación, jamás había aconsejado divisiones. Entendía las huelgas como el acomodamiento de los intereses representados por los factores de la producción, y que al ajustarse tendrían que causar algún malestar para después llegar a la consolidación de la situación económica. Se defendía aduciendo que no permitiría excesos de ninguna especie o actos que implicaran transgresiones a la ley o agitaciones inconvenientes. Aclaraba una y otra vez que jamás obraría en un sentido diverso al que siempre lo había inspirado para llevar a cabo los actos de su vida de ciudadano, de amigo leal y de soldado de la República.

El lenguaje entre ambos sólo sorprendía a los entendedores de la política de aquellos años. En las entrelíneas se percibía el coraje recíproco, el coraje que le tenía uno al otro por diferentes razones. El apetito de venganza. Y pensar que Calles había hecho esperar por un espacio de más de dos horas a Cárdenas en lo que terminaba su jugada de póquer...

En ese mismo año de 1935, Cárdenas exigió sin aspavientos, sin golpes sobre la mesa, con la suavidad acostumbrada de quien tiene el poder en la mano, la renuncia total de su gabinete. Todavía en una jugada magistral, políticamente hablando, le mandó a Calles los nombramientos firmados en blanco para que eligiera a quien le viniera en gana. Bien sabía Cárdenas que regresarían los títulos tal cual los había enviado, como una manera de dejar perfectamente claro que ya no tenían nada de qué hablar. Ahí estaba el Calles berrinchudo y feroz, con desplantes emotivos, ante un Cárdenas frío, articulado, meticuloso y calculador que sabría aprovechar integralmente la magnífica jugada de ajedrez...

Cárdenas acertó. Calles no sólo le regresó los nombramientos en blanco sin comentario alguno, sino que al otro día decidió exiliarse anunciando que abandonaba la política. El presidente de la República capitalizó los corajes del Jefe Máximo y nombró, según lo previsto y acordado con Mújica, a su nuevo gabinete integrado exclusivamente por cardenistas.

En él incluyó a Saturnino Cedillo, general vinculado al clero y a los intereses capitalistas, para cubrir las apariencias, mientras que a Francisco Mújica, su hombre, una de las grandes inteligencias del cardenismo, lo cambió de la Secretaría de Economía a la de Comunicaciones para evitar enfrentamientos con los empresarios que hacían peregrinaciones diarias hacia Los Pinos para protestar por la actitud del, así llamado, comunista, estalinista, marxista y demás calificativos.

Ni los empresarios ni el clero podían permanecer con los brazos cruzados cuando ambos veían amenazados sus intereses. Surgió un agrupamiento político llamado Acción Nacional, que en 1939 conformaría un nuevo partido político encabezado por Manuel Gómez Morín, era una manera de hacer frente a las políticas comunistas, estalinistas, de Cárdenas. La Iglesia desde un principio apoyó el nacimiento de este nuevo instituto político, porque en el verano de 1935 el gobierno había emitido una Ley de Nacionalización de los Bienes de la Iglesia. Pero el clero hizo más y propuso entonces el surgimiento del sinarquismo, una ideología totalitaria diseñada supuestamente «para contrarrestar la anarquía, imponiendo una dictadura de extracción ostensiblemente fascista». Por si fuera poco Cárdenas tenía abierto otro frente, esta vez en contra de los magnates petroleros extranjeros. Exigía que los sueldos de los empleados mexicanos de las compañías petroleras foráneas, fueran iguales a los que pagaban en sus países de origen. Se empezaba a hablar de una posible legislación petrolera, tema delicado entre los empresarios ingleses, holandeses y estadounidenses. La efervescencia y el malestar crecían junto con los del clero, dos formidables enemigos con la evidente capacidad para derrocar gobiernos, como ya había acontecido en México y en otras latitudes.

En estas malditas condiciones hizo acto de presencia el general Calles, nada menos que arrepentido de su autoexilio y con actitud desafiante: regresó por todo, ¿o a qué había regresado?

Comenzó el año de 1936. Claro que había diferencias todavía en el Congreso con los escasos callistas que todavía quedaban, fieles al Jefe Máximo. Solamente que el «ala izquierda» de Cárdenas estaba llamada a imponer finalmente su ley, una ley que no se pudo aplicar fácilmente porque los opositores trataban de remediar las diferencias a balazos en el propio recinto legislativo. La imposición del cardenismo no sería fácil.

Una vez dividido el país en zonas militares y habiendo Cárdenas nombrado y ratificado en cada una a generales incondicionales y leales a su causa, finalmente tomó una decisión con la que había soñado desde el primer día en que se ciñó la banda presidencial en el pecho. Resolvió largar a patadas del país a Plutarco Elías Calles, el Jefe Máximo, y concluir de esta suerte con la maligna diarquía Obregón-Calles que había gobernado el país desde 1920 hasta 1936. En esos dieciséis años no se había dado la democracia que el país se merecía después de la Revolución. Era justo acabar con la corrupción, con la venalidad, con la intolerancia, con la descomposición política y social. El general Navarro Cortina, hombre leal, cardenista a toda prueba, acompañado de soldados y policías se dirigió a la residencia de Santa Bárbara, donde se encontraba Plutarco Elías Calles, para informarle:

—Debe usted efectuar un vuelo largo desde la ciudad de México en la primera hora de la mañana.

Calles contestó:

—No pensaba volar.

—Es usted un jefe del ejército lo mismo que yo y cuando usted fue el Jefe Supremo del ejército, yo lo obedecí como siempre. Acato las órdenes de mis superiores, al igual que en este momento debe usted someterse y cumplir con las instrucciones. El presidente Cárdenas me ha ordenado que lo lleve a usted al aeropuerto a las seis de la mañana y me asegure de que sale usted en el avión que volará a Brownsville. En el patio de su casa hay soldados, por lo que resultaría inútil cualquier resistencia.

—Estoy a sus órdenes. Me considero su prisionero. No tengo fuerza a mi disposición ni la necesito. Puede usted llevarme al avión o frente a un pelotón de ejecución. No me considero responsable de las condiciones por las que atraviesa México ahora. El gobierno de Cárdenas es el responsable —replicó el ex presidente en voz baja y viendo a la cara al militar que lo contemplaba de pie con los brazos en jarras.

Calles fue llevado pacíficamente al aeropuerto. Al pisar tierra americana declararon: «El deseo del gobierno, sea cual fuere su declaración en contrario, es socializar la maquinaria de producción, sin tomar en cuenta los derechos de propiedad que garantizan nuestras instituciones, y establecer un sistema colectivo en la agricultura, similar al ruso. Nosotros repudiamos el comunismo porque lo consideramos inadaptable a nuestro país y el pueblo lo rechaza».

Calles ya se encontraba desterrado, contra todos los pronósticos. Claro que todos los pitonisos mexicanos, con la cabeza envuelta en un turbante tricolor, habían asegurado, según las lecturas de sus bolas de cristal, que el día que fuera expulsado el presidente Calles del poder o que alguien atentara en contra de él, se provocaría un baño de sangre, una hemorragia nacional como consecuencia del estallido de una nueva revolución. Extirpar a Calles del organismo político mexicano equivalía a provocar la muerte del país porque el tumor estaba tan profundamente incrustado que la cirugía mayor acabaría con la vida del paciente. Pamplinas. Pamplinas. Calles abordó un avión y fue desterrado a Estados Unidos sin que aconteciera absolutamente nada, nada de nada. Lo único que sí aconteció es que Cárdenas se convirtió en amo y señor indiscutible de los destinos de México sin oposición posible.

Cárdenas explicó su decisión de la siguiente manera:

> Al llegar la situación a estado tan extremo que impedía la marcha de nuestras instituciones y pretendía frustrar el más noble fin del Estado en nuestra lucha social, parecía indispensable al Ejecutivo Federal, considerando la acción criminal a que habían acudido, abandonar su actitud de paciente espera y adoptar medidas que impidieran perturbaciones de mayor magnitud, las que, de no evitarse, habrían amenazado nuestra organización colectiva y puesto en peligro las conquistas logradas a cambio de tantos sacrificios... Aplacé mi intervención hasta que pudo verse sin temor a equivocarse, que los autores de esta agitación persistían en su nefasta obra... Consideré por tanto que las circunstancias exigían de manera imperativa para el bienestar público la inmediata salida del territorio nacional, del general Plutarco Elías Calles, Luis Morones, Luis León y Melchor Ortega.[18]

Sobra decir que para rematar el desmantelamiento del aparato callista, también en ese 1936, se consumaron los fraudes electorales escan-

---

[18] Daniels, 1949: 79.

dalosos de Aguascalientes y Nuevo León. En Yucatán se echó abajo al gobernador porque queriendo romper una huelga de choferes, éstos se amotinaron y se dispuso que las fuerzas los ametrallaran. Ya casi la totalidad de los gobernadores eran cardenistas y quien no se hubiera enterado, muy pronto dejaría de serlo, pero eso sí, no a balazos...

Días después de que Calles hubiera aterrizado plácidamente en el estado de Texas, Lázaro Cárdenas emprendió una gira, breve por cierto, por el estado de San Luis Potosí, en los dominios del general Saturnino Cedillo. Sentado cómodamente en el presídium de un acto oficial, de forma repentina se fijó en el rostro acaramelado, dulce y tierno de una de las edecanes, que le preguntó al oído si quería café. Volteando a verla hacia el lado derecho y sintiéndola cerca, al alcance de un beso, embriagándose con el perfume barato de aquella joven de no más de veinticinco años, sintió un estremecimiento intenso. Su piel respondió cuando sintió cómo hasta el último de sus poros despertaba. Evidentemente no podía abrazarla ni tocarla en público, menos, mucho menos cuando las cámaras lo apuntaban de manera permanente, por eso había prohibido que durante las comidas hubiera fotógrafos, precisamente para evitar tomas a la hora de masticar, de limpiarse la boca, de beber o de tomar los cubiertos o de limpiarse las encías con la lengua, actos indignos de un estadista de la más alta talla internacional e histórica, como aspiraba a serlo. Había que cuidar las formas. Él siempre las había cuidado, por ello tuvo que desistir y congelar el júbilo y desde luego reprimir el primer impulso de abrazar a esa niña. Cuando la chica volvió con el café y acercándose de nueva cuenta al general presidente de la República de tal manera que pudiera oírla, obviamente olerla y desde luego apetecerla, le preguntó si lo tomaba con azúcar, esbozando una leve sonrisa que el general Cárdenas entendió con la debida claridad. Mientras ella ponía el azúcar en la taza, Cárdenas le preguntó su nombre:

—Margarita, señor presidente, Margarita.

—¿Margarita qué?

—Margarita Salas, señor, para servir a usted.

—¿Para servir a usted en toda la amplitud de la expresión? —preguntó el presidente de la República, percatándose de que la edecán había servido ya cuatro o cinco cucharadas de azúcar y había convertido aquello en un jarabe.

Después de un breve silencio, Margarita respondió:

—En toda la extensión de la palabra, señor presidente. Yo estoy a sus órdenes.

Lázaro Cárdenas hizo una mueca imperceptible a los ojos de terceros mientras la muchacha se retiraba sin mostrar ninguna señal en el rostro.

Claro que el Jefe de la Nación no escuchó ninguno de los discursos que se pronunciaban en este intercambio azucarero, ni puso atención a los puntos de vista sostenidos por el gobernador del estado, ni oyó la catarata de alabanzas que se hacían en torno a su figura histórica y política.

Con un breve asentimiento de cabeza y la mirada clavada en el jefe de la escolta de su seguridad personal, el militar, vestido con uniforme verde oscuro y galardones, se acercó apresuradamente para escuchar, en voz apenas audible, la solicitud del Jefe de la Nación:

—¿Ves a aquella muchacha, la del lado derecho, la que tiene los brazos cruzados, la de pelo negro que está recargada en la pared?

—Sí, señor presidente, la veo —adujo el militar volteando hacia donde se encontraba la hermosa edecán.

—Pues en este momento le pides que te acompañe hacia el vestíbulo, ahí le indicas que vaya por su bolsa al vestidor o donde se encuentre y sin mayores explicaciones le metes, como siempre hacemos, doscientos pesos en billetes de baja denominación hasta que veas completamente llena la cartera o lo que sea. Le dices que es una orden mía. Ya sabes...

Cuando ya se retiraba el jefe de la escolta, el presidente lo sujetó del brazo para decirle:

—Esta vez no la lleves a un cuarto de hotel, sino que la conduces a mi camión hasta meterla en mi sala de descanso, la que está junto a mi despacho.

—Sí, señor.

—Ahí le dices que me espere.

—Sí, señor.

—Cuando la tengas ya ubicada en el camión, y después de haberle explicado que mucho te gustaría que fuera fácil y dócil conmigo, ya sabes, el mismo cuento, porque no tengo tiempo que perder, vienes de regreso y le dices al oído al gobernador que surgió un problema militar importante y que tengo que suspender por un momento la reunión para ir a atender a un par de generales que requieren de mi presencia. Dile que resolveré el problema en quince minutos y volveré. Es su obligación anunciar que el evento no se cancela, sino que simplemente se suspende por un momento. ¿Entendido?

—Sí, señor.

—Cuando termine tocaré el claxon del camión para que vengas por mí no sin antes asegurarte de que no haya nadie a mi paso, de tal manera que pueda yo bajar primero y, tiempo después, la chica, sin que nadie la vea ni me vea a mí. Se trata de un asunto de seguridad nacional.

—Sí, señor.

—¿Te queda claro que cuando yo toque el claxon del camión es el momento en el que podrás tocar, abrir la puerta y subir para acompañarme?

—Sí, señor.

—Pues adelante, haz lo que te digo…

Peroraba un líder cañero mientras Cárdenas veía de reojo cómo el jefe de su escolta hablaba con Margarita y después de un breve cruce de miradas y de un asentimiento de cabeza con ella, siguió al militar hasta perderse de vista. Cárdenas no podía con la excitación, pensaba que los pantalones se le romperían en cualquier momento. Sintió la boca seca, en tanto el corazón parecía salírsele por el pecho. Vivía el momento de un bachiller, de un estudiante novicio de la universidad. Muy pronto tendría a esa mujer en sus brazos. ¿En sus brazos?

Cuando el gobernador de San Luis Potosí anunció la suspensión, por unos minutos, del evento tan importante que se estaba llevando a cabo, dado que el presidente de la República tenía que atender altos asuntos de Estado por unos momentos, Cárdenas abandonó discretamente la sala de actos para dirigirse al camión presidencial. Lo último que escuchó fue que era más conveniente invitar a los presentes a un café y esperar respetuosamente su regreso.

Efectivamente el camino hacia el camión estaba despejado. No había ningún testigo ni ningún espía a la vista. La única que estaba presente era Margarita, quien lo esperaba tal y como había abandonado el salón de sesiones, recargada en la pared, absolutamente nerviosa según lo delataba su mirada. Cuál no sería la sorpresa de esta infeliz mujer cuando Cárdenas, sintiéndose de nueva cuenta un jovenzuelo travieso que jugaba con su novia, le pidió, sin besos, sin caricias, sin palabras tiernas, sin al menos un trago de cerveza o de tequila o de whiskey o de coñac o de lo que hubiera a la mano, que se desprendiera, así sin más, ante su mirada, de las pantaletas. Margarita se sintió totalmente ruborizada, escandalizada. Tal vez esperaba que entre los abrazos fuera soltándose y relajándose para poder entregarse finalmente al Jefe de la Nación. Pero así, tan abrupto, violento, repentino y brusco, sin siquiera provocar humedades en su cuerpo, sin obsequiarse la oportunidad de lubricar, así ella se desprendió lentamente de su ropa interior, y sin mirar el rostro del presidente, esperó instrucciones como si se tratara de un soldado raso, de la más humilde jerarquía militar. Todavía tuvo el detalle de estirarse la falda con cierto pudor. Se mantuvo con la cabeza gacha.

El general Cárdenas se acercó y le subió la falda, mientras Margarita cerraba los ojos y crispaba los párpados. No podía creer lo que estaba aconteciendo. No se trataba de su esposo o de su novio o lo que fuera, sino del ciudadano presidente de la República, ni más ni menos. ¿Quién se lo iba a creer? ¿A quién se lo iba a decir? De repente la levantó, la sentó encima del escritorio presidencial, desde el que en varias ocasiones dictó aberrantes decretos expropiatorios de tierras productivas y le pidió que abriera las piernas. Ella cumplió al pie de la letra las instrucciones. Echándose para atrás, acostada sobre la mesa de trabajo, Cárdenas, a su estilo, según sus primeras experiencias de joven, no se quitó el saco, es más, ni siquiera se lo abrió, lo que sí hizo fue bajarse el zíper de la braqueta y sacar su miembro erecto para hundirlo en las carnes de esta mujer que se encontraba a punto del llanto. Después de dos o tres feroces arremetidas, Cárdenas terminó bufando y agitado. Una vez satisfechos sus impulsos carnales, y ante la prisa de volver al evento, no cumplió con el protocolo completo de guardar debidamente su instrumento en los calzoncillos y subió con precipitación la cremallera que le mordió atropelladamente el escroto del lado del testículo derecho. El grito del general fue espontáneo, incontenible y desgarrador. Margarita se incorporó para ver la escena y contemplar el rostro palidecido del presidente de la República. Ella no sabía si reír o llorar, pero tampoco sabía si ayudar o qué hacer. Era un momento muy delicado. Tal vez fue una risa nerviosa a la que el general desesperado contestó con un:

—¿De qué te ríes, pendeja?, cállate, ¿qué hago?

—¿Y si se baja usted el zíper de golpe aunque le duela?, porque así, señor presidente, no va a poder volver al salón de actos.

—¿Te estás burlando, carajo, qué no me ves? ¿Cómo crees que voy a regresar con todo esto de fuera al auditorio? ¿Te imaginas las fotos y las risas? No digas pendejadas, Sonia, o como carajos sea que te llames...

—Es que las mujeres no tenemos esos problemas, la verdad no sé cómo resolverlo, señor.

—Pues piensa, carajo, piensa y piensa rápido.

—Pues sí pienso, señor, pero yo lo que le aconsejo es que muerda usted un pañuelo y se baja el zíper, de modo que se zafe usted de ese problema y luego le ponemos algún trapo o a la mejor puede usted ir al hospital a que le den un par de puntadas.

—¿En dónde?

—Pues en los güevos, señor presidente, si no cómo.

Cárdenas desesperado se dirigió, caminando como pudo, deteniéndose los pantalones y los calzones, hacia el volante del camión. Tocó frenéticamente el cláxon. Un minuto después estaba a bordo su jefe de escolta.

Cárdenas se abrió el saco para mostrarle al militar lo que había sucedido, en la inteligencia de que éste sólo pudo ver el miembro expuesto del presidente de la República. No entendía qué era lo que le quería mostrar.

—Señor, disculpe usted, no entiendo qué me quiere usted decir mostrándome usted su debilidad.

—No es ninguna invitación, imbécil, ¿no ves que me agarré los güevos con el cierre, pendejo?

En ese momento el ayudante no pudo más que soltar la carcajada.

—Te voy a fusilar, hijo de la chingada, te juro que bajándome del camión ordeno que un pelotón te pase por las armas, grandísimo cabrón, estás cesado.

—Señor, perdóneme, señor, pero no sé cómo ayudarlo —repuso como pudo, conteniendo la risa.

—Pues con la mano izquierda agárrame el pito y con la derecha bajas el zíper violentamente, bruscamente aunque me duela.

—Señor presidente, por mi santa madre que tanto quiero y por la Virgen de Guadalupe que todo lo ve y lo sabe, estoy dispuesto al cese y al fusilamiento antes que cumplir sus instrucciones.

El presidente de la República adujo entonces:

—Bueno, mira, yo me detengo todo mi equipo con la mano izquierda y tú tiras para arriba el pantalón con la mano izquierda, para que la bragueta esté completamente estirada, y jalas con tu mano derecha el cierre para abajo. ¿Eso sí lo puedes hacer, pedazo de pendejo?

—Lo intentaré, señor presidente, lo intentaré.

—Pero arrodíllate, carajo.

—No, señor, ¿y si alguien nos ve? Va a parecer otra cosa...

—Bueno, pues entonces así como estás de pie —agregó Cárdenas angustiado—, toma con tu mano izquierda, como te dije, el pantalón a la altura de la cintura, lo subes y jalas con la mano derecha el zíper, pero ya.

El militar graduado entendió que había llegado la oportunidad de vengar alguna que otra afrenta o humillación, cuando había recibido órdenes bruscas del Jefe de la Nación. Así, puesto de pie, tomó a la altura de la cintura el pantalón y cumpliendo las instrucciones, una vez estirada la bragueta, tiró del zíper sin más.

El dolor de Cárdenas no pudo ser peor y, sin embargo, no logró soltarse por completo.

Sólo al segundo intento el cierre ensangrentado liberó por completo al escroto del presidente de la República, quien se desplomó con los brazos abiertos a ambos lados de las piernas y sus vergüenzas expuestas al aire. Estaba completamente demacrado. Respiraba con mucha dificultad.

—Señor, ¿está usted bien?

—Sí, pero lárgate.

—¿Y la niña, me puedo llevar a la muchacha?

—Sí, lárguense los dos.

Quince minutos después, Lázaro Cárdenas entraba de nueva cuenta al salón de sesiones sin exhibir el menor malestar ni emoción alguna, como si fuera un ídolo olmeca, dueño impasible de cualquier expresión o sentimiento de su rostro.

Dos horas después emprendía el viaje de regreso a la ciudad de México para encabezar la política más agresiva de expropiaciones agrarias de que México tuviera noticia. También se preparaba para contender en contra de los petroleros extranjeros, de tal manera que o cumplían con el aumento de salarios que sin duda se merecían los trabajadores mexicanos, o expropiaría por completo la industria petrolera. ¡A los hechos, con todo y escroto!

Largado Calles definitivamente del país, amputadas sus facultades políticas, desarmado militarmente y convertido en un triste muñeco de paja, Lázaro Cárdenas se quitó el saco, se arremangó, se desabotonó la camisa, reveló su verdadera personalidad y exhibió sus auténticas intenciones. Para ello, tomó la pluma, ciertamente llena de tinta, y firmó y firmó y firmó...

Soñando con elevar el nivel de vida de los campesinos procedió, con precisión matemática, a destruir el campo mexicano. En lugar de garantizar la propiedad privada en la tierra, de tal manera que los inversionistas pudieran invertir cómoda y confiadamente sus recursos y desarrollar desiertos, páramos y eriales para hacer de esta actividad un gran negocio, crear riqueza, contratar mano de obra y generar divisas en una atmósfera de confianza, entendida esta última como el cemento para construir cualquier relación, ya sea amorosa, de negocios, política, sindical o industrial o la que fuere, empezó a expropiar a diestra y siniestra y a formar un ejército clientelar en el campo que le permitiera mantener indefinidamente su poder político, aun cuando ya no estuviera en la presidencia de la República. Empezó por armar a los campesinos para que defendieran todos los derechos y privilegios que él les concedería durante su gobierno, y si lo anterior fuera poco, les dio la puntilla a los inversionistas al promulgar una Ley de Expropiación por Causas de Utilidad Pública que lo facultaba para expropiar todo lo que considerara necesario mediante un simple acuerdo administrativo, que además era inapelable, inatacable legalmente ante la Corte o cualquier tribunal. La muerte jurídica, la burla de la Constitución, la indefensión total. El pánico entre los creadores de empleos y de riqueza, quienes deberían haber sido los aliados de Cárdenas al compartir objetivos, fue justificado. De hecho ese y no otro era el deseo del Jefe de la Nación. Cundió el pánico. ¿Amparos? ¿Para qué iban a servir los amparos o quién iba a interponerlos con la Suprema Corte de Justicia, si, además de tratarse de una ley tiránica e inatacable, los ministros del máximo tribunal mexicano habían sido nombrados por Cárdenas y comían de su mano? ¿Justicia? Estaba denegada a priori. El robo no era cuestionable. La confianza en la impartición de justicia se había perdido. Volvíamos al país de un solo hombre que era a su vez dictador, general en jefe, legislador, magistrado y, por supuesto, juez y parte. ¿Quién iba a confiar en su gobierno mediante la expedición de una ley de esa naturaleza? Llevaba a cabo exactamente la política contraria para llevar de la mano a los inversionistas al campo y ayudar a la gente que él deseaba proteger y rescatar de la miseria...

Por otro lado continuaron, además, los fraudes electorales a lo largo y ancho del país. ¿Cuál democracia? ¿Acaso se trataba de imponer la dictadura del proletariado tal y como alardeaba Stalin de haberlo logrado? ¿La dictadura del proletariado? Stalin era la dictadura en la que el proletario no contaba y Cárdenas se había convertido en el tirano, para quien ni los campesinos ni los obreros ni los diputados ni los senadores ni los jueces ni los magistrados ni el pueblo contaban. Nos habíamos ido cien años para atrás con un solo chasquido de dedos.

Con el propósito de aumentar la recaudación y poder ayudar con más eficacia a las clases populares que se hallaban desbordadas en sus reclamaciones y peticiones, y como era claro que los mexicanos estaban acostumbrados a pedirle a Dios o al gobierno, Cárdenas firmó iniciativas de ley del impuesto sobre capitales, incrementó los gravámenes a la minería, hizo efectivas las deudas de las compañías de teléfono y de la petrolera El Águila, y dictó instrucciones para evitar las fugas de los egresos nacionales.

El presidente Cárdenas se sometía a jornadas de trabajo intensivas. Recorría cuatrocientos kilómetros en un solo día y resolvía cientos de asuntos en comarcas y pueblos donde acordaba el paso de un ferrocarril, la construcción de una presa, de una escuela, de un hospital o de cualquier otro bien que se considerara de satisfacción para el pueblo. Bien, muy bien, ¿y el presupuesto federal? ¿Acaso alguien con dos dedos de frente podía negarse a que el presidente pudiera satisfacer las necesidades de la gente en el país en cualquier circunstancia y lo solicitara quien lo solicitara? ¡Claro que no! Por supuesto que tenía razón, sólo que, ¿de dónde sacar el dinero para financiar semejantes obras? Había entonces que imprimir dinero, y al imprimir dinero para financiar las obras, se estimularía aún más la inflación, y al dispararse la inflación se limitaría el consumo y el bienestar de los pobres y se depreciaría la moneda. ¡Adiós poder de compra! ¡Adiós posibilidades de superación! ¡Adiós esperanzas! Se decía que la manta era corta y que no podía cubrirlos a todos y que no se podría inventar la manta, que se tenía que crear riqueza de manera natural y no con el simple expediente de emitir dinero fresco en el Banco de México. Se trataba de ayudar, y no de destruir con una inflación galopante y con la pérdida de los empleos.

Si al gobierno le interesaba estallar una huelga porque sentía que la empresa podía pagar más a sus obreros, no se detenía a pensar que al obligarla a pagar más, tal vez se saldría con sus precios del mercado y al salirse con sus precios del mercado, no podría venderlos, y al no poderlos vender, tendría que cerrar, y al cerrar, los empleados se quedarían nuevamente sin una fuente de trabajo. La economía no se podía manejar políticamente y menos si se provocaban problemas mayores a los que se deseaba resolver.

El Sindicato de Trabajadores Petroleros de la República Mexicana, que representaba dieciocho mil agremiados, exigió, en razón de las presiones y consejos de Lombardo Toledano, desde el establecimiento de comedores y el suministro de servicios médicos, hasta el pago de pasajes de ida y vuelta para el empleado y su familia, al lugar escogido por éste para pasar sus vacaciones, además del doble del pago para quienes desempeñaran una labor de alturas superiores a los siete metros o en regiones pantanosas, además de suministro de automóviles para los líderes sindicales, o se irían a la huelga. ¿Para qué seguir enumerando las prestaciones? En realidad, Cárdenas sabía que estaba provocando a las empresas petroleras para que no pudieran pagar los incrementos salariales ni las prestaciones a las que él aludía. Su coraje, mucho más que justificado por los atropellos cometidos por los explotadores del oro negro mexicano, era que tenían que ser combatidos y controlados por el gobierno. En efecto, ni duda cabe, sólo que la mecánica no era la adecuada, menos aún sin haber hecho un estudio previo a fondo de los costos internos y externos relativos de dicha decisión ni sus repercusiones internacionales. Cárdenas había decidido, desde antes de llegar a la presidencia de la República, la manera de expropiar las instalaciones petroleras extranjeras, no así el petróleo porque según el artículo 27 de la Constitución, el suelo y el subsuelo ya eran propiedad de la nación.

Cárdenas, incansable, funda el Tribunal Fiscal de la Federación, expide una nueva ley de población, convierte los bosques del Iztaccíhuatl y el Popocatépetl en parques nacionales, decreta una equitativa distribución de las participaciones fiscales entre la Tesorería Central y las tesorerías de los estados, reparte justificadamente la riqueza federal entre todas las entidades; auspicia el Séptimo Congreso Científico Americano, manda explorar la zona maya para dar realce a la antigüedad mexicana, escucha a Francisco Mújica cuando éste exige para los empleados públicos los mismos derechos y beneficios de los obreros privados, por lo cual se suscribe un Estatuto Jurídico para la Burocratización del Estado.

Finalmente decide expropiar los grandes centros productores de alimentos y de fibras del país, muy a pesar de lo que había sostenido Álvaro Obregón, el gran productor de garbanzos del norte del país que había hecho una enorme fortuna trabajando en el campo, invariablemente sobre una condición: *el Manco* siempre sostuvo que era un suicidio expropiar tierras, más aún las productivas, para entregárselas a los campesinos ignorantes y analfabetos, si a éstos no se les educaba previamente, no se les capacitaba, no se les asistía técnicamente y además se les dotaba de capital para sembrar, cuidando que no se lo gastaran en borracheras ni en dispendios irracionales y se les orientara en términos comerciales para enajenar sus productos. Si se obraba de otra manera, y lo decía un experto en asuntos agrícolas que había sido notablemente exitoso también en ese campo, la expropiación de tierras sería una catástrofe que sólo hundiría aún más en la miseria a quienes se pretendía ayudar, por ello era conveniente llevar los procesos con un ritmo preciso y no expropiar si antes no se habían satisfecho todos estos requisitos.

Ignorando cualquier experiencia ajena y desoyendo el consejo de los expertos, Cárdenas expropió las tierras de la Comarca Lagunera, a pesar de saber que los empresarios agrícolas de aquella región le habían arrebatado al desierto, a partir de la última década del siglo XIX, las tierras necesarias para convertirlas al alto cultivo del algodón y del trigo. Aquellos agricultores sabían lo que estaban haciendo y habían expuesto su capital y empeñado su vida para lograr la mayor productividad en el campo. Claro que al convertir la Comarca Lagunera en ejidos, Cárdenas ordenó nuevos sistemas de crédito agrícola, el acrecentamiento de la población rural y la promoción de zonas de riego, sin detenerse a considerar que las economías agrícolas a gran escala funcionaban, no así convertidas en pequeñas parcelas que corrían el peligro de convertirse en áreas estrictamente para el autoconsumo de los campesinos, en el mejor de los casos, sin abastecer con sus productos al mercado interno ni mucho menos enajenarlos en el exterior para generar divisas y favorecer la capitalización de sus empresas.

Disparada su popularidad por la expropiación de la Comarca Lagunera, Cárdenas volteó entonces la mirada hacia el sureste para expropiar a la industria henequenera yucateca. Les entregaría a los campesinos toda una industria en la que ellos habían trabajado, pero que evidentemente no sabían operar. Habría que enseñarles, mostrárselas, explicárselas y obviamente liquidar a sus antiguos dueños para que no pareciera que se trataba de un asalto a mano armada perpetrado por el gobierno, y que este ejemplo cundiera aún más en los inversionistas nacionales y extranjeros, que por un lado dejaron de invertir en el país y por el otro empezaron a sacar sus capitales para protegerse de un peligro que ya no parecía inminente, se trataba de una realidad.

Sólo que Cárdenas parecía incontenible, por esa razón también decidió en junio de 1937 expropiar los Ferrocarriles Nacionales de México, para que el sistema de transporte quedara en manos del gobierno y no de empresas privadas extranjeras. La expropiación se llevó a cabo y se entregó la administración a los obreros, nada menos que a los obreros ingenuos e inexpertos.

Cárdenas, engolosinado, giró entonces hacia su tierra natal, hacia allá se dirigió con la espada desenvainada para expropiar, un par de años después, dos magníficas haciendas agrícolas, la de Lombardía y Nueva Italia, fincas ganaderas, frutícolas creaciones del inmigrante italiano Dante Cusi, quien las había hecho producir con un tesón, según se decía, digno de los primeros romanos. Las dos propiedades sumaban sesenta y cuatro mil hectáreas, sin duda un exceso. Pues bien, con arreglo a la ley de expropiaciones, rompiendo el marco del código agrario, Cárdenas se apoderó de esas extensiones y de todo cuanto aún no caía dentro de la afectación ejidal. Se apropió de la maquinaria, de las casas y edificios, del ganado, cerca de veinte mil cabezas de ganado vacuno, casi todo cruzado de cebú, del sistema de irrigación, una completa red de canales de distribución del agua del hasta hacía poco sólo admirado y jamás aprovechado río Cupatitzio: preciosa agua que los Cusi hacían subir con el sistema sinfónico, antes desconocido en México, para irrigar las tierras por ellos mismos desmontadas y preparadas. Los peones acasillados de la Lombardía y de la Nueva Italia, mil quinientos en total, de quienes dependían ocho mil quinientas personas, alimentados, bien tratados y dispuestos, fueron despedidos sin darles la indemnización que les correspondía. De un día a otro estos campesinos se quedaron sin tierra y sin empleo. ¿En qué se convirtieron los ciento veinticinco mil árboles limoneros de donde se podían exportar hasta cien mil cajas de este cítrico al año a Estados Unidos? ¿En qué acabaron las veinte mil cabezas de ganado vacuno? ¿En qué acabaron los canales de distribución del agua y las obras de irrigación?

Cuando se decapitó el proyecto y se convirtió en pequeños ejidos para el autoconsumo, día con día se empobreció la región, día con día los campesinos empezaron a emigrar a Estados Unidos hasta que lo que en su momento fue un proyecto exitoso se convirtió en una fuente de pobreza, a partir de la cual los hombres se fueron al norte y las mujeres a servir en las casas de los ricos en Morelia o en otras ciudades del interior de la República. ¿En qué se convirtieron las buenas intenciones del presidente Cárdenas?

Claro que Lázaro Cárdenas no mandaría asesinar diputados ni senadores, ni periodistas como lo hiciera Victoriano Huerta, ni mandaría encarcelar en las mazmorras de San Juan de Ulúa a quien difiriera de sus puntos de vista para que murieran en esas cavernas, víctimas de la tuberculosis o de las mordidas de las ratas, no, para controlar a la prensa y evitar que se divulgara una imagen indeseable de su gestión, fundó una compañía llamada PIPSA, una empresa propiedad del Estado que tendría el monopolio de la compra de papel periódico, materia prima que sólo esta empresa podría vender a quienes se dedicaran al negocio de la prensa escrita. El control resultó muy simple: quien se saliera del carril y se excediera en las críticas al gobierno, simple y sencillamente se le privaría de la venta de papel y sin papel no habría periódico, con lo cual quedaban controladas las protestas, fundadas o no, sin necesidad de matar, ni de perseguir ni de meter a nadie en las cárceles o mazmorras. El expediente era muy simple: tú criticas y te quedas sin papel. Adiós prensa libre, adiós libertad de cátedra porque cuando en las escuelas oficiales se hablaba mal de la actitud del gobierno, de inmediato se cancelaban los sueldos a los maestros. Nunca le muerdas la mano a quien te da de comer, y si quien te da de comer es Cárdenas, querido maestro, o lo adulas o padecerás hambre, tú decides...

Cárdenas crea el Departamento Autónomo de Prensa y Publicidad, el Departamento Autónomo de Asistencia Infantil y la Administración Nacional del Petróleo, la Ley Federal de Vías de Comunicación, la Ley de Cooperativas, la de Responsabilidad de Funcionarios y la del Seguro Social. Fomenta las cooperativas de consumo y establece una bolsa de productos agrícolas para regular sus precios y expide la Ley Orgánica del Artículo 28 Constitucional, que prohíbe los monopolios. Éstos sólo los podrá ejercer el gobierno para convertirlos en fuentes de ineficiencia y corrupción. No tardarán en convertirse en monstruos que engullirán a la propia autoridad. Serán entes intocables e inatacables dominados por una pandilla de bandidos que devorarán el presupuesto público a su antojo en la más absoluta impunidad, a los ojos mismos de la opinión pública. El presidente trabajaba veinticuatro horas diarias. No parecía cansarse ni fatigarse. Muchas de sus iniciativas merecían, justo es reconocerlo, el aplauso público. Llenaba varios vacíos sociales.

¿Amalia? Amalia, más tarde conocida, justificadamente, como doña Amalia, vivía de cerca las preocupaciones sociales de su marido, estaba de cerca en sus decisiones, entendía de política, tenía respuestas ingeniosas y lúcidas, participaba en las conversaciones con argumentos bien estructurados y soluciones inesperadas. Ella sorprendía al presidente sobre todo en el momento en que éste se encontraba más receptivo, y ello sin duda se daba cuando terminaban de hacer el amor. Cuando Cárdenas tronaba al no poder resistir tantas adversidades ni poder cortar un tejido tan grueso de intereses creados, en ocasiones salía al jardín de Los Pinos, donde ella solía jugar con los hijos de Lázaro, para llamarla de un grito o dando una orden a un uniformado para que se presentara en su oficina a la brevedad posible. Amalia sabía a la perfección por qué el Jefe de la Nación reclamaba su presencia a las horas más intempestivas del día. Buscaba a la mujer. Del despacho subían lentamente a la habitación y con la ventana abierta, lloviera o no, se entregaban el uno a la otra con vista al Bosque de Chapultepec y sus milenarios ahuehuetes. A Amalia la respetaba y la buscaba afanosamente varias veces a la semana, pero eso sí, sin tener la gratificación carnal que le proporcionaba Caridad. Cada una era distinta. En ellas encontraba diferentes valores, actitudes, enfoques y puntos de vista, sin hacer distinciones porque con una se hubiera casado por la Iglesia y con la otra por lo civil. ¿Qué más daba? Con Amalia se bañaba al mismo tiempo, y sentado en un pequeño banco, mientras el agua caliente le caía en la espalda, el general presidente contaba sus planes, explicaba sus razones y matizaba sus ideas, mientras Amalia le enjabonaba la espalda y guardaba silencio hasta que él concluía. No le gustaba que lo interrumpieran ni mucho menos las respuestas irreflexivas y poco meditadas. Tampoco era proclive a que le preguntaran más de lo que él quería decir. Lo tomaba como una indiscreción que le reportaba falta de confianza. Cuando finalmente se producía el ¿qué piensas?, Amalia respondía con su discurso bien vertebrado, salvo que le faltara información para fundar su contestación. Una vez con todos los hilos en la mano, metiéndole al presidente el estropajo por las orejas, de modo que oyera muy bien, exponía sus conclusiones con las que deslumbraba, casi siempre, a su marido. En uno de esos baños interminables Cárdenas le contó que expropiaría la industria petrolera. Así nada más.

—¿Ya lo pensaste bien, Lázaro?

—Los tengo en el puño. Les puse una trampa: o pagan los salarios que dije o los expropio...

En el horizonte industrial de México, más concretamente en las Huastecas, se escuchaban los tambores de la guerra, en virtud de que la huelga en campos y refinerías continuaba sin solución alguna. Finalmente los tribunales federales del trabajo dictaron un laudo en diciembre de 1937, condenando a las compañías petroleras a pagar veintiséis millones de pesos de aumento de salarios a sus trabajadores, el doble de lo que aquellas estaban dispuestas a pagar. Estaba clara, clarísima, la mano de Cárdenas en los órganos encargados de impartir justicia. ¿Cuál división de poderes? Las empresas se negaron a cumplir alegando incapacidad económica, incapacidad que no fue aceptada por Josephus Daniels, el embajador, fiel apoyo del presidente Cárdenas. Ambos estaban convencidos de que los magnates podían liquidar las cantidades a las que habían sido sentenciadas. Cárdenas tenía motivos para pensar que el jefe de la Casa Blanca lo apoyaría por su determinación de controlar a los grandes *trusts* en su propio país y en cualquier lugar del mundo, ya que aquellos estaban acostumbrados a imponer su ley. Franklin Delano Roosevelt no operaría con el «gran garrote» al estilo de su tío, el tristemente célebre Teddy Roosevelt, quien mandaba a las cañoneras norteamericanas para defender los intereses patrimoniales de Estados Unidos en cualquier parte del mundo. Franklin era amante de la buena vecindad, lo había demostrado, pero además deseaba dinamitar el poderío inglés ante la inminente guerra que muy pronto se desataría en Europa. Puesta Gran Bretaña de rodillas, Estados Unidos podría lucrar con su primo vencido y arrebatarle alguna ventaja comercial o financiera o, al menos, alguno de sus dominios en ultramar. La jugada era de tres bandas...

México atravesaba por momentos económicos difíciles, ligados primordialmente a la falta del capital necesario para financiar el programa de reformas sociales, en particular el desarrollo de infraestructura y sistemas de irrigación, la construcción de escuelas y la contratación de maestros, así como el abasto de crédito agrícola. Cárdenas soñaba con una mayor elasticidad del presupuesto público. Sí, ¿pero cómo hacerlo más elástico, cómo generar más riqueza si quienes podían generarla se escandalizaban a diario por sus políticas? ¿De dónde sacar dinero para indemnizar a tantos sectores afectados por sus medidas socialistas?

La bomba finalmente explotó el 1° de marzo de 1938, cuando la Suprema Corte rechazó la procedencia del amparo. Se concedió a las empresas petroleras un plazo de siete días para pagar los salarios acordados en el laudo respectivo. Los representantes de las empresas se reunieron el 3 de marzo con el presidente Cárdenas, acompañado de sus secretarios de Hacienda y del Trabajo. De nada sirvieron las gestiones del embajador Daniels como mediador entre petroleros y gobierno. Aquellos preferían perder sus intereses en México antes que aceptar las demandas gubernamentales. Intentaban arrinconar al gobierno cardenista al estilo de Rockefeller, quien acostumbraba ganar las grandes batallas ubicándose en los extremos. Estaban confiados en que Cárdenas cedería. Tocaba al presidente de la República mover la siguiente ficha del ajedrez político.

—Será la última ocasión en que se incrementen los salarios de los trabajadores petroleros —adujo Cárdenas en plan todavía conciliatorio, con lo cual daba entender que si accedían, vería la forma de dar marcha atrás a la sentencia inapelable de la Corte.

Los magnates se vieron a la cara sorprendidos. ¿Qué país es éste en el que el presidente puede dar marcha atrás a las resoluciones del Máximo Tribunal?

—¿Quién nos asegura que será el último aumento de salarios? —cuestionó en términos insolentes uno de los empresarios presentes.

—Se los garantiza a ustedes el propio presidente de la República —repuso Cárdenas inmutable.

—¿Y quién más? —adujo arrogante un alto directivo de la Standard Oil de Rockefeller.

Se hizo un pesado silencio. Acto seguido, el presidente Cárdenas cerró su carpeta, en tanto un uniformado le retiraba la silla. Una vez de pie disparó las últimas palabras escrutando el rostro de los magnates:

—Señores, hemos terminado nuestras conversaciones.

Sin aspavientos ni denuestos, ni insultos, el Jefe de la Nación se retiró y cerró la puerta sin azotarla. Desapareció en el más absoluto silencio de la vista de los petroleros. Habían caído en la trampa. El 18 de marzo en la noche, mientras las familias mexicanas escuchaban sus programas favoritos en la radio nacional, de pronto se produjo una interrupción. La voz de Lázaro Cárdenas anunció la expropiación petrolera y declaró la intervención inmediata de las instalaciones por parte del ejército mexicano. El golpe estaba dado. La noticia recorrió el mundo entero.

La expropiación petrolera provocó una intensa conmoción nacional. Se llevó a cabo en el Zócalo una inmensa manifestación popular para apoyar la medida. Muchas personas humildes llevaban bajo el brazo hasta gallinas o cerdos para entregarlos y ayudar, a como diera lugar, a que la medida no fracasara. Se llegó a saber inclusive de personas de recursos, particularmente mujeres, que entregaban sus joyas para financiar la causa. El apoyo no podía ser mayor ni mejor. Cárdenas se sentía fortalecido. La nación, en casi todos sus niveles, lo respaldaba, lo comprendía, sabía que la decisión había sido justa y necesaria. En muchas ocasiones se habló de que ya era hora de que alguien hiciera justicia en México, después de las terribles salvajadas que se habían cometido durante la Conquista de México cuatrocientos años atrás, o bien, que viniera finalmente un político vengador que pusiera en su lugar a los malditos yanquis que nos habían arrebatado la mitad del territorio nacional entre 1846 y 1848, después de una intervención armada alevosa y perversa que había tenido como resultado el robo, y no otra cosa, de medio país. Antes que Cárdenas, solamente Benito Juárez había logrado darle su merecido a los extranjeros al fusilar a Maximiliano de Habsburgo. El presidente Cárdenas declaró que las reservas monetarias de México estaban íntegras después de la expropiación. Se acuñarían monedas de plata y días después se reanudaría la venta de dólares para evitar especulaciones. Los gobiernos estatales hicieron un préstamo de cien millones de pesos en su conjunto para ayudar a pagar las indemnizaciones. Todos cooperaban, pueblo y entidades federativas, en tanto que las autoridades financieras mexicanas emitían bonos de redención nacional.

Roosevelt decidió no recurrir a las armas para revertir el decreto expropiatorio. En su discurso el 20 de abril de 1938 declaró: «Desplegar fuerzas en apoyo de las compañías petroleras contravendría los ideales de la buena vecindad...». Cárdenas aplaudía en silencio. Era preferible por tanto resignarse a la nacionalización con vistas a negociar posteriormente, que jugarse la carta de la seguridad hemisférica y con ella la de la propia seguridad nacional. Era claro, Roosevelt no intervendría militarmente en México para apoyar a sus magnates, y no sólo eso, sino que haría las debidas gestiones para que los bancos centrales estadounidenses le hicieran a México un préstamo de cuarenta millones de dólares para fortalecer al peso y que éste no sufriera una escandalosa devaluación como todo lo hacía suponer, dada la tremenda fuga de capitales que provocó la expropiación. Además de lo anterior, el propio jefe de la Casa Blanca, en apoyo a la medida, también dispuso que se compraran veinticinco millones de dólares de plata mexicana. El gobierno de Estados Unidos no estaba dispuesto a romper con Lázaro Cárdenas, ni a permitir que el litigio con los petroleros se prolongara demasiado. Sin embargo, en la Casa Blanca temían una intervención militar inglesa en México porque el Reino Unido dependía en un sesenta por ciento del petróleo mexicano y, sin duda, llegaría a necesitarlo en caso de que estallara, según lo previsible, una nueva guerra en Europa a tan sólo diecinueve años de la suscripción de los Tratados de Versalles. Por otro lado no dejaba de analizar la posibilidad de que México se convirtiese en un trampolín para que los nazis invadieran Estados Unidos o lo espiaran o lo sabotearan.

De golpe la expropiación petrolera se convertía en un conflicto global, en el que intervenían diferentes potencias. El Reino Unido decidió retirar a su embajador de México. El conflicto amenazaba con estallar sin advertirse las dimensiones que podía adquirir. Roosevelt advirtió que no apoyaría las pretensiones de una potencia europea contra una nación del continente. Adopta un doble discurso: en primer término finge, sólo finge al solicitar la derogación del decreto expropiatorio, objetivo que, de habérselo propuesto, sin duda lo hubiera logrado. Con tan sólo apretar un par de botones hubiera puesto de rodillas al gobierno cardenista. Por otro lado, no sólo no apoya a los petroleros afectados, sino que ayuda a estabilizar el peso mexicano, entre otros auxilios no menos importantes. La expropiación era irreversible, mejor sentarse a negociar, más aún cuando Roosevelt tenía la mirada clavada en Europa...

Las empresas petroleras demandaron la cancelación de compras mundiales de petróleo mexicano porque era robado; obstruyeron cualquier posibilidad de vender equipo de mantenimiento o de perforación; exigieron la imposición de un bloqueo comercial que México pudo sortear al intercambiar petróleo por equipo y otros productos con los países fascistas entre 1938 y 1939 hasta que estos mercados se perdieron como consecuencia del estallido de la Segunda Guerra Mundial, en que el gobierno norteamericano prohibió la adquisición del crudo mexicano hasta que no se llegara a un arreglo entre las partes.

Cárdenas descansaba y más descansó cuando logró que los ingenieros petroleros mexicanos lograran la fórmula del tetraetilo de plomo, dado que los petroleros expropiados se habían llevado las fórmulas para producir gasolina, y sin ella el país se paralizaría. La deuda adquirida con los petroleros mexicanos que lograron ese compuesto petroquímico sería invaluable. México se salvaba. La industria petrolera era mexicana.

Las presiones que recibía Cárdenas en el orden internacional de ninguna manera eran inferiores a las sufridas en el interno. Las infiltraciones nazis eran cada día más preocupantes, al igual que la manifiesta inconformidad de los propietarios de tierras, que las estaban rematando antes de ser expropiadas. Era evidente que los campos empezaban a quedarse abandonados, unos porque sus propietarios los vendían al mejor postor y sacaban sus capitales del país, con lo cual se producía una asfixia financiera todavía mayor, y otros porque no sabían qué hacer con la tierra repartida. ¿De qué servía que a un campesino le hubieran entregado diez hectáreas de tierra en el estado de Hidalgo, en zona semidesértica, si no contaban ni con una triste yunta para hacer un surco, para ya ni hablar de la falta del agua ni de fertilizantes, ni de posibilidad alguna de trabajar esa tierra que no era de su propiedad, puesto que se trataba de un ejido? Las medidas se equiparaban al obsequio de una bicicleta sin pedales y sin manubrio. Los gobernadores de los estados vinieron y pidieron audiencia con Cárdenas para indicarle cómo se había desplomado la producción agrícola y para exigirle que suspendiera la expropiación de tierras y respetara la pequeña propiedad para evitar todavía un mayor desplome del volumen de la producción. Sin embargo el presidente no estaba dispuesto a escuchar voces discordantes, por lo que afortunadamente se impuso y aceptó el arribo de los exiliados españoles víctimas de la guerra civil, que de civil no tenía nada...

Por si todo lo anterior fuera insuficiente o por si las presiones internacionales por la expropiación de tierras y del petróleo no fueran tan intensas, como si las rebeliones domésticas que se daban por la aplicación de la educación socialista en las que intervenía el clero, agazapado como siempre, fueran irrelevantes; como si la asfixia financiera, el disparo de la carestía, la fuga de capitales, la cancelación de inversiones, el descontento empresarial, el déficit presupuestal, no fueran temas lo suficientemente delicados, todo ello en el entorno del polvorín europeo, todavía Cárdenas tenía que enfrentar la sucesión presidencial. Las aguas empezaban a moverse de manera sospechosa ya desde finales de 1938. Imposible que Cárdenas se quedara un minuto más en el cargo o que nombrara a un sucesor que tuviera su misma escuela. Era mejor adelantarse y mojarle la pólvora al cardenismo. El ambiente político se estaba enrareciendo prematuramente sin que fuera posible localizar la mano precisa que lograba sus propósitos con tanta eficiencia. Evidentemente que Cárdenas deseaba instalar en Palacio Nacional a Francisco Mújica, su ideólogo, quien sería el continuador de toda su política socialista y comunista, el hombre con quien se entendía con el solo hecho de cruzar las miradas. Sin embargo, empezaban a publicarse extraños manifiestos en diferentes partes de la República y en diversos diarios del país que anunciaban sorpresivamente la candidatura de Manuel Ávila Camacho, su secretario de Guerra. Más tarde se sabría que era el propio Josephus Daniels quien había tomado la decisión de convertirse en el gran elector. Si bien es cierto que Roosevelt no intervendría militarmente en el gobierno de Cárdenas, dada la política de la buena vecindad, además de la contingencia europea y tal vez mundial de otra conflagración bélica, era el momento de poner en México a un líder centrado, sereno, razonable, que no fuera un adorador de Stalin ni un impulsor del comunismo, ni mucho menos un sujeto que coqueteara con las fuerzas del nacionalsocialismo, las de Hitler. Se requería un hombre neutral en lo político y en lo económico, y ése no era Mújica, qué va, sino que de acuerdo a la Casa Blanca, era nada menos que Manuel Ávila Camacho, con quien Daniels ya se había reunido en secreto en varias ocasiones para llegar a un feliz acuerdo. No se podría tolerar un incendio al sur de la frontera americana, y Mújica sin duda lo encendería.

Al igual que Guillermo II, el káiser alemán, había intentado utilizar a México a través del telegrama Zimmermann para desestabilizar la región y crear un conflicto militar con Estados Unidos a través de México en el año de 1917, Roosevelt entendió que Hitler podría intentar la misma opción a partir de 1940, en el entendido de que la Luftwaffe ya había bombardeado despiadadamente Polonia el 1°

de septiembre de 1939 y se había desatado la guerra europea, que no tardaría en convertirse en una segunda conflagración mundial.

Cárdenas temía también levantamientos armados como el que se produjo cuando, un tiempo después, su propio ex secretario de Agricultura, Saturnino Cedillo, se levantó en armas para protestar en contra de las expropiaciones agrícolas masivas. Bien pronto se supo que Saturnino Cedillo estaba apoyado y financiado por los nazis y también por los petroleros estadounidenses, y por qué no, también por la Iglesia católica, una poderosa terrateniente debidamente camuflada a través de testaferros.

México representaba las posibilidades de un conflicto mayor por la política educativa socialista de Cárdenas, que la Iglesia no estaba dispuesta a tolerar y, por ende, bien podía detonarse una nueva rebelión cristera como la del año 1927, enfrentamiento católico-militar que podrían aprovechar otras potencias europeas para incendiar nada menos que al vecino del sur de Estados Unidos. México se podía convertir, en cualquier momento, en un nuevo polvorín porque existían diferentes y muy poderosos intereses creados de cara a la sucesión presidencial. Cárdenas abandonaría el poder el último día de 1940 y las diversas facciones políticas, religiosas, empresariales y militares estaban dispuestas a llegar a la violencia con tal de que de ninguna manera continuara en el poder un sucesor del corte suicida de Cárdenas. Antes a las armas. Se requería un pulso de joyero para desmantelar una poderosa bomba que podría destruir al país. Roosevelt no podía soportar semejante catástrofe. México tenía que mantenerse en paz, como un firme aliado de Estados Unidos, sobre todo ahora que la industria y la economía mexicana, así como toda la política, estaban concentradas en un solo puño.

Al renunciar Francisco Mújica a su candidatura gracias a los prudentes consejos de Cárdenas, quien aceptó el descarrilamiento de la carrera política de su amigo como una derrota personal, quedaron en la recta final sólo dos candidatos: Manuel Ávila Camacho, el secretario de Defensa cardenista, y Juan Andrew Almazán, representante feroz de los intereses conservadores sobre todo de Monterrey, donde fungía como jefe de la zona militar, además de ser bien conocido por sus vínculos con la Alemania de Hitler, simpatías y contactos que no desconocía Daniels. Tan eran conocidos sus vínculos, que muy poco después de iniciada la contienda bélica en Europa, el propio Almazán declaró que su corazón pertenecía a los nazis. Almazán estaba dispuesto a asestar un golpe de estado en México con tal de llegar al poder, más aún cuando los propios petroleros estadounidenses, fundamentalmente, estaban introduciendo armas de manera clandestina a México para respaldar una rebelión armada que él mismo encabezaría.

Mientras Almazán se veía involucrado con los nazis y con una nueva amenaza revolucionaria, Ávila Camacho, el candidato oficial, el del PRM —ya para entonces había cambiado sus siglas de PNR y había incorporado a la CTM, a la CNC y a la CNOP, ¡la Revolución corporativizada!—, lanzaba un mensaje al pueblo afirmando: «Nos apartaremos definitivamente de toda persecución religiosa y pugnaremos por una política internacional más cristiana». Ávila Camacho intentaba, con buen éxito, no solamente tranquilizar a la alta jerarquía católica que mandaba ya a engrasar sus rifles, utilizados en la rebelión cristera hacía tan sólo trece años, sino que, a mayor abundamiento, se pronunciaba como un presidente creyente. Los curas se miraron sorprendidos al rostro, aplaudieron a rabiar y guardaron sus carabinas en las sacristías. La jugada era maestra, por un lado Ávila Camacho accedería a cuanta pretensión militar le impusiera Estados Unidos como correspondía a un aliado subordinado. La Casa Blanca dejaría de alimentar todo género de preocupaciones, ya no sólo en relación a la sucesión presidencial en México, sino a la postura estratégica que adoptaría el país en caso de que Estados Unidos se viera involucrado en la guerra europea. No solamente no habría apoyo a los nazis, sino que habría reconciliación con la Iglesia católica, con los empresarios nacionales y extranjeros, con los inversionistas mexicanos, con el sector agrícola e industrial y bancario, puesto que se cancelarían o se reducirían drásticamente las posibilidades expropiatorias en el futuro. El infierno cardenista llegaba a su fin. Adiós a la efervescencia. Ávila Camacho era el hombre que satisfacía los requisitos de la Casa Blanca. Cárdenas de ninguna manera se enfrentaría a Roosevelt y sacrificaría desde luego a Mújica. «Hermano, este no es tu momento, tal vez jamás llegará.»

Cárdenas trabajaba, como siempre, intensamente. Viajaba de un lado al otro del país, ausentándose en ocasiones hasta tres meses. Disfrutaba la inauguración de escuelas y la contratación de más maestros, cuyo número ascendió durante su gobierno a cuarenta y cinco mil trescientos, de los cuales tan sólo tres mil trescientos correspondían a planteles particulares. Asistían a las escuelas oficiales casi dos millones de estudiantes. El presupuesto de la Secretaría de Educación llegó a ser tres veces mayor al de la floreciente temporada vasconcelista. El presidente de la República continuaba expropiando tierras a diestra y siniestra a sabiendas de que muy pronto abandonaría el cargo y que sería imposible reelegirse y ni siquiera dejar a un Bonillas o a un *Nopalito* en Palacio Nacional. Al comenzar 1940, existían ya veintidós millones, trescientas cuarenta y tres mil hectáreas de tierras ejidales, una población campesina de un millón, quinientas sesenta mil almas. Firmaba decretos expropiatorios mientras montaba a caballo señalando con la mano las extensiones, los lugares, los beneficiarios, sin detenerse a considerar ningún otro aspecto legal. Su gobierno se acababa y tenía que concluir con un giro radical en política agraria. Baste decir que ni Carranza ni Álvaro Obregón ni Calles expropiaron, salvo superficies irrelevantes que no comprometieron el futuro del campo. ¿No era obvio el viraje agrario de México?

La fuga de capitales, una auténtica hemorragia ante el temor de nuevas expropiaciones, se elevaba a trescientos millones de dólares, mismos que beneficiaban a otras naciones, mientras que invadían a México la parálisis y el miedo, malos consejeros, muy malos consejeros para la expansión y el bienestar de un país. ¿El gobierno se iba a adueñar de todo el patrimonio de la nación al estilo de Stalin? ¿Acaso creía que en el remoto caso de que su utopía se hiciera realidad los gringos iban a aplaudirle?¿Adiós a la propiedad privada? La inflación se disparó a casi treinta por ciento. El peso se devaluó cien por ciento. El dinero no alcanzaba para nada. Ningún castigo peor para los pobres. Aumentó la desesperación obrera. Los campesinos no consumían. Se detenía el crecimiento industrial. Comenzaba la parálisis. Ante la falta de inversiones se cancelaban fuentes de empleo, que sí se creaban en otros países con ahorro mexicano, con dólares mexicanos fugados. La sangría era dolorosa e incontenible. El desempleo cundía. ¿Acaso Pemex, recién constituida, podría contratar a un millón de trabajadores? ¡Cuánta torpeza, y pensar que se aplaudía y se proyectaba a Cárdenas como el constructor del México moderno...!

Cárdenas se percató tardíamente de que Pemex no contaba ni con los recursos ni con la tecnología para extraer y procesar el oro negro mexicano. Resolvió entonces reformar el artículo siete de la ley petrolera con el objetivo de invitar, de nueva cuenta, a los inversionistas petroleros de todo el mundo a que ayudaran al desarrollo de la industria petrolera nacional. Estableció que se podrían celebrar contratos con los particulares a fin de que éstos llevaran a cabo, por cuenta del gobierno federal, los trabajos de exploración y explotación, ya fuera mediante compensaciones en efectivo o equivalentes a un porcentaje de los productos que obtuvieran. Era tarde, muy tarde, Cárdenas había disparado diversos escopetazos en una plaza pública y las palomas habían huido despavoridas. Resultaba imposible irlas a llamar y a convencerlas, por lo menos en el corto plazo, de que ya no serían tocadas ni lastimadas y que los estallidos jamás se volverían a producir. ¿Sería el caso? ¿Ya no habría más expropiaciones escandalosas? Su reforma legal no tuvo el menor éxito. Los inversionistas extranjeros tardarían muchos años en recuperar la confianza en el gobierno mexicano. México era visto en el escenario internacional como un gobierno de bandidos que despojaba sin pagar por medio de la ley. ¿Nadie se percataba del daño que experimentaba la imagen externa del país ni el miedo que provocaba en la comunidad internacional de inversionistas la palabra *expropiación* ni se había entendido que mundialmente el gobierno era un mal empresario?

Pocas veces Caridad fue más visitada por Lázaro que en aquellos días aciagos en que se venían encima las elecciones de julio de 1940 para nombrar a un nuevo presidente de la República. Era conocido el peso que tenía Juan Andrew Almazán en la opinión pública. Lejos, estaba muy lejos que el PRM, la CTM, la CNC, la FSTSE, algunos de los más importantes apoyos políticos del cardenismo para manipular a las masas desde la calle, llegado el caso, pudieran garantizarle a Ávila Camacho el acceso pacífico y civilizado al poder. La competencia electoral sería muy ruda y áspera. Cárdenas tendría que cometer un escandaloso fraude electoral para colocar a su secretario de Guerra en Palacio Nacional. La Casa Blanca no consentiría, política del «buen vecino» o no, que perdiera Ávila. La interpretación yanqui de la derrota sería fatal para los intereses mexicanos. En su fuero interno no deseaba parecerse a Carranza cuando quiso imponer a Bonillas, ni a Obregón cuando impuso con la fuerza de las armas a Calles, ni a Calles cuando, parapetado en su autoridad política y militar, impuso a Portes Gil, a Ortiz Rubio, a Abelardo Rodríguez y a él mismo. De acuerdo, pero por otro lado resultaba imposible que el pueblo fuera a decidir en las urnas el destino de México, cuando el resultado de los sufragios ya se había comprometido abiertamente en Washington. No existía otra alternativa que la de un único y exclusivo triunfador y ése se llamaba, sin duda alguna, Manuel Ávila Camacho, quien sería el último presidente militar del siglo XX.

Sometido a presiones domésticas, regionales e internacionales, a sabiendas de que el fraude electoral que cometería a cualquier precio podría provocar otro levantamiento armado, sin olvidar el de Saturnino Cedillo, Lázaro Cárdenas visitaba a Caridad, la mujer, cuyo físico podía realmente enloquecerlo. Tan pronto salía de Los Pinos rumbo a Polanco, la escolta del Jefe de la Nación le telefoneaba para indicarle que tuviera abierta la puerta del garaje porque Cárdenas jamás se apearía en plena calle. Entraría con la debida discreción en el automóvil sin que ningún peatón o vecino pudiera percatarse de la presencia del presidente de la República. Ahí disfrutaría ratos muy amables y felices y amorosos con sus hijos Arturo y Maritza. Después de juguetear con ellos y al concluir una merienda familiar más, pernoctaría, como tantas noches, al lado de Caridad, con quien convivió hasta la muerte de ella en 1966, sin que ninguno de los dos se hartara de sostener, semana tras semana, apasionados arrebatos carnales. Se habían casado en 1928, y en 1966, treinta y ocho años después, todavía seguiría del amor la llama encendida. Cárdenas necesitaba hablar con Caridad, explicarle, contarle, narrarle, guardando, claro, eso sí, ciertos secretos de Estado, pero ella sabía escuchar, ella sabía verlo, ella sabía contemplarlo, entenderlo, animarlo, reconfortarlo al igual que Amalia, su esposa, sólo que ésta resultaba incomparable físicamente con Caridad. Sí, hablar resultaba prioritario, pero Cárdenas, si bien era parco en sus expresiones, por algo ella le decía cariñosamente *el Olmequita*, resultaba mucho más expresivo después de comer. En el amor, primero tendría que devorar a Caridad, besarla, morderla, atacarla, arremeter contra ella, saciar a lo largo de una eyaculación interminable todos aquellos malentendidos, traiciones, obstáculos, conflictos que podían amargarle la existencia. Por todo ello, primero necesitaba poseerla para poder tener una conversación profunda, amistosa y genuina, siempre y cuando se hubiera saciado previamente la sed del cuerpo.

Cuántos conflictos había sufrido el presidente de la República, por ejemplo el día de su cumpleaños cuando, ya fuera Amalia o Caridad, insistían en festejar a su lado un día tan importante. Lo mismo acontecía el Día de las Madres o en las fiestas navideñas o de final de año, en que resultaba imposible poner más pretextos de tareas políticas para estar con la una o con la otra o con las otras, puesto que Lázaro Cárdenas tenía diversas mujeres en diferentes partes del país. Bastaba recordar cuando después de una gira finalmente se decidía a llevar a Los Pinos a otro de sus hijos, un chamaco o una niña de siete u ocho años de edad a los que dedicaría cuidado, amor y educación. Cuando Amalia le preguntaba:

—¿Y este chamaco, Lázaro?

Él respondía:

—Es otro hijo de la nación, Amalia y debes cuidarlo.

Cuando su esposa volvía a cuestionar el origen del niño y la identidad de la madre, Cárdenas contestaba:

—He dicho que es hijo de la nación y también he dicho que tienes que cuidarlo y también he dicho que me irrita que me interroguen. No eres agente del Ministerio Público, por lo que aquí se acabó la conversación.

Así las cosas, de golpe el general Cárdenas llegó a tener doce o trece hijos en Los Pinos, hijos de él con otras mujeres, sin que jamás hubiera dado explicaciones a Amalia, una mujer que siempre supo ganarse el respeto y el afecto de los mexicanos.

Las elecciones federales de 1940 fueron las más violentas en la historia reciente de México. Cárdenas había decidido no correr riesgos y defraudar la voluntad popular: se robarían las urnas, falsificarían las boletas, alterarían el recuento de los votos y aparecerían firmas apócrifas en las respectivas actas. Almazán jamás sería presidente de la República, hubieran o no desórdenes y muertos, que por cierto llegaron a contarse en el orden de ciento cincuenta. Cárdenas ni siquiera pudo votar en su casilla en las calles de Juan Escutia, porque estaba tomada por almazanistas que lo increpaban, lo insultaban y lo ofendían acremente, anticipándose al fraude que se ejecutaría esa misma mañana y tan se ejecutó, que Ávila Camacho ganó con dos millones cuatrocientos setenta y seis mil seiscientos cuarenta y un votos, contra ciento cincuenta y un mil ciento uno de Almazán. Ni siquiera se pudo guardar una cierta discreción. La «victoria» de Ávila fue arrolladora. A continuación Almazán, después de múltiples amenazas, sólo demostró que era un cobarde, un hablador, un chantajista y evidentemente las amenazas de un movimiento armado, afortunadamente, se desvanecieron en la noche de los tiempos. México no estaba para una nueva revolución ni la Casa Blanca lo hubiera consentido. Roosevelt, Daniels, Cárdenas y Ávila Camacho descansaron...

Mientras tanto, el poder adquisitivo era inferior que en 1930. El salario real en el campo se había desplomado. El campesino, liberado de la tienda de raya, se convirtió en usufructuario, no en propietario de una parcela con la que, por supuesto, no podía sostener a su familia. De golpe se encontró ante una disyuntiva: o trabajaba como asalariado rural sin protección legal ni social alguna o emigraba, junto con primos, hermanos o padres a Estados Unidos. La producción del maíz se había reducido a la mitad, el manejo de las propiedades petroleras y la condición de los ferrocarriles no eran más favorables, debido todo ello, entre otras razones, al sistema de corrupción y de ineficiencia en los altos puestos administrativos. Pemex se convirtió, como hasta la fecha, en un botín de políticos venales y de líderes sindicales corruptos que secuestraron a la nación. Se hablaba de negocios escandalosos de Dámaso Cárdenas y del general Henríquez Guzmán en la construcción de carreteras. Se decía que Stalin, a través de Lombardo Toledano, había llegado a los extremos de presionar a los trabajadores petroleros mexicanos para que exigieran prestaciones inaceptables a los inversionistas estadounidenses e ingleses, de tal manera que se rompieran las negociaciones y se llegara a la expropiación, oportunidad que aprovecharía el dictador soviético para tratar de venderle petróleo tanto a Gran Bretaña como a Estados Unidos. Ya la historia daría la última palabra en lo que hacía a estas versiones. ¡Cuántos países, inversionistas, políticos e intereses ocultos estaban participando en la sombra o a pleno sol en estos momentos tan complejos en la historia de México!

Entremos ahora al capítulo de las confesiones personales. Escribí recientemente un libro titulado *Lázaro Cárdenas, el utopista suicida*, publicado por la editorial La Luz del Cenit. Se trata de un ensayo técnico bien vertebrado, salpicado de datos, cuadros, proyecciones matemáticas, análisis económico, cálculos diversos, estudios de fondo y otros aspectos de la gestión cardenista medidos técnicamente a través de los años. En ese documento no intenté demostrar, sino demostré la realidad de la catástrofe del gobierno del tal

Tata Lázaro, una figura intocable, reverenciada y adorada, al extremo de que resulta difícil, o casi imposible, encontrar textos críticos de su obra política en bibliotecas, archivos o en librerías modernas. ¿Por qué? ¿Por qué se le ha elevado hasta adquirir la talla de un dios o un de semidiós? ¿Por qué nadie, o muy pocos, se han atrevido a decir la verdad con evidencias numéricas de su gestión como presidente de la República? ¿Sólo porque expropió tierras, petróleo y ferrocarriles? ¡Vamos! ¿Y en qué se convirtieron semejantes decisiones a lo largo de la historia? ¿Se acabó el hambre en el campo? ¿Los campesinos ya están alfabetizados y son prósperos labriegos o ganaderos y han llegado a disfrutar, al menos algunos, de la excelencia de la educación superior? ¿Ya no son marginados ni se les manipula para actos públicos? ¿Se les rescató del atraso, se elevó su nivel de vida con las parcelas o los ejidos o las dotaciones entregadas? ¿Ahora sus hijos y nietos ya asisten a escuelas y universidades y tienen títulos profesionales? ¿Ya no se mueren del mal del viento y tienen para aspirinas? ¿Fue un éxito la educación socialista? ¿La agricultura mexicana ya está mecanizada, es eficiente y ejemplar, existen millones de hectáreas de riego y dependemos cada vez menos del temporal para producir? ¿Alcanzamos la soberanía alimentaria y ya no hay miseria en los inmensos territorios entregados? ¿Obregón tenía o no razón? En fin, basta con salir al sector rural, practicar una simple visita y comprobar sólo con la mirada, sin recurrir a sesudos estudios, el abandono y tragedia que se continúa padeciendo en la inmensa mayoría de las milpas mexicanas, tragedia que impulsó y coronó este supuesto protector de los desposeídos, a quienes remató, eso sí, con buenas intenciones, para acabar de sepultarlos en la desesperación, de la que, por lo visto, jamás van a salir… Ya no queremos otro Cárdenas que venga a rescatarlos, por favor, no, no y no…

A continuación dejo, en apretada síntesis, algunos razonamientos apartados de toda técnica económica o experimentos de campo, como los contenidos en mi libro de referencia, es decir, me refiero a hechos que no requieren de conocimientos previos para medir la dimensión de la catástrofe que pocos, muy pocos se atreven a ver y a aceptar. Insisto: hay héroes mexicanos que deben ser sacados del bote de la basura para subirlos a un pedestal y a otros bajarlos para echarlos a un bote de basura, ese es el caso de Lázaro Cárdenas, mi padre, es la hora de decirlo y de que se sepa. He aquí mis conclusiones:

Pasados los años, una vez asentado el polvo al final de la larga batalla, como el General en Jefe que recorre el campo del honor para evaluar el tamaño de los daños, la realidad empezó a dictar su veredicto inapelable. No es con cifras y datos, maquillados o no, como deseo evaluar la administración cardenista, baste señalar, para comenzar, que «la política ejidal fue abiertamente perjudicial para los intereses agrícolas del país, retardataria en la educación del campesino, lesiva para la libertad del agricultor, peligrosa para la soberanía de los estados, hipócrita en cuanto a sus verdaderos fines, como inconstitucional y enemiga de la pequeña propiedad: en suma, contraria a los principios de la Revolución y de la más elemental lógica para estimular fehacientemente el crecimiento del campo», según dijera uno de mis maestros. La expropiación masiva de tierras también quebró al campo mexicano y sepultó en la miseria a una inmensa mayoría de campesinos que se vieron obligados a huir por hambre del país. Se destruyeron latifundios, espléndidos negocios generadores de divisas y creadores de empleos con todos sus defectos, sí, para sustituirlos por la nada. Ni se abastecieron los mercados nacionales y extranjeros en las proporciones esperadas ni se generaron divisas ni se crearon puestos de trabajo rurales con los que se soñaba.

¿Pruebas? Al estallar la Segunda Guerra Mundial, después de que Japón bombardeara la base marina de Pearl Harbor, Estados Unidos y México suscribieron urgentemente el Programa Bracero para recolectar frutas y legumbres en los campos de nuestros vecinos cercanos del norte. Los alimentos no podían faltar en los frentes militares ni en los pueblos y ciudades yanquis. Los campesinos mexicanos resultaron imprescindibles para evitar un cataclismo agrícola en la Unión Americana, un cataclismo con el que soñaban Hitler y el emperador Hirohito. Y, por cierto, se acabaron las exportaciones de petróleo a las potencias del Eje.

Que quede muy claro: ¡de 1942 a 1964 huyeron casi diez millones de campesinos mexicanos para laborar en los campos agrícolas de Estados Unidos! De este estremecedor total la mitad, insisto, casi cinco millones, ¡un horror de cifra!, emigró cumpliendo con todos los requisitos legales, en tanto el resto cruzó como pudo la frontera en busca del trabajo y de la prosperidad que los ejidos cardenistas les proporcionaron en términos insignificantes en la mayor parte del país. Estos braceros hicieron de la agricultura americana la más rentable y avanzada de todo el planeta, en lugar de convertir a nuestro propio país en el vergel, el paraíso agrícola prometido. ¿Por qué el campo yanqui sí fue rentable y el mexicano fracasó? Busquemos en las políticas de Cárdenas la respuesta.

Tan la aterradora migración de campesinos fue cierta y es demostrable, que la población de California se incrementó en 559%, sí, 559%, a un ritmo de crecimiento anual del diez por ciento en dicho período. En Arizona y Texas se dio el mismo fenómeno pero en menores proporciones. ¡Claro que no toda la inmigración era mexicana, por supuesto que no!, pero no debe quedar duda de que la mano de obra mexicana fue fundamental, particularmente en el desarrollo del sudoeste americano. La agroindustria, valuada en miles de millones de dólares, se desarrolló brutalmente gracias a la explotación, a las jornadas y salarios bajos pagados a los trabajadores que igual pizcaban que construían ferrocarriles, viviendas, carreteras o industrias, para ayudar al crecimiento acelerado de la economía americana, en lugar de hacerlo en su propia patria. ¿Por qué huyeron diez millones de mexicanos de la felicidad cardenista? ¿Cómo se explicaría Tata Lázaro semejante hemorragia nacional? De haber encontrado aquí, en México, educación y bienestar, ¿se hubieran fugado del país esos costosísimos e irremplazables brazos mexicanos? ¿Por qué buscar allá lo que tenían aquí? Mentiras y más mentiras, embustes y más embustes. Cárdenas, influido por la revolución agraria soviética, estaba convencido de que el ejido resolvería todos los problemas del campo mexicano y se equivocó y al equivocarse hundió aún más al sector más dolorido y atrasado de México.

El reparto de tierras no sólo impulsó el éxodo de campesinos a Estados Unidos, sino que sus hijas, sus esposas y sus hermanas, abandonadas mientras los hombres buscaban una mejor fortuna, también emigraron de pueblos, rancherías y ejidos pero para emplearse como sirvientas en las ciudades, ¿acaso podían ocuparse de otra manera?, sólo para instalar un nuevo concepto de esclavitud doméstica supuestamente ya superada. La familia campesina también se desintegró y destruyó con otra agravante: millones de campesinas humildes, mujeres que llegaron a las grandes capitales en busca de trabajo, fueron víctimas, en razón de su irresponsabilidad e ignorancia, de todo género de vejaciones y abusos que se tradujeron en la proliferación de hijos indeseados, antisociales, rencorosos, nacidos en las alcantarillas, en las bancas de los parques públicos o abandonados en iglesias o en plena calle, en suburbios o en cinturones de miseria, donde se incuba el crimen y la delincuencia con todas sus consecuencias, bien sabidas.

La existencia de los grandes latifundios constituía una agresión flagrante en contra de los millones de campesinos que no eran dueños ni de un espacio mínimo para su propia tumba. Había que acabar con semejante injusticia. ¡Claro que había que entregarles tierra y elevar los ingresos y la renta nacional de los campesinos mexicanos! ¡Claro que tenían derecho a incrementar su nivel de vida y disfrutar de los bienes materiales! ¡Claro que también tenían derecho a la educación de sus hijos y al bienestar de sus familias! Quienes se quedaron aquí en México y no se jugaron la vida al cruzar la frontera, ¿hoy están mejor educados y gozan de más prosperidad que en 1938? Si lo que se deseaba, con justa razón, era ayudar a los campesinos, nada mejor que lograr ese objetivo a través de la creación de cooperativas rurales coadministradas por los terratenientes y por los campesinos para no lastimar las fuentes de riqueza existentes. A los latifundistas se les privaría de una parte significativa de sus haciendas para integrar cooperativas agrícolas operadas conjuntamente por los campesinos, quienes, de esta suerte, aprenderían técnicas administrativas, comerciales y agrícolas. La fusión obligatoria de campesinos con hacendados hubiera hecho posible el milagro al transmitir conocimientos y experiencias para producir, explotar y vender y llegar a convertirse, en el futuro, en sujetos de crédito. La educación rural, en la práctica, a través de las cooperativas rurales, sin duda alguna habría sido la gran solución. ¡Claro que de cualquier manera hubiera habido resistencia, sólo que era mejor compartir y ayudar o esperar que, por medio de la violencia, se les arrebataran todos sus bienes en un nuevo conflicto armado que se volvería a producir, tarde o temprano, en el que sólo volvería a haber perdedores!

La expropiación suicida de tierras propició la creación de bancos de crédito rural, auténticos botines de los banqueros públicos, sálvese el que pueda. Los empréstitos en pocas ocasiones llegaron íntegros a los ejidatarios, quienes malgastaron los recursos o fueron estafados o chantajeados por los caciques locales o simplemente se los «bebieron» para embrutecerse y provocar más miseria y descomposición social y familiar o donaron una parte a las parroquias para comprar su salvación... ¿Cuándo se vio un banco de crédito rural solvente que no dependiera para sobrevivir del menguado presupuesto federal sólo para financiar la corrupción y la ineficiencia?

Las expropiaciones masivas crearon una paranoia internacional en contra de México que perdura hasta nuestros días y se estimula con tan sólo escuchar el nombre López Obrador, de la misma manera que aterroriza oír el de Chávez o el de Castro, otro par de ladrones que han sepultado en el hambre a sus pueblos con sus políticas sociales verborreicas y populistas, con un supuesto contenido social inexistente. Los cubanos, muertos de hambre, reciben cupones para cambiarlos por moros y cristianos cuando hay moros y cristianos, porque ya casi no hay moros ni mucho menos cristianos... Hambre, desesperación y todo tipo de privaciones, sí, eso sí sobra en la mayor de las Antillas, tal y como empieza a acontecer en la Venezuela también populista.

Una vergüenza adicional para todos los mexicanos la constituye el hecho de que los braceros, que cruzaron la frontera a nado y sin zapatos, con los morrales vacíos, con trajes de manta y con sombrero agujerado, ahora envían remesas por miles y más miles de millones de dólares para ayudar a sus familias en nuestros campos y pueblos y salvar a la nación de la quiebra. ¿Qué haría México sin esas divisas que envían nuestros braceros para sostener a los suyos? ¿Con qué cara podemos ver a nuestros braceros?

¿La popularidad de Cárdenas tiene su origen en la expropiación de los ferrocarriles? Otro proyecto fallido del cardenismo. ¿Que qué queda al día de hoy de los ferrocarriles? La ruina, queda la ruina, al igual que en el campo. ¿En qué se convirtió la faraónica obra ferrocarrilera de Porfirio Díaz y del *Manco* González? ¿Y sus veinte mil kilómetros de vías que finalmente comunicaron al país y fueron particularmente útiles para unirnos, dadas las características orográficas de la República Mexicana? ¿Para qué los esfuerzos del tirano y de generaciones de mexicanos para comunicar y consolidar un poderoso sentimiento de nación? ¿Quién en 2010 puede afirmar que la expropiación de los Ferrocarriles Nacionales de México, ejecutada por Lázaro Cárdenas en 1937, fue una medida inteligente y afortunada para los intereses de la República? Hoy en día, pudiéndose mover millones de toneladas de mercancías y millones de personas a través de los ferrocarriles, éstos en la práctica ya no existen, salvo algunas concesiones exitosas en manos de los particulares. La destrucción del sistema ferroviario mexicano fue algo así como si se obturaran de golpe las arterias del país, y estos vasos sanguíneos por donde circulaba la energía, de repente se hubieran tapado. Lázaro Cárdenas obstaculizó el desarrollo comercial interno y externo de México, nos hizo menos competitivos por el costo de los fletes, disminuyó el tráfico de personas y de bienes, difirió el crecimiento del país según se fueron cancelando, con el paso del tiempo, los ramales ferroviarios hasta llegar a la quiebra total y a la liquidación de la empresa, uno de los orgullos de México. Baste comparar los sistemas ferrocarrileros japoneses, franceses, ingleses o estadounidenses, para comprobar las inmensas ventajas que implica el transporte barato de mercancías, de bienes y de personas, el cual existe sólo parcialmente en México gracias a la utopía suicida de Cárdenas. ¿Que él no es culpable? ¿No? ¿Quién expropió? Los demás, sus sucesores, o fueron cobardes o resignados o populistas o igualmente inútiles o todo junto…

¿Pruebas muy simples que no requieren de la asesoría de un experto? ¿Cómo tomar un tren para ir a Monterrey, el Regiomontano, o a Guadalajara, el Tapatío, o a Veracruz o a donde sea, con muy escasas excepciones? El paso de Cárdenas por los ferrocarriles equivalió a las pisadas del caballo de Atila sobre el pasto: este jamás volvió a crecer. ¡Cuánto daño, y todavía se reverencia e idolatra a uno de los más grandes destructores de la economía nacional! Casi se le reza ante los altares de la patria a este soñador suicida que hundió más en la miseria a quienes deseaba ayudar. Cárdenas nos condujo al infierno, eso sí, con paternal cariño…

¿A quién se le ocurre entregarle a los obreros la administración del sistema ferrocarrilero mexicano, un servicio público vital para el país que debería haber supervisado el gobierno para que fuera operado por particulares? ¿Qué serían hoy los ferrocarriles del país si el gobierno se hubiera asociado coactivamente con los concesionarios, sin pretender obtener el control de las empresas operadoras? ¿Tendríamos un tren bala, o un Shinkasen, japonés, o un TGV francés, o un Eurostar o un AVE, español, a Guadalajara o a Tijuana o a Cancún? ¿Por qué no? Si el gobierno ha sido un pésimo administrador de empresas, ¿por qué no se asoció inteligentemente con quien sí sabía hacerlo? Baste imaginar las redes ferroviarias que México tendría al día de hoy si se hubiera aliado con los grandes operadores de trenes, en lugar de expropiar la industria y entregársela a un sindicato voraz, corrupto, ignorante e ineficiente que la destruyó, al igual que hicieron las cadenas de políticos corruptos hasta su desaparición total. ¿Por qué imitar las políticas comunistas, hermosas teorías políticas que se imponen a la fuerza y, por la fuerza, conducen invariablemente al desastre?

¿Su prestigio, aquel que lo convirtió en un ídolo intocable, se debe a la expropiación petrolera? ¿Cárdenas nunca leyó al poeta cuando decía que «el Niño Dios te escrituró un establo y los veneros del petróleo el diablo...»? ¿Qué es hoy Pemex y su sindicato? ¿Qué...? Veamos...

Respecto al destino de Petróleos Mexicanos, después de la epopeya cardenista, hoy, en 2010, la empresa se encuentra secuestrada y devorada por un sindicato venal y podrido, sin olvidar a los directivos que, por lo general, la han visto como un botín personal. ¿Gracias, Lázaro Cárdenas? La única empresa petrolera monopólica del mundo se encuentra quebrada de punta a punta. Exporta miles de millones de dólares de crudo pero importa gasolinas y gas, además de otros derivados, ante la quiebra petroquímica de Pemex. ¿No es una tragedia económica y social el hecho de que se exporte crudo ante la imposibilidad de desdoblarlo en cientos de derivados muy cotizados en el mercado internacional y en el doméstico, y que tengamos que importar gasolinas fabricadas con nuestro propio petróleo a diez veces su valor? ¿Soberanía? ¿Dónde hay más soberanía, en un país donde una sola empresa administra la riqueza petrolera y es controlada por un sindicato venal y podrido, o en lugares donde existen diez o más diferentes empresas petroleras como la Shell, Conoco, Exxon, Chevron, British Petroleum, en la inteligencia de que, si una de ellas llegara a sufrir una huelga no se paralizaría la nación? Seamos claros: quien asalta a Pemex no sólo es el gobierno y sus directivos corruptos, sálvese el que pueda, sino su sindicato, una sanguijuela dispuesta a condenar a la paraestatal a su extinción con tal de no perder, a ningún precio, sus privilegios y sus prebendas.

De la misma manera en que a principios del siglo XX los yanquis se robaban el petróleo mexicano que surgía hasta la superficie en forma de gigantescas chapopoteras, sin que ningún gobierno pudiera contener el despojo, el día de hoy las nuevas generaciones de yanquis saquean el petróleo mexicano a través de los «hoyos de dona» que se encuentran en el golfo de México a profundidades de entre tres a cinco mil metros. ¿Cómo impedir que, a través de la «operación popote», Estados Unidos nos siga despojando de nuestro propio crudo sin que los mexicanos podamos resistirnos?

¿Suficiente? No: al concluir el sexenio del presidente Calderón nos veremos en la necesidad de tener que importar crudo, de la misma manera en que ahora importamos gas y gasolina, dada la reducción de nuestras reservas y que, de no alterar su curso de explotación, bien pronto tendríamos que enfrentar una debacle económica y energética sin precedentes porque el presupuesto federal de egresos depende casi en un cuarenta por ciento de las exportaciones petroleras. Una irresponsabilidad adicional. Al desplomarse las exportaciones de crudo, se arruinará el país al no haber construido previsoramente un sistema recaudatorio eficiente para no depender con tantos riesgos de las ventas de oro negro. ¿Qué tal?

¿Sabrán quienes se oponen a la apertura petrolera que, de aprobarse las debidas enmiendas constitucionales, ingresarían en el país seiscientos mil millones de dólares en los próximos ocho años? ¿Y Noruega con sus seiscientos cincuenta mil millones de dólares de reservas monetarias gracias a una negociación inteligente con las empresas titulares de la tecnología, una vez establecidas las reglas del juego por el gobierno? Hace quinientos años que concluyó la Conquista de México y casi ciento setenta y cinco de la intervención armada yanqui en México, ¿nunca superaremos los traumatismos como si hubiéramos sido el único país invadido, despojado y humillado de la historia? ¿Si dejamos entrar otra vez a los extranjeros nos van a volver a robar y a despojar de lo nuestro? ¿No aprendimos nada? ¿Por qué no estudiar el experimento brasileño de Petrobras que, en un sola década, escaló hasta las primeras cinco compañías del ramo en el mundo? ¿Los brasileños son menos nacionalistas que los mexicanos? ¿Y los españoles? ¿Y los ingleses y hasta los comunistas cubanos? ¿Por qué los demás sí pueden y México se encuentra empantanado en el tema?

Nuestra sociedad está mucho más desarrollada y avanzada que la clase política mexicana, la que está destruyendo a pasos agigantados al país, desde el momento en que es incapaz de llegar a acuerdos prácticos para construir un mejor presente y un mejor futuro. ¿Cómo olvidar cuando, tan sólo el sexenio pasado, el Congreso de la Unión fue incapaz de decidir qué hora era en México y tuvo que ser la Corte de Justicia la facultada para determinarlo? Las encuestas revelan, con meridiana claridad, que la nación está a favor de la apertura, de la explotación inteligente del patrimonio energético de México, sin traumatismos indígeno-nacionalistas que únicamente paralizan la economía. Nosotros, la ciudadanía, el electorado le llevamos una gran delantera al gobierno.

¿De qué le ha servido la expropiación petrolera a los cincuenta millones de mexicanos que se encuentran sepultados en la miseria? ¿De qué le ha servido la expropiación petrolera a los indígenas mixtecos, tzotziles, chamulas, lacandones, que calientan su comida con leña, deforestando los bosques y estimulando la desertificación nacional? ¿En qué se gastaron los cientos de miles de millones de dólares en los últimos treinta años desde los descubrimientos de los pozos como Cantarell y otros tantos más, cuando al día de hoy ni siquiera se puede construir una refinería? ¿En sueldos pagados a una gigantesca burocracia tan inútil como intocable o en la amortización de deudas ajenas a Pemex y en campañas políticas financiadas con recursos públicos?

En lugar de la expropiación de 1938, hubiera convenido una asociación obligatoria del gobierno con las empresas petroleras, con el pago adicional de regalías por el uso y goce de los manantiales mexicanos. No estaba Teddy Roosevelt en la Casa Blanca, sino Franklin Roosevelt y Josephus Daniels como embajador en México. Eran otros tiempos. Todo antes que perderlo todo. Es impensable lo que hubiera sido la industria petrolera mexicana en 2010, de haber prosperado las alianzas citadas con sus debidos controles de acuerdo a la legislación internacional. Hoy tendríamos una recaudación insospechada, con tecnologías modernas de punta, empleo, diversos sindicatos, abundantes divisas, no existiría la «operación popote», un sistema tributario confiable sin que ningún organismo tuviera secuestrados a la nación y a su futuro.

Cuando asistimos a la época de las grandes alianzas y de la globalización; cuando el mundo abre sus puertas a la inversión extranjera, y acceden recursos frescos para generar riqueza y empleos, y en el Viejo Continente se derrumban las fronteras para favorecer la expansión y la consolidación de la Unión Europea; cuando en el orbe se vive un momento de apertura y oxigenación, México se amuralla, se cierra, se aísla, perdiéndose en discusiones estériles cuando las respuestas de la experiencia internacional están a la vista de todos, salvo a la de quienes se niegan a ver, a escuchar y a razonar porque su interés no radica en reformar la industria petrolera mexicana, sino en aumentar su capital político entre los ignorantes y los ociosos, que serruchan la rama sobre la que están sentados, mientras entonan cantos frívolos y suicidas sin anticipar el final que les espera. El caso de Pemex es el similar al de una familia que hereda una fortuna, pero que no puede disponer de ella hasta no llegar a un acuerdo en ciertos términos, mientras uno tras otra van muriendo de hambre, a pesar de tener la solución en la mano.

Es claro que vivimos en el país de lo irreversible, en el que, irremediablemente, tarde o temprano, tendremos que volver a vivir pasajes que ningún mexicano quisiera recordar, sólo porque no pudimos revertir decisiones políticas que, en este momento, ya son abiertamente caducas. ¿Cómo sobrevivir en el país de lo irreversible?

Cárdenas creó también el sindicato de maestros. ¿En qué se convirtieron al día de hoy el ejido, los ferrocarriles, la industria petrolera y el sindicato de maestros? La respuesta es muy sencilla, el país está secuestrado por los sindicatos petroleros, eléctricos, de maestros y de médicos. La quiebra masiva tiene un solo nombre: Cárdenas.

Lázaro Cárdenas heredó un sistema presidencialista e intolerante, intransigente, absorbente y excluyente, de corte dictatorial. Lázaro Cárdenas embotelló al movimiento obrero en la CTM. Lázaro Cárdenas embotelló al movimiento campesino en la CNC. Lázaro Cárdenas embotelló a los trabajadores al servicio del Estado a través de la FSTSE. Lázaro Cárdenas acabó con la democracia sindical. Lázaro Cárdenas acabó con la división de poderes federales. Lázaro Cárdenas controló a los sindicatos. Lázaro Cárdenas dominó a la Cámara de Diputados. Lázaro Cárdenas mandaba en la Cámara de Senadores. Lázaro Cárdenas ordenaba el sentido de las sentencias en la Suprema Corte de Justicia de la Nación. Lázaro Cárdenas gobernaba en el ejército. Lázaro Cárdenas dirigía y censuraba a la prensa. Lázaro Cárdenas ponía y quitaba gobernadores. Lázaro Cárdenas se convirtió en el nuevo Porfirio Díaz. Imposible que se moviera una hoja de papel sin su autorización y, sin embargo, pasó a la historia como el salvador, como el padre protector, que siempre velaría por los desamparados, por los pobres, por los marginados a quienes fueron los primeros que hundió con su torpeza y su fanatismo. Calles el político, el Jefe Máximo, intolerante y tiránico, con el paso del tiempo se convertiría en una triste caricatura al lado de Cárdenas.

El resumen que el amable lector tiene en sus manos, fue extraído, como ya lo dije, del libro *Lázaro Cárdenas, el utopista suicida,* cuyo autor soy yo, Mario Cárdenas González, un hijo del general Cárdenas, uno de los tantos que jamás reconoció y a los que se refería como hijos de la nación...

Me niego a los rituales, a los homenajes que se llevan a cabo tres veces al año: el 21 de mayo para festejar su natalicio, el 18 de marzo para honrar la gesta heroica de la expropiación petrolera y el 19 de octubre como aniversario luctuoso, fecha esta última que sí se debería festejar estruendosamente, porque el mismo día también murió Calles, aunque muchos años antes.

De la misma manera en que los actuales rusos ya no homenajean a Stalin, muy pronto los cubanos escupirán el apellido de Castro, a quien mi padre tanto idolatró. ¿Cuándo comenzaremos los mexicanos a estudiar y a entender la catastrófica gestión de Cárdenas para sacar sus restos del Monumento a la Revolución y tirarlos al gran basurero de la historia, el mismo destino que le espera a la osamenta de Hugo Chávez? Al tiempo, sí, pero cuánto tarda el tiempo... y por ello no aprendemos de las experiencias pasadas...

¿Cuál Tata, cuando acabó con lo mejor de México, atentó en contra de la democracia y de la economía en todos sus órdenes? ¿Dónde está el héroe que combatía al mal, cuando él lo acarreó? ¿Cuál patriarca, cuando lastimó irreversiblemente a los que tanto deseaba proteger? ¿Cuál político de vanguardia, cuando era un tirano auténtico, un comunista, un destructor de mujeres y de familias, de los hijos que, como yo, jamás reconoció, además de un cacique, cuyo nombre e influencia se ha perpetuado durante casi un siglo en Michoacán?

Papá, escúchame bien: la gente que dice quererte es que no te ha entendido y continúa gritando «¡Muera la inteligencia...! ¡Viva la muerte...!». Vuélvete a morir dondequiera que te encuentres...

Tu hijo de la nación que ya empieza a hacerte justicia...

481

BIBLIOGRAFÍA

La Güera Rodríguez

Alamán, Lucas, *Historia de Méjico, v. 5*, Herrerías, México, 1885.

Arnauld, Marie-Charlotte. *Poder y desviaciones: génesis de una sociedad mestiza en Mesoamérica*, Siglo XXI, México, 1998.

Arrom, Silvia M., *La mujer mexicana ante el divorcio eclesiástico*, Sepsetentas, México, 1976.

Barreiro Fernández, José Ramón, *O liberalismo nos seus contextos: un estado da cuestión*, Universidad de Santiago de Compostela, España, 2008.

Bazant, Jan, *Breve historia de México, de Hidalgo a Cárdenas*, Premià, Tlahuapan, Puebla, 1984.

——, *Historia de la deuda exterior de México*, El Colegio de México, México, 1968.

Bustamante, Carlos María, *Cuadro histórico de la Revolución Mexicana*, v. 1-4, México, 1843.

Calvillo, Manuel, comp., *La República Federal Mexicana*, El Colegio de México, México, 2003.

Castellanos, Francisco, *El Trueno*, Diana, México, 1982.

Cosío Villegas, Daniel, comp., *Historia mínima de México*, El Colegio de México, México, 1977.

Cue Cánovas, Agustín, *Historia social y económica de México*, Trillas, México, 1977.

De Beruete, Miguel, *Elevación y caída del emperador Iturbide*, Edición especial de Bruno Pagliai, México, 1974.

Del Arenal Fenochio, Jaime, *Agustín de Iturbide*, Planeta, México, 2002.

Del Valle-Arizpe, Artemio. *La Güera Rodríguez*, Alpe, México, 2006.

Etchart Mendoza, Eduardo, "Mariano Jiménez, Un comandante insurgente", *Independencia Nacional, fuentes y documentos*, Instituto de Investigaciones Bibliográficas, UNAM, 2007.

"Gacetilla: los dos libertadores", *La voz de México*, s.e., México, octubre, 1872, p. 3.

Galí Boadella, Monserrat, *Historias del bello sexo*, UNAM, México, 2002.

García Cantú, Gastón, *Pensamiento de la reacción mexicana*, v. I, UNAM, México, 1986.

García, Genaro, *Documentos históricos mexicanos*, v. 1, 3, 5, Museo Nacional de Arqueología, Historia y Etnología de México, México, 1910.

García, Rubén, "La Güera Rodríguez y el coronel Iturbide", *Todo*, s.e., México, diciembre, 1948, p. 27.

Gómez, Cristina, *El obispo Pérez y la Revolución de Independencia*, Gobierno del Estado de Puebla, México, 1991.

González Pedrero, Enrique, *País de un solo hombre: el México de Santa Anna*, v. 1, FCE, México, 1993.

Hamnett, Brian R., *Revolución y la contrarrevolución en México y el Perú*, FCE, México, 1978.

Henestrosa, Andrés, *Páginas escogidas de D. Carlos María de Bustamante*, Colección Metropolitana, s.e., México, 1975.

Iglesias Calderón, Fernando, "El libertador Iturbide", *El Demócrata*, México, 1921.

Iturbide, Agustín de, *Memorias escritas desde Liorna*, UNAM, México, 2007.

Ixtlixóchitl, Ignacio, "Vida y Actuación de Don Agustín de Iturbide en los sucesos que determinaron la Independencia de México", *El Heraldo de México*, secc. del Centenario, México, 27 de septiembre de 1821.

Jáuregui, Luis, coord., *Las finanzas públicas en los siglos XVIII-XIX*. Instituto de Investigaciones Dr. José María Luis Mora, México, 1998.

Macías, Anna, *Génesis del Gobierno Constitucional de México*, Biblioteca SEP, México, 1973.

Matute, Álvaro, *México en el siglo XIX*, UNAM, México, 1973.

Muriá, José María, *La lucha por el Federalismo*, Gobierno de Jalisco, México, 1981.

Navarro y Rodrigo, Carlos, *Vida de Agustín de Iturbide*, Editorial América, España, 1919.

Orozco Farías, Rogelio, *Fuentes históricas: México, 1821-1867*, Progreso, México, 1964.

Ortega, Miguel F., *El abrazo de Acatempan*, s.e., México, 1939.

Palou, Pedro Ángel. "La consumación de la Independencia en Puebla y sus antecedentes", *La consumación de la Independencia*, v. 2, Archivo General de la Nación, México, 1999.

Payno, Manuel, *Bosquejo biográfico de los generales Iturbide y Terán*, Ignacio Cumplido, México, 1843.

Peza, Juan de Dios, "Entrada del Ejército Trigarante a México", *Cuadernos Mexicanos: crónicas de la independencia*, n. 53, SEP, México, 1989.

Puga y Acal, Manuel, *Verdad y Talamantes*, El Progreso Latino, México, 1908.

Quirarte, Martín, *Visión panorámica de la Historia de México*, Porrúa, México, 1975.

Riva Palacio, Vicente, *Resumen Integral de México a través de los siglos*, v. 3, Compañía General de Ediciones, México, 1964.

Rocafuerte, Vicente, *Bosquejo ligerísimo de la Revolución de Mégico desde el Grito de Iguala hasta La proclamación imperial de Iturbide*, Porrúa, México, 1984.

Romero de Terreros y Vincent, Manuel, *Ex antiquis*, Porrúa, México, 1919.

Schober, Otto. "La reivindicación de 'La Güera' Rodríguez", en www. zocalo.com.mx/seccion/opinion-articulo/la-reinvindicacion-de-la-gueera-rodriguez/.2009

Valadés, José C., *Orígenes de la República Mexicana: la aurora constitucional*, UNAM, México, 1994.

Valle, Rafael Heliodoro, *Cómo era Iturbide*, Dirección Central de Bibliografía de la SEP, México, 1922.

——, *El espejo historial*, Ediciones Botas, México, 1937.

——, "Redescubriendo a Iturbide", *Excélsior*, México, diciembre, 1950-enero, 1951.

Vargas Martínez, Gustavo, *Presencia de Bolívar en la cultura mexicana*, UNAM, México, 2005.

Vega, Josefa, "Agustín de Iturbide", *Quórum*, México, 1987.

Zamacois, Niceto de, *Historia de Méjico*, J.F. Parres y Compañía editores, España, 1879.

Diego Rivera

Alfaro Siqueiros, David, *Me llamaban el Coronelazo*, Grijalbo, México, 1977.

Appendini, Guadalupe, "Entrevista a Lupe Marín", *Excélsior*, México, 24 de noviembre de 1971.

Azuela, Alicia, *Diego Rivera en Detroit*, UNAM, México, 1985.

Barnet-Sanchez, Holly, "Frida Kahlo: Her Life and Art Revisited", *Latin American Research Review*, Latin American Studies Association, v. 32, n. 3, 1997, pp. 243-257.

Block, Rebecca y Hoffman-Jeep, Lynda, "Fashioning National Identity: Frida Kahlo in 'Gringolandia'", *Woman's Art Journal*, Rutgers University, v. 19, n. 2, Otoño, 1998- Invierno, 1999, pp. 8-12.

Bradu, Fabienne, *Damas de corazón*, FCE, México, 1996.

Cedillo, Juan Alberto, *Los nazis en México*, Debate, México, 2007.

Charlot, Jean, *El renacimiento del muralismo mexicano*, Domés, México, 1985.

Coronel Rivera, Juan, *et al.*, *Encuentros con Diego Rivera*, Siglo XXI, México, 1993.

Debroise, Olivier, *Diego de Montparnasse*, SEP, México, 1979.

Dugrand, Alain, *Trotsky: México 1937-1940*, Siglo XXI, México, 1992.

Echeverría, Moyssén, *La crítica de arte en México, 1896-1921: estudios y documentos*, UNAM, México, 1999.

Gall, Olivia, *Trotsky en México y la vida política en el periodo de Cárdenas, 1937-1940*, Era, México, 1991.

Gutiérrez-Álvarez, Pepe, "Diego, Frida y Siqueiros. El caso Trotsky", en www.marxismo.org/?q=node/708

Heijenoort, Con Trotsky en el exilio, desde Prinkipo hasta Coyoacán, Nueva Imagen, México, 1979.

Herrera, Hayden, Frida. Una biografía de Frida Kahlo, Booket, México, 2004.

Kahlo, Isolda P., Frida íntima, Ediciones Dipon, Ediciones Gato Azul, Colombia, 2004.

Kettenmann, Andrea, Frida Kahlo, Taschen, Alemania, 1999.

Le Clézio, Jean Marie Gustave, Diego y Frida, Diana, México, 1995.

Lindauer, Margaret A., Devouring Frida, Wesleyan University Press, 1999.

Mandel, Ernest, Trotski: teoría y práctica de la revolución permanente, Siglo XXI, México, 1983.

Marnham, Patrick, Soñar con los ojos abiertos, Plaza & Janés, México, 1998.

Montemayor, Carlos, Los informes secretos, DeBolsillo, México, 2010.

Novo, Salvador, La vida en México en el periodo presidencial de Lázaro Cárdenas, CNCA-INAH, México, 1994.

Paporov, Yuri, Trotski sacrificado, Grupo Editorial Siete, México, 1992.

Peralta, Milton Iván, Guadalupe Marín, s.e., México, 2007.

Ramales Osorio, Martín Carlos, "México, fraudes electorales, autoritarismo y represión. Del Estado benefactor al Estado neoliberal", en Contribuciones a las Ciencias Sociales, en www.eumed.net/rev/cccss/05/mcro.htm

Rivera, Diego, Textos de Arte, El Colegio de México, México, 1996.

Rivera Marín, Guadalupe, Un Río, Dos Riveras, Alianza, México, 1989.

Rivera, Guadalupe, y Colle, Marie-Pierre. Frida's Fiestas. Recipes and Reminiscences of life with Frida Kahlo, Potter, 1994.

Schaefer, Claudia, Frida Kahlo, Greenwood Press, Estados Unidos, 2009.

Sudoplatov, Pavel, Special Tasks, Back Bay Books, Estados Unidos, 1995.

Taracena, Alfonso, La verdadera Revolución Mexicana, Porrúa, México, 1992.

Trotsky, León, El joven Lenin, FCE, México, 1974.

——, Mi vida: memorias de un revolucionario permanente, Debate, México, 2004.

——, Ivanovna, Natalia, Correspondencia (1933-1938), Nueva Imagen, México, 1981.

Wilde, Harry, Trotsky, Alianza, España, 1972.

Wolfe, Bertram D., Diego Rivera, His Life and Times, Knopf, 1939.

——, La fabulosa vida de Diego Rivera, Diana, México, 1968.

Zamora, Martha, Frida: El pincel de la angustia, St. Martin's Press, México, 2007.

Isabel Motecuhzoma, Tecuichpo

Alvarado Tezozómoc, Fernando, Crónica Mexicáyotl, UNAM, México, 1975.

Arqueología Mexicana, v. XVII, n. 98, México, 2009.

Carrillo de Albornoz, José Miguel, *Moctezuma: el semidiós destronado*, Planeta, México, 2004.

Cervantes de Salazar, Francisco, *México en 1554*, Colección METROpolitana, México, 1973.

Chavero, Alfredo, ed., *Códice Aubin, manuscrito azteca de la Biblioteca Real de Berlín, Anales en Mexicano y Geroglíficos desde la salida de las tribus de Aztlán hasta la muerte de Cuauhtémoc*, Innovación, México, 1979.

Chimalphain Cuauhtlehuanintzin, Francisco de San Antonio Muñoz, *Relaciones originales de Chalco Amequamecan*, FCE, México, 1965.

Chipman, Donald E., "Isabel Moctezuma: pioneer of mestizaje", *Struggle and survival in colonial America*, University of California, 1981.

——, *Moctezuma's Children*, University of Texas Press, 2005.

Cruz O., Oscar René, *Moctezuma*, Publicaciones Cruz, México, 1981.

De Landa, fray Diego, *Relación de las cosas de Yucatán*, Editorial Dante, México, 1983.

De las Casas, fray Bartolomé, *Brevísima relación de la destrucción de las Indias*, Colección METROpolitana, México, 1973.

De Sahagún, fray Bernardino, *Historia general de las cosas de la Nueva España*, Porrúa, México, 1999.

De Torquemada, fray Juan, *Monarquía Indiana*, UNAM, México, 1975.

Díaz del Castillo, Bernal, *Historia verdadera de la conquista de la Nueva España*, Espasa-Calpe, España, 1955.

Espina Barrio, Ángel B., *Antropología en Castilla y León e Iberoamérica: Familia, educación y diversidad cultural*, Ediciones Universidad de Salamanca, 2004.

García, Genaro, *Carácter de la conquista española en América y en México según los textos de los historiadores primitivos*, Biblioteca Mexicana de la Fundación Miguel Alemán, México, 1990.

Gurría Lacroix, Jorge, *Historiografía sobre la muerte de Cuauhtémoc*, UNAM, México, 1976.

Hanke, Lewis, *Cuerpo de documentos del siglo XVI*, FCE, México, 1977.

León-Portilla, Miguel, *El reverso de la Conquista*, Joaquín Mortiz, México, 2007.

——, *De Teotihuacán a los aztecas. Antología de fuentes e interpretaciones históricas*, UNAM-Instituto de Investigaciones Históricas, México, 1977.

——, *Visión de los vencidos*, UNAM, México, 1959.

——, y Galeana Silva, Librado, *Huehuetlahtolli*, SEP/FCE, México, 1991.

López de Gómara, Francisco, *Historia General de las Indias*, v. 2, Iberia, Barcelona, 1965.

Martín del Campo, Marisol, *Moctezuma Xocoyotzin*, Planeta, México, 2002.

Martínez, José Luis, *Hernán Cortés*, FCE, México, 1992.

——, *Moctezuma y Cuauhtémoc*, REI, México, 1989.

Montell García, Jaime, *La caída de México Tenochtitlan*, Joaquín Mortiz, México, 2003.

Pereyra, Carlos, *Hernán Cortés*, Austral, Buenos Aires, 1949.

——, Lecturas históricas mejicanas: la conquista del Anáhuac, Ballesca, México, 1920.

Pérez Martínez, Héctor, Cuauhtémoc, Espasa-Calpe, Argentina, 1948.

Pérez-Rocha, Emma, Privilegios en la lucha: la información de doña Isabel Moctezuma, INAH, México, 1998.

Ponce de León, Salvador, México extraordinario en la anécdota, Atenas, México, 1956.

Prescott, William Hickling, Historia de la conquista de México, Antonio Machado, Madrid, 2004.

Rábago, Constantino, Dioses, hombres y soles. Comentarios a tres códices de nuestra antigüedad indígena, Colección METROpolitana, México, 1973.

Romero-Vargas Yturbide, Ignacio, Moctezuma el Magnífico y la Invasión de Anáhuac, Sociedad de Geografía y Estadística, México, 1946.

Somonte, Mariano G., Doña Marina, "La Malinche", EDIMEX, México, 1971.

Sotomayor, Dámaso, La conquista de México efectuada por Hernán Cortés según el códice jeroglífico Troano-americano, Timbre Palacio Nacional, México, 1897.

Thomas, Hugh, La conquista de México, Planeta, México, 2007.

Toro, Alfonso, Compendio de Historia de México, Patria, México, 1959.

Toscano, Salvador, Cuauhtémoc, FCE, México, 1953.

Valero de García Lascuráin, Ana Rita, La ciudad de México-Tenochtitlán. Su primera traza, Jus, México, 1991.

Vázquez Chamorro, Germán, La conquista de Tenochtitlan, Dastin, España, 2003.

——, Moctezuma, CADE, México, 1987.

Veytia, Mariano, Historia Antigua de México, v. 2, Editorial Leyenda, México, 1944.

Von Hagen, Victor W., Los Aztecas, Joaquín Mortiz, México, 1976.

Josefa, la Corregidora

Agraz García de Alba, Gabriel, Los corregidores don Miguel Domínguez y Doña María Josefa Ortiz de Domínguez y el inicio de la independencia, G. A. García de Alba, México, 1992.

Altamirano, Ignacio Manuel, Biografía de don Miguel Hidalgo y Costilla: primer caudillo de la independencia, s.p.i., 1960.

Armendáriz, Pedro, Muerte de los señores generales cura don Miguel Hidalgo y Costilla, don Ignacio Allende, Aldama, Jiménez y Santamaría. Archivo General del Gobierno del Estado de Guanajuato, México, 2003.

Arteaga, Benito, Rasgos biográficos de don Ignacio Allende, Gobierno del Estado de Guanajuato, México, 2003.

Baz, Gustavo Adolfo, Miguel Hidalgo y Costilla: ensayo histórico-biográfico. Archivo General del Gobierno del Estado de Guanajuato, México, 2002.

Benítez, Fernando, *La ruta de la libertad*, Offset, México, 1982.

Brading, David A., *El Ocaso Novohispano: Testimonios Documentales*, INAH, México, 1996.

Briggs, Donald Charles, *An analysis of the portrayal of Miguel Hidalgo in selected Mexican history textbooks*, University of Miami, 1975.

Burr, Claudia, *Doña Josefa y sus conspiraciones*, Ediciones Tecolote, México, 2001.

Bustamante, Carlos María, *Cuadro histórico de la revolución mexicana de 1810*, México, Instituto Nacional de Estudios Históricos de la Revolución Mexicana, México, 1985.

——, *Hidalgo*, Empresas Editoriales, México, 1953.

Carrera Stampa, Manuel, "Hidalgo y su plan de operaciones" en *Historia Mexicana*, El Colegio de México, v. 4, n.1, octubre-diciembre, 1953.

Campuzano, Juan R., *Hidalgo, padre y maestro de México*, Centro Cultural Guerrerense, México, 1964.

Casaus, Ramón, *El anti-Hidalgo*, Universidad Michoacana de San Nicolás de Hidalgo, México, 1988.

Cue Cánovas, Agustín, *Hidalgo. El libertador y su época*, Libro-Mex Editores, México, 1966.

Chavarri, Juan, *Hidalgo, biografía, documentos e iconografía*, Libro-Mex Editores, México, 1957.

Chávez, Ezequiel Adeodato, *Hidalgo*, Campeador, México, 1957.

Chávez, José Carlos, *Hidalgo en la Villa de Chihuahua*, Gobierno del Estado de Chihuahua, México, 1960.

Dávila Garibi, José Paulino, *Genealogía de d. Miguel Hidalgo y Costilla, iniciador de la independencia de México*, Cultura, México, 1951.

De la Fuente, José María, *Hidalgo íntimo: apuntes y documentos para una biografía del benemérito cura de Dolores d. Miguel Hidalgo y Costilla*, Secretaría de Instrucción Pública y Bellas Artes, México, 1910.

De María y Campos, Armando, *Allende, primer soldado de la nación*, Jus, México, 1964.

En torno al nicolaíta Miguel Hidalgo y Costilla, Universidad de Michoacán de San Nicolás de Hidalgo, México, 1983.

Frías, Heriberto, *Miguel Hidalgo y Costilla: padre de la independencia*, Porrúa, México, 1988.

Fuentes, Vicente, *El obispo Abad y Queipo frente a la Guerra de Independencia*, Altiplano, México, 1985.

García, Genaro, *Documentos históricos mexicanos*, Instituto Nacional de Estudios Históricos de la Revolución Mexicana, México, 1985.

García Gutiérrez, Jesús, *Dictamen sobre las excomuniones del cura Hidalgo*, Acción, México, 1953.

García, Pedro, *Con el cura Hidalgo en la guerra de independencia*, Empresas Editoriales, México, 1948.

Guedea, Virginia, *En busca de un gobierno alterno: los Guadalupes de México*, UNAM, México, 1992.

Guzmán, Miguel, *Miguel Hidalgo y la ruta de la Independencia*, Bertelsmann, México, 1995.

Hernández Luna, Juan, "Hidalgo pintado por los realistas" en *Historia Mexicana*, El Colegio de México, v. 4, n.1, julio-septiembre, 1954.

Herrejón, Carlos, *Hidalgo antes del Grito de Dolores*, Universidad Michoacana de San Nicolás de Hidalgo, México, 1992.

Herrera Peña, José, *Maestro y Discípulo*, Universidad Michoacana de San Nicolás de Hidalgo, México, 1995.

Hidalgo en el Colegio de San Nicolás: documentos inéditos, Universidad Michoacana de San Nicolás de Hidalgo, Editorial Fimax, México, 1956.

Hidalgo y Costilla, Miguel, *Documentos relativos a la vida de Miguel Hidalgo y Costilla*, University of Texas, Austin, 1970.

Hurtado, José Martín, *Los queretanos en la conspiración de 1810*, Gobierno del Estado de Querétaro, México, 2007.

Ignacio Allende: generalísimo de América, Instituto Nacional de Estudios Históricos de la Revolución Mexicana, México, 1985.

Josefa Ortiz de Domínguez: La Corregidora, Instituto Nacional de Estudios Históricos de la Revolución Mexicana, México, 1985.

Lieberman, Mark, *Hidalgo: Mexican revolutionary*, Praeger, Nueva York, 1970.

Lira González, Andrés, "La insurgencia de Hidalgo según tres contemporáneos: Bustamante, Mora y Alamán" en Meyer, Jean, coord., *Tres levantamientos populares: Pugachóv, Túpac Amaru, Hidalgo*, Centro de Estudios Mexicanos y Centroamericanos-Conaculta, México, 1992.

López Robles, Fortino, *El padre Hidalgo y las rutas de la insurgencia*, Compañía Editorial Impresora y Distribuidora, México, 1973.

Marín-Tamayo, Fausto, *La juventud de Ignacio Allende*, Ediciones Culturales, México, 1963.

Mazoy Kuri, José Luis, *¿Hidalgo? ...el bribón del cura*, Jus, México, 2002.

Melero y Piña, Gregorio, *Fray Gregorio de la Concepción. Toluqueño Insurgente*, Biblioteca Enciclopédica del Estado de México, México, 1981.

Mora, José María Luis, *México y sus revoluciones*, Porrúa, México, 1950.

Murillo Hernández, Alfredo, *Miguel Hidalgo y Costilla*, INAH, México, 2003.

Noll, Arthur Howard, *The life and times of Miguel Hidalgo y Costilla*, Russell&Russell, Nueva York, 1973.

Paz, Ireneo, *Álbum de Hidalgo*, Archivo General del Gobierno del Estado de Guanajuato, México, 2003.

Pérez Escutia, Ramón Alonso, *Aspectos de la vida preinsurgente de Hidalgo: hacendado, litigante y administrador*, Universidad Michoacana de San Nicolás de Hidalgo, México, 1991.

Pompa y Pompa, Antonio, *Procesos inquisitorial y militar seguidos a D. Miguel Hidalgo y Costilla*, Universidad Michoacana de San Nicolás de Hidalgo, México, 1984.

Ramírez Álvarez, José Guadalupe, *Doña María Josefa Ortiz de Domínguez, corregidora de Querétaro*, Gobierno del Estado de Querétaro, 1981.

Ramos, Roberto, *Libros que leyó don Miguel Hidalgo*, Archivo General del Gobierno de Guanajuato, México, 2003.

Rangel, Nicolás, *Miguel Hidalgo y Costilla, 1753-1811*, Archivo General del Gobierno del Estado de Guanajuato, México, 2002.

Rivera Cambas, Manuel, *Don Miguel Hidalgo y Costilla*, Archivo General del Gobierno de Guanajuato, México, 2003.

Rivera y Sanromán, Agustín, *Anales de la vida del padre de la patria Miguel Hidalgo y Costilla*, Editorial Leopoldo López, México, 1910.

Toussaint del Barrio, Fernando, *María Josefa Ortiz de Domínguez*, Secretaría de Hacienda y Crédito Público, México, 1961.

Últimos instantes de los primeros caudillos de la independencia: narración de un testigo ocular, Secretaría de Fomento, México, 1896.

Vargas, Fulgencio, *Camino de la insurgencia*, Archivo General del Gobierno del Estado de Guanajuato, México, 2002.

Velázquez, Gustavo G., *Hidalgo: nueva vida del héroe*, Edomex, México, 1960.

Vidaurri Aréchiga, José Eduardo, *Frenesí de libertad: proceso militar seguido a Miguel Hidalgo y Costilla*, Archivo General del Gobierno del Estado de Guanajuato, México, 2003.

Villalpando, José Manuel, *Miguel Hidalgo*, Planeta DeAgostini, México, 2002.

Villoro, Luis, "Hidalgo: violencia y libertad" en *Historia Mexicana*, El Colegio de México, v. 2, n. 2, octubre-diciembre, 1952.

Vizcaya Canales, Isidro, *En los albores de la independencia: las Provincias internas de Oriente durante la insurrección de don Miguel Hidalgo y Costilla, 1810-1811*, ITESM, México, 2003.

Zerecero, Anastasio, *Memorias para la Historia de las Revoluciones en México*, UNAM, México, 1975.

Lázaro Cárdenas

Abascal, Salvador, *Lázaro Cárdenas, presidente comunista*, v. 2, Tradición, México, 1988.

Almada, P.J., *99 días en jira con el presidente Cárdenas*, Ediciones Botas, México, 1943.

Alvear Acevedo, Carlos, *Lázaro Cárdenas: el hombre y el mito*, Jus, México, 1972.

Anguiano Equihua, Victoriano, *Lázaro Cárdenas. Su feudo y la política nacional*, Referencias, México, 1989.

Benítez, Fernando, *En torno a Lázaro Cárdenas*, Océano, México, 1987.

Cabrera, Luis, *Veinte años después*, Ediciones Botas, México, 1937.

Cárdenas, Lázaro, *Palabras y documentos públicos de Lázaro Cárdenas*, v. 3, Siglo XXI, México, 1978.

Correa, Eduardo, *El balance del Cardenismo*, Talleres Linotipográficos ACCIÓN, México, 1941.

Corro Viña, J. Manuel, *Sucesión o reelección del presidente Cárdenas*, s.e., México, 1939.

Cusi, Ezio, *Memorias de un colono*, Jus, México, 1955.

Daniels, Josephus, *Diplomático en mangas de camisa*, Talleres Gráficos de la Nación, México, 1949.

De Anda, Gustavo, *El verdadero Cárdenas*, Gustavo de Anda, México, 1988.

——, *El cardenismo, desviación totalitaria de la Revolución mexicana*, Gustavo de Anda, México, 1974.

Foix, Pere, *Cárdenas*, Trillas, México, 1985.

García Calderón, Carola, *Medios de comunicación: del destape a las campañas electorales, 1934-1982*, Plaza y Valdés, México, 2006.

Garciadiego Dantán, Javier, *La Revolución Mexicana: crónicas, documentos, planes y testimonios*, UNAM, México, 2005.

Garrido, Luis Javier, *El partido de la revolución institucionalizada*, Siglo XXI, México, 1982.

Gill, Mario, *El sinarquismo*, Olin, México, 1962.

Ginzberg, Eitan, *Lázaro Cárdenas: gobernador de Michoacán, 1928-1932*, Universidad Michoacana de San Nicolás de Hidalgo, México, 1999.

González Marín, Silvia, *Prensa y poder político*, Siglo XXI, México, 2006.

Gutiérrez, Ángel, *Lázaro Cárdenas*, Universidad de Michoacán, México, 1994.

Hernández Chávez, Alicia, "Periodo 1934-1940: La mecánica cardenista" en *Historia de la Revolución Mexicana*, v. 16, El Colegio de México, México, 1979.

Koppes, Clayton R., "The Good Neighbor Policy and the Nationalization of Mexican Oil: A Reinterpretation" en *The Journal of American History*, v. 69, n. 1, junio, 1982.

Martínez Assad, Carlos, "La rebelión cedillista o el ocaso del poder tradicional" en *Revista mexicana de sociología*, v. 41, n. 3, julio-septiembre, 1979.

Medina, Luis, *Historia de la Revolución Mexicana*, El Colegio de México, México, 1987.

Meyer, Lorenzo, *Las elecciones en México: Evolución y perspectivas*, Siglo XXI, México, 1993.

——, *México y los Estados Unidos en el conflicto petrolero*, El Colegio de México, México, 1972.

Nava, María del Carmen, "Relaciones Mújica-Cárdenas", ponencia, VII Jornadas de Historia de Occidente, noviembre-diciembre, 1984, en *Nuevos ensayos sobre Francisco J. Mújica*, INEHRM, México, 2004.

Novo, Salvador, *La vida en México en el periodo presidencial de Lázaro Cárdenas*, CNCA, México, 1994.

Paz Salinas, María Emilia, "Crisis y expropiación, un análisis comparativo: 1938-1982" en *Revista mexicana de sociología*, v. 45, n. 2, abril-julio 1983.

Pérez Montfort, Ricardo, "Mújica y la derecha", ponencia, VII Jornadas de Historia de Occidente, noviembre-diciembre, 1984, en *Nuevos ensayos sobre Francisco J. Mújica*, INEHRM, México, 2004.

Pereyra, Carlos, *El fetiche constitucional americano*, M. Aguilar, Madrid, 1942.

"Relaciones México-Cuba 1950-2006: historia y perspectivas", ponencia Cátedra Extraordinaria José Martí, octubre, 2006 y Cátedra Benito Juárez, diciembre, 2006, UNAM, México, 2007.

Rodríguez Araujo, Octavio, *La Reforma Política y los partidos en México*, Siglo XXI, México, 1980.

Romero Espinosa, Emilio, *La reforma agraria en México*, Cuadernos Americanos, México, 1963.

Sánchez, Martín, *Entre campos de esmeralda: la agricultura de riego en Michoacán*, Gobierno del Estado de Michoacán, México, 2002.

Sefchovich, Sara, *La suerte de la consorte*, Océano, México, 1999.

Semo, Enrique, *México, un pueblo en la historia. Nueva burguesía: 1938-1957*, Alianza, México, 1990.

Silva Herzog, Jesús, *Una vida en la vida de México*, Siglo XXI/SEP, México, 1986.

Shulgovski, Anatoli, *México en la encrucijada de su Historia*, Ediciones de Cultura Popular, México, 1985.

Solórzano de Cárdenas, Amalia, *Era otra cosa la vida*, Patria, México, 1994.

Sosa Elízaga, Raquel, *Los códigos ocultos del cardenismo: un estudio de la violencia política, el cambio social y la continuidad institucional*, UNAM, México, 1996.

Suárez, Luis, *Cárdenas, retrato inédito*, Grijalbo, México, 1988.

Tannenbaum, Frank, "Lázaro Cárdenas", en *Historia Mexicana*, v. 10, n. 2, octubre-diciembre, 1960.

Tello, Carlos, *La tenencia de la tierra en México*, Instituto de Investigaciones Sociales, UNAM, México, 1968.

Valadés, José C., *Historia general de la Revolución Mexicana*, v. 9, Gernika, México, 1985.

Warman, Arturo, *Ensayos sobre el campesinado mexicano*, Nueva Imagen, México, 1980.

ÍNDICE